한국 고소설의 작품 세계와 지향

이상구(李尙九, Lee, Sang-gu)
1958년 전북 남원에서 태어났으며, 1994년 고려대학교에서 「숙향전의 문헌적 계보와 현실적 성격」으로 문학박사 학위를 취득하였다. 현재 순천대학교 사범대학 국어교육과에 재직하고 있으며, 순천대학교 남도문화연구소장과 사범대학장, 한국고전여성문학 회장, 한국고소설학 회장 등을 역임하였다.
그간 우리 고소설의 대중화를 위해 『17세기 애정전기소설』, 『유충렬전』, 『숙향전·숙영낭자전』, 『방한림전』, 『금방울전·박씨전』 등을 역주하거나 현대어로 번역하였으며, 「나말여초 전기소설의 특징과 소설적 성취」, 「고전소설에 나타난 성적 욕망과 정절」 등 다수의 학술논문을 발표하였다. 이 가운데 『숙향전·숙영낭자전』은 프랑스어와 몽골어로 번역·출간되었으며, 스페인·포르투갈·일본·베트남 등에서도 번역 중에 있다.

한국 고소설의 작품 세계와 지향

초판 1쇄 발행 2020년 9월 17일
초판 2쇄 발행 2021년 12월 10일
지은이 이상구 **펴낸이** 박성모 **펴낸곳** 소명출판 **출판등록** 제13-522호
주소 06643 서울시 서초구 서초중앙로6길 15, 2층
전화 02-585-7840 **팩스** 02-585-7848 **전자우편** somyungbooks@daum.net **홈페이지** www.somyong.co.kr

값 37,000원
ISBN 979-11-5905-492-1 93810

韓國古小說

World and Direction of Korean Classical Novel

한국 고소설의 작품 세계와 지향

이상구 지음

머리말

저자가 처음 고소설을 공부할 때는 우리 고소설에 대해 특별한 매력이나 자부심을 갖지 못하고, 단지 고소설에 나타난 민중적 의식이나 사실주의적 성취 등을 검출하겠다는 의욕만 있었다. 그런데 고소설을 공부하거나 가르치면서 점차 고소설 가운데 상당수의 작품을 '고전소설'이라고 일컬어도 전혀 부족함이 없다는 생각을 갖게 되었다.

우리 고소설은 심오하고 혁신적인 사상과 의식을 구현하거나 문학적 형상화가 특출하다고 할 수는 없다. 그러나 많은 작품들에 중세적 이념과 체제의 질곡에서 벗어나 좀 더 자유롭고 풍요롭게 살고 싶다는 욕망과 그것을 실현하기 위한 가녀린 몸부림이 담겨 있다. 예컨대, 애정소설에 흔히 나타나는 환상적·비현실적 요소는 청춘남녀의 자유로운 사랑을 억압했던 조선시대의 유교적 이념과 중세적 신분 관계를 극복하기 위해 창출해낸 서사기법이라고 할 수 있다. 여기에서 일일이 거론하기는 어렵지만 우리 고소설에는 엄중했던 중세적 질곡에서 벗어나기 위한 다양한 노력들이 담겨 있다. 저자는 오늘날 우리가 누리는 자유와 평등은, 서구의 영향도 없지 않지만, 고소설을 짓고 향유했던 우리 선조들의 꿈과 가녀린 몸부림의 덕이라고 생각한다.

이 책은 저자가 그간 여러 학술지에 발표했던 글들 가운데 작품론에 해당하는 것을 모아 엮은 것이다. 이 과정에서 약물을 통일하고 문장과 용어 등도 조금씩 다듬었다. 책 제목을 '한국 고소설의 작품 세계와 지향'으로 붙인 까닭은 이 책에 수록된 글들이 대부분 작품 세계와 함께 작가의식과 그 지향을 다룬 것들이기 때문이다. 저자가 공부한 내력을 일정하게 드러내기 위해 이 책의 목차와 달리 글을 쓴 순서대로 그 계기와 내용을 간략하게 서술한다.

저자의 석사논문은 「조선 후기 동물우화소설과 사회의식」이다. 대학에 입학한 후 박정희 정권이 종말을 고한 10·26과 광주민주화운동을 직간접적으로 맛보면서 비로소 민중의 삶과 의식에 관심을 갖게 되었으며, 대학원에 진학한 이후에 민중의 의식이 잘 반영되어 있다고 생각된 동물우화소설을 주제로 석사논문을 썼던 것이다.

석사논문 이후 처음으로 쓴 논문은 「「삼선기」 연구」이다. 「삼선기」는 도학자 이춘풍이 기생 모가비로 변모한다는 내용 때문에 관심을 가졌으며, 꼼꼼히 읽기 전에는 도학자의 관념적인 삶을 비판·풍자한 작품이라고 생각했었다. 그러나 작품의 구조를 분석한 결과 지배 계층의 관념적 삶을 풍자한 작품이 아니라, 남성의 통속적 욕망을 바탕으로 현실세계에서 실현되기 어려운 남녀의 낭만적 사랑을 형상화한 신작구소설이라는 결론을 내리게 되었다. 논문 제목을 '「삼선기」 연구'라고 했지만 실제 다룬 내용은 '「삼선기」의 구조와 작가의식'에 한정되었기에 이 책에서는 「「삼선기」의 구조적 특징과 작가의식」으로 바꿔 수록하였다.

「「사씨남정기」의 갈등 구조와 서포의 현실 인식」은 북한 학자 윤기덕이 쓴 「사실주의에 관한 엥겔스 명제의 옳은 이해와 그 발생 시기의 문제」라는 글이 계기가 되었다. 그는 「사씨남정기」가 "교녀를 낳은 그 사회 그 제도에 대한 처단의 정신이 숨어 있는 우리나라 최초의 사실주의적 소설"이라는 견해를 제기하였다. 당시 우리 쪽에서는 「사씨남정기」가 "처첩제도의 불합리한 구조적 문제를 인성의 결함이라는 개인적 문제로 왜곡시킨 작품"이라거나 "일부다처에 대한 유자의 꿈을 합리화한 작품"이라는 견해가 공감을 얻고 있는 터였다. 이에 저자는 「사씨남정기」의 기본적인 갈등 구조를 '처첩의 대립'이 아니라 '선악의 대립'으로 보아야 하며, 서포는 '물질적 욕망 등 인욕人慾에 대한 유가적 관념에서는 크게 벗어나지 못했지만 변화하는 역사적 국면과 사회적 존재로서의 현실적 인간을 비교적 사실적으로 인식하고 있었던 작가'라는 견해를 제기하였다.

「「숙향전」에 나타난 세계관과 그 지향」은 박사논문인 「「숙향전」의 문헌적 계보와 현실적 성격」 중 '작가의 세계관과 그 지향'을 바탕으로 머리말과 결론을 새로 추가해서 쓴 것이다. 「숙향전」은 숙명론적 세계관에 기반하여 시은施恩에 대한 보은이나 인과응보와 같은 도덕적 모토를 철저하게 구현한 작품이다. 이것은 주로 유교적 천명사상이나 도덕관념과 같은 지배층의 의식과 지향을 반영한 것으로 이해되었는데, 저자는 「숙향전」에 나타난 숙명론적 세계관과 철저한 도덕주의가 민중지향적 의식에 해당한다는 견해를 제기하였다. 그 근거로는 숙명론적 세계관이 청춘남녀의 자유로운 만남을 천정연분으로 합리화하는 토대가 되고 있으며, 도덕적 모토는 남녀차별과 가부장적 질서를 지양하고 있다는 점을 들었다.

「「유충렬전」의 갈등 구조와 현실 인식」은 작품 속에 반영된 소설 향유층의 현실 인식을 파악하기 위해 시도되었다. 영웅소설의 전형적인 작품으로 거론되는 「유충렬전」에는 천자가 희화화되거나 유충렬이 천자를 통박하는 장면 등 다른 영웅소설에서는 찾아보기 어려운 요소가 삽입되어 있다. 저자는 이 점에 주목하여 '천자의 형상과 그 성격', '충의 이념적 속성과 사회적 의미', '운명론적 세계관의 역사적 의의' 등을 조선 후기 민중적 향유층의·현실 인식 및 지향과 관련지어 해석하였다. 원래의 논문에는 장명 없이 번호만을 부여했었는데, 이 책에는 위에 제시한 장면을 부기하여 수록하였다.

「「심생전」의 인물 형상과 작가의식」은 「심생전」이 이옥의 '남녀지정'관을 반영하고 있다는 판단에 따라 쓴 것이다. 이옥은 '이 세상에 남녀지정보다 진실한 것이 없으며, 남녀지정을 보면 그 나라의 치란治亂과 그 세상의 오륭汚隆을 알 수 있다'고 했다. 이 글에서는 이옥이 '양반가의 순박한 도령 심생과, 중세적 신분 관계의 질곡을 분명하게 인식하고 있으면서도 차마 심생의 간절한 구애를 거절할 수 없었던 중인 처자 궐녀의 비극적인 사랑'을 통해 중세적 신분 관계와 유교적 이념의 비인간적 측면을 여실하게 보여준 작품이라는 점을 논술하였다.

「「이생규장전」의 갈등 구조와 작가의식」은 『금오신화』에 미친 『전등신화』의 영향을 인정하지 않으려는 시각과 비교문학 연구의 방법론에 대한 문제의식에서 출발하였다. 『금오신화』가 『전등신화』의 영향을 상당히 많이 받았다는 사실을 솔직하게 인정하고, 가능한 객관적인 입장에서 두 작품을 비교해야 한다는 것이 저자의 입장이었다. 이 글에서는 「이생규장전」과 「취취전」을 비교 분석하여 두 작가의 의식이 어떻게 다른가를 논의하였다. 구우는 상층의 부도덕한 권력 다툼이 민중에게 가해지는 고통을 생생하게 형상화하고자 애썼다면, 김시습은 세계의 횡포와 불의에 대해 사대부적 절의의식을 강조할 뿐 민중의 삶에 대한 관심은 보여주지 못했다는 것이 이 글의 요지이다.

「「운영전」의 갈등 양상과 작가의식」은 「운영전」의 사실주의적 성취와 한계를 작가의식과 관련지어 고찰할 목적으로 시도된 것이다. 「운영전」에서 안평대군과 궁녀들의 갈등은 매우 사실적으로 형상화되어 있는 반면에, 김 진사와 노비 특의 갈등은 비현실적으로 형상화되어 있다. 이에 대해 저자는 「운영전」의 작가가 중세적 이념과 권위가 인간의 참다운 삶을 억압하고 있는 현실을 자각하고 있으면서도 중세적 신분 관념에서 벗어나지 못한 데서 비롯되었다는 견해를 제시하였다.

「「광한루기」의 개작 방향과 작가의식」은 「광한루기」의 성과와 문제점을 다룬 것이다. 「광한루기」는 수산水山이라는 지식인이 「춘향전」을 개작한 한문소설이다. 「춘향전」과 비교해 볼 때, 「광한루기」는 치밀한 구성을 토대로 서사적 긴밀성과 완결성을 구비하고 있을 뿐만 아니라 다양한 인물이 등장하는 등 서사를 한결 복잡하면서도 흥미롭게 전개하는 성과를 거두었다. 그러나 개작자인 수산은 사대부적 취향과 의식 지향으로 인해 본래 「춘향전」이 갖고 있던 반봉건적 지향을 사상시켜 버린 문제가 있는데, 이 글은 위와 같은 점을 분석적으로 논술하였다.

「「구운몽」의 구조적 특징과 세계상」은 「구운몽」의 구조적 특징과 작품에 구현된 세계상의 진보적 성격을 논의한 것이다. 고소설 연구자들 가운데 「구운몽」의 우수성을 부정하는 연구자는 거의 없다. 그럼에도 막상 「구운몽」에 나타난 작가의식에 대해서는 부정적으로 평가하는 경우가 많았다. 「구운몽」의 환몽 구조는 현실인 성진의 세계가 비현실적인 반면 꿈인 양소유의 세계는 현실적이라는 점, 입몽入夢 대목이 모호하게 처리되어 있다는 점, 성진이 양소유로 환생한다는 점 등 매우 독특한 측면이 있다. 이는 서포가 성적 욕망 등 통속적 욕망을 총체적이면서도 생생하게 형상화하기 위해 창안한 구조이며, 여기에는 인간의 욕망을 진솔하면서도 깊이 있게 탐구하려는 작가정신이 담겨 있다. 또한 「구운몽」에는 중세적 신분 관계를 천리天理에 따른 당위가 아니라 우연의 산물인 것처럼 형상화되어 있을 뿐만 아니라 평등 지향적 의식마저 표출되어 있다. 이 글에서는 위와 같은 내용을 상세하게 논증하고, 이를 바탕으로 「구운몽」의 문학적 가치와 진보적 의의가 새롭게 평가되어야 한다는 견해를 피력하였다.

「「구운몽」의 형상화 방식과 소설 미학」은 「구운몽」이 문학적으로 얼마나 뛰어난 작품인가를 분명하게 밝힐 목적으로 시도된 것이다. 서포는 「삼국지연의」와 같은 소설이 독자를 감동시키는 까닭을 분명하게 인식하고 「구운몽」을 지은, 우리나라 최초의 본격적인 소설가라고 할 수 있다. 실제로 「구운몽」은 치밀한 구성과 극적 상황의 연출, 일상적 생활상과 사소한 것의 포착, 성적 욕망의 생생한 재현 등을 통해 소설적 재미와 진실성을 동시에 확보하고 있다. 또한 문학적 형상을 통해 성적 욕망이 인간의 자연스럽고 본질적인 욕망이라는 것을 여실하게 드러냄으로써 유교적 도덕 관념과 성적 금기들을 부정하는 효과를 창출하였다. 이 글에서는 위와 같은 사실을 구체적인 근거를 들어 제시하는 가운데, 「구운몽」의 문예 미학적 성과와 가치가 재조명되어야 한다는 입장을 피력하였다.

「판소리의 예술성과 민중적 사유방식」은 순천 유네스코무형유산판소리진흥회의 초청 특강 때 했던 자료를 보완하여 작성한 글이다. 당시 청중들은 판소리를 자랑스럽게 여기는 어르신들이 대부분이었는데, 이들은 판소리를 통해 충, 효, 열과 같은 중세적 이념을 고취해야 한다는 의식이 강했다. 이에 저자는 판소리가 민중이 민중을 위해 만들어낸 민중예술에서 민족예술로 승화한 과정을 밝히고, 기존의 연구 성과들을 수렴하여 판소리 및 판소리계 소설에 나타난 민중적 사유방식과 그 특성을 고찰하였다. 이 글에는 판소리가 민족예술로 승화하고 또 유네스코무형유산으로 등재될 수 있었던 것은, 진실하면서도 인간답게 살고자 애썼던 조선 후기 민중적 사유와 지향의 정당성에서 기인한다는 것을 설파하고자 했다.

「「최척전」의 사실성과 16세기 말 지리산권의 현실」은 '지리산권과 고전소설'이라는 주제로 발표해 달라는 요청을 받고 쓴 것인데, 다른 고소설에서는 지리산권의 역사와 삶을 구체적으로 파악할 수가 없어 부득이 「최척전」만 논의하게 된 것이다. 이 글에서는 「최척전」의 내용과 작가의 생애를 간략하게 제시한 후, 역사적 기록과 비교하면서 「최척전」의 사실성과 함께 당시 지리산권의 역사와 삶에 대해 고찰하였다. 본래 제목은 「「최척전」에 나타난 지리산권의 역사와 삶」이었으나 논의한 내용을 고려하여 이 책에는 위와 같은 제목으로 바꿔 수록하였다.

「「홍길동전」의 서사 전략과 작가의 현실 인식」은 「홍길동전」의 구성과 주제에 대한 논란을 일정하게 정리할 목적으로 시도된 것이다. 「홍길동전」과 관련해서는 구성과 주제의 통일성 및 일관성이 결여된 작품이라는 견해가 제기된 바 있으며, 작가의식도 사회개혁의 추구에서부터 개인적인 욕망과 가치의 실현에 이르기까지 다양하게 거론되었다. 이에 저자는 「홍길동전」의 구성과 인물 형상의 특성을 당시 민중적 독자층의 의식 수준을 고려한 작가 허균의 서사 전략에 따른 것으로 이해하고, 허균이 궁극적으로 추구했던 것은 적서차별과 탐관오리가 없는 민중적 이상사회였다는 것을 논술하였다. 또한 「홍길동전」은 길동이 민중과 연대해서 국가권력과 투쟁을 벌이는 과정을 구체적으로 형상화한 것만으로도 그 진보적 가치가 높게 평가되어야 한다는 견해를 제시하였다.

저자가 고소설을 본격적으로 연구하면서 가졌던 욕망은 우리 고소설 가운데 주요 작품들의 작품론을 하나씩 써서 책으로 출간하겠다는 것이었다. 그러나 저자의 역량이 부족한 데다 주요 작품일수록 많은 연구 성과가 축적되어 있는 터라 저자 나름의 독창적 견해를 제기하기가 어려웠다. 때문에 부득이 그간 썼던 작품론 관련 글들을 모아 이 책을 엮었는데, 「판소리의 예술성과 민중적 사유방식」은 작품론은 아니지만 오늘날 젊은이들이 판소리를 제대로 이해했으면 좋겠다는 욕심 때문에 첨부하였다.

이 책은 1부 '사대부적 현실 인식과 지향', 2부 '민중적 현실 인식과 지향'으로 나누고, 각 부에 해당하는 작품은 창작연대를 고려하여 배열하였다. 여러 가지로 부족한 점이 많지만, 이 책을 통해 오늘날 젊은이들이 우리 고소설의 가치를 새롭게 인식할 수 있기를 기대한다.

이 책을 출간하기 위해 기존의 글들을 나름 꼼꼼하게 읽으면서 내용은 물론 자구와 주석 등을 수정・보완하였다. 그런데 교정 과정에서 여전히 오자・탈자와 미흡한 부분이 적지 않게 발견되었다. 소명출판 윤소연 선생이 이런 부분을 냉혹하다 싶을 정도로 엄정하게 찾아내어 수정・보완할 수 있었다. 이 자리를 빌려 소명출판 박성모 사장님과 가족들께 깊은 감사의 뜻을 전한다.

2020년 8월

순천 향림골에서 이상구 씀

차례

제2부
민중적 현실 인식과 지향

제1부
사대부적 현실 인식과 지향

| 제1장 |

「이생규장전」의 갈등 구조와 작가의식

1. 문제 제기

『금오신화金鰲新話』가 『전등신화剪燈新話』를 본받아 지어졌다는 것은 비교적 일찍부터 인식되었다. 김시습金時習(1435~1493)보다 반세기 정도 뒤에 태어난 김안로金安老(1481~1537)는 『금오신화』에 대해 "그 책은 무릇 기이를 서술하여 뜻을 비유적으로 드러내었는데, 『전등신화』 등을 본받아 지은 것이다"[1]라고 지적하였으며, 권별權鼈 역시 "일찍이 금오산에 가서 『전등신화』를 본받아 『금오신화』 몇 권을 지었다"[2]라고 언급한 바 있다. 이러한 인식은 순조純祖 때의 조기영趙基永과 『금오신화』를 처음 소개한 최남선에 의해 좀 더 구체화되면서 약간의 변화를 겪는다. 즉 조기영과 최남선은 『금오신화』가 『전등신화』를 '답습'하거나 '모방'한 사실을 인정하는 동시에 '청출어람'이나 '환골탈태'라 하여 『금오신화』의 독창적

---

1 金安老, 「龍泉談寂記」, 『大東野乘』 III(영인), 민족문화추진회, 1971. "其書大抵述異寓意, 效剪燈新話等作也."

2 權鼈, 「海東雜錄」 卷之二, 『大東野乘』 V(영인), 민족문화추진회, 1971. "嘗往金鰲山, 效剪燈新話, 著金鰲新話數卷."

인 면도 아울러 거론했던 것이다. 최남선의 '『금오신화』 해제' 이후 『금오신화』에 대한 연구는 『전등신화』와의 비교를 통해 『금오신화』의 창의성이나 독창성을 밝히는 데 집중되었다.

선학들의 지적처럼 『금오신화』의 형성에 미친 『전등신화』의 영향은 가히 절대적이라 해도 지나치지 않을 것이다. 이는 두 작품 사이의 유사성에서도 드러나만, 김시습이 『전등신화』를 읽고 난 뒤 「제전등신화후題剪燈新話後」라는 제목의 시를 지었다는 점에서도 충분히 엿볼 수 있다. 따라서 『금오신화』와 『전등신화』의 비교 연구는 『금오신화』에 대한 온당한 이해와 평가를 위해서는 필수적이라고 할 수 있다. 또한 이런 점에서 『금오신화』에 대한 연구가 『전등신화』와의 비교 연구로 출발했던 것은 지극히 자연스러우면서도 당연한 것이었다고 하겠다.

그러나 초창기 『금오신화』와 『전등신화』의 비교문학적 연구는 태도와 방법론상 다소의 문제점을 내포하고 있다. 초기 연구자들은 『금오신화』와 『전등신화』에 수록되어 있는 작품 중 영향 관계가 비교적 뚜렷한 것으로 판단되는 한두 작품을 선정한 후 이들을 상호 비교함으로써 『금오신화』의 독창성 내지 창의성을 드러내는데 중점을 두었다. 일예로 다음과 같은 한영환 교수의 주장을 들 수 있다.

> 결국 이처럼 「李生」에게 연관되는 작품이나 설화가 많다는 점은 바로 「李生」이 그만큼 직접적인 모방 내지 영향의 권역에서 벗어나고 있음을 말해 주는 것으로서, 바꾸어 말하면 그만큼 독창성이 강한 작품이라는 뜻이 되기도 한다. 사실 『금오신화』 5편 중 이 「李生窺牆傳」만큼 『전등신화』와 거리가 먼 작품은 없다. 타 작품처럼 그 구성이 아주 가까운 유사성으로 따져질 수 없음은 이미 구성 비교를 통해서도 밝혀진 바다.[3]

위의 견해는 「이생규장전李生窺墻傳」을 『전등신화』 중 주로 「취취전翠翠傳」과의 비교를 통해 내린 결론이다. 실제로 『금오신화』 가운데 「남염부주지南炎浮洲志」나 「용궁부연록龍宮赴宴錄」과 같은 작품은 구성상 『전등신화』의 영향을 분명하게 확인할 수 있는 반면, 「이생규장전」과 유사한 구성으로 이루어진 작품을 『전등신화』에서 찾기는 어렵다. 따라서 「이생규장전」은 「남염부주지」나 「용궁부연록」에 비해 상대적으로 독창성이 강한 작품이라고 할 수 있는바, 위와 같은 한영환 교수의 주장은 매우 그럴 듯하게 보인다.

그러나 이러한 사실만으로 「이생규장전」이 『전등신화』의 직접적인 모방 내지 영향의 권역에서 벗어났다고 말할 수는 없다. 「이생규장전」의 구성은 「연방루기聯芳樓記」와 「취취전」, 「애경전愛敬傳」과 「등목취유취경원기滕穆醉遊聚景園記」 등의 작품을 혼합한 형태이기 때문이다. 즉 이생과 최랑의 만남과 결연은 「연방루기」와 「취취전」에서, 전란으로 인한 이별과 여주인공의 자결은 「애경전」에서, 이생과 최랑의 혼령과의 만남은 「등목취유취경원기」에서 차용한 것이다. 따라서 위의 주장처럼 『전등신화』에 수록되어 있는 개별 작품 가운데 「이생규장전」과 유사한 작품이 없다는 사실만으로 「이생규장전」의 독창성을 운위하는 것은 적절하지 않다.[4]

---

3 한영환, 『한・중・일 소설의 비교 연구』, 정음사, 1985, 118쪽. 위의 인용문은 하나의 예에 불과하며, 위와 같은 논조는 초창기 비교문학적 연구의 거의 모든 논고에서 발견할 수 있다.

4 이석래 교수는 「이생규장전」을 「애경전」과만 비교하여, "「愛」에서는 愛卿의 婦德이 미화되어 있을 뿐 崔娘의 경우와 같이 고난을 이긴 심도 있는 애정이 문제되어 있지 않은 점에서 모방론은 근거가 없고, 다만 같은 傳奇的 구조 속에 「李」는 인간과 異界와의 교섭을 모멘트로 하는 많은 우리의 설화를 기저로 해서 자아의 실현과 확대를 꾀한 독창적인 작품으로 평가받아야 할 것이다"(이석래, 「金鰲新話는 剪燈新話의 모방인가」, 『한국 문학사의 쟁점』, 집문당, 1986, 339쪽)라고 결론짓고 있는데, 이 역시 동일한 문제점을 내포하고 있다.

「이생규장전」을 비롯하여 『금오신화』의 작품들은 『전등신화』에 의해 각인된 강렬한 독서 경험을 바탕으로 김시습이 자신의 사상과 감정, 그리고 세계관에 입각하여 사건을 재구한 작품이라고 할 수 있다. 따라서 우리가 주목해야 할 것은 부분적인 화소나 사건의 동이성同異性이 아니라, 『전등신화』에 기반하여 새롭게 『금오신화』를 짓게 된 김시습의 작가의식이다. 다시 말해서 김시습이 『전등신화』를 읽고 『금오신화』를 창작하게 된 내면적 요구와 문제의식, 그리고 『금오신화』가 갖는 소설사적 의의가 무엇인가를 정확하게 밝히는 것이 중요하다고 하겠다. 물론 이를 위해서는 『금오신화』와 『전등신화』의 유사점과 차이점에 대한 상세하면서도 명료한 고찰은 필수적이다. 그런데 초창기 비교 연구자들은 우리나라 최초의 소설로 간주된 『금오신화』의 소설사적 의의와 가치를 높이기 위해 오로지 『금오신화』가 『전등신화』와 다른 점이 무엇인가를 찾기에 급급하였다. 그리하여 마침내 대부분의 연구자들은 '『금오신화』가 『전등신화』를 표절하거나 단순히 모방한 것이 아니라 창조적으로 모방했다'는 이미 전제된 결론을 이끌어 내었다. 이러한 자세는 객관성을 중요시하는 학문적 태도와는 애초 거리가 먼 것이며, 『금오신화』에 대한 온당한 이해와 평가를 위해서도 지양될 필요가 있다.

나아가 초창기 비교 연구는 부분적인 화소나 사건을 중심으로 『금오신화』와 『전등신화』의 유사점이나 차이점을 밝히는 데 집착함으로써 정작 『금오신화』를 창작하게 된 김시습의 내면적 요구와 문제의식을 구명하는 데는 소홀할 수밖에 없었다. 실제 부분적인 화소나 사건의 동이성에 대한 비교만으로는 작가의 내면적 요구나 문제의식을 깊이 있게 천착할 수 없다. 이러한 한계를 극복하기 위해서는 작품 전체 속에서 각 화소나 사건의 의미와 기능, 작품의 주제 및 작품에 나타난 세계관 등에 대한 고려가 병행되는 가운데 두 작품에 대한 변별성이 논의되어야 한다. 이런 점에서 임형택 교수와 박희병 교수의 다음과 같은 논의는 주목을 요한다.

> 『전등신화』와 『금오신화』는 다같이 人間性에 대한 肯定과 主情主義를 바탕으로 했었다. 그러나 前者의 因果論的 合理主義와 唯心主義的 世界觀에 대하여 後者의 氣一元論的 思想에 의한 無神論的 現實主義는 반대되는 입장이다. 瞿佑에 있어서는 勸善懲惡的 文學觀으로 나타나게 되어 해피엔딩을 가져왔으며 人生의 悲哀를 그리면서도 그것을 悲劇的인 것으로 전환시키지 못했던 것이다. 여기서 우리는 『전등신화』와 『금오신화』가 문학의 본질적인 次元에서 상호 방향이 다른 것이었다는 결론에 도달한다.[5]

> 생의 가장 중요한 가치로서 작품 전편에 걸쳐 일관되게 절의를 강조하고 있다는 점에서 『금오신화』는 『전등신화』와도 구별된다. 『금오신화』는 또한 세계의 무지막지한 횡포에 맞설 수 있는 인간의 주체성이 궁극적으로 이 절의에서 확보된다는 사실을 비장하리만치 힘주어 강조하고 있다는 점에서도 독특하다. 요컨대 『금오신화』는 남녀의 일체감이나 정신적 연대를 중시하는 전기소설의 장르 관습을 적절히 활용하고 극대화하여 절의라는 가치를 발전시킴으로써 이를 통해 작자의 이념을 '투사'하고자 한 것이다. 이는 장르 관습의 변용 내지는 혁신이라 할 만하다.[6]

---

5 임형택, 「現實主義的 世界觀과 金鰲新話」, 『국문학연구』 13, 국문학연구회, 1971, 49~50쪽.
6 박희병, 「전기소설의 장르 관습과 『금오신화』」, 『민족문학사연구』 8, 민족문학사연구회, 1995, 112~113쪽.

임형택 교수는 작품에 나타난 세계관과 문학관을 중심으로, 박희병 교수는 소설의 미학적 특질과 작자의 이념을 중심으로 『전등신화』와 『금오신화』의 차이점을 구명하고자 했다. 이들의 논의는 그 타당성 여부를 떠나 『금오신화』와 『전등신화』의 비교 연구에 대한 새로우면서도 의미 있는 방향을 제시했다는 점에서 연구사적으로 매우 중요한 의의를 지닌다.

그러나 이들의 논의 역시 기본적으로 『전등신화』보다는 『금오신화』가 우수한 작품이라는 전제나 선입관에 기반함으로써 『금오신화』의 소설사적 의의와 한계를 정확하게 구명하지 못한 점이 없지 않다. 한국문학 연구자로서 『전등신화』보다는 『금오신화』를 중심으로 논의를 전개하는 것은 부득이 한 일이라고도 할 수 있다. 그러나 여기에는 항상 주관적 입장이 개입할 위험이 도사리고 있다는 사실을 간과해서는 안 된다.[7] 저자 역시 『금오신화』가 『전등신화』보다 소설 미학적으로 진전된 면이나 『금오신화』의 독창적인 면이 있음을 부정하는 것은 아니다. 다만 저자가 문제 삼고자 하는 것은, 『금오신화』의 특장을 드러내는 차원에서 『전등신화』를 비교의 대상으로 삼을 경우 『전등신화』가 갖고 있는 특장은 도외시될 뿐만 아니라, 그것의 한계에 주목함으로써 결과적으로는 『전등신화』에 대한 온당한 이해는 물론 『금오신화』에 대해서도 온당하게 이해할 수 없다는 것이다.

예컨대, '구우에 있어서는 권선징악적 문학관으로 나타나게 되어 해

7 이와 같은 예로는 "작품 서두의 자세한 배경 묘사는 전기소설의 장르 관습에서는 일반적으로 발견되지 않는 것인데, 「취유부벽정기」는 '山水記'라는 산문 장르의 서술법을 전기소설과 접합시킴으로써 하나의 혁신을 이룩할 수 있었다"(위의 글, 114쪽)라는 박희병 교수의 견해를 들 수 있다. 「취유부벽정기」나 「용궁부연록」의 서두에 보이는 것과 같은 배경 묘사는 『전등신화』의 「등목취유취경원기」나 「용궁영회록」에도 나타나기 때문이다. '자세함'의 정도 차이를 문제 삼아 '진전'을 이루었다고 말할 수는 있어도, 이를 '혁신'으로 평가하는 것은 곤란하다는 것이 저자의 생각이다.

피엔딩을 가져왔으며 인생의 비애를 그리면서도 그것을 비극적인 것으로 전환시키지 못했던 것'이라는 견해를 들 수 있다. 이 주장은 부분적으로는 타당하다. 실제 『전등신화』에는 해피엔딩으로 끝나면서 권선징악적인 주제를 담고 있는 작품이 다수 존재하기 때문이다. 그러나 해피엔딩이라는 결말 처리만을 놓고 구우의 문학관을 권선징악적이라고 단정하는 것은 곤란하다. 이 경우 비극적인 결말을 맺는 『전등신화』의 작품에 대해서는 예외적인 것으로 간주하는 방법 외에는 달리 설명할 길이 없기 때문이다. 위의 주장이 내포하고 있는 더욱 큰 문제점은 결말의 처리 방식에 주목함으로써 사회적 모순이나 지배 계급의 횡포에 따른 민중의 고통과 비참한 삶에 대한 생생한 묘사와 형상화 등 『금오신화』에서는 찾아보기 어려운 『전등신화』의 특장을 간과한 것이라고 하겠다.

마지막으로 기존의 연구에서 문제가 되는 것은 『금오신화』의 성과와 의의를 거론하면서 『전등신화』의 영향을 배제하거나 아예 고려하지 않는 경향이다. 이러한 경향은 초창기 비교 연구에서도 산견되지만, 근래에 이르러 더욱 고착화되고 있다. 일예로 "「만복사저포기」와 「이생규장전」은 「최치원」의 틀을 계승하면서 전쟁을 환경 세계의 횡포로 등장시켰다. 이후 전쟁은 애정류 전기소설의 주요한 요소로 자리 잡았는데, 자아와 환경 세계의 갈등이 구체적인 현실 맥락에서 전개되고 있음을 보여주는 주요한 지표다"[8]라는 견해를 들 수 있다. 이러한 견해는 우리나라 전기소설사만을 고려할 때는 매우 타당하다고 생각한다. 그러나 『금오신화』에 대한 『전등신화』의 영향을 고려한다면 그 문제가 적지 않다. 『전등신화』에 수록되어 있는 대부분의 작품은 '전란으로 인한 민

---

8 김종철, 「전기소설의 전개 양상과 그 특성」, 『민족문화연구』 28, 고려대 민족문화연구소, 1995, 40쪽.

중들의 고통과 한스러움'을 주요 내용으로 삼고 있기 때문이다. 더구나 『금오신화』에서의 전란은 매우 추상적인 차원에서 주로 여주인공의 정절을 드러내는 계기적 사건으로서만 의미를 지니고 있는데 반해, 『전등신화』에서의 전란은 민중들의 비참한 삶 및 고통과 연계되어 생생하면서도 구체적으로 형상화되고 있다는 점을 고려한다면, 위의 견해는 분명 재고할 필요가 있다.

지금까지 『금오신화』에 대한 『전등신화』의 영향을 부정하는 연구자는 없다. 그러나 막상 『금오신화』를 분석하는 과정에서는 『전등신화』를 배제한 채 논의를 전개하거나, 『전등신화』를 고려하더라도 모방설을 부정하면서 동시에 『금오신화』의 독창성과 소설사적 성과를 부각시키기 위해 국내외의 여타 전기적傳奇的 이야기에서 『금오신화』의 연원을 찾고자 하는 경향이 강했다. 물론 『전등신화』가 아니라도 『금오신화』와 유사한 형태의 화소나 삽화를 가진 전기적 이야기들이 국내외에 널리 존재한다. 때문에 『금오신화』와 『전등신화』의 유사성은 우연의 일치에 불과하며 『금오신화』가 『전등신화』를 직접적이거나 곧바로 차용한 것은 아니라고 주장할 여지가 없는 것은 아니다. 그러나 이러한 입장이, 『전등신화』가 『금오신화』의 산출에 미친 영향이 분명한 만큼, 과연 『금오신화』를 비롯하여 우리 소설사에 대한 온당한 이해를 막고 있는 것은 아닌지 반성해 볼 필요가 있다.[9] 이런 점에서 이제 주관적 입장을 가능한

9 근래 내재적 발전론의 입장에서 「최치원(崔致遠)」과 『금오신화』 사이의 시간적, 소설사적 간극을 메우기 위한 노력이 몇몇 연구자들에 의해 수행되었으며, 이 과정에서 특정한 작품을 놓고 '소설이다, 아니다'라는 논쟁이 제기되기도 하였다. 이들의 연구가 결과적으로 우리의 서사문학사를 보다 풍부하게 한 것은 사실이다. 그러나 이러한 연구 태도의 이면에는 문학 현상 및 문학사의 흐름을 기계론적으로 적용하게 될 위험이 도사리고 있다. 내재적 발전 가능성이나 수용 여건에 대한 고려 못지않게 외부적 영향과 그 충격에 대해 세심하게 고려하는 자세가 역사적 태도에 근접할 터이다. 이런 점에서 『금오신화』에 대한

배제한 채 제3자의 위치에서 『금오신화』와 『전등신화』의 특장과 한계를 객관적으로 분석하는 작업이 절실히 요구된다. 이러한 작업을 통해서 비로소 『금오신화』에 대한 온당한 평가와 자리매김이 가능하게 될 것이다.

2. 「이생규장전」과 『전등신화』의 관계

「이생규장전」은 여러 가지 점에서 『금오신화』와 『전등신화』의 관계 양상을 규명할 수 있는 작품이라는 점에서 주목된다. 그동안 「이생규장전」에 주로 영향을 미쳤던 『전등신화』의 작품으로 「위당기우기渭塘奇遇記」와 「취취전」, 「연방루기」 등이 거론되어 왔다.

「위당기우기」는 왕생이라는 선비가 주막집 처녀와 눈이 마주친 뒤 매일 밤 서로 운우지정을 나누는 꿈을 꾸었는데, 이 꿈이 현실과 조금도 다름이 없었으며 결국 두 사람이 결혼하여 백년해로했다는 이야기이다. 즉 이 작품은 '남녀주인공의 기이한 인연'에 초점을 맞추어 형상화한 전기소설傳奇小說로, 작품의 내용이나 사건의 전개 과정 등을 고려할 때 「이생규장전」과 관련짓기가 쉽지 않다. 다만, 왕생이 꿈속에서 본 처녀의 거처에 대한 묘사가 「이생규장전」에서 최랑의 거처에 대한 묘사와 매우 비슷하다는 점, 두 여주인공의 방에 걸린 그림에 시의 제목이 모두 '사시사四時詞'란 점[10]에서 두 작품의 관련성을 찾을 수 있다. 또 주

온당한 이해는 『전등신화』의 영향을 정직하게 시인하는 데서 시작되어야 한다고 생각한다. 역사의 발전은 필연과 우연의 변증법적 관계 속에서 이루어진다. 이때 필연과 우연은 동등한 비중을 갖기 때문에 필연만 강조해서도 안 되고 우연만 강조해서도 안 된다.

10 『금오신화』는 『전등신화』에 비해 시(詩)가 매우 많이 삽입되어 있다. 예컨대, 「위당기우

막집 처녀가 상사병으로 죽을 지경에 이르게 되었다는 것을 알게 된 그녀의 부친이 두 사람의 결혼을 주선한다는 화소 역시 유사하다. 이런 점들을 고려한다면 「이생규장전」의 전반부는 「위당기우기」의 영향을 받았다고 할 수 있으며, 실제 「이생규장전」에는 「위당기우기」의 내용이 언급되어 있기도 하다. 그러나 '기이한 인연에 대한 이야기' 그 자체인 「위당기우기」와 신분 차이에 따른 애정 갈등을 사실적으로 형상화한 「이생규장전」의 전반부는 본질적으로 다른 세계관과 미학에 기반하고 있다고 하겠다. 따라서 이 두 작품만을 놓고 본다면 「이생규장전」은 사실적 형상화라는 측면에서 혁신에 가까운 진전을 보였다고 할 수 있다.

그런데 「이생규장전」의 전반부에 영향을 미친 것으로 판단되는 「취취전」과 「연방루기」 역시 남녀주인공의 만남과 결연 과정이 매우 사실적으로 형상화되어 있다. 「연방루기」는 시재詩才가 탁월한 자매인 난영과 혜영이 정생과 운우지정을 나누다가 부친에게 발각되지만, 두 집안의 기꺼운 합의하에 결연을 맺는다는 내용이다. 이 작품은 여주인공이 두 명이라는 점과 두 집안의 위상이 비슷하다는 점을 빼고는 「이생규장전」의 전반부와 매우 혹사하다. 남녀주인공이 모두 시재가 뛰어난 점, 여주인공이 적극적인데 반해 남주인공은 자신의 행실이 발각될까 두려워한다는 점, 특히 여주인공이 이러한 남주인공을 설득하는 내용 등이 혹사하다.[11]

기」의 '사시사'가 총 4수인데 반해 「이생규장전」은 총 18수나 된다. 특히 남녀의 애정을 제재로 삼은 시가 『전등신화』에 비해 많이 확장되어 있거나 풍부하다. 이런 점을 고려할 때 『금오신화』의 저작 의도 중의 한 요소로 김시습의 '시 짓기'를 생각해 봄 직하다.

11 이런 점에서 "『금오신화』에서는 나려시대의 전기소설에 비해 인물의 말과 행위, 심리와 정서를 좀 더 자세히 재현하고 있다. 그에 따라 인물 개성의 창조에 상당한 진전이 보인다. 특히 「이생규장전」에서 여주인공 최랑의 성격 창조는 대단한 성과라 평가할 만하다"는 견해(박희병, 앞의 글, 122쪽)는 재고할 필요가 있다.

「취취전」은 서당 동료였던 취취와 김정이 문벌의 차이를 극복하고 결연을 맺으나 장사성張士誠의 난으로 인해 비극적인 결말을 맺는다는 내용의 이야기이다. 「위당기우기」나 「연방루기」가 비교적 짧은 내용의 결연담으로 행복한 결말을 맺는데 반해, 「취취전」은 분량이 「이생규장전」에 버금갈 뿐 아니라 문벌의 차이를 극복한 결연과 전란으로 인한 비극적 결말 등에서 「이생규장전」과 유사한 면모를 보인다. 특히 문벌의 차이에 따른 애정 갈등의 양상과 성격은 「이생규장전」의 그것과 다름이 없다. 즉 죽어도 다른 가문에는 시집가지 않겠다는 취취의 강고한 의지에 따라 부유한 취취의 부친이 먼저 청혼을 하는데, 김정의 부친은 자신의 빈천한 처지를 들어 이를 거절했던 것이다.

그러나 「취취전」의 후반부는 「이생규장전」과 다르게 전개된다. 특히 이 두 작품은 여주인공의 행동 방식에서 현격한 차이를 보인다. 「이생규장전」의 최랑은 정절을 지키기 위해 자결을 하나 「취취전」의 취취는 장사성의 휘하에 있는 이 장군의 애첩이 되었던 것이다.

이 외에 기존에는 거론되지 않았지만 「이생규장전」과 관련하여 『전등신화』의 「애경전」과 「등목취유취경원기」를 주목할 필요가 있다. 「애경전」은 명기名妓인 애경이 부호의 자제인 조생과 혼인하여 부도婦道를 극진히 행하다가 장사성의 난 때 정절을 지키기 위해 자결한다는 비극적인 내용의 이야기다. 이 작품은 천민이라고 할 수 있는 기생 애경의 부덕과 정절을 주 내용으로 하고 있는바, 「이생규장전」과는 다소 그 지향을 달리하는 작품이라고 할 수도 있다. 또한 결말 처리가 「만복사저포기萬福寺樗蒲記」처럼 되어 있어 「이생규장전」의 결말과는 차이를 보인다. 그러나 여주인공이 전란을 맞아 정절을 지키기 위해 자결한다는 점, 전란이 그친 후 남주인공이 집으로 돌아와 여주인공의 혼령과 교환

交歡한다는 점 등에서 「이생규장전」의 형성에 상당한 영향을 미친 것으로 판단된다.

「등목취유취경원기」는 풍류를 좋아하는 등목이 취경원에서 송나라 때 궁녀였던 위방화의 혼령을 만나 운우지정을 나눈 뒤, 자신의 집으로 데려와 3년 동안 부부로서 함께 살다가 유명幽明의 계율을 어길 수 없어 부득이 이별하게 된다는 내용의 이야기다. 이 작품은 남주인공이 여귀女鬼와 만나 교환한다는 점 때문에 주로 「만복사저포기」에 영향을 미친 것으로 거론되어 왔다. 그러나 여귀가 3년 동안 현실 세계에서 부부 생활을 영위하고, 혼령이면서도 부도를 다한다는 내용은 「이생규장전」의 후반부와 유사하다.[12]

이상에서 살펴보았듯이, 「이생규장전」과 흡사한 사건과 내용이 『전등신화』의 여러 작품에 산재되어 있다. 이러한 현상을 어떻게 이해해야 할 것인가? 우리는 『금오신화』의 창의성을 강조하기 위해 이를 우연의 일치나 또는 당시에 널리 퍼져 있던 전기적 이야기들을 수용한 것일 따름이지, 『전등신화』에서 직접적이거나 곧바로 차용한 것은 아니라고 이해할 수도 있다. 그러나 이러한 태도가 『금오신화』와 우리 소설사에 대한 온당한 이해의 길을 막고 있는 것은 아닌지 돌이켜볼 필요가 있다. 그렇다고 해서 저자가 「이생규장전」의 창의성을 부정하는 것은 아니다. 「이생규장전」은 김시습이 『전등신화』에 의해 각인된 강렬한

12 「이생규장전」에는 최랑의 혼령이 들판에 버려져 있는 시부모님의 해골을 찾아 장례를 치르는 대목이 있는데, 이는 최랑의 부덕을 강조하기 위해 설정된 것이다. 작가 김시습이 최랑의 부덕을 부각시키려 했다는 것은 이생이 최랑의 혼령과 이별하면서 "지난번 난리가 일어난 뒤에 친척과 노복들이 각각 흩어지고 돌아가신 부모님의 해골이 들판에 버려졌을 때 낭자가 아니라면 누가 부모님 장사를 지내주었겠소(向者 喪亂之後 親戚僮僕 各相亂離 亡親骸骨 狼藉原野 儻非娘子 誰能瘞埋)"(김시습, 『금오신화』, 을유문고81, 1980, 187쪽)라고 한 데서도 확인된다. 이하 『금오신화』를 인용할 경우 책명과 쪽수만 표기한다.

독서 경험을 바탕으로 김시습 자신의 사상과 감정, 그리고 세계관에 입각하여 새롭게 창출된 작품이라는 것이 저자의 생각이다. 저자가 문제 삼는 것은 『금오신화』에 대한 『전등신화』의 절대적 영향을 인정하는 바탕 위에서 논의가 시작되었을 때 『금오신화』에 대한 온당한 이해와 정당한 평가가 이루어질 수 있다는 것이다.

3. 애정 갈등의 양상과 그 성격

「이생규장전」은 문벌이 다른 청춘남녀가 애정 장애를 극복하고 결연을 맺으나 결국에는 전란으로 인해 비극적인 죽음을 맞이하게 된다는 이야기다. 이로 인해 그간 「이생규장전」은 주로 '신분의 모순에 따른 비극적인 사랑 이야기' 정도로 이해되어 왔다. 일례로 박일용 교수가 "「이생규장전」에는 현실 세계에 존재하는 한미한 신흥사류와 문벌귀족 사이의 넘어설 수 없는 신분적 차이를 두고, 그것의 낭만적 해소와 부정이 거듭 되풀이되는 구성이 전개되면서, 그 정점에 명혼 모티프라는 낭만적인 전기적 모티프가 설정되고 있다. 이러한 구성은 문벌의 차이라는 현실적 질곡을 극복하려는 서술자의 치열한 현실 극복의식을 바탕으로 한 낭만적 서술시각이 투영된 것이다"[13]라고 했던 것을 들 수 있다. 실제 「이생규장전」에서 남녀주인공인 이생과 최랑의 신분적 차이가 일정하게 문제가 되고 있다는 것은 부정할 수 없다. 이생의 부친이 "어찌 권세 있는 가문에서 빈한한 선비의 자제를 사위로 삼으려 하겠습니까? 이는 반드

13 박일용, 『조선시대의 애정소설』, 집문당, 1993, 96쪽.

시 호사가들이 내 가문을 지나치게 칭찬해서 귀댁을 속이려는 것입니다"[14]라며, 최랑 부친의 청혼을 거절하고 있기 때문이다.

그러나 과연 「이생규장전」이 '문벌의 차이라는 현실적 질곡을 극복하려는 서술자의 치열한 현실 극복의식을 바탕으로 한 낭만적 서술시각이 투영된 작품'이라고 할 수 있는가? 이 문제에 대해서 우리는 다소 신중을 기할 필요가 있다. 신분 차이가 존재하는 두 남녀의 애정을 주제로 한 대부분의 작품은 상위 신분에 속한 인물이 상대방의 낮은 신분을 문제 삼는 것으로 되어 있다. 「수삽석남首揷石南」을 비롯하여 「숙향전淑香傳」, 「춘향전春香傳」, 「심생전沈生傳」 등이 모두 그렇다. 현실적 삶에서도 상위 신분에 속한 인물이 신분이 다른 두 남녀의 결연을 문제 삼는 것이 일반적인 현상이다. 또 이랬을 때 비로소 신분적 차이가 애정 갈등의 요소로 작용하게 된다. 다시 말해, 신분적 위상이 다른 두 남녀의 결연에 있어서 상위 신분에 속하는 인물이 상대방의 낮은 신분을 문제 삼았을 때 신분의 차이는 비로소 현실적인 질곡으로서의 실질적인 의미를 갖는다는 것이다.

그런데 유독 「이생규장전」과 이 작품의 형성에 상당히 영향을 미치고 있는 것으로 거론되고 있는 『전등신화』의 「취취전」만이 오히려 상대적으로 낮은 신분에 속하는 사람이 상대방의 높은 신분을 문제 삼아 남녀 주인공의 혼인을 거절한다. 즉 상위 신분에 속하는 최랑의 부친은 적극적으로 청혼을 하는데 하위 신분에 속한 이생의 부친이 문벌의 차이를 거론하면서 그의 청혼을 거절하고 있는 것이다. 이것은 분명 문학 일반이나 현실에서 찾아보기 어려운 독특한 양상임에 틀림이 없다. 따라서

---

14 『금오신화』, 184쪽. "況巨家大族, 豈以一人寒儒, 留意爲贅郎乎. 是必好事者, 過譽吾家, 以誣高門也."

「이생규장전」에서 문벌의 차이에 따른 애정 갈등의 성격을 정확하게 이해하기 위해서는 무엇보다 먼저 이생의 부친이 왜 권세가인 최랑 부친의 청혼을 거절하게 되었는가를 분명하게 집고 넘어갈 필요가 있다.

> ① 네가 아침에 집을 나갔다가 저녁에 돌아오는 것은 옛 성현의 참된 말씀을 실천하려 함인데, 요사이는 황혼에 집을 나가서 새벽에 돌아오니 어찌된 까닭이냐? 틀림없이 경박한 놈의 행실을 배워서 남의 집 담장을 넘어가서 처녀를 엿보고 다니는 것이겠지? 이런 일이 만일 탄로되면 사람들은 모두 내가 자식 잘못 가르쳤다고 책망할 것이요, 또 그 처녀도 지체 높은 집안의 딸이라면 반드시 네 행동 때문에 그의 가문이 누를 입게 될 것이니 이는 작은 일이 아니다. 너는 한시 바삐 영남으로 내려가서 노복들의 농사 감독이나 해라.[15]

> ② 저희 집 아이가 비록 나이 젊어서 바람이 났다고 하더라도 학문에 정통하고 풍채도 현인답게 생겼소. 훗날엔 장원으로 급제할 것이며 이름을 세상에 떨칠 것이니, 그의 배필을 서둘러 구할 생각이 없소.[16]

①은 이생이 저녁에 나갔다가 새벽에 들어오는 것을 수상하게 여긴 부친이 이생을 영남으로 보내면서 한 말이며, ②는 이생의 부친이 최랑 부친의 청혼을 거절하면서 한 말이다. ①에서 볼 수 있듯이, 이생의 부

15 『금오신화』, 182쪽. "汝朝出而暮還者, 將以學先聖仁義之格言, 今昏出而曉還, 當爲何事. 必作輕薄子, 踰垣牆, 折樹檀耳. 事如彰露, 人皆譴我敎子之不嚴, 而如其女定是高門右族, 則必以爾之狂狡, 穢彼門戶. 獲戾人家, 其事不小, 速去嶺南率奴隸監農, 勿得復還."

16 『금오신화』, 183쪽. "吾家豚犬, 雖年少風狂, 學問精通, 身彩似人, 所冀捷龍頭於異日, 占鳳鳴於他年, 不願速求婚媾也."

친이 문제 삼고 있는 것은 남의 집 담장을 넘어 가서 처녀를 엿보는 이생의 경박한 행실이다. 이생이 남 몰래 월담하여 최랑과 애정 관계를 맺는 것은 옛 성현의 참된 말씀에 어긋나고, 주위 사람들에게 비난받을 일이며, 상대방 가문에 누를 끼치는 아주 잘못된 행위라는 것이다. 이생의 부친은 스스로 빈한한 선비라고 언급하고 있는데, '옛 성현의 참된 말씀'을 들어 자식인 이생의 부도덕한 행위를 꾸짖고, 또 자식의 행위로 인해 남이 입게 될 피해까지를 염려하고 있다는 점에서 유교적 이념을 철저하게 준수하는 도덕주의자로 이해된다.

이러한 이생 부친의 성향을 고려할 때, 빈한한 선비인 그가 권세가의 청혼을 거절한 까닭을 더욱 자연스럽게 이해할 수 있다. 그는 최 씨의 청혼을 받고 먼저 그의 집안에 대해서 물어본 뒤, 자식인 이생의 부도덕한 행위를 젊은 시절에 범할 수 있는 일시적인 잘못이라고 변명한다. 그런 다음 이생의 뛰어난 학문과 풍채 그리고 예견되는 밝은 장래를 들어 청혼을 거절한다. 일반적으로 본다면, 이생의 부친과 같은 처지에서 자식의 잘못을 빌미삼아 두 집안의 혼인을 적극 추진하거나, 마지못해 상대방의 청혼을 받아들이는 모양새를 취할 만한 상황이다. 그런데 이생의 부친은 도리어 이를 거부하고 있는 것이다.

이런 점에서 이생 부친의 거절은 여말선초麗末鮮初에 권문세가와 대립적인 위치에서 새롭게 성장해 가고 있었던 신진사인新進士人의 의식을 반영하고 있다고 이해해 봄 직하다. 이는 그가 자식인 이생의 입신양명을 자신하고 있다는 점에서도 설득력이 있다. 그러나 적어도 그가 권문세가에 대해 부정적인 인식 때문에 최 씨의 청혼을 거절했다고 말할 수는 없다. 그는 이생의 부도덕한 행위로 '지체 높은 가문에 누를 끼칠까' 염려하고 있는 인물이기 때문이다. 따라서 이생의 부친이 최 씨의 청혼을 거절한 것은 권문세가에 대한 부정적 인식보다는 선비로서의 자존심이나 도덕주의자로서의 엄격성에 따른 것으로 이해하는 것이 온당할 것이다.

이 점은 두 번째 청혼과 이를 거절하는 과정에서 더욱 분명하게 확인된다. 청혼을 거절당한 최랑의 부친은 다음과 같이 말하면서 거듭 매파를 보내 청혼한다.

> 송도에 사는 친구들이 모두 그대의 영식은 재주가 남달리 뛰어났다고 칭찬하고 있습니다. 지금은 아직 과거하지 않고 있습니다만 어찌 끝까지 초야에 묻혀 있을 인물이겠습니까? 제 여식도 과히 남에게 뒤지지 않으오니 그들의 혼인을 이루어 주심이 어떠하겠습니까?[17]

최랑 부친은 먼저 이생의 재주가 뛰어나다는 소문을 들었다는 이야기와 함께 이생이 입신할 것이라고 말한다. 이는 이생 부친이 청혼을 거절하면서 한 말을 그대로 시인함으로써 권문세가인 자기가 시혜적인 차원에서 청혼한 것이 아님을 간접적으로 드러낸 것이라고 할 수 있다. 최랑의 부친은 상대적으로 한미한 가문에 속하는 이생 부친의 자존심이 상하지 않도록 배려를 하고 있는 것이다. 최 씨가 문벌을 내세우기보다는 자신의 딸이 남에게 뒤지지 않아 이생과 짝할 만한 인물이라 한 것도 같은 맥락에서 이해할 수 있다. 즉 최랑의 부친은 이생과 최랑의 결연이 대등한 관계에서 추진되고 있다는 점을 역설함으로써 두 사람의 결혼을 성사시키려고 했던 것이다. 그 결과 마침내 이생 부친의 자존심 문제는 해결된다. 이생 부친은 자기가 젊어서부터 학문을 닦았으

17 『금오신화』, 183쪽. "一時朋伴, 皆稱令嗣才華邁人. 今雖蟠屈, 豈是池中之物, 宜速嘉會之辰, 以合二姓之好."

나 성공을 하지 못했으며, 생활이 치밀하지 못해 살림이 궁색해졌다고 고백할 정도로 최랑 부친의 배려에 대해 호의적인 반응을 보인 것이다.

그러나 도덕주의자로서의 엄격성의 문제는 여전히 남아 있다. 이생 부친은 자신의 궁색한 살림살이를 실토한 다음, "어찌 거가대족巨家大族에서 빈한한 선비의 자제를 사위로 삼으려 하겠습니까? 이는 반드시 호사가들이 내 가문을 지나치게 칭찬해서 귀댁을 속이려는 것입니다"[18] 라며, 최 씨의 두 번째 청혼마저 거절한다.

여기서 우리는 이생의 부친이 왜 문벌의 차이를 거론하게 되었는가에 대해 주목할 필요가 있다. 권문세가들이 빈한한 선비 집안과 결연 관계를 맺지 않았던 것은 당시의 일반적인 세태였다. 그러나 하나의 문학 작품이 한두 구절을 통해 당대의 현실을 사실적으로 반영했다고 해서 작가가 곧바로 그러한 현실을 문제 삼았다고 말할 수는 없다. 작가는 사회적 모순이나 질곡의 본질을 이해하지 못한 채 사회적 현실의 일부 국면을 작품에 사실적으로 반영할 수도 있기 때문이다. 예컨대, 오늘날 우리는 봉건적 신분제도를 일종의 사회적 질곡으로 인식하고 있지만 조선시대 많은 작가들은 그것을 자연스럽거나 당위로 인식했으며, 그런 상태로 문벌의 차이에 따른 애정 갈등을 사실적으로 형상화할 수 있다는 것이다. 실제로 김시습은 봉건적 신분제도를 자연스러운 것으로 이해했던 인물로 평가되고 있기도 하다.[19] 따라서 「이생규장전」에 신분과 관련된 내용이 사실적으로 반영되어 있다고 해서 이를 곧바

18 『금오신화』, 184쪽. "況巨家大族, 豈以一人寒儒, 留意爲贅郎乎. 是必好事者, 過譽吾家, 以誣高門也."

19 정성철은 "계급적 등급제도는 자연스러운 것이며 통치자는 나무의 대나 뿌리이고 피착취 대중은 나무의 아지나 잎에 불과하며 그것은 뿌리나 대를 지켜주어야 한다고 생각한 것이 김시습의 명분론이다"(정성철, 『조선 철학사』 II, 이성과현실, 1998, 125쪽)라고 지적하고 있다.

로 작가 김시습이 문벌의 차이라는 현실적 질곡을 문제 삼았다고 볼 수는 없다.

이는 이생 부친의 태도에서 여실하게 드러난다. 그는 문벌가에서 빈한한 선비의 자제를 사위로 삼지 않는 것을 당연한 것으로 생각하고 있다. 다만 그가 문제 삼고 있는 것은 문벌가에서 빈한한 선비의 자제를 사위로 삼으려고 하는 예외적인 일이며, 이런 예외적인 일이 발생한 것은 일종의 오해 때문일 것이라고 말한다. 즉 그는 문벌가인 최 씨가 '송도에 사는 친구들이 모두 이생의 재주가 남달리 뛰어나다고 칭찬하고 있다'면서 재차 매파를 보내 청혼을 한 것에 대해, 그것은 '호사가들이 내 가문을 지나치게 칭찬해서 귀댁을 속이려는 것'이라고 대답했던 것이다. 이러한 이생 부친의 태도는 선비로서의 도덕주의적 엄격성에서 비롯된 것이라고 하겠다. 요컨대, 이생과 최랑의 애정 실현에 걸림돌이 된 것은 문벌의 차이라기보다는 유학자인 이생 부친의 자존심과 도덕주의적 엄격성 때문이라는 것이 저자의 생각이다.

이런 점에서 「이생규장전」에서의 애정 갈등은 일단 '인간의 자연스런 감정인 남녀의 사랑과 유교적 도덕 규범 사이의 대립' 정도로 이해해 볼 수 있다. 실제 이러한 갈등은 이생과 부친 사이에서 뿐만 아니라 이미 이생의 내부에도 자리 잡고 있었다. 이생은 최랑과 애정을 나누는 가운데 "이다음 어쩌다가 봄소식이 샌다면 무정한 비바람에 또한 가련하리라"[20]라고 읊는다. 이생은 최랑을 사랑하고 있으면서도 자신의 떳떳하지 못한 행동에 대한 두려움을 갖고 있었던 것이다. 이러한 이생의 두려움은 "저는 비록 여자의 몸이오나 조금도 걱정함이 없는데, 대장부

20 『금오신화』, 175쪽. "他時漏洩春消息 風雨無情亦可憐."

의 의기를 가지고서 어찌 그런 말씀을 하십니까? 뒷날에 규중의 비밀이 누설되어 부모님께 꾸지람을 듣게 되더라도 저 혼자 책임지겠습니다"[21]라는 최랑의 단호한 결의로 인해 일시 무마된다. 그러나 이생은 사흘이 지난 뒤에 또 '자식의 도리'를 들어 집으로 돌아가겠다고 말하고, 최랑은 서운하게 여기면서도 이생의 말을 옳게 여겨 승낙한다.[22] 이런 점에서 이생 부친의 반대는 이생의 내부에 자리 잡고 있던 갈등이 외부로 전이되면서 구체적으로 형상화된 것이라고 하겠다.

「이생규장전」이 청춘남녀의 애정 갈등을 통해 문제 삼고자 했던 것이 인간의 본능적 욕망인 남녀의 애정을 억압하는 유교적 도덕 관념이나 이에 따른 사회적 관습이었다는 것은 다음과 같은 최랑의 말에서도 분명하게 드러난다.

> 가만히 생각하옵건대 남녀가 서로 사랑을 느낌은 인간의 정리로서 가장 중대한 일입니다. 그러므로 혼기를 늦추어서는 안 된다는 것이 『시경』의 「주남」편에도 나타나고, 여자가 정조를 지키지 못하면 흉하다는 것은 『역경』에 경계되어 있습니다. 저는 냇버들 같은 연약한 자질로서 용색이 시드는 것은 생각하지 않고서 절개를 지키지 못하여 옆 사람의 비웃음을 받게 되었습니다. 새삼 덩굴과 여라 이끼가 다른 나무에 의지해서 살듯

---

21 『금오신화』, 175~176쪽. "妾雖女類 心意泰然 丈夫意氣 肯作此語乎 他日閨中事洩 親庭譴責妾以身當之."

22 설중환 교수는 이생의 소극적인 태도와 최랑의 적극적인 태도에 주목하여 「이생규장전」을 '김시습이 자신의 소극적인 절의를 비판하고 적극적인 절의를 선망·추구한 작품'(설중환, 『金鰲新話 硏究』, 고려대 민족문화연구소, 1983, 149쪽)으로 이해한 바 있다. 근래 박희병 교수도 『금오신화』에서 '절의의 문제'가 중요함을 거듭 강조하고 있다는 점에서 『금오신화』의 연구와 관련하여 '절의'의 문제를 처음 본격적으로 거론한 설중환 교수의 연구는 자못 의의가 크다고 하겠다.

이 벌써 위당의 처녀 행세를 하게 되었으니, 죄가 이미 가득 차고 수치가 가문에 미치고 말았습니다. (…중략…) 부모님께서 제 소원을 들어주신다면 남은 생명이나마 보전되겠습니다만, 만약 저의 이 간곡한 청을 거절하신다면 죽음만이 있을 뿐입니다. 도련님과 저승에서 다시 함께 만날지언정 절대로 다른 가문에는 시집가지 않겠습니다.[23]

최랑은 남녀의 애정은 인간의 정리로서 가장 중대한 일이라고 말하고, 그 근거로 『시경詩經』 「주남편周南篇」을 든다. 최랑이 이생에게 품게 된 애정을 옹호하기 위해 『시경』을 원용한 것은 당시 유자儒者들의 편협한 도덕 관념과 사회적 관습을 부정하는 의미가 있다. 즉 유자들이 최고의 경전經典으로 삼고 있는 『시경』의 구절을 원용하여 남녀의 자연스런 만남과 애정을 억압했던 편협한 유자들의 태도를 부정하고 있는 것이다. 따라서 김시습이 「이생규장전」의 애정 갈등을 통해 드러내고자 했던 것의 요체는 남녀의 애정은 인간의 정리로서 가장 중대한 것이며, 유교적 도덕 관념이나 사회적 관습으로 남녀의 애정을 억압해서는 안 된다는 메시지라고 하겠다.[24]

23 『금오신화』, 183쪽. “竊念男女相感 人情至重. 是以摽梅迨吉 咏於周南 咸腓之凶 戒於羲易. 自將蒲柳之質 不念桑落之詩 行露沾衣 竊被傍人之嗤. 絲蘿托木 已作渭兒之行. 罪已貫盈 累及門戶. (…中略…) 父母如從我願 終保餘生 倘違情款斃而有已. 當與李生 重遊黃泉之下 誓不登他門也.”

24 김시습이 애정을 억압하는 주 요소로 유교적 도덕 관념을 염두하고 있다는 것은 『금오신화』의 곳곳에 나타난다. 일예로 「만복사저포기」 가운데 “제 행동이 법도를 어긴 것은 저도 잘 알고 있습니다. 저도 어렸을 때 시경과 서경을 읽었으므로 예의에 대해서는 대강 알고 있습니다. 시경의 건상장과 상서장에서 이른 내용이 다 부끄러운 것임을 모르는 것은 아닙니다. 그러하오나 다북쑥 우거진 속에 오랫동안 묻혀 있어 들판에 버림받은 몸이 되고 보니 사랑의 정서가 한번 일어나자 끝내 걷잡을 수 없었습니다(妾之犯律 自知甚明. 少讀詩書 粗知禮義 非不諳褰裳之可媿 相鼠之可赧. 然而久處蓬蒿 拋棄原野 風情一發 終不能戒)”(『금오신화』, 165쪽)와 같은 언급을 들 수 있다.

그러나 남녀의 순수한 애정을 억압하는 요소로 유교적 도덕 관념을 들었다고 해서 작가가 유교적 도덕 규범 그 자체를 부정한 것으로 이해해서는 안 된다. 최랑은 남녀의 애정이 인간의 정리로서 가장 중대한 일이라고 언급하면서도, 『역경易經』을 인용하면서 정조를 지키지 못한 자신의 잘못을 솔직하게 시인한다. 물론 이러한 시인은 자신과 이생의 애정을 실현하기 위해 내세운 일종의 명분으로 볼 수도 있다. 최랑이 부모 몰래 이생과 운우지정을 나눈 것은 그녀의 말대로 이웃 사람들의 비난과 비웃음을 면키 어려운 행위임에 틀림없다. 이웃 사람들의 비난은 최랑에게도 문제가 되겠지만, 권문세가인 최 씨 가문에도 심각한 문젯거리였을 터이다. 이는 최랑이 '자신의 부정不貞한 행위 때문에 수치가 가문에 미치게 되었다'고 말한 데서도 알 수 있다.

이러한 상황에서 부모 몰래 혼전 관계를 맺은 최랑이 자신의 죄와 가문의 수치를 최대한 약화시킬 수 있는 방법은 죽음을 선택하거나 이생과 결혼하는 것일 뿐이다. 죽음을 선택하면 이생에 대한 지조를 지킨 것이 되며, 양가 부모의 허락을 받고 이생과 결혼을 하면 적어도 절개를 지키지 못했다는 비난은 면할 수 있기 때문이다. 그래서 최랑은 '이생과 결혼하지 못하게 된다면 죽을 수밖에 없다'고 말한 것이다. 최랑의 부모 입장에서는 외동딸의 목숨도 소중하지만 가문의 명예 또한 무시할 수 없었기 때문에 위와 같은 최랑의 말에 동의했을 터이다. 즉 최랑이 『역경』을 들어가면서 정조를 지키지 못한 자신의 죄와 가문의 수치를 운위한 것은 부모를 설득시켜 자신과 이생의 결혼을 성사시키기 위한 명분으로 볼 수 있다는 것이다.

그러나 최랑이 순전히 이생과의 결혼을 실현할 목적으로만 정조나 절개를 내세웠던 것은 아니다. 최랑은 실제 정조나 절개라는 덕목을 매우 소중하게 여기고 있는 인물이기 때문이다. 그녀는 홍건적이 겁탈하려 하자, "이 범의 창귀 같은 놈아. 나를 죽여 씹어 먹어라. 내 차라리 이리의 밥이 될지언정 어찌 개돼지의 배필이 되어 내 정조를 더럽히겠느냐"[25]며 기꺼이 죽음을 선택했던 인물이었던 것이다. 이런 점에서 김시습은 애정을 억압하는 편협한 유자들의 태도는 부정했다 할지라도 '정조나 절개를 지켜야 한다'는 유교적 도덕 규범을 중시했던 것으로 이해된다. 요컨대 '인간의 정리인 남녀의 사랑은 어떠한 것에 의해서도 억압되어서는 안 되지만 애정 당사자는 서로 신의와 지조는 지켜야 한다'는 것이 김시습의 애정관이었다고 하겠다.[26]

「이생규장전」에서 애정 갈등의 주 요인이 신분 문제가 아니라 편협한 유교적 관념이나 이에 따른 사회적 관습이었다는 것은 최랑이 이생에게 사랑을 고백하면서 신분 문제를 전혀 거론하지 않았다는 점에서 알 수 있다. 그렇다고 해서 이생과 최랑 사이에 개재되어 있는 문벌의 차이가 전혀 의미 없는 것은 아니다. 비록 작가가 신분 문제를 현실적 질곡으로 인식하지 못한 채 형상화했다 할지라도 문벌의 차이가 이생과 최랑의 애정 실현에 걸림돌이 되지 않을 수 없기 때문이다. 그럼에도 불구하고 김시습이 이 문제를 주요 갈등 요인으로 설정하지 않은 것은 무엇 때문인가. 이는 「이생규장전」의 형성에 영향을 미친 「취취전」을 보면 어렵지 않게 추정할 수 있다.

「취취전」의 남녀주인공인 취취翠翠와 김정金定은 모두 평민이면서 동갑내기로 같은 서당에 다녔다. 이들은 함께 서당에 다니면서 서당 아이

25 『금오신화』, 185쪽. "虎鬼殺啗我 寧死於豺狼之腹中 安能作狗彘之匹乎."

26 김시습이 여자뿐만 아니라 남자의 신의도 중시했다는 것은 이생이 최 부인과 완전히 헤어진 이후, "이생 역시 아내를 지극히 생각한 나머지 병이 나서 몇 개월 만에 세상을 떠났다(生亦以追念之故, 得病數月而卒)"(『금오신화』, 188쪽)고 마무리 지은 것에서도 알 수 있다.

들로부터 "동갑내기는 부부가 된다네"[27]라는 놀림을 받다가 마침내 본인들도 그렇게 되려니 생각하며 연시戀詩를 주고받는다. 그러나 나이가 들게 되면서 여자인 취취는 서당에 나갈 수 없게 되었고, 16세가 되었을 때 부모가 다른 곳에 시집을 보내려 한다. 이에 취취는 "저는 꼭 서쪽에 사는 김정에게 시집가기로 이미 마음먹고 있어요. 만약 그렇게 해주시지 않는다면 죽으면 죽었지 다른 집으로는 안 가겠어요."[28]라고 말한다. 취취의 부모가 어쩔 수 없어 중매쟁이를 김정의 집에 보내 청혼을 하는데, 김정의 부친은 부유한 취취의 집안과는 문벌이 걸맞지 않을 뿐만 아니라 자기는 가난하기 때문에 부유한 집안에 맞추어 혼례를 치를 비용이 없다며 그 청혼을 거절한다. 그러나 취취의 집안에서 혼례 비용을 모두 부담하겠다는 제의를 받은 후에 김정의 부친은 두 사람의 결혼을 허락한다.

여기에서 빈부의 차이가 함축하고 있는 의미는 무엇인가. 취취의 집안보다 김정의 집안이 부유하거나 또는 대등한 경우였다면 취취는 김정과 어렵지 않게 결혼할 수 있었을 것이다. 그런데 빈부의 차이가 두 사람의 결혼에 장애요소로 작용한다. 작품 속에는 나타나 있지 않지만, 취취의 부모가 애초 취취를 다른 사람에게 시집을 보내려했던 것도 결코 이 문제와 무관하지 않을 터이다. 이러한 혼사 장애를 극복하기 위해 취취는 '김정이 아니면 죽어도 다른 곳에 시집가지 않겠다'고 말한다. 그 결과 양가 부모는 두 사람의 결혼을 허락하는바, 빈부의 차이라는 혼사 장애는 '김정에 대한 취취의 절대적 사랑 또는 지조'를 드러내

27 구우, 『전등신화』, 을유문고, 1982, 303쪽. "同歲者當爲夫婦." 이하 『전등신화』를 인용할 경우 책명과 쪽수만 표기한다.

28 『전등신화』, 303쪽. "必西家金定 妾已許之矣. 若不相從 有死而已. 誓不登他門也."

는 배경으로 작용한다. 즉 「취취전」에서 빈부의 차이는 여주인공 취취의 사랑과 지조를 드러내는 역할을 담당하고 있는 것이다.

이 점은 「이생규장전」의 경우에도 마찬가지다. 「이생규장전」의 애정 갈등 양상은 「취취전」에 비해 부연되고 우리의 현실을 고려하여 다소 변개된 점은 있지만, 그 골격은 「취취전」과 조금도 다르지 않다. 「취취전」은 서두에서 서당 아이들이 "동갑내기는 부부가 된다네"라며 취취와 김정의 특별한 관계를 시사하고 있는데, 「이생규장전」의 서두에도 세상 사람들이 "풍류 재자 이 수재야, 반달 같은 최처녀야, 너희 재주 너희 얼굴 한번 보면 배부른다"[29]며 이생과 최랑의 특별한 관계를 시사하고 있다. 또한 「이생규장전」에서 최랑이 이생이 아니면 죽어도 다른 사람에 시집가지 않겠다고 말한 것, 이생의 부친이 청혼을 거절하다가 혼례 비용 일체를 최랑의 집안에서 감당하기로 하고 청혼을 받아들인 것 등은 「취취전」과 다름이 없다. 특히 두 작품은 남녀주인공의 결혼을 상위 계층에 속한 여주인공의 집안에서는 적극 추진하는데 하위 계층에 속한 남주인공의 집안에서는 반대한다는 점에서 완전히 일치하고 있다. 다만, 차이가 있다면 「취취전」에서는 '빈부의 차이'가 「이생규장전」에서는 '문벌의 차이'로 변개되었다는 점이다. 그러나 혼례 비용을 모두 여자 집안에서 부담하기로 하고 결연을 맺고 있다는 점에서 작품 내적으로 '빈부'와 '문벌' 사이의 본질적인 차이는 없다. 따라서 「이생규장전」에서의 '문벌의 차이' 역시 현실적 질곡보다는 이생에 대한 최랑의 사랑과 지조를 부각시키는 기능만을 담당하고 있다고 하겠다.

---

29 『금오신화』, 173쪽. "風流李氏子 窈窕崔家娘 才色若可餐 可以療飢腸." 이 시구는 「취취전」의 "동갑내기는 마땅히 부부가 되리라(同歲者當爲夫婦)"와 마찬가지로 남녀주인공의 사랑 및 결연을 암시한 것이라고 하겠다.

4. 비극적 결말과 작가의식

앞서 인용했듯이 임형택 교수는 '비극성'의 여부를 들어 '『전등신화』와 『금오신화』가 문학의 본질적인 차원에서 상호 방향이 다른 것이었다'는 견해를 제시한 바 있다. 『금오신화』 중 가장 비극적인 작품은 「이생규장전」이며, 이 작품의 중심 내용은 남녀주인공이 애정 장애를 극복하고 결혼을 하지만 결국 전란으로 인해 비극적인 결말을 맺는다는 것이다. 『전등신화』 중 위와 동일한 구성으로 이루어진 작품이 바로 「취취전」이다. 박희병 교수가 '생의 가장 중요한 가치로서 작품 전편에 걸쳐 일관되게 절의를 강조하고 있다는 점에서 『금오신화』는 『전등신화』와도 구별된다'고 했는데, 이것을 전형적으로 보여주고 있는 작품 또한 「이생규장전」과 「취취전」이다. 이런 점에서 「취취전」과 「이생규장전」은 『전등신화』와 『금오신화』에 반영된 작가의식과 그 지향을 비교 · 고찰할 수 있는 가장 좋은 작품이라고 할 수 있다. 특히 「이생규장전」의 형성에 가장 큰 영향을 미친 작품이 「취취전」인 만큼 이 두 작품의 비교를 통해 김시습과 구의의 작가의식과 그 차이를 더욱 분명하게 파악할 수 있으리라 생각한다.

「취취전」과 「이생규장전」의 주요한 차이는 여주인공의 행동 방식이다. 「취취전」의 여주인공인 취취는 전란으로 남편과 이별한 후 적장의 애첩으로 생존하지만, 「이생규장전」의 여주인공인 최랑은 유사한 상황에서 정절을 지키기 위해 죽음을 선택한 것이다. 김시습이 「이생규장전」의 후반부를 「취취전」과 완전히 다르게 꾸몄던 것도 정절을 굽힌 취취의 행위를 수용할 수 없었기 때문이라고 생각한다. 이런 점에서 '『금오신화』가 생의 가장 중요한 가치로서 절의를 강조하고 있다'는 박희병 교수의 지적은 매우 타당하다. 그러나 이러한 현상적인 지적만으로는 두 작품에 반영된 작가의 의식과 그 성격을 온전하게 파악할 수 없다. 다시 말해, 김시습이 구우에 비해 '절의'를 더 소중히 여겼다는 것은 인정할 수 있지만, 구우가 '절의'보다 더 중시했던 것은 무엇인지 알 수 없을뿐더러 김시습이 소중하게 여겼던 절의의 성격도 구체적으로 파악할 수 없다는 것이다. 따라서 「취취전」에 반영된 작가의식과 그 지향을 구체적으로 구명한다면 김시습이 소중하게 여긴 '절의'의 성격도 더욱 분명하게 드러나리라 생각한다.

「취취전」과 「이생규장전」은 모두 전란에 따른 비극을 다룬 작품이다. 「취취전」에서 취취와 김정은 결혼한 지 채 1년도 못되어 장사성의 난으로 인해 서로 이별하게 된다. 취취가 여러 여자들과 함께 장사성의 휘하 장수였던 이 장군의 포로로 잡혀갔기 때문이다. 이후 장사성이 원나라 조정과 화친을 맺고 제후로 책봉되면서 전란이 종식되자 김정은 취취를 찾기 위해 길을 떠난다. 아내를 찾지 못하면 돌아오지 않겠다고 맹세를 하고 떠난 김정은 이 장군의 주둔지를 찾아 평강平江에서 소흥紹興으로, 소흥에서 다시 안풍安豊으로, 안풍에서 다시 호주湖州로 간다. 이 과정에서 김정은 걸식으로 연명하는 등 수많은 고생을 겪지만 사랑하는 아내를 찾기 위해 그 고생을 감내한다. 겨우 이 장군이 주둔하고 있는 성에 이른 김정은 취취가 이 장군의 애첩이 되어 있다는 사실을 알게 되며, 자기가 취취의 남편이라고 말하면 이 장군에게 죽임을 당할 것이기 때문에 부득이 오라비라고 속이고 취취를 만난다. 우여곡절 끝에 만난 김정과 취취는 이 장군 앞에서 서로 형제의 예로써 부모의 안부만 물을 뿐, 서로 사랑하고 그리워했던 속내는 한마디도 못한 채 울기만 한다. 이후 김정은 이 장군 밑에서 비서의 일을 담당하지만 이 장군의 감시 때문에 취취를 만날 수가 없었으며, 마침내 세상을 한탄하다가 병들어 죽는다. 이미 죽음을 각오했던 취취도 김정이 죽은 뒤 곧바로 병이 들어 죽게 되는데, 죽기 직전에 김정의 무덤 옆에 자기의 시신을 묻어 달라는 소원을 남기고 죽는다.

이렇듯 「취취전」은 사랑하는 부부가 전란으로 인해 비극적인 죽음을 맞이하게 되는 상황을 생생하면서도 처절하게 형상화하고 있다. 전란으로 인해 겪게 된 이들 부부의 처절한 삶은 취취의 혼령이 부모에게 보낸 편지와 부모의 꿈에 나타나서 한 말에 집약적으로 드러나 있다.

> 앞서 한나라 때 햇빛이 흐려 망국의 징조를 보임같이 태평성세는 무너지고 전란의 기운이 떠도는 때, 모반자는 칼을 거꾸로 잡고 날뛰며 공연한 난리를 일으켜 세상을 소란케 하였습니다. (…중략…) 어지러운 세상에 옥같이 부서지지 못하고 창졸 간에 아무 보람 없이 목숨만 이어왔습니다. 전마(戰馬)에게 쫓기어 이리저리 유랑의 몸이 되어 높은 하늘에 날개를 펴고 날려하나 날개가 없으며, 고국을 그리는 마음에 혼백은 사방에 흩어졌습니다.[30]

> 고향을 멀리 떠나면서 가냘픈 몸은 농락거리로서 팔렸으니, 옛날 한낱 매소부(賣笑婦)로서 초왕에게 겁탈당하여 한마디 말도 못했다는 식부인을 불쌍히 여길 마음의 여유조차 갖지 못했으며, 하늘을 우러러 소리친들 도망칠 도리조차 있을 수 없었으니, 하루를 보내는 것이 3년을 보내는 것 같은 심정이었습니다. 제 남편은 옛 정을 버리지 않고 머나먼 곳을 부지런히 찾아왔건만, 다만 오누이라고 하여 한 번 잠깐 만났을 뿐 부부로서 한

---

30 『전등신화』, 306쪽. "囊者漢日將頹 楚氛甚惡. 倒持太阿之柄 擅弄潢池之兵. (…中略…) 不能玉碎於亂離 乃至瓦全於倉卒. 驅馳戰馬 隨逐征鞍. 望高天而八翼莫飛 思故國而三魂屢散."

> 데 모여 그리던 정조차 풀어보지 못했습니다. 그러므로 그이는 병이 들어 먼저 죽고 저 또한 원한이 사무쳐 뒤따라 죽어, 소원대로 합장(合葬)되어 다행이 한 곳으로 돌아왔습니다.[31]

취취는 창졸 간에 전란을 만나 사랑하는 남편과 헤어지고 절개를 지키지도 못한 채 마음에도 없는 이 장군의 애첩이 되어 목숨을 부지해 왔다. 전란 중 포로가 되어 전쟁터를 따라 이리저리 끌려 다니던 그녀는 초왕楚王에게 겁탈당해 지조를 잃었다던 식부인息婦人마저 불쌍하게 여길 여유조차 없었다고 한다. 이런 와중에 절개를 지킨다고 생각하는 것 자체가 이미 사치라고 할 수 있다. 도망칠 것을 생각하지 않았던 것은 아니나 가냘픈 여자의 몸인 취취에게 그것은 날개 없이 높은 하늘을 날려고 하는 것처럼 불가능한 일이었다. 그래서 취취는 혼백이 흩어질 정도로 고향과 남편을 그리워하며 하루를 3년처럼 느끼면서 부질없는 목숨을 이어가고 있었는데, 뜻하지 않게 남편이 온갖 고난을 무릅쓰고 찾아온 것이다. 그러나 김정과 취취는 이 장군이라는 폭력 앞에서 서로 부부임을 밝히기는커녕 손목 한 번 잡아보지 못한 채 흐느껴야만 했다. 그토록 그리워하던 두 사람이 고생 끝에 만났음에도 불구하고 서로 부부라는 사실도 밝힐 수 없었던 비참한 심정을 어찌 말로 표현할 수 있겠는가. 이들은 마침내 원한에 사무쳐 죽고 만다.

이렇듯 「취취전」은 전란으로 인해 사랑하는 부부가 겪어야만 했던 비극적인 삶을 처절하고도 생생하게 보여주고 있다. 취취는 장사성의

31 『전등신화』, 307쪽. "恨以蕙蘭之弱質 配玆駔儈之下材. 惟知奪石家賣笑之姬 豈暇憐息國不言之婦. 叫九閽而無路 度一日如三秋. 良人不棄舊恩 特勤遠訪 託兄妹之名 而僅獲一見. 隔伉儷之情 而終遂不通. 彼感疾而先殂 妾含寃而繼殞. 欲求祔葬 幸得同歸."

난을 '모반자가 칼을 거꾸로 잡고 날뛰는 공연한 짓'일 뿐이라고 말한다. 이 말에는 장사성의 난과 같은 전란은 취취와 김정 같은 민중들의 의사와는 무관하게 이루어진 것이면서도 민중들의 삶을 황폐화시키는 재난이라는 뜻이 함축되어 있다. 구우는 바로 취취와 김정 부부의 지극한 사랑과 비극적인 죽음을 생생하게 형상화함으로써 민중들의 뜻과 무관하게 벌어진 전란이 얼마나 민중들의 삶을 황폐화시키는가를 여실하게 보여주었던 것이다.

우리는 이 장군에 대한 형상을 통해서도 전란에 대한 구우의 인식을 엿볼 수 있다. 「취취전」의 작자인 구우는 장사성의 휘하 장수인 이 장군을 부도덕한 인물로 그리지 않는다. 취취를 포로로 잡아갔던 것도 이 장군이며, 김생과 취취가 어렵게 다시 만났으면서도 서로 부부임을 밝히지 못했던 것도 이 장군이 취취를 애첩으로 삼았기 때문이다. 따라서 사건의 전개 과정만 두고 보면 김정과 취취의 비극적인 죽음은 이 장군의 횡포가 직접적인 원인이라고 할 수 있다. 그런데도 구우는 이 장군을 악인이나 선인으로 범주화하지 않고, 오로지 객관적인 입장에서 자신의 처지에 맞게 행동하는 인물로 형상화하고 있다. 이는 구우가 김정과 취취의 비극적인 죽음을 이 장군 개인보다는 전란 자체의 폭력성에서 비롯된 것으로 인식했다는 것을 보여준다.

「이생규장전」 역시 전란으로 인한 비극적 삶을 그리고 있다는 점에서 「취취전」과 유사하다. 이생과 최랑은 결연을 맺은 후 절개와 의리를 지키면서 살아가며, 이듬해 이생은 대과大科에 합격하여 높은 벼슬에 오른다. 그런데 홍건적이 침입하여 서울을 점령하자, 이생의 가족들은 난을 피해 뿔뿔이 흩어진다. 그러나 최랑은 도적에게 붙잡혀 겁탈당하려는 순간 절개를 지키기 위해 저항하다가 죽임을 당하고 만다. 따라서 이생과 최랑의 비극적인 죽음 역시 전란에서 비롯되었다고 할 수 있다.

그러나 똑같이 전란에 의한 것일지라도 이들의 비극은 김정・취취의 비극과는 성격 자체가 다르다. 비록 취취가 절개를 지키지 못하고 이 장군의 애첩이 되었다고 하나, 김생에 대한 그녀의 사랑은 최랑이 이생에게 품었던 것보다 못하다고 할 수 없다. 최랑이 절의를 지키기 위해 이생과의 이별을 선택한 것이라면, 취취는 사랑하는 남편인 김정과 다시 만날 날을 고대하면서 마음에도 없는 사람에게 의탁하고 있었을 뿐이었다. 이는 취취가 "수나라의 양소楊素가 전시戰時에 약탈했던 남의 아내를 돌려보냄과 같이 (…중략…) 스스로 타고난 운명을 체념하면서 봄이 더디 찾아오는 것을 원망치 않았다"[32]는 말을 통해서도 알 수 있다. 절개를 지키기 위해 죽음을 선택한다는 것은 참으로 어려운 일이다. 그러나 취취처럼 사랑하는 남편과의 재회를 위해 고통스런 삶을 감내하는 것도 쉬운 일은 아니다. 어찌 보면 취취가 최랑보다 더 힘들었을 수도 있다. 고통스러운 삶을 자결 등을 통해 순간적으로 벗어나고 싶은 마음을 갖고 있으면서도 차마 그러지 못해 그 고통을 견디며 살아가는 것이 일상인들의 모습이기도 하다. 이런 점에서 취취의 선택은 지극히 인간적이며, 그만큼 또 현실성도 강하다고 하겠다. 이러한 취취의 비극적 죽음에 비하면 최랑의 비극적 죽음은 차라리 '낭만적'이라고 할 수 있다. 그녀는 삶의 고통을 감내하려 하기보다는 '절의'라는 미명하에 그 고통을 순간적인 죽음으로 해결했기 때문이다. 이것은 '절의'를 최고의 덕목으로 생각하는 유가적 사대부의 삶의 태도와 맞닿아 있다.

여기서 우리는 구우와 김시습의 의식과 지향의 차이를 비교적 뚜렷

32 『전등신화』, 306쪽. "今則楊素覽鏡而歸妻 (…中略…) 自憐賦命之屯 不恨尋春之晚."

하게 감지할 수 있다. 구우는 전란의 구렁텅이에 빠져 있는 민중의 삶에 관심을 보이고 있으며, 그들을 고통스럽게 하는 전란이 왜 발생하게 되었는가를 사회적·역사적으로 탐구하려는 의식을 보인다. 즉 그는 근본적으로 사회적 혼란 속에서 민중들이 겪는 고통스런 삶에 주목하면서 그 원인이 어디에 있는가를 찾으려고 했던 것이다. 「취취전」이 현실주의적 수법에 입각하여 민중의 비극적인 죽음을 생생하게 형상화할 수 있었던 것도 이러한 의식에 기반한 것이라고 하겠다.

이에 비해 「이생규장전」에서는 민중들의 삶에 대한 관심을 찾아볼 수 없다. 작가의 시선은 세계의 횡포나 현실적 불의에 대한 사대부적 절의에 집중되어 있다. 이는 전란에 대한 형상에서도 드러난다. 「이생규장전」에서의 전란은 사회적 성격을 지니지 못하고 그저 운명적인 불행 그 자체이거나 우연한 불행의 불씨일 뿐이며, 최랑의 '절의'를 발양發揚할 수 있는 계기로서만 기능한다. 「이생규장전」에서의 전란이 홍건적의 침입이라는 역사적 사건을 소재로 삼고 있으면서도 구체성을 띠지 못하고 추상적으로 그려진 것도 바로 김시습이 전란을 민중적 시각이나 입장에 보지 않고 사대부적 세계관과 도덕주의에 입각한 결과라고 할 수 있다. 요컨대 「이생규장전」에서의 '전란'은 수양대군의 왕위 찬탈처럼 유가적 세계관을 파괴하고 억압하는 우연한 '폭력'일 뿐인 것이다.

5. 비교문학의 전제와 방향

『금오신화』 가운데 「이생규장전」은 가장 독창적이면서 비극적인 작품의 하나로 알려져 왔다. 그러나 「이생규장전」의 구성을 비롯하여 인물의 형상, 갈등의 요소 및 화소 등 거의 모든 것을 『전등신화』에서 찾아볼 수 있다. 최랑의 처소에 대한 묘사와 '사시사'는 「위당기우기」에서, 발랄하면서도 애정에 적극적인 여주인공과 소극적인 남주인공의 형상은 「연방루기」에서, 문벌의 차이에 따른 애정 갈등은 「취취전」에서, 여주인공이 절개를 지키기 위해 죽음을 선택하는 화소는 「애경전」에서, 여주인공의 혼령이 현실 세계에서 3년 동안 부부 생활을 영위하면서 부도를 다한다는 내용은 「등목취유취경원기」 등에서 찾아볼 수 있다. 이런 점에서 「이생규장전」의 형성에 미친 『전등신화』의 영향은 가히 절대적이라고 해도 지나치지 않을 것이다. 이런 점을 고려한다면, 『금오신화』의 독창성을 강조하기 위해 『전등신화』를 배제하려는 자세는 학문적으로 결코 바람직하다고 보기 어렵다. 그렇다고 해서 「이생규장전」이 단순히 『전등신화』의 이러저러한 작품들을 모방적 차원에서 짜깁기를 한 것에 불과하다고 말할 수는 없다. 「이생규장전」을 비롯한 『금오신화』의 여러 작품들은 『전등신화』에 의해 각인된 강렬한 독서 경험을 바탕으로 김시습이 자신의 사상과 감정 그리고 그만의 독특한 세계관에 입각하여 새롭게 구조·형상화된 작품들이기 때문이다. 따라서 「이생규장전」을 비롯한 『금오신화』의 연구에서 우리가 주목해야 할 점은 단순한 화소의 동이성同異性에 대한 비교가 아니라, 김시습의 어떠한 사상과 의식에 의해 『금오신화』가 어떤 방식으로 새롭게 구조·형상화되어 있는가 하는 점일 것이다.

그런데 지금까지 『금오신화』를 연구하는 많은 연구자들은 『금오신화』의 소설사적 의의를 강조하기 위해 주로 『금오신화』의 '창작성' 내지 '독창성'에 주목하여 논의를 전개해 왔다. 이로 인해 의도적이건 아니건 간에 상대적으로 『금오신화』에 대한 『전등신화』의 영향과 『전등신화』의 작품적 성과를 평가절하하는 경향이 있었다. 이 장은 이러한 문제의식을 기반으로 가능한 객관적인 시각에서 『금오신화』의 「이생규장전」과 『전등신화』의 「취취전」을 선정하여 각 작품 속에 반영된 작가의식과 그 성격을 구명하는 데 초점을 맞추었다. 이 두 작품만을 대상으로 했다는 점에서 기본적으로 한계를 지니고 있다. 그러나 이를 단초로 객관적인 입장에서 『금오신화』와 『전등신화』에 대한 비교 연구가 확산될 수 있으리라 믿는다. 본론에서 검토된 결과를 요약·정리하면 다음과 같다.

「이생규장전」은 기본적으로 문벌의 차이가 나는 두 남녀가 애정 장애를 극복하고 결연을 맺으나 전란으로 인해 비극적인 결말을 맺는다는 이야기다. 이로 인해 그간 「이생규장전」의 주요 갈등은 신분 문제로 이해되어 왔다. 조선 전기에 문벌이 다른 계층 간에는 서로 혼인 관계를 맺지 않았던 사회적 현실을 고려할 때, 「이생규장전」에서 남녀주인공의 문벌의 차이가 애정 장애의 한 요소로 작용하고 있다는 것은 부정할 수 없다. 그러나 「이생규장전」의 주요 갈등요인은 신분 문제라기보다는 인간의 본능적 감정인 남녀의 애정을 억압했던 편협한 유교적 도덕 관념이나 이에 기반한 사회적 관습으로 보는 것이 온당할 것이다. 이는 김시습의 애정관을 대변하고 있는 최랑의 호소에서 분명하게 드러난다. 최랑은 부모에게 이생에 대한 자신의 사랑을 고백하면서, '남녀가 서로 사랑을 느낌은 인간의 정리로서 가장 중대한 일입니다. 그러므로 혼기를 늦추어서는 안 된다는 것이 『시경』 「주남편」에도 나타나고, 여자가 정조를 지키지 못하면 흉하다는 것은 『역경』에 경계되어 있습니다'라고 주장하고 있는 것이다. 이러한 최랑의 주장은 곧 유교적 도덕 관념을 내세워 남녀의 자연스런 만남과 애정을 억압했던 편협한 유자들을 그들이 경전으로 삼고 있는 『시경』을 통해 역으로 부정한 것이라고 하겠다.

김시습이 애정과 관련하여 봉건적 신분 관계를 현실적 질곡으로 인식하지 못했다는 것은 이생과 최랑의 결연을 반대하는 사람을 상위 신분에 속하는 최랑의 부친이 아니라 상대적으로 하위 신분에 속하는 이생의 부친으로 설정한 것에서도 알 수 있다. 신분의 차이가 존재하는 두 남녀의 애정을 주제로 한 대부분의 작품은 상위 신분에 속하는 인물이 상대방의 낮은 신분을 문제 삼는다. 현실에서도 상위 신분에 속하는 인물이 상대방의 낮은 신분을 문제 삼는 것이 일반적인 현상이다. 또 이랬을 때 남녀의 애정 실현에 있어서 신분의 문제가 현실적인 질곡으로서 의미를 갖게 된다. 그런데 「이생규장전」의 경우 상위 신분에 속하는 최랑의 부친은 적극적으로 청혼을 하는데 도리어 하위 신분에 속하는 이생의 부친이 거절하는 것으로 되어 있는 것이다.

이러한 양상은 「이생규장전」에 영향을 미친 것으로 알려진 「취취전」에도 그대로 나타난다. 즉 「취취전」에서는 김정이 아니면 죽어도 시집을 가지 않겠다는 취취의 말을 듣고, 부유한 취취의 부친이 청혼을 하는데 가난한 김정의 부친은 문벌의 차이를 들어 청혼을 거절했던 것이다. 또한 「취취전」에서 '빈부의 차이'는 궁극적으로 김정에 대한 취취의 애정과 절의를 드러내는 계기로 작용하고 있는 바, 「이생규장전」에서의 '문벌의 차이' 역시 이생에 대한 최랑의 애정과 절의를 부각시키는 계기로 작용하고 있다고 하겠다.

「이생규장전」과 「취취전」은 기본적으로 전란으로 인한 비극적인 삶을 그린 작품이라고 할 수 있다. 그러나 작품의 성격은 많이 다르다. 「취취전」은 부패한 지배 계층의 권력 다툼의 하나인 전란으로 인해 사랑하는 두 연인이 겪어야만 했던 비극적인 삶을 처절하고도 생생하게 보여주고 있다. 이러한 생생한 형상화는 민중적 시각에서 전란을 바라본 작가 구우의 지향과 무관하지 않다. 실제 『전등신화』 중 상당수의 작품들 속에는 혼란스런 사회·정치적 현실과 그에 따른 민중들의 고통을 규명하려는 작가의식이 반영되어 있다.

이에 반해 「이생규장전」에서는 민중의 삶에 대한 관심을 찾아볼 수 없다. 작가의 시선은 세계의 횡포나 현실적 불의에 대한 사대부적 절의에 집중되어 있다. 최랑은 고통스런 상황을 감내하기보다는 '절의'라는 미명하에 죽음이라는 극단적인 방법으로 그 고통을 해결한다. 이러한 최랑의 태도는 '절의'를 최고의 덕목으로 생각하는 유가적 사대부의 의식과 맞닿아 있다. 즉 구우가 사회적 혼란 속에서 민중들이 겪는 고통스런 삶에 주목하면서 그 원인이 어디에 있는가를 찾으려고 했다면, 김시습은 「이생규장전」을 통해 현실적 불의에 대해 개인적인 차원에서 저항만을 의식했지 민중들의 삶에 대한 관심이나 민중과의 연대의식 등은 보여주지 못하고 있다. 이러한 작가의식의 차이는 두 작품에 나타난 전란의 성격에서도 분명하게 드러난다. 「취취전」에서의 전란은 부조리한 지배 계층의 권력 다툼으로 민중들의 삶을 철저하게 황폐화시키는 사회적 현실이라면, 「이생규장전」에서의 전란은 사회적 성격을 지니지 못하고 그저 운명적인 불행 그 자체이거나 우연한 불행의 불씨로서 최랑의 '절의'를 발양하는 계기적 사건으로서만 의미를 지니고 있다. 「이생규장전」에서의 전쟁이 홍건적의 침입이라는 역사적으로 실재했던 사건을 소재로 삼고 있으면서도 구체성을 띠지 못하고 추상적으로 그려진 것도 바로 김시습이 민중적 시각에서 전쟁을 바라보지 못하고 사대부적 세계관과 도덕주의에 입각한 결과라고 할 수 있다.

| 제2장 |

「운영전」의 갈등 양상과 작가의식

1. 연구의 목적과 방향

『수이전』의 「최치원」을 비롯하여 판소리계 소설인 「춘향전」에 이르기까지 남녀의 애정 문제를 다룬 소설은 우리 소설사에서 상당한 비중을 차지하고 있다. 「운영전」은 이들 애정소설 가운데서도 중세적 이념과 제도에 따른 애정질곡의 심각성을 사실적으로 제시하고 있다는 점에서 일찍부터 주목을 받아 왔다. 또 그러한 만큼 「운영전」에 대한 연구는 비극적 성격을 중심으로 창작 시기, 작자 문제, 작품 구조, 사회・역사적 의미 등 다양한 측면에서 깊이 있는 논의와 성과가 축적되어 있다.

그러나 기존의 연구가 안고 있는 문제 또한 적지 않다. 그중 하나가 안평대군의 성격에 대한 문제이다. 현재 안평대군의 성격에 대해서는 그가 긍정적으로 형상화되었다는 견해와 그렇지 않다는 견해가 상존해 있다.[1] 「운영전」에서 운영과 김 진사의 비극적인 죽음은 근본적으로 안

1 박기석 교수는 "「운영전」은 낭만적으로 보이는 남녀의 사랑 이야기를 작품 표면에 내세우고, 역적으로 몰려 비명에 숨진 안평대군에 대한 잘못된 인식을 바꾸기 위해 의도적으로 만든

평대군의 지향과 맞물려 있다. 그러므로 「운영전」의 비극성을 제대로 이해하기 위해서는 안평대군의 성격 및 지향에 대한 이해가 필수적이다. 이런 점에서 기존의 연구자들이 안평대군에 주목한 것은 지극히 당연하다고 할 수 있다. 더구나 「운영전」에서 안평대군은 주인공인 운영과 김 진사의 애정을 억압하는 인물로 설정되어 있음에도 불구하고 「춘향전」의 변사또처럼 부정적인 인물로 형상화되어 있지 않기 때문에, 안평대군이 부정적 인물로 설정되어 있느냐 아니냐의 논란이 자연스럽게 야기될 법도 하다. 그러나 이러한 논의는 근본적으로 접근 방식에 문제가 있다. 「운영전」에서 안평대군과 궁녀들의 갈등은, 고소설에서 흔히 볼 수 있는 선과 악의 대립이라는 관념적 시각이 아니라, 객관적인 시각에서 매우 사실적으로 형상되어 있다. 따라서 안평대군이 긍정적 인물로 설정되어 있느냐 아니냐에 논의의 초점을 맞추는 것은 안평대군과 궁녀들 사이에서 야기된 갈등의 성격을 이해하는 데 도움이 되지 않는다. 우리가 안평대군의 성격과 관련하여 주목할 것은 애정 갈등의 한 축을 이루고 있는 안평대군의 지향이 무엇이며, 그 지향이 작가의 어떠한 시각에 의해 형상화되고 있는가 하는 점이다. 또 이 때야만이 「운영전」의 주제와 이 작품 속에 스며 있는 작가의 현실 인식을 온당하게 파악할 수 있을 것이다.

다음은 기존의 연구자들이 「운영전」이 창작되었던 당대의 현실을 객관적으로 조망하기보다는 현대적 시각을 일방적으로 투영하여 재단하는 경향이 없지 않다는 점이다. 일례로, '안평대군에 대한 궁녀들의 긍

허구의 세계"(박기석, 「운영전」, 김진세 편, 『한국 고전소설 작품론』, 집문당, 1990, 720쪽)라고 주장한 데 반해, 성현경 교수는 "안평대군이 유가적 사고를 지닌 보수적・부정적 인물로 형상화되어 있다"(성현경, 「운영전」, 『고전소설 연구』, 일지사, 1993, 854쪽)고 주장하고 있다.

정적 인식을 성리학적 사고를 뛰어넘을 수 없는 한계'[2]나 '권력의 지배 이데올로기가 개개인의 삶과 인식의 밑바닥에까지 침윤되어 그들을 내밀하게 옥죄었던 봉건적 윤리의식'[3]으로 이해한 경우를 들 수 있다. 물론 이러한 해석들은 궁극적으로 타당하다고 할 수 있으며, 「운영전」에 대한 연구를 한 단계 끌어올린 성과임에 틀림없다. 그러나 우리는 이러한 결론을 끌어내기에 앞서 당대 궁녀들의 현실적 처지와 입장을 보다 철저하게 고려할 필요가 있다. 조선시대 전반에 걸쳐 궁녀들은 인격적 가치를 전혀 인정받을 수 없는 노예적 존재에 불과했다. 그런데 안평대군은 이들의 인격을 일정하게 인정하고 있다. 수성궁의 궁녀들이 거듭 안평대군의 자애나 은혜를 피력한 것은 바로 안평대군이 자신들의 인격을 인정해 주었기 때문이다. 이런 점에서 안평대군에 대한 궁녀들의 긍정적인 인식을 봉건적 윤리의식에 따른 한계로만 단정해서는 안 될 것이다.

이렇듯 「운영전」에 대한 기존의 연구는 많은 성과에도 불구하고 여전히 몇몇 문젯거리를 남겨놓고 있다. 특히 고소설에서는 찾아보기 어려울 정도로 높은 수준에서 이루어진 현실주의적 성취와 이를 가능케 했던 작가의 세계관 및 의식에 대한 논의는 거의 없는 실정이다. 따라서 이 장은 기존의 연구 성과를 비판적으로 수용하면서 「운영전」의 갈등 양상과 서술시각을 중심으로 작가의식 및 「운영전」이 이룩한 현실주의적 성취와 그 한계를 검토하는 데 목적을 둔다.

---

2 신경숙, 「운영전의 반성적 검토」, 『한성어문학』 9, 한성어문학회, 1990, 18쪽.

3 정출헌, 「운영전의 애정 갈등과 그 비극적 성격」, 『한국 고소설사의 시각』, 국학자료원, 1996, 602쪽.

2. 갈등의 양상과 그 성격

1) 안평대군의 지향과 갈등

수성궁의 궁주인 안평대군은 말 그대로 대군大君으로서 중세적 절대권력과 권위를 소유한 인물이다. 작품 속에서 그의 절대권력과 권위는 "시녀가 한 번이라도 궁문을 나가면 그 죄는 죽어 마땅할 것이요, 궁궐 밖의 사람이 궁녀의 이름을 알기만 해도 또한 죽일 것이다"[4]는 엄명으로 나타난다. 그리고 이러한 엄명은 10명의 궁녀들에게 실질적인 구속력을 갖는다. 10명의 궁녀들 가운데 어느 누구도 안평대군의 엄명에 대해 이의를 제기하지 못했던 것이다. 조선시대의 경우 왕은 중세적 절대권력을 소유하고 있었으며, 이로 인해 궁녀들의 궁 밖 출입이 자유롭지 못했다는 것은 익히 알려진 사실이다. 이런 점에서 안평대군의 엄명 역시 중세적 절대권력이 사실적으로 구현된 것으로 볼 수 있다.

그러나 안평대군이 수성궁의 궁녀들에게 이러한 엄명을 내렸던 것은 중세적 절대권력에 의존한 것이긴 하지만 권력 그 자체를 구현하기 위한 것은 아니다. 안평대군은 "유학을 공부하는 사람으로 자처하여 밤에는 독서를 하고 낮에는 시를 짓거나 예서隸書를 쓰는 등 일찍이 짧은 시간도 헛되이 보내지 않았던"[5] 인물이다. 그는 "천하의 온갖 재주는 반드시 조용한 곳으로 가서 공부를 한 뒤에야 이룰 수 있다"[6]며 도성문都城門 밖에 '비해당匪懈堂'이라는 정사를 지어놓고 공부에 전념한다. 또한 비해당 옆

4 이상구 역주, 「운영전」, 『17세기 애정전기소설』(수정판, 2쇄), 월인, 2015, 110쪽. 여기에서 텍스트로 삼은 「운영전」은 국립도서관본 「柳泳傳 卽 雲英傳」을 저본으로 삼아 번역한 것이며, 앞으로 「운영전」을 인용할 때는 이 책을 원용함을 밝히며, 이하 작품명과 쪽수만 표기한다.

5 「운영전」, 107쪽.

6 「운영전」, 108쪽.

에 '맹시단盟詩壇'을 만들어 성삼문成三問과 최흥효崔興孝 등 당대의 문장거필들과 재주를 겨루기도 한다. 그러나 자기 주변에 모여든 문장거필들의 재주에 만족하지 못한 안평대군은 마침내 젊고 자색이 빼어난 10명의 궁녀들을 뽑아 몸소 『소학언해小學諺解』를 비롯하여 사서삼경四書三經·『통사通史』·당음唐音 등을 주야로 가르친다. 그리고 그는 이들 궁녀들에게 궁 밖 출입을 금하는 엄명을 내린 것이다. 즉 안평대군은 '천하의 온갖 재주는 반드시 조용한 곳으로 가서 공부한 뒤에야 이룰 수 있다'는 자신의 지론에 따라 궁녀들을 교육하기 위해 그들의 궁 밖 출입을 철저하게 통제했던 것이다. 이런 점에서 안평대군의 엄명은 조선시대에 일반적으로 통용되던 중세적인 절대권력을 구현하거나 고수하기 위한 것이 아니라, 그 자신만의 독특한 의도와 목적을 이루기 위한 수단이었다고 할 수 있다.

그런데 문제는 이러한 안평대군의 행위가 매우 독특하면서도 예사롭지 않다는 점이다. 특히 "하늘이 재주를 내릴 때 어찌 유독 남자에게만 많이 내리고, 여자에게는 적게 내렸겠느냐?"[7]라며, 10명의 궁녀들을 뽑아 몸소 경전經典과 시문詩文 등을 가르친 행위가 그렇다. 문면에 나타난 대로 문장거필들의 재주에 대한 불만을 보상하기 위한 것으로 이해하고 넘어갈 문제는 아니다. 남존여비라는 관념이 보편적인 통념으로 받아들여졌던 사회적 환경 속에서 위와 같은 행위는 금기禁忌에 버금가는 것이라고 할 수 있기 때문이다. 또 궁녀들을 대하는 안평대군의 태도가 너무 진지하고 심각하기 때문에, 이를 궁주宮主의 고상한 풍류 정도로 간주해 버리기도 어렵다. 그런데 근래 이 문제를 실제 인물인 안평대군

7 「운영전」, 109쪽.

의 정치적 위치와 관련지어 이해하려는 시도가 있어 주목된다. 즉 안평대군이 10명의 궁녀들을 뽑아 교육시킨 것은 '정치·사회적인 활동이 차단되거나 견제받았던 그의 정치적 욕망이 왜곡된 형태로 표출되었던 것'[8]이라는 견해이다. 실로 그럴 듯한 생각이다. 「운영전」에 형상화된 안평대군은 실제 안평대군의 모습과 매우 흡사한바, 안평대군이 실제로 처했던 정치·사회적 입장을 고려할 필요가 있다. 더구나 안평대군의 예사롭지 않은 행위는 상식적으로 납득하기가 어렵기에 '왜곡된 형태'로밖에 이해할 수 없는 것이 우리의 현실이기도 하다.

그러나 이러한 접근 방식은 「운영전」에 형상화된 안평대군과 궁녀들의 갈등이 함축하고 있는 사회적 의미와 근본적으로 무관하게 진행될 수밖에 없다는 한계를 갖고 있다. 우리가 이러한 연구 성과를 수용하여 운영과 김 진사의 비극적인 죽음이 안평대군의 왜곡된 정치적 욕망에서 비롯되었다고 말할 수는 없을 것이기 때문이다. 「운영전」에 형상화된 안평대군이 아무리 역사적 존재인 안평대군의 실체를 사실적으로 반영했다고 할지라도 우리가 작품의 구조 속에서 그 인물의 성격을 파악해야 하는 이유가 바로 여기에 있다. 우리는 안평대군의 예사롭지 않은 행위가 그의 왜곡된 정치적 욕망의 표출이라고 지적하는 데 그칠 것이 아니라 그것이 어떠한 시각에서 형상화되고 있으며, 또 궁녀들의 지향과 어떻게 맞물려 갈등을 빚어내고 있는가에 대한 문제로 논의를 확장해야 할 것이다.

앞서 언급했듯이, 안평대군이 수성궁의 궁녀들에게 내린 엄명은 중세적 절대권력에 의존한 것이긴 하지만 중세적 절대권력 그 자체를 구

8 정출헌, 앞의 글, 587~588쪽.

현하거나 고수하기 위한 것이 아니라, 그 자신만의 독특한 의도와 목적을 이루기 위한 수단이었다. 따라서 「운영전」의 비극적 형식이 담아내는 현실적 의미를 범박하게 궁중의 질서라는 중세적 절대권력이나 권위에 초점을 맞추는 것은 적절치 않다. 다시 말해, 우리가 주목해야 할 것은 중세적 절대권력 그 자체가 아니라, 안평대군의 독특한 의도와 목적이 함축하고 있는 이념적 성격과 그것이 궁녀들에게 어떠한 의미를 갖는가 하는 문제인 것이다. 이런 점에서 박일용 교수의 다음과 같은 견해는 시사하는 바가 크다.

> 「운영전」이나 「상사동기」에 나오는 장애요소는 절대적 권위를 가진 궁중적 질서인데, 그것은 외적으로는 일반 백성이 접할 수 없는 秘禁의 장소로서, 소설적 호기심을 유발시키는 공간적 무대로서의 기능을 하고 있으며, 내적으로는 인간 욕구의 자연스런 발동을 금압하여 순연한 성정의 도야를 강요하는 조선 중기의 성리학적 세계관의 형상화라는 의미를 지니고 있다.[9]

박일용 교수는 안평대군이 부여한 궁중적 질서가 조선 중기의 성리학적 세계관의 형상화라는 의미를 지니고 있다고 지적하였다. 즉 「운영전」에 등장하는 절대적 권위를 지닌 궁중의 규율은 안평대군이라는 매개적 인물을 통해 조선 중기 이후 사대부들의 세계관이 성리학적 이데올로기와 같은 맥락의 권위로 치환되어 나타나고 있다[10]는 것이다. 이 주장은 「운영전」에 형상화된 안평대군의 형상과 지향을 예리하게

---

9 박일용, 「운영전의 비극적 성격과 그 사회적 의미」, 『조선시대의 애정소설』, 집문당, 1993, 174쪽.

10 위의 글, 174쪽.

간파한 것으로 판단된다. 유학儒學을 공부하는 사람임을 자처하면서 의리를 중시한 안평대군이 10명의 궁녀들을 사회와 완전히 절연시킨 채 『소학언해』와 사서삼경 등 유교 경전을 가르쳤던 것은 성정性情의 도야를 위해 정치현실을 등지고 산림으로 들어갔던 조선 중기의 사림적 사대부들의 의식 지향과 맞닿아 있음에 틀림없다. 특히 『소학』은 조선 중기 사림파士林派 사대부들이 훈구파勳舊派와 달리 특별히 중시했던 경전이었던 점[11]을 고려할 때, 안평대군이 부여한 수성궁의 질서에는 분명 사림파의 성리학적 이념과 세계관이 투영되어 있다. 즉 안평대군은 중세적 윤리를 제외한 어떤 인간적 감정도 혼탁한 욕정으로 보고, 궁녀들에게 그러한 인간적 감정을 강제적으로 제거하기 위해 궁녀들을 인간세계와 절연시킨 것[12]이라고 하겠다.

그러나 안평대군이 부여한 수성궁의 질서가 기본적으로 성리학적 이념에 입각해 있다고 해서 안평대군이 지향했던 모든 것을 성리학적 이념으로 해석하기는 어렵다. 이 점은 다음과 같은 성삼문의 언급에서도 일정하게 엿볼 수 있다.

> 이 시들은 반드시 깊은 궁중 사람이 속인(俗人)들과 접촉하지 않은 채, 오로지 옛 사람의 시를 읽고 밤낮으로 음송(吟誦)하여 마음속에서 절로 체득한 것입니다. (…중략…) 나리의 궁중에서 이 10명의 선인(仙人)을 기르고 있음이 틀림없으니, 원컨대 조금도 속이지 마십시오.[13]

---

11 이태진 교수는, "무오사화 이후 기묘사화에 이르는 기간에 사림계열 사이에서는 金宏弼이 小學童子를 자처한 사실이 말해주듯이 朱熹가 모든 학문의 기초로서 제시한 『小學』의 중요성을 크게 강조하는 새로운 경향을 보였다"(이태진, 『조선 유교사회사론』, 지식산업사, 1990, 89쪽)고 지적하고 있다.

12 박일용, 앞의 글, 171쪽.

13 「운영전」, 118~119쪽.

성삼문은 궁녀들이 지은 부연시賦煙詩를 보고 '풍격風格이 맑고 진솔하며, 생각과 뜻이 뛰어나서 속세의 태도가 조금도 없다'[14]고 논평한다. 이러한 성삼문의 논평은 분명 조선 중기에 꽃을 피운 사림파 학자들의 '대립과 갈등보다는 세계의 질서와 평정을 추구하였으며, 인간적 현실에서 초탈한 고답적 미의 가치에 높은 의미를 부여한' 성리학적 시관詩觀과 일맥상통한 것[15]이라고 할 수 있다. 그러나 조선 중기 사림파, 특히 처사적處士的 문인들이 고답적高踏的 미의식을 중시한 것과 그들의 이념적 기반인 성리학과는 일정하게 구분되어야 할 것이다. 처사적 문인들의 고답적 미의식은 '치인治人의 선행적 조건으로서의 수기修己'보다는 '세속적 현실을 부정했던 의식'의 산물이며, 여기에는 분명 도가道家에 경도된 면이 있기 때문이다. 더구나 우리는 안평대군이 부여한 수성궁의 질서 가운데 중요한 특징 중의 하나가 '외부 세계와의 철저한 차단'이라는 점을 간과해서는 안 될 것이다. 성삼문이 10편의 부연시를 보고 '나리 궁중에서 이 열 명의 선인仙人을 기르고 있음에 틀림없다'[16]라고 했던 것도 이를 간파한 결과라고 할 수 있다.

여기에서 우리는 정치・사회적인 활동이 차단되거나 견제받았던 안평대군의 정치적 욕망이 왜곡된 형태로 표출되었던 것이라는 정출헌 교수의 지적을 상기할 필요가 있다. 안평대군이 부여한 수성궁의 질서에는 정치・사회적 활동이 차단되었던 안평대군의 처지가 일정하게 반영되어 있다고 할 수 있다. 그리고 그것은 '그가 추구하던 정치적 이상

---

14 「운영전」, 125쪽.

15 박일용, 앞의 글, 173쪽.

16 국문본인 이재수본에는 '女學士'로 되어 있으나, 국립도서관본 「유영전(운영전)」 등 한문본에는 '十仙人'으로 되어 있는바, 이 구절은 본래 '十仙人'으로 되어 있었다고 보는 것이 온당할 것이다.

의 은유'[17]로서가 아니라, '정치적 좌절에서 오는 현실 세계에 대한 부정과 일탈'로 보아야 할 것이다. 이렇게 보았을 때, 비로소 안평대군이 수성궁을 외부 세계와 철저하게 차단시켰던 행위가 온당하게 이해된다. 안평대군이, 백체百體를 구비한 두보杜甫보다 천상신선의 기상을 지닌 이백李白을 높게 평가한 김 진사의 말을 듣고, "그대의 말을 들으니 가슴속이 확 트이며, 마치 긴 바람을 타고 태청궁太淸宮에 오른 듯 황홀하네"[18]라며 극구 칭찬한 것도 바로 이 때문이다. 다시 말해, 안평대군이 김 진사의 평을 칭찬한 것은 정치·사회적 활동이 차단되었던 안평대군의 지향이 사대부 내의 낭만적인 일탈자적 성격을 지닌 도가 편향적 지식인[19]이라고 할 수 있는 김 진사의 지향과 맞닿은 결과라고 할 수 있다.

안평대군이 부여한 수성궁의 질서에 도가적 편향에 따른 세속적 삶에 대한 부정이나 현실 일탈의 측면이 일정하게 내포되어 있다는 것은 운영의 반응에서도 엿볼 수 있다. 안평대군이 10명의 궁녀들을 5명씩 서궁西宮과 남궁南宮으로 나누어 거주케 하는데, 운영은 서궁을 일컬어 "우리는 이미 도道를 닦는 사람도 아니고 비구니도 아닌데 이처럼 깊은 궁중에 갇혀 있으니, 이곳은 참으로 장신궁長身宮"[20]이라고 말한다. 즉 운영은 심궁에 갇혀 안평대군의 가르침을 받고 있는 자신의 처지를 도가道家의 '사인舍人'이나 불교의 '승니僧尼'에 비유하여 불만을 토로하고 있는 것이다. 왜 운영이 자신의 처지를 사인이나 승니에 비유했는가 하는 것은 자명하다. 그것은 바로 안평대군이 자신들에게 사인이나 승니

17 정출헌, 앞의 글, 589쪽.
18 「운영전」, 349쪽.
19 박일용, 앞의 글, 179쪽.
20 「운영전」, 133쪽.

와 같은 삶을 강요했기 때문이다. 여기에서 우리는 안평대군이 부여한 수성궁의 질서가 조선 중기 사림파의 성리학적 이념에 기초하고 있지만, 거기에는 치인治人을 전제로 한 수기修己보다는 일체의 세속적인 삶을 부정하는 도가 편향적 지향을 담지하고 있다는 사실을 분명하게 확인할 수 있다.[21]

한편, 우리가 「운영전」에서 안평대군의 형상과 관련하여 더욱 주목해야 할 것은 그의 내적 갈등과 변모이다. 궁 밖을 나가는 것은 물론 궁 밖 사람이 궁녀들의 이름만 알아도 죽음으로 다스리겠다는 엄명을 내렸던 안평대군은, 막상 운영의 불온한 애정 행각을 여러 차례 눈치채고 있었으면서도 자신의 엄명을 실행으로 옮기지 않은 채 번번이 용서를 해준다. 우리는 이러한 안평대군의 행위를 벌떼같이 일어난 궁녀들의 기세에 굴복당했다거나[22] 운영에 대한 애정이 밑받침되어 있었기 때문[23]이라고 생각할 수도 있다. 실제로 안평대군이 운영을 문초하자 여러 궁녀들은 죽음을 무릅쓰고 항변을 했으며, 안평대군은 운영을 사랑하면서도 자기의 애정을 위압으로 실현했을 경우 운영의 몸이 상할까 두려워 감히 가까이 하지 못했던 것이다.

그러나 이것만으로 운영을 용서한 안평대군의 행위를 다 설명하기에는 석연치 않은 점이 있다. 애초의 안평대군은 중세적 윤리를 제외한 일체의 인간적 감정을 혼탁한 욕정으로 여겼고, 궁녀들에게서 그러한 감정을 인위적으로 제거하기 위해 궁녀들을 궁 밖 세계와 절연시켰던[24]

21 이런 점에서 수성궁은 '인간의 본능적 삶을 포함한 일체의 세속적 삶을 부정하는 탈속적 공간'이라는 의미를 함축하고 있는 셈이다.

22 정출헌, 앞의 글, 603쪽.

23 위의 글, 606쪽.

24 위의 글, 585쪽.

인물이기 때문이다. 즉 인욕人慾이 제거된 탈속의 상태를 최고[25]로 여겨 중세적 절대권력과 권위를 갖고 이를 실현하려고 했던 안평대군이 단순히 궁녀들의 거센 항변이나 운영에 대한 사랑 때문에 운영을 번번이 용서해 주었다고 보기 어렵다는 것이다.[26] 만약 안평대군이 운영에 대한 각별한 애정 때문에 김 진사와의 불온한 애정을 용서해 주었다고 한다면, 그는 운영에 대한 자신의 애정은 중세적 윤리에 어긋나지 않고 운영과 김 진사의 애정은 혼탁한 욕정이라고 치부하는 모순된 인물일 수밖에 없다. 따라서 운영에 대한 안평대군의 사랑을 거론하기 위해서는 반드시 안평대군의 내적 갈등 및 의식의 전환이 전제되어야 한다. 이러한 전제 없이 운영을 용서한 안평대군의 행위를 운영에 대한 그의 사랑과 관련짓는 것은 안평대군이 모순된 인물이나 또는 풍자・비판의 대상으로 형상화되었을 때만이 가능하다. 그런데 「운영전」에서 안평대군은 풍자의 대상으로 형상화되기는커녕 도리어 긍정적인 인물로 형상

25 위의 글, 586쪽.

26 안평대군이 운영에게 각별한 감정을 가졌던 것은 분명한 것으로 보인다. 운영은 "일찍이 대군은 저에게 마음 둔 적이 없었으나, 궁중 사람들은 모두 대군이 저에게 마음을 두고 있는 것으로 알고 있었습니다"(「운영전」, 116쪽)라고 술회하고 있으며, 소옥은 "주군이 너와 비단 자리에서 사랑의 기쁨을 나누려는 마음을 갖고 있기 때문에 속으로 좋아서 말을 하지 않는 것이냐?"(「운영전」, 116쪽)라며 운영을 놀리기도 했던 것이다. 또 김 진사와의 관계를 의심받게 된 운영이 수건으로 목을 매어 죽으려 하자 안평대군은 화가 나 있었으면서도 실제로는 죽일 마음이 없어 자란으로 하여금 만류토록 한다. 이런 점들로 보아 안평대군이 운영에게 남다른 애정을 품었던 것은 분명하며, 또 그러한 애정은 어느 정도는 운영을 용서하게 된 동인이 되었다고 볼 수 있다. 그러나 여기에서 "운영이 젊은 김 진사를 사랑하고 있는 줄 알면서도 차마 다그치지 못한 안평대군의 비참한 심사, 어떻게 해서라도 이들의 만남을 차단시켜 운영의 마음을 자신에게 되돌리려 했던 안평대군의 눈물겨운 노력을 발견"(정출헌, 앞의 글, 608쪽)한 것은 작품을 지나치게 감상적으로 이해한 결과로 판단된다. 이러한 감상적 이해를 통해 우리가 얻을 수 있는 것은 「운영전」이 "운영과 김 진사, 운영과 안평대군으로 뒤얽힌 중세사회의 금지된 사랑, 고독한 사랑을 착잡하게 그려"(위의 글, 608쪽)낸 탁월한 작품이 아니라, 일종의 신파적 멜로물에 불과한 작품이라는 결론일 터이다.

화되어 있다. 이런 점에서 궁녀들의 반발이나 운영에 대한 안평대군의 각별한 애정은 안평대군이 운영을 용서해 준 진정한 이유가 될 수 없다는 것이 저자의 생각이다.

그러면 진정 무엇 때문에 안평대군은 자신의 엄명을 스스로 파기하고 운영을 용서해 주었는가? 이와 관련하여 우리는 다음 대목을 주의 깊게 살펴볼 필요가 있다.

> 오늘의 일은 죄가 헤아릴 수 없을 정도로 크니, 마음속에 품은 생각을 어떻게 차마 속이겠습니까? 저희들은 모두 항간(巷間)의 천한 여자로서 아버지가 대순(大舜)도 아니며 어머니는 이비(二妃)도 아닙니다. 그러니 남녀의 정욕이 어찌 유독 저희들에게만 없겠습니까? 천자인 목왕(穆王)도 매번 요대(瑤臺)의 즐거움을 생각했고, 영웅인 항우(項羽)도 휘장 속에서 눈물을 금하지 못했는데, 주군께서는 어찌 운영만이 유독 운우지정(雲雨之情)이 없다 하십니까?[27]

> 대군은 우리들의 초사를 다 보고 나서, 또다시 자란의 초사를 펼쳐 놓고 보더니 점차 노기(怒氣)가 풀리었습니다. (…중략…) 대군의 분노가 점차 풀어져서 저를 별당에 가두고, 그 나머지 사람은 모두 풀어주었습니다.[28]

앞의 인용문은 자란이 올린 초사招辭의 일부분이며, 뒤의 것은 궁녀들이 초사를 올린 다음 안평대군의 반응을 서술한 대목이다. 여기서 우리가 주목할 내용은 안평대군이 자란의 초사를 다시 살펴보았다는 구절

---

27 「운영전」, 159~160쪽.
28 「운영전」, 161~162쪽.

이다. 자란의 초사는 '주나라 목왕 같은 천자나 항우와 같은 영웅도 정욕을 갖고 있었는데, 어찌 여항에서 자란 운영에게 남녀의 정욕이 없겠느냐'는 것을 주지로 하고 있다. 이 말에는 남녀의 정욕이란 인간의 타고난 본능이기 때문에 인위적으로 막을 수 없다는 뜻이 내포되어 있다. 그런데 안평대군은 어떠했던가? 그는 인욕이 제거된 탈속의 상태를 최고의 가치로 생각하고 인간적 감정을 인위적으로 제거하기 위해 궁녀들을 인간 세계와 철저하게 차단시켰던 인물이다. 이러한 안평대군에게 자란의 주장은 충격적인 것임에 틀림없었으리라. 그러나 그는 묵묵히 자란의 초사를 거듭 읽는다. 이것은 안평대군의 심리 변화를 객관적인 시각에서 형상화한 것임이 분명한바, 우리는 여기서 안평대군의 고뇌와 갈등을 읽을 수 있다.

기실 안평대군은 자란 등 궁녀들의 초사를 듣기 전에도 궁녀들의 인간적 감정을 강제로 제거하려 했던 자신의 오류를 감지하고 있었던 듯하다. 그는 운영을 사랑하면서도 자신의 사랑을 운영에게 강요하지 않았다. 문면에는 자신의 사랑을 강요할 경우 운영이 자결할까 염려했기 때문이라고 서술되어 있다. 그러나 이것을 문면 그대로 이해해서는 안 될 것이다. 안평대군은 궁녀들에게 인욕이 제거된 청정한 삶을 요구했다. 그러면서도 그는 운영에 대한 자신의 애정을 어찌하지 못했다. 이것은 분명 자기 모순이다. 안평대군은 이러한 자기 모순을 감각적으로나마 느끼고 있었기 때문에 운영에게 자신의 사랑을 강요하지 못했던 것으로 이해된다. 안평대군이 운영과 김 진사의 애정 행각을 눈치채고 운영을 문초하면서도 번번이 용서해 주었던 것도 같은 맥락에서 이해할 수 있다. 즉 안평대군은 자신이 추구하는 이념적 삶과 운영에 대한 사랑의 감정 사이에서 갈등을 겪고 있었으며, 이러한 갈등으로 인해 자신의 엄명을 어기고 김 진사와 애정 행각을 벌인 운영을 엄명에 따라 분명하게 다스리지 못했던 것이다. 그러다가 그는 자란 등 궁녀들의 초사를 보고 인간적인 감정을 강제로 제거하려 했던 자신의 오류와 모순된 행위를 분명하게 자각하게 되었던 것이다. 안평대군이 자란의 초사를 거듭 읽고 노기怒氣가 풀렸다는 서술은 바로 이러한 자각의 과정을 형상한 것이라고 할 수 있다. 요컨대, 안평대군이 자신의 엄명을 스스로 파기하고 운영을 용서해 주었던 진정한 이유는 바로 이러한 깨달음, 곧 남녀의 애정은 인간의 기본적인 삶의 형태임을 인정하게 된 인식적 전환의 결과였다고 하겠다.

2) 궁녀들의 변모와 갈등

액자구조로 이루어진 「운영전」의 액자 내부 이야기는 운영의 술회로 시작된다. 운영은 먼저 안평대군의 탁월함과 학문적 열정 등을 열거한 후 수성궁의 생활을 집약적으로 술회한다.

> "하늘이 재주를 내릴 때 어찌 유독 남자에게만 많이 내리고, 여자에게는 적게 내렸겠느냐? 오늘날 문장가로 자처하는 사람들이 적은 것은 아니나, 대개 서로가 엇비슷하여 특별히 뛰어난 자가 없으니, 너희들도 힘쓰도록 해라." 이어서 대군은 궁녀들 가운데 나이가 어리고 얼굴이 어여쁜 자 10명을 뽑아서 가르쳤습니다. 먼저 『소학언해』를 주어 외우게 한 뒤에 『중용』, 『대학』, 『논어』, 『맹자』, 『서경』, 『통사』를 모두 가르쳤습니다. 또 이백과 두보 등 당시(唐詩)를 몇 백 수 뽑아서 가르치니, 과연 5년도 채 안 되어 10명 모두가 재주를 이루게 되었습니다.[29]

우리가 여기서 주목할 것은 운영 등 10명의 궁녀들이 애초 수성궁의 생활을 어떻게 받아들였는가 하는 점이다. 운영 등이 안평대군에게 발탁되어 가르침을 받게 된 것은 5년 전의 일이었으며, 그 이전에 이들은 말 그대로 평범한 궁녀에 불과했다. 그런데 안평대군에게 발탁됨으로써 이들은 평범한 궁녀 생활에서 벗어나 당시 사대부 남성들이나 할 수 있는 경전과 『통사』, 당시唐詩 등을 배워 문인재녀文人才女가 된다. 그리하여 마침내 이들은 "탁월한 기상은 비록 대군에게는 미치지 못했지만, 음률의 청아함과 구법句法의 완숙함은 성당盛唐 시인들의 울타리를 엿볼 만했습니다"[30]라고 할 정도로 대단한 자긍심을 갖게 된다.[31]

이렇듯 문인재녀로서 자긍심을 갖고 안평대군의 은혜에 감사하던 궁녀들은 운영과 김 진사의 만남을 계기로 점차 변모하게 된다. 변화의 조짐은 김 진사를 사랑하게 된 당사자인 운영에게서 시작된다. 운영은 예기치 않게 안평대군을 찾아온 젊은 김 진사를 보고 연모의 정을 느껴 아무도 모르게 자신의 마음을 담은 시를 써서 김 진사에게 전한다. 김

---

29 「운영전」, 109~110쪽.

30 「운영전」, 110쪽.

31 사대부적 군자와 비견되는 문인재녀로서의 궁녀들의 자긍심은 작품 곳곳에 산견된다. 소옥은 포도 넝쿨을 주제로 삼은 운영의 시를 보고는 "참으로 천하의 기재(奇才)로다. 풍격(風格)이 높지 않은 것은 비록 옛 곡조와 유사하나, 이렇듯 순식간에 지어내는 것은 시인들이 가장 어렵게 여기는 것이다. 나는 70명의 제자가 공자에게 복종했던 것처럼 기쁜 마음으로 너에게 기꺼이 복종하겠노라"(「운영전」, 117쪽)고 평하는가 하면, 운영은 "너희 아홉 사람은 문장과 재주가 일취월장(日就月將)하여 훗날 아름다운 시문(詩文)이 온 세상을 떠들썩하게 할 텐데, 그것을 보지 못할 것 같아 슬픔을 금할 수가 없구나"(139쪽)라며 자신이 김 진사와의 사랑으로 인해 문인재녀로 이름을 날리지 못하게 될 것을 탄식하기도 한다. 특히 완사의 장소를 놓고 자란과 남궁의 궁녀들이 벌이는 논쟁은 이들이 평범한 궁녀가 아니라 군자적인 면모를 갖춘 문인재녀로의 모습을 여실히 보여준다. 남궁의 궁녀들을 설득하러 온 자란을 두고 소옥은 세객(說客)이라고 평하며, 보련은 "말이란 것은 몸을 빛내는 도구이다. 그래서 말을 삼가면 경사(慶事)가 따르고, 삼가지 않으면 재앙(災殃)이 따른다. 이런 까닭에 군자(君子)는 말을 삼가서 입을 단지처럼 굳게 닫는 것이다"(137쪽)라며 자란과 소옥의 말이 군자답지 못한 것을 탓한다.

진사 역시 수성궁을 출입하던 무녀巫女를 설득하여 답서를 보내지만, 그 이후로는 안평대군의 통제와 무녀의 거절로 인해 서로 연락할 길을 찾지 못하고 애만 태운다. 그러던 중 운영은 마침내 부연시에서 '사인지의思人之意'를 표출하고 만다. 이것은 비록 무의식적인 것이었다 할지라도 분명 인욕이 제거된 탈속의 상태를 최고로 여겼던 안평대군에 대한 도발[32]로 간주될 수밖에 없었으며, 안평대군은 이를 질책하기에 이른다. 사태는 '우연히 발하게 된 것'이라는 운영의 거짓말을 안평대군이 묵인하고 넘어감으로써 무마되지만, 운영은 이미 자부심에 가득 찬 문인재녀로서 안평대군의 은혜에 감격해 하던 예전의 운영은 아니었다. 그녀는 안평대군의 질책에 스스럼없이 거짓을 고할 정도로 변했던 것이다. 그리하여 운영은 마침내 안평대군의 가르침으로 이루어진 문인재녀로서 자부심을 갖기보다는 외부 세계와 단절된 수성궁의 생활을 구속으로 여기는 인물로 변모하기에 이른다.

> 이에 첩과 자란 · 은섬 · 옥녀 · 비취가 그날 곧바로 서궁으로 옮겨가게 되었습니다. 서궁에 이르러서 옥녀가 말했습니다. "그윽한 꽃과 고운 풀, 흐르는 물과 향기로운 숲이 바로 산 속에 있는 집이나 들판의 농막과 흡사하니, 진실로 독서당(讀書堂)이라 할 만하구나." 이에 제가 대답했습니다. "우리는 이미 도(道)를 닦는 사람도 아니고 또 비구니도 아닌데 이처럼 깊은 궁중에 갇혀 있으니, 이곳은 참으로 장신궁(長身宮)이라 할 만하다." 제 말을 듣고 모두들 탄식하며 슬퍼했습니다.[33]

---

32 정출헌, 앞의 글, 586쪽.

33 「운영전」, 132~133쪽.

이 대목은 안평대군이 공부에 전일하라는 명분으로 10명의 궁녀들을 서궁과 남궁으로 분리시킨 직후 옥녀와 운영의 반응을 서술한 부분이다. 옥녀는 산속 깊숙이 자리 잡은 서궁을 독서당이라며 좋아하지만, 운영은 더욱 깊숙한 궁궐에 갇히게 되었다며 한탄한다. 즉 옥녀는 여전히 자긍심이 가득한 문인재녀로서의 의식에서 벗어나지 못한 반면, 운영은 자신의 처지가 '새장에 갇힌 새처럼 인간의 본능적인 삶이 억압당하고 있다는 것'을 자각하게 된 것이다.

이러한 운영의 자각은 운영과 가장 가깝게 지내던 자란에서 서궁의 궁녀 전체로, 마침내는 남궁의 궁녀들에게까지 확산된다. 그러나 궁녀들의 자각이 곧바로 안평대군에 대한 부정으로 이어지진 않는다. 약간의 개인적인 편차는 있지만 궁녀들은 한결같이 안평대군의 자애와 억압당하고 있는 본능적 삶 사이에서 갈등을 한다. 운영의 초사를 보자.

> 주군의 은혜는 산과 같고 바다와 같습니다. 그런데도 능히 정절을 고수(苦守)하지 못한 것이 저의 첫 번째 죄입니다. 지난날 제가 지은 시가 주군께 의심을 받게 되었는데도 끝내 사실대로 아뢰지 못한 것이 저의 두 번째 죄입니다. 죄 없는 서궁 사람들이 저 때문에 함께 죄를 입게 된 것이 저의 세 번째 죄입니다. 이처럼 세 가지 큰 죄를 짓고서 무슨 면목으로 살겠습니까? 만약 죽음을 늦춰주실지라도 저는 마땅히 자결할 것입니다. 처분만 기다립니다.[34]

앞서 살펴보았듯이, 운영은 김 진사와의 사랑을 통해 안평대군이 부

34 「운영전」, 161쪽.

여한 수성궁의 질서가 인간의 본능적 삶을 억압하는 반인륜적인 것[35] 이라는 사실을 분명하게 깨닫고 있었다. 그래서 월궁越宮을 계획하고 자신이 소유하고 있던 온갖 패물을 궁 밖으로 내보내기까지 했다. 그러던 운영이, 노비 특의 간계로 월궁 계획이 백일하게 드러나 안평대군의 문초를 받게 되자, 위와 같이 자신의 죄를 언급하며 죽기를 자청한다. 운영은 자신이 지은 첫 번째 죄로 산이나 바다와 같은 대군의 은혜를 입고도 정절을 지키지 못한 것을 들고 있는데, 우리는 여기에서 중세 성리학적 사고를 뛰어넘을 수 없는 궁녀들의 한계를 읽어낼 수도 있다. 즉 운영을 포함한 궁녀들은 성리학적 도학의 세계가 현실에 대한 강력한 대응력을 갖고 있었던 17세기 초의 상황을 넘어서지 못했기 때문에 여성이라는 개체로서의 자아와 유교적 이념으로 자란 자아 사이에서 내적인 갈등을 겪었던 것[36]으로 이해할 수도 있다는 것이다.

그러나 우리는 이러한 결론을 서둘러 내리기에 앞서, 왜 진정 운영이 월궁을 하지 못하고 비극적인 죽음을 선택했는가를 세심하게 따져볼 필요가 있다. 운영의 말대로 그 첫 번째 이유는 안평대군의 자애일 것이다. 일반적으로 조선시대 궁녀들은 노예적 존재로서 궁주宮主의 소유물에 불과하였다. 궁주는 궁녀들의 인격을 완전히 무시하고 농락할 수 있는 절대적 권력과 권위를 소유하고 있었으며, 그 권력과 권위는 중세적 질서와 관념에 따라 당위當爲로 간주되었다. 운영이 안평대군에 대하여 '정절'을 운위한 것도 이러한 당대의 상황을 사실적으로 반영한 것이라고 할 수 있다.[37] 그럼에도 불구하고 안평대군은, '하늘이 재주

---

35 박일용 교수는, '궁녀들이 말하는 인륜이란, 신분의 차이를 넘어서 모든 사람에게 인정에 기초하여 자신의 욕구를 자연스럽게 충족시켜 줄 수 있는 여건을 부여하는 인간적 삶의 원리'(박일용, 앞의 글, 176쪽)였다고 지적하고 있다.

36 신경숙, 앞의 글, 11~16쪽.

를 내릴 때 어찌 유독 남자에게만 많이 내리고 여자에게는 적게 내렸겠느냐?'라는 언급에서 드러나듯이, 적어도 궁녀들의 인격을 일정하게 인정해 주었다. 물론 이러한 인정은 대자적對自的인 차원에서 이루어지기보다는 즉자적卽自的인 차원에서 이루어진 측면이 있다. 다시 말해, 안평대군은 자신의 이념적 삶과 지향의 구현이라는 개인적 필요성에 따라 궁녀들의 인격적 가치를 인정했다고 볼 수 있다. 그러나 궁극적으로 이것이 어떠한 차원에서 이루어졌는가 하는 것은 문제가 되지 않는다. 궁녀들의 입지가 향상된 것은 객관적 현실로 나타난 것이기 때문이다. 게다가 그는 「영영전英英傳」의 회산군檜山君처럼 궁녀들의 감정이나 의지를 무시한 채 마음대로 궁녀를 농락할 수 있는 처지였음에도 불구하고 운영에게 자신의 사랑을 강요하지 않았다. 이러한 태도 역시 그 자신이 추구하던 이념적 삶과 맞물린 것이라 할지라도 궁녀들에겐 '서궁의 영광'[38]로 받아들여 질 만큼 커다란 은혜임이 틀림없다. 즉 당시 상황에서 안평대군이 수성궁의 궁녀들에게 베푼 조처는 여타의 궁녀들이 상상하기 어려울 정도로 실질적인 의미를 지닌 '혜택'이었던 것이다. 궁녀들이 한결같이 안평대군에 대하여 은애恩愛, 무휼撫恤, 자애慈愛를 운위했던 것도 바로 다른 궁주들과 변별되는 안평대군의 이러한 독특한 행위 때문이었다고 할 수 있다.

이런 점에서 운영을 비롯한 궁녀들의 내적 갈등은 성리학적 이념을 뛰어넘지 못한 한계 이전에 상호 간의 인간적인 교감의 문제가 개재되어 있다고 보아야 한다. 그리고 이것은 안평대군이 자신의 계급적·이념적

37 김용숙 교수에 의하면, 조선시대 궁녀들의 절대 조건이 순결이며, 이를 때는 4, 5세 어린이로 들어와 70대 노년까지도 일생 오로지 상전인 왕을 위하여 정조를 지켜야 했다(김용숙, 『한국 女俗史』, 민음사, 1990, 212쪽)고 한다.

38 「운영전」, 161쪽.

한계 내에서나마 자신의 삶을 진지하게 이끌어 가고자 했던 노력과 무관하지 않다. 따라서 우리는 궁녀들의 내적 갈등을 "봉건적 지배 이념의 침윤과 그로 말미암은 인식상의 착종, 즉 안평대군과 궁녀들 사이에 적대적인 갈등이 빚어지지 않은 까닭은 문면 그대로 안평대군이 자애를 베풀었기 때문이라기보다 그의 폭압을 자애로 받아들인 데 있다"[39]는 견해에 대해서 반대한다. 이 점과 관련하여 우리는 자란이 운영의 탈출 계획을 반대하게 된 서사적 맥락을 주의 깊게 살펴볼 필요가 있다.

> 서로 즐긴 지 오래 되어서 이제 스스로 화를 빨리 부르려고 하는 것이 아니냐? 1, 2개월 서로 사귀는 것만으로도 충분한데, 어떻게 사람으로서 차마 담을 넘어 달아나는 짓을 저지르려고 하느냐? 주군이 너에게 마음을 기울이신 지 이미 오래되었으니 그것이 떠날 수 없는 첫째 이유요, 부인이 사랑하심이 매우 깊으니 그것이 떠날 수 없는 둘째 이유요, 화가 양친(兩親)에게 미칠 것이니 그것이 떠날 수 없는 셋째 이유요, 죄가 서궁 사람들에게까지 미칠 것이니 그것이 떠날 수 없는 넷째 이유이다.[40]

자란은 운영의 처지에 가장 먼저 공감했고, 남궁의 궁녀들을 설득하여 운영과 김 진사의 만남을 주선하였으며, 김 진사가 월궁하여 운영과 운우지정을 이룰 수 있도록 적극적으로 도와주었던 인물이다. 그러던 자란이 막상 수성궁을 탈출하려는 운영의 계획을 알고는 위와 같이 강력하게 반대한다. 그간 자란의 행위에 비추어 볼 때, 이것은 분명 의외의 반응이라고 할 수 있다. 특히 자란이 운영과 김 진사의 사랑을 두세

---

39 정출헌, 앞의 글, 601쪽.
40 「운영전」, 153쪽.

달로 마쳐야 할 불장난으로 생각하고 있었다는 점과 안평대군이 오래 기울인 뜻을 저버려서는 안 된다는 점을 들어 반대한 것은 납득하기 어렵다. 운영이 김 진사를 만나는 것 자체가 이미 궁녀들을 인욕이 제거된 탈속의 경지를 갖춘 문인재녀로 육성하려 했던 안평대군의 오랜 뜻을 저버린 것이기 때문이다. 따라서 운영의 탈출 계획을 반대하기 위해 자란이 내세운 근거에는 봉건적 지배 이념의 침윤과 그로 말미암은 인식상의 착종으로 이해될 소지가 있다. 그러나 이것은 인식상의 착종 이전에 자기기만이며 모순으로 이해되어야 할 것이다.

「운영전」은 전반적으로 안평대군과 궁녀들 사이에서 발생한 갈등을 객관적인 시각에서 매우 사실적이면서도 섬세하게 그려내고 있다. 그런데 자란이 운영의 월궁을 반대하는 국면은 유독 여러 가지 문제점을 안고 있다. 특히 자란의 모순된 언행이 그렇다. 자란의 모순된 언행은 위에서 지적한 것뿐만이 아니다. 그녀는 운영과 함께 거짓말로 안평대군을 속이기도 했는데, 이 대목에 이르러서는 "감히 도리에 어긋난 꾀를 내니, 네가 누구를 속이며 하늘마저 속이려 하느냐?"[41]라며 운영을 꾸짖는다. 안평대군이 오래 기울인 뜻을 들어 월궁을 반대한 것은 '인식상의 착종'이라고 생각할 수도 있다. 그러나 자기 스스로 안평대군을 속였던 인물이 패악한 계교로 남을 속이려 한다고 꾸짖은 행위는 어떻게 설명할 수 있겠는가. 이것은 분명 인식상의 착종이 아니라 자기기만이며 모순이다.

왜 이러한 문제가 발생했는가. 이 문제를 푸는 열쇠는 바로 '도리에 어긋난 꾀'가 김 진사의 노비인 특이 자신의 이익을 위해 짜낸 것이라

---

41 「운영전」, 154쪽.

는 데 있다. 「운영전」에서 자란과 특은 남녀주인공과 관련하여 유사한 역할을 하면서 동시에 대조적인 인물이다. 자란이 운영의 곁에서 진정으로 운영을 위해 돕는 선인형의 인물이라면, 특은 김 진사의 곁에서 겉으로는 김 진사를 돕는 척하면서 실제로는 자신의 이익을 탐하는 악인형의 인물이다. 그런데 김 진사가 이러한 사실을 모르고 특의 계교에 따라 월궁을 하려하자, 자란이 노비 특의 패악함을 드러내기 위해 이러저러한 이유를 제기하는 가운데 자연스럽게 모순된 언행을 하게 된 것이다.[42] 요컨대, 서사적 맥락에서 볼 때 월궁을 반대한 자란의 이야기의 초점은 특이 짜낸 계교의 패악함에 있었으며, 자란의 모순된 언행은 이를 부각시키려는 의도에서 비롯한 작가의 오류라고 할 수 있다.

이 점은 국문본과 한문본의 차이를 통해서도 일정하게 엿볼 수 있다. 국문본에는 한문본에 비해 이 부분이 특히 부연되어 있다. 한문본에는 자란이 운영에게만 이야기를 한 것으로 되어 있는데, 국문본에는 자란이 김 진사에게도 장황하게 이야기를 한 것으로 되어 있다. 또 운영에게 한 이야기 중에도 '낭자는 익히 생각해 보라'거나 '깊이 헤아리고 다시 생각하여'와 같이 운영의 재고再考를 촉구하는 언급이 거듭 삽입되어 있다. 이러한 부연은 국문본의 필사자가 자란의 모순된 언행을 인식하고 그것을 완화시키면서 동시에 특의 간악함을 부각시키기 위해 이루어졌다는 것이 저자의 생각이다. 이는 자란이 김 진사에게, "이제 郎君은 어찌하여 생각이 暗昧하고 헤아림이 바이없어 無知喚奴의 사오나온 꾀와 어지러운 말을 곧이듣고 大事를 疏漏이 하리오."[43]라고 말하고

42 월궁을 반대한 자란의 이야기는, "이 노비는 본래 흉악한 놈이나 나에게는 충성을 다하였소. 오늘 낭자와 이렇듯 좋은 인연을 맺게 된 것도 모두 이 노비의 꾀 때문입니다. 어찌 처음에는 충성을 바치고, 뒤에 악행을 저지를 리가 있겠소?"(153쪽)라는 김 진사의 생각에 대한 반론에 해당한다.

있는 점에서도 드러난다. 즉 국문본에는 한문본과 달리 월궁 계획이 노비 특의 패악한 꾀라는 것을 분명하게 제시하고 있는 것이다. 따라서 자란의 모순된 언행을 근거로 궁녀들의 인식상의 착종을 거론하는 것은 다소 무리가 있다고 하겠다.

기실 월궁을 반대한 자란의 말 가운데 우리가 주목할 대목은 현실적인 문제와 관련된 발언들이다. 자란은 운영이 탈출해서는 안 될 이유로 안평대군의 은애와 부인의 사랑 외에도 운영의 양친과 서궁의 궁녀들에게 미칠 화를 들고 있다. 그녀는 또 "천지가 곧 하나의 그물인데, 하늘로 오르고 땅속으로 들어가지 못한다면 달아나 어디로 가려고 하느냐?"[44]라며, 수성궁을 탈출하는 것이 현실적으로 불가능함을 들어 운영을 만류한다. 이러한 자란의 언급에서 우리는 그녀가 당대의 상황과 현실을 정확하게 인식하고 있었다는 사실을 확인할 수 있다.

실제 수성궁의 궁녀들에게 안평대군은 이중적인 존재라고 할 수 있다. 그는 궁녀들의 인격적 가치를 일정하게 인정해 주었다는 점에서 은혜로운 존재이지만, 중세적인 절대권력과 권위에 의거하여 궁녀들의 자유로운 삶을 억압하고 있다는 점에서는 여전히 광폭한 봉건적 지배자 가운데 한 명일 뿐이다. 자란이 운영의 양친과 서궁의 궁녀들에게 미칠 화를 거론한 것은 이 점을 잘 알고 있었기 때문이다. 또 은섬이 '한 번 궁궐의 담을 넘으면 인간세상의 즐거움이 있다는 것을 알고 있으면서도 주군의 위엄이 두려워 그렇게 하지 못한다'[45]고 말한 까닭도

43 이재수본 「운영전」, 강한영 교주, 『한국고전문학대계』 13, 민중서관, 1976, 411쪽.

44 「운영전」, 153쪽.

45 "한 번 궁궐의 담을 넘으면 인간세상의 즐거움을 알 수 있습니다. 그럼에도 저희가 궁궐의 담을 넘지 않는 것은 어찌 힘이 부족하며 마음이 차마 하지 못해서 그러하겠습니까? 저희들이 이 궁중에서 꾀할 수 있는 일은 오로지 주군의 위엄이 두려워 이 마음을 굳게 지키다가 말라죽는 길 뿐입니다." 「운영전」, 159쪽.

바로 여기에 있다. 다시 말해, 궁녀들은 안평대군의 폭압을 자애로 받아들인 인식상의 착종 때문이 아니라, 안평대군의 이중성을 정확하게 인식하고 있었기 때문에 안평대군의 은애와 동시에 위엄을 분명하게 구분지어 거론했던 것이다. 운영 역시 안평대군의 이러한 이중성을 분명하게 자각하고 있었다고 보아야 한다. 운영은 '안평대군의 은애에 대한 배신'과 함께 '죄 없는 서궁 사람들이 저 때문에 함께 죄를 입게 된 것'을 자신의 죄라고 토로하고 있는 것이다.

여기서 우리는 왜 운영이 수성궁의 탈출을 포기하고 자결할 수밖에 없었는가에 대한 진정한 이유를 발견하게 된다. 그것은 바로 자신의 욕망 실현이 '무죄한 많은 사람들을 죽음으로 몰아갈 것'이라는 사실을 분명하게 인식했기 때문이다. 운영이 자란의 만류 이전에 스스로 월궁을 하지 못하고 머뭇거렸던 것[46]도 이러한 인간적 고뇌와 갈등 때문이었으리라. 물론 운영이 월궁을 하지 못한 것은 안평대군의 자애慈愛도 일정하게 작용했다는 점을 부정할 수는 없다. 그러나 안평대군의 은애가 진정한 이유였다고 이해해서는 안 될 것이다. 운영은 이미 안평대군이 부여한 수성궁의 질서가 인간의 본능적 삶을 억압하는 반인륜적인 것이라는 사실을 분명하게 깨닫고 김 진사와의 사랑을 성취하기 위해 자신이 소유하고 있던 패물을 수성궁 밖으로 내보내기까지 했던 인물이기 때문이다. 운영은 오래전에 안평대군의 자애를 충분히 알고 있었

46 운영이 월궁을 하지 못한 것은 외형상 자란의 만류 때문인 것으로 서술되어 있다. 그러나 실질적으로는 자란이 만류하기 이전에 운영이 스스로 월궁을 포기했다고 보는 것이 온당하다. 김 진사가 운영에게 "달아나는 것이 좋겠소. 어제 내가 지은 시를 보고 대군이 의심하셨으니, 오늘밤 떠나지 않으면 후환이 있을까 두렵소"(「운영전」, 152쪽)라며 월궁의 제의하자, 운영은 간밤에 꾼 꿈의 불길함을 들어서 이를 거절한다. 그럼에도 김 진사가 '꿈은 허황된 것'이라며 고집을 부리자 운영은 자란에게 의논해 보자고 권유하며, 마침내 자란의 의견에 따라 월궁을 포기하게 되었던 것이다.

으면서도 이를 무시하고 월궁을 결심했던 것이다.

이러한 운영이 새삼스럽게 안평대군의 자애 때문에 월궁을 포기했다고 보기는 어렵다. 운영은 자신의 월궁이 자기 개인의 문제에 한정된 것이 아니라, 자란 등 자기를 도와준 궁녀들과 부모에게 큰 화가 미칠 것이라는 사실을 뒤늦게나마 인지했기 때문에 차마 월궁을 실행하지 못했던 것이다. 따라서 운영의 자결은 성리학적 이념을 뛰어넘지 못한 한계나 봉건적 지배 이념의 침윤과 그로 말미암은 인식상의 착종보다는, 중세적 모순과 질곡을 분명하게 자각하고 있으면서도 개인적인 힘으로는 그것을 극복하기 어렵다는 절망감 때문이라고 할 수 있다. 운영의 비극적인 죽음이 남녀의 순수한 사랑을 억압하는 중세적 신분제도와 이념을 부정하는 의미를 지니게 된 까닭도 바로 여기에 있다.

3. 서술시각과 작가의식

1) 객관적 서술시각과 중세적 이념의 부정

「운영전」은 여러 가지 점에서 탁월한 면모를 보이고 있다. 무엇보다도 궁녀인 운영과 김 진사의 비극적인 사랑을 통해 중세적 사회 질서와 윤리관의 반인륜적 측면을 심각하게 제기하고 있다는 점에서 「운영전」의 가치는 높게 평가받아 마땅하다. 이 외에도 사랑의 시말始末이 이전의 전기소설傳奇小說처럼 주인공 개인사에 국한되지 않고, 더욱 확장된 공간에서 보다 많은 사람들의 삶에 돌이킬 수 없는 영향을 주며 함께 만들어 나간다는 점[47] 등은 「운영전」이 개척한 새로운 경지로 인정될 만하다. 그러나 이에 못지않게 중요한 것이 또 있다. 그것은 바로 안평대군과 궁녀들의 갈등을 객관적인 시각에서 매우 사실적으로 형상화하고 있다는 점이다. 즉 「운영전」은 안평대군과 궁녀들의 갈등을 '서술자의 주관적인 시각이나 관념적 재단을 배제하고 서사 세계의 갈등과 귀결을 통해 현실 세계의 갈등을 사실적으로 재현'[48]하고 있는 것이다.[49]

「운영전」이 안평대군과 궁녀들의 갈등을 객관적인 시각에서 형상화하고 있다는 것은 안평대군의 인물 형상에서 단적으로 나타난다. 「운영전」에서 운영의 비극적인 죽음은 안평대군의 지향에서 비롯된 것이다. 이런 점에서 안평대군은 기본적으로 「춘향전」의 변사또처럼 반동적 인물이라고 할 수 있다. 대부분의 고소설에서는 이와 같은 경우 부정적인 인물로 형상화되어 있다. 그런데 「운영전」에서는 안평대군이 부정적으로 그려지기는커녕 도리어 긍정적인 인물로 평가될 정도로 객관적인 시각에서 형상화되어 있다.

이러한 객관적 형상화는 과연 어떠한 의식에서 이루어질 수 있었는가? 이와 관련하여 우리가 주목해야 할 인물은 몽유자夢遊者 유영이다. 「운영전」의 액자 내부의 이야기는 안평대군 시절의 궁녀와 선비였던 운영과 김 진사의 술회로 이루어져 있다. 그러나 몽유록夢遊錄의 형식을 빌고 있는 「운영전」 전체를 통합적으로 볼 때, 이들의 술회는 몽유자 유영의 꿈에 불과하다. 즉 운영과 김 진사의 비극적인 사랑은 당사자들

47 정출헌, 앞의 글, 597쪽.

48 박일용, 「서술 시각의 유형과 소설사의 경향성」, 『조선시대의 애정소설』, 집문당, 1993, 38쪽.

49 장효현 교수는 현실주의적 성취를, "상황의 전형성과 인물의 전형성이 현실의 객관적 묘사에 머무는 것이 아니라, 당대의 현실 모순을 얼마나 치열하게 재현하였으며, 모순 극복의 방향을 낭만적 해결이 아닌 현실적 차원에서, 드러내는 것이 아닌 잠재된 방법의 고도한 미학적 기법으로 제시하였는가"(장효현, 「형성기 고전소설의 현실성과 낭만성 문제」, 『민족문학사연구』 10, 민족문학사연구소, 1997, 132쪽)에 달려 있다고 규정하고 있는데, 「운영전」에서 안평대군과 궁녀들의 갈등 부분은 이러한 규정에 합당할 만큼 현실주의적 성취를 이루었다고 할 수 있다.

이 술회한 것을 그대로 기록한 형태인 것처럼 서술되어 있지만, 내용상 이들의 이야기는 유영 자신이 꾸었던 꿈을 형상화한 것이다. 곧 유영은 작가를 대변하는 서술자인 셈이다. 따라서 「운영전」의 안평대군은 유영과 같은 인물의 시각에서 형상화된 것이라고 할 수 있다.

그러면 유영은 어떠한 인물인가?

> 청파(青坡)에 사는 선비인 유영(柳永)은 이 동산의 경치가 빼어나다는 것을 익히 듣고 한번 구경하고 싶었다. 그러나 옷이 남루하고 용모와 안색이 초라하여 놀러 온 사람들의 웃음거리가 될 것을 스스로 알고 있는 터라, 정작 집을 나섰다가 주저앉은 지 오래였다. 만력(萬曆) 신축년(辛丑年) 3월 16일 유영은 탁주 한 병을 사들고 집을 나섰다. 어린 종은 물론 이미 자기를 알아주는 친구마저 없어 몸소 술병을 허리춤에 차고 홀로 궁문(宮門) 안으로 들어가자, 그를 본 사람들마다 서로 돌아보고 손가락질을 하며 비웃었다. 유생은 부끄럽고 무료해서 이내 후원으로 들어갔다.[50]

유영은 학문적 소양을 구비하고 있음에도 불구하고 집안이 가난하여 의식을 잇기가 어려울 정도로 철저하게 몰락한 선비이다. 그의 몰락은 남루한 의상과 초라한 안색으로 인해 남의 비웃음을 받고, 노복은 물론 친구하나 없이 지낼 정도로 심각하다. 이런 점에서 유영은 사회·경제적으로 철저하게 소외된 지식인이라고 할 수 있다.

우리는 흔히 이런 소외된 지식인들에게서 당대 현실에 대해 부정적이거나 비판적인 인식을 발견하게 된다. 일례로 김시습金時習(1435~1493)

---

50 「운영전」, 103쪽.

같은 인물을 들 수 있다. 김시습은 자신의 이념과 학문에 대한 자긍심을 바탕으로 '신세 모순身世矛盾'을 개탄하면서 당대의 정치현실을 부정했다. 그러나 유영에게서는 자신의 학문에 대한 자긍심이나 현실에 대한 비판적 인식을 찾아보기 어렵다. 우리가 그에게서 발견할 수 있는 것은 현실 세계에 위축되어 있는 모습일 뿐이다. 그는 수성궁의 경치가 좋다는 것을 익히 듣고 구경하고 싶은 마음을 갖고 있으면서도 주변 사람들의 시선이 두려워 감히 엄두를 내지 못하며, 겨우 용기를 내어 수성궁에 이르러서도 남의 비웃음을 견디지 못해 도망치듯 후원으로 숨어들 정도로 위축되어 있다. 유영은 사회·경제적으로 철저하게 소외된 인물로 미래에 대한 전망을 상실한 채 실의에 빠져 현실 세계에서 도피코자 하는 소극적인 지식인이었던 것이다. 결국 그가 몸소 탁주 한 병을 사들고 홀로 수성궁의 후원에 들어가게 된 것도 현실 도피적 지향에서 비롯된 것이라고 할 수 있다.

이렇듯 현실 세계에 위축되어 있던 유영은 임진왜란 때 폐허가 된 수성궁을 보고, "내가 조원각에 오르니 봄은 반쯤 지났는데, 땅 가득히 떨어진 꽃 쓸어버릴 사람조차 없네我上朝元春半老, 滿地落花無人掃"[51]라는 소동파蘇東坡의 시를 읊조린다. 이 시는 소동파가 당唐 현종玄宗의 화청궁華淸宮이 있는 여산驪山에 올라 한때 화려했던 조원각朝元閣이 폐허로 변한 것에 대한 감회와 경계를 읊은 것[52]이다. 유영이 이러한 소동파의 시를 읊조린 것 역시 한때 화려했던 수성궁이 폐허로 변해 버린 것에 대한 감회, 곧 인생의 무상함에 대한 보편적 감회의 하나라고 할 수 있다. 다만, 수성궁에 대한 유영의 감회는 현실 세계에 위축되어 있는 소극적 지식

---

51 「운영전」, 104쪽.

52 신경숙, 앞의 글, 28쪽 참조.

인의 현실 도피적 지향과 맞물려 있는 만큼 더욱 절실했다고 하겠다.

이는 유영이 비회에 젖어 탁주를 취하도록 마신 후 꿈속에서 만난 김 진사와 운영이 안평대군 시절의 선비와 궁녀였다는 사실을 알자마자, 곧바로 '안평대군의 성시지사盛時之事와 김 진사의 상회지유傷懷之由'를 물었던 데서도 알 수 있다. 김 진사는 유영에게 '안평대군의 성시지사'를 말한 일이 없다. 유영이 김 진사의 성명을 묻자, 김 진사는 '자기 이름을 밝힐 수 없는 사정이 있으며, 그 사정을 말하자면 이야기가 길어지고 슬픈 회포를 어찌할 수 없다'며 운영이 '안평대군의 궁녀'였다는 사실만을 밝혔을 뿐이다. 즉 김 진사는 자기와 운영이 안평대군 시절의 사람으로 가슴 아픈 사연을 갖고 있다는 말을 했을 뿐인데, 유영은 느닷없이 '김 진사의 상회지유'에 앞서 '안평대군의 성시지사'를 물었던 것이다. 여기에서 우리는 유영이 평소 '안평대군의 성시지사'에 깊은 관심을 가졌음을 알 수 있다.

유영은 왜 '안평대군의 성시지사'에 관심을 가졌는가? 유영이 말한 안평대군의 성시지사란 흔히 알려져 있듯이, "만권의 장서를 갖추어 놓고 문사들을 불러 모아 십이경十二景과 사십영四十詠을 지어 혹은 등불 밑에서 이야기 하고 혹은 달밤에 배를 띄웠으며, 혹은 연구聯句를 짓고 혹은 바둑 장기를 두고 풍류가 끊이지 않았던 일"[53]일 것이다. 한마디로 말해, 유영과 같은 문사들이 대접받던 시절이었다고 할 수 있다. 그런데 현재 유영은 학식이 뛰어나면서도 생계조차 잇기 어려울 정도로 현실에서 철저하게 소외된 생활을 하고 있다. 이러한 유영에게 의기투합한 여러 문사文士들이 시문을 짓고 담론을 나누었다던 안평대군 시절은

53 성현, 「용재총화」, 『대동야승』 I(영인), 민족문화추진회, 1971, 51쪽.

하나의 꿈[54]이었을 법하다. 더욱이 그는 미래에 대한 전망을 상실한 채 현실 세계에 대해 극도로 위축되어 있었기에 미래보다는 과거 지향적일 수밖에 없었으며, 과거사 가운데서도 문사들의 가치를 인정하고 제대로 대접해 주었다던 안평대군 시절을 희구했다고 하겠다.

이렇듯 안평대군 시절을 간절하게 희구했던 유영과 같은 처지에서 안평대군을 부정적으로 형상화하기는 어려웠을 것이다. 그러나 이것으로 안평대군에 대한 객관적 형상화를 다 설명할 수는 없다. 실제 「운영전」에 형상화되어 있는 안평대군은 흔히 알려져 있는 역사적 인물로서의 안평대군의 형상과는 다소 차이가 있다. 앞서 인용한 성현成俔의 기록에서 볼 수 있듯이, 실제의 안평대군은 당대의 문인들과 의기투합하여 풍류를 즐기는 호탕한 대군으로서의 이미지가 강하다. 물론 「운영전」의 안평대군 역시 당대의 문장거필이라고 할 수 있는 성삼문이나 최흥효 등과 어울려 시문을 주고받는 등 이러한 면모가 엿보인다. 그러나 「운영전」의 중심 내용은 안평대군의 비사秘史라고 할 수 있는 궁녀들과의 관계이며, 안평대군은 궁녀들을 세속적 사회와 절연시킨 채 『소학』을 비롯한 유교 경전과 당음唐音 등을 가르쳐 인욕이 제거된 청정한 삶을 추구하는 인물로 형상화된다. 즉 안평대군은 문인들과 의기투합하여 풍류를 즐기는 호탕한 대군으로 형상화되기보다는 성리학적 이념을 기반으로 인욕이 제거된 탈속의 경지를 추구하는 도학자적인 인물로 형상화되어 있는 것이다.

이러한 안평대군의 형상은 분명 중세적 지배 이념인 성리학을 기반으로 피지배 계층의 물질적 욕구 및 자연스런 감정의 유출을 억압하고

54 정출헌, 앞의 글, 582쪽.

자신들의 특권을 마음껏 향유하거나 향유하려 했던 일반적인 특권 계층의 모습과는 다르다. 박일용 교수의 지적대로, 안평대군은 중세사회의 특권 계층인 대군이 아니라, 차라리 '조선 중기 이후 성리학적 이념 획득을 지향하는 전형적인 조선 중기의 사림적 세계관을 가진 인물'[55]에 가깝다고 할 수 있다. 그렇다고 해서 우리가 안평대군을 조선 중기 이후 사대부들의 세계관인 성리학적 이념과 같은 맥락의 권위로 치환되어 나타난 매개적 인물로만 이해해서는 안 될 것이다. 안평대군이 부여한 궁중적 질서가 본질적으로는 인간 욕구의 자연스런 발동을 금압禁壓하여 순연한 성정의 도야를 강요하는 조선 중기의 성리학적 세계관의 형상화라는 의미를 내포하고 있을지라도, 현상적으로 그는 분명한 수성궁의 궁주이기 때문이다. 따라서 우리는 중세적 사회 현실 속에서 현상적으로 드러난 안평대군의 성격을 작가의 의식과 관련지어 조명할 필요가 있다.

여기서 저자가 주목하고자 하는 것은, 안평대군이 중세적 사회 현실 속에서 유영과 같이 소외되고 위축된 지식인이 상상해 볼 수 있는 가장 이상적인 궁주, 곧 통치자의 형상을 띠고 있다는 점이다. 세종대왕의 셋째 아들인 안평대군은 여덟 명의 대군大君 중에 가장 영리하고 뛰어났으며, 유학儒學을 공부하는 사람으로 자처하면서 밤에는 독서를 하고 낮에는 시를 짓는 등 짧은 시간도 헛되이 보내지 않는 인물이다. 이러한 기본적인 자질 외에도 그는 궁녀들에게 자애를 베풀며, 중세적 궁중 질서를 어긴 궁녀들을 용서하고, 김 진사와 같은 선비와 시부詩賦를 주고받는 등 중세 왕권주의의 이상적인 지배자로서의 성격을 지니고 있

55 박일용, 「운영전의 비극적 성격과 그 사회적 의미」, 『조선시대의 애정소설』, 집문당, 1993, 179쪽.

다. 궁녀들과 갈등을 일으키고 있는 문제, 즉 인욕이 제거된 청정한 삶 역시 조선 중기 이후 사림적 세계관을 가진 지식인들이 추구했던 이상적인 삶의 형태였다.[56] 더구나 「운영전」이 창작된 17세기 초는 훈척계勳戚係의 비리로 인한 사회적 제 모순을 시정하고 향촌을 안정시키려는 사림파들의 성리학적 이념이 사회적으로 공감의 영역을 확대해 간 시기였다.[57] 따라서 안평대군이 조선 중기 이후 성리학적 이념 획득을 지향하는 조선 중기의 사림적 세계관을 가진 인물로 형상화된 것은, 바로 조선 중기 이후 사림적 세계관을 가진 작가의 이상적인 지향이 반영된 결과라고 할 수 있다.

이렇게 놓고 보면, 안평대군에게 문제가 되는 것은 오직 궁녀들의 궁 밖 출입을 철저하게 금압하고 그들에게 당시 사림적 사대부들이 이상적인 삶의 형태로 간주했던 청정한 삶을 강요했다는 점일 뿐이다. 그러나 조선시대 궁녀들의 궁 밖 출입이 통제되었던 것은 당위로 인정되었던 것이며, 궁녀들에게 청정한 삶을 요구한 것은 노예적인 삶을 살아야만 했던 일반적인 궁녀들과 비교해 볼 때 오히려 은혜로운 처사였다고 해야 할 것이다. 이런 점에서 「운영전」에 형상화된 안평대군은 「운영전」이 창작된 17세기 무렵 사림적 세계관에 입각해 있으면서도 사회·경제적으로 소외되었던 유영과 같은 인물이 그려볼 수 있는 가장 이상적인 통치자의 형상이라는 것이 저자의 생각이다.

이제 논의할 문제는 안평대군을 이상적인 궁주로 형상화한 작가의

56 임형택 교수는, 16세기 사림파 학자들에게서 처사적 문학의 심화된 세계가 형성되기에 이르렀는데, 그 요인의 하나로 "정치권력의 모순과 거듭되는 사화로 중앙 정계에 환멸을 느끼고 관인으로의 진출에 매력을 상실한 반면, 은거 생활을 더욱 고결하고 뜻있게 생각하는 것"(임형택, 「李朝前期의 士大夫文學」, 『한국문학사의 시각』, 창작과비평사, 1984, 391~392쪽)이었다고 지적하고 있다.

57 이태진, 『조선 유교사회사론』, 지식산업사, 1989, 223~224쪽.

의식이나 의도이다. 이 문제에 대해 우리는 「운영전」의 작가가 중세의 안정된 왕권주의의 이념적 견고성에서 벗어나지 못했기 때문[58]이라고 답할 수도 있다. 그러나 안평대군을 이상적인 궁주로 형상화한 것과 중세의 안정된 왕권주의의 이념적 견고성에서 벗어나지 못한 것은 의미 맥락이 다르다. 전자가 작가의 의도와 관련된 문제라면, 후자는 작가의 인식적 한계와 관련된 문제이기 때문이다. 또 안평대군의 형상을 작가 의식의 한계와 관련지어 이해했을 경우, 「운영전」이 운영과 김 진사의 비극적인 죽음을 통해 궁극적으로 중세적 윤리와 이념을 부정한 점과 모순을 일으키게 된다. 다시 말해, 「운영전」의 작가가 중세의 안정된 왕권주의의 이념적 견고성에서 벗어나지 못한 상태에서 중세적 윤리와 이념을 부정했다고 말할 수는 없다는 것이다. 따라서 우리는 작가의 의도와 관련하여 이 문제에 접근할 필요가 있다.

여기서 우리는 유영이 김 진사에게 '안평대군의 성시지사'와 동시에 '김 진사의 상회지유'를 물었던 것을 다시 한번 상기할 필요가 있다. 이 질문은 '안평대군의 성시와 같은 좋은 시절에 가슴 아픈 사연이라 도대체 어떤 것이냐?'라는 의문의 표현이며, 운영과 김 진사의 회고적 진술로 이루어져 있은 「운영전」의 구성은 이 의문을 풀어가는 서사적 과정에 해당한다. 따라서 이 질문은 「운영전」의 구성의 요체이며, 바로 이 질문에 대한 답이 「운영전」을 통해 작가가 기본적으로 드러내고자 했던 창작의도라고 할 수 있다. 그리고 그 답으로 작가는, 운영과 김 진사의 비극적인 사랑을 통해 안평대군의 성시에도 인간의 진정한 삶이 훼손될 수밖에 없다는 것을 핍진하게 보여준다. 이런 점에서 '김 진사의

58 신경숙, 앞의 글, 18쪽.

상회지유'는 유영이 그토록 희구해 마지않던 '안평대군의 성시지사'를 부정하는 의미를 갖는다. 그러나 운영과 김 진사의 비극적인 죽음이 부정하는 것은 단순히 안평대군의 성시지사 그 자체만은 아니다. 앞서 지적한 대로, 안평대군은 중세체제하에서 가장 이상적인 궁주로 형상화되어 있다. 이는 곧 '안평대군의 성시'가 중세적 이념과 틀 내에서 현실적으로 상상해 볼 수 있는 가장 이상적인 시절이었다는 것을 의미한다. 따라서 '안평대군의 성시'를 부정하는 것은 중세적 이념과 틀 내에서 희구해 볼 수 있는 가장 이상적인 시절을 부정하는 의미를, 나아가 중세적 이념과 체제 그 자체를 근본적으로 부정하는 의미를 함축하게 된다.

「운영전」의 작가가 안평대군 개인보다는 중세적 이념과 체제를 근본적으로 문제 삼고 있다는 것은 다음 대목에 단적으로 나타난다.

> 대군의 분노가 점차 풀어져서 저를 별당에 가두고, 그 나머지 사람은 모두 풀어주었습니다. 그날 밤 저는 비단 수건에 목을 매어 자결하였습니다.[59]

안평대군은 궁녀들의 초사를 다 듣고 난 후 분노가 점차 풀어져서 사건의 당사자인 운영만 별당에 가두고 다른 궁녀들은 모두 풀어준다. 안평대군이 비록 운영을 별당에 가두었다고는 하나, 이것은 다른 궁녀들을 풀어준 것처럼 운영도 실질적으로는 용서한 것으로 보아야 한다. 운영은 궁 밖 출입을 금하는 안평대군의 엄명을 어긴 정도가 아니라 김 진사를 궁궐에 불러들여 애정 행각을 벌인 큰 죄인이다. 때문에 당시 국법에 따라 운영을 처형해도 전혀 문제될 것이 없으며, 안평대군의 입

59 「운영전」, 162쪽.

장에서는 운영을 곧바로 처형해도 속이 풀리지 않을 법하다. 그럼에도 안평대군은 궁녀들의 초사를 들은 다음에 화가 풀렸으며, 운영만 별당에 가두었다고 한다. 따라서 안평대군이 운영을 별당에 가둔 것은 사건의 당사자를 법에 따라 처리한다는 형식적 조처에 불과한 것으로 이해된다. 더구나 수성궁 자체를 새장으로 생각했던 운영에게 수성궁 안의 별당이란 새장 속의 새장일 뿐 기존의 삶의 토대와 특별히 다를 것도 없는 셈이다. 즉 안평대군이 운영을 별당에 가둔 것은 실질적으로는 다른 궁녀들처럼 운영을 용서해 준 것을 뜻하며, 이것은 중세적 이념과 틀 내에서 안평대군이 행할 수 있는 최고의 선처였다고 할 수 있다.

그럼에도 운영은 자결하고 만다. 즉 운영은 안평대군의 용서를 받고도 죽음을 택한 것이라고 할 수 있다. 이런 점에서 안평대군은 운영의 죽음에서 일정하게 비켜나 있으며, 작품 내용 역시 운영의 죽음을 안평대군의 조처와 무관한 것으로 서술하고 있다. 이는 작가가 운영의 비극적인 죽음이 안평대군이라는 개인에게서 연유된 것이 아니라는 점을 인식하고 있었기 때문이라고 할 수 있다. 우리는 운영을 완전히 용서해 김 진사와 부부의 연을 맺도록 조처하지 않은 안평대군을 탓할 수도 있다. 사실 안평대군은 남녀의 정욕이 하늘로부터 품수 받은 것이라는 궁녀들의 주장을 인정했기 때문에 궁녀들 모두에게 씌워진 족쇄를 풀어주어 궁 밖으로 내보낼 수 있었을 법도하다. 그러나 이것은 중세적 이념에 바탕을 둔 사회체제가 붕괴되지 않는 한 실현될 수 없는 낭만적 희망에 불과하다. 운영이 죽음을 택한 것도 이러한 사실, 곧 자신이 추구했던 인간의 진정한 삶은 안평대군의 용서나 선처만으로는 이루어질 수 없다는 것을 깨달았기 때문이었으리라.[60]

여기에서 우리는 중세적 이념과 체제에 입각해 있는 한 어떤 경우에도 인간의 진정한 삶은 실현될 수 없다는 작가의 현실 인식을 읽을 수 있다. 「운영전」의 작가가 안평대군과 궁녀들의 갈등을 객관적인 시각에서 사실적으로 형상화할 수 있었던 것도 바로 이러한 현실 인식에서 비롯된 것이라고 할 수 있다. 즉 작가가 운영의 비극적인 죽음을 통해 문제 삼고자 했던 것은 안평대군 개인이 아니라 중세적 이념과 체제 자체였기 때문에 안평대군을 객관적으로 형상화할 수 있었던 것이다.

이런 점에서 「운영전」은 현실 세계에서 철저하게 소외된 지식인이 중세적 이념과 틀 내에서 현실적으로 희구해 볼 수 있는 가장 이상적인 시절로서 안평대군의 성시盛時를 상정해 놓고, 운영과 김 진사의 비극적인 죽음을 통해 그러한 시절 역시 인간의 진정한 삶이 훼손될 수밖에 없다는 것을 보여준 작품이라고 할 수 있다. 다시 말해, 작가는 「운영전」을 통해 '안평대군의 성시지사盛時之事에도 김 진사의 상회지유傷懷之由가 있을 수밖에 없다'는 것을 여실하게 드러낸 것이라고 하겠다.

2) 관념적 서술시각과 몰락한 사인士人의 좌절

앞서 지적한 대로, 운영의 비극적인 죽음은 근본적으로 중세적 지배 이념과 체제 자체에서 기인하고 있다. 그런데 작가는 김 진사의 노비인 특에게서도 일정하게 그 원인을 찾는다. 물론 운영이 비극적인 죽음을 맞게 된 것은 노비 특과 무관하다고 할 수 없다. 특이 운영의 재물을 독

60 성현경 교수는, 유영이 현실에서 도피한 것은 자신뿐만 아니라 속세의 인간들이 추구하고 있는 부귀공명이 공허한 것임을 깨달았기 때문(성현경, 앞의 글, 848쪽)이라고 주장한 바 있다. 그러나 유영의 현실도피는 운영이 죽음을 선택한 것과 같은 맥락에서 이해해야 할 것이다. 즉 운영이 중세적 이념과 체제하에서는 인간의 진정한 삶이 실현될 수 없다는 사실을 인식하고 죽음을 택했듯이, 유영도 중세적 이념과 체제하에서는 자신의 진정한 가치를 인정받을 수 없다는 사실을 깨닫고 현실 세계에서 도피한 것이라고 하겠다.

차지하기 위해 운영과 김 진사의 관계를 백일하에 드러냄으로써 안평대군이 궁녀들을 문초하게 되고, 문초를 받은 운영은 스스로 목숨을 끊었던 것이다. 따라서 운영이 죽게 된 직접적인 계기는 특의 탐욕과 간교함이라고 할 수 있다.

그러나 실제 운영과 김 진사의 밀회는 특이 간계를 부리기 전에 이미 종말을 고한 상태였다. 자란의 만류로 운영이 월궁을 포기하고, 안평대군이 김 진사가 지은 상량문을 통해 운영과 김 진사의 관계를 인지하게 된 후, 운영과 김 진사는 더 이상의 밀회가 불가능하다는 것을 알고 자포자기한다. 운영은 "이후부터는 다시 뵐 수 없으니, 삼생三生의 인연과 백년의 약속이 오늘 저녁에 모두 끝났습니다. 만약 하늘이 정해준 인연이 아직 끊어지지 않았다면 마땅히 저승에서나 서로 만나볼 수 있을 것입니다"[61]라고 말하면서 이별의 편지를 김 진사에게 전하며, 김 진사 역시 모든 것을 포기하고 후생後生에서나 인연을 맺기 위해 운영이 준 재물로 부처에게 기원하기로 마음을 먹었던 것이다. 즉 운영과 김 진사는 중세적 이념과 체제를 상징하는 수성궁의 궁장宮牆을 넘지 못하고 좌절하고 만 것이다. 이후로 이들은 비록 목숨을 부지하고 있다고는 하나 죽은 것이나 전혀 다를 바가 없다. 따라서 노비 특은 운영이 죽게 된 직접적인 계기는 될 수 있을지언정 근본적인 원인은 될 수 없으며, 이들의 비극적인 사랑과는 더더욱 무관하다. 그럼에도 작가는, "두 사람이 다시 만나서 바라던 뜻이 이루어졌으며, 원수인 노비도 이미 제거되어 분통함도 씻었습니다"[62]라며, 마치 모든 비극의 원인이 노비 특에게 있는 것처럼 서술하고 있다. 이로 인해 연구자들 역시 두 사람의 사랑

---

61 「운영전」, 155쪽.
62 「운영전」, 165쪽.

이 노비 특에 의해 결정적으로 좌절되고 농락당한 것[63]으로 이해하는 경우도 있었다. 그러나 이것은 사건의 본질을 일정하게 왜곡시키거나 희석시키려는 작가의 의도에 따른 것으로 이해해야 할 것이다.[64]

한편, 우리가 여기서 간과할 수 없는 것은, 이러한 작가의 의도 속에는 특으로 대변되는 새롭게 성장하는 계층에 대한 작가의 적대감이 강하게 반영되어 있다는 점이다. 특의 형상은 조선 중기 이후의 노비 계층의 성장을 비교적 사실적으로 반영하고 있다.[65] 조선 후기에는 노비들 가운데 외거外居하여 상전이나 소속관사의 경제기반과 관계없이 생활해 가면서 신공身貢만을 납부하는 노비들이 다수를 차지하였는데, 특은 이러한 부류에 해당하는 노비임에 틀림없다. 이들은 신분적으로는 소유주에게 예속되어 있었으나, 경제적으로는 소유주의 예속에서 벗어나 비교적 자유로운 위치에서 경제 활동을 할 수 있었다.[66] 노비 특이 외거하면서 상전인 김 진사에게 도와준 대가를 요구한 것 등은 이렇듯

63 신경숙, 앞의 글, 23쪽.

64 박기석 교수 역시, "운영과 김 진사의 사랑에 있어서 가장 큰 장애 요인은 안평대군으로 대변되는 궁중 질서인데, 작가는 안평대군에게 돌아갈 원망을 희석시키기 위해 特이란 惡人을 등장시켜 그로 하여금 두 연인의 비극적 종말의 원인 제공자로 부각시킨 것이다"(박기석, 앞의 글, 720~721쪽)라고 지적한바 있다.

65 「운영전」은 안평대군과 궁녀들의 갈등을 객관적인 시각에서 사실적으로 형상화한 것 외에도, 조역이라고 할 수 있는 무녀와 노비 특을 상당히 구체적으로 형상화하고 있다는 점에서도 특기할 만한 작품이다. 음란한 여자임을 자칭하는 무녀는 김 진사를 사모한 나머지 운영을 질투하면서도 김 진사와 운영의 중간에서 메신저 역할을 하며, 김 진사의 노비인 특은 여러 가지 잔재주로 김 진사와 운영의 만남을 도와주면서 자신의 이득을 추구한다. 이런 점에서 "현실감 · 생동감 있는 이 두 인물의 다양한 성격 및 행동 묘사가 「운영전」을 더욱 흥미있는 소설, 살아있는 작품으로 만드는 데 일익을 담당하고 있다"(성현경, 앞의 글, 858쪽)는 지적은 매우 적절하다고 하겠다. 그러나 이들이 현실감 · 생동감 있게 묘사되었다고 해서, 이를 곧바로 "남존여비 혹은 귀존천비라고 하는 당대의 사회적 질서나 이념을 거부하고 새로운 눈으로써 이들을 파악 · 수용하고 있다"(위의 글, 858쪽)고 이해해서는 안 될 것이다.

66 국사편찬위원회, 『한국사』 34, 1995, 130쪽.

성장한 노비 계층의 실상을 반영한 것이다. 특히 노비 특이 맹인 점쟁이에게 김 진사를 모함하는 말을 곁에서 듣고 있던 사람이, "너의 주인은 어떠한 사람인데, 이처럼 노비에게 포악하게 구느냐?"[67]라고 했던 것은, 주인이 노비들에게 함부로 할 수 없을 정도로 노비 계층이 성장한 사회적 현실을 실감케 한다.

그러나 전반적으로 특의 성격은 객관적인 시각에서 사실적으로 형상화되기보다는 철저하게 몰락하여 현실적 대응력을 상실한 사인士人의 시각에 따라 형상화되어 있다. 다음 대목을 보자.

> 뒤늦게 진사는 특의 소행을 알고 노비 10여 명을 거느리고 가서 불시에 특의 집을 포위하고 수색을 했습니다. 그러나 단지 금비녀 한 쌍과 운남 거울 하나만을 찾아낼 수 있었습니다. 이 물건을 장물(贓物)로 삼아 관가에 고발하여 나머지 물건들도 찾고 싶었으나, 일이 누설될까 두려워 고발하지 못했습니다. 진사는 이 재물이 없으면 불공을 드릴 수가 없었기 때문에 마음속으로는 특을 죽이고 싶었으나, 힘으로 제어할 수가 없어 애써 침묵을 지키고 있었습니다.[68]

김 진사는 뒤늦게 특이 운영의 재물을 모두 가로챈 것을 알고 노복 10여 명을 거느리고 불의에 특의 집을 에워싸고 재물을 찾는다. 그러나 특이 이미 재물을 다른 곳으로 빼돌린 터라 금비녀 한 쌍과 거울 하나밖에 찾지 못한다. 김 진사는 이것을 장물로 삼아 관가에 고소하여 특이 탈취한 재물을 찾으려고 하다가 자기와 운영의 관계가 누설될까 두려

67 「운영전」, 158쪽.
68 「운영전」, 157쪽.

워 포기한다. 이런 점에서 김 진사가 노비 특에게 농락당한 것은 당대의 규범이나 윤리를 어긴 청춘남녀의 사랑 때문[69]이었다고 할 수 있다.

그러나 이것만으로 김 진사와 노비 특의 관계를 설명하기에는 석연치 않은 점이 있다. 김 진사가 노비인 특을 관가에 고소하지 않고는 잃어버린 재물을 찾을 수 없다고 생각한 점과, 분함을 이기지 못하여 특을 죽이고 싶으면서도 힘으로는 제어할 수 없기 때문에 어쩔 수 없이 참는다는 점 등이 그렇다. 실제로 조선시대에는 노비를 관청에 고하지 않고 마음대로 죽이거나 노비에게 참혹한 형벌을 가하는 것을 법으로 금하고 있었다. 그러나 또 노비는 모반죄나 대역죄를 제외하고는 주인의 범법 행위를 고발할 권리마저 없었기 때문에 주인에게 혹독한 형벌을 당하고도 그 사실을 관청에 고발하지 못했던 것이 당대의 실상이었다.[70] 이런 사실을 고려해 볼 때, 특에 대한 김 진사의 행위는 여러 가지로 납득하기 어려운 점이 있다. 더구나 그는 이미 10여 명의 노복을 거느리고 가서 강압적으로 특의 집안을 샅샅이 뒤진 터였다. 그럼에도 자신의 노비인 특을 힘으로 제압할 수 없어 죽이고 싶은 것을 참았다는 것은 상식적으로 납득하기 어렵다.

이러한 문제점은 왜 일어났는가? 결론적으로 말해서, 이는 김 진사와 특의 대립이 유영처럼 철저하게 몰락한 사인의 시각에 따라 형상화되었기 때문이다. 김 진사의 무능함은 그가 현실 대응력을 피지배 계층에게 의존하는 기생적 존재[71]인 점과 무관하지 않을 것이다. 수성궁의 담을 넘기 위해 사용했던 사다리를 양반인 그가 직접 만들 수는 없었으리

---

69 정출헌, 앞의 글, 609쪽.
70 국사편찬위원회, 『한국사』 25, 1995, 234~237쪽.
71 신경숙, 앞의 글, 24쪽.

라. 그러나 김 진사를 '신분적으로는 지배 계층이나 실세에서는 노비조차 당할 수 없고 도리어 노비에 의해 농락당하는 몰락한 계층'이라고 단정해서는 곤란하다. 그는 자기 자신을 10세 때부터 시문에 능통하여 학당에 유명했으며 14세에 등제하여 진사가 되었다고 소개하는데, 이는 사실적인 진술로 이해된다. 그가 처음 수성궁으로 안평대군을 찾아갔을 때, 안평대군이 "오래도록 그대의 명성을 우러렀는데, 이렇게 좌굴관개坐屈冠蓋하니 온 집안이 빛나는구려. 나의 기쁨이 뭇 벗들에게 얻은 것보다 크도다"[72]라며 반갑게 맞이하고 있기 때문이다. 더구나 그는 특과 같은 외거노비 외에도 10여 명의 노비를 소유하고 있다. 이 정도의 노비를 소유하고 있는 김 진사를 노비에게조차 농락당할 수밖에 없는 몰락한 계층이라고 할 수는 없다. 그는 도리어 장래가 촉망되는 사대부가의 젊은 도령에 가깝다고 보아야 한다. 따라서 김 진사가 노비 특에게 농락당한 것은 작중 인물인 김 진사가 아니라 작가가 노비조차 당할 수 없을 정도로 몰락한 계층이었으며, 이러한 작가의 시각에 따라 소유주와 노비의 대립이 형상화되었기 때문이라고 할 수 있다.

이는 김 진사가 다시 노비 특에게 불공을 부탁한 데서 더욱 분명하게 나타난다. 운영의 재물을 특에게 탈취당한 김 진사는 자신의 문방제구文房諸具를 모두 팔아 백미 40석을 마련하여 운영의 영혼을 달래기 위해 불공을 준비한다. 그런데 이 일을 믿고 시킬 사람이 없자, 김 진사는 특을 불러 "내가 지난날의 죄를 다 용서할 테니, 이제 나를 위해 충성을 다 하겠느냐?"[73]며, 특에게 다시 불공드리는 일을 맡긴다. 어떤 연구자는 이러한 김 진사의 행위를 두고, "노비의 충성이라는 유가적 윤리에

72 「운영전」, 120쪽.
73 「운영전」, 162쪽.

만 충실하여 주인에 대한 노비 특의 생각이나 행위의 배반성을 깨닫지 못함으로 파국을 맞이하는 것은 자기에게 일어나고 있는 계급 질서의 흔들림을 자각치 못한 채 특권적 지배 신분의 시각을 여전히 견지하고 있는 이 계층의 무능을 폭로한 것"[74]으로 이해하기도 하였다. 특에게 다시 불공을 부탁한 김 진사의 행위에는 분명 현실 대응력을 상실한 작가의 무능함이 반영되어 있다. 그러나 그것은 유가적 윤리에만 충실하거나 특권적 지배 신분의 시각을 여전히 견지하고 있는 이 계층의 무능을 폭로한 것과는 전혀 무관하다. 김 진사는 노비 특을 죽이고 싶어 했던 인물이다. 이러한 김 진사가 특이 탈취한 재물을 돌려주거나 먼저 사죄한 것도 아닌데, 다시 특에게 불공을 맡긴다는 것은 현실적으로 생각하기 어렵다. 김 진사는 믿고 맡길 사람이 없었기 때문이라고 하나, 특처럼 믿기 어려운 사람이 더 어디 있겠는가? 시킬 사람이 없었던 것도 아니다. 특의 집을 습격할 때 거느리고 갔던 10여 명의 노복이 있었으며, 후에 본인이 직접 절에 올라가 불공을 드리기도 했던 것이다. 따라서 김 진사가 다시 특에게 불공을 부탁한 것은 특을 다시 등장시켜 그의 간악함을 부각시키기 위한 의도에 따른 것으로 볼 수밖에 없다.

이러한 작가의 의도는 절에 올라간 특의 행위를 통해 구체화된다. 절에 올라간 특은 운영의 영혼을 달래기 위해 불공을 드리기는커녕 촌가村家의 계집을 겁탈하고, 또 "진사는 오늘 빨리 죽고, 운영은 내일 다시 살아나서 특의 배필이 되게 해주십시오"[75]라고 기원한다. 특이 촌가의 계집을 겁탈했다는 것은 있을 수 있는 일이다. 그러나 죽은 운영이 다시 살아나 특의 아내가 된다는 것은 현실적으로 불가능한 일이다. 그럼

74 신경숙, 앞의 글, 24쪽.
75 「운영전」, 163~164쪽.

에도 불구하고 특은 불가능한 것을 기원하는 파렴치함을 연출한다. 이것은 앞서 안평대군과 궁녀들의 갈등을 객관적인 시각에서 사실적으로 형상화한 것과는 대조적이다. 즉 작가는 특의 간악함을 부각시키기 위해 사실주의적 서술시각을 과감히 포기하고 관념적인 서술시각을 끌어들인 것이다.[76]

이렇듯 서술자가 관념적 시각으로 특의 악행을 부각시킨 것은 특으로 대변되는 새롭게 성장하는 계층에 대한 적대감 때문이며, 그 적대감은 몰락한 계층이 자신의 몰락 원인을 변화하는 현실에 대한 대응력 상실보다는 성장하는 계층의 부도덕함이나 탐욕에서 찾으려는 의식의 소산이라고 할 수 있다. 이런 점에서 특과 김 진사의 대립은 조선시대 노비와 소유주의 관계를 사실적으로 반영하기보다는, 노비 계층에 대해서도 현실적인 대응력을 상실한 철저하게 몰락한 사인의 의식이 투영되어 있다고 하겠다. 다음 대목을 보자.

> 때마침 괴황지절(槐黃之節)이 되었습니다. 저는 비록 과거를 볼 생각은 없었으나 공부를 빙자하고 청량사로 올라갔습니다. 그곳에 며칠 머물면서 특이 행한 일을 자세히 듣고 그 분함을 이길 수가 없었습니다. 그러나 또 특을 어떻게 할 수도 없었습니다. 저는 목욕재계(沐浴齋戒)하고 불전에 나아가 백배(百拜)한 뒤, 머리를 조아려 향불을 올리고 합장하여 빌었습니다. "(…상략…) 세존(世尊)이시여! 운영이 다시 살아나 제 배필이 되게

76 김 진사와 노비 특의 대립은 조선 후기 점차 성장해 가는 노비 계층의 현실을 사실적으로 반영하고 있다. 때문에 노비 특은 매우 사실적이며 개성적인 인물로 형상화된 것처럼 이해될 수도 있다. 그러나 노비 특은 전반적으로 서술자가 설정한 관념에 따라 움직이는 비현실적인 인물로 보아야 할 것이다. 관념적 서술시각과 인물 형태의 관계에 대해서는 박일용 교수의 「서술시각 유형과 소설사의 경향성」(『조선시대의 애정소설』, 집문당, 1993)을 참조하기 바람.

해주시어, 운영과 저로 하여금 후세에서는 이러한 원통함을 면하게 해주십시오. 세존이시여! 노비 특을 죽이고 쇠로 된 칼을 씌워 지옥에 가두십시오. 세존이시여! 엎드려 빌건대, 노비 특을 죽이고 그 시체를 삶아 굶주린 개에게 던져주십시오. 세존이시여! 진실로 이 같은 소원을 들어주시면 운영은 비구니가 되어 열 손가락을 사르고 20층 금탑(金塔)을 지을 것이며, 저는 중이 되어 오계(五戒)를 지키고 큰 사찰 3개를 창건하여 그 은혜에 보답하겠습니다."[77]

김 진사는 노비 특이 절에 올라가 패악한 짓을 저지른 것을 뒤늦게 알고 부처에게, '세존이시여! 노비 특을 죽이고 쇠로 된 칼을 씌워 지옥에 가두시고, 특의 시체를 삶아 굶주린 개에게 던져주십시오'라고 기원한다. 김 진사는 노비 특을 죽여서 쇠칼을 씌워 지옥에 가두는 것으로도 부족해서 죽은 시체를 삶아 굶주린 개의 먹이가 되게 해달라고 기원하고 있는 것이다. 이후 노비 특은 김 진사의 소원대로 함정에 빠져 죽은 뒤 그 시체가 길거리에 버려져 굶주린 개의 먹이가 된 것으로 서술되어 있다. 곧 특의 죽음은 부처가 김 진사의 소원을 들어준 결과인 것처럼 서술되어 있는데, 이것은 현실적으로 불가능한 일이다.

우리는 여기에서 서술자가 관념적 시각을 견지하면서 사건의 해결에 초점을 맞춘 결과 서사 세계의 갈등이 지니는 현실성은 극히 축소되고 비현실적인 해결 과정이 서사 세계의 핵심을 이루고 있는 것을 볼 수 있다. 실제로 「운영전」에 설정된 천상계(또는 비현실계)는 전기소설傳奇小說보다는 후대 국문소설에 설정된 천상계와 흡사한 측면이 있다.[78] 특히

77 「운영전」, 164쪽.
78 정출헌, 앞의 글, 595쪽.

운영과 김 진사가 애초 천상에서 적강한 신선이었으며, 그들의 만남은 천정天定에 따른 것이라고 서술한 점 등은 형식상 후대의 국문소설과 동일한 셈이다. 그러나 또 「운영전」에 설정된 비현실계에는 철저하게 몰락하여 현실적 대응력을 상실한 사인의 좌절감이 투영되어 있음을 간과해서는 안 될 것이다. 위에서 볼 수 있듯이, 「운영전」에서 질곡의 대상으로 설정되어 있는 인물은 실질적으로는 일개 노비에 불과한 존재이다. 비록 조선 후기의 변화하는 현실 속에서 새롭게 성장하는 과정을 밟고 있었다고 하지만, 노비는 여전히 피지배 계급 중에서도 가장 낮은 부류인 천민에 속해 있었다. 그럼에도 서술자는 현실적으로 해결할 방법을 찾지 못하고 부처의 영험이라는 비현실적인 방법을 동원해 사건을 해결하고 있다. 이러한 해결 방식은 새롭게 성장하는 노비 계층에 대해 적대감을 갖고 있으면서도 철저하게 몰락하여 노비 계층마저도 어찌해 볼 수 없을 정도로 현실적인 대응력을 상실한 사인의 좌절감에서 비롯되었다고 할 수 있다.

4. 몰락한 사인士人의 이중성

「운영전」은 고소설에서는 전례를 찾아보기 어려울 정도로 높은 현실주의적 성취를 이루었다고 할 수 있다. 특히 안평대군과 궁녀들의 갈등을 객관적인 시각에서 사실적이면서도 구체적으로 형상화한 것은, 대부분의 고소설이 낭만적이거나 관념적인 시각에 따라 사건을 형상화하고 있는 점을 고려할 때, 대단한 성과임에 틀림없다. 몽유록이라는 형식적 장치를 빌었다고 해서 이러한 성과가 훼손되는 것도 아니다. 「운영전」은 당시 역사 발전 단계에서 가장 선진적인 인식을 바탕으로 현실적 모순과 질곡을 치열하게 재현하고 있기 때문이다. 그러나 「운영전」은 객관적인 서술시각이 전일하게 관철되지 못한 한계 또한 아울러 지니고 있다. 김 진사와 노비 특의 대립은 당대의 현실을 비교적 사실적으로 반영하고 있으면서도 객관적인 시각보다는 관념적인 시각에 따라 형상화되어 있기 때문이다.

이 글은 이러한 「운영전」의 특징에 주목하여, 서술시각과 작가의식의 관계를 해명하기 위해 시도된 것이다. 그 결과, 객관적 서술시각은 중세적 이념과 체제 자체를 근본적으로 부정하는 작가의 현실 인식과, 관념적 서술시각은 철저하게 몰락하여 노비 계층에 대해서도 현실적인 대응력을 상실한 선비의 좌절감과 긴밀하게 연관되어 있음을 밝힐 수 있었다.

마지막으로 생각해 볼 문제는 중세적 이념에 대한 부정적 인식과 새롭게 성장하는 계층에 대한 적대감이 어떻게 공존할 수 있는가 하는 점이다. 일반적으로 이 두 가지는 양립하기 어려운 의식이다. 그런데 「운영전」에는 이 두 가지 상반된 의식이 동시에 반영되어 있다. 이런 점에서 일단 「운영전」의 작가는 중세적 지배 질서와 중세 해체기 신분동요를 동시에 질곡으로 느끼는 계층[79]이라고 할 수 있다. 몽유자 유영이 바로 이러한 계층의 전형인 셈이다. 유영은 신분적으로는 당대의 지배 계층이라고 할 수 있는 양반이면서도 중세적 정치현실에서 소외되어 사회·경제적으로 철저하게 몰락한 지식인이다. 유영과 같은 처지에 놓인 작가는 이렇듯 중세적 사회체제 내에서 철저하게 소외된 처지였

79 신경숙, 앞의 글, 29~30쪽.

기에 중세적 이념과 체제에 따른 질곡을 객관적으로 바라볼 수 있었다고 하겠다.

그러나 「운영전」의 작가는 여전히 중세적 신분 관념에서 벗어나지는 못했던 것으로 보인다. 「운영전」에는 궁녀라는 운영의 특수한 신분이 애정 장애의 하나로 설정되어 있다. 그런데 서술의 초점이 운영과 김진사의 신분 계급의 차이에 따른 질곡이 아니라 남녀의 정욕이나 인간다운 삶을 억압하는 중세적 이념과 권위에 맞춰져 있다. 그 결과 운영의 신분적 특성과 제약이 중세적 신분 관계의 보편적 질곡으로 전화되지 못하고 있다. 이는 기본적으로 작가의 신분 계급에서 비롯된 것이라고 할 수 있다. 「운영전」의 작가는 비록 중세적 사회체제 내에서 철저하게 소외된 지식인이지만, 신분상으로는 지배 계급의 일원인 양반이었던 것이다. 이로 인해 그는 인간다운 삶을 억압하는 중세적 이념과 권위를 부정하면서도 막상 중세적 신분 관계에 따른 질곡은 인식하지 못했던 것으로 이해된다. 노비 특에 대한 적대감의 표출도 같은 맥락에서 이해할 수 있다. 즉 노비 특에 대한 부정적 형상화는 변화하는 현실에 대해 완전히 대응력을 상실한 몰락한 계층이 기존의 신분 관념에 얽매인 상태에서 새롭게 성장하는 계층에게 느끼는 상대적 소외감에서 연유한 것이다. 요컨대, 「운영전」의 작가는 중세적 이념과 권위가 인간의 참다운 삶을 억압하고 있는 현실을 자각하고 있으면서도 중세적 신분 관념에서 벗어나지 못했는바, 이러한 작가의식으로 인해 「운영전」에는 중세적 이념에 대한 부정적 인식과 새롭게 성장하는 계층에 대한 적대감이 동시에 반영된 것이라고 하겠다.

| 제3장 |

「최척전」의 사실성과 16세기 말 지리산권의 현실

1. 「최척전」의 형성 과정

고소설 가운데 지리산권을 배경으로 삼은 작품으로는 김시습金時習(1435~1493)의 「만복사저포기萬福寺樗蒲記」와 조위한趙緯韓(1567~1649)의 「최척전崔陟傳」, 그리고 판소리계 소설인 「춘향전」, 「흥부전」, 「가루지기타령」 등을 들 수 있다. 「만복사저포기」는 고려 말 남원의 만복사와 그 인근에 있었을 것으로 추정되는 개령동을 배경으로 삼고 있으며, 「최척전」은 16세기 말 임진왜란과 정유재란 때 남원의 만복사를 비롯하여 구례의 연곡사와 섬진강, 일본과 안남, 중국의 소흥부와 요양 등 동아시아 전역을 배경으로 삼고 있다. 「춘향전」, 「흥부전」, 「가루지기타령」은 모두 조선 후기를 시대적 배경으로 하고 있는데, 「춘향전」은 남원을, 「흥부전」은 전라도 운봉과 경상도 함양의 어름[1]을, 「가루지기타령」은 경상도 함양군 인근 지리산 자락을 주요 무대로 삼고 있다.

1 현재 전라북도 남원군 인월면 성산리와 아영면 성리에 해당한다.

이들 작품은 유형에 따라 두 가지로 나뉜다. 「만복사저포기」와 「최척전」은 소외된 지식인의 낭만적 원망願望을 담고 있는 전기소설傳奇小說에 해당하며, 나머지 세 작품은 모두 조선 후기의 민중적 의식을 반영한 판소리계 소설에 해당한다. 이렇듯 지리산권을 배경으로 삼고 있는 고소설의 유형이 전기소설과 판소리계 소설로 특정되는 것은 지역적 특수성과 관련지을 수도 있을 듯하다. 특히 판소리계 소설의 경우는 판소리가 전라도를 중심으로 발생·발전하였으며, 명창들 가운데 지리산 자락에서 태어나거나 활동했던 사람들이 많았기 때문에 나름대로 지역적 특성과 연관하여 고찰할 여지가 있다. 그러나 「만복사저포기」와 「최척전」은 작가의 개인적인 경험이 크게 작용하여 지어진 것으로 판단되기 때문에 지역적 특성과 관련짓기가 쉽지 않다. 다만, 두 작품 모두 왜구의 침입 및 남원의 만복사와 깊은 관련을 맺고 있다는 점은 주목할 필요가 있다. 즉 「만복사저포기」와 「최척전」은 각각 고려 말과 16세기 말에 왜구가 남원을 침략한 역사적 사실을 소설의 주요 제재로 삼고 있을 뿐만 아니라 만복사 부처가 사건의 전개 과정에 개입하고 있는 것으로 형상화되어 있는 것이다. 그러나 이러한 두 작품의 특성에 근거하여 전기소설의 유형적 특성을 지리산권의 지역적 특성 및 지역 주민들의 삶과 관련짓기는 쉽지 않다. 판소리계 소설의 경우도 갈래의 발생 및 발전을 지리산권의 지역적 특성과 관련지어 논의할 수는 있을지라도, 그것은 거시적이거나 추상적인 차원에서 크게 벗어나기 어렵다. 따라서 이들 작품에서 지리산권의 역사나 지역 주민들의 삶과 관련지어 구체적인 논의를 개진하기 위해서는 불가피하게 각 작품의 내용적 측면에 주목할 수밖에 없다.

그런데 이들 다섯 작품은 모두 지리산권을 공간적 배경으로 삼고 있지만, 「최척전」을 제외하고는 지리산권의 삶과 역사, 문화적 특성 등과 관련하여 특별하게 논의할 만한 요소를 발견하기가 쉽지 않다. 물론 판소리계 소설인 「춘향전」과 「흥부전」, 「가루지기타령」 등에는 지리산권역의 특성과 관련된 생활 양상이 어느 정도는 나타난다. 예컨대, 「춘향전」과 「가루지기타령」 등에 나타나는 〈농부가〉나 〈방아타령〉 등을 들 수 있다. 이들 민요들을 다른 지역의 유사한 민요들과 비교하면서 그 차이를 세밀하게 고찰한다면 나름대로 지리산권의 삶의 양상과 그 특성을 추출할 수 있을 듯도 하다. 그러나 이는 '지리산권과 고전소설'이라는 논의 주제에서 벗어나는 측면이 없지 않기 때문에, 여기에서는 우선 「최척전」에 나타난 내용이나 사건들을 중심으로 지리산권의 역사와 삶의 단면을 추적 또는 추정해 보고자 한다.

한문소설인 「최척전」에는 16세기 말 임진왜란과 정유재란 당시 지리산권의 상황과 참상이 매우 사실적으로 형상화되어 있으며, 이들은 역사적 사실과도 거의 일치하고 있다. 이는 「최척전」이 실제 인물의 경험담을 바탕으로 창작된 데서 비롯된 것일 터인데, 실제로 「최척전」 말미에는 다음과 같은 후기後記가 삽입되어 있기도 하다.

> 내가 남원의 주포에 머물고 있었는데, 때마침 최척이 방문해서 자기가 겪었던 일을 이처럼 이야기하고 이어서 그 전말을 기록하여 없어지지 않도록 해달라고 부탁하였다. 나는 어쩔 수 없이 그 경개를 대략 기술하였다.[2]

작가 조위한은 '최척이 직접 찾아와 자기가 겪었던 일을 이야기하고,

2 규장각본 「최척전」. "余流寓南原之周浦 陟時來訪余 道其事如此 請乃記其顚末無使湮沒 不獲已略擧其槪."

그 전말顚末을 기록하여 없어지지 않도록 해달라고 부탁해서 이 작품을 지었다'고 기록하고 있다. 이 기록의 사실성 여부에 대해서는 이견이 없지 않다. 그러나 근래 '최척은 문재가 출중한 남원의 향촌사족으로서 대략 스무 살 무렵인 1592년 9월경부터 1594년 5월 무렵까지 의병장 변사정邊士貞(1529~1596)의 막하에서 서기書記로 활동한 인물'이며, '조위한이 「최척전」을 지을 무렵에 최척과 교유했을 가능성이 매우 높았다'는 사실이 밝혀졌다.[3] 작품에도 최척이 위의 기록과 유사한 시기에 의병장 변사정의 막하에서 의병으로 활동했다는 내용이 서술되어 있다. 이런 점들을 고려할 때, 「최척전」은 최척이라는 실존 인물의 사실적인 경험담과 어떤 방식으로든 관련을 맺고 있다고 생각한다.

물론 「최척전」은 기본적으로 작가의 경험과 세계관을 바탕으로 창작된 하나의 허구적 서사임은 분명하며, 여기에는 작가의 실제적 경험이 적지 않게 투영되어 있다는 점 또한 부정하기 어렵다.[4] 조위한은 임진왜란 때 이곳저곳으로 피난을 갔다가 남원 주포에 정착하였으며, 이 시기에 의병장 김덕령의 막하에서 의병으로 활동하기도 했다. 또한 그는 44세 때 사은사 서장관으로 중국을 다녀온 경험도 있다. 「최척전」에 형상화되어 있는 내용과 사건들은 이러한 작가의 경험과 유사한 측면이 매우 많은바, 「최척전」에는 작가의 경험 또한 적지 않게 투영되어 있으리라 생각한다.

그러나 작가 조위한이 최척과 교유한 사실이 분명하다면, "최척 일가

---

3 양승민, 「최척전의 창작동인과 소통 과정」, 『고소설연구』 9, 한국고소설학회, 2000, 69~77쪽 참조.

4 양승민은 「최척전」이 "조위한 자신의 경험적 사실과 세계관에 입각해 치밀하게 창안된 소설"(위의 글, 94쪽)이라는 견해를, 장효현은 "대부분 조위한의 실제적 경험 위에서 문학적 상상력이 투영되어 허구적으로 창조된 것"(장효현, 「최척전의 창작 기반」, 『고전과 해석』 창간호, 고전문학한문학연구학회, 2006, 150쪽)이라는 견해를 제시한 바 있다.

의 고생담을 전란의 와중에 신음하던 기층민의 뒷이야기"[5] 정도로 간주해서는 곤란하다. 실존 인물인 최척은 남원의 재지사족在地士族으로 문재가 걸출했으며, 그가 지은 한시가 여러 문인들 사이에서 회자될 정도로 알려져 있었다.[6] 게다가 최척은 작가 조위한과 동시대 사람이기에 서로 교유했을 가능성이 매우 높다. 그런데 어떻게 조위한이 최척의 경험담을 듣지 않고서 그를 주인공으로 내세운 소설을 쓸 수 있으며, 또 '최척의 이야기를 듣고 지었다'는 후기를 아무런 근거 없이 남길 수 있겠는가. 이것은 조위한과 최척이 '사실이 아니지만 작품의 사실성을 강조하기 위해 그렇게 하자'고 서로 합의하지 않는 한 불가능한 일이다. 따라서 「최척전」은 작가의 경험도 투영되어 있겠지만, 적어도 최척의 실제 경험담을 토대로 했다는 점을 부정해서는 곤란할 것이다.

「최척전」에 나타난 남녀주인공의 기상천외한 행로와 안남에서의 남녀주인공의 극적 상봉 등과 같은 내용도 '「최척전」이 어떤 사실담에 기초한 것이 아니라 하나의 개연성에 입각한 허구에 불과하다는 것'의 근거[7]가 될 수 없다. 흔히 경험담이란 사실에 근거할지라도 과장되는 경향이 있다. 그런데 「최척전」에 나타난 최척 일가의 기적적인 재회는 현실적으로 쉽게 일어날 수 있는 일이 아니다. 그러기에 최척이 조위한에게 자신의 경험을 이야기할 때 그 경험의 기이성과 이야기의 극적 효과를 위해 실제보다는 과장해서 말했을 가능성이 크며, 「최척전」의 허구성은 기본적으로 기이한 경험의 과장적 진술에 따른 것으로 이해해야 할 것이다.

---

5 양승민, 앞의 글, 94쪽.

6 위의 글, 74쪽.

7 위의 글, 88쪽.

저자가 이렇듯 「최척전」과 최척이라는 실존 인물의 실제 경험담과의 관련성을 강조하는 까닭은, 「최척전」의 전반적인 내용이 특정한 인물의 실제 경험담을 상정하지 않고는 생각하기 어려울 정도로 생생하다는 점 때문이다. 특히 임진왜란과 정유재란 당시 남원과 구례 등 지리산권에서 일어났던 일들은 매우 사실적으로 형상화되어 있을 뿐만 아니라 역사적 사실과도 거의 부합하고 있다. 때문에 우리는 「최척전」을 통해 16세기 말 임진왜란과 정유재란 당시 지리산권에서 어떤 일이 있었는가를 생생하게 파악할 수 있다. 또한 왜란 당시 지리산권에서 일어났던 일과 관련된 역사적 기록이 별로 없는 점을 고려할 때, 「최척전」의 사료적 가치는 매우 크다고 생각한다. 이에 이 글에서는 16세기 말 왜란 시기에 「최척전」에 나타난 지리산권의 전란 상황과 그 참상, 그리고 세태를 역사적 사실 등과 관련지어 고찰하고, 아울러 「최척전」의 사료적 가치도 일정하게 드러내고자 한다.

2. 「최척전」의 작자와 작품 내용

1) 작가의 삶

「최척전」의 작가 조위한의 호는 현곡玄谷이며, 본관은 한양漢陽이다. 1567년 서울 서부의 반석방盤石坊에서 아버지 양정楊庭과 어머니 곡산谷山 한씨韓氏의 4남 1녀 중 셋째 아들로 태어났다. 그는 10세 때 이미 시를 지어 주위를 놀라게 했으며, 15세 때는 사서삼경四書三經을 외웠고, 16세 때는 선진先秦의 고문古文을 널리 섭렵했다고 한다.[8] 26세 때 임진왜란이 일어나자 경기도 연천과 토산 등지로 피난하였으며, 그해 겨울에 다시 어머니의 친정인 남원으로 내려와 피난살이를 하였다. 남원에서 피난살이를 하는 동안 잠시 김덕령金德齡(1567~1596) 장군의 수하에 들어가 의병으로 활동하기도 했으나, 전란의 와중에서 딸・모친・아내 등을 잃은 나머지 실의에 차서 중국의 명승지를 유람할 계획을 세우기도 하였다.[9]

그는 향시鄕試에서는 여러 차례 두각을 나타내었으나 35세에 이르러서야 겨우 사마시司馬試에 합격하여 진사가 되었으며, 43세 때에 증광시增廣試 문과文科에 급제하여 비로소 관계에 진출하였다. 관계에 진출한 이후 예조정랑禮曹正郎・지제교知製敎 등을 역임하였으며, 광해군 2년인 44세 때는 사은사謝恩使 서장관書狀官으로 명나라에 갔다 오기도 하였다. 그러나 45세 때 어머니의 묘를 이장하면서 너무 사치스럽게 했다는 사간원의 탄핵을 받고 파직되었으며, 47세 때는 정협鄭協의 무고로 계축옥사癸丑獄事에 연루되어 삭탈관직을 당하였다. 이후 그는 문란한 정치 현실에 실망하여 가족을 이끌고 남원의 주포周浦로 이사를 하였으며, 이 무렵에 주로 권필權韠(1569~1612)・이안눌李安訥(1571~1637)・허균許均(1569~1618) 등 뜻 맞는 벗들과 어울려 시주詩酒와 여행을 즐기면서 생활하였다. 그가 「최척전」을 지은 것도 이 시기였다.[10]

남원에 은거하던 조위한은 57세 때 인조반정仁祖反正이 일어나자 상경하여 다시 벼슬 생활을 시작하여 사헌부편수관司憲府編修官・동부승지同副承旨・예조참의禮曹參議 등을 두루 역임하였다. 76세 때 인조의 특명으로 공조참판工曹參判에 제수되었고, 80세에는 기로소耆老所에 들어가는

8 민영대, 「최척전의 작자, 현곡 조위한론」, 『한남어문학』 15, 한남어문학회, 1989, 31쪽.
9 장효현, 앞의 글, 152쪽.
10 민영대, 앞의 글, 33~35쪽.

영광을 누리다가 83세 되던 해인 1649년에 파란만장한 일생을 마쳤다. 그의 문집으로는 14권 3책으로 된 『현곡집玄谷集』이 남아 있으며, 광해군 시절 백성들의 처참한 생활을 읊은 〈유민탄流民嘆〉이라는 한글 가사를 지었다고 하나 현재 그 내용은 전해지지 않고 있다.

이상에서 대략 살펴보았듯이, 조위한은 사대부 가문에서 태어나 어린 시절부터 학문에 전념하였으며 문학적 재능도 뛰어났으나, 비교적 늦은 나이인 40대에 비로소 관계에 진출하였다. 이후 그의 벼슬살이도 순탄한 편이 아니었는데, 임진왜란의 와중에는 이곳저곳을 떠돌아다니는 피난 생활을 하면서 혈육들과 사별하는 뼈저린 아픔을 맛보아야만 했다. 조위한이 최척이라는 실존 인물의 기이한 경험담을 듣고서 「최척전」을 짓게 된 것은 이러한 작가의 경험과 무관하지 않을 것이다.

2) 작품의 줄거리

「최척전」은 동아시아를 휩쓴 정유재란이라는 역사적 사건을 무대로 남녀의 애정 문제와 함께 한 가족의 파란만장한 삶을 형상화한 작품으로, 그 줄거리는 다음과 같다.

친구와 어울려 놀기를 좋아하던 최척은 부친의 명에 따라 정 상사에게 가르침을 받으며 공부를 열심히 하는데, 최척이 글을 읽을 때마다 어떤 아가씨가 창 밑에 숨어 몰래 그 소리를 듣는다. 그러던 어느 날 창틈으로 구혼의 내용이 담긴 종이쪽지 하나가 들어온다. 쪽지를 보낸 사람은 서울의 사족 출신인 옥영이었으며, 그녀는 모친인 과부 심 씨를 따라 친척인 정 상사 집으로 피난을 온 터였다. 이러한 사실을 알게 된 최척은 아버지를 통해 정 상사에게 구혼을 하지만, 심 씨는 최척이 가난하다는 이유로 거절한다. 옥영은 심 씨를 설득하여 최척과 약혼을 하나, 최척이 의병으로 뽑혀 가는 바람에 둘은 혼례를 치르지 못한다.

혼례 일이 되어서도 최척이 돌아오지 않자, 양생이란 남원의 부호가 정 상사 부부를 통해 옥영에게 구혼하여 심 씨의 허락을 받는다. 뒤늦게 이 사실을 알게 된 옥영은 자결을 기도함으로써 양생과의 혼약을 파기시키며, 이러한 내막을 전해들은 최척은 의병장에게 호소하여 집으로 돌아와 옥영과 혼례를 치른다. 결혼한 후 오래도록 자식을 낳지 못하던 최척과 옥영은 만복사에 기도한 이후 아들 몽석을 낳고 행복한 나날을 보낸다.

그런데 정유년 8월에 왜구가 남원을 함락하자 최척은 가족을 이끌고 연곡사로 피난을 간다. 최척이 구례로 식량을 구하러 나온 사이 왜적이 연곡사에 쳐들어가 재물을 약탈하고 많은 사람들을 죽이거나 붙잡아 가버린다. 왜적이 물러간 뒤 연곡사로 돌아온 최척은 가족을 찾아 섬진강으로 가지만 찾지 못하고 혼자 남원으로 돌아온다. 삶의 의욕을 잃은 최척은 우연히 만난 명나라 장수인 여유문을 따라 중국으로 간다. 최척의 부친 최숙과 장모 최 씨는 포로로 붙들려 가는 도중 달아나 연곡사로 되돌아오며, 이곳에서 뜻하지 않게 손자인 몽석을 찾아 함께 남원으로 돌아가 옛집을 수리하고 산다.

한편, 남장을 하고 있던 옥영은 왜병인 돈우에게 붙들려 일본으로 끌려간다. 돈우는 본래 배를 타고 장사를 하는 사람이었는데, 옥영을 남자로 알고 배에 태워 함께 장사를 다닌다. 중국으로 간 최척은 주우라는 사람을 따라 배를 타고 차를 팔면서 떠돌다가 안남에 이른다. 이때 옥영이 탄 배도 안남에 정착해 있었던 탓에 최척과 옥영은 머나먼 이국에서 4년 만에 기적적으로 만난다. 둘은 중국에 정착해 살면서 둘째 아들 몽선을 낳는데, 몽선이 성장하자 임란 때 조선 구원병으로 참전했다가 돌아오지 않은 진위경의 딸 홍도를 며느리로 맞이한다.

다음 해인 무오년에 오랑캐 추장이 요양을 침범하자, 최척은 부득이 참전했다가 오랑캐의 포로가 된다. 이때 강홍립을 따라 참전했던 몽석도 포로가 되어 최척과 함께 어떤 오랑캐의 뜰에 감금된다. 최척과 몽석은 뒤늦게 서로 부자지간이라는 것을 알고 통곡하는데, 늙은 오랑캐 병사가 이 광경을 목격한다. 그 오랑캐는 자신도 조선 사람이었는데 벼슬아치들의 학정을 견디지 못해 오랑캐 땅에 살게 되었다며 최척과 몽석을 풀어준다. 최척과 몽석은 고국으로 돌아오던 도중 홍도의 부친인 진위경을 만나 함께 남원에 이르러서 부친과 장모를 모시고 산다.

중국에 남아 있던 옥영은 최척이 살아남았다면 조선으로 갔을 것이라고 생각하여 아들의 반대를 물리치고 조선 행을 결심한다. 옥영은 아들과 며느리에게 조선말과 일본말을 가르치고 두 나라의 옷을 짓는 등 준비를 철저히 하여 배를 타고 조선으로 향한다. 도중에 중국인과 일본인 배, 해적선과 거센 풍랑 만나는 등 온갖 어려움을 겪는다. 그러나 옥영은 배를 탔던 경험과 지혜를 발휘하여 위기를 극복하고, 마침내 조선인 관곡선을 만나 무사히 남원에 이르러 온 가족과 상봉하게 된다. 이후로 최척과 옥영은 여러 가족들과 함께 동고동락하면서 남원 서문 밖 옛집에서 행복하게 산다.

3) 작품의 성격과 의의

「최척전」은 남녀주인공의 애정을 바탕으로 하면서 전란으로 인해 야기된 한 가족의 이산離散과 기적적인 재회再會를 다루고 있는 작품이다. 「최척전」에서 최척과 옥영이 결연하는 과정은 「주생전」이나 「위경천전」 등과 마찬가지로 전기소설傳奇小說의 틀을 유지하고 있다. 그러나 애정 갈등 및 그 전개 양상은 다르다. 「주생전」이나 「위경천전」에서는 남녀주인공이 우연히 연인을 만나 가문의 멸망과 자신의 파멸을 불러올 수도 있는 '위험한 불장난'을 저지르긴 하지만, 자신들의 애정을 성취하기 위해 적극적으로 행동하지 않는다. 그럼에도 이들은 부모들의 자애를 바탕으로 일단 애정을 성취한다. 이로 인해 「주생전」이나 「위경천전」에서는 남녀의 애정에 따른 현실적 제약이 구체화되지 못하는 경향이 있다. 그런데 「최척전」에서 최척과 옥영, 특히 옥영은 자신의 애정을 실현하기 위해 적극적인 노력을 기울인다. 그녀는 최척에게 먼저 사랑을 고백할 정도로 대담할 뿐만 아니라, 최척의 집이 가난하다는 이유로 결혼을 반대하는 어머니를 논리적으로 설득하는 현명함을 보인다. 그 결과 「최척전」은 남녀 애정에 따른 갈등과 현실적 제약을 구체적으로 담아내는 성과를 이루었다.[11]

「최척전」은 전란의 성격과 형상화의 측면에서도 「주생전」이나 「위경천전」 등과 뚜렷한 차별성을 보인다. 전란 모티프는 「만복사저포기」나 「이생규장전」에도 나타나며, 「주생전」이나 「위경천전」은 물론 「최척전」의 전란 모티프도 이들 전기소설의 전통을 이어받은 것이라고 할 수 있다. 이들 작품 모두에서 전란은 주인공들의 운명을 결정적으로 좌

11 이상구, 「17세기 애정전기소설의 성격과 그 의의」, 『어학연구』 11, 순천대 어학연구소, 2000.

우하는 계기로 작용하고 있는데, 「최척전」의 경우는 여타의 작품들과 근본적으로 성격을 달리하고 있다. 여타의 작품에서는 홍건적의 침입이나 임진왜란 등 역사적 사실을 전란 모티프로 활용하고 있으면서도 전란의 참상 등이 구체적으로 형상화되어 있지 않다. 이는 작가가 전란을 사회적 측면이나 민중들의 삶과 연계시키지 않고 개인적인 측면에서만 바라본 탓이라고 할 수 있다. 그 결과 이들 작품에서 전란은 그저 남녀주인공의 애정을 파탄시키는 운명적 불행 그 자체이거나 우연한 불행의 싹이라는 성격을 갖는다.

그런데 「최척전」에서는 전란으로 인해 한 가족이 뿔뿔이 흩어지게 된 상황과 민중들이 겪는 고통의 실상이 구체적으로 형상화되어 있다. 이는 작품의 후기에 씌어 있는 대로 「최척전」이 사실에 기초하여 창작된 것과 무관하지 않다. 그러나 이것만으로 「최척전」에 여실하게 그려진 전란의 참상을 다 설명할 수는 없다. 여기에는 전란이 민중의 삶에 어떠한 운명의 그림자를 드리우는가에 대한 작가의 탐구정신이 깃들어 있기 때문이다. 그 결과 「최척전」에서의 전란은 남녀주인공의 애정을 파탄시키는 계기로서만이 아니라 민중들의 고통과 생존의 문제를 심각하게 제기하는 비극적이며 극한적인 상황으로서의 성격을 갖게 된다.[12]

이렇듯 「최척전」은 남녀주인공의 애정 갈등과 전란의 참상을 한 가족의 이합집산을 중심으로 사실적이면서도 구체적으로 형상화하고 있다. 이러한 성과는 현실주의적 성취라는 측면에서 볼 때 이전의 소설에서는 찾아보기 어려운 것이며, 17세기 소설 가운데서도 「운영전」과 함께 가장 뛰어난 성취를 이룬 작품이라고 할 수 있다. 또한 「최척전」은 한반

---

12 이상구, 「전란 모티프의 성격과 역사적 전개 과정」, 『택민 김광순 교수 정년기념 논총』, 새문사, 2004, 487~488쪽.

도 전역은 물론 일본과 안남, 중국과 만주 등 동아시아 전반을 무대로 삼아 사건을 전개함으로써 서사의 화폭을 크게 확장시켰는데, 이는 우리 고소설에서는 거의 찾아보기 어려울 만큼 대단한 성과라 할 수 있다.

그러나 이러한 「최척전」도 한계가 없는 것은 아니다. 먼저 광대한 서사의 화폭에 비해 사건과 갈등의 전개 양상이 단순하거나 단선적이라는 점을 들 수 있다. 물론 「최척전」에는 최척 일가 외에도 남원의 정 상사와 양생, 의병장 변사정과 일본군인 돈우, 명나라 장수인 오세영, 중국인인 홍도와 진위경, 강홍립과 후금에 귀화한 조선인 출신 오랑캐 병사 등 다양한 인물들이 등장한다. 사건도 임진왜란과 정유재란, 명나라와 후금의 전쟁 등 거대한 역사적 사건들이 작품에 나타나 있기도 하다. 그러나 이 모든 인물과 사건들이 오로지 최척 일가의 이산과 재상봉을 위한 부수적인 요소로서만 작용하고 있다. 즉 「최척전」은 다양한 인물과 역사적 사건을 끌어들이고 있음에도 불구하고 서술의 초점을 최척 일가의 이산과 재상봉에 한정함으로써 광대한 서사적 편폭에 비해 사건 전개가 단순한 측면이 있다. 이 작품이 장편소설로 나아가지 못하고 중편소설 정도에 그친 것도 이 때문이라 할 수 있다. 그러나 「최척전」이 우리 소설사에서 초기 단계에 해당하는 17세기 초반에 창작된 점을 고려한다면, 이런 점들 또한 높게 평가해야 할 것이다.

다음은 최척 일가의 기적적인 재회를 만복사 장육금불의 가호加護라는 초현실적인 힘의 작용으로 그리고 있다는 점이다. 최척과 옥영은 장육금불이 현몽한 이후 두 아들을 낳으며, 위기를 맞이한 옥영은 죽으려고 했다가 꿈에 장육금불이 나타나 만류한 탓에 자살을 포기한다. 그리하여 옥영은 '우리가 오늘 이처럼 만난 것은 실로 장육금불께서 은연중에 은혜를 베푸셨기 때문'이라고 말하는데, 이러한 「최척전」의 요소는 현실주의적 시각에서 볼 때 분명 한계라 하지 않을 수 없다. 그러나 이것도 단순히 한계나 문제점으로 치부해서는 안 될 것이다. 「최척전」은 '기우록奇遇錄'이라 일컬을 만큼 최척 일가의 이산과 기적적인 재회를 중심 내용으로 삼고 있다. 머나먼 이국에서 최척과 옥영의 재회, 오랑캐 감옥에서 최척과 몽석의 만남, 홍도와 진위경의 만남 등은 가히 기적이라 할 만큼 현실에서 일어나기 어려운 일들임에 틀림이 없다. 그러나 때로 현실은 소설보다도 더 소설적인 경우도 없지 않기에, 이것은 현실적으로 있을 수도 있는 일이다. 문제는 연속적으로 이루어지는 기적적인 만남이 아무리 '사실'이라 할지라도 이것을 소설로 형상화할 때 기적 그 자체로 그리기가 쉽지 않다는 점이다. 만약 그랬다면, 「최척전」은 소설 내적 필연성이나 통일성을 갖추지 못했을 뿐만 아니라, 허무맹랑하거나 황당한 이야기 정도에 머물고 말았을 것이다. 「최척전」의 불교적 요소는 이러한 점을 고려하여 작가가 현실적으로 일어나기 어려운 기적 같은 일들이 연속적으로 일어난 데 대해 나름대로 필연성과 통일성을 부여하기 위해 끌어들인 것으로 보인다.[13] 따라서 「최척전」에 나타난 불교적 요소가 비현실적인 것이라고 해서 이를 무조건 현실주의적 성취와 관련하여 한계나 문제점으로 이해해서는 곤란할 것이다.

13 박희병, 「최척전」, 『한국 고전소설 작품론』, 집문당, 1990, 96쪽.

3. 「최척전」에 나타난 왜란의 상황과 세태

1) 임진왜란(1592) 직후

「최척전」의 서두에 나타난 시대적 배경은 임진왜란 직후이며, 공간적 배경은 남원이다. 남주인공 최척은 남원의 향반鄕班으로 어려서 어머니를 여의고 아버지와 함께 남원부 서문 밖에 있는 만복사萬福寺 동쪽에서 살고 있었다. 그는 어려서부터 뜻이 크고 기개가 있었으며, 친구들과 어울려 놀기를 좋아하고, 사소한 예절에는 구애받지 않았다. 이에 그의 아버지 최숙이 다음과 같이 경계하여 말한다.

> 네가 배우지 않으면 무뢰한(無賴漢)이 될 터인데, 너는 장차 어떤 사람이 되려 하느냐? 하물며 지금 나라에 전쟁이 일어나 바야흐로 고을마다 무사(武士)를 징집하고 있는데, 너는 활쏘기나 말타기 등을 일삼으며 늙은 아비에게 근심만 끼치고 있으니 효자라고 할 수 있겠느냐? 머리를 숙이고 선비를 좇아 과거 공부를 한다면, 비록 과거에 급제하여 벼슬길에는 오르지는 못할지라도 등에 화살을 지고 군대에 종사하는 일은 면할 수 있을 것이다. 성남(城南)에 사는 정 상사(鄭上舍)는 나와 죽마고우(竹馬故友)이다. 그는 힘써 배워서 학문이 두텁고도 뛰어나며 또 처음 배우는 사람을 잘 인도하여 가르치니, 너는 성남으로 가서 그를 스승으로 섬기도록 해라.[14]

최숙은 아들 최척에게 '지금 나라에 전쟁이 일어나 바야흐로 고을마다 무사를 징집하고 있다'고 말하는데, 여기에서 말하는 전쟁은 임진왜

---

14 이상구 역주, 「최척전」, 『17세기 애정전기소설』, 월인, 1999, 189~190쪽. 앞으로 「최척전」의 원문을 인용할 경우 이 책을 활용하며, 각주에는 작품명과 쪽수만을 기록한다.

란이다. 임진왜란이 일어나자 국가에서는 각 고을마다 병사들을 징집했을 터인데, 최척은 이러한 문제에 대해서 특별한 관심을 보이지 않는다. 그는 향반의 자제이면서도 공부는커녕 활쏘기나 말타기 등을 일삼으며 친구들과 어울려 놀기만 했던 것이다. 이는 최척 개인의 성향과도 관련이 없지 않았겠지만, 임진왜란 직후만 해도 남원에는 아직 전란의 파장이 미치지 않은 지역이었음을 시사한다.

임진왜란 초기 일본군 주력 부대는 부산을 거쳐 계속 북진했으며, 일부 병력은 배를 타고 연해안을 따라 전라도 지역으로 진입하였다. 그러나 한산도해전에서 이순신 장군에게 패하자, 일본군은 다시 육로를 통해 호남으로 진출하려고 하였다. 당시 진주성은 호남으로 진출할 수 있는 교두보였기에 일본군은 1592년 10월 6일부터 10일까지 1만 명 이상의 군사를 동원하여 진주성을 공격하였다. 이때 진주성 안에서는 목사 김시민의 지휘 아래 군과 민이 힘을 합쳐 싸우고, 성 외곽에서는 곽재우가 급파한 의병들이 일본군을 공격하였다. 이 진주성전투에서 진주목사 김시민은 비록 전사하였으나 일본군은 1만여 명의 사망자를 남긴 채 후퇴할 수밖에 없었으며, 호남 지방으로 진출하려던 일본의 계획은 좌절되고 말았다.[15] 이로 인해 임진왜란 직후까지만 해도 남원은 전란의 와중에서는 벗어나 있었으며, 서울 등 전란에 휩싸인 다른 지역 사람들이 피난할 수 있는 지역으로 인식되었던 듯하다.

이러한 사실은 여주인공인 옥영의 행적을 통해서도 추정할 수 있다.

> 우리 주인 댁은 본래 서울 숭례문 밖 청파리(靑坡里)에 있었으며, 주인

15 국민대, 『지리산권문화』, 역사공간, 2004, 224~225쪽.

어른인 경신(景新)께서는 일찍 돌아가시고 과부인 심 씨(沈氏)가 딸 하나와 그곳에서 외롭게 살고 있었습니다. 그 처녀의 이름은 옥영(玉英)인데, 시를 창틈으로 던지고 화답시를 요청했던 분이 바로 이 분입니다. 우리는 지난 해 배를 타고 강화도(江華島)로 피난을 갔다가 다시 나주(羅州) 땅 회진(會津)에 와서 머물러 있었는데, 가을에 다시 회진에서 이곳으로 굴러 들어오게 되었습니다. 이 집의 주인은 우리 마님과 친척이라서 우리에게 매우 잘해 주십니다. 또 장차 낭자를 위해 혼처(婚處)를 구하려고 하는데, 아직 마땅한 혼처를 구하지 못하고 있는 터입니다.[16]

옥영은 본래 서울에서 태어나 대문 밖 길가마저도 나가 본 일이 없는 양반가 처자였다. 그런 그녀가 지난 해 배를 타고 강화도로 피난을 갔다가, 다시 나주의 회진을 거쳐 남원에 이르러 친척집에 머물게 되었다고 한다. 여기서 '지난 해'란 1592년일 것이니, 현재 시점은 1593년인 계사년癸巳年이라고 할 수 있다. 옥영 일가가 강화도로 피난을 갔다가 나주를 거쳐 남원에서 피난 생활을 한 것은, 남원에 친척이 있었던 탓도 있겠지만, 1953년경까지만 해도 남원은 전란의 와중에서 일정하게 비켜 있었기 때문이라고 생각된다. 이러한 사정은 작가의 행적을 통해서도 추정할 수 있다. 작가인 조위한도 임진왜란이 발발하자 가족을 거느리고 경기도 연천漣川과 토산兎山 등지로 피난을 갔다가, 그해 겨울에 다시 어머니의 친정이 있는 남원으로 내려와 피난살이를 했던 것이다.[17]

한편, 위 대목과 관련하여 주목할 부분은 전란과 관련한 최척과 최숙의 태도이다. 최숙의 말대로 임진왜란이 발생하여 나라에서는 병사들

16 「최척전」, 191쪽.
17 장효현, 앞의 글, 152쪽.

을 징집하고 있는 상황인데도 최척은 전란에 대해 거의 관심을 보이지 않는다. 그는 아버지 최숙이 보기에 무뢰한처럼 친구들과 어울려 놀기만 하는데, 이는 당시 남원 향반 출신의 젊은이들이 임진왜란이라는 국가적인 중대사에 대해 별로 관심이 없었던 현실을 사실적으로 반영한 것이라고 할 수 있다.

최척의 아버지 최숙 또한 이 점에 대해서는 최척과 크게 다르지 않았던 것으로 보인다. 그는 아들 최척이 활쏘기나 말타기 등을 일삼고 친구들과 어울려 노는 것을 탓하면서 최척에게 공부하기를 요구하는데, 그 이유로 '과거에 급제하여 벼슬길에 오르지는 못할지라도 등에 화살을 지고 군대에 종사하는 일은 면할 수 있을 것'이라는 점을 들고 있다. 최숙은 자신이 몰락한 향반이기 때문에 자식이 공부를 할지라도 과거에 급제할 것이라고 기대하지는 않았던 듯하다. 그러기에 그는 자식이 혹 군대에 종사하게 되었을 경우 적어도 화살을 메고 싸우는 군졸이 되지 않기를 바라는 마음에서 아들에게 공부하라고 꾸짖었던 것으로 보인다. 즉 최숙은 임진왜란이 발발한 사실을 알고서도 나라의 안위보다는 자식의 안위를 걱정하는 부모의 마음에서 벗어나지 못하고 있는 것이다. 이러한 최척과 최숙의 태도는 임진왜란 직후 남원 지역 향반들의 일반적인 세태와 의식을 사실적으로 반영한 것으로 생각된다.

2) 2차 진주성 전투(1593) 시기

「최척전」에서 최척과 옥영은 우여곡절 끝에 혼약을 맺고 그해 9월 보름에 혼례를 치르기로 약속한다. 그런데 혼례를 올리기 전에 의병장 변사정이 봉기하여 최척을 의병으로 뽑아 영남으로 간다.

정공은 바로 그날 중매쟁이를 최숙에게 보내어 혼인을 약속하고, 오는 9월 보름에 혼례를 치르기로 결정하였다. 최척은 너무 기뻐 손가락을 꼽아 가면서 그날이 오기를 기다렸다. 세월이 어느 정도 흐른 뒤였다. 남원부 사람으로 전에 참봉을 지냈던 변사정이 의병(義兵)을 모집하여 영남(嶺南)으로 가려고 하였는데, 최척은 활쏘기와 말타기를 잘했기 때문에 의병에 뽑혀서 동행하게 되었다. 최척은 진중(陣中)에 있으면서 옥영에 대한 근심과 걱정으로 몸이 아프게 되었다. 혼례를 치르기로 약속한 날이 되어 소장(訴狀)을 올려 휴가를 청하자, 의병장이 화를 내며 말했다.

"지금이 어느 때인데 감히 혼사(婚事)에 대해서 말하느냐? 임금께서도 난리를 당하고 피난을 가서 풀숲을 방황하고 계시니, 이러한 때 신하된 자는 마땅히 창을 베고 잘 겨를도 없어야 할 것이다. 하물며 너는 아직 결혼할 나이도 되지 않았으니, 도적을 모두 물리치고 난 뒤에 결혼식을 올리더라도 늦지 않을 것이다."

의병장은 이렇듯 꾸짖으며 끝내 최척의 귀가를 허락하지 않았다. 옥영도 최생이 종군(從軍)하여 돌아오지 않자 혼례를 치르지 못하고 결혼할 날을 헛되게 보낼 수밖에 없었다. 이후로 옥영은 밥을 먹거나 잠을 자지 못하였으며, 날이 갈수록 근심만 깊어 갔다.[18]

작품에 나타난 변사정은 실재했던 인물이다. 그는 서울에서 태어났으나 어려서 부모를 모두 잃고 큰형 사원士元의 집에서 지내다가, 25세 때 처가가 있는 남원으로 내려왔다. 26세 때는 지리산 자락에 위치한 도탄桃灘에 정사를 짓고 일재一齋 이항李恒을 스승으로 삼아 학문에 전념하였

18 「최척전」, 197~198쪽.

다. 그는 평생 관직을 멀리하여 55세 때 진전참봉眞殿參奉에 제수되었으나 나가지 않았으며, 56세 때 전목서주부典牧署主簿에 제수되었으나 역시 나가지 않았다. 62세 때는 재릉참봉齋陵參奉에 제수되었는데 송강松江 정철鄭澈의 간곡한 권유 때문에 마지못해 응했다가 얼마 되지 않아 사직하였으며, 왜란 중이던 67세에 첨정僉正에 제수되었으나 응하지 않았다.[19]

이렇듯 벼슬을 멀리하고 학문에만 정진하던 변사정은 64세 때인 1592년에 임진왜란이 일어나자 노구임에도 불구하고 봉기하였으며, 주위의 추대를 받아 의병장이 된다. 2천여 명의 의병을 모집한 변사정은 1592년 9월 권율을 도와 왜적을 물리치는 등 큰 전과를 올렸다. 전란이 2년차로 접어들던 1593년에는 왜군이 진주성으로 진격해 오자, 변사정은 군량을 조달하는 임무를 맡고 진주성에서 하루 정도 떨어진 거리에 주둔하였다.[20] 최척이 변사정을 따라 영남으로 간 것은 바로 이때였던 것으로 보인다.

제2차 진주성전투는 1593년 6월 22일부터 29일까지 7일간 전개되었다. 1593년 조선과 명나라 연합군의 반격을 받고 남쪽으로 퇴각하기 시작한 왜군은 상주·선산·안동·대구 등에 주둔했다가, 경상우도의 요지이자 전라도로 진입하는 육상의 관문인 진주성 공략을 다시 계획한다. 앞서 제1차 진주성전투에서 조선 군민에 패배한 것을 설욕하고 또 호남의 곡창지대를 점령하기 위한 것이었다. 이를 위해 도요토미는 제2차 진주성전투에 9만 3천 명이라는 대군을 투입한다. 당시 진주성에는 3천 5백 명의 군사와 6만 명의 주민들이 입성入城하여 창의사 김

19 정시열, 「도탄 변사정론—지리산 자락에서 꽃핀 극적 인생의 변주」, 『민족문화논총』 48, 영남대 민족문화연구소, 2011, 267~272쪽에서 발췌·정리.

20 위의 글, 275쪽.

천일 등의 지휘하에 치열하게 싸운다. 그러나 결국 7일 동안의 전투 끝에 왜군에 의해 진주성은 함락되고, 성안의 모든 군민들은 함락과 동시에 전멸한다.[21]

제2차 진주성전투에서 변사정은 진주성 밖에 있었던 탓에 살아남았으며, 그의 의병들 역시 살아남았던 것으로 보인다. 이후 변사정과 그의 의병들이 어떤 활동을 했는지 자세히 알려져 있지 않다. 다만, 진주성전투에서 패배한 이후 변사정이 선조에게 올린 다음과 같은 상소 내용으로 보아 의병장의 역할을 계속 수행했던 것으로 생각된다.

> 우리가 급히 성에 들어가지 않을 수 없었는데 군량을 운반하기가 극히 어려웠으므로, 대장은 모름지기 외진에 나뉘어 있으면서 군량을 운송하라고 했습니다. 그래서 산음현으로 물러나왔으니 여기서 진주까지의 거리가 하룻길이었습니다. 겨우 세 번 군량을 운반한 후에 이미 진주성이 포위되었다는 말을 들으니, 신은 고립된 군대로서 들어가 도울 수가 없어 답답하게도 침묵한 채 주둔하고만 있었습니다. 신에게 있어서도 또한 가만히 머물러 있었던 죄가 지극하니 마땅히 참하고 용서함이 없어야 합니다. (…중략…) 진주성이 포위되어 위급해진지 이미 7~8일에 이르도록 한 사람도 촌철을 보내어 구원한 사람이 없었습니다. 그러므로 짧은 거리에 사람의 자취가 끊기고, 소식이 통하지 않아 진나라와 월나라가 서로 막힌 것 같이 되니 마침내 충량한 장졸들이 모두 더러운 칼날에 죽었습니다. 십만의 쓰러진 시신을 대수롭지 않게 보니, 아득한 하늘이여, 이 어떤 사람들입니까. 바로 지금 기강이 어지러워 호령이 행해지지 않고, 상벌이 밝지 않으니 무엇으로 권면하

21 국민대, 앞의 책, 226~227쪽.

> 고 징계하겠습니까. 난이 일어난 이래 의병을 거느린 자로 전후에 죽은 자가 이미 한둘이 아닌데, 관군을 거느린 자가 서서 그 죽음을 보고 감히 구하지 않아도 즉시 군율로 다스리지 않고 임시방편으로 정치를 합니다. 그러므로 지금 모두 이와 같으니 그 무엇으로써 회복을 도모하겠습니까.[22]

변사정이 위의 상소를 언제 올렸는지는 정확하게 알 수 없으나, 제2차 진주성전투에서 패배한 후 얼마 지나지 않은 시점임에는 분명하다. 또 자신과 같은 의병뿐만 아니라 진주성을 구원하지 못한 관군들을 비판하는 상소 내용으로 보아, 이 시기에도 변사정은 의병 활동을 했던 것으로 판단된다. 이는 「최척전」의 내용을 통해서도 어느 정도 확인된다. 최척은 1593년 9월 보름에 옥영과 혼례를 올리기로 했는데, 의병장 변사정이 휴가를 허락하지 않아 그날 혼례를 올리지 못한다. 그러다가 옥영의 자살 기도 소식을 들은 후에 의병장의 허락을 받아 남원으로 돌아와 그해 11월에 혼례를 올린 것으로 되어 있다. 이런 점을 고려할 때 최척이 변사정의 허락을 받고 남원으로 돌아온 것은 대략 1593년 10월경이라고 해야 할 것인데, 이 시기는 바로 제2차 진주성전투가 끝난 지 3~4개월 뒤인 것이다.

작품에서 변사정은 국가와 임금을 위해서는 개개인의 사정을 전혀 고려하지 않는 인물로 형상화되어 있다. 즉 그는 "지금이 어느 때인데 감히 혼사婚事에 대해서 말하느냐? 임금께서도 난리를 당하고 피난을 가서 풀숲을 방황하고 계시니, 이러한 때 신하된 자는 마땅히 창을 베고 잘 겨를도 없어야 할 것이다"라며, 최척의 휴가를 허락하지 않았던 것

---

22 정시열, 앞의 글, 290쪽.

이다. 이러한 변사정의 성향은 다음과 같은 「창의격서倡義檄書」에도 거의 그대로 드러난다.

> 남원인 전 참봉 변사정은 글을 써서 호남·호서·영동 삼도(三道)의 대소 군읍에 정중히 고하노니 위로 수령에서부터 방방곡곡의 사대부, 농민, 중서인에 이르기까지 이 고함을 다 같이 들으시오. 의기에 격분하여 신명과 처자를 돌볼 겨를이 없이, 흰 칼날을 밟을 수 있고, 펄펄 끓는 물과 불에 나아갈 수 있는 자는 오늘이 우리 임금의 신민이 아니겠는가. 저 섬나라의 오랑캐는 이리 같은 성품이라 감히 스스로 맹세를 어기고 우리가 경계하지 않은 틈을 타서 국력을 다 기울여 침범했는데, 적의 기병이 앞장서서 진을 치고 돼지처럼 돌진하니 여러 고을이 대부분 지키지 못하였다. 흉봉이 멀리 달려 바로 올라가니 도성이 또한 이미 함락되어 대가가(大駕)가 궁색하게 서쪽으로 떠났고, 궁궐은 소진되어, 종묘사직이 위태로운 지경에 이르렀으며, 백성들은 창끝에 맡겨졌으니 이 무슨 수치이며, 이 무슨 재앙인가. 우리 주상의 신민(臣民)된 자, 누가 소리 내어 통곡하지 않겠으며, 누가 분해서 죽고자 하지 않겠는가.[23]

변사정은 의병을 모집하기 위한 격서에서 '대가大駕가 궁색하게 서쪽으로 떠난' 점과 함께 '우리 임금의 신민은 의기에 격분하여 신명과 처자를 돌볼 겨를이 없이 흰 칼날을 밟을 수 있고, 펄펄 끓는 물과 불에 나아갈 수 있는 자'가 되어야 한다고 외친다. 이러한 격서의 내용은 바로 「최척전」에서 변사정이 최척에게 했던 말 그대로이다. 이런 점에서

23 위의 글, 299쪽.

작품에 나타난 변사정의 형상 역시 매우 사실적이며, 나아가 이것은 「최척전」이 얼마나 인물과 상황 등을 사실적으로 형상화하고 있는가를 입증한 것이라고 할 수 있다.

위와 같은 사정을 고려할 때, 다음과 같은 작품의 내용도 매우 사실적인 것으로 판단된다.

> 이때 남원부중(南原府中)에 양생(梁生)이란 사람이 있었는데, 집안이 매우 부유하였다. 그는 옥영이 어질고 똑똑하며, 최척이 진중에서 돌아오지 않았다는 말을 들었다. 그래서 이 틈을 이용해 옥영에게 구혼하기 위해 몰래 뇌물을 주어 정공의 아내와 결탁하였다. 이에 정공의 아내는 심 씨에게 양생을 침이 마르도록 칭찬하고, 옥영을 양생과 혼인시키도록 권하며 말했다.[24]

최척이 변사정을 따라 종군한 뒤 혼례를 올리기로 한 날에도 돌아오지 못하자, 양생이란 남원부중 사람이 옥영에게 구혼을 한다. 양생은 매우 부유한 것으로 되어 있는데, 실제로도 당시 남원의 토호였던 것으로 보인다. 오늘날에도 남원에는 남원 양씨가 지역의 오랜 유지로서 자부하고 있는 터이니, 그 유래가 적어도 임란 때까지 소급될 수 있을 듯하다.[25] 즉 당시 남원에는 변사정처럼 나라를 위해 죽음을 각오하고 의병에 참여한 양반이 있었는가 하면, 양생처럼 개인의 이익을 위해 종군한 사람의 약혼자마저 앗으려는 토호들이 있었던 것이다. 또한 최척의 스승이면서 옥영의 외척인 정공은 양생의 뇌물을 받고 옥영의 모친인

24 「최척전」, 198쪽.

25 「만복사저포기」에 나오는 남주인공도 양 씨인데, 그는 몰락한 양반 자제로 형상화되어 있다.

심 씨를 설득하는데, 당시 남원에는 전란의 와중에서도 개인의 이익을 위해 도의를 저버리는 향반들 또한 존재했던 것으로 보인다.

3) 정유재란(1597) 직후

임진왜란 때 호남 지방은 왜군의 침략을 거의 받지 않았기 때문에 피해를 입은 것도 별로 없었다. 그러나 정유재란 때는 완전히 사정이 달라진다. 일본군은 임진왜란 때 전라도를 차지하지 못한 것이 가장 큰 실패의 원인이라고 판단하고, 정유년에는 호남 지방을 우선적으로 장악하는 것을 첫째 목표로 삼았다. 그리하여 일본군은 1597년 7월 초순 6백여 척의 군선과 약 14만여 명의 병력을 좌우 양군과 수군으로 나누어 전라도를 공격하였다. 좌군은 약 5만여 명으로 구성하여 고성·사천·하동으로 서진西進한 후 구례와 남원을 거쳐 전주로 향하게 하고, 우군은 군사 6만 4천여 명으로 구성하여 거창·안의·진안을 거쳐 전주로 직행토록 하였다. 수군 7천 2백여 명은 좌군과 함께 하동으로 진출한 다음 섬진강을 거슬러 올라가 구례에서 좌군과 합류하도록 하였다.[26]

당시 왜군의 주요 진격로에 있는 구례 석주관石柱關은 구례현감 이원춘李元春이 지키고 있었으나, 일본군 주력 부대가 밀려들자 8월 6일 석주관을 포기하고 남원성으로 후퇴해버린다. 그 결과 일본군은 아무런 저항도 받지 않은 채 구례에 입성한 후 곧바로 남원성을 공격하였다. 당시 남원은 전라도의 관문이자 경상도와 충청도를 잇는 전략적 요충지였기 때문에 조선과 명나라의 연합군 4천여 명이 지키고 있었다. 이

26 김동수, 「정유재란기 호남 지역 의병의 향토방위전 사례 검토」, 『역사학연구』 30, 호남사학회, 2007, 32~33쪽.

들은 11만 명이나 되는 일본의 주력군에 맞서 8월 13일부터 16일까지 치열하게 싸웠으나 끝내 성을 지키지 못하고 모두 전사하였다. 이때 일본군에게 학살된 민·관·군의 수는 거의 1만여 명이나 된다.

남원성을 함락한 일본군은 살인과 약탈을 자행한 뒤 전주로 북상하였다. 이때 일본군이 저지른 만행은 이루 말로 표현할 수 없을 정도였다고 하는데, 이와 관련한 내용은 우리나라의 문헌에서는 찾아보기 어렵고 일본군의 종군승從軍僧이었던 경염慶念의 『조선일일기朝鮮日日記』에 비교적 상세하게 기록되어 있다고 한다.[27] 그런데 바로 「최척전」에도 당시의 참상이 잘 그려져 있다.

> 정유년 8월에 왜구(倭寇)가 남원을 함락하자 사람들이 모두 피난 가 숨었으며, 최척의 가족들도 지리산(智異山) 연곡사로 피난을 갔다. 최척은 옥영에게 남장(男裝)을 하게 했는데, 뭇 사람에 뒤섞이어도 보는 사람들마다 옥영이 여자인 줄을 몰랐다. 지리산으로 들어온 지 며칠이 지나자 양식이 다 떨어져 거의 굶주리게 되었다. 최척은 장정(壯丁) 서너 사람과 함께 양식도 구하고 왜적의 형세도 살펴볼 겸 산에서 내려왔다. 최척 일행은 구례(求禮)에 이르러서 갑자기 적병을 만나게 되었는데, 모두 바위 골짜기에 몸을 숨겨 겨우 붙잡히는 것을 면했다.[28]

경신년(1593) 11월에 결혼한 최척과 옥영은 심 씨와 최숙, 그리고 아들 몽석과 함께 한동안 행복한 삶을 영위한다. 그런데 정유년 8월에 왜구가 남원성을 함락하고 약탈을 자행하자, 최척은 가족들을 거느리고

---

27 조원래, 「정유재란과 호남의병」, 『역사학연구』 8, 전남사학회, 1994, 64쪽.
28 「최척전」, 202~203쪽.

구례 연곡사로 피난을 간다. 연곡사는 지리산 피아골의 깊숙한 산속에 자리 잡고 있기에 당시 남원이나 구례 인근의 많은 사람들이 이곳으로 피난을 왔던 듯하다. 『난중잡록亂中雜錄』의 저자이며 의병장으로 활약했던 조경남趙慶男(1570~1641)도 남원성이 함락된 후 가족을 거느리고 산속으로 피난을 했다[29]고 하는데, 그가 피난 갔던 곳도 연곡사일 가능성이 크다.[30] 그러나 연곡사도 악랄한 왜구의 손아귀에서 벗어날 수 없었다. 섬진강을 따라 연곡사에까지 올라온 왜구들은 연곡사의 재물을 모두 약탈해 간 것은 물론 그곳에 숨어있던 피난민들을 살해하거나 포로로 잡아갔던 것이다.

> 이날 왜적들은 연곡사(鷰谷寺)로 가득히 쳐들어가 아무것도 남기지 않고 다 약탈해 갔다. 최척 일행은 길이 막혀 3일 동안이나 오도 가도 못하고 숨어 있었다. 왜적들이 물러가기를 기다렸다가 간신히 연곡사로 들어가 보니, 시체가 절에 가득히 쌓여 있고 피가 흘러 내를 이루고 있었다. 그런데 이때 숲 속에서 신음소리가 은은히 들려왔다. 최척이 달려가 찾아보니, 노인 몇 사람이 온 몸에 상처를 입고 신음하고 있었다. 노인들은 최척을 보자 통곡하며 말했다. "적병이 산에 들어와서 3일 동안 재물을 약탈하고 인민들을 베어 죽였으며, 아이들과 여자들은 모두 끌고 어제 겨우 섬진강으로 물러갔네. 가족들을 찾고 싶으면 물가에 가서 물어 보게나."[31]

정유재란 때 구례 지역은 지리적 위치가 전주·남원으로부터 순천 방

29 김동수, 앞의 글, 47쪽.
30 조경남은 정유년 11월 9일에 의병을 거느리고 연곡사에 쳐들어가 60여 명의 왜적을 격파하고 우리 포로 200여 명을 구출하기도 했다(조원래, 앞의 글, 79쪽).
31 「최척전」, 203쪽.

면, 혹은 전라좌도 지방에서 경상우도 지방으로 이어지는 길목이었던 까닭에 일본군이 종횡으로 왕래하는 통로가 되었으며, 적의 수중에 들어간 구례읍은 침략군에 의한 분탕으로 초토화되었다고 한다.[32] 이러한 상황은 최척의 행동과 눈을 통해서도 확인된다. 연곡사로 피난을 간 최척은 양식이 다 떨어지게 되자, 양식도 구하고 왜구의 동정도 살피기 위해 장정 서너 사람과 함께 구례로 나온다. 그런데 구례에서 갑자기 적병을 만나 바위 골짜기에 숨으며, 이후 3일 동안 길이 막혀 오도 가도 못하고 만다. 5, 6만 명에 이르는 왜구가 작은 구례를 덮쳤으니 당시 구례는 온통 왜구로 들끓었을 것이며, 최척 일행이 바위 골짜기에 숨은 채 꼼짝 못했던 것은 이러한 상황을 사실적으로 반영한 것이라고 할 수 있다.

현재 임진왜란이나 정유재란 당시 연곡사에서 어떤 일이 벌어졌는가에 대한 역사적 기록은 찾아보기 어렵다. 다만, 연곡사는 임진왜란 때 왜병에 의해 전소되었다가 뒤에 태능太能(1562~1649)이라는 스님이 중창한 것으로 알려져 있다.[33] 그런데 「최척전」에는 정유재란 때 왜구에 의해서 자행된 연곡사의 참화가 잘 나타나 있다. 양식을 구하러 나왔던 최척 일행이 3일 후에 다시 연곡사로 들어가 보니, 왜구들이 연곡사의 재물을 하나도 남김없이 모두 약탈해 갔으며, 절에는 시체가 가득 쌓여 있고 피가 흘러 내를 이루고 있었다. 그곳에는 단지 노인 몇 사람만이 온 몸에 상처를 입고 신음하고 있었는데, 이들은 "적병이 산에 들어와서 3일 동안 재물을 약탈하고 인민들을 베어 죽였으며, 아이들과 여자들은 모두 끌고 어제 겨우 섬진강으로 물러갔다"고 말한다.

「최척전」은 소설이기에 '절에 시체가 가득 쌓여 있고 피가 흘러 내를

32 조원래, 앞의 글, 78쪽.
33 한국학중앙연구원, 『한국민족문화대백과』, 2010.

이루었다'는 표현은 다소 과정된 것으로 생각할 수도 있다. 그러나 위와 같은 광경은 일본 종군승인 경염이 목격했던 것과 거의 차이가 없다. 그에 의하면, '일본군은 상륙하자마자 무차별하게 사람을 베어 죽이거나 약탈을 일삼았으며, 가는 곳마다 불을 질러 온통 검붉은 화염에 휩싸여 있었고, 어린아이들을 모조리 묶어 끌고 가는가 하면 눈앞에서 그 부모들을 마구 베어버렸으며, 남원성이 함락되던 날에는 성 안팎에 시체가 무수히 쌓여 있어서 도저히 눈을 뜨고 볼 수 없는 광경이었다'[34]고 한다. 「최척전」은 정유재란 때 연곡사에서도 이와 유사한 상황이 벌어졌던 역사적 사실을 생생하게 보여주고 있는 것이다. 당시 연곡사 일대에 얼마나 많은 사람들이 살고 있었으며, 또 연곡사에 피난 온 사람들이 어느 정도였는지 확인할 길은 없다. 그러나 연곡사에 피난 온 지 얼마 되지 않아 양식이 다 떨어졌다는 것으로 보아, 당시 연곡사에는 많은 피난민들이 모여 있었을 것으로 추정된다. 그런데 왜구가 닥치는 대로 사람들을 베어 죽였을 것이니, 어찌 시체가 가득 쌓이고 피가 흘러 내를 이루지 않았겠는가.

나아가 「최척전」은 당시 왜구들의 행태를 잘 보여주고 있다는 점에서 경염의 기록과 함께 주목할 만하다. 경염은 '왜구들이 어린아이들을 모조리 묶어 끌고 가는가 하면 눈앞에서 그 부모들을 마구 베어버렸다'고 기록하고 있다. 그런데 「최척전」에도 '왜구들은 아이와 여자들은 모두 끌고 간 것'으로 서술되어 있는가 하면, '아이들 앞에서 그 부모들을 마구 베어버린 사실' 또한 잘 나타나 있다.

34 조원래, 앞의 글, 64쪽에서 재인용.

최척은 하늘을 부르짖으며 통곡하고 땅을 치며 피를 토한 뒤, 즉시 섬진강으로 달려갔다. 몇 리도 채 못 갔는데, 문득 어지럽게 널려진 시신들 속에서 신음소리가 들렸다. 그 소리는 끊겼다 이어졌다 해서 소리가 나는 것인지 아닌지 분간하기도 어려웠다. 가서 보니 온 몸이 칼로 베이고 흐르는 피가 얼굴에 낭자하여 어떤 사람인지 알아 볼 수가 없었다. 그가 입고 있는 옷을 살펴보니 춘생이 입고 있던 것과 비슷했다. 그래서 최척은 큰 소리로 불러 말했다. "너는 춘생이 아니냐?" 춘생이 눈을 들어보더니, 얼굴이 비참하게 일그러지며 기어드는 목소리로 희미하게 몇 마디를 중얼거렸다. "낭군이시여, 낭군이시여! 아아, 애통합니다! 주인어른의 가족들은 모두 적병에게 끌려갔으며, 저는 어린 몽석을 등에 업고 달아났으나 빨리 달릴 수가 없어 적병의 칼에 맞게 되었습니다. 그 즉시 저는 땅에 넘어져 기절했다가 반나절 만에 깨어났는데, 등에 업혔던 아이는 죽었는지 살았는지 알 수가 없습니다." 춘생은 말을 마치더니 이내 죽고 말았다.[35]

최척은 연곡사에 남아 있던 노인들의 말을 듣고 가족들을 찾아 섬진강으로 달려가는데, 얼마 가지 않아 어지럽게 널려진 시신들을 목격한다. 추정컨대, 왜구가 연곡사로 쳐들 오자 이곳에 모여 있던 피난민들이 사방으로 달아났으며, 왜구들은 이들을 뒤쫓아 가 무자비하게 살해했던 것으로 보인다. 최척의 시비인 춘생의 죽음은 바로 이 경우에 해당한다. 그녀는 왜구가 쳐들어와 사람들을 마구 살해하자, 어린 몽석을 업고 달아나다가 왜구의 칼에 맞아 죽게 된 것이다. 작품 속에서 춘생은 어린 몽석을 돌보는 시비이지만 왜구들의 눈에는 어미로 보였을 터

35 「최척전」, 203~204쪽.

이니, 실제 왜구들은 경염의 기록대로 아이들 앞에서 그 부모들을 마구 베어버리는 잔혹한 짓을 서슴지 않았던 것이다.

「최척전」에는 정유재란 당시 왜구들이 포로들을 어떻게 처리했는가 하는 것도 어느 정도 나타나 있다.

> 최척은 주먹으로 가슴을 치고, 땅에 쓰러져 기절했다가 한참 후에야 깨어났다. 이윽고 정신을 가다듬어 섬진강으로 가서 보니, 강둑 위에 상처를 입고 쓰러진 수십 명의 노약자들이 서로 모여서 통곡을 하고 있었다. 최척이 다가가서 묻자, 노인들이 대답했다. "산 속에 숨어 있다가 왜적에게 여기까지 끌려 왔네. 왜적들은 여기에서 장정들만 가려 배에 실어 가고, 이처럼 병이 들거나 칼에 찔린 노약자들은 버려두었다네."[36]

『난중잡록』 중 1597년 8월 17일과 20일 기록에 의하면, 구례 인근 지역은 일본군의 수색 작전으로 인해 깊은 산속에도 피할 곳이 없었다고 한다.[37] 지리산 피아골의 깊은 골짜기에 위치한 연곡사에까지 왜구들이 쳐들어와 만행을 저질렀으니, 『난중잡록』의 기록은 조금도 과장된 것이 아니라고 하겠다. 당시 왜구들은 구례 인근 지역은 물론 연곡사 일대 등 깊은 산속까지 쳐들어와 살해와 약탈을 자행했으며, 이 와중에서 살아남은 사람들은 섬진강으로 끌고 갔던 것이다.

「최척전」에는 왜구들이 포로들을 막상 배에 태울 때에는 병들거나 칼에 찔린 노약자들은 버려둔 채 장정들만 태워서 데리고 갔다고 서술되어 있는데, 이는 승선 인원의 제약에 따른 것으로 보인다. 즉 왜구들

---

36 「최척전」, 204쪽.

37 조원래, 앞의 글, 65쪽에서 재인용.

은 구례 일대에서 붙잡은 포로들을 모두 섬진강까지 끌고 갔다가 섬진강에 이르러서는 이용 가치가 있는 장정들만 포로로 잡아 일본으로 데려갔던 것이다. 연곡사로 피난을 갔을 때 남장을 하고 있었던 옥영이 일본으로 붙잡혀 가고, 최척의 부친 최숙과 장모 심 씨가 살아남게 된 것도 이러한 당시의 상황을 사실적으로 반영한 것이라고 할 수 있다.

「최척전」에는 왜군이 남원성을 함락한 직후의 참상도 개괄적으로 서술되어 있다.

> 최척은 이 이야기를 듣고 대성통곡(大聲痛哭)을 하였다. 혼자만 온전하게 살아남을 수 없다고 생각하여 자살을 하려고 했으나, 주위 사람들이 만류하여 죽을 수도 없었다. 그래서 강의 상류로 터덜터덜 걸어올라 갔는데, 막상 돌아갈 곳도 없었다. 샛길을 찾아 겨우 고향에 이르러서 보니, 담벼락은 무너지거나 깨어져 있었다. 그 밖의 다른 것들도 모두 불타버려 쉴 곳은 물론, 곳곳에 시체가 언덕처럼 쌓여 발 디딜 틈도 없었다.[38]

섬진강에 갔다가 가족을 찾지 못한 최척은 혼자 남원으로 돌아오는데, 당시 남원은 모두 불타버려 쉴 곳은 물론 곳곳에 시체가 언덕처럼 쌓여 발 디딜 틈도 없을 정도였다고 한다. 경염은 '남원성이 함락되던 날에는 성 안팎에 시체가 무수히 쌓여 있어서 도저히 눈을 뜨고 볼 수 없는 광경이었다'고 기록하고 있는데, 최척도 바로 이러한 광경을 목격했던 것이다. 당시 최척의 집은 만복사 동쪽에 있었는데, 만복사가 불에 탄 것도 바로 이때였던 것이다.[39]

---

38 「최척전」, 204쪽.

39 현재 남원의 만복사는 정유재란 때 모두 불타버린 것으로 알려져 있다. 그런데 「만복사

4. 「최척전」의 사료적 가치

16세기 말 임진왜란과 정유재란 당시 지리산권의 상황과 참상을 자세하게 알 수 있는 자료는 별로 없다. 지금까지 알려진 자료로는 일본의 종군승이었던 경염의 『조선일일기』와 조경남의 『난중잡록』 정도이다. 그런데 「최척전」은 이들 자료 못지않게 당시의 상황과 참상을 구체적으로 서술하거나 생생하게 형상화하고 있으며, 서술된 내용이나 사건 등이 역사적 사실과 매우 부합한다. 물론 「최척전」은 특정한 개인의 경험담을 바탕으로 했기에 우리가 이 작품을 통해 전란의 전체적인 양상과 전개 과정 등을 파악하기는 어렵다. 그러나 바로 이 점이 다른 역사적 자료와 구별되는 「최척전」의 특장이기도 하다. 「최척전」은 개인의 실제 경험을 바탕으로 소설화한 것이기 때문에 전란의 와중에서 겪어야만 했던 참담한 상황과 이에 따른 심리 감정 등이 구체적이면서도 섬세하게 나타나 있는 것이다.

이 글에서는 이런 점에 주목하여 「최척전」에 서술되어 있는 내용을 역사적 사실 및 자료와 견주어 비교하는 가운데 「최척전」에 나타난 내용과 사건의 진실성 여부, 그리고 당시 지리산권 지역민들의 세태를 고찰하였다. 그 결과 16세기 말 왜란 당시 지리산권과 관련된 「최척전」

저포기」에는 "이튿날은 바로 3월 24일이었다. 이 고을에서는 이 날이 되면 만복사에 가서 등불을 켜고 복을 비는 풍속이 있었는데, 젊은 남녀들이 모여서 각자 그 소원을 비는 것이었다"는 것과 함께 "이때 절은 이미 허물어져 승려들은 한구석의 방에서 거처하고 있었다. 불전(佛殿) 앞에는 다만 곁채만이 쓸쓸히 홀로 서 있고, 그 끄트머리에는 좁은 판자방 하나가 있었다"라고 서술되어 있다. 이런 서술로 미루어보아 만복사는 15세기 이전에 이미 쇠락했을 가능성이 크다. 다만, 만복사에는 '35척에 달하는 동으로 된 불상'이 있었다고 하는데, 이 불상은 정유재란 당시까지는 남아 있었으며, 「최척전」에 나오는 '장육금불(丈六金佛)'은 바로 이 불상을 일컬은 것으로 추정된다.

의 내용과 사건이 역사적 사실과 매우 부합하다는 점과 함께 왜구들이 저질렀던 만행, 포로를 처리하는 방식, 전란의 와중에서 남원 향반들이 보인 세태와 민심 등을 부분적으로나마 살펴볼 수 있었다.

이외에도 「최척전」에는 다른 역사적 자료에서는 찾아보기 어려운 사실들이 서술되어 있기도 하다. 예컨대, 연곡사가 언제 불탔는가와 관련된 사실을 들 수 있다. 현재까지 연곡사는 임진왜란 때 전소되었던 것으로 알려져 있다. 그러나 임진왜란 때 구례와 남원은 왜적의 침입을 받지 않았던 곳이기 때문에 이는 사실로 보기 어렵다. 「최척전」에서 최척 일가는 정유재란이 발발하고 남원성이 함락된 직후에 연곡사로 피난을 간 것으로 서술되어 있는데, 만약 연곡사가 임진왜란 때 전소되었더라면 최척 일가는 연곡사로 피난을 가지 않았을 것이다. 절간이 전소되었다면 머물기도 어렵거니와 이미 왜적에 노출된 곳인 탓에 연곡사를 안전지대로 생각하지 않았을 것이기 때문이다. 따라서 남원성이 함락되기 전까지는 연곡사가 온전한 상태로 보존되었을 가능성이 크다.

물론 「최척전」에도 연곡사가 불탄 것과 관련된 내용은 나타나지 않는다. 그러나 정황상 최척 일가가 연곡사에 피난했던 무렵이었을 것으로 판단된다. 경염의 기록에 의하면, 일본군은 1597년 8월 7일 구례에 입성하여 닥치는 대로 현지 사람을 살육하고 방화를 저질러 아비규환의 수라장을 만들었다[40]고 한다. 그러나 이때까지만 해도 일본군은 연곡사까지 쳐들어가지는 않았던 것으로 보인다. 그런데 『난중잡록』 중 8월 17일과 20일 기록에 의하면, 구례 인근 지역은 일본군의 수색 작전으로 인해 깊은 산속에도 피할 곳이 없었다고 한 것으로 보아 일본군

40 김동수, 앞의 글, 46쪽에서 재인용.

이 연곡사까지 밀려든 것은 이 무렵이었으며, 연곡사도 바로 이때 불탔다고 해야 할 것이다. 이는 「최척전」의 내용과도 어느 정도 합치한다. 남원성이 함락된 것은 8월 16일인데, 최척 일가는 남원이 함락된 직후에 연곡사로 피난을 갔으며 그 며칠 뒤에 왜구가 연곡사로 쳐들어온 것으로 서술되어 있다. 따라서 연곡사는 정유재란 때인 1597년 8월 20일경에 왜적에 의해 소실되었다고 보아야 할 것이다.

연곡사가 언제 소실되었는가는 지리산권의 역사와 삶을 이해하는 데 중요한 문제가 아닐 수도 있다. 그러나 우리가 「최척전」을 통해 16세기 말 왜란 시기에 지리산권의 상황을 더욱 생생하게 이해할 수 있는 것만은 분명하다고 하겠다. 특히 이 시기 지리산권 주민들의 세태와 민심 등을 파악할 수 있는 자료는 「최척전」 외에는 없다고 해도 과언이 아닐 것이다. 이 장에서는 제대로 다루지 못했지만, 양반댁 규수인 옥영이 최척에게 먼저 구혼하고 옥영의 모친 심 씨가 옥영과 최척의 혼인을 반대한 사연, 최척이 의병에 참여한 계기와 태도, 정상서와 양생의 행태 등은 왜란 시기 지리산권에 살았던 여러 계층의 인물들이 어떻게 생각하고 행동했는가를 사실적으로 형상화하고 있기 때문이다. 예컨대, 다음과 같은 옥영의 말은 당시 양반 처자들의 심리 상태를 잘 드러내고 있다고 하겠다.

> 저는 서울에서 생장하였으나 일찍 부친을 여의고, 지금껏 형제도 없이 홀로 편모(偏母)를 모셔왔습니다. 몸은 비록 영락하였으나 마음은 빙호 같으며, 거칠게나마 맑고 깨끗한 행실을 알아 대문 앞에 있는 길가마저도 나가 본 일이 없습니다. 그러나 좋은 때를 만나지 못하여 세상살이에 어려움이 많고, 전쟁이 어지럽게 일어나 온 가족이 흩어져 떠돌다가 이곳 남쪽

땅까지 이르러 친척에게 몸을 의탁하고 있습니다. 나이는 이미 시집 갈 때가 되었으나 아직 받들어 공경할 사람을 만나지 못하고, 항상 옥이 난리에 부서지거나 구슬이 강포한 무리에게 더렵혀질까 두려워하고 있습니다. 또 이 때문에 늙으신 어머님께는 근심을 끼치고, 제 스스로도 몸을 보존하기가 어려워 슬프기만 합니다. (…중략…) 먼저 사사로이 시를 던져 스스로 중매하는 추태를 범했으나 정절과 신의를 지키어 거안지경을 다하고자 합니다. 이미 사사로이 편지를 주고받아 그윽하고 바른 덕을 잃어버리긴 했으나 이제 간과 쓸개가 비추듯이 서로의 마음을 잘 알게 되었으니, 다시는 함부로 편지를 보내지 않겠습니다. 이제부터는 반드시 중매를 두어 제가 행로했다는 비난을 받지 않도록 해주시길 간절히 바라오니, 잘 생각하시어 일을 꾀하십시오.[41]

위의 인용문은 옥영이 최척에게 보낸 편지의 일부분이다. 옥영은 서울에서 생장하였으며 평소에 대문 밖도 나가기를 꺼려했던 양반댁 처자이다. 그러나 옥영은 임진왜란을 겪고 피난살이를 하면서 완전히 달라진다. 그녀는 최척에게 먼저 구혼하는 내용의 시를 보내는 등 '스스로 중매하는 추태'를 범한 것이다. 옥영이 이러한 추태를 범한 것은 무엇보다도 '옥이 난리에 부서지거나 구슬이 강포한 무리에게 더렵혀질까 두려웠기' 때문이다.

임진왜란 때 왜구들은 온 나라를 헤집고 다니면서 닥치는 대로 부녀자들을 겁탈하였으며, 당시 이러한 사실이 널리 퍼져 있었다. 그래서 적지 않은 부녀자들이 얼굴에 먹칠을 하거나 병신 행세를 하는 방법 등

41 「최척전」, 193~194쪽.

을 통해 왜구의 겁탈을 모면하고자 했으며, 시집가지 않은 처녀들은 서둘러 시집을 가기도 했다고 한다. 그런데 옥영은 결혼할 나이가 되었음에도 아직 시집을 가지 않았을 뿐만 아니라 홀로 늙은 어머니를 모시고 먼 친척집에서 피난살이를 하고 있는 처지였다. 이런 옥영에게 왜구의 겁탈에 대한 두려움은 더욱 컸으며, 또 그만큼 자신을 지켜줄 믿음직스런 남자가 필요했다고 하겠다. 그래서 그녀는 남몰래 최척의 행실을 지켜보고 있다가 그가 믿음직스럽다고 판단되자 먼저 구혼을 한 것이다.

위의 글은 이 과정에서 그녀가 겪어야만 했던 심리적 고뇌와 갈등이 잘 나타나 있다. 그녀는 어려서부터 여자가 지녀야 할 바른 행실을 배우고 자랐으며, 양반가 처자로서의 행실과 도리를 다하고자 대문 밖으로 나가는 것마저도 꺼려했다. 그런 그녀가 전란을 맞아 최척에게 먼저 구혼하거나 스스로 중매하는 짓을 행한 것이다. '추태'나 '그윽하고 바른 덕을 잃어버렸다'는 자책적인 말에서도 알 수 있듯이, 그녀는 이러한 자신의 행동이 여자의 도리는 물론 당시의 예교에 얼마나 어긋난 것인가를 잘 알고 있었다. 그러기에 그녀는 '스스로 중매하는 추태'를 범하고서도 '행로했다는 비난'을 받지 않고자 간절하게 원했던 것이다. 이러한 옥영의 갈등과 고뇌는 임진왜란이라는 전대미문의 전란을 맞아 어떻게든 왜구에게 겁탈당하지 않기를 바랐던 당시 양반가 젊은 처자들의 위기의식과 심리 상태를 전형적으로 보여주고 있다. 다만, 옥영은 봉건적 예교나 관습에 억매이기보다는 정확한 현실 인식을 바탕으로 자신의 처지를 주체적으로 극복하려고 했다는 점에서 남다르다고 하겠다.

이처럼 「최척전」은 16세기 말 임진왜란과 정유재란 당시 지리산권의 상황 및 참상과 함께 여러 계층의 인물들이 겪고 느꼈던 일들을 매우 사실적으로 형상화하고 있는바, 지리산권의 역사와 지역민들의 삶의 단면을 파악할 수 있는 매우 소중한 자료라고 하겠다. 이 글을 계기로 국문학계뿐만 아니라 역사학계 등에서도 「최척전」에 대해 주목하기를 기대한다.

| 제4장 |

「구운몽」의 구조적 특징과 세계상

1. 문제 제기

김만중의 「구운몽」이 우리 소설사에서 매우 중요한 위치를 차지하고 있는 작품이라는 점을 부정하는 연구자는 없다. 그런 까닭에 「구운몽」에 대한 연구는 원전비평에서부터 작품의 구조와 주제, 배경사상과 작가론에 이르기까지 다방면에 걸쳐 활발하게 진행되어 왔다. 그런데 이들 연구 업적들 가운데는 「구운몽」이 문제적인 작품이라는 점을 인정하면서도 그 주제나 작가의식과 관련해서 부정적으로 평가한 경우가 적지 않다. 그 근거는 '「구운몽」은 심각하게 모순되는 현실을 조화로운 것으로 그려내고 있는데, 거기에는 벌열 사대부가의 일원인 김만중의 이념적 기반이 은밀하게 감추어져 있다는 것'[1]과 '「구운몽」은 전기소설에 담긴 비판적 지식인의 분만은 통속소설로부터 배웠음직한 희학戲謔을 빌어 무화시키고, 국문소설과 일부 몽유록 형식에 투영된 하층민

1 정출헌, 「구운몽의 작품 세계와 그 이념적 기반」, 『고전소설사의 구도와 시각』, 소명출판, 1999, 152~153쪽.

의 고통과 불만에 대해서는 동정어린 눈길로 위로하며 차등의 질서에 바탕한 화합을 제의했다는 것'[2]이다.

이들의 견해는 일단 「구운몽」의 작품 세계를 치밀하게 분석하거나 이전의 소설 양식들과 비교를 통해 「구운몽」의 특징적 국면들을 정확하게 포착하고 있다는 점에서 적지 않은 의의가 있으며, 「구운몽」의 소설사적 위상이나 의의를 점검할 때 간과해서는 안 될 중요한 측면들을 날카롭게 제시했다고 생각한다. 그러나 위의 견해들은 문제점 또한 적지 않다.

먼저, 「구운몽」은 차등의 질서를 바탕으로 화합을 제의하고 있으며, 거기에는 벌열 사대부가의 일원인 김만중의 이념적 기반이 은밀하게 감추어져 있다는 시각의 문제점을 살펴보자. 이미 몇몇 연구자들에 의해 지적되었듯이, 양소유의 세계는 불도자인 성진의 욕망에 따라 허구적으로 축조된 환몽의 세계[3]이며, 「구운몽」이 창작된 17세기 조선사회의 소설 향유층의 의식에 의해 창출된 통속적 이상 세계[4]이다. 다시 말해서, 양소유의 삶은 17세기 말 조선의 사회 질서와 가치 체계 내에서 남성이 통속적으로 꿈꾸거나 상상해 볼 수 있는 가장 화려하고 성공적인 삶이라고 규정할 수 있으며, 그 세계는 작가가 특별한 주제의식을 드러내고자 처음부터 의도적으로 고안한, 일종의 전략적 서사 세계라고 할 수 있다.

이러한 점들을 인정한다면, 양소유의 세계의 기반을 이루고 있는 유교적 명분론에 입각한 차등의 질서 체계나 이념을 곧바로 작가의 개인적인 의식과 관련지어서는 안 될 것이다. 어느 누구이건 또는 어떤 시공

---

2 정길수, 「전기소설의 전통과 구운몽」, 『한국한문학연구』 30, 한국한문학회, 2002, 375쪽.
3 강상순, 「구운몽의 상상적 형식과 욕망에 대한 연구」, 고려대 박사논문, 1999, 100쪽.
4 박일용, 「인물 형상을 통해서 본 구운몽의 사회적 성격과 소설사적 위상」, 『정신문화연구』 44, 한국학중앙연구원, 1991, 194쪽.

간에서건 '당시의 사회 질서나 가치 체계'에 기반하지 않고서는 특정한 개인의 통속적 성공을 형상화한다는 것은 불가능하기 때문이다. 이는 「심청전」이나 '지하국대적퇴치 설화'처럼 하층민들에 의해 창작·향유되는 작품의 경우에도 마찬가지다. 「심청전」에서 심청이 왕후가 되고 '지하국대적퇴치 설화'에서 평민 장사가 부마가 되는 것으로 그리고 있는데, 이 두 작품 모두 주인공의 입신이나 성공을 당시의 사회 질서와 가치 체계에 준하여 형상화하고 있는 것이다. 요컨대 유교적 명분론에 입각한 차등의 질서와 중세적 가치 체계는 양소유의 세계가 성립할 수 있는 기본 조건이라고 할 수 있다. 만약 이것들을 부정한다면 그것은 이미 통속적인 것이라고 말할 수가 없을 것이다. 또 그 세계는 가장 이상적인 형태의 것인 만큼 적어도 주인공의 입장에서는 어떤 갈등이나 부조화도 존재해서는 안 된다. 따라서 차등의 질서나 중세적 가치 체계가 양소유의 세계의 기반을 이루고 있다는 점을 문제 삼는 것은 '양소유의 세계를 통속적 욕망이 최대한 구현되는 이상적 세계로 구도한 것' 자체를 부정하는 결과를 초래한다.

기실, 작가인 김만중은 양소유의 세계를 형상화하는 과정에서 현실의 모순이나 문제점을 드러낼 생각도 또는 역으로 그것을 은폐할 생각도 전혀 없었다고 보아야 할 것이다. 그는 오로지 중세적 사회 질서와 가치 체계에 기반하여 한 인간이 통속적으로 꿈꿔볼 수 있는 가장 이상적인 삶의 형태를 상상적 형식을 통해 형상화한 것일 뿐이다. 물론 이러한 상상 속에도 작가의 계급적 입장이 투영되지 않을 수는 없다. '상층과 하층의 자발적인 명분 준수'를 통해서만이 조화롭고 질서 있는 세계가 가능한 것으로 형상화한 점은 작가의 개인적인 의식과 관련지을 수 있을 것이다. 계급적 입장에 따라서는 상층의 '무한한 배려'만이 또는 하층의 '절대적인 복종'만이 조화로운 세계를 구축할 수 있는 토대라고 생각할 수도 있기 때문이다. 이런 점에서 양소유의 세계에는 작가인 김만중의 계급적 의식이 분명하게 투영되어 있다고 말할 수 있다.

그러나 유교적 명분론과 중세적 가치 체계에 기반하면서 조화롭고 이상적인 세계를 상상할 때 '상층과 하층의 자발적인 명분 준수' 외에 달리 어떠한 방법이 있겠는가. 우리는 도리어 김만중이 양소유의 세계에서 '하층의 절대적인 복종'보다는 '상층의 자발적인 배려'를 강조하고 있다는 점을 높게 평가해야 하지 않을까. 물론 우리는 극단적으로 김만중이 양소유의 세계를 그릴 때 유교적인 명분론에 입각한 차등의 질서를 완전히 배제하지 못한 점을 탓할 수도 있다. 어차피 상상적인 환몽 세계인만큼 신분의 차이가 존재하지 않거나 신분의 차이가 존재하더라도 결연에 전혀 문제가 되지 않는 이상향을 그릴 수도 있기 때문이다. 그러나 만약 김만중이 이러한 방식으로 양소유의 세계를 형상화했다면, 그 세계는 어떤 모습이었겠는가. 또 「구운몽」의 환몽 구조는 어떤 의미를 띠게 될 것인가. 아마 「구운몽」은 지금과는 전혀 다른, 허황된 공상소설이나 또는 「홍길동전」보다도 더욱 심각하게 중세적 모순의 본질을 묘파한 작품이 되지 않았을까.

「구운몽」이 많은 독자들을 확보하게 된 것은 양소유의 세계가, 환상적 가상 세계라는 전제에도 불구하고, 전적으로 허황되게 그려진 것이 아니라 현실적 개연성을 일정하게 확보하고 있기 때문이다. 이는 이울산 댁이란 독자가 "대저 구운몽이 너무 허탄하니 오히려 재미가 처음만 못하다"[5]다는 감상평을 통해서도 확인할 수 있다. 이 감상평을 되새기

5 정신문화연구원본 「구운몽」 下卷 「後記」. 안창수, 「구운몽 연구」, 영남대 박사논문, 1990, 82~83쪽에서 재인용.

면 이울산 댁은 「구운몽」의 전반부는 후반부에 비해 현실적 개연성을 담보하고 있었기 때문에 재미를 느꼈던 것으로 이해된다. 이때 이울산 댁이 재미있게 생각했던 현실적 개연성이란 무엇이겠는가. 그것은 바로 당시의 현실에서는 실현되기 어려운 양소유의 자유로운 애정편력을 당시의 현실적 조건 속에서도 가능한 것처럼 또는 그럴 듯하게 그린 탁월한 구성과 형상화에서 기인한 것이 아니었겠는가. 실제로 「구운몽」은 양소유의 세계를 허탄한 듯하면서도 사실적이고 사실적인 듯하면서도 허탄한 구성과 형상화를 통해 인간의 통속적 욕망을 핍진하게 그려내었으며, 이를 바탕으로 인간의 삶이란 어떤 것이며 어떻게 사는 것이 바람직한 것인지에 대한 문제를 치열하면서도 생생하게 제기하고 있다. 이런 점을 고려한다면, 양소유의 세계를 지배하고 있는 차등의 질서와 같은 이러저러한 현실적 조건들은 「구운몽」의 현실적 개연성을 담보하는 요소로 이해될지언정, 자유로운 애정편력 속에 벌열 사대부가의 일원인 김만중이 자신의 이념적 기반을 은밀하게 감춘 결과로 이해해서는 안 될 것이다.

다음은, 「구운몽」은 전기소설에 담긴 비판적 지식인의 분만은 통속소설로부터 배웠음직한 희학을 빌어 무화시켰다는 시각의 문제점이다. 「구운몽」이 주로 이전의 비극적인 애정전기의 모티프를 활용하되 이를 행복한 결말로 전화시켰다는 점에서 위의 견해는 지극히 타당하다고 할 수 있다. 그러나 이전의 전기소설과 「구운몽」에 나타난 애정은 그 성격이 판이하게 다른 것이기 때문에 단순히 희·비극의 차이만 가지고 논하기 어려운 점들이 있다. 위의 견해를 제기했던 정길수 교수의 주장대로, 애정전기의 주인공들에게는 애정 상대와의 사랑과 신의 외에는 어떤 중요한 가치도 존재하지 않는다. 남녀의 자발적인 애정과 지음知音 관계의 지속이 지고의 가치이며 이를 가로막는 온갖 사회적 통념이나 가치 기준은 억압으로 인식될 따름이다.[6] 이러한 애정전기에서 우리는 끝내 장애를 극복하지 못하고 좌절하는 주인공의 마지막 모습을 통해 무엇이 이들의 순수한 사랑을 가로막고 있는가를 진지하게 되묻고, 그 결과 당대의 억압적 질서의 폭력성을 간취할 수도 있다.

그러나 애정전기는 남녀의 애정을 통해 중세적 모순을 객관적으로 드러내기보다는 소외된 지식인의 원망怨望과 꿈을 주관적으로 토로한 데[7]서 크게 벗어나지 못한 측면이 있다. 이는 주인공들의 형상에서 단적으로 드러난다. 애정전기의 주인공들은 오로지 애정 성취에만 관심을 가질 뿐 그 밖의 어떠한 현실에 대해서도 무관심한데, 이는 일종의 사춘기적 사유라고 할 수 있다. 실제로 이들은 도덕 관념에 얽매여 있으면서도 사춘기의 성욕을 어찌하지 못하여 월담과 같은 부도덕한 행각을 벌이는 혈기 미정한 젊은이들로 그려지고 있다. 그 결과 애정전기에서 남녀의 애정은 반사회적이라기보다는 혈기 미정한 상태에서 일어날 수도 있는, 그래서 당대의 규범으로도 충분히 수용할 수 있는 일로 취급되거나 기이한 사건으로 간주된다. 「이생규장전」을 비롯하여 「주생전」이나 「위경천전」 등에서 남녀주인공의 애정이 결국은 사회적으로 용인되는 것도 바로 이 때문이다. 비록 이들의 애정이 비극적인 결말을 맺고 있긴 하지만, 이 과정에서도 애정전기는 중세적 모순을 구체적으로 문제 삼았다고 보기 어렵다. 결과론적으로 볼 때, 비극의 원인이 우연한 전쟁이

6 정길수, 앞의 글, 365쪽.

7 윤재민 교수는 전기(傳奇)를 "사대부 문인지식인층의 꿈과 願望을 반영하는 장르"(윤재민, 「전기소설의 성격」, 『한국한문학연구』 학회창립20주년기념특집호, 한국한문학회, 1996, 355쪽)라고 규정한 바 있다. 저자 역시 기본적으로 이 견해에 동의한다. 다만, 전기소설에는 사대부 문인지식인들의 '꿈'뿐만 아니라 현실에 대한 '분만(憤懣)'도 담겨 있기 때문에 '꿈과 원망(願望)'보다는 '꿈과 원망(怨望)'이라는 표현이 적절하다고 생각한다.

나 또는 인간적 힘으로는 어찌할 수 없는 유명幽明의 간극 등으로 설정되어 있기 때문이다.

그런데 「구운몽」에서 남녀의 애정은, 비록 가상의 공간에서 행해지는 것으로 설정되어 있지만, 노골적이고 공개적이다. 이것은 닫힌 공간에서 이루어지는 애정전기의 사랑의 형태와는 전혀 다른 사회적인 파장을 불러일으킨다. 우리는 그 파장을 이양오李養吾(1737~1811)의 「제구운몽후題九雲夢後」를 통해 확인할 수 있다.

> 이 책을 본 사람들 마음이 호탕해지니
> 오묘한 문장 구술이 쌓인 듯하네.
> 교태롭고 아리따운 소리 귀에 쟁쟁하고
> 꽃과 달 같은 미인의 얼굴 눈에 어른거리네.
> 이에 비로소 不經한 것 좋아하는 人情을 알겠거니
> 鄭衛의 음란한 소리를 어찌 가히 들을 만하겠는가?
> 차라리 聖賢의 글을 읽어,
> 당당한 大論을 하늘 높이 드높임만 못하리라.[8]

위와 같은 이양오의 독후감은 당대인들에게 「구운몽」이 어떻게 수용되었는가를 생생하게 보여주고 있다. 이양오는, '정위鄭衛의 음란한 소리보다는 성현의 글을 읽어 대론大論을 드높이겠다'고 한 것으로 보아, 기본적으로 유자의 도리에 충실하고자 했던 지식인으로 이해된다. 이

---

8 이양오, 『磻溪草稿』. 김무조, 『서포 소설 연구』, 형설출판사, 1974, 161쪽에서 재인용. "使人對此心豪蕩 文章妙處瓊琪堆 嬌聲嫩語如在耳 花髮月鬟相徘徊 始覺人情好不經 鄭衛之音何可聽 不如歸讀聖賢書 堂堂大論懸日星."

러한 그가 '「구운몽」을 읽으면 마음이 호탕해지며, 교태롭고 아리따운 소리 귀에 쟁쟁하고 꽃과 달 같은 미인의 얼굴 눈에 어른거린다'고 읊고 있다. '귀에 쟁쟁하고 눈에 어른거린다'는 것은 「구운몽」의 애정 형상이 얼마나 생생하게 당대 독자들에게 각인되었는가를 확연하게 보여주고 있으며, '이에 비로소 불경不經한 것 좋아하는 인정을 알겠거니'라는 것은 「구운몽」이 얼마만큼 '인정'을 잘 묘파했는가를 정확하게 이해한 결과라고 할 수 있다. 그러나 이양오는 결국 「구운몽」을 '정위의 음란한 소리'와 같은 '불경'으로 몰아세운다. 이처럼 이양오와 같은 유자들이 '불경'으로 이해했던 「구운몽」을 오늘날 우리가 양소유의 애정편력 속에는 벌열 사대부가의 일원인 김만중의 이념적 기반이 은밀하게 감추어져 있다고 부정적으로 평가해야 하는가. 실로 우리는 이러한 부정적인 평가에 앞서 「구운몽」이 당대 유자들에게 불러일으켰을 미묘한 파장이 어디에서 기인한 것인가를 따져 주어야 할 것이다.

이 글은 이러한 문제의식을 바탕으로 먼저 「침중기」나 「조신」 등과의 비교를 통해 「구운몽」의 구조적 특징과 그 의미를 밝히고, 나아가 「구운몽」에 형상화된 세계상이 당대 사회에서 어떠한 의미를 가졌던가를 중심으로 「구운몽」의 긍정적 가치와 의의를 드러내고자 한다.

2. 구조적 특징과 주제의식

1) 역설적 환몽 구조와 그 효과

「구운몽」은 '현실(미몽)-꿈(환몽)-현실(각몽)'이라는 환몽 구조로 이루어져 있다. 익히 알고 있듯이, 동양의 서사적 작품 가운데는 꿈이라는 형식의 가상적 세계를 설정하여 '인생이나 욕망은 허무한 것'이라는 주제의식을 표출한 작품이 많다. 「침중기」, 「남가태수전」, 「앵도청의」, 「조신」 등등. 「구운몽」의 환몽 구조는 기본적으로 위와 같은 작품들의 서사적 전통을 계승한 것이라고 할 수 있다. 그러나 「구운몽」은 이들 작품과 뚜렷하게 구별되는 점이 있다. 하나는 성진이 속한 현실 세계는 비현실적 초월성이 강한 반면에 양소유가 속한 꿈속 세계는 도리어 현실적 성격이 강하다는 것이며, 다른 하나는 현실 세계의 주인공인 성진이 꿈속 세계에서 완전히 새로운 인물인 양소유로 다시 태어난다는 것이다. 서포가 「구운몽」을 지을 때 「침중기」나 「조신」 등 환몽 구조로 이루어진 이전의 작품들을 익히 알고 있었던 것으로 생각되는바, 이는 서포가 자신만의 독특한 창작 목적을 구현하기 위해 의도적으로 기존의 환몽 구조를 변개시킨 것이라고 할 수 있다. 따라서 「구운몽」의 작품 세계나 주제의식을 제대로 이해하기 위해서는 일단 이 차이 때문에 빚어지는 효과를 살펴볼 필요가 있다.

「구운몽」에서 성진의 성격은 「침중기」의 노생과 「조신」의 조신을 적절하게 교합한 듯한 측면이 있다. 애욕을 갈망하는 불도자라는 점에서는 조신과 닮아 있고, 현실적인 부귀영화를 욕망한다는 점에서는 노생과 닮아 있는 것이다. 그러나 서사적 현실로 설정된 성진의 세계는 노생이나 조신의 세계와는 완전히 다르다. 노생과 조신의 현실은 중세적 현실원칙이 철저하게 관철되는 일상적인 공간이라면, 성진의 현실은 중세적 현실원칙과는 전혀 무관한 환상적인 공간인 것이다. 환몽 구조란 기본적으로 이러저러한 현실적 조건 때문에 이룰 수 없는 소망을 꿈속에서라도 이루어본다는 가정을 전제로 성립된 서사 구조이다. 따라서 서사 내적 현실 세계는 자연스럽게 실제적 현실을 사실적으로 반영하게 되며, 꿈속 세계는 실제적 현실과는 거리가 먼 환상적 또는 가상적 세계로 설정되는 것이 일반적이다. 또 그럴수록 가상의 공간인 꿈의 세계와 대조되는 현실 세계의 문제점이나 본질적 속성이 더욱 뚜렷하게 부각되면서 환몽 구조를 통해 드러내고자 했던 주제의식이 분명하게 구현된다. 그런데 「구운몽」은 이러한 기본적인 전제를 무시하고 서사 내적 현실 세계를 비현실적이며 환상적인 공간으로 설정한 반면 꿈속 세계는 도리어 중세적 현실원칙이 지배하는 일상적인 공간으로 설정한 것이다. 이런 점에서 「구운몽」의 환몽 구조는 부자연스럽게 비틀려 있다고 할 수 있다.

왜 서포는 이렇듯 기존의 자연스러운 환몽 구조의 틀을 인위적으로 비틀어놓았는가. 이와 관련하여 다음과 같은 강상순 교수의 견해는 경청할 만하다.

> 이와 같이 「구운몽」이 매우 적극적이고 의도적으로 몽상의 형식을 활용함에 따라 오히려 「구운몽」의 상상은 더욱 자유롭고 대담해진다. 이는 소설을 역사의 보완물로 여기거나 소설에서 윤리적 효과와 교훈적 가치를 강조하던 동시대의 윤리비평적 독서법에서 상대적으로 자유로울 수 있게 해준다. 즉 양소유의 세계는 젊은 수도승 성진의 마음속에 움튼 세속적인 욕망으로 인해 빚어진 환몽이기 때문에 오히려 현실성과 윤리성의 긴박 없이 자유롭게 욕망의 몽상적 표출이 가능했다는 것이다.[9]

강상순 교수는 「구운몽」의 환몽 구조가 역설적이라고 규정한 뒤, 이는 현실성과 윤리성의 긴박 없이 자유롭게 욕망을 몽상적으로 표출하

9 강상순, 앞의 글, 101쪽.

기 위한 작가의 서사적 전략이라고 주장한다. 다시 말해, 서포가 통속적인 욕망의 세계를 보다 자유롭고 대담하게 형상화하기 위해 의도적으로 성진의 세계를 중세적 현실원칙이 지배하는 세계와는 거리가 먼 환상적인 공간으로 설정했다는 것이다. 이러한 그의 견해는 정곡을 짚은 것이라고 생각한다. 양소유의 세계는 대부분 양소유와 여덟 여인의 자유롭고도 화려한 애정사로 엮여 있다. 이로 인해 「구운몽」은 중세사회에서 있음직한 일부다처제를 합리화한 작품이라는 평가를 받기도 했다.[10] 그러나 17세기 조선사회가, 비록 일부다처제를 인정했다고 할지라도, 양소유처럼 2처 6첩을 둔다는 것은 현실적으로 불가능했을 뿐만 아니라 용납되기도 어려웠다. 더구나 양소유의 세계에서는 남녀가 당시의 예교에 어긋나는 자유로운 만남과 연애를 통해 결연을 맺고 있다. 아무리 허황된 소설이라고 할지라도 이러한 사건의 전개와 형상은 사회적으로 문제가 될 성질의 것임에 틀림없다. 따라서 서포는 당시 남성들이 통속적으로 꿈꾸었을 법한 욕망의 세계를 자유롭게 펼쳐 보이기 위해 역설적인 환몽 구조를 고안했던 것으로 이해된다.

그러나 아무리 역설적인 환몽 구조를 통해 양소유의 세계가 통속적 욕망에 바탕을 둔 허황된 환몽 세계일 뿐이라고 강조했을지라도 작가인 서포가 윤리비평적 시각 등 현실적 구속에서 완전히 벗어나 자유롭게 통속적 욕망의 세계를 그릴 수는 없었다고 생각한다. 이는 양소유가 처음 만난 여인인 진채봉의 형상에서 단적으로 엿볼 수 있다. 양소유를 처음 보고 반한 진채봉은 다음과 같이 생각하면서 양소유에게 청혼을 시도한다.

---

10 김태준, 『조선소설사』, 학예사, 1939, 116면; 김기동, 『한국 고전소설 연구』, 교학사, 1983, 490쪽.

> 여자가 장부를 좇는 것은 평생의 큰 일로 일생의 영욕과 고락이 장부에게 달렸다. 탁문군은 과부라도 오히려 사마상여를 좇았으니, 이제 나는 처녀의 몸이라 비록 스스로 중매하는 혐의는 피할 수 없지만 부녀자의 절행에 해롭지는 않을 것이다. 하물며 이 사람의 성명과 거주지를 알지 못하니, 부친께 여쭈어 의논해 정한 후 매파를 보내고자 한들 동서남북 어느 곳에서 찾겠는가?[11]

진채봉은 어사의 딸인 양반댁 규수이다. 당시는 여염집 처자가 외간 남자와 얼굴을 마주치는 것만으로도 도리에 어긋나는 것으로 생각했던 시절이다. 그런데 진채봉은 어떠한가. 그녀는 양소유에게 반한 나머지 스스로 중매를 도모하기까지 한다. 아무리 여자의 일생이 장부에게 달린 시절이었다 할지라도 양반댁 규수가 스스로 중매를 도모한다는 것은 당시 예법에는 도저히 용납될 수 없는 일로 보아야 할 것이다. 이러한 진채봉을 형상화하기 위해서 작가는 역설적 환몽 구조를 통해 그 세계가 상상적 환몽 세계에 불과할 뿐이라는 것을 강조했던 셈이다. 그러나 그런다고 해서 문제가 해결되는 것은 아니다. 작가는 예법에 어긋나는 진채봉의 행위를 합리화하기 위해 다양한 변명을 늘어놓을 수밖에 없었다. 탁문군이 스스로 사마상여를 좇은 고사, 스스로 중매서는 것이 꼭 부녀자의 절행에 해가 되는 것은 아니라는 것, 부친이 타지에 가서 고하고 싶어도 고할 수 없는 상황 등등. 이것도 부족해서 작가는 "진채봉이 총명하고 지혜로워 사람을 알아내는 명감明鑑이 있다"(41쪽)는 점을

---

11 김만중, 정규복 · 진경환 역주, 『구운몽(노존본)』, 고려대 민족문화연구소, 1996, 38~39쪽. 기본 텍스트는 위의 책이며, 번역에 이상이 없다고 판단되는 경우는 위의 번역을 그대로 따른다. 이후 원문 인용은 본문에 쪽수만 기록한다.

내세우기도 한다. 이러한 변명은 모두 당시의 윤리비평적 시각에 긴박된 결과라고 할 수 있다. 이 점은 독자의 경우에도 마찬가지이다. 앞서 살펴보았듯이, 이양오 같은 유학자는 「구운몽」을 통해 '불경不經을 좋아하는 인정人情을 알게 되었다'고 언급하고 있는 것이다. 우리는 그가 양소유의 세계가 상상적 환몽의 세계라는 사실을 몰랐기 때문에 '불경不經'을 운운했다고 보지 않는다. 그는 양소유의 세계가 상상적 형식임을 이해하고서도 그 세계가 담지하고 있는 반예교적 성격 때문에 '불경'으로 이해했던 것이다.

여기에서 우리는 「구운몽」의 역설적 환몽 구조에 대해 좀 더 천착할 필요가 있다. 작가의 입장에서 볼 때 통속적 욕망, 특히 성적 욕망을 구체적이면서도 생생하게 그리기 위해서는 부득이 사회적 금기를 위반할 수밖에 없다. 오늘날처럼 개방적인 사회에서도 성적 표현과 관련해서는 여전히 많은 제약이 따르고 있는데, 하물며 남녀의 정욕과 관련한 어떤 말도 입에 올리기를 꺼려했던 17세기의 역사적 상황에서는 어떠했겠는가. 진채봉의 자유의지에 따른 결연의 추구와 양소유의 화려한 애정편력 등은 비난의 대상이 되었음에 틀림없었으리라. 이를 의식해서 「침중기」나 「조신」처럼 욕망의 세계를, 생생하고 구체적인 형상이 아니라, 요약적 서술로 대체할 수도 있다. 그러나 문학적 형상화가 가지고 있는 힘을 자각하고 있었던 서포에게 이는 불만스러울 수밖에 없었을 것이다.[12] 실제로 서포가 기존의 환몽 구조를 역설적으로 비튼 가

12 서포는 『동파지림(東坡志林)』의 "골목집에서 아이들이 천박하고 용렬하여 그 집이 골치가 아프면, 돈을 주어 모여서 옛날 이야기를 듣게 한다. 三國의 일을 이야기할 때 유현덕이 패한다는 말을 들으면, 아이들은 찡그리며 눈물을 흘리기도 하고, 조조가 패한다고 하면, 기뻐서 즐겁다고 소리치기도 한다"는 기록을 인용한 후, 나관중의 『삼국지연의』와 진수의 『삼국지』의 차이를 들어 통속소설을 짓는 까닭을 거론하고 있다. 김만중, 홍인표 역주, 『서포만필』, 일지사, 1987, 385쪽 참조.

장 큰 이유는 바로 이러한 불만에서 비롯되었다는 것이 저자의 생각이다. 즉 서포가 욕망의 세계를 구체적이면서도 생생하게 형상화하되 동시에 이로 인한 사회적 비난을 일정하게 희석시키기 위해 전략적으로 고안한 틀이 바로 역설적 환몽 구조였다는 것이다.

서포가 「구운몽」을 쓰면서 환몽 구조로 이루어진 기존의 작품들에 대해 불만을 갖고 새로운 시도를 했다는 것은 현실과 꿈속 세계의 주인공을 달리 설정했다는 점에서도 확인된다. 「침중기」나 「조신」 등에서는 한결같이 현실 세계의 서사적 자아가 자신의 정체성을 그대로 간직한 채 꿈속 세계로 진입한다. 그런데 「구운몽」에서는 현실 세계에서 불도자였던 성진이 꿈속 세계에서는 완전히 새로운 자아인 양소유로 태어난다. 물론 「구운몽」의 경우도 「침중기」처럼 현실 세계의 서사적 자아가 소망했던 것들이 꿈속 세계에서 이루어진 것으로 그려지고 있다는 점에서는 동일하다. 그러나 이러한 차이가 빚어내는 결과는 간단치 않다.

「침중기」의 경우는 현실과 꿈속의 서사적 자아가 동일한 정체성을 간직하고 있기 때문에 작품 내에서 꿈속 세계가 현실 세계와 독립적으로 존재할 수가 없으며, 꿈속 세계는 끊임없이 현실 세계의 구속을 받게 된다. 또 그 구속만큼 꿈속 세계를 다채롭게 꾸미거나 구체적으로 형상화할 여지도 좁아진다. 「침중기」나 「조신」의 꿈속 세계를 구체적인 묘사나 서사를 통해 형상화하기보다는 개괄적으로 서술하게 된 것도 바로 이 때문이다. 물론 「침중기」나 「조신」과 같은 경우에도 꿈속 세계를 유기적인 사건의 연쇄와 구체적인 형상을 통해 다채롭게 꾸미는 것이 불가능한 것은 아니다. 그러나 이들 작품의 경우 꿈속 세계의 독립성이 약하기 때문에 꿈속 세계를 구체적으로 형상화하면 할수록 환몽 구조를 통해 구현하고자 했던 주제의식은 모호해지거나 또는 '기이성奇異性'만 강화된다. 이는 「침중기」와 「남가태수전」[13]을 비교해 보면 곧 알 수 있다. 「남가태수전」은 「침중기」에 비해 꿈속 세계를 구체적이면서도 다채롭게 꾸미고 있는데, 그 결과 기이성이 크게 부각되어 각몽 이후 '남가의 허무함과 인생의 무상함을 절실히 깨달았다'는 서술자의 언술은 논리적 정합성은 물론 현실적 개연성도 갖추지 못한 채 공허하게 메아리칠 뿐이다. '부귀 지극하고 권세 나라를 움직여도 달인達人의 눈에는 개미의 무리와 무엇이 다르리'라고 읊조리지만, 이것 역시 '개미와 같은 조그마한 곤충의 영이靈異함도 오히려 알 수가 없다'는 '기이성'에 압도되어 버린다. 따라서 전형적인 환몽 구조로 이루어진, 현실과 꿈속의 서사적 자아의 정체성이 동일한 작품에서는 환몽 구조의 취지를 살리기 위해서는 불가피하게 꿈속 세계를 일정하게 제한할 수밖에 없다. 즉 「침중기」와 같은 작품에서는 '현실-꿈-현실'의 환몽 구조가 '현실'과 '꿈'의 긴밀한 연관을 바탕으로 서사 세계를 지배하고, 그 구조가 곧바로 주제의식을 구현하게 되어 있는 것이다. 그 결과 이들 작품에서는 부귀영화가 헛된 것이라거나 욕망은 고통의 씨앗이라는 주제의식이 뚜렷하게 표출되고, 독자들 또한 아무런 의심 없이 그 주제의식을 받아들인다. 그러나 독자들의 수긍은 경험적 구체성에 기반한 것이라기보다는 환몽 구조가 제시하는 논리적 정합성에서 바탕을 두고 있다고 보아야 할 것이다.

그런데 「구운몽」에서는 현실 세계의 서사적 자아가 꿈속에서는 완전히 새로운 자아로 다시 태어난 것으로 설정함으로써 꿈속 세계를 현실 세계와 분리하여 하나의 독자적인 세계로 구축할 수 있는 여지를 마련

---

13 「침중기」와 「남가태수전」은 『앵앵전』(정범진 편역, 성균관대 출판부, 1995)에 수록된 자료를 활용한다.

한다. 실제로 「구운몽」에서 현실 세계는 꿈속 세계를 통속적 욕망이 최대한 성취되는 세계상을 전제한다는 것 외에는 특별한 구속력을 갖지 않는다. 성진이 현실 세계에서 맺었던 팔선녀와의 인연이 양소유의 세계를 어느 정도 구속할 수는 있다. 그러나 앞서의 전제나 팔선녀와의 인연의 문제는 작가가 소설을 집필하기 전에 할 수 있는 '구상' 정도로 간주해도 무방하다. 「구운몽」에서 성진의 세계를 액자와 같은 외형적인 틀로 이해하거나 「구운몽」을 '양소유전'으로 읽게 되는 것[14]도 바로 이 때문이다. 이런 점에서 「구운몽」의 환몽 구조는 「침중기」 등의 환몽 구조와 유사한 형태를 취하고 있음에도 불구하고 실질적으로는 전혀 다른 것이라고 할 수 있다. 「침중기」 등에서는 '현실'과 '꿈'이 분리될 수 없지만, 「구운몽」에서는 '현실'과 '꿈'의 분리가 얼마든지 가능한 것이다.

이렇듯 서포가 현실과 꿈속의 주인공을 달리 설정하여 꿈속 세계의 독자성을 확보하고자 했던 까닭은 무엇인가. 여러 가지 이유가 있었겠지만, 가장 중요한 것은 욕망의 성취 과정을 다양하면서도 구체적인 사건들을 통해 생생하고도 총체적으로 형상화하기 위한 전략이었다고 생각한다. 「침중기」와 「조신」의 경우 주인공은 이미 성장한 상태 그대로 꿈속으로 진입하기 때문에 '일대기'라는 형식을 취할 수가 없으며, 그 결과 욕망의 성취 과정을 '삶의 전 역정'을 통해 총체적으로 형상화한다는 것이 애초부터 불가능하다. 또 꿈속 세계는 현실 세계에서 이룰 수 없는 욕망이 성취되는 것으로 그려야 하기 때문에 꿈속으로 진입하는 순간에 욕망이 곧바로 실현되거나 실현될 수 있는 계기가 비약적으로 설정[15]되어야 한다. 그리고 이 비약은 불가피하게 꿈속 세계의 생생

14 조동일, 「영웅소설 작품 구조의 시대적 성격」, 『한국소설의 이론』, 지식산업사, 1977.
15 「조신」은 조신이 꿈속으로 진입하는 순간 김낭자와 결연하는 것으로, 「침중기」는 노생

함을 떨어뜨려 버린다. 더구나 이들 작품에서는 욕망이 성취되는 세계가 '꿈'이라는 가상의 공간임을 꿈속으로 진입하는 단계에서 명시적으로 제시하지 않을 수 없기 때문에 독자들은 꿈속 세계에 몰입하기보다는 일정하게 거리를 두고 접근하면서 꿈속에 이루어진 사건을 일종의 예화例話로 간주하게 된다. 요컨대, 전형적인 환몽 구조로는 꿈속 세계를 생생하면서도 총체적으로 그려내기도 어렵고 또 독자로 하여금 그 세계에 몰입하게 할 수도 없다고 하겠다.

그런데 「구운몽」은 어떠한가. 일단 「구운몽」에서 성진이 꿈속으로 진입하는 장면을 살펴보자.

> 드디어 크게 깨달아 생각하였다. '불가의 공부는 마음과 뜻을 바로잡는 것이 으뜸이다. 내가 출가한 지 십 년이 되었지만 일찍부터 반점도 구차한 마음이 없었는데, 갑자기 부정한 마음이 생겨 이제 이 지경까지 이르렀으니, 어찌 나의 앞길에 방해가 되지 않겠는가?' 드디어 포단에 꿇어앉아 정신을 바로 잡고 목에 건 염주를 굴리면서 고요히 천불을 외었다. 이때 갑자기 동자가 창 밖에 서서 불러 말하였다. "사형은 주무십니까? 사부께서 부르십니다." 성진이 크게 깨달아 생각하였다. '깊은 밤에 재촉해 부르시니 반드시 까닭이 있다.' 이에 동자와 함께 바삐 방장으로 가니, 대사가 모든 제자들을 모아놓고 엄숙하게 정좌하고 있다가 큰소리로 꾸짖었다.(25쪽)

위에서 성진이 천불을 외고 있는 것까지는 현실 세계이며, 동자가 창 밖에서 부르는 대목부터는 꿈속 세계이다. 그러나 「구운몽」을 처음 읽

이 꿈속으로 진입한 후 아무런 전제 조건 없이 당나라 때 5대 씨족 중의 하나인 청하(淸河) 최 씨의 딸을 아내로 맞이하는 것으로 그리고 있다.

는 독자라면 이 부분이 꿈으로 진입하는 대목이라는 것을 인지하기가 어렵다. 성진이 번민하는 상황과 대사가 성진의 마음을 감지하고 부르는 상황이 인과적으로 잘 맞아들고 있기 때문이다. 서포는 참으로 교묘한 글재주로 독자를 속인 것이다. 그러나 이 교묘함은, 독자를 속이기 위한 것이 아니라, 꿈으로 진입하는 과정을 명시적으로 제시했을 경우 독자들이 자연스럽게 갖게 될 '거리두기'를 소거하기 위한 전략이다. 즉 서포는 독자들이 작품 내적 현실을 실재 세계로 간주했던 감각을 그대로 간직한 채 꿈속 세계에 진입하여 그 세계의 모습을 생생하게 맛보기를 원했던 것이다. 마치 오늘날 입체영화 제작자들이 우리에게 색안경을 끼고 영화를 보도록 권유하는 것처럼…….

이렇듯 서포는 현실과 꿈의 경계를 철저하게 숨김으로써 독자들이 꿈속 세계에 몰입하도록 유도한 이후, 적강의 형태를 빌어 성진이 양소유로 환생하는 과정을 구체적으로 제시한다.[16] 그리고 성진이 현실 세계에서 갈망했던 욕망을 양소유가 하나하나 성취하는 것으로 그려나간다. 이러한 구성 방식은 꿈속에 진입하자마자 욕망이 곧바로 성취되거나 그 계기가 비약적으로 설정되어 있는 「조신」이나 「침중기」 등과는 전혀 다른 효과를 창출한다. 적어도 양소유의 탄생에서부터 온갖 부귀영화를 누리게 되는 과정을 일대기라는 형식을 통해 총체적으로 형상

16 성진이 양소유로 환생하는 과정이 꿈속에서 이루어진 것이기 때문에 꿈속 세계 모두가 양소유의 세계라고 할 수는 없다. 따라서 「구운몽」도, 엄밀하게 말하면, 현실 세계의 서사적 자아가 자신의 정체성을 그대로 간직한 채 꿈속으로 진입했다고 할 수 있다. 그러나 소설 내적으로 성진의 세계는 꿈이건 꿈이 아니건 모두 현실적 공간이라는 성격을 갖고 있으며, 실질적인 가상공간은 양소유의 탄생에서부터 시작된다. 즉 「침중기」의 경우 꿈속 세계와 상상적인 가상 세계가 완전히 일치한다면, 「구운몽」에서는 그 두 세계가 일치하지 않는 셈이다. 따라서 '「구운몽」의 꿈속 세계가 「침중기」나 「조신」의 그것에 비해 상대적으로 독자적 세계를 구축하고 있다'는 앞서의 진술에서 '꿈속 세계'는 이 '가상 세계'만을 지칭하는 것임을 밝혀둔다.

화할 수가 있게 된 것이다.

그러나 이보다 더 중요한 것은 욕망의 성취 과정을 구체적인 사건을 통해 생생하게 형상화할 수 있다는 점이다. 전형적인 환몽 구조를 그대로 활용할 경우 꿈속의 세계를 구체적으로 형상화할 수도 없지만, 설사 그것이 가능하다고 해도 그렇게 하면 할수록 환몽 구조를 통해 제시하고자 했던 주제의식이 모호해지거나 기이성만 강화된다. 그런데 「구운몽」은 그 반대이다. 성진의 세계와 양소유의 세계가 분리되어 있기 때문에 얼마든지 양소유의 세계를 구체적으로 형상화할 수 있으며, 또 그렇게 하면 할수록 「구운몽」의 환몽 구조가 의도했던 주제의식이 생생하게 독자들에게 전달된다. 요컨대, 서포는 욕망의 세계를 구체적인 사건의 전개를 통해 생생하면서도 총체적으로 형상화하기 위해 '현실'과 '꿈'의 관계를 역설적으로 뒤집고 현실 세계와 가상 세계의 서사적 자아를 달리 설정했던 것이라고 하겠다.

2) 주제의식

그런데 지금까지 「구운몽」의 주제의식과 관련해 일장춘몽에서부터 유가적 · 세속적 삶의 부정과 불가적 · 초월적 삶의 긍정,[17] 불교의 공사상에 입각한 이념적 삶의 추구,[18] 가문 극대화의 열망,[19] 낭만적 이상의 실현이 불가능한 당대의 현실 부정,[20] 세속적 삶과 탈속적 삶에 대한 존재론적 · 가치론적 의문 제기,[21] 세속적 부귀공명의 추구와 유한한 현세

---

17 성현경, 「구운몽과 김만중의 삶의식」, 『김만중 연구』, 새문사, 1983.
18 정규복, 「환몽구조론」, 『구운몽 연구』, 고려대 출판부, 1974.
19 김석회, 「서포 소설의 주제 시론」, 『선청어문』 18, 서울대, 1989.
20 박일용, 앞의 글.

적 삶의 초월,[22] 욕망의 실상과 진실에 대한 반성적 성찰 촉구[23]에 이르기까지 다양한 견해가 제기되어 왔다. 앞서 양소유의 세계를 생생하게 형상화하면 할수록 「구운몽」의 환몽 구조가 제기하는 주제의식이 더욱 뚜렷하게 독자들에게 전달될 수 있다고 했는데, 이렇듯 다양한 이견이 제기된 것은 무엇 때문인가. 양소유의 세계가 구체적인 사건의 전개를 통해 생생하게 형상화되지 못한 때문인가. 절대 그렇지 않다. 「구운몽」의 가상 세계는 지금까지 환몽 구조로 이루어진 어떠한 작품보다도 양소유의 일대기를 통해 통속적 욕망이 최대한 실현된 이상적 세계의 모습을 가장 생생하게 형상화하고 있는 것이다.

그러면 무엇 때문에 이렇게 다양한 이견이 제기되는 것인가. 그것은 바로 서포가 욕망이 충만한 삶의 모습을 생생하게 보여주기만 할 뿐, 그것에 대한 가치 판단을 유보했기 때문이다. 아니 유보했다기보다 오히려 독자를 끊임없이 혼란에 빠뜨려 독자가 삶의 문제를 반성적으로 또는 진지하게 되새길 수 있도록 유도했다고 보는 것이 옳을 것이다. 이 점과 관련해서 우리는 각몽 단계를 좀 더 주의 깊게 살펴볼 필요가 있다. 먼저 성진이 꿈에서 깨어나기 직전의 상황을 보자.

> 우리들 백 년 뒤에 높은 대는 이미 무너지고 굽은 연못은 이미 메워지며 노래하고 춤추던 곳은 마른 풀에다 황폐한 안개 서린 곳으로 변해 나무꾼이며 소치는 아이들이 오르내리면서 '이곳이 양 승상이 여러 낭자와 노닐던 곳이다. 승상의 부귀와 풍류며 여러 낭자의 옥 같은 모습과 꽃 같은 태

21 김일렬, 「김만중과 구운몽」, 『고소설 신론』, 새문사, 1994; 이원수, 「현실과 꿈의 관계 및 그 중층적 의미」, 『고전소설 작품 세계의 실상』, 경남대 출판부, 1996.

22 조동일, 「구운몽과 금강경, 무엇이 문제인가?」, 『김만중 연구』, 새문사, 1983; 정출헌, 앞의 글.

23 강상순, 앞의 글.

> 깔은 지금 어디에 있는가'라고 한탄한다면 인생이 어찌 잠깐이지 않겠소이까? (…중략…) 내 이제 장자방이 적송자를 따르기를 바랐듯이 하려고 하오. 집을 버리고 스승을 구하려 남해를 건너 관음을 찾고 오대산에 올라 문수보살을 예방하여 나지도 않고 죽지도 않는 도를 얻어 티끌세상의 괴로움과 즐거움을 뛰어넘으려고 하오.(321쪽)

천고에 듣지 못할 정도로 부귀와 명성을 누리던 양소유는 마침내 입은 팔진미도 물렸고 귀는 관현 소리도 싫증나는(319쪽) 상황에 이른다. 그러던 어느 가을날 양소유는 갑자기 흐느끼면서 애원하고 호소하는 듯, 사념에 잠기고 한숨 쉬는 듯이 옥퉁소를 불더니, 나지도 않고 죽지도 않는 도를 얻어 티끌세상의 괴로움과 즐거움을 뛰어넘으려고 한다며 불가에 귀의하겠다고 말한다. 바로 이 순간에 성진은 꿈에서 깨어나 새벽부터 저물 때까지 놀던 것이 모두 한바탕 봄꿈 속의 일일뿐이며, 부귀번화와 남녀의 정욕이 모두 허망한 것임을 깨달았다고 술회한다. 이로 인해 결국 호화찬란했던 욕망의 세계는 부정되고 만다.

그런데 여기서 부정되는 것이 '현세적 삶' 그 자체가 아니라 '현세적 삶의 유한성'이라는 견해가 제기되어 주목된다.[24] 환몽 단계에서 온갖 부귀영화를 다 누린 양소유가 삶의 허무함을 느낀 것은 '아무리 부귀한 삶이라 할지라도 그것은 유한할 수밖에 없다'는 생각에 기반하고 있다. 그래서 그는 영원한 삶을 얻고자 불교로 귀의할 것을 결심하게 되었던 바, 양소유가 부정했던 것은 현세적 삶 '그 자체'가 아니라 현세적 삶의 '유한성'이라고 보는 것이 타당할 것이다.

---

24 정출헌, 앞의 글, 175쪽.

그러나 우리가 여기서 더욱 주목해야 할 것은 '유한성'으로 세속적인 삶의 한계를 거론할 뿐, 욕망 그 자체를 부정하지 않는다는 점이다. 익히 알고 있듯이 「조신」은 욕망이 번뇌로 오르는 계단이라는 점을 들어 욕망을 부정한다. 「침중기」나 「남가태수전」은 「조신」처럼 욕망을 전면적으로 부정하지는 않지만, 욕망이 빚어내는 고통을 일정하게 제기한다. 「침중기」의 노생은 "분에 넘치는 직책을 맡아서는 재난을 당해 마치 엷은 바다 위를 걸어가듯 근심만 늘어나서 날이면 날마다 더욱더 두려워만 하다가 저도 모르는 사이에 이렇게 늙어 버리고 말았다"[25]고 탄식하며, 「남가태수전」의 순우분은 자기를 비난하는 관리들 때문에 우울한 마음에 휩싸이기도 한다. 즉 이들 작품은 욕망은 고통을 수반한다거나 욕망이 성취된 삶이 반드시 세속적인 행복을 보장하는 것은 아니라는 생각을 표출함으로써 욕망 자체를 부정하고 있는 것이다. 그런데 「구운몽」은 욕망이 최대한 충족된 삶의 화려하고 멋진 모습을 구체적인 사건을 통해 생생하게 재현할 뿐, 절대 욕망 그 자체를 부정하지 않는다.[26] 욕망 그 자체를 부정하지 않고서 욕망이 충족된 삶을 문제 삼을 때 제기할 수 있는 것은 무엇이겠는가. 그것은 오로지 '유한성'뿐일 것이다. 그리고 여기서 제기한 '유한성'은, 욕망의 본질이나 속성과는 전혀 무관한, 인간을 포함하여 생명체를 가진 모든 현실적 존재의 절대적 한계를 지적한 것에 다름 아니다. 따라서 이것은 서포가 욕망의 부정적인 측면을 제기하지 않고 독자로 하여금 양소유와 같은 삶이 어떤 의미와 가치를 가지는가에 대해서 스스로 판단하도록 유도한 것이라고 하겠다.

25 「침중기」, 정범진 편역, 앞의 책, 75쪽.
26 강상순 교수도 이 점을 지적(강상순, 앞의 글, 123쪽)한 바 있다.

이러한 전략은 이미 입몽 단계에서부터 계획된 것이다. 앞서 살펴보았듯이, 서포는 입몽 과정을 철저하게 숨긴 대신에 성진이 풍도를 거쳐 양소유로 환생하는 과정을 구체적으로 형상화하고 있다. 이로 인해 독자들은 양소유의 세계가 성진의 찰나적인 꿈에 불과하다는 사실을 전혀 인지하지 못한 상태에서 양소유의 세계로 진입한다. 그러다가 각몽 단계에서 비로소 양소유의 파란만장한 일대기가 성진의 찰나적인 꿈에 불과하다는 사실을 순간적으로 감지하게 되는데, 이때 독자들이 받은 충격과 놀라움은 서사적 자아인 성진이 받은 그것과 그대로 상응한다. 또 그 충격은 양소유의 세계가 생생하면 생생할수록 더욱더 가중된다. 그리고 성진이 놀란 상태에서 주변을 두리번거리다가 한참 후에야 자기가 연화도량의 소화상인 성진임을 깨닫고 기억을 더듬어 꿈속에서 일어났던 일들을 돌이키듯이, 독자들 또한 순간적인 충격과 혼란에서 점차 벗어나 양소유의 화려한 일대기를 되새기면서 욕망의 문제와 더불어 인생이란 어떤 것인가를 진지하게 돌이켜 보게 된다. 즉 「구운몽」은 처음부터 온갖 욕망이 충족된 삶이란 어떤 것인가를 생생하게 보여준 뒤, 그러한 삶이 어떤 의미와 가치를 지니는가를 독자가 '머뭇거림'과 '되새김'을 통해 스스로 성찰하도록 구도構圖되어 있는 것이다.

사실 여기까지 「구운몽」이 표출하고 있는 주제의식은 「침중기」나 「조신」 등과 크게 다를 것이 없다. 다만 차이가 있다면, 그것은 '인생이 일장춘몽에 불과하다'는 점을 논리적 정합성으로 설득하는 것이 아니라, 독자들이 생생한 감각과 자기 성찰을 통해 스스로 체득하도록 유도하고 있다는 점일 뿐이다.[27] 그런데 「구운몽」은 여기서 그치지 않고 한

27 이러한 서포의 글쓰기 전략은 「사씨남정기」에도 엿보인다. 「사씨남정기」에서 사 씨와 교 씨의 대립은 치열한 갈등으로 전개되기보다는 두 인물의 행동 양식을 '적나라하게 드러

단계 더 나아간다. 독자들이 반성적 자기 성찰을 통해 '현세적 삶이란 아무리 영화롭다고 할지라도 결국은 허망한 것일 수밖에 없다'고 생생하게 절감하는 순간 「구운몽」은 다시 이를 비틀어버린다. 성진이 꿈을 통해 '부귀번화와 남녀 정욕이 모두 허망한 것임을 깨달았다'고 말하자, 육관대사는 장자의 호접몽을 들어 다시 한번 더 삶의 문제를 반성토록 촉구한다.

> 네가 '제자가 인간 세상의 윤회하는 일을 꿈으로 꾸었다'고 하는데, 이것은 네가 꿈과 인간 세상을 나누어서 둘로 보는 것이다. 너의 꿈은 오히려 아직 깨지 않았다. 장주가 꿈에 나비가 되었다가 나비가 또 변하여 장주가 되었다고 하니, 나비가 꿈에 장주가 된 것인가, 장주가 꿈에 나비가 된 것인가 하는 것은 끝내 구별할 수 없었다. 누가 어떤 일이 꿈이고 어떤 일이 진짜인 줄 알겠느냐. 지금 네가 성진을 네 몸으로 생각하고, 꿈을 네 몸이 꾼 꿈으로 생각하니 너도 또한 몸과 꿈을 하나로 생각지 않는구나. 성진과 소유가 누가 꿈이며 누가 꿈이 아니냐?(327쪽)

지금까지 이러한 장자의 호접몽은 주로 『금강경』의 '공사상空思想'과 관련지어 이해되어 왔다. 『금강경』의 요체는 "自我이건 法이건 그들을 부정하였다고 하여 깨달음이 얻어지는 것이 아니다. 왜냐하면 이 둘은 실재하는 것이 아니어서 부정의 대상도 되지 못하기 때문이다. 부정되어야 할 것은 그 둘에 대한 견해 그 자체이다"[28]라고 할 수 있다. 즉 『금

내어 보여준다'는 차원에서 형상화되고 있으며, 악인들에 대한 처벌도 악인에 의해 악인이 징치되거나 또는 그 스스로 자멸하는 과정을 생생하게 제시할 뿐 자의적인 처벌을 단행하지 않는다. 이에 대해서는 저자의 「사씨남정기의 작품 구조와 인물 형상」(『김만중 문학 연구』, 국학자료원, 1993)을 참조하기 바람.

강경』의 공사상은 긍정과 부정의 변증법적 지양을 통해 철저한 무집착無執着·무소유無所有·무주상無住相을 목표로 삼고 있는 것이다.[29] 그런데 성진이 꿈에서 깨어난 후 깨달았다고 하는 것은 곧 自我를 부정하고 法을 긍정하는 것에 해당한다. 이에 육관대사는 호접몽의 고사를 들어 자아와 법을 구별하려는 성진의 집착을 깨우치려 했던바, 이는 공사상과 상통하는 측면이 있다.

그러나 엄밀하게 따지면, 『금강경』의 '공사상'과 장자의 '호접몽'은 인식론적 입장에서 적지 않은 거리가 있다. 공사상에서는 "眞如는 언제 어느 곳에나 있음에도 불구하고, 집착하는 자는 그것을 보지 못하고 깨우치지 못한다. 반대로 집착하지 않는 자는 참모습을 알아 깨우친다"[30]고 설파하고 있다. 여기서 '진여眞如'는 '참모습'이나 '진리' 또는 '진실'로 이해할 수 있는데, 공사상에서는 이 '진여'를 인식할 수 있다고 생각한다. 다만, 중생들은 집착에 쌓여 있기 때문에 이를 인식하지 못할 뿐이라는 것이 공사상의 인식론적 입장이다. 그런데 장자는 비단 일반인뿐만 아니라 최고의 지혜를 가진 '지인至人'도 역시 사물을 인식할 수 있는 능력을 소유할 수 없다고 생각한다. 단지 '지인'이 일반인에 비해 나은 점은 어떤 것을 정확하게 인식한다는 것이 아니라, 근본적으로 인식을 포기하여 인식하지 않는 것으로 인식을 삼는다는 것[31]이 장자의 기본적인 생각이다. '호접몽' 고사故事는 바로 이러한 장자의 절대적 불가지론을 단적이면서도 극명하게 표출한 것이라고 하겠다.

이러한 차이를 고려할 때, 우리는 '호접몽' 고사를 『금강경』의 '공사

---

28 정호영 역, 『금강경』, 민족사, 1993, 93쪽.
29 위의 책, 107쪽.
30 위의 책, 55쪽.
31 임계유·이문주 외역, 『중국 철학사』 I, 청년사, 1989, 274쪽.

상'과 직접적으로 연계하기 이전에 작품의 실상과 관련지어 이해할 필요가 있다. 이때 우리의 주목을 끄는 것은 육관대사가 '호접몽' 고사를 거론하면서 성진에게 마지막으로 했던 말이다. 즉 그는 "성진과 소유가 누가 꿈이며 누가 꿈이 아니냐?"라고 성진에게 되묻는데, 이는 '성진이 너의 실체는 양소유이며, 네가 실체라고 생각하는 성진은 양소유의 꿈' 일 수도 있음을 암시한 것으로 볼 수 있다. 그런데 실제로 부귀영화를 마음껏 누린 양소유는 "나지도 않고 죽지도 않는 도를 얻어 티끌세상의 괴로움과 즐거움을 뛰어넘으려는" 새로운 욕망을 꿈꾸고, 이러한 욕망은 각몽한 성진이 도를 얻어 극락 세계로 돌아감으로써 구현된다. 성진이 양소유를 통해 세속적 욕망을 구현했다면, 양소유는 성진을 통해 이념적 욕망을 구현한 셈이다. 성진이 극락 세계로 갔다는 것은 양소유가 승상이 되어 온갖 세속적인 부귀영화를 누리게 되었다는 것과 같은 맥락으로 이해할 수도 있다는 것이다. 이렇게 보았을 때, 「구운몽」의 환몽 구조는 '꿈(가상의 세계)-현실-꿈(가상의 세계)'으로 다시 한번 역전된다. 즉 「구운몽」에서 실존적 존재는 양소유이며, 성진은 양소유의 이념적 욕망을 구현한 가상적 존재로 전환되는 것이다. 그리고 이것이 도리어 성진의 세계는 비현실적 성격이 강하고, 양소유의 세계는 현실적 성격이 강한 「구운몽」의 실상에 더 가깝다고 할 수 있다. 요컨대 "성진과 소유가 누가 꿈이며 누가 꿈이 아니냐?"라는 언급은 양소유의 세계가 상상적 형식을 통해 꾸며 본 가상의 세계이듯이, 성진의 세계 또한 상상적 형식을 통해 꾸며 본 가상의 세계임을 독자에게 환기시키기 위한 것이라고 할 수 있다.

실제로 성진의 세계도 인간이 욕망하는 이상(꿈)의 세계요, 양소유의 세계도 인간이 욕망하는 이상의 세계이다. 성진의 세계가 이념적 이상 세계라면, 양소유의 세계는 통속적 이상 세계라는 것만이 다르다. 이런 점에서 성진과 양소유는 인간의 두 지향을 상징하는 존재라고 할 수 있다. 사람들은 흔히 이 두 가지 지향 속에 끊임없이 갈등한다. 작품 내용상 성진이 결국은 이념적인 삶을 추구하여 큰 도를 획득한 것으로 그려져 있기 때문에, 서포가 세속적 삶보다는 이념적 삶이 더 가치 있는 것이라 결론지은 것으로 생각할 수도 있다. 그러나 성진의 세계는 작품 내에서 '현실'로 설정되어 있음에도 불구하고 도리어 비현실적 환상공간으로의 성격이 강하다. 이것은 애초부터 '세속적 욕망이나 현세적 삶의 유한성을 극복하는 것'이 상상으로는 가능할지 모르지만 현실적으로 불가능한 것임을 암시한 것이라고 하겠다. 따라서 성진이 큰 도를 얻어 극락 세계로 갔다는 것은 결론적 제시라기보다는 세속적 욕망을 어떻게 극복할 것인가에 대한 서포의 고뇌가 담겨 있는 것으로 이해해야 할 것이다. 요컨대, 「구운몽」은 세속적인 삶과 이념적인 삶의 추구라는 두 지향이 이상적으로 실현되는 과정을 상상적 형식을 통해 형상화함으로써 욕망의 문제, 인간적 존재의 문제, 인간이 궁극적으로 무엇을 추구하며 살아야 할 것인가에 대한 의문을 자기 자신은 물론 독자에게도 제기한 작품이라고 하겠다. 그리고 여기에 정답이나 결론은 없다. 모든 것은 개개인의 선택에 달려 있다. 다만, 선택의 과정에서 반성적 자기 성찰이 필요하다는 것을 서포는 「구운몽」의 역설적 환몽 구조를 통해 제기했다는 것이 저자의 생각이다.

3. 세계상과 그 사회적 성격

흔히 「구운몽」에서 양소유의 세계는 '유교적 질서에 입각한 조화로운 세계',[32] '상하명분의 자발적인 준수를 기반으로 한 조화롭고 질서 있는 세계',[33] '모든 등장 인물이 시종일관 상층이 바라던 자신의 본분을 지키는 조화로운 세계'[34] 등으로 이해되어 왔다. 즉 양소유의 세계는 한마디로 말해 '조화로운 세계'이며, 그 근간은 '유교적 명분론의 자발적인 또는 철저한 준수'라는 것이다. 이들의 지적대로, 『구운몽』에서 하층에 속하는 인물들이 자신의 분수를 지키지 않는 경우는 찾아볼 수 없다. 하물며 이들은 상층에 속하는 인물들이 시혜를 베풀어 형제가 되기를 맹세한 뒤에도 상하존비上下尊卑의 명분에 어긋나는 언행은 철저하게 삼간다. 이러한 사실을 고려할 때, 양소유의 세계를 '유교적 명분론에 기반한 조화로운 세계'라고 규정할 수 있을 것이다.

그러나 우리는 「구운몽」에 제시된 '유교적 명분론'이 과연 어떠한 것인가에 대해 좀 더 섬세하게 따져볼 필요가 있다. 「구운몽」의 유교적 명분론은 조선시대 보편적으로 인식되었던 그것과는 적지 않은 차이가 있기 때문이다. 이와 관련하여 우리의 주목을 끄는 대목은 양소유와 결연을 맺은 여덟 여인이 「삼국지연의」에 나오는 '도원결의'를 본받아 '결의형제'를 맹세하는 부분이다.

제자 여덟 사람은 비록 다른 집안에서 났지만 자라서는 한 사람을 섬기

32 신재홍, 「구운몽의 서술원리와 이념성」, 『한국 몽유소설 연구』, 계명문화사, 1994, 365쪽.
33 정출헌, 앞의 글, 154쪽.
34 정길수, 「구운몽의 독자는 누구인가」, 『고소설연구』 13, 한국고소설학회, 2002, 77쪽.

게 되었으며 마음은 서로 하나입니다. 마치 한 나무에 달린 꽃이 바람에 날리어 어떤 것은 구중궁궐에 떨어지고, 어떤 것은 규중에 떨어지고, 어떤 것은 시골에 떨어지고, 어떤 것은 길거리에 떨어지고, 어떤 것은 변방에 떨어지고, 어떤 것은 강남에 떨어졌으나, 그 근본을 따진다면 어찌 다를 것이 있겠습니까. 오늘부터 맹세컨대 형제가 되어 죽고 살고 괴롭고 즐거운 모든 것을 함께 하고자 합니다. 혹시 다른 마음을 품은 자는 곧 천지가 용서치 않을 것입니다. 엎드려 바라건대 대사께서는 복을 내려 주시고 재앙을 제거하여 주셔서 백 년 뒤에 함께 극락 세계로 돌아가게 하여 주십시오.

이후로도 여섯 사람은 비록 명분을 지켜 감히 형제라고 부르지 못했으나, 두 부인은 항상 서로를 누이라고 부르니 은혜로운 마음씀이 매우 지극하였다.(312~313쪽)

결의형제를 주도한 것은 처인 정경패와 이소화이다. 이들은 6첩이 모두 감당할 수 없는 일이라고 극구 사양함에도 불구하고 굳이 이 일을 추진한다. 그러나 '6첩은 결의형제를 맹세한 이후에도 명분을 지켜 감히 형제라고 부르지 못했다'고 서술자는 진술하고 있다. 이를 근거로 '「구운몽」은 표면적으로는 화해롭게 보이지만, 면밀하게 살펴보면 그 안에는 항상 결코 넘어서는 안 되는 금을 그어놓았다'[35]는 견해가 제기되기도 했다. 충분히 가능한 해석이다. 그러나 이렇게 이해해버리면, 결의형제를 맹세한 행위는 '상층의 은혜를 강조하기 위한 형식적이거나 또는 위선적인 것'으로밖에 달리 해석할 방법이 없다. 그런데 과연 그러한가. 다시 말해, '6처가 명분을 지킨 것'에는 작가의 진실하거나

35 정출헌, 앞의 글, 154쪽.

무의식적인 의식 지향이 담겨 있고, '결의형제의 맹세'에는 작가의 진실한 의식 지향과는 전혀 무관하거나 허위의식에 불과한 것이라고 말할 수 있는가.

저자는 그렇게 보지 않는다. 여기에는 하층의 자발적인 명분 준수 못지않게 상층의 자발적인 배려를 중시하고 또 낭만적인 형태로나마 평등을 지향하는 작가의식의 일단이 분명하게 투영되어 있다. 아울러 우리는 '이후로도 여섯 사람은 비록 명분을 지켜 감히 형제라고 부르지 못했다'는 서술자의 진술은 '결코 넘어서는 안 되는 금을 그어놓은 결과'로 이해하기보다는, 도리어 당대 사회의 현실적 제약을 사실적으로 반영한 결과로 이해하는 것이 타당하다고 생각한다. 17세기의 사회적 현실에서 주인이 비록 하인에게 서로 형제라고 부르자고 제안했다고 할지라도 하인의 입장에서 실제로 주인을 형제라고 일컫기는 어려웠을 것이기 때문이다. 정경패와 이소화가 결의형제를 제안했을 때, 여섯 사람들 가운데서도 특히 가춘운 · 적경홍 · 계섬월이 고사했던 것도 이러한 현실을 고려한 결과로 이해해야 할 것이다.

사실 우리가 「구운몽」을 평가할 때 간과해서는 안 될 것 가운데 하나가 당대의 현실을 비교적 사실적으로 반영하고 있다는 점이다. 「구운몽」에서 양소유의 세계는 허탄한 듯하면서도 사실적이고 사실적인 듯하면서도 허탄한 사건의 전개와 형상을 통해 욕망의 세계를 생생하게 형상화하고 있으며, 「구운몽」의 진정한 가치와 의의는 바로 여기에 있다고 할 수 있다. 그런데 우리가 이 점을 간과한 채 「구운몽」의 사실적인 측면을 작가의 계급적 의식으로만 재단해버리면 이러한 「구운몽」의 가치는 완전히 사상되고 말 것이다.

예컨대 다음과 같은 대목을 보자.

① 양생이 이 말을 듣고 기쁜 빛이 얼굴에 가득 차 고마워하며 말하였다. "소생이 소저의 청안에 드니 은혜를 어이 잊겠소. 소생은 초나라 사람이요, 집에는 노모가 계시니 화촉의 예는 양가 부모에게 아뢰고 행하겠지만, 혼인의 언약은 당장 정하리니 화산이 영원히 푸르고 위수가 끊어지지 않듯 마음 변치 않겠소.(42쪽)

② 양생이 말했다. "나의 뜻이 어찌 계랑과 다르겠느냐. 다만, 나는 가난한 서생으로 당상에는 노모가 계신데 계랑과 더불어 해로함은 노모의 뜻을 어길 듯하고, 처첩의 예를 갖춤은 계랑이 즐겨 아니할 것이요, 또 온 세상에서 구한다 하여도 계랑만한 여군(女君)될 여자를 구하기 어려울까 한다."(64쪽)

①은 진채봉의 구혼에 대해 양소유가 보인 반응과 답변이며, ②는 계섬월의 구혼에 대해 양소유가 대답한 말이다. 양소유는 진채봉의 구혼에 대해서는 노모의 허락은 고려도 하지 않은 채 당장 언약을 정하자며 기꺼워한 반면에, 계섬월의 구혼에 대해서는 노모의 뜻을 들어 완곡하게 거절한다. 이렇듯 양소유가 두 여인의 구혼에 대해 다른 반응을 보인 까닭은 너무 자명하다. 진채봉은 어엿한 양반가 규수인 진 어사의 딸이었으며, 계섬월은 창루의 기생이었기 때문이다. 특히 양소유는 재상가의 외동딸인 정경패에게는 매우 적극적인 자세로 결연을 추구하는데, 이러한 양소유의 태도에는 가문 극대화의 욕망이 틀로 자리 잡고 있다거나[36] 현세적인 성취 욕구를 애정의 문제로 은폐 또는 분식하고 있는 양반 사대부들의 애정관이 자리 잡고 있다[37]는 지적이 있다. 이러

36 김석회, 앞의 글, 236쪽.
37 정출헌, 앞의 글, 141쪽. 사실 '현세적인 성취 욕구를 애정의 문제로 은폐 또는 분식하고

한 점들을 굳이 부정하고 싶지는 않다. 그러나 그 이전에 우리는 이것이 당대 현실을 비교적 사실적으로 반영한 결과로 이해해야 할 것이다.

「구운몽」에서 양소유의 세계는 기본적으로 당시 사대부 남성의 통속적 욕망을 상상적 형식으로 꾸며본 것이다. 따라서 여기에는 남성적 욕망이 낭만적인 형태로 짙게 투영되어 있다. 특히 여성들의 자발적이고 능동적인 형상은 남성 중심적 시각에 입각하여 낭만적으로 그려지고 있다. 가장 전형적인 것이 바로 이소화의 형상이다. 양소유와 같은 한미한 양반가 출신이 아무리 탁월한 능력을 지녔다 하더라도 황제의 누이와 결혼한다는 것은 현실적으로 불가능한 일이라고 할 수 있다. 어떻게 보면 이것은 상상적 꿈꾸기에서마저도 쉽지가 않다. 그런 탓에 꿈속이나 허구적 서사 세계에서도 상대방이 먼저 적극적으로 접근하는 형식을 빈다. 「온달」에서 평강공주가 먼저 온달에게 접근하거나 「조신」에서 김낭자가 먼저 찾아오는 것으로 그려진 것도 바로 이들의 결연이 현실적으로 불가능할 뿐만 아니라 꿈꾸기마저도 쉽지 않다는 것을 역설적으로 반영한 결과라고 할 수 있다. 즉 현실적으로 감히 넘볼 수 없는 존재이기에 상대방이 자발적이면서도 적극적으로 접근해 주기를 간

있다'는 언급 속에는 '애정이란 현실적 이해 관계와는 전혀 무관한 순수한 정신적 작용이나 또는 감정'이라는 관념이 내재해 있다. 그런데 '순수한 정신적 작용 또는 감정'이란 말 그대로 '관념'일 뿐이지 현실적으로 실재하는 것은 아니다. 양소유의 애정편력을 두고 '개인주의의 맹아' 또는 '진보적 연애'라고 하는 것은, 여기에 현세적 성취 욕구가 반영되어 있지 않다는 것을 지적하기 위한 것이 아니라, 혹 현세적 성취 욕구를 내장하고 있더라도 그것 못지않게 연애 당사자 간의 감정을 중시하고 있다는 점을 거론한 것으로 이해해야 할 것이다. 예컨대, 양소유가 정경패의 가문이 "五代가 공후요 대대로 승상이며, 정 소저는 하늘 사람이니 어찌 형용할 수 있겠는가?"(72쪽)라는 두련사의 말을 듣고도, "처자의 모습을 보지 못하면 구혼을 아니할 것"(73쪽)이라거나 "사람의 기호가 각자 다르니 사부의 눈이 어찌 소자와 같을 수 있겠습니까?"(73쪽)라고 대답한 것 등을 들 수 있다. 이러한 양소유의 언행은, 당사자 간에 얼굴도 보지 않고 혼인을 해야만 했던 17세기의 사회적 현실을 고려할 때, '개인주의의 맹아'나 또는 '진보적 연애'라고 일컫기에 부족함이 없다고 생각한다.

절하게 소망하게 되며, 꿈도 그러한 방식으로 꾼다는 것이다. 그러한 만큼 이소화의 적극적인 구혼이나 이에 대한 양소유의 거절 속에는 남성 중심의 낭만적 열망이 역설적인 형태로 투영되어 있다고 할 수 있다. 「구운몽」에서 모든 여성 인물들의 자발적이고 적극적인 태도에는, 정도의 차이는 있지만, 기본적으로 이러한 남성 중심의 시각이 낭만적인 형태로 반영되어 있다.

그러나 「구운몽」은 이러한 낭만성만으로 채워져 있는 것은 아니다. 도리어 「구운몽」은 이러한 낭만적 열망을 당대의 현실적 조건과 긴밀하게 관련지어 생동하게 그려내고 있기 때문이다. 도스토예프스키는 "환상성은 당신이 거의 믿을 수 있을 만큼 실재적인 것에 근접해야만 한다"[38]고 했다. 그런데 「구운몽」에서 양소유의 세계는 바로 이러한 조건을 충족하고 있는 것이다. 이는 양소유의 인물 설정에서도 단적으로 엿볼 수 있다. 흔히 서포가 양소유를 한미한 양반 출신으로 설정한 것은 서포 자신의 경험적 현실을 반영한 것으로 이해되어 왔다. 그러나 저자는 이것보다는 창작의도와 더욱 관련이 있다고 생각한다. 「구운몽」에서 양소유의 세계는 애초부터 통속적 욕망이 최대한 실현되도록 구도한 것이기 때문에 양소유의 성취도나 또는 성공도가 높으면 높을수록 창작의도를 제대로 구현하게 된다. 따라서 이를 위해서는 양소유의 신분을 양반이 아니라 평민, 나아가 천민으로 설정할 수도 있다. 반대로 벌열가의 자손으로 설정하면 부귀영화를 성취하는 과정을 보다 간결하면서도 명쾌하게 처리할 수가 있다. 그러나 평민으로 설정할 경우 성취도는 높아지지만 당대 사회 질서를 무시하거나 또는 예외성이 부각되

38 로즈마리 잭슨, 서강여성문학연구회 역, 『환상성－전복의 문학』, 문학동네, 2001, 42쪽에서 재인용.

면서 생동감이 떨어지며, 벌열가의 자손으로 설정할 경우는 통속적 욕망의 성취도가 약화될 수밖에 없다. 이런 점에서 양소유를 한미한 양반 출신으로 설정한 것은 성취도를 높이면서도 생동감을 떨어뜨리지 않기 위한, 적절한 타협점이었다고 할 수 있다. 양소유와 결연을 맺는 여덟 명의 여인들이 나름대로 각기 개성을 가진 인물로 생생하게 그려질 수 있었던 것도 바로 그들을 그들이 처한 현실적 조건과 관련지어 형상화했기 때문이다. '양소유와 이들 각각의 결연 과정은 실로 놀라우리만치 질서정연하게 배치된 것'[39]이나 '여덟 여인과의 결연 방식에 있어 신분 문제가 그토록 집요하게 문제되고 있던 사정'[40]도, 서포가 현세적인 성취 욕구를 애정의 문제로 은폐 또는 분식하거나 자신의 사회 정치적 입장을 주도면밀하게 투영시킨 결과라기보다는, 당대의 현실적 조건들을 가능한 사실적으로 반영하면서 욕망의 실현 과정을 생생하게 형상화한 결과로 이해해야 할 것이다.[41]

다음으로, 우리가 「구운몽」의 가치나 의의를 제대로 평가하기 위해서 고려해야 할 점은, 당시 사대부들 가운데 유교적 명분론에 입각한 차등의 질서 체계를 극복한 사람이 거의 없다는 사실이다. 실례로, 우

39 정출헌, 앞의 글, 137쪽.

40 위의 글, 164쪽. 이러한 정출헌 교수의 지적들은 「구운몽」의 현실 반영적 측면들을 정확하게 짚어낸 것이라고 할 수 있다. 그런데 그는 이를 주로 서포의 계급적 입장과 관련지어 해석함으로써 막상 「구운몽」의 소설적 성취와 관련한 문제에 대해서는 간과하고 있다.

41 물론 양소유의 세계가 모두 당대의 현실을 가능한 사실적으로 반영하면서 남녀의 애정사를 그리고 있는 것은 아니다. 이것 못지않게 기존의 애정전기나 애정고사를 활용하여 비현실적인 애정사가 그려져 있기도 하다. 대표적인 것이 백능파와의 결연이다. 백능파는 용녀로서, 그 자체가 현실적 존재라기보다는 상상적 존재이기 때문이다. 그러나 서구에도 「인어공주」와 같은 동화가 있듯이, 여기에는 '기이 또는 환상의 세계를 욕망하는' 실재적 욕망이 투영되어 있다. 오늘날 〈반지의 제왕〉이나 〈해리포터〉와 같은 영화가 크게 성행할 수 있었던 것도 바로 이러한 '실재적 욕망'에 기반하고 있다고 보아야 할 것이다. 이런 점에서 「구운몽」은 욕망의 세계를 사실적이면서도 허탄하게, 허탄하면서도 사실적으로 잘 그려내고 있다고 생각한다.

리가 흔히 진보적인 지식인으로 평가하는 매월당 김시습과 다산 정약용의 경우를 보자.

① 사람에게 있어서 명분은 크다. 주역에 이르기를, "하늘이 높아지고 땅이 낮아지면서 하늘과 땅이 안정되었다. 고하(高下)로써 늘어놓고 귀천으로 자리를 정하니, 명분은 어그러뜨릴 수가 없다"고 하였다. 명(名)이란 무엇인가. 천자(天子), 제후(諸侯), 공경대부(公卿大夫), 사서인(士庶人)이 곧 그것이다. 분(分)이란 무엇인가. 상하(上下), 존비(尊卑), 귀천이 곧 그것이다. (…중략…) 마치 나뭇가지와 잎이 나무의 줄기와 뿌리를 지켜주는 것처럼 상하(上下)가 서로 도우며 본말이 서로 의지하여야 한다. 이렇게 나라를 다스리면 나라는 저절로 다스려질 것이며, 이렇게 집을 다스리면 집은 저절로 다스려질 것이다. 따라서 임금은 임금답게, 신하는 신하답게, 아버지는 아버지답게, 아들은 아들답게, 남편은 남편답게, 아내는 아내답게, 어른은 어른답게, 아이는 아이답게 한다면 모든 것이 순하게 될 것이다.[42]

② 우리나라 풍속에도 등급 구분을 엄격히 하여 상하의 질서가 유지되고 각기 자기 신분을 지키고 있었다. 그러나 근세에 와서는 녹봉이 고갈되고 귀족이 약화됨에 따라 세력 있는 아전들과 토호들이 때를 타서 권세를 부리게 되었다. 그리하여 그들의 가옥과 안장의 치레와 음식의 사치가 모두 궤도를 벗어나며 아래로서 위를 업신여겨 다시는 그 전날의 등급을 찾

42 김시습, 「名分說」, 『梅月堂集』 下(栖碧外史海外蒐佚本), 아세아문화사, 1995, 211~212쪽. "名分之於人大矣哉. 易曰天尊地卑, 乾坤定矣. 高下以陳, 貴賤位矣, 名分之不可僭也. 何謂名, 天子諸侯公卿大夫士庶人是也. 何謂分, 上下尊卑貴賤是也. (…中略…) 如枝葉之衛本根然後, 上下相資, 本末相持. 以之爲國而國自治, 以之爲家而家自齊. 由是而君君臣臣父父子子夫夫婦婦長長幼幼, 而百令順矣."

아볼 수 없으니 장차 어떻게 이를 유지하고 체계를 세움으로써 원기를 도우며 혈맥을 통하게 할 것인가. 그러므로 계층을 구분하는 것이 오늘의 급선무로 된다.[43]

①은 김시습의 견해이며, ②는 정약용의 견해이다. 김시습은 명분이란 우주가 창조될 때부터 주어진 자연의 섭리로서 절대 어그러져서는 안 되며, 또 그 명분이 제대로 지켜져야만 모든 것이 잘 풀린다는 인식을 보여주고 있다. 정약용의 경우도 김시습과 크게 다르지 않다. 그 역시 '지위와 등급에 따르는 위엄이 밝지 않고 문란해지면 백성들이 분산되어 규율이 없게 된다'거나 '이러한 등급과 체계를 바로 세움으로써 원기를 도우며 혈맥이 통하게 할 수 있다'는 인식을 보여주고 있는 것이다. 혹 김시습은 김만중보다 앞선 시대의 인물이니 그럴 수도 있다고 하자. 그러나 정약용의 경우는 어떻게 설명할 것인가. 실제로 조선시대의 지식인들 가운데, 극히 예외적인 인물을 제외한다면, 유교적 명분론에 입각한 차등의 질서를 부정했던 사람은 없다고 보아야 할 것이다. 연암 박지원도 '놀고먹는 양반, 세습적·특권적 양반의 존재를 반대하였으나, 사·농·공·상의 봉건적 신분 질서 자체는 반대하지 못하였으며, 그들간의 권리의 차이도 불가피하다고 인정했던 것'[44]으로 평가되고 있다. 그럼에도 불구하고 우리는 「구운몽」이 바로 이러한 차등의 질서에 기반하고 있다고 해서 문제 삼아야 할 것인가. 더구나 「구운몽」은 애초부터 당시의 사회 질서와 가치 체계를 기반으로 통속적 욕망이 최대한 성취되는 이상 세계를 상상적으로 그려본다는 전제하에 창작된

---

43 정약용, 『여유당전서』. 정성철, 『조선 철학사』 II, 이성과현실, 1988, 481쪽에서 재인용.
44 정성철, 앞의 책, 425쪽.

것임을 고려한다면, 이를 문제 삼는 것은 지나치게 오늘날의 입장에서 「구운몽」을 일방적으로 재단했다는 혐의를 벗기 어려울 것이다. 따라서 우리가 「구운몽」에서 주목할 것은 작품의 기반을 이루고 있는 중세적 이념이나 질서 체계 그 자체가 아니라, 여기에서 벗어나려는 작고도 미묘한 움직임들일 것이다.

이러한 움직임들 가운데 하나가 바로 「구운몽」에 표출된 '평등 지향적 사고'인데, 이에 대해서는 다음과 같은 정길수 교수의 견해를 참고할 필요가 있다.

> 강고한 중세적 신분제를 염두에 두고 볼 때, 여기 나타난 '보편주의' 내지 '평등 지향적 사고'에는 분명 긍정적인 측면이 있다. 모든 인간이 그 근본에 있어서만큼은 다르지 않다는 생각이 개재되어 있는 것이다. (…중략…) 「구운몽」이 조화로운 세계를 구현할 수 있었던 것은 모든 등장 인물이 시종일관 상층이 바라던 자신의 '본분'을 지켜냈기 때문이다. 「구운몽」은 강압적인 방식 대신 상층의 배려와 '보편주의'를 내세움으로써 차등의 질서를 조화로운 세계의 기본 덕목으로 교묘하게 바꾸어 놓는다.[45]

정길수 교수는 「구운몽」에 나타난 평등 지향적 사고는 긍정적으로 평가할 수 있지만, 결국 그것은 차등의 질서를 조화로운 세계의 기본 덕목으로 교묘하게 바꾸어 놓는 상층의 배려에 불과한 것이라고 하여, 무게의 중심을 '중세적 신분 질서의 안정화와 봉건 가부장제의 긍정'[46]이라는 측면에 두고 있다. 「구운몽」의 실상을 놓고 볼 때, 위와 같은 지적은

45 정길수, 「구운몽의 독자는 누구인가」, 『고소설연구』 13, 한국고소설학회, 2002, 77쪽.
46 위의 글, 79쪽.

기본적으로 타당하다고 생각한다. 그러나 앞서 언급했듯이, 우리가 주목할 것은 현대적 시각에서 바라본 객관적 실상의 문제만은 아니다. 실상의 문제만을 따질 경우, 우리는 도리어 「구운몽」이 당대에 지녔던 반중세적 성격의 일단을 간과하는 오류를 범할 수 있기 때문이다. 따라서 우리는, 이양오가 양소유의 애정편력에서 '불경不經'을 읽었던 것처럼, 「구운몽」에 나타난 평등 지향적 사고의 당대적 의미를 고려해야 할 것이다.

결의형제를 맹세하는 대목 가운데 우리의 주의를 끄는 것은, "마치 한 나무에 달린 꽃이 바람에 날리어 어떤 것은 구중궁궐에 떨어지고, 어떤 것은 규중에 떨어지고, 어떤 것은 시골에 떨어지고, 어떤 것은 길거리에 떨어지고, 어떤 것은 변방에 떨어지고, 어떤 것은 강남에 떨어졌으나, 그 근본을 따진다면 어찌 다를 것이 있겠습니까"라는 비유적 표현이다. 여기에는 모든 인간은 근원적으로 동일한 존재이지만, 현실세계에서 '우연히' 각각 다른 신분으로 태어난 것이라는 인식이 내포되어 있다. 단적으로 말해, 현실에 존재하는 신분 질서는 '우연한 것'에 불과할 뿐, 필연적이거나 절대적인 것이 아니라는 것이다. 이러한 인식은, 당시의 유교적 명분론에 비추어볼 때, 가히 혁명적이라 해도 지나치지 않을 것이다. 앞서 살펴보았듯이, 김시습은 『주역』을 인용하면서, "하늘이 높아지고 땅이 낮아지면서 하늘과 땅이 안정되었다. 고하로써 늘어놓고 귀천으로 자리를 정하니, 명분은 어그러뜨릴 수가 없다"고 하였다. 여기에는 '명분이란 우주만물의 생성과 함께 주어진 절대적 질서체계'라는 의미를 함축하고 있다. 김시습뿐만 아니라 조선시대 전반에 걸쳐 대부분의 사대부들이 '군신君臣, 부자父子, 지주와 농노 등 모든 상하 관계는 사람의 작위作爲에 의한 것이 아니라 천리天理'[47]로 이해했던 것이 역사적 실상이기도 했다. 정약용의 경우도 '등급을 유지하고 체계를 세움으로써 원기를 돕고 혈맥을 통하게 할 수 있다'고 말한 것으로 보아, 유교적 명분론에 입각한 차등의 질서를 '천리'에 버금가는 것으로 이해했던 것으로 판단된다. '원기'나 '혈맥'이란 용어 속에는 '우주 자연의 본원적 흐름 또는 질서'라는 의미가 함축되어 있기 때문이다.

이러한 조선시대의 일반적 실상을 고려할 때, 「구운몽」에 표출된 평등 지향적 사고는 비록 그것이 낭만적인 형태로 제시되고 또 궁극적으로 차등의 질서를 합리화하는 데 복무했다고 해서 부정적으로 평가해서는 안 될 것이다. 게다가 「구운몽」은 이러한 의식을 단순히 서술자의 언급으로만 제시하고 있는 것이 아니다. 비록 상상적 형태이지만, 실제로 여덟 명의 여인이 본원적 세계에서는 동등한 존재였음 구체적으로 형상화했던 바, 이것이 가지는 당대적 의미 또한 적지 않다. 이는 이울산 댁이라는 여성의 감상평을 통해 추정할 수 있다.

> 팔선녀 다 남악 위부인의 시녀로 죄를 얻고 인간 적강하매 사주와 팔자며 궁달귀천을 처음부터 같이 점복할 일이거늘, 어떤 이는 난양공주 정 소저 되고, 어떠한 이는 진 소저 되고, 어떠한 이는 가춘운 계섬월이 적경홍이 심요연이 되고, 어떤 이는 백능파 되니 저승에서 복선화음을 어찌 그리 고르게 못하였는고. 염라전 지장왕이 각각 뇌물 받고 길흉을 점지하여 뇌물의 다과를 보아 많은 자는 어려서부터 좋게 나서 좋게 길리어 양소유께 돌아가며, 적은 자는 차등이 있게 점지함인가.[48]

이울산 댁이라는 여성 독자는 본원적 세계에서는 동등한 신분이었던

---

47 이우성, 「유교의 정치관과 근대적 정치 이념」, 『한국의 역사상』, 창작과비평사, 1982, 249쪽.
48 정신문화연구원본 「구운몽」 下卷 「後記」. 안창수, 앞의 글, 82쪽에서 재인용.

팔선녀가 적강할 때 각기 다른 신분으로 태어난 것에 대한 불만을 희화적으로 표출하고 있다. 표면적으로 보면, 이는 분명 「구운몽」에 형상화된 차등적 질서에 대해 불만을 토로한 것이라고 할 수 있다. 그러나 우리가 여기서 주목할 것은 이울산 댁이 이러한 불만을 토로했다는 사실이 아니라, 왜 이러한 불만을 느끼게 되었는가 하는 점일 것이다. 물론 우리는 이울산 댁이 당대의 신분 질서에 대해 본래부터 불만을 품고 있었던, 선각자적 인물이었을 가능성을 완전히 배제할 수는 없다. 그러나 김시습이나 정약용과 같은 진보적 사대부들도 유교적 명분론의 근원적 모순을 자각하지 못했던 바, 이울산 댁과 같은 여성이 이를 자각했을 가능성은 매우 희박하다고 보는 것이 온당할 것이다. 더구나 그녀는, 위와 같은 감상평을 쓴 것으로 보아, 사대부가의 부녀자일 가능성이 크기 때문에 현실적 처지에서도 차등의 질서가 내포하고 있는 모순을 자각하기가 쉽지 않았을 것으로 생각된다.

이러한 그녀가 「구운몽」을 읽고 차등의 질서에 대해 불만을 느끼게 된 것은 무엇 때문인가. 그 원인이 바로 「구운몽」에 내재되어 있다는 것이 저자의 생각이다. 이울산 댁 뿐만이 아니다. 오늘날 우리들도 「구운몽」을 읽으면서, 왜 팔선녀가 각기 다른 신분으로 태어나야만 했는가에 대해 거의 반사적인 의문을 품게 된다. 왜 그러한가. 그것은 「구운몽」이 본원적 세계에서는 동등한 존재였던 팔선녀가 현실적 세계에서는 서로 다른 신분으로 태어나는 과정을 구체적으로 형상화하고, 그 과정을 '순전히 우연한 것'에 불과한 것으로 처리했기 때문이다. 게다가 「구운몽」은 '실은 당초에 남악에서 아홉 사람의 발원이 같았다'(311쪽)는 등 본원적 세계에서 이들이 동등한 존재였음을 거듭 언명함으로써 차등적 질서에 따른 신분의 차이가 본래적인 것과 괴리되어 있음을 피력한다. 「구운몽」에도 나타나듯이, 조선 후기의 사회적 현실에서 '신분'이란 삶을 규정하는 결정적인 요인이었다고 할 수 있다. 그런데 그러한 신분이 순전히 우연에 의해 주어진 것으로 그리고 있으니, 어느 누가 불만을 품지 않을 수 있겠는가. 만약 「숙향전」에서처럼 천상계에서 지은 죄의 비중에 따라 지상계에서 신분이나 고난의 차이가 야기되는 것으로라도 그렸다면, 독자들이 차등적 질서에 대해 아예 의문을 갖지 않거나 그것에 대한 불만을 느끼기도 않았을 것이다.[49] 요컨대, 「구운몽」은 이울산 댁과 같은 여성이 차등적 질서에 대해 불만을 느끼게 하거나 또는 자각하게 하는 역할을 수행했다는 것이 저자의 생각이다.

이렇듯 「구운몽」은 당대인들에게 문제적인 성격을 지니고 있는 작품이라고 할 수 있다. 오늘날의 입장에서 볼 때, 「구운몽」에 나타난 이념적 기반이나 가치 체계는 많은 한계를 내포하고 있음에 틀림없다. 그러나 오늘날의 입장에서만 바라볼 경우 「구운몽」의 진정한 가치나 의의는 드러나지 않을 것이다.

49 「숙향전」에는 다음과 같은 구절이 나온다. "슉향이 ᄒᆞᆫ숨짓고 왈 ᄒᆞᆫ가지로 죄를 짓고 엇지 션군은 귀히 되게 ᄒᆞ고 나는 무ᄉᆞᆷ 일노 이ᄃᆡ지 죄를 마련ᄒᆞ여 고ᄉᆡᆼ을 만니 젹게 ᄒᆞ난고. 션녀 왈 부인니 쳐음의 죄를 이루어 ᄂᆡ시고 션군은 옥뎨 향안젼의 ᄒᆞᆫ시도 써나난 벼ᄉᆞᆯ릴분더러 옥뎨 극히 ᄉᆞ랑ᄒᆞ시ᄆᆡ 인간의 젹ᄒᆞᆯ 일 업ᄉᆞ오되 항아 청죄ᄒᆞ시니 옥뎨 마지 못ᄒᆞᄉᆞ 인간의 ᄂᆡ려셔 귀히 되게 ᄒᆞ여나이다."(「숙향전」 이대본, 이화여대 한국문화연구원 편, 『한국고대소설총서』 1, 1958, 43~44쪽)

4. 「구운몽」의 의의와 가치

「구운몽」이 독자들에게 주었던 강렬한 인상이나 공감은 성진이나 양소유의 세계가 구체적이고 현실적이어서 생성되는 것이 아니라 욕망과 환상이 지니는 진정성眞情性, 그리고 이에 대한 독자들의 강렬한 전이적 투사 때문에 생성된 것[50]이라는 지적이 있다. 「구운몽」이 동시대 독자들의 욕망을 끌어안으면서도 그 최종의 지점에 이르러서 독자들에게 그 욕망의 근원과 진실을 반성적으로 응시하게 하는 텍스트[51]라는 점에서 이러한 지적은 매우 타당하다고 생각한다. 또 성진이나 양소유의 세계가 구체적이고 현실적이라고 말하기 어려운 것도 사실이다. 그러나 욕망의 진정성의 문제만을 놓고 본다면, 「침중기」나 「조신」에 제시된 것 또한 「구운몽」에 비해 떨어지는 것은 아니다. 우리는 인생이란 성공과 실패를 떠나 일장춘몽에 불과하며, 욕망이란 고통을 낳는 근원이라는 점에 공감한다. 「침중기」와 「조신」이 끊임없이 회자되는 것도 바로 이러한 공감, 즉 이들 작품이 제시하고 있는 삶과 욕망의 진정성에 기반하고 있는 것이다.

그러나 우리는 「침중기」나 「조신」보다는 「구운몽」에 훨씬 더 매료되는데, 그 까닭은 무엇인가. 그 까닭은 무엇보다 「구운몽」이 허탄하면서도 사실적이고 사실적이면서도 허탄한 사건을 구체적으로 또는 흥미진진하게 전개하면서 욕망의 세계를 생동하게 형상화한 데 있을 것이다. 이는 다음과 같은 「침중기」의 서술 양상을 「구운몽」과 비교해 보면 곧바로 드러난다.

---

50 강상순, 앞의 글, 117쪽.
51 위의 글, 127쪽.

> 이로부터 몇 개월이 지난 다음, 노생은 청하 최 씨의 딸을 아내로 맞이하였다. 그 여자는 용모가 대단히 아름다웠고 재산도 무척 많았다. 그래서 노생은 말할 수 없이 그녀를 좋아하였으며, 이때부터 그가 입는 옷이나 쓰는 도구 그리고 타고 다니는 것 등은 모두 날마다 호사스러워 갔다.[52]

「침중기」에서 노생은 청하 최 씨와 결연을 맺으면서 출세의 발판을 마련한다. 이런 점에서 노생과 최 씨의 결연은 「구운몽」에서 양소유와 정경패의 결연에 비견할 만하다. 그러나 두 작품에 형상화된 서사 세계는 하늘과 땅만큼 커다란 차이를 보인다. 위 인용문에서 볼 수 있는 것처럼, 「침중기」에서는 이들의 결연 과정을 개괄적으로 서술하고 만다. 그런데 「구운몽」은 어떠한가. 양소유는 여장女裝을 하고 정 사도의 집에 들어가 탄금을 빙자하여 정경패의 재주와 용모를 탐지하는 과정을 생생하게 그려내고 있다. 특히 양소유가 정경패의 얼굴을 자세히 보기 위해 좀 더 가까운 곳에 자리를 잡으려다가 구석자리에 앉게 되는 바람에 도리어 자세히 보지 못하게 된 것을 한스럽게 여기는 장면은 가히 압권이라 할 수 있다. 이 외에도 정경패가 양소유의 정체를 깨닫는 과정과 정경패의 내적 갈등 등이 섬세하면서도 생생하게 그려져 있다.

이러한 「구운몽」의 치밀한 사건 전개와 형상화는 오늘날 우리들에게도 흥미롭게 읽힌다. 그런데 당대의 독자들에게는 어떠했겠는가. 그들은 양소유가 여장을 하고 재상가의 집에 들어갔다는 것 자체만으로도 전율을 느꼈을 터이다. 양소유의 행위가 당시 사회적 현실에서는 금기에 해당하는 무모한 것이기에 그 전율은 더욱 컸으리라. 그런데 「구운

---

52 정범진 편역, 앞의 책, 70쪽.

몽」은 여기에서 그치지 않고 은밀한 유혹을 함축하고 있는 양소유의 탄금을 내용으로 두 사람이 대화를 주고받는 과정을 섬세하게 그려내고 있다. 어찌 보면 이러한 양소유와 정경패의 만남과 대화는 당시 사회에서는 일어나기 어려운 것이기 때문에 허탄한 것이라고 할 수도 있다. 그러나 그 허탄함은 당대의 사회적 현실에 기반하면서도 동시에 그 현실을 넘어선 것이기에 순전히 환상적이거나 비현실적인 것은 아니다. 더구나 그 허탄함에는 인간 내면의 진솔한 욕망이 담겨 있기도 하다. 바로 이러한 점들 때문에 이양오가 「구운몽」을 읽고 '교태롭고 아리따운 소리 귀에 쟁쟁하고 꽃과 달 같은 미인의 얼굴 눈에 어른거리네. 이에 비로소 불경한 것 좋아하는 인정을 알겠거니'라고 읊었던 것이 아니겠는가. 우리가 「구운몽」과 유사한 주제의식을 내포하고 있는 「침중기」나 「조신」보다 「구운몽」에 훨씬 더 매료되는 것도 바로 여기에 기인할 것이다.

서포는 「삼국지연의」와 같은 통속소설이 왜 독자들의 심금을 울리는가를 정확하게 인식했던, 우리나라 최초의 전문적인 소설가라고 할 수 있다. 「삼국지연의」는 봉건적 세계관에 기반하면서도 다양한 인물들의 영웅적 활약상과 의리, 그리고 우리들의 삶 속에서 벌어질 수 있는 갖가지 형태의 인간 관계를 생생하게 형상화하고 있다. 우리가 오늘날 여전히 「삼국지연의」에 매료되는 것도 바로 이런 점에 기인할 터이다. 서포는 바로 이 점, 생생한 형상화가 불러일으키는 예술적 효과를 당대 어느 누구보다 먼저 정확하게 인식했던 인물이다. 서포가 「구운몽」을 통해 전형적인 환몽 구조의 틀을 비틀어 가면서까지 욕망의 세계를 생생하게 형상화하고자 했던 것도 이러한 인식에 기반하고 있다. 따라서 「구운몽」을 평가할 때 우리는 무엇보다 먼저 「구운몽」이 이룩한, 탁월한 문학적 형상화에 주목해야 할 것이다.

물론 「구운몽」의 이념적 기반에는 작가의 계급적 한계가 내포되어 있다. 그러나 우리가 「삼국지연의」를 읽을 때 그 속에 내재해 있는 봉건적 세계관에만 주목한다면, 그것은 바람직한 독법讀法이라고 할 수 없을 것이다. 이는 「구운몽」의 경우도 마찬가지이다. 실로 「구운몽」의 진정한 가치와 의의는 허탄한 듯하면서도 사실적이고 사실적인 듯하면서도 허탄한 사건의 구성과 구체적인 형상을 통해 인간 내면에 잠재되어 있는 진솔한 욕망의 세계를 풍부하면서도 생생하게 펼쳐 보인 데서 찾아져야 할 것이다. 게다가 「구운몽」은 이 과정에서 당대의 사회적 금기들을 위배하거나 당대의 사대부들이 감히 상상할 수도 없었던 평등 지향적 사고를 드러내기도 한다. 「구운몽」의 이념적 기반을 이루고 있는 작가의 계급적 한계도 간과해서는 안 되겠지만, 「구운몽」의 가치와 의의를 제대로 평가하기 위해서는 먼저 이러한 점들이 고려되어야 한다. 「구운몽」은 우리 소설사에서 가장 먼저 그리고 본격적으로 문학적 형상화의 문제를 진지하게 고려하는 가운데 창작되었다는 사실만으로도 더 없는 가치를 지닌 작품으로 평가되어야 할 것이다.

| 제5장 |

「구운몽」의 형상화 방식과 소설 미학

1. 「구운몽」의 매력과 독법

서포 김만중이 지은 「구운몽」은 우리나라의 대표적인 고소설 가운데 하나이며, 조선 후기에는 물론 현대에 이르기까지 많은 문학 작품들에 영향을 미쳤다. 실로 고소설 가운데 「구운몽」만큼 우리 문학사에서 큰 비중을 차지하고 있는 작품은 없다고 해도 지나치지 않을 것이다. 이로 인해 그간 「구운몽」에 대한 연구는 작품의 구조와 주제, 배경사상과 작가론 등 다양하면서도 활발하게 진행되어 왔으며, 그만큼 많은 성과가 축적되어 있기도 하다.

그러나 막상 지금까지 연구 업적들 가운데 「구운몽」의 가치나 문학적 성과에 대해 본격적으로 거론한 연구는 거의 없다. 도리어 '봉건유자의 꿈인 일부다처제의 합리화',[1] '가문 벌열화의 반영 및 추구',[2] '유희성 · 양반성 · 체제옹호성을 특징으로 하는 유우머의 미학',[3] '상하명

1 김기동, 『한국 고전소설 연구』, 교학연구사, 1983, 490쪽.
2 김석회, 「서포 소설의 주제 시론」, 『선청어문』 18, 서울대, 1989.

분론에 입각한 조화롭고 질서있는 세계 추구',[4] '남성 중심주의에 입각한 소설'[5] 등 부정적인 평가가 우세한 실정이다. 「구운몽」을 지은 서포는 벌열가문의 일원이었으며, 유교적 도덕 관념과 봉건적 신분 관계가 현실을 지배했던 시대에 살았던 지식인이다. 이로 인해 「구운몽」에는, 서포가 의도하건 의도하지 않았건 간에, 그의 계층적 의식과 시대적 이념이 반영될 수밖에 없다. 더구나 「구운몽」에서 양소유의 세계는 조선 후기라는 사회·역사적 토대 위에서 통속적으로 가장 성공한 삶의 모습을 생생하게 형상화할 목적으로 구도構圖된 것이기에, 여기에는 너무나도 당연하게 당시의 보편적·통속적 이념과 가치가 짙게 드리워질 수밖에 없다. 따라서 「구운몽」을 통해 당대인들이 일반적으로 추구했던 이념적 지향이나 가치를 적출해 내는 것은 필요하고도 의미 있는 작업이라고 할 수 있다. 그러나 이것을 곧바로 작가인 김만중의 의식이라고 단정해서는 곤란할 것이며, 또 그것으로 「구운몽」의 소설사적 의의나 가치를 폄하해서는 안 될 것이다.

「구운몽」은 조선 후기에는 물론이거니와 오늘날에도 많이 읽히고 있다. 왜 그러한가? 여기에는 인생무상이라는 삶에 대한 반성적 인식이나 양소유가 벌이는 흥미로운 애정 행각, 짜임새 있는 사건 전개와 치밀한 묘사 등 여러 가지 요인이 있을 것이다. 그러나 적어도 김만중의 계급적 의식은 이와는 거리가 멀다고 할 수 있다. 따라서 우리는 「구운몽」을 제대로 이해하거나 온당하게 평가하기 위해서는 무엇보다 먼저 「구운몽」이 독자들을 매료시키는 까닭이 무엇인가를 밝혀야 할 것이다.

---

3 신재홍, 「구운몽의 서술원리와 이념성」, 『한국 몽유소설 연구』, 계명문화사, 1994, 361쪽.

4 정출헌, 「구운몽의 작품 세계와 그 이념적 기반」, 『고소설사의 구도와 시각』, 소명출판, 1999, 153쪽.

5 정길수, 「구운몽의 독자는 누구인가」, 『고소설연구』 13, 한국고소설학회, 2002, 70쪽.

실제로 「구운몽」은 문예 미학적인 측면에서 볼 때 치밀한 구성과 사건의 전개, 개성적인 인물 형상과 통속적 욕망의 생생한 재현, 사소하고 일상적 삶과 연애 감정의 섬세한 포착, 욕망에 대한 긍정적 이해와 도덕적 시각의 배제 등 탁월한 점이 매우 많다. 물론 이런 점들은 오늘날의 소설에 비하면 여전히 미숙하거나 한계가 있다고 평가할 수도 있다. 그러나 소설이 처음 본격적으로 등장하던 17세기 말에 「구운몽」처럼 인간의 욕망을 생생하면서도 절실하게, 그리고 흥미로운 사건과 형상을 통해 그려냈다는 것은 참으로 놀라운 일이라고 할 수 있다. 이러한 놀라움은 '아리따운 소리 귀에 쟁쟁하고, 미인의 얼굴 눈에 어른거리니, 비로소 불경한 것을 좋아하는 인정人情을 깨달았다'는 조선 후기 유학자인 이양오李養吾의 탄식[6]을 통해서도 어렵지 않게 확인할 수 있다.

이런 점을 고려할 때, 우리는 「구운몽」이 이룩한 소설적 또는 문예 미학적 성과를 분명하게 밝힐 필요가 있다. 이러한 성과에 대한 구체적 해명이나 논의 없이 작품에 반영된 작가의식만 가지고 「구운몽」을 거론한다면, 「구운몽」이 우리나라 소설사에서 차지하고 있는 진정한 가치나 의의는 제대로 드러나지 않을 것이다. 따라서 이 글은 치밀한 구성과 극적 상황의 연출, 일상적 생활상과 사소한 것의 포착, 성적 욕망의 생생한 재현 등 형상화 방식을 중심으로 작품을 분석함으로써 「구운몽」의 소설 미학적 성취와 그 의의를 일정하게 밝히고자 한다.

6 이양오, 『반계초고』 「제구운몽후(題九雲夢後)」. 김무조, 『서포 소설 연구』, 형설출판사, 1974, 16쪽에서 재인용.

2. 치밀한 구성과 극적 상황의 연출

「구운몽」에서 양소유의 세계는, 주동 인물과 반동 인물의 치열한 대결을 통해 현실 세계의 모순이나 갈등을 형상화하기보다는, 조선 후기 양반 사대부가 꿈꿔볼 수 있는 통속적 욕망이 최대한 실현되는 세계를 그리고 있다. 그러기에 양소유의 세계는 전반적으로 화락한 세계[7]로 나타나며, 영웅소설처럼 적대자 간의 대결을 통해 드러나는 극적인 긴장감을 찾아보기는 어렵다. 그럼에도 불구하고 「구운몽」은 조선 후기 거의 모든 계층에게 폭넓게 애독되었다. 「구운몽」이 널리 애독되었던 까닭은 일장춘몽이라는 보편적 주제의식이나 통속적 욕망의 생생한 형상화 등 여러 가지를 들 수 있을 것이다. 그러나 저자는 「구운몽」이 애독되었던 까닭의 하나로 치밀한 구성과 이를 바탕으로 일상적인 듯하면서도 그 일상을 살짝 넘어서는 극적 상황의 재현을 통해 독자들의 호기심과 흥미를 자아내는 기법을 활용하고 있다는 점을 들고자 한다. 즉 서포는 일상사를 토대로 하면서도 그 일상사에서 쉽게 맛보기 어려운 극적인 상황을 연출함으로써 독자들의 호기심과 흥미를 유발하는 글쓰기 전략을 자주 활용하고 있는 것이다.

> 다시 거문고를 떨쳐 줄을 고르게 하니 곡조가 은은하고 날리는 기운은 사람의 마음을 흥분시켜 정원의 온갖 꽃이 일시에 봉오리가 벌어지고 제비와 꾀꼬리들이 날아 춤추었다. 정 소저가 푸른 눈썹을 갑자기 내려뜨려

---

7 조화로운 세계와 화락한 세계는 비슷한 듯하지만 다르다고 생각한다. 조화로운 세계가 상하간의 신분 질서를 준수하는 가운데 화합을 이룬 세계라면, 화락한 세계는 신분 질서 등 중세적 질서를 완전히 무시하는 것은 아니지만 그 질서보다는 상호 간의 인간적 관계를 중시하는 세계라고 할 수 있다.

추파를 거두지 않고 오래도록 말이 없다가 문득 여러 차례 눈을 들어 양생을 보고는 옥 같은 보조개에 붉은 기운이 봄 술에 취한 듯 올라 천연히 몸을 일으켜 안으로 들어갔다.[8]

위의 인용문은 양소유가 정경패 앞에서 탄금彈琴하는 대목 가운데 일부분이다. 여관女冠으로 가장한 양소유가 정 사도에 집에 들어가 가야금으로 9개의 곡을 연주하는데, 맨 마지막에 연주한 곡이 〈봉구황곡〉이다. 정경패는 여덟 번째 곡까지는 곡의 이름과 함께 그 음악의 내력과 품격을 자세하게 설명한다. 그런데 마지막 곡에 대해서는 얼굴을 붉힌 후 아무런 말도 하지 않은 채 자리를 뜨며, 모친인 최 부인이 다시 불러도 몸이 불편하다는 핑계를 대고 나오지 않는다. 이러한 정경패의 갑작스런 행동에 대해 작중 인물들도 의아해 하지만 독자들 역시 궁금하기는 마찬가지이다. 바로 서포는 정경패의 뜻하지 않은 행동과 같은 극적 상황을 연출하여 독자들의 호기심과 궁금증을 불러일으키고, 사후에 그것도 아주 서서히 그 궁금증을 해소시킴으로써 독자들이 소설적 흥미와 재미를 만끽할 수 있도록 구성하고 있는 것이다. 위와 같은 경우는 가춘운을 등장시켜 해소하는데, 이 과정에서도 사대부가의 처자가 처한 현실적 상황을 충분히 배려함으로써 소설적 진실성을 확보하고 있다.

작품 전반에 걸쳐 정경패의 하녀이면서 절친한 벗인 가춘운은 평소에 정경패를 그림자처럼 따라 다니는 것으로 설정되어 있다. 그런데 유독 양소유가 탄금하는 자리에는 가춘운이 정경패와 함께 하지 않는다. 가춘운이 병중이었기 때문에 함께 할 수 없었다는 것이다. 이러한 상황

---

8 김만중, 정규복 · 진경환 역주, 「구운몽」, 고려대 민족문화연구소, 1996, 84쪽. 앞으로 「구운몽」의 원문을 인용할 경우에는 이 책의 쪽수만 인용문 끝에 표기한다.

설정은 치밀한 계산에 의해 이루어진 것이라고 할 수 있다. 〈봉구황곡〉은 사마상여가 탁문군을 유혹할 때 지은 가락으로 남자의 구혼의 뜻을 담고 있다. 정경패가 이 곡을 듣고 갑자기 들어가 버린 것은 탄금하는 여관이 변복한 남자임을 간파했기 때문이다. 따라서 정경패는 당시 사대부의 처자들이 금기시했던 외간 남자와 대면하여 말을 주고받은 꼴이 되었으며, 이것은 부모에게도 쉽게 말할 수 있는 것이 아니었다. 그러나 친구와 다름이 없는 가춘운에게는 어렵지 않게 말할 수 있다. 즉 서포는 정경패가 양소유의 정체를 확인하는 과정을 극적으로 처리하여 독자들의 호기심을 불러일으키고, 또 이 시점에서 적절하게 가춘운이라는 인물을 등장시켜 독자들의 궁금증을 서서히 풀어주는 전략을 구사하고 있는 것이다.

이러한 기법은 적경홍과의 만남에서도 활용된다. 연나라의 궁중에 있던 적경홍은 양소유에게 반해 남장을 하고 양소유를 뒤따르며, 남자 행세를 하면서 양소유와 친구 관계를 맺는다. 그런데 본래 계섬월과 친했던 적경홍은 낙양에서 계섬월을 만나자 남장을 한 채 계섬월과 희롱하며, 이 장면이 양소유의 서동에게 발각된다. 서동이 이 사실을 양소유에게 말하지만 양소유는 믿지 않는다. 서동이 재차 거짓이 아님을 주장하면서 양소유를 현장으로 모시고 가는데, 다음은 이 상황을 서술한 대목이다.

> 양한림이 서동을 따라 가 보니 두 사람이 작은 담을 사이에 두고 희롱하여 웃으며 손을 잡고 있었다. 양한림이 점점 가까이 가서 그 말을 들어보려 하자, 적생은 놀라 달아나고 계섬월은 양한림을 보고 아주 부끄러움을 띠었다.(135쪽)

계섬월은 이미 양소유를 위해 절개를 지키기로 맹세한 처지였다. 그런 계섬월이 외간 남자와 손을 잡고 희롱한다는 것은 자못 심각한 문제라고 할 수 있다. 그러기에 서동은 "적수재狄秀才는 좋은 사람이 아닙니다. 섬낭자와 더불어 사람 없는 곳에서 서로 희롱하고 있습니다. 섬낭자가 이미 상공을 좇았다면 당연히 전과 다른 몸인데 제 어찌 감히 무례할 수 있습니까?"(135쪽)라는 반응을 보였던 것이다. 독자들 역시 적수재가 적경홍인 줄 모르는 상황이기 때문에 서동과 마찬가지로 당혹스러울 수밖에 없는 국면이다. 게다가 작가는 "적생은 놀라 달아나고 계섬월은 양한림을 보고 아주 부끄러움을 띠었다"(135쪽)고 서술함으로써 독자들의 궁금증을 더욱 증가시키기까지 한다. 나아가 서포는 이 당혹스럽고 극적인 상황이 어떻게 된 것인지 그 내막을 전혀 밝히지 않은 채 지연시킨다. 계섬월은 양소유에게 '적생의 누이가 자기와 친한 사이였으며, 자기가 창루에서 자란 탓에 남녀의 꺼림을 모르고 밀담을 주고받았다'고 거짓으로 고하고, 양소유는 계섬월의 말을 곧이곧대로 믿고 적생을 잃게 된 것을 아쉬워하는 것으로 일단락지었던 것이다.

이렇듯 서포는 계섬월과 적생의 희롱사건을 극적으로 연출하여 그 사건의 내막과 적생의 존재에 대해 궁금증을 불러일으키고 또 그 궁금증을 지연시킨 후, 또 다른 극적인 상황을 연출하여 독자들의 궁금증을 해소시킨다. 이날 밤 양소유가 계섬월과 술을 마시면서 옛날이야기를 하다가 잠자리에 든다. 그런데 아침에 일어나 보니 잠자리를 같이 한 사람은 계섬월이 아니라 적경홍이었으며, 계섬월과 손을 잡고 희롱한 적생은 바로 적경홍이 남장한 것이었다고 밝힌 것이다.

양소유가 진채봉을 다시 만나는 장면 역시 극적이면서도 긴장감 있게 그려져 있다. 천자와 황태후는 양소유를 천자의 누이인 난양공주의 배필로 삼기로 작정한 후, 천자가 황태후에게 양소유를 선보이기 위해 특별히 별전으로 부른다. 이 자리에는 궁중에서 문서와 문필을 맡고 있는 여중서 10여 명이 배석하고 있었는데, 천자는 양소유에게 시를 지어 그녀들에게 주라고 부탁한다. 이에 양소유는 여러 편의 시를 지어 궁녀들에게 주고 그 대가로 금비녀와 금팔찌 등을 얻어온다. 이때 한 궁녀가 양소유의 시가 쓰인 부채를 가지고 자기 방으로 돌아가 가슴에 품고는 종일토록 울면서 먹지도 자지도 않는다. 이 궁녀가 바로 진채봉이었다. 한미한 선비인 양소유와 진 어사의 딸이었던 진채봉은 화음현에서 처음 만나 결혼을 약속했지만, 전란으로 인해 헤어지게 된 두 사람은 더 이상 서로의 소식을 알 수 없었다. 다만, 양소유는 전란이 끝난 직후 진 어사가 반역죄로 처형되고 진채봉은 서울로 잡혀갔다는 소문만 접했던 터였다. 그런데 상서가 된 양소유와 궁녀가 된 진채봉이 황궁에서 극적으로 재상봉하게 된 것이다.[9] 그것도 천자 앞에서……. 참으로 극적이고 긴장된 순간이면서 장면이라 해야 할 것이다.

그러나 서포는 여기에서 그치지 않는다. 이들의 재상봉 장면도 소설적 긴장감을 조성하고 또 독자의 심금을 울릴 수 있도록 형상화하고 있다. 양소유가 궁녀들에게 시를 지어서 줄 때 진채봉은 양소유를 알아보았지만, 양소유는 진채봉을 몰라본다. 궁녀들은 여러 명이었고 양소유는 혼자였기 때문에 이러한 상황 설정은 현실적 개연성도 있다. 게다가 천자의 앞이었기에 양소유가 궁녀들의 얼굴을 바로 볼 수는 없었을 터이니, 진채봉은 알아보고 양소유는 몰라보았다는 상황 설정은 지극히

---

9 양소유와 진채봉의 극적인 상봉은 고소설 일반에서 흔히 발견할 수 있는 '우연성의 남발'로 치부할 수도 있다. 그러나 서포는 이미 앞에서 '진채봉이 서울로 끌려갔다'는 복선을 통해 이들이 재상봉하게 될 것임을 암시함으로써 이들의 재상봉에 현실적 개연성을 부여하고 있다.

자연스러운 것이라고 할 수 있다. 그러나 진채봉의 입장에서 보면 이 상황은 절박하면서도 가슴 아픈 순간이다. 그러기에 "진 씨는 두 사람의 마음이 서로 같지 않고 이전의 인연을 이룰 길 없음을 슬퍼하였다. 부채를 가지고 와서 읽고 또 읽었다"(152쪽)는 구절에 이르러 대부분의 독자들, 특히 여성 독자들은 진채봉과 함께 심금을 저렸으리라 생각한다. 즉 서포는 양소유와 진채봉의 재상봉 장면을 극적으로 형상화함으로써 소설적 긴장감을 조성하고 또 독자들의 심금을 울렸다고 하겠다.

어디 이뿐이랴. 진채봉이 사랑하는 마음을 이길 수 없어 부채에다 시를 써놓았는데, 뜻하지 않게 천자가 양소유에게 받은 시를 가져오라고 명령한다. 이 명령을 접한 진채봉은 "나는 이제 죽었구나"(154쪽)라며 탄식한다. 「운영전」을 연상케 하는 장면이다. 궁녀가 외간 남자를 그리는 내용이 담긴 시를 임금에게 들키게 되었으니, 죽임을 당할 수밖에 없는 절체절명의 상황이라 해야 할 것이다. "황상께서 보시면 죽임을 면치 못할 것이니 차라리 자결하겠소"(155쪽)라는 진채봉의 절박한 말처럼 극적이면서도 긴장된 상황이 연출되고 있는 것이다. 비록 이 사건은 진채봉이 어진 천자의 용서를 받아 죽음을 면하고 또 양소유와 인연을 맺게 되는 것으로 마무리되지만, 결과를 알지 못하고 이 대목을 접한 독자라면 자못 긴장했으리라 생각한다.

이외에도 서포는 위선위귀爲仙爲鬼 행세를 했던 가춘운의 정체가 드러나는 장면, 여염집 처자로 변장했던 난양공주가 자신의 신분을 밝히는 장면, 영양공주가 죽었다던 정경패였음이 드러나는 장면, 난양과 영양이 쓴 칠보시七步詩에 대한 황태후의 사후 설명 등을 치밀한 구성과 극적인 상황 연출을 통해 독자들이 호기심과 긴장감을 갖고 소설적 재미를 충분히 맛볼 수 있도록 형상화하고 있다. 이 가운데 많은 사건들이 속임수에 의존하고 있는데, 그 속임수[10] 역시 양소유의 세계를 적대자가 없는 화락한 세계로 구현하면서도 독자의 호기심을 불러일으키고 또 긴장감을 조성하여 소설적 흥미를 돋우기 위한 서포의 서사 전략에 따른 것이라고 하겠다.

우리는 이러한 서포의 서사 전략을 독자들의 통속적 감성을 자극하기 위한 말기末技로 치부할 수도 있다. 소설의 창작기법이 매우 발달한 오늘날의 입장에서 보면 그렇게 생각하는 것이 당연할 것이다. 그러나 「구운몽」 이전의 소설이 대체로 사건 자체의 극적 상황이나 성격에 의존해서 작품의 극적 긴장감을 조성했다면, 위와 같은 「구운몽」의 형상화 방식과 서사 전략은 소설이 왜 그리고 어떻게 독자에게 감동을 주는가를 분명하게 인식했던 서포가 우리나라 최초로, 그리고 의도적으로 창출한 것이라는 점에서 높게 평가되어야 할 것이다

3. 일상적 생활상과 사소한 것의 포착

흔히 소설에서의 '일상성'은 '비속한 것'이나 '사소한 것' 그리고 '개인의 주관적 경험의 외화'와 같은, 근대 이전의 이야기 문학에서는 발견하기 어려웠지만 시민 계급이 역사와 사회, 그리고 문화의 전면에 등장하면서 그들의 정서와 생활 양식 그리고 가치 체계를 적극적으로 반영하게 되면서 나타난 현실 재현의 한 특질로 이해되어 왔다.[11] 따라서

10 신재홍 교수는 '속임수'를 「구운몽」의 서사적 특징으로, '점잖은 웃음'을 「구운몽」의 미학적 특징으로 이해(신재홍, 앞의 글)한 바 있다.

11 한수영, 『소설과 일상성』, 소명출판, 2000, 99쪽.

근대 시민사회가 성립되기 이전에는 일상성을 거론한다는 것 자체가 어불성설인 것처럼 생각되기도 한다. 실제로 우리 고소설에서 일상에 매몰되어 있는 개개인과 그들의 구체적인 생활 모습은 물론 일상적 생활상마저도 발견하기가 쉽지 않다.

그러나 근대 이전에도 개개인들의 개별적이면서도 구체적인 삶이 존재했으며, 작가가 의도하건 의도하지 않았건 간에 그러한 개인들의 생활 모습이 소설 속에 반영될 수도 있다. 실제로 「구운몽」에는 조선 후기 사대부들이나 규방의 일상적인 생활상이 비교적 구체적으로 포착되어 있다. 특히 이들 가운데는 사건의 전개와 거의 무관하게 나타나는 생활상과 사소한 요소들도 있는데, 이는 「구운몽」 이전의 소설에서는 찾아보기 어려운 현상이기에 주목할 필요가 있다. 예컨대, 다음과 같은 대목을 보자.

> 천자가 봉래전(蓬萊殿)에 자리를 잡으시고 환관(宦官)을 시켜 양상서를 부르게 하였다. 환관이 한림원에 가 물어보니 '금방 나갔다'고 하였다. 다시 정 사도의 집으로 찾아가니 역시 오지 않았다고 하였다. 이때 양상서는 정십삼(鄭十三)과 함께 장안의 술집에서 술을 마시면서 명창 주랑(珠娘)과 옥노(玉奴)에게 노래를 부르게 하고 있었다. 중사(中使)가 명패(名牌)를 가지고 뜻밖에 달려 들어오니 정십삼은 놀라서 도망가고 양상서는 취한 눈이 몽롱한 채로 서서히 일어나, 두 기생에게 관대를 입혀 달라고 하고 중사를 따라 천자를 뵈러갔다.(144쪽)

천자와 황태후는 난양공주의 배필로 양소유를 점지한 이후, 황태후가 양소유의 인물 됨됨이를 직접 살펴보기 위해 양소유를 봉래전으로 불러오게 한다. 위의 대목은 천자의 명을 받은 환관이 양소유를 찾아 한림원과 정 사도의 집 등을 돌아다니는데, 그 사이 양소유는 정십삼과 함께 술집에서 기생들을 끼고 취흥을 즐기고 있었다는 내용이다. 조선 후기에 양소유와 같은 사대부가 한가한 틈을 이용하여 동료들과 함께 기생이 있는 술집에 드나드는 것은 흔히 있을 수 있는 일이었을 것이다. 따라서 적어도 위와 같은 대목은 조선 후기 사대부사회의 일상사가 비교적 사실적으로 반영된 것이라고 할 수 있다. 물론 「최치원」이나 「주생전」 등 「구운몽」 이전에 나온 작품에서도 양반 남성이 여성 또는 기생과 어울려 시주詩酒를 즐기는 장면을 어렵지 않게 발견할 수 있으며, 이는 전기소설傳奇小說의 한 특징이기도 하다. 그러나 전기소설의 경우에는 사건의 전개나 주제의식 또는 인물의 형상과 무관하게 서술되는 삽화나 사건은 거의 없다. 게다가 전기소설에서는 위와 같은 장면마저도 남녀주인공 둘만의 비밀스럽고 밀폐된 공간에서 이루어지기 때문에, 일상성 또는 현실성을 담보하기보다는, 환상적이고 낭만적인 공간에서 일어난 특별하거나 기이한 사건이라는 성격을 강하게 지닌다.

그런데 위의 대목은 사건의 전개나 주제의식과 전혀 무관하게 서술되어 있을 뿐만 아니라, 주변의 많은 사람들이 목격할 수 있는 공개된 장소에서 지극히 일상적이고도 구체적인 삶의 형태로 형상화되어 있다. 따라서 구성의 긴밀성을 고려한다면, 위의 대목은 전혀 불필요하거나 도리어 그것을 저해하는 요소라고 할 수 있다. 게다가 우리나라 고소설의 대부분은 사건을 중심으로 서술하기 때문에 위와 같은 장면이 삽입될 여지가 거의 없다. 예외가 있다면 판소리계 소설일 터인데, 판소리계 소설은 전체적인 사건의 흐름보다는 상황적 정서를 중시한 연행예술로서의 판소리를 계승한 까닭에 사소하면서도 일상적인 생활상이 구체적으로 형상화될 수 있었다고 하겠다. 그런데 「구운몽」에는 위의 장면처럼 지극히 사소하면서도 일상적인 생활상이 모두에게 열려진 현실적이고도 일상적 공간에서 생생하면서도 구체적으로 형상화되어 있는 것이다.

실제로 위의 장면은 구성적 필요성과는 전혀 무관한 대목이며 그런 만큼 또 구성적 긴밀성을 저해하는 요소임엔 틀림이 없지만, 양소유의 일상적 생활상과 태도를 생생하게 보여줌으로써 소설적 진실성을 확보하는데 크게 기여하고 있다. 그 뿐만이 아니다. 위의 장면을 좀 더 섬세하게 살펴보면, 서사적 개연성을 충분히 담보하고 있기까지 하다. 이 장면에 앞서 가춘운이 위선위귀로 양소유를 속이기 직전에 "양한림이 평소 한가하여 궁궐에 입직入直하는 외엔 밖에 나아가면 친구들과 함께 주루에서 술에 취할 때도 있고, 성 밖에 나아가 화류花柳를 구경한 적도 있었다"(103쪽)라는 서술이 있는데, 위의 장면은 이를 구체적으로 형상화한 것이라고 할 수 있다. 위의 대목에서 천자가 양소유를 부른 것은 공무가 아니라 사적인 것이었으며, 양소유의 입장에서 볼 때는 "중사中使가 명패名牌를 가지고 뜻밖에 달려 들어오니 정십삼은 놀라서 도망가고"라고 했던 것처럼 전혀 예상하지 못한 일이었다. 그러기에 양소유는 입직이 없는 때에 흔히 그랬던 것처럼 친구들과 함께 주루에 나가 취흥을 즐겼을 터이고, 위의 장면은 양소유의 그러한 평소 생활상과 태도를 구체적으로 형상화한 것인 셈이다. 따라서 위와 같은 장면은 당시 사대부들의 사소하면서도 일상적 생활상을 포착·형상화한 것으로써, 독자로 하여금 허구적 인물인 양소유를 실존적 존재로 인식토록 하여 더욱 작품 세계에 몰입케 하는 힘을 발휘했다고 볼 수 있다. '놀라서 도망가는 정십삼의 모습' 또한 아주 '사소한 것'이지만 얼마나 리얼하고 생생한가.

위의 대목처럼 사건의 전개나 주제의식과 무관하게 서술된 대목은 아니지만, 「구운몽」에는 일상적 생활상과 사소한 것이 적지 않게 엿보인다.

① 춘랑을 깨우지 아니하고 당상(堂上)에 올라와 최 부인을 뵈니 부인은 양한림의 점심을 준비하고 있었다. 정 소저가 말하였다. "양한림이 우리 집에 온 후로 모친께서 의복과 음식을 장만하시느라 많이 힘드시니 마땅히 소녀가 대신해야 하지만 아마도 인정상 어려울 듯합니다. 춘운이 나이 이미 장성하여 일을 충분히 감당할 것 같으니, 저의 뜻으로는 춘운을 화원에 보내어 양한림의 안 일을 보살피게 함이 좋을까 합니다."(99쪽)

② 이날 양한림이 객관(客館)에 묵는데, 부윤(府尹)이 창녀 십여 인을 극진히 잘 골라 붉은 옥으로 치장시켜 손님을 접대케 하니 천진루(天津樓)에서 보던 자도 그 가운데 있었지만, 양한림이 돌아보지 아니하고 떠나면서 벽 위에 한 수의 시를 쓰니 시는 다음과 같았다.(131쪽)

③ 상서가 더욱 머리를 조아리고 힘써 사양하였다. 상이 말하였다. "혼인은 대사여서 한마디로 결정할 수 없는 것이니 훗날을 기다려 보고, 지금은 짐과 바둑이나 두며 소일하기로 하자." 어린 환관을 시켜 바둑판을 가져오게 해서 임금과 신하가 상대하여 조용히 반나절을 보내고 끝냈다.(160쪽)

④ 문방사우를 각각 앞에 가져다 놓으니 두 사람이 붓을 들었다. 궁녀가 이미 걸음을 옮기면서 마음속으로 혹시 걸음 수에 맞추지 못하면 어쩌나 하고 곁눈질로 쓰는 모습을 보면서 발뒤축을 들고 천천히 걸었다.(218쪽)

⑤ 방안에서 신발 소리는 나지 않았으나 점점 방 쪽으로 다가가니 두 공주가 담소하며 쌍륙(雙六)치는 소리가 났다. 가만히 창틈으로 엿보니, 진씨가 공주들 앞에서 한 여자와 판을 벌였는데 한창 '홍 나와라', '백이다' 하는 중이었다. 그 여자가 몸을 돌려 촛불을 돋우는데 보니 바로 춘운이었다. 춘운은 결혼식 때 구경차 들어왔다가 며칠 동안 몸을 숨기고 승상을 뵙지 않고 있었다. 승상이 놀라 의아해 하면서 생각하였다. '춘랑이 어찌 여기에 왔을까? 분명히 공주가 보고자 해서 불러왔구나.' 갑자기 채봉이 박(博)을 던지며 말하였다. "헛박만 던지자니 홍이 안 나는군. 춘랑, 함께 내기하세." 춘운이 말하였다. "저는 가난한 사람이어서 내기에 이겨봤자 술 한 잔, 음식 한 그릇이면 다행으로 압니다. 숙인께서는 귀주를 모시면서 궁중에서 사셨으니, 몸은 비단옷 지겹고 입은 여덟 가지 진기한 음식 물렸을 것입니다. 제가 무슨 물건으로 감당하겠습니까?"(254~255쪽)

①은 양소유가 정경패와 정혼을 하고 정 사도의 집에 머물게 된 이후의 장면인데, 정경패의 모친인 최 부인이 양소유의 점심을 준비하고 있다는 내용이 서술되어 있다. 양소유와 정경패는 정혼한 사이이긴 하지만 아직 혼례를 치룬 것은 아니기 때문에 양반가의 관례상 정경패가 양소유의 수발을 들 수는 없다. 정경패의 집안이 재상가인 만큼 많은 하녀들이 있었을 터이고, 또 하녀들로 하여금 양소유의 수발을 들게 할 수도 있었을 것이다. 그러나 양소유는 아직 총각이면서 사위와 다름없는 빈객賓客이기에 아무 하녀에게나 수발을 들게 할 수도 없었으리라. 그러기에 부득이 최 부인이 직접 양소유의 음식이나 의복 등을 챙겨줘야 했으며, 이는 정경패의 입장에서는 민망한 상황이었다고 할 수 있다. 이러한 민망한 상황을 해결하기 위해서는 가춘운과 같은 인물이 요구된다. 가

춘운은 하녀이지만 본래는 양반가 출신으로 정경패의 분신과 다름없는 존재이기에 양소유의 수발을 들어도 크게 흠이 되지 않을 것이기 때문이다. 따라서 최 부인이 양소유의 음식을 준비한다는 내용은 양소유와 가춘운의 인연을 필연적인 것으로 구도하기 위한 구성적 필요성에 따라 설정된 것이라고 할 수 있다. 즉 서포는 조선 후기 양반가의 관례라는 현실적 조건을 세심하게 고려하는 가운데 양소유와 가춘운의 인연을 맺도록 구성하고 있는데,[12] 바로 이 시점에서 '최 부인이 양소유의 점심을 준비한다'는 지극히 일상적이고 사소한 상황 설정을 통해 이야기를 풀어가고 있는 것이다. 다시 말해, 서포는 아주 일상적이고 사소한 생활상을 포착・형상화함으로써 양소유와 가춘운의 만남이라는 사건의 현실성과 진실성을 확보했다고 하겠다.

②는 양소유가 천자의 명을 받아 연왕燕王을 굴복시키기 위해 가던 도중 낙양에 머물 때의 장면이다. 낙양의 천진루는 양소유가 과거에 급제하기 전에 한갓 서생으로서 계섬월을 만나 인연을 맺었던 곳이다. 그런데 이제 천자의 총애를 받는 공신功臣이 되어 다시 낙양에 이르렀으니 지방수령인 낙양현령과 하남부윤이 어찌 가만히 있을 수 있었겠는가. 그들은 중앙의 고위관리가 지방을 방문할 때 흔히 행하던 일상적인 관례에 따라 객관에 머물고 있는 양소유에게 창기들을 보내 접대케 했던 것이다. 물론 이 사건 역시 계섬월에 대한 양소유의 진정어린 사랑을 드러내고 또 계섬월과 재상봉하는 계기로 작용하기 때문에 구성적 필

12 정출헌 교수는 "양소유와 가춘운의 결연은 그만큼 당대 규범에 어긋나는 것이었으며, 그러기에 전기소설 같았으면 이는 심각한 고난을 수반하거나 비극적 결말의 요인으로 작용했을 것이다"(정출헌, 앞의 책, 162쪽)라는 견해를 제기한 바 있는데, 가춘운의 위선위귀는 당대의 규범에 크게 어긋나지 않으면서도 양소유가 정경패와 혼례를 치르기 전에 가춘운과 인연을 맺게 하는 교묘한 방법이었다고 할 수 있다. 그래서 정경패의 계교를 들은 정 사도가 "이 계교가 아주 좋구나"(위의 책, 101쪽)라고 동의했던 것이라고 하겠다.

요성에 따라 설정된 것이라고 할 수 있다. 그러나 고소설 일반의 작법에 따른다면, '하남부윤이 창기들로 하여금 양소유를 대접케 했다'는 내용은 굳이 필요했다고 보기 어렵다. 특히 전기소설의 경우라면, 이 대목의 경우 '양소유가 객관에 머물면서 계섬월을 그리워하는 시를 한 수 남긴 것' 정도로 서술하고 말았을 것이다. 따라서 이 대목 역시 서포가 조선 후기 관료들의 일상적 행태를 포착·형상화함으로써 소설적 진실성을 확보했다고 할 수 있다.

③은 양소유가 난양공주와 정혼을 맺자는 천자의 청을 거절한 직후의 대목으로, 천자가 혼인의 문제는 뒤로 미루고 바둑을 두자고 제안하는 장면이다. 실제 조선시대의 왕들이 신하와 바둑으로 소일하는 일이 있었는지 없었는지 알 수는 없지만, 적어도 흔히 있는 일이라고는 할 수 없다. 그러나 왕도 생활인의 하나이기에 '천자가 신하와 바둑을 두면서 소일했다'는 것은 지극히 사소하면서도 일상적인 생활상 가운데 하나로 간주해야 할 것이다. 게다가 이 대목은 소설 구성상 전혀 불필요한 내용이며, 너무 사소한 것이기에 아무리 상상력이 풍부한 작가라도 쉽게 구상해내기 어려운 내용이다. 그런데 서포는 이 '사소한 것'을 통해 많은 것들을 이야기하고 있다. 바로 이 대목은 천자가 얼마나 신하를 사랑하고 또 인간적인가를 드러낼 뿐만 아니라 시절이 얼마나 태평성대인가를 아주 간접적으로 그리고 아주 암암리에 표출하고 있기 때문이다. 아주 간접적이고 암암리에 드러낸 것이기에 더욱 그 내용이 독자들에게 진실한 것으로 인식되며, 또 그만큼 작품의 전체적인 분위기와 주제의식을 강화하는 데 기여하고 있는 것이다.

④는 황태후가 정경패를 양녀로 삼은 후 정경패의 문재文才를 시험하기 위해 난양공주와 함께 칠보시七步詩를 짓게 한 직후의 장면이다. 정

경패와 난양공주는 궁녀가 일곱 걸음을 걷기 전에 시를 지어야만 하는데, 걸음을 걷도록 명령을 받은 궁녀의 입장에서는 몹시 신경이 쓰일 법하다. 너무 빨리 걸었다가 일곱 걸음 안에 두 공주가 시를 짓지 못하면 큰 일이 날 터이고, 그렇다고 무작정 천천히 걸을 수도 없는 일이니 이만저만 곤혹스러운 일이 아닐 것이다. 그러나 이것은 아주 사소하고 주변적인 일일 뿐이며, 없어도 이야기의 전개에 전혀 문제가 되지 않는다. 따라서 고소설 일반의 경우라면 틀림없이 '두 공주가 일곱 걸음 안에 시를 완성하였다'는 정도로 서술하고 말았을 것이다. 그런데 서포는 두 공주가 칠보시를 쓰는 장면을 생생하게 형상화하기 위하여 주변 인물이라고 하기도 어려운, 한 이름 없는 궁녀의 내적 심리와 사소한 행위까지 섬세하게 포착하여 형상화하고 있는 것이다.

⑤는 '영양공주가 죽었다던 정경패와 비슷하다'는 양소유의 말을 빌미삼아 영양공주·난양공주·진채봉 등이 작당하여 양소유를 희롱하는 대목 가운데 한 부분이다. 세 여자는 양소유의 잘못을 탓하며 차례로 양소유를 따돌린 후 영양공주의 방에 모인다. 여기에는 양소유 몰래 가춘운도 이미 들어와 있었는데, ⑤는 진채봉과 가춘운이 두 공주 앞에서 쌍륙놀이를 하는 장면이다. 영양공주와 정경패는 동일인이며, 이 사실은 어떤 방식으로든 양소유에게 알려져야 한다. 따라서 위와 같은 내용은 구성상의 필요에 따라 설정된 것이라고 할 수 있다. 그런데 서포는 이를 조선 후기 사대부가의 부녀자들이 일상적으로 즐겼을 법한 쌍륙놀이를 통해 형상화함으로써 소설적 진실성을 높이고, 아울러 독자들이 아기자기한 재미를 맛볼 수 있게 하였다. 특히 진채봉과 가춘운의 내기를 통해 양소유의 화려한 여성편력을 색중아귀色中餓鬼에 비유하여 조롱한 것은 당대 여성들의 심리를 섬세하게 포착·활용하면서도 양소

유의 세계를 통해 표출하고자 했던 화락한 세계의 모습을 적절하면서도 기묘하게 형상화한 것이라고 하겠다.

이상에서 대략 살펴본 것처럼 「구운몽」에는 일상적 생활상이나 사소한 것들을 섬세하게 포착하여 사건을 형상화한 것이 적지 않다.[13] 앞서 잠간 언급한 대로, 이러한 양상은 일상사에 매몰되어 있는 소시민의 삶을 사실적으로 조망하는 가운데 포착된 근대소설의 일상성이나 사소한 것과는 차원을 달리하고 있다. 그러나 고소설 일반과 견주어 볼 때, 「구운몽」에서 엿볼 수 있는 일상적 생활상과 사소한 것들은 주목할 만한 현상이라고 하겠다. 특히 이러한 현상은 「구운몽」 이전의 소설에서는 쉽게 찾아볼 수 없는바, 저자는 위와 같은 장면을 통해 서포의 소설 미학을 엿볼 수 있다고 생각한다. 서포는 왜 독자가 소설에 매료되고 또 감동하는가를 분명하게 자각하고 있었던 우리나라 최초의 전문적인 소설가였다. 따라서 그는 일상적 생활상과 사소한 것에 대한 구체적인 형상화로 획득될 수 있는 소설의 마력魔力을 분명하게 인식하고 있었으며, 그러한 인식을 바탕으로 부분적으로나마 일상적 생활상과 사소한 것을 포착하여 「구운몽」을 형상화했다는 것이 저자의 생각이다.

---

13 본문에서 거론한 것 외에도, 양소유가 계섬월을 처음 만났던 낙양의 천진교 시회(詩會)와 탄금했던 양소유의 정체를 두고 나눈 정경패와 가춘운의 담소도 각각 조선시대 사대부들과 사대부가 처자들의 일상적인 생활 모습을, 낙유원 놀이를 앞두고 계섬월과 적경홍이 시비를 벌인 대목은 사소한 것을 포착하여 사건을 형상화한 것들로 볼 수 있다.

4. 성적 욕망의 생생한 재현

「구운몽」은 때로는 현실적인 사건을 통해, 때로는 현실적인 듯하지만 실제로는 그 현실을 살짝 넘어선 사건을 통해, 때로는 비현실적이고 환상적 사건을 통해 고금동서를 막론하고 많은 사람들이 의식적·무의식적으로 갈망하는 통속적 욕망의 세계를 잘 형상화하고 있다. 특히 일상적 삶을 토대로 하면서도 그 일상을 살짝 넘어서는 사건구성을 통해 남성 일반의 성적 욕망과 감정을 생생하면서도 진솔하게 재현한 것은 독자의 흥미와 호기심을 불러일으키기에 부족함이 없다고 생각한다. 대표적인 사례가 양소유가 여복女服을 하고 정 사도의 집에 들어가 탄금하는 대목이다.

> 부인이 정 소저로 하여금 나오게 하니 향기로운 바람이 패옥(佩玉) 소리를 끌며 최 부인 곁에 앉거늘, 양생이 눈을 가다듬어 바라보니 태양이 아침에 솟아 오른 듯, 연꽃이 물에 비꼈는 듯, 눈이 어지럽고 정신이 아찔하여 가히 헤아릴 수가 없었다. 양생이 자리가 먼 것을 싫어하여 보다 가까이 보고자 최 부인에게 청하여 말하였다. "빈도(貧道) 정 소저에게 가르침을 청하고자 하나 당상이 너무 넓어 들음이 자세치 못할까 두렵습니다." 최 부인이 시녀에게 명하여 여도사의 자리를 앞으로 옮기게 하니 시녀가 자리를 옮겨 더욱 최 부인 가까이 있게 하였고 정 소저의 자리에서 멀지는 아니하나 구석 자리가 되어 멀리 바라보는 것만도 못했다. 양생이 이를 매우 한스럽게 여겼으나 감히 다시 청하지 못하였다.(80~81쪽)

오늘날도 비슷하지만, 당시 양소유와 같은 한미한 양반가의 젊은이들 가운데 많은 이들이 재상가의 처자와 인연을 맺고자 욕망했을 것이다. 그것도 정경패처럼 정숙하면서도 재색才色을 겸비한 처자와……. 대부분의 인간은 기본적으로 자기가 소유하지 못한 것들, 금지된 것들을 욕망한다. 그러나 현실적으로 아예 실현되기 어려운 것은 비록 욕망은 할지라도 그 강도는 매우 약하다. 그런데 현실적으로 쉽지는 않지만 운이 좋거나 잘 하면 실현 가능성이 있는 일에 대해서는 더욱 강한 욕망을 갖게 된다. 양소유와 정경패의 만남은 바로 이런 일에 해당한다고 할 수 있다. 따라서 양소유가 정경패와 인연을 맺고자 시도한 것은 당시 입신출세를 꿈꾸었던 많은 젊은이들의 강한 욕망과 열망을 반영하고 있다고 하겠다. 바로 양소유는 "사방의 재주 있는 선비들이 많이 서울에 모여들어 그 가운데 내 이름을 듣고 그릇된 생각을 내는 자"(89쪽)의 전형이었던 셈이다.

그러나 우리가 이 대목에 주목해야 할 것은, 양소유의 행위가 조선 후기 젊은 사대부들의 욕망을 반영하고 있다는 점보다는, 청춘남녀 사이에서 일어날 수 있는 성적 욕망과 그에 따른 내적 심리를 현실적 조건을 일정하게 고려하면서 생생하게 형상화하고 있다는 점이다. 태양이 아침에 솟아 오른 듯, 연꽃이 물에 비꼈는 듯, 눈이 어지럽고 정신이 아찔할 정도로 아름다운 정경패의 모습. 더욱 가까이 다가가 보고자 하다가 도리어 제대로 얼굴마저 보지 못하게 된 양소유의 음흉한 시도와 솔직한 탄식. 실로 아찔할 정도로 생생하면서도 긴장감이 감도는 장면이다. 이것은 「주생전」의 주생이나 「위경천전」의 위경천이 각각 선화와 소숙방을 보고 순간적으로 느꼈던 욕망의 형상과는 성격이 다르다. 이들의 욕망은 비록 사실적인 것이라 할지라도 그 실현 양상은 매우 낭만적이고 비현실적이다. 마치 주생과 위경천을 기다렸다는 듯이 첫 만남에 몸을 허락하는 선화와 소숙방. 이들은 바로 소외된 지식인이 소외감이나 고독감에서 벗어나기 위해 만들어낸 가상적 존재들이며, 그러기에 이들의 만남은 그들만의 밀폐되고 비밀스런 공간을 넘어설 수가 없다.

그런데 양소유는 어떠한가. 현실적으로 쉽지는 않은 일이지만 자신의 욕망을 실현하기 위해 여장女裝을 하고 정경패와 상면하여 이야기를 주고받는다. 그것도 여러 사람이 함께 모인 공개된 장소에서. 일단 양소유가 여장을 하고 재상가의 처자와 상면하여 이야기를 주고받는다는 것 자체가 당시의 규범으로는 용납되기 어려운, 일종의 범죄 행위라고 할 수 있다. 대부분의 사람들은 잘못을 저지르거나 금기를 어겼을 때 두려움과 긴장감에 휩싸인다. 아무리 호탕하고 기백이 넘치는 양소유라고 할지라도 여기에서 완전히 자유로울 수는 없었으리라. 그래서 양소유는 '자리를 옮긴 것을 매우 한스럽게 생각하면서도 다시 자리를 옮겨달라고 말하지 못했던 것'이리라. 욕망을 실현하기 위해 잘못을 저지르거나 금기를 어겼을 때 일어날 수 있는 두려움과 긴장감, 현실적인 듯하면서도 사실은 그 현실을 살짝 넘어서거나 일탈하지 않고는 충족될 수 없는 욕망의 본질을 이토록 생생하게 형상화하기는 쉽지 않을 것이다. 그러기에 양소유의 긴장감과 아쉬움은 독자들에게도 그대로 전이된다. 게다가 양소유는 두련사에게 "처자의 모습을 보지 못하면 구혼을 아니 할 것"(73쪽)이며, "사람의 기호가 각자 다르니 사부의 눈이 어찌 소자와 같을 수 있겠습니까?"(73쪽)라고 말하며 기어이 정경패의 실물을 보고자 했었다. 조선시대 상대방의 얼굴도 보지 못한 채 결혼을 해야만 했던 많은 양반가의 청춘남녀들. 그들은 부모의 위압과 유교적 예교에 억눌려 차마 말은 못했겠지만, 어찌 그러한 현실에 불만이 없었겠는가. 서포는 이들의 내면 깊숙이 자리하고 있었던 불만과 욕망을 양소유의 입과 행위를 빌어 고스란히 재현하고 있는 것이다.

이렇듯 서포는 현실을 토대로 하면서도 그 현실을 살짝 넘어서는 사건을 형상화함으로써 독자들을 매료시키고 있다. 양소유가 여장을 하고 재상가의 처자와 마주하고 있다는 것만으로도 당시 독자들의 흥분을 자아내기에 부족함이 없을 터인데, 양소유는 자신의 욕망과 내면 세계를 솔직하게 토로하고 있기까지 하다. 유교적 예법에 구속되어 자신들의 내적 욕망을 드러내거나 토로하지 못했던 많은 조선 후기의 독자들은 이러한 대목에서 짜릿한 흥분과 해방감을 동시에 맛보았으리라 여겨진다.

가춘운의 위선위귀 대목 역시 남성들의 내면에 깊숙이 자리하고 있는 성적 욕망을 생생하면서도 진솔하게 형상화한 부분이라고 할 수 있다.

> ① 양한림이 돌아온 후에 생각하였다. '선녀가 비록 귀양살이의 기한이 차 하늘 위로 돌아간다고 하지만, 어찌 오늘 반드시 떠날 줄을 알겠나. 내 잠깐 산중에 머물러 몸을 숨겼다가 선관이 와 맞이하는 것을 본 후에 내려와도 또한 늦지 않을 것이다' 하고, 이날 밤새도록 잠을 이루지 못하다가 일찍 일어나 다른 사람에게 이르지 아니하고 홀로 서동과 함께 자각봉의 길을 찾아 선녀를 만난 곳에 이르니, 도화유수(桃花流水)와 경치는 분명한데 텅 빈 정자는 적막할 뿐 외롭게 사람의 자취도 없어 종일토록 배회하다가 눈물만 뿌리고 돌아왔다.(108쪽)

> ② 양생이 보니, 자신이 한삼(汗衫) 소매를 찢어 선녀에게 써 준 시여서, 마음속으로 놀라며 생각하였다. '원래 장여랑의 혼이 선녀라 하고, 나와 함께 만난 것이다' 하고, 마음이 심히 편치 못하여 머리털이 비쭉 섰다.

'장여랑의 모습을 떠올리고는 아름답기가 그와 같고, 정 많기가 저와 같으니 귀신이고 선녀고 가릴 것이 무언인가?'라고 생각하였다. 정생이 잠시 없는 때를 타 술을 들어 다시 뿌리며 말하였다. "비록 이승과 저승의 길이 다르지만 정에는 아무런 틈이 없으니 오직 바라기는 오늘 저녁 서로 만나기를 바라노라." 빌기를 마치고 정생과 함께 돌아왔다.(110쪽)

③ 양한림이 말하였다. "귀신을 싫어하는 자는 세속의 어리석은 사람이오. 사람이 귀신 되고 귀신이 다시 사람이 되는 것이니 피차 어찌 분별하겠으며, 나의 뜻이 이와 같은데 어찌 그대가 차마 나를 버리겠소." 여자가 말하였다. "첩이 어찌 낭군을 버리겠습니까? 낭군께서 첩의 눈썹이 푸르고 빰이 붉은 것을 보시고 사랑하셨지만, 이것은 모두 거짓을 꾸며 살아있는 사람과 서로 접하기 위해서였습니다. 낭군께서 첩의 참 모습을 알고자 하신다면 백골(白骨) 몇 조각에 푸른 이끼가 끼었을 뿐이니, 어찌 차마 귀하신 몸을 가지고 첩을 가까이 하려 하십니까?" 양생이 말하였다. "부처님 말씀에 '사람의 몸은 지수(地水)와 화풍(火風)으로 거짓 빌어 만들어졌다' 하니, 어느 것이 진짜이고 어느 것이 가짜인가를 어찌 알겠소" 하고, 그녀를 이끌고 잠자리에 나아가 밤을 한가지로 하니 사랑하는 정이 전에 비하여 배나 더하였다.(112쪽)

④ 양생이 마음속으로 장여랑(張女娘)이 빌미가 되는 줄 알지만 사랑하는 마음에 가리어 놀라는 뜻이 없이 대답하여 말하였다. "그런 일은 없습니다." 두진인이 말하였다. "그러면 혹시 오래된 신묘(神廟)에 들어가 마음으로 감동됨이 있거나, 아니면 꿈속에서 귀신과 더불어 만난 일이 있습니까?" 양생이 대답하였다. "그런 일도 없습니다."(116쪽)

⑤ 양한림이 '두진인의 말이 비록 근거하는 바가 있으니, 장여랑과 내가 영원히 좋아한다는 맹서가 굳고 서로 사랑하는 정이 지극하니 어찌 나를 해할 리 있겠는가? 초나라 양왕(襄王)이 신녀(神女)를 만나 자리를 함께 하였고, 유춘(柳春)이 귀신 부인을 두어 자식을 낳았음이 예부터 그러한데 어찌 나 홀로 염려하겠는가?'라 생각하고, 두진인에게 말했다.(117쪽)

①은 양소유가 자각봉에서 선녀 노릇을 한 가춘운과 처음 만나 운우지정을 나누고 돌아온 이후 양소유의 생각과 행동을 서술한 부분이다. 가춘운은 양소유와 헤어지면서 요지瑤池로 돌아가야 하기 때문에 더 이상 만날 수 없다고 거듭 말을 했었는데, 양소유는 가춘운을 잊지 못하여 '혹시나' 하는 마음으로 다시 자각봉을 찾아간다. 양소유는 정생의 안내로 자각봉에 갔고, 또 부인이 갑작스런 병환으로 인해 정생이 자각봉에 오르지 못한 사실을 잘 알고 있다. 그러기에 가춘운을 만난 이후 평소 절친하게 지내던 정생에게 그 사실을 이야기하고, 또 정생 부인의 안부를 물을 법도 하다. 그런데 양소유는 정생에게 그 사실을 말하기는커녕 "다른 사람에게 이르지 아니하고 홀로" 다시 자각봉을 찾아간 것이다. 어찌 양소유가 무정하고 탐욕스런 사람이기에 그러했겠는가. 양소유의 이러한 모습은 미인에게 혹하여 주변을 돌아보지 못하는 인간의 자연스러운 모습을 생생하게 형상화한 것으로 이해되어야 할 것이다.

②는 며칠 뒤 정생이 양소유와 함께 봄나들이를 갔다가 장여랑의 무덤이라는 곳에서 양소유가 쓴 시를 찾아 양소유에게 보여준 직후의 대목이다. 양소유는 이 시를 통해 자신이 자각봉에서 만났던 선녀가 장여랑의 혼령이었음을 알고 순간 머리가 비쭉 설 정도로 놀란다. 그러나 그는 선녀로 가장했던 가춘운의 아름다운 모습을 떠올리고는 이내 '귀

신이고 선녀고 가릴 것이 무엇인가?'라며 생각을 고쳐먹는다. 어디 그뿐이랴. 정생이 잠시 자리를 비운 틈을 타서 무덤에 술을 뿌리며 '오늘 저녁 서로 만나기를 바라노라'라며 빌기까지 한다.

③은 다시 나타난 가춘운이 자신은 죽은 혼령이라고 실토하며 양소유와 대화를 나누는 부분이다. 가춘운이 '자신은 썩은 몸으로 다시 군자를 가까이 할 수 없다'고 말하자, 양소유는 '귀신을 싫어하는 자는 세속의 어리석은 사람이오, 사람이 귀신 되고 귀신이 다시 사람이 되는 것'이라는 궤변을 늘어놓는다. 또 가춘운이 '자기의 실체는 푸른 이끼가 낀 백골'이라는 말하자, 양소유는 '사람의 몸은 거짓을 빌어 만들어졌다'는 부처님의 말까지 인용하면서 가춘운을 끌어안는다.

④와 ⑤는 관상을 잘 본다는 두진인이 양소유에게 '귀기鬼氣가 몸에 들어 사흘 후면 죽게 될 것이다'라는 말을 듣고 난 뒤의 양소유의 반응이다. 가춘운의 미모에 빠진 양소유는 두진인에게 서슴없이 거짓말을 할 뿐만 아니라, 초나라 양왕과 유춘의 고사故事를 들어가며 귀신에게 홀린 자신의 상태를 스스로 합리화하거나 위로한다. 양소유는 가춘운을 잊지 못해 수척해진 자신을 위로하는 정 사도 내외에게도 거짓말을 서슴지 않는다.

이렇듯 가춘운의 미모에 빠져 정생 몰래 다시 자각봉을 찾아가는 양소유, 귀신일지라도 다시 만나기를 간절하게 바라는 양소유, 고사와 부처님의 말씀까지 들어가며 궤변을 늘어놓는 양소유, 설사 썩은 해골일지라도 미인이기에 기꺼이 끌어안으려는 양소유, 죽음도 불사하고 거짓말도 서슴없이 하는 양소유의 모습. 후에 정경패는 이러한 양소유를 '색중아귀色中餓鬼'라고 표현했지만, 어디 양소유만 그러하겠는가. 오늘날도 적지 않은 남성들이 농담 삼아 '귀신일지라도 미인이라면 사양치 않겠다'거나 '미인은 어떤 잘못을 범할지라도 용서될 수 있다'라고 말하곤 한다. 조선 후기 사대부들 역시 크게 다르지 않았으리라. 더구나 그들은 성적 욕망을 죄악시하거나 억압하는 유교적 이념과 사회적 분위기 때문에 지금보다 더욱 성적 충동에 민감했으며, 또 그만큼 성적 욕망에 구속될 수밖에 없었다. 선화와 소숙방을 보고 순간적인 욕망에 휩싸여 성 폭행과 같은 범죄 행위를 서슴지 않았던 주생과 위경천의 모습은 성적 억압이 빚어낸 조선시대 젊은이들의 초상肖像이라 해야 할 것이다. 양소유가 어설픈 속임수에 넘어가 우스꽝스러운 광대로 전락하게 된 심리 상태도 근본적으로는 주생이나 위경천의 그것과 크게 다르지 않으리라 생각한다. 즉 서포는 전기소설의 인귀교환人鬼交歡 모티프를 활용하여 남성들의 내면에 잠재되어 있는 성적 욕망의 실체를 적나라하게, 그리고 생생하게 형상화했던 것이다.

지금까지 이 부분은 '명분론에 입각하여 구축된 질서로부터 유발되는 웃음이면서 동시에 그와 같은 질서의 세계를 지향하는 웃음'[14]이라거나, '주인 남편과 몸종이라는 맺어지기 어려운 비극적 관계를 소설적 속임수로 교묘하게 은폐'[15]시켰으며, '비극과 환멸의 정서가 내장되어 있던 인귀교환 모티프를 우스꽝스러운 웃음거리로 전락시켰다'[16]는 등 주로 부정적인 측면에서 이해되었다. 작가의식만을 따진다면 이러한 이해가 잘못되었다고 할 수는 없다. 그러나 어찌 소설에 대한 평가를 작가의식만 가지고 논할 수 있겠는가? 비록 속임수라는 방식으로 이루어지긴 했지만 이 대목은 미색에 빠져 있는 남성의 일반적인 모습과 행

14 신재홍, 앞의 글, 361쪽.
15 정출헌, 앞의 글, 162쪽.
16 정길수, 앞의 글, 367쪽.

태 및 감정을 참으로 생생하게 재현하고 있는바, 우리는 무엇보다 이 점을 높이 평가해야 할 것이다. 우리가 이 부분을 흥미롭게 읽거나 이 부분에 공감하는 것도, 속임수에 넘어가 우스꽝스러운 광대로 전락한 양소유의 모습과 그로 인해 빚어지는 코믹한 장면이나 점잖은 웃음보다는, 성적 욕망에 휩싸여 물불을 가리지 못하는 뭇 남성들의 본성과 그 실상을 속임수라는 가상적 상황을 설정하여 진술하면서도 생생하게 보여주었기 때문일 것이다.

위의 두 대목이 현실을 토대로 하면서도 그 현실을 살짝 넘어서는 사건을 통해 남성의 성적 욕망을 생생하게 형상화하고 있다면, 성진과 팔선녀와의 만남은 성적 욕망과 환상을 환상적인 사건을 통해 생생하게 형상화했다고 할 수 있다.

> 이때 팔선녀가 아직도 석교에 있다가 성진과 서로 마주치니, 성진이 석장(錫杖)을 놓고 합장하고 절하여 말하였다. "여보살님들은 빈승의 말씀을 들어보십시오. (…중략…) 석교가 매우 좁은데다가 보살님들이 앉아 계셔 남녀가 길을 나누어 지나가지 못하니, 바라건대 보살님들은 잠시 연꽃 같은 걸음을 옮겨 특별히 돌아가는 길을 빌려주십시오." 팔선녀가 대답해 절하고 말하였다. "(…중략…) 첩들이 듣건대 『예기』에 '길을 갈 때 남자는 왼쪽으로 가고, 여자는 오른쪽으로 간다' 합니다. 이 다리가 원래 좁은데다가 첩들이 먼저 앉았고, 이제 도인께서 다리를 통해 가는 것은 예에 맞지 않으니, 청컨대 다른 길을 찾아 가십시오." 성진이 말하였다. "계곡물이 깊고 다른 길이 없으니 소승으로 하여금 어느 곳으로 가라 하십니까?" 선녀들이 말하였다. "옛날 달마존자는 갈댓잎을 타고 큰 바다를 건넜는데, 화상께서 육관대사께 도를 배웠으면 반드시 신통한 술법이 있을 것이니, 이 작은 냇물을

건너기에 무슨 어려움이 있어 아녀자들과 길을 다투십니까?"(21~22쪽)

어려서부터 계행을 실천하며 10년 이상 불도를 닦아 왔던 젊은 승려인 성진이 석교에서 팔선녀를 만나 말 그대로 수작酬酌을 부리고 있는 장면이다. 길을 빌려달라는 성진과 비켜 줄 수 없다고 실랑이를 벌이는 팔선녀. 팔선녀의 말대로 성진은 복숭아꽃을 진주로 바꿀 수 있을 만큼 신통력을 지녔기에 굳이 석교를 통하지 않고도 내를 건널 수 있었다고 보아야 한다. 팔선녀 역시 몸을 솟구쳐 바람을 타고 하늘로 올라 갈 수 있는 능력을 지녔는데도 남녀의 예를 거론하면서 굳이 길을 비켜주지 않는다. 그러니 석교를 두고 벌이는 이들의 다툼은 남녀 사이에서 일어날 수 있는 성적 욕망에 따른 수작이 아니고 무엇이겠는가.

우리나라 춘화도春畫圖 중에는 방 앞의 섬돌 위에 가지런히 놓인 남녀의 신발 두 켤레를 그려놓은 그림이 있다. 이 그림은 보는 사람 스스로 방안의 광경을 상상하도록 유도함으로써 그 어떤 춘화도보다 고상하면서도 야릇한 감정, 성적 욕망을 불러일으킨다. 장자는 '치언卮言이란 아무것도 말하지 않았는데 모든 것을 다 말한 것'이라 했다. 이 그림은 장자가 말한 치언처럼 성적 욕망과 관련된 어떤 구체적 형상도 담지 않으면서 동시에 그 모든 것을 담아내고 있다. 텅 빈 듯하면서도 가득 차 있기에 보는 이들의 무한한 상상력과 성적 욕망을 자극하는, 아주 매혹적인 춘화도인 것이다. 석교 위에서의 젊은 승려와 팔선녀의 만남 및 고상한 수작도 이 그림처럼 성적 욕망을 자극하는 매혹적인 장면이라 해야 할 것이다. 선방禪房으로 돌아온 성진은 "팔선녀를 본 후부터는 고운 음성이 아직도 귓가에 머물러 있고, 아름다운 모습이 눈앞에 아른아른하여 잊으려 해도 잊을 수가 없으며, 생각지 않으려 해도 저절로 생각이 났고,

정신이 황홀하여 어찌할 수가 없었다"(23쪽)고 했는데, 당시 이 대목을 읽은 독자들 역시 성진과 다름없이 황홀경에 젖어들었으리라. 그래서 이양오가 「구운몽」을 읽고 '교태롭고 아리따운 소리 귀에 쟁쟁하고, 꽃과 달 같은 미인의 얼굴 눈에 어른거리네'라고 읊었던 것이 아니겠는가.

이런 점에서 서포는 성진과 팔선녀의 만남이라는 환상적인 사건을 통해 남성들이 통속적으로 갈망하는 욕망의 세계를 잘 보여주었다고 하겠다. 성적 욕망은 흔히 몽환적 세계를 꿈꾸는 기제이기도 한바, 성진과 팔선녀의 만남은 대부분의 남성들이 성적 욕망에 따라 꿈꾸곤 하는 몽환적 세계의 생생한 모습이라고도 할 수 있다. 양소유와 백능파의 만남 또한 이와 유사하다. 즉 서포는 성진과 팔선녀의 만남 및 양소유와 백능파의 만남을 통해 성적 욕망에 기반하여 몽환적 세계를 꿈꾸곤 하는 인간의, 특히 남성의 욕망의 세계를 생생하게 형상화했던 것이다.

양소유가 맨 처음 만난 진채봉의 형상 또한 성적 욕망에 기반한 남성들의 심리 취향을 잘 보여주고 있다.

> 시를 읊는 소리가 맑고 기이하며 깨끗하고 밝아서 마치 금석 한 덩어리에서 나는 듯하였다. 봄바람이 이를 거두어 누각으로 올리니, 누각 위의 미인이 한참 봄잠에 빠졌다가 시를 읊는 소리에 놀라 깨어 창문을 열고 난간에 의지하여 두루 바라보다가 양생의 눈과 우연히 마주쳤다. 그 미인의 구름 같은 머리가 귀밑까지 드리웠고 옥비녀는 반쯤 기울어졌으며 아직 봄잠이 부족해 하는 모습이 하도 천연스럽게 아름다워 이루 말로 형용할 수 없고 비슷하게 조차 그릴 수 없었다.(37~38쪽)

귀밑 까지 드리워진 구름 같은 머리, 반쯤 기울어진 옥비녀, 갓 잠에서 깨어나 여전히 졸음기운이 남아 약간 찌푸려진 눈. 이것이 양소유의 눈에 비친 진채봉의 모습이다. 머리 역시 조금은 흐트러져 있었으리라. 서포는 이를 '천연스러운 아름다움天然秀麗'이라고 표현했는데, 이러한 진채봉의 형상에도 남성의 성적 욕망이 짙게 투영되어 있다. 죠르쥬 바따이유는 "사실 어떤 대상이 아름답다고 한다면, 그것은 간절한 욕망의 표적이라는 말과 다르지 않다"[17]고 했는데, 아름답다는 느낌 가운데도 성적 욕망과 가장 관련이 깊은 것이 양소유의 눈에 비친 진채봉의 모습일 것이다. 아무리 미인이라고 할지라도 지나치게 단정한 모습이나 또 그 반대로 지나치게 흐트러진 모습은 일반적으로 남성들의 성적 욕망을 자극하기가 쉽지 않다. 우아하면서도 연약하고 약간은 흐트러진 여성의 모습에서 많은 남성들은 성적 매혹을 느끼곤 한다. 그래서 전국시대戰國時代 때의 뭇 남성들이 가슴앓이로 눈살을 찌푸리고 다녔던 서시西施의 모습에 매료되었던 것이 아니겠는가. 즉 서포는 진채봉의 형상을 통해 남성의 일반의 성적 욕망과 취향을 생생하면서도 진솔하게 표출하고 있는 것이다.

이상에서 대략 살펴보았듯이, 서포는 「구운몽」을 통해 다양하고도 오묘한 성적 욕망의 세계와 그에 따른 심리 감정을 다양한 방식으로 생생하면서도 진솔하게 형상화하고 있다. 이러한 형상화는 조선 후기 독자들을 매료시키기에 부족함이 없었으며, 또한 서포가 성적 욕망에 대해 열린 시각을 갖지 않았다면 불가능했을 것이라는 게 저자의 생각이다. 실제로 서포는 "한 여자의 가벼움도 오히려 저버리지 아니한다면 그가 임금이나 부모에 대한 것은 알 만하다. 남녀의 지극한 사랑도 차

17 죠르쥬 바따이유, 조한경 역, 『에로티즘』, 민음사, 1997, 158쪽.

마 저버리려 한다면, 또한 그보다 소원疎遠한 사람을 긍휼히 여기겠는가?"[18]라며, 남녀의 애정을 긍정하는 글을 남기기도 했던 것이다.

5. 「구운몽」과 전기소설의 차이

근래 적지 않은 연구자들이 「구운몽」은 이전의 전기소설이 담아내었던 비극적 정서나 현실 비판적 성과를 제대로 계승하기는커녕 도리어 왜곡시켰다고 평가하고 있다. 「구운몽」이 전기소설의 비극적인 모티프들을 활용하되 이를 사회적 현실을 무시한 채 행복한 결말로 재구했다는 것이다. 그러나 「구운몽」은 전기소설과 전혀 다른 차원에서 인간의 삶과 욕망의 문제를 진지하게 성찰하고 있기 때문에 단순하게 결말의 차이만 갖고 소설의 성과나 의의를 논하는 것은 곤란하다. 게다가 이전의 전기소설 작가들은 소설의 재미에 대한 문제를 전혀 고려하지 않은 채 소설을 지었다면, 「구운몽」은 이를 분명하게 인식한 작가가 다양한 서술기법과 서사적 형상을 통해 독자들의 감흥을 불러일으키고 있다는 점에서 이전의 전기소설들과는 다른 차원에서 논의되어야 할 것이다.

사실 전기소설의 작가들은 허구로서의 소설이 갖는 문학적 효용성에 대한 인식보다는 소외된 지식인이 자신의 원망怨望을 토로하는 차원에서 소설을 창작했다. 따라서 전기소설에는 소외된 지식인이 현실에 대해 느끼거나 체감했던 불만이 내포되어 있기는 하지만, 그것이 사회적 파장을 불러일으키는 힘으로 전화될 가능성은 매우 희박하다. 이는 사

18 김만중, 홍인표 역주, 『서포만필』, 일지사, 1987, 392쪽.

건의 처리 방식에서도 드러난다. 「운영전」을 제외한 대부분의 전기소설은 주인공이 순간적인 성적 욕망을 억제하지 못하고 성폭행과 같은 행위를 통해 자신의 애욕을 실현하지만, 결국 그의 반사회적·반예교적 행위는 혈기 미정한 상태의 젊은이가 충분히 저지를 수도 있는 일이거나 또는 기이한 사건으로 주변인들에게 용인된다. 그리고 그들의 비극은, 당시의 도덕적 관념이나 예교 또는 중세적 질서와 같은 현실적 조건이 아니라, 전쟁이나 유명幽明의 차이 때문인 것으로 설정되어 있다. 비록 전쟁과 유명의 차이가 두 사람 사이의 애정이 현실적 조건 때문에 본래부터 실현될 수 없는 것이었음을 드러내기 위한 설정이었다는 것을 인정할지라도, 그것은 어디까지나 상징적 또는 추상적인 차원에서의 문제 제기라는 한계를 벗어날 수 없다. 게다가 전기소설의 주인공들은 애정을 삶의 전체로 인식한다. 즉 그들에게는 애정 상대와의 신의 외에는 어떤 중요한 가치도 존재하지 않는 것이다.[19] 특히 「주생전」의 주생과 「위경천전」의 위생이 그렇다. 그런데 이것은 기본적으로 유아적幼兒的 또는 사춘기적 사고방식이다. 그래서 그들은 자신의 행위가 잘못되었다고 인식하면서도 성적 욕망을 주체하지 못하여 밀폐된 공간에서 범죄적 성행위를 저지르고 만다. 이것은 죄의식에 시달리면서도 사춘기의 성욕을 어찌하지 못하여 남몰래 자위 행위를 하는 것과 크게 다르지 않다. 그러기에 오늘날 우리 사회에서는 도저히 용납될 수 없는, 그들의 범죄적 행위가 전기소설에서는 성숙한 주변인들에게 용인될 수 있었던 것이다. 이런 점에서 전기소설이 제기하고 있는 현실 비판과 성적 욕망의 긍정은, '밀폐된 공간에서 이루어지는 사춘기적 자위

19 정길수, 「전기소설의 전통과 구운몽」, 『한국한문학연구』 30, 한국한문학회, 2002, 365쪽.

행위는 인간의 성적 본능에 따른 것이기 때문에 크게 문제 삼아서도 안 되며 또한 굳이 죄책감을 가질 필요도 없다'는 정도라고 하겠다.

그런데 「구운몽」은 어떠한가. 양소유의 공개적인 애정편력을 통해 성적 욕망의 다양한 형태와 그에 따른 심리 감정 등을 노골적이면서도 생생하게 형상화하고 있다. 즉 「구운몽」은 예술적 형상을 통해 성적 욕망이 인간이라면 누구나 가질 수 있는 자연스럽고 본질적인 욕망이라는 것을 여실하게 보여주고 있는 것이다. 그 결과 「구운몽」은 작가가 의도했건 의도하지 않았건 간에 성적 욕망을 억압하는 유교적 도덕 관념이나 사회적 관습 및 제도 등 당시의 많은 금기들을 부정하는 효과를 창출하였다. 이러한 「구운몽」의 효과는 바로 작가 서포가 역설적인 환몽 구조를 통해 양소유가 추구하는 욕망의 세계를 생생하게 그려내었던 소설 미학적 성과라고 할 수 있다.

「구운몽」은 전면적이고도 의도적인 몽상의 형식을 통해 통속소설에 대한 대중적인 인기 속에 잠재되어 있는 동시대 독자들의 욕망을 끌어안으면서도 그 최종 지점에 이르러서 독자들에게 그 욕망의 근원과 진실을 반성적으로 응시하게 하는 텍스트라는 지적[20]이 있다. 즉 「구운몽」은 기존의 환몽 구조를 역설적으로 비틀어[21] 인간의 통속적인 욕망을 생생하게 재현함으로써 인간의 욕망과 삶이란 어떤 것이며, 인간은 궁극적으로 무엇을 추구하며 살아가야 할 것인가에 대한 문제를 진지하게 고민하고 탐색한 작품이라고 할 수 있다. 이런 점에서 우리 고소설 가운데 「구운몽」만큼 철학적 또는 인식론적 문제를 깊이 있게 다룬

---

20 강상순, 「구운몽의 상상적 형식과 욕망에 대한 연구」, 고려대 박사논문, 1999, 127쪽.

21 「구운몽」의 구조적 특징에 대해서는 위의 글과 제4장 '「구운몽」의 구조적 특징과 세계상'을 참조하기 바람.

작품은 없다고 해도 과언이 아닐 것이다.

그러나 소설사적으로 볼 때, 「구운몽」의 진정한 가치와 의의는 작품이 담아내고 있는 주제의식이나 철학적 문제보다는 소설 미학적 성과에서 찾아져야 할 것이다. 실제로 작가인 서포는 「삼국지연의」와 같은 소설이 왜 독자들에게 감동을 주고 또 독자들을 감화시킬 수 있는가를 분명하게 인식하고 있었다. 이러한 인식을 바탕으로 서포는 치밀한 구성과 극적 상황의 연출, 일상적 생활상과 사소한 것의 포착, 성적 욕망의 생생한 재현 등을 통해 「구운몽」의 소설적 재미와 진실성을 동시에 확보하였다. 물론 이런 점들은 오늘날의 소설에 비하면 여전히 미숙하거나 초보적인 수준에서 크게 벗어나지 못했다고 말할 수도 있다. 그러나 「구운몽」이 지어진 17세기 말은 우리나라에서 소설이 본격적으로 대두하기 시작한 때이다. 이러한 시기에 「구운몽」은 소설의 허구성과 진실성에 대한 작가의 정확한 인식을 바탕으로 다양한 서술기법과 서사적 형상화를 통해 많은 독자들을 매료시켰다. 특히 사실적인 듯하면서도 허탄하고 허탄한 듯하면서도 사실적인 사건의 설정과 치밀한 구성, 세밀한 상황 묘사와 개성적인 인물 형상 등을 통해 동시대인의 통속적 욕망을 생생하게 재현함으로써, 독자로 하여금 인간이 궁극적으로 무엇을 위해 어떻게 살아가야 할 것인가에 대해 진지하면서도 반성적으로 되새기게 한 「구운몽」의 소설 미학적 성과는 실로 높게 평가되어야 할 것이다.

| 제6장 |

「사씨남정기」의 갈등 구조와 서포의 현실 인식

1. 작가의식에 대한 논란과 문제점

「사씨남정기」는 대부분의 고소설이 작자 미상인 것과는 달리 작자가 서포 김만중으로 분명하게 밝혀져 있으며, 작품의 탁월한 인물 형상으로 인해 일찍부터 주목을 받아 왔다.[1] 그 결과 상당히 많은 연구 성과가 축적되어 있으며, 구성적 특징과 소설사적 위상 등도 일정하게 밝혀졌다. 특히 최근에는 「사씨남정기」의 이념과 미학에 대한 연구 성과[2]가 제기되어 주목을 끈다. 그러나 「사씨남정기」의 주제나 작자의식에 대한 문제는 여전히 합의를 이루지 못한 채 긍정적인 견해와 부정적인 견해가 상존해 있는 상태이다. 부정적인 입장에서는 「사씨남정기」의 주제를

1 일찍이 김태준은 「사씨남정기」에 대해 "累累히 妖妾의 弊害를 陳述하고 人間界의 實生活에 處하야 現實에 近接한 描寫를 하였다"(김태준, 『조선소설사』, 학예사, 1932, 123쪽)고 평한 바 있으며, 정규복 교수는 "背景描寫의 現實化"와 "人物描寫에 있어서의 公式性의 脫皮" 등을 들어 "從來의 軍談類小說보다는 훨씬 '리알'하게 前進한 것으로 韓國古代小說史上 높히 平價되어야"(정규복, 「남정기논고」, 『국어국문학』 26, 국어국문학회, 1963, 298쪽) 한다고 주장한 바 있다.

2 박일용, 「사씨남정기의 이념과 미학」, 『고소설연구』 47, 한국고소설학회, 1998.

'일부다처에 대한 유자의 꿈을 합리화한 작품'[3]이라거나 '가문극대화의 열망이 상위적 조직원리이자 최종적 지향'[4] 등으로 이해한 반면, 긍정적인 입장에서는 '가족제도의 모순에 대한 근본적 시정'[5]이나 '봉건적 사회제도에 대한 처단의 정신이 숨어 있는 것'[6]으로 이해하고 있다. 이러한 상반된 입장은 다음의 두 견해에 전형적으로 나타난다.

> ① 사회적 인간으로서 교녀는 그 사회의 악덕과 분리하여 존재하지 않으며 바로 그 악덕을 체현하고 있는 까닭에 우리 독자들은 교녀를 무자비하게 증오하며 처단하는 것이다. 교 씨 형상의 힘, 교양적 의의는 바로 악에 대한 악의 원인을 제거시켜야 하겠다는 시대적 사회적 각성을 길러주는 데 있다고 할 것이다. 교녀에 대한 마음 시원한 처단 속에서는 교녀에 대한 처단만이 아니라 그를 낳은 그 사회 그 제도에 대한 처단의 정신이 숨어 있다는 것이다.[7]

> ② 작자들은 불합리한 제도의 개선을 통해 갈등의 근원적 해결책을 모색하기보다 문제의 본질을 교묘히 은폐함으로써 현상적 혼란만을 억지하려 하고 있다. 공교한 관념적 논리로 불합리한 제도를 합리화하고, 제도의 불합리란 구조적 문제를 人性의 결함이라는 개인적 문제로 왜곡시킴으로

3 이석래, 「서포 소설(남정기 · 구운몽)의 문제점」, 『성심어문논집』 1, 가톨릭대 국어국문학과, 1966, 16쪽.

4 김석회, 「서포 소설의 주제시론」, 『선청어문』 18, 서울대 국어교육과, 1989.

5 정규복, 「남정기의 저작 동기에 대하여」, 『성대문학』 15 · 16합병호, 성균관대 국어국문학과, 1970, 39쪽.

6 윤기덕, 「사실주의에 관한 엥겔스 명제의 옳은 이해와 그 발생 시기의 문제」, 『우리나라 문학에서 사실주의 발생 · 발전 논쟁』, 사계절, 1989, 247쪽.

7 위의 글, 247쪽.

써, 어느 일방의 희생을 통해 기존 질서를 그대로 유지하려 하고 있으며, 규범에서 이탈한 자의 비참한 말로와 규범에 충실한 자의 무한한 보상을 대비시킴으로써 기존 질서에의 순응을 종용하고 있다.[8]

①은 북한학자인 윤기덕의 견해이다. 그는 서포가 「사씨남정기」를 형상화하면서 궁극적으로 봉건적 사회제도의 하나인 일부다처제의 모순과 그것의 부조리에 대한 처단을 의식했다고 주장한다. 즉 교 씨를 간악하게 한 근원적 원인은 바로 봉건적 처첩제도이며, 교 씨에 대한 처단은 그를 낳은 사회와 제도에 대한 처단을 의미한다는 것이다.[9] 이러한 주장의 근거로 그는 교 씨의 형상을 객관적으로 보여주었다는 점을 들고 있다. 기실 「사씨남정기」가 이룩한 사실주의적 형상화는 고소설에서는 보기 드문 탁월한 성과라고 할 수 있다. 그러나 이러한 성과가 곧바로 봉건사회와 그 제도에 대한 서포의 처단정신에서 비롯된 것인가에 대해서는 재고의 여지가 있다. 또 이러한 방식으로 이해할 경우, 새로운 첩이면서 긍정적 인물인 임 씨의 등장은 해명할 길이 없다. 임 씨의 등장은 '선악의 과보와 함께 작자의 인도주의 사상을 표현한 대단원으로서 남권전제의 축첩제도에 대한 작가의 비판적 파토스를 거세시키지 못한다'[10]는 궁색한 변명으로 문제가 해결되는 것은 아니다.

---

8 이원수, 「가정소설 작품 세계의 시대적 변모」, 경북대 박사논문, 1991, 117쪽.

9 근래 김현양 교수는 "「사씨남정기」는 단순히 중세의 규범적 인식만을 강요하는 작품이 아니다. 현실의 질서를 파괴하는 출구 없는 욕망의 폭력성을 의도적으로 드러내면서 동시에 욕망의 폭력성을 제어할 수 없는 현실의 제도 자체를 회의하고 나아가 제도의 변화를 전망하면서 욕망의 출구를 열어 놓았던 것이다"(김현양, 「사씨남정기와 욕망의 문제」, 『고전문학연구』 12, 한국고전문학회, 1997, 110쪽)라고 주장하였는데, 이러한 주장 역시 윤기덕의 견해와 맥을 같이 하고 있다.

10 윤세평, 「서포 김만중과 그의 창작」, 『고전작가론』 2, 조선작가동맹출판사, 1959, 196쪽.

②는 이원수 교수의 견해이다. 그는 서포가 「사씨남정기」에서 '불합리한 제도의 개선을 통해 갈등의 근원적 해결책을 모색하기보다 문제의 본질을 교묘히 은폐함으로써 현상적 혼란만을 억제하려 했다'고 주장한다. 이러한 견해는 17세기 봉건사대부로서 서포가 지닐 수밖에 없었던 의식의 한계를 어느 정도 타당하게 지적한 것으로 판단된다. 또 「사씨남정기」가 '규범에서 이탈한 자의 비참한 말로와 규범에 충실한 자의 무한한 보상을 대비시킴으로써 기존 질서에의 순응을 종용하고 있다'는 점 역시 부정하기 어렵다. 그러나 위의 진술은 기본적으로 17세기 후반이라는 역사적 조건을 전혀 고려하지 않은 채 현대적 시각에서 일방적으로 재단한 혐의가 없지 않다. 역사적 발전 단계를 고려하지 않고 현대적 시각에서 과거 인물의 의식을 재단할 경우 그 인물에 대한 평가가 온당하게 이루어질 수 없다. 서포는 유가적 사대부로서 지녔던 의식의 한계 내에서나마 당대의 부조리한 현실의 원인을 탐구하고 그 원인을 제거하려는 면모를 보여주고 있으며, 적어도 사회적 존재로서의 인간을 이해하고 있다는 점 등이 고려되어야 할 것이다. 「사씨남정기」가 이룩한 사실주의적 성과는 이와 무관할 수 없기 때문이다.

이렇듯 「사씨남정기」에 대한 평가는 긍정과 부정이라는 양극단으로 흐르면서 각기 나름대로의 의의와 문제점을 안고 있다. 그런데 정작 두 입장 모두 작품의 전체 구조 속에서 사 씨와 교 씨의 대립을 고찰하기보다는 교 씨와 사 씨의 대립 자체에만 주목하고 있다. 「사씨남정기」에서 교 씨와 사 씨의 대립에만 주목할 경우, 임 씨의 존재를 어떻게 해석하느냐에 따라 작품의 주제는 물론 작가의식 역시 극단적으로 이해될 수밖에 없다. 따라서 작가의식을 온당하게 이해하기 위해서는 작품의 전체 구조 속에서 사 씨와 교 씨의 대립이 갖는 의미를 조망할 필요가 있다. 이에 이 장은 「사씨남정기」의 갈등 구조를 분석하여 그 의미를 파악하고, 이를 바탕으로 처첩제도 등에 대한 서포의 현실 인식을 종합적으로 구명하고자 한다.[11]

2. 갈등 구조와 그 의미

1) 이중적 삼각 구조와 봉건적 이상사회의 추구

「사씨남정기」에는 유연수를 정점으로 한 사 씨와 교 씨의 대립을 비롯하여 천자를 정점으로 한 유연수와 엄숭의 대립 등 다양한 형태의 삼각 관계가 존재한다. 위에서 거론한 것 외에도 교 씨를 정점으로 한 유연수와 동청 사이의 관계 및 동청과 냉진 사이의 관계, 그리고 동청을 정점으로 한 교 씨와 납매의 관계 등이 모두 삼각 관계로 이루어져 있다. 「사씨남정기」에서는 이러한 삼각 관계는 단순한 형식적 요건 이상의 의미를 지니고 있다. 이는 정점이 되는 인물의 복합성[12]에서도 엿볼 수 있듯이 서로 복잡하게 얽혀 있으면서도 일정하게 통일성을 갖추고 있다는 데서도 알 수 있다. 여기에서는 일차적으로 「사씨남정기」의 중심적인 삼각 관계라고 할 수 있는 유연수를 정점으로 한 사 씨와 교 씨의 대립, 그리고 천자를 정점으로 한 유연수와 엄숭과의 대립이 내포하고 있는 상호 관련성을 통해 그 의미를 추출하고자 한다.

---

11 이 글은 저자의 「사씨남정기의 작품 구조와 인물 형상」(정규복 외, 『김만중 문학 연구』, 국학자료원, 1993)을 토대로 하고 있다. 그간 몇몇 연구자들이 저자의 견해에 이의를 제기한 바 있기에, 이 글은 이 점을 고려하여 본인의 견해를 더욱 분명히 하거나 일부 보완하는 차원에서 이루어진 것이다.

12 예컨대, 교 씨와 납매와의 대립 관계 속에서는 동청이 정점이 되지만, 동청과 냉진의 관계에서는 교 씨가 정점이 되고 동청은 냉진과 대립 관계를 이룬다.

유연수를 정점으로 이루어진 사 씨와 교 씨의 대립은 「사씨남정기」의 중심적인 삼각 관계이다. 유연수의 처인 사 씨는 결혼 후 10년이 지나도 생산을 하지 못하자 유연수에게 첩들이기를 권유하고, 또 본인이 직접 교 씨를 소개하여 첩으로 맞아들인다. 그러나 교 씨가 자신의 현실적 처지에 대해 불만을 품고 사 씨를 모함함으로써 이들은 서로 대립하게 된다. 여기에서 사 씨는 처이며 선인의 전형으로, 교 씨는 첩이면서 악인의 전형으로 형상화되어 있다. 따라서 사 씨와 교 씨의 대립은 '처와 첩'의 대립적 성격과 아울러 '선과 악'의 대립이라는 이중적인 성격을 갖는다.

이러한 이중성은 작품의 주제와 밀접한 관련을 맺고 있다. 즉 '처첩'의 관계에 주목하느냐, 아니면 '선악'의 관계에 주목하느냐에 따라 그 의미가 달라지기 때문이다. 물론 「사씨남정기」가 갖고 있는 대립의 이중성은 작품에 동시에 표출되어 있는 것으로서 어느 일면만을 고려해서 단정적으로 말하기는 어렵다. 그러나 무게중심이 '처첩의 관계'에 있는지, 아니면 '선악의 관계'에 있는지가 작품 내적 질서 속에서 분명하게 해명되어야만 할 것이다. 이를 해명하기 위해서는 먼저 작품의 전체 구조 속에서 사 씨와 교 씨의 대립이 점하고 있는 위치를 파악할 필요가 있다.

유연수를 정점으로 한 사 씨와 교 씨의 대립은 천자를 정점으로 한 유연수와 엄숭(동청도 포함)의 대립과 밀접한 관련하에 이루어져 있다. 유연수는 사 씨와 교 씨의 대립 관계 속에서는 정점에 해당하지만, 천자를 정점으로 한 구도에서는 엄숭과 대립하는 존재이다. 이러한 관계 양상을 논의의 편의상 천자를 정점으로 한 유연수와 엄숭의 대립을 ①로 하고, 유연수를 정점으로 한 사 씨와 교 씨의 대립을 ②로 설정한다.

여기에서 ①은 국가적 차원의 삼각 관계이며, ②는 가정적 차원의 삼각 관계이다. 이를 도표로 나타내면 다음과 같다.

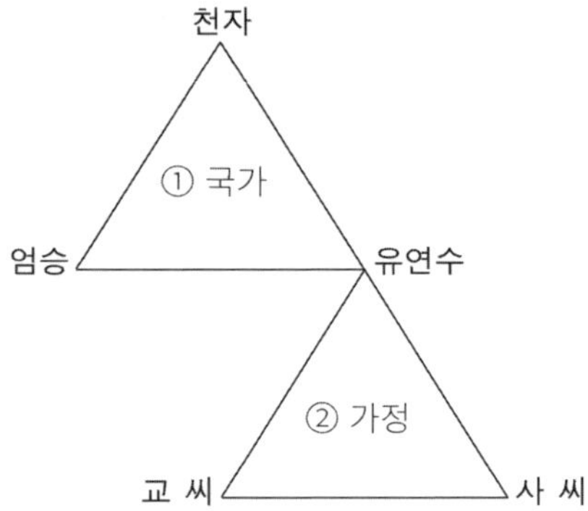

먼저 우리는 두 삼각 구조를 수직적인 관계로 이해할 필요가 있다. ①과 ②를 각각 하나의 조직체로 보았을 때 ②는 ①을 구성하는 한 요소, 즉 한 국가의 기본 단위인 가정이다. 따라서 두 삼각 구조는 단순히 작품의 구조로서 의미만이 아니라 하나의 사회 구성 형태를 반영하고 있다. 전체적인 소설의 전개는 ①과 ②의 정점에 해당하는 천자와 유연수가 일시적인 미몽에 빠져 각각 부정적인 인물인 엄승이나 교 씨와 연계되어 있다가, 결국은 미몽에서 깨어나 긍정적 인물인 유연수나 사 씨와 연계되는 것으로 서술되어 있다. 이러한 서술에서 알 수 있는 것은 일차적으로 작가가 '사 씨→유연수→천자'로 연결되는 사회 구성체를 형상화하고 있다는 점이다. 이는 봉건적 부덕을 갖춘 사 씨가 유연수를 보필하고, 유연수와 같은 충신이 천자를 보필하는 국가 형태라고 할 수 있는바, 서포는 수직적 삼각 구조를 통해 일종의 봉건적 이상사회를 추구했다고 할 수 있다.

다음은 ①과 ②의 수평적 관계이다. 「사씨남정기」는 전반적으로 유연수를 정점으로 한 사 씨와 교 씨의 갈등을 중심으로 서술되어 있다. 그러나 전체 구조 속에서 사 씨와 교 씨의 대립은 천자를 정점으로 한 유연수와 엄숭과의 대립의 구체적인 현상태現象態로서의 의미를 갖는다. 이와 관련해서 우리는 「사씨남정기」를 한역하면서 쓴 김춘택金春澤의 다음과 같은 진술을 주목할 필요가 있다.

> 서포는 언문으로 소설을 많이 썼는데, 그중 이른바 「남정기」는 등한이 할 수 없는 것이 있다. (…중략…) 남정기는 본래 우리 서포 선생이 지은 것으로 부부와 처첩 간의 일을 다루고 있다. 그러나 그것을 읽는 사람은 탄식하고 눈물을 흘리지 않는 자가 없을 것이다. (…중략…) 뿐만 아니라 비유를 써서 뜻을 드러내어 장차 사람을 가르치지 않은 것이 없다. 이른바 추방당한 신하, 원을 품은 처와 아울러 그 주인들의 관계는 천성과 민이(民彝)가 서로 작용하는 것이 있으니 곧 『초사(楚辭)』와 같다.[13]

김춘택은 언문소설인 「사씨남정기」를 자신이 한역漢譯하게 된 것은 거기에 "등한히 할 수 없는 것"이 있었기 때문이라고 한다. 그리고 '부부와 처첩 간의 일을 다루고 있지만, 비유를 써서 사람을 가르치는 것은 초사楚辭와 같다'며 '등한히 할 수 없는 것'의 구체적인 내용을 밝히고 있다. 김춘택이 「사씨남정기」를 『초사』에 비견한 것은 서포의 창작의도를 올바로 이해한 것으로 판단된다. 익히 알고 있듯이, 김춘택이 지칭하는

13 김춘택, 『北軒集』 권16, 민족문화추진회 편, 『한국문집총간』 185, 1977, 25~26쪽. "西浦頗多以俗諺爲小說 其中所謂南征記者 有非等閒之比 (…中略…) 記本我西浦先生所作 而其事則以人夫婦妻妾之間 然讀之者無不吝嗟涕泣 (…中略…) 不唯如是 推類引義 將無往而非敎人者 所謂放臣怨妻與所天者 天性民彝 交有所發 則如楚辭."

『초사』는 굴원의 「이소離騷」를 두고 말한 것이다. 그런데 서포는 송강松江 정철鄭澈의 한글가사인 「관동별곡」과 「속미인곡」, 그리고 「사미인곡」을 우리나라의 「이소」로 높이 평가한 바 있다. 이러한 서포가 「사씨남정기」를 한글로 쓰면서 굴원의 「이소」를 고려했을 가능성이 매우 높다. 이는 「사씨남정기」의 다음 구절을 통해서도 쉽게 확인할 수 있다.

> 사 씨가 말하였다. "이 땅은 곧 충신이 참소를 만나 물에 빠져 죽은 곳이다. 시부모의 신령이 내가 고인(古人)처럼 죄가 없는 것을 알고 나로 하여금 이곳에서 스스로 빠져 죽어 그 절개를 온전히 하여 고인과 더불어 이름을 가지런케 한 것이니, 이것이 어찌 우연이겠는가?"[14]

위의 구절은 사 씨가 유문劉門에서 쫓겨난 이후 장사땅으로 두 부인을 찾아 가다가 소상강에 이르러 투신을 결심하고 자탄하는 대목이다. 여기서 '고인'은 바로 굴원을 지칭하는바, 사 씨는 자신의 처지를 굴원과 일치시키고 있다. 이 외에도 사 씨의 추방을 굴원과 관련지어 서술하고 있는 대목이 작품의 여러 곳에 나타난다. 여기에서 우리는 서포가 「사씨남정기」를 쓰면서 처음부터 『초사』를 고려했으며, 김춘택이 「사씨남정기」를 굴원의 『초사』에 비견한 것은 이러한 서포의 의도를 정학하게 간파한 것이라고 하겠다.

그러나 우리가 여기에서 주의해야 할 것은 굴원에 비견되는 인물이 '유연수'가 아니라 '사 씨'라는 점이다. 물론 유연수도 동청의 참소로

14 「번언남정기(飜諺南征記)」, 이래종 역, 『사씨남정기』, 태학사, 1999, 27쪽. "謝氏曰 此地卽忠臣遇讒 投水而死之處也 舅姑神靈 知我之無罪如古人 故使我 於此自投而死 以全其節 與古人齊名 豈偶然哉." 이하 「번언남정기」를 인용할 경우 작품명과 쪽수만 표기한다.

인해 유배당하긴 한다. 그러나 사 씨의 추방과 유연수의 유배는 다소 차이가 있다. 사 씨는 아무런 잘못도 없이 단지 교 씨의 간악한 참소로 인해 쫓겨난 억울한 추방인 반면에, 유연수의 유배는 사 씨를 추방한 잘못에 대한 징벌의 의미가 담겨 있다. 이러한 차이는 추방을 당한 사 씨와 유연수의 행동에서도 드러난다. 사 씨는 유연수에게 쫓겨난 이후에도 언젠가는 자신의 무죄함이 밝혀질 것을 기대하면서 자신의 처지가 회복되기를 기다린다. 그러나 유연수는 추방을 당함으로써 비로소 자신의 과오를 인식하고 후회할 뿐만 아니라, 천자를 그리워한다든가 복권되기를 기대하지 않는다. 즉 「사씨남정기」에서 「이소」를 지은 굴원에 비견되는 인물은 사 씨이지 결코 유연수가 아니라는 것이다. 이는 작품 내에서 사 씨의 추방을 굴원과 연계한 대목이 여러 곳에 나타나는데 반해, 유연수의 유배를 굴원에 비유한 대목은 단 한 곳도 없다는 사실에서도 드러난다.

그동안 사 씨는 '윤리의 화신인 성녀'[15]나 '이조 여인의 이상형'[16]으로만 이해되어져 왔다. 그러나 그 이면에 봉건체제하에서의 이상적인 신하의 형상이 함축되어 있다는 사실을 간과해서는 안 될 것이다. 이는 유소사劉小師가 사 씨를 며느리로 맞은 직후 두 사람의 대화에서도 엿볼 수 있다.

> 소사가 물었다. "지아비를 거스르지 않는 것이 부도(婦道)라고 한다면 지아비가 비록 잘못이 있더라도 또한 따르겠는가?" 소저가 대답하였다.

15 이금희, 「사씨남정기에 나타난 서포의 여성관—양면성을 중심으로」, 『국어교육』 69·70합집, 한국국어교육연구회, 1988, 156쪽.
16 김용숙, 「사씨남정기를 통해 본 이조여성 생활」, 『김만중 연구』, 새문사, 1983, Ⅲ장, 57쪽.

"그것을 말한 것이 아닙니다. 고어에 이르기를 부부의 도는 오륜을 겸하여 갖추었으니 아비에게는 쟁자(爭子)가 있고, 임금에게는 간신(諫臣)이 있으며, 형제는 서로 힘써서 바르게 하고, 붕우는 서로 책(責)하여 선(善)하게 한다고 하였으니 부부만이 홀로 그렇지 않겠습니까?"[17]

위의 대목은 향후 전개될 사건을 암시하는 복선으로서의 의미를 지닌 것으로 서포의 의도적 서술임이 분명하다. 그런데 서포는 부도의 여러 항목 중에 아비에게 있어서의 쟁자와 임금에게 있어서의 간신과 같은 지어미의 역할에 서술의 초점을 맞추고 있다.[18] 우리는 여기서 서포가 처음부터 사 씨의 인물을 형상화하면서 봉건적 부도를 갖춘 여인상으로서 뿐만 아니라 봉건적 신하로서의 이상적 면모를 부여하고 있다는 것을 알 수 있다. 앞서 살펴본 것처럼 사 씨의 추방을 굴원과 연계시킨 것 역시 이러한 구도의 연속선상에서 이루어진 것이다.

사 씨의 형상에 굴원과 같은 봉건적 충신의 형상이 아우러져 있으며, 굴원의 추방에 비견되는 것이 유연수의 유배가 아니라 사 씨의 추방이라는 사실은 ②의 삼각 관계가 ①의 비유로서, 그리고 그것의 구체적인 현상태現象態로서 형상화된 것임을 분명하게 보여준다. 즉 서포는 천자를 정점으로 한 충신과 간신의 대립의 비유로서, 그리고 그것의 구체적

---

17 「번언남정기」, 5쪽. "小師曰 無違丈夫 是爲婦道 則夫雖有過 亦可從之歟 小姐曰 非謂此也 古語曰 夫婦之道 兼該五倫 父有爭子 君有諫臣 兄弟相勉以正 朋友相責以善 至於夫婦 何獨不然."

18 사 씨는 남편에 대한 부인의 도리를 '부모에 대한 쟁자와 임금에 대한 간신'에 비유하고 있다. 이러한 사 씨의 부도론(婦道論)은 유가의 전통적인 부도론과 차이가 있다고 말할 수는 없다. 그러나 조선 후기 경직화된 가부장제하에서는 유가의 전통적인 부도론 역시 용납되기 어려웠던 것이 사실이다. 따라서 서포가 원칙적인 부도론을 내세운 것은 당대의 경직화된 가부장제에 대한 일정한 비판적 의의와 아울러 봉건 사대부적 이상을 지향한 것으로 생각된다.

인 현상태로서 사 씨와 교 씨의 대립을 형상화했던 것이다.[19] 따라서 사 씨와 교 씨의 대립은 처첩으로서의 대립보다는 충신과 간신, 또는 선과 악의 대립으로 이해되어야 할 것이다. 그렇다고 해서 처와 첩의 의미가 전혀 없다는 것은 아니다. 작품 내의 질서 속에서 처와 첩의 관계는 정통과 비정통의 의미를 내포하고 있는 것으로 이해된다. 다시 말해서, 「사씨남정기」에서 처첩의 문제는 유연수와 사 씨의 연계가 정통이듯이 천자와 유연수의 연계는 정통에 해당하며, 이와 반대로 유연수와 교 씨의 연계가 비정통이듯이 천자와 엄숭의 연계는 비정통이라는 의미를 함축하고 있다는 것이다. 결국 서포는 「사씨남정기」를 통해 '사 씨→유연수→천자'로 연결되는 관계를 긍정하고 '교 씨→엄숭(동청)→천자'로 연결되는 관계를 부정하고 있는데, 이는 당쟁 등 당대의 문란한 정치현실에 대한 사대부적 비판의식을 바탕으로 봉건적 이상사회를 추구한 결과라고 할 수 있다.

2) 선악의 대립과 교훈적 성격

「사씨남정기」에는 각기 개성을 지닌 여러 인물들이 등장하여 다양한 갈등을 빚는다. 사 씨와 교 씨의 대립을 중심축으로 유연수·엄숭·동청·냉진·설매·납매 등이 각기 자신들의 이해 관계에 따라 서로 결탁하기도 하며 배반하기도 한다. 특히 악인형 인물들을 중심으로 이루어지는 결탁과 배반이 철저하게 그리고 일관되게 현실적인 이해 관계에 따

19 이렇듯 서포가 삼각 관계 ①의 구체적인 현상태로서 삼각 관계 ②를 형상화한 것은 숙종의 폐비사건에서 비롯된 것으로 보인다. 즉 숙종 당대의 인물인 서포가 숙종의 허물을 구체적으로 형상화하기 어려워 유연수를 정점으로 한 사 씨와 교 씨의 대립을 통해 이를 간접적으로 드러내고자 했던 것이 아닌가 생각한다.

라 전개되고 있는바, 이는 「사씨남정기」의 현실성을 한층 풍부하게 하고 있다. 그러나 「사씨남정기」의 기본적인 구도는 선악의 대립이며, 작품에 드러난 다양한 대립과 갈등은 기본적인 구도 속에 포섭되어 있다.

이러한 「사씨남정기」의 구도를 이해하기 위해서 우리는 먼저 사 씨와 교 씨의 대립 양상에 주목할 필요가 있다. 사 씨와 교 씨의 갈등은 사 씨가 우연히 교 씨의 거문고 소리를 듣고 그것의 음란함을 지적한 데서 처음으로 표출된다. 즉 사 씨가 진정어린 마음으로 교 씨의 허물을 지적했으나, 교 씨가 이에 앙심을 품고 유연수에게 사시를 모함함으로써 이들의 대립이 본격화되었던 것이다. 이후로 교 씨는 사 씨가 임신한 사실을 알고 낙태를 꾀하며, 사 씨의 옥지환을 훔쳐 간계奸計로써 사 씨를 모함하는 등 사 씨를 없애기 위해 온갖 수단과 방법을 가리지 않는다. 그러나 사 씨는 이러한 교 씨의 공격에 대해 전혀 반격을 가하지 않고 당하기만 한다. 결국 사 씨는 교 씨의 일방적인 공격으로 유 씨 가문에서 쫓겨나고 교 씨가 사 씨 대신 정실이 된다.

이렇듯 사 씨와 교 씨의 대립은 교 씨의 일방적인 공격으로 진행되고 있다. 사 씨는 교 씨의 악행으로 인해 온갖 수모를 당하면서도 오로지 수동적인 자세로 자신의 역경을 감내할 뿐, 교 씨의 간악한 행위에 대해 어떠한 대처도 하지 않는다. 여기에서 우리는 사 씨와 교 씨의 대립이 상호 간의 치열한 공방전으로 이루어지기보다는 선인과 악인의 행동 양식을 적나라하게 '드러내어 보여준다'는 차원에서 전개되고 있음을 알 수 있다. 이러한 대립의 전개 양상은 서포가 사 씨와 교 씨의 대립을 처첩의 갈등보다는 먼저 선악의 대립으로 설정하고, 또 선악의 대립이라는 차원에서 형상화했다는 것을 시사한다. 즉 서포는 교 씨의 일방적인 공격을 통해 그 간악함을, 사 씨의 수동적인 인고忍苦의 자세를 통해 그 선량함을 드러내어 보여주고자 했던 것이다.

이러한 서포의 의도는 대립의 결과에서 더욱 분명하게 드러난다. 마지막에 가서 일방적으로 공격을 가했던 교 씨는 파멸하게 되고, 교 씨의 모함으로 인해 온갖 역경을 겪었던 사 씨는 다시 복권되어 유연수와 화목한 가정을 이룬다. 그러나 교 씨의 파멸은 사 씨의 반격이 아니라 자기 스스로 초래한 일종의 자멸로 형상화되어 있다. 교 씨는 간계로 사 씨를 쫓아내는 데는 성공했으나, 자신의 간계가 밝혀지게 되자 동청과 결탁하여 유연수마저 모함으로 유배시켜 버린다. 그리고 동청을 따라가 살다가 동청이 몰락하자 다시 냉진과 결탁하고, 마침내는 창녀로 전락하고 만다. 사 씨의 복권 역시 교 씨와의 투쟁을 통해 확보하기보다는 착한 성품에 대한 조상의 음우와 천우신조의 결과로 형상화되어 있다.[20]

이렇듯 사 씨와 교 씨의 대립은 간악한 교녀의 자멸에 이어 선량한 사 씨의 구원으로 종결된다. 바로 여기에 「사씨남정기」의 기본적인 구도가 가로놓여 있다. 서포는 기본적으로 「사씨남정기」에서 사 씨와 교 씨의 대립을 통해 선한 사 씨와 간악한 교 씨의 행위를 구체적으로 드러내고, 나아가 이들의 최후가 어떻게 되는가를 보여주고자 했던 것이다. 요컨대, 「사씨남정기」의 기본적인 구도는 간악한 교 씨의 자멸과 선한 사 씨의 궁극적인 승리를 구가하는 것이었다고 하겠다.

「사씨남정기」가 처첩의 대립보다는 선악의 대립을 기본적인 구도로 하고 있다는 것은 임 씨의 존재를 통해서도 확인할 수 있다.[21] 임 씨는 작품

20 교 씨와 동청이 냉진을 시켜 사 씨를 죽이려 하자 시부모가 현몽하여 그 사실을 알려주며, 역경을 차마 견디지 못하여 자살을 하려하자 아황과 여영이 현몽하여 구원자가 나타날 것이라며 자살을 만류하기도 한다.

21 일반적으로 교 씨와 대비되는 인물로 사 씨를 거론하고 있다. 그러나 교 씨와 대비되는 인물은 사 씨보다는 임 씨로 보아야 할 것이다. 사 씨와 교 씨의 구체적인 대립은 봉건적 축첩제도의 질곡을 사실적으로 반영하고 있으며, 그들의 성격은 일정하게 대조되는 측

의 초반에서부터 등장하는 것이 아니라 중반 이후에 등장한다. 이로 인해 기존의 연구자들이 임 씨의 존재에 주목하지 않거나, 관심을 두었다 하더라도 단순히 결말을 맺기 위해 의례적으로 등장시킨 인물 정도로 이해하는 경향이 있었다. 그러나 임 씨의 등장은 처음부터 철저히 의도된 것이며, 「사씨남정기」의 기본적인 구도와 밀접한 관련하에 전개되고 있다. 이는 임 씨가 등장하는 대목에 약간의 주의만 기울이면 곧 드러난다.

「사씨남정기」에서 임 씨는 사 씨의 '남정南征'이 시작되는 대목에서 비로소 등장한다. 교 씨의 간계로 유문에서 쫓겨난 사 씨가 장사땅으로 두 부인을 찾아가는 도중에 악풍을 만나 부득이 촌가를 찾아가는데, 이 집이 바로 임 씨의 집이었던 것이다. 여기에서 임 씨는 상당히 곤경에 처해 있는 사 씨를 아주 극진하게 대접한다. 임 씨의 극진한 대접에 감복한 사 씨는 옥지환 하나를 임 씨에게 주면서 "이것이 비록 약소하나 옥수에 끼고 서로 잊지 않기를 바란다"[22]며 후일을 기약한다. 그리고 사 씨는 유연수 가문으로 복귀한 후 곧바로 유연수에게 임 씨를 추천한다. 더구나 서포는 임 씨가 본래 묘희의 조카였을 뿐만 아니라, 교 씨에 의해 버려진 인아를 데려다 키운 것으로 이야기를 전개하고 있다. 우리는 여기에서 임 씨가 처음부터 철저한 의도하에, 그것도 바로 교 씨와의 대비를 위해 설정된 인물임을 알 수 있다.

이렇게 교 씨와 대비적인 차원에서 등장한 임 씨는 그 결말 역시 교

면이 있다. 그러나 이들은 처와 첩이라는 신분적·사회적 처지의 상이함으로 인해 성품의 차이에 따른 대비가 사실상 큰 의미를 갖지 않는다. 이에 비해 교 씨와 임 씨는 똑같은 첩으로서 그들 사이의 성품의 차이는 커다란 의미를 지닐 수밖에 없다. 성품의 차원에서 사 씨와 교 씨를 비교하는 대목이 전혀 없음에 반해, 임 씨를 교 씨와 비교하는 대목이 출현하는 것은 바로 이와 같은 이유에서다. 즉 서포는 「사씨남정기」에서 교 씨와 대비되는 인물로 사 씨가 아니라 바로 임 씨를 설정하고 있는 것이다.

22 「번언남정기」, 26쪽. "謝氏出囊中 所餘指環 授女子曰 此物雖薄 願留玉手 毋相忘也."

씨와는 판이하게 다른 것으로 나타난다. 간악한 교 씨는 부귀에 대한 탐욕과 투기로 마침내는 자멸하고 말지만, 임 씨는 교 씨와 똑같은 처지인 첩이면서도 사 씨와 더불어 화목한 가정을 이루고 부귀영화를 누린다. 우리는 여기서도 임 씨가 교 씨와의 대비를 위해서, 그리고 간악한 교 씨와는 달리 선한 인물로 형상화되어 있음을 알 수 있다. 즉 서포는 악인은 파멸하고 선인은 복을 받는다는 기본적인 구도하에서 교 씨와 사 씨의 대립을 형상화하고, 여기에 교 씨와 대비되는 임 씨를 통해 그러한 구도를 더욱 구체화시켰던 것이다. 이런 점에서 「사씨남정기」는 권선징악적 주제를 표명한 여타의 고소설과 별다른 차이가 없는 셈이다. 그러나 「사씨남정기」는, 여타의 고소설과는 달리, 권선징악적 주제를 공허한 관념적 논리로 설득하기보다는 현실적인 생활 발전의 논리를 통해 악의 파멸과 선의 승리를 구체적으로 형상화하고 있다. 특히 악의 파멸을 현실 생활의 필연적인 결과로 형상화함으로써 현존하는 어떠한 고소설보다 교훈적 성격과 함께 풍부한 설득력을 확보하고 있다. 「사씨남정기」의 우수성은 바로 여기에 있으며, 이는 서포의 탁월한 업적으로 평가되어 마땅하다.

이상에서 살펴보았듯이, 「사씨남정기」의 기본적인 구도는 선악의 대립을 통한 교훈성의 부각에 있었음이 분명하다. 따라서 사 씨와 교 씨의 대립 역시 '처첩의 갈등'으로 이해하기 이전에 '선악의 대립'으로 이해해야 한다. 물론 사 씨와 교 씨의 대립은 본질적으로 처와 첩의 대립으로 봉건적 처첩제도의 질곡을 구체적으로 반영하고 있으며, 서포 역시 이러한 질곡을 일정하게 자각하고 있었던 것으로 판단된다. 그러나 서포는 이들의 대립을 처첩의 대립에 우선하여 선악의 대립으로 설정하고, 또 선악의 대립이라는 차원에서 형상화하고 있다는 사실은 분명하다고 하겠다.

3. 서포의 현실 인식

1) 처첩제도에 대한 인식

「사씨남정기」는 처인 사 씨와 첩인 교 씨의 대립을 중심으로 형상화된 작품이다. 따라서 교 씨의 성격을 정확하게 이해하는 것은 작품 자체에 대한 이해는 물론, 서포의 현실 인식을 규명하는 데 더없이 중요하다. 교 씨의 성격을 정확하게 이해하기 위해서는 먼저 교 씨가 처음 등장하는 구절에 주목할 필요가 있다.

> 매파가 말하였다. "하간부 사람으로 성은 교요, 이름은 채란입니다. 본래 사족으로 부모가 일찍 돌아가시어 형과 더불어 살고 있으며, 나이는 방년 16세입니다. 스스로 생각하기를, 가문이 쇠락했으나 가난한 선비의 아내가 되느니 차라리 재상의 첩이 되겠다고 하니, 이는 얻기 어려운 연분입니다."[23]

교 씨에 대해 처음 언술한 위의 구절은 교 씨의 성격을 본질적으로 규정하고 있다고 해도 과언이 아니다. 교 씨는 가난한 선비의 아내가 되기보다는 차라리 재상가의 첩이 되겠다고 마음먹은 인물이다. 당대의 역사적 조건을 거론하지 않더라도 재상가의 여부를 떠나서 첩이라는 존재가 사회적으로 차별을 받아 왔음은 주지의 사실이다. 교 씨 역시 이러한 현실을 몰랐다고 할 수는 없다. 그럼에도 불구하고 교 씨가 굳이 재상가의 첩이 되고자 했다는 것은 그녀가 인간적으로 대우받기보다는 부귀에 집착해 있는 인물임을 단적으로 보여준 것이라고 하겠다.

---

23 「번언남정기」, 7쪽. "媒婆曰 河間府人 姓喬名彩鸞 本士族 父母早死 與兄相依 年方十六 自思門戶衰矣 與其爲寒士妻 無寧作宰相妾 此難得之回緣也."

이러한 교 씨의 성격과 지향은 조금의 흐트러짐도 없이 작품에 시종일관한다. 그런데 윤기덕은 유연수 가문에 들어온 초기의 교 씨는 "아직 인간다운 빛이 있으며 생활다운 기운이 있다"[24]고 논술하고, 그 근거로 다음 대목을 거론하고 있다.

> 교 씨가 총명하고 교활하여 한림의 뜻을 잘 알고 더욱 사 부인을 잘 섬기니, 집안의 모든 사람이 칭찬하지 않는 사람이 없더라.[25]

일견 사소한 것으로 보이는 위 대목을 정확하게 이해하는 것은 상당히 중요하다. 윤기덕이 이해한 것처럼 이 대목이 '교 씨는 저자가 정당하게 쓰고 있는 바와 같이 일정하게 훌륭한 장점도 다분히 가지고 있는 것'의 증거가 될 수 있다면, 교 씨는 본래는 선량한 인물이었으나 첩이라는 현실적 처지로 인해 간악하게 될 수밖에 없었으며, 결국 서포는 교 씨를 봉건적 처첩제도의 희생물로 형상화했다는 논리가 성립되기 때문이다. 그런데 위 대목은 교 씨가 초기에는 총명하고 일정하게 훌륭한 장점을 가진 인물이라는 오해를 불러일으킬 소지가 다분하다. 더구나 일부 활자본의 경우 "교활하여"를 "민첩하여"라고 표기하고 있어 더욱 그럴 소지를 남기고 있다.[26] 그러나 이는 상황을 객관적으로 서사하려는 서포의 서술시각에서 기인한 것일 뿐, 결코 교 씨가 일정하게 훌륭한 장점을 가진 인물이라는 것을 표방했다고 볼 수 없다. 우리는 다음과 같은 서술자의 언술을 통해 이를 확인할 수 있다.

---

24 윤기덕, 앞의 글, 248쪽.

25 「번언남정기」, 7쪽. "喬氏聰明辯黠 能得翰林意 尤善事謝夫人 家中大小 莫不稱之."

26 경판본과 영창서관본은 "교힐ᄒᆞ여"로 표기되어 있으나, 신문관본을 저본으로 삼았다는 강한영 교주본 「사씨남정기」(서문당, 1977)에는 "민첩하여"로 되어 있다.

> 슬프다. 옛말에 이르기를 호랑이를 그리되 가죽은 그려도 뼈는 그리기 어렵고, 사람을 알아도 얼굴은 아나 마음은 알지 못한다고 하였으니, 교 씨가 태도와 언행이 공손하여 사 부인이 단지 좋은 사람으로만 생각하였다.[27]

서술자는 '사람은 얼굴은 알 수 있어도 마음은 알기 어려운데 사 씨가 교 씨의 공손한 태도와 언행에 속았다'고 서술하고 있다. 이는 교 씨가 겉으로는 공손하지만 실제는 간악하다는 것을 지적한 것이다. 따라서 '한림과 사 부인을 잘 섬겨 모든 사람들이 칭찬했다'는 구절 역시 교 씨가 본래는 일정하게 훌륭한 장점을 가진 인물임을 '정당하게' 서술한 것이라기보다는, 남들을 능히 속일 수 있을 만큼 간악한 인물이라는 것을 드러낸 것으로 보아야 한다.

이렇듯 교 씨는 처음부터 간악한 인물로 서술되어 있으며, 부귀를 탐하는 교 씨의 성격은 조금의 흐트러짐도 없이 작품에 시종일관한다. 교 씨는 부귀에 대한 집착으로 자식을 죽일 뿐만 아니라 유연수에서 동청으로, 다시 냉진에게로 옮겨가며, 마침내 창기가 되기에 이른다. 그런데 문제는 이러한 교 씨의 전락轉落이 단순히 '권선징악'이라는 윤리적 재단에 따른 파멸로 그려지는 것이 아니라, 등장 인물의 성격상 특성 자체가 사건을 끌어나가고 있다는 사실이다. 부귀를 탐하여 유연수의 첩이 되었던 교 씨는 첩으로서의 위치를 공고히 하기 위해 사 씨를 모함하고, 또 자신의 모함이 밝혀질 것을 염려하여 사 씨를 죽이려 하며, 마침내 간계가 드러나게 되자 유연수마저 간계로 쫓아낸다. 즉 교 씨의 간악한 탐욕에서 비롯된 사건이 꼬리에 꼬리를 물고 긴박하게 이어지

27 「번언남정기」, 9쪽. "嗟夫 古語曰 畵虎畵皮難畵骨 知人知面不知心 喬氏貌恭而言遜 謝夫人 直以爲好人."

며, 이 과정에서 교 씨는 차차 전락의 길을 밟는다. 이러한 사건의 전개는 교 씨의 파멸이 생활 발전의 필연적 귀결이었다는 인상을 주기에 부족함이 없다. 더구나 서포는 첩으로서의 교 씨의 현실적 처지를 객관적으로 서술하기도 한다.

> 한림이 밖에서 돌아와 미처 상의를 벗기 전에 인아를 안고 쓰다듬으며 말하였다. "이 아이의 얼굴 골격이 선인(先人)과 혹사하여 다음에 필히 우리 가문을 크게 할 것이다." 이어서 유모에게 말하였다. "모름지기 잘 보살피라." 이에 장주의 유모가 장주를 안고 교 씨에게 달려가 하소연하였다. "상공이 유독 인아만을 사랑하고 장주는 보고도 못 본척합니다." 유모가 눈물을 흘리니, 교 씨가 더욱 심란하여 마음속으로 생각하였다. "내가 저보다 용모의 아름다움이 더하지 않고 적첩(嫡妾)의 신분이 현저히 다른데, 다만 내가 아들을 낳고 저는 아들이 없는 까닭에 내가 상공의 사랑을 받았으나, 이제 저는 아들을 낳아 장차 이 집안의 주인이 될 것이고 나의 아이는 쓸모가 없게 될 것이다. 저가 비록 겉으로 인자한 척하여 화원에서 나를 꾸짖었으나, 이는 시기하는 것이라. 하루아침에 한림에게 참소하면 한림이 진실로 저를 믿을 것이니 나의 신세를 어찌 생각하지 않으리오." 교 씨는 다시 이십낭을 불러 논의하였다.[28]

위의 대목은 서포의 현실 인식과 아울러 그의 인간관을 이해할 수 있

28 「번언남정기」, 10쪽. "翰林自外還 未及脫上衣 抱麟兒而撫之曰 此兒額上峭骨 酷似先人 他日必大吾門 仍謂其乳母曰 須善養也 於是掌珠乳母 抱掌珠而走 喬氏訴曰 相公獨愛麟兒 而視掌珠 若不見也 遂悲泣 喬氏益煩留以爲 吾於彼容貌之美無加 而嫡妾之分懸殊 徒以我則生男 彼則無子 故我得丈夫厚待 今彼生子 而將爲此家之主 吾兒無用耳 彼雖外仁 而花園責我之言 明是猜忌 一朝讒於翰林 翰林素信彼 吾之身世 豈不可慮 更招李十娘議焉."

는 대목으로 주목할 필요가 있다. 교 씨는 자식을 생산하지 못하는 사 씨를 대신하여 아들을 낳아 후사後嗣를 잇게 할 목적에 따라 첩이 되었으며, 아들 장주를 낳아 이러한 목적을 충실히 수행하고 일정하게 자신의 입지를 강화할 수 있었다. 그런데 사 씨가 뒤늦게 아들을 낳게 되자 후사생산의 대리자였던 교 씨의 존재 이유는 소멸하게 되었으며, 결국 교 씨는 유 씨 집안에서 더 이상 아무런 효용 가치도 없는 잉여적 가족으로 전락하게 된다.[29] 교 씨는 바로 이러한 자신의 현실적 처지를 극복하기 위해 부득이 악행을 계획했던 것이다.

이처럼 서포는 교 씨의 악행을 일방적으로 매도하는 것이 아니라 첩으로서의 교 씨의 현실적 처지를 상당히 객관적으로 형상화하고 있다. 따라서 이 대목만을 고려할 경우 교 씨의 악행은 분명 봉건적 처첩제도의 질곡을 구체적으로 반영하고 있다고 보아 무리가 없다. 또 이러한 서술은 서포가 첩의 현실적 처지를 상당히 객관적으로 인식하고 있었으며, 아울러 처첩제도 자체의 질곡을 일정하게 자각하고 있었음을 증거하고 있다.

그러나 문제는 서포의 이러한 자각이 봉건적 처첩제도의 본질에 대한 인식으로까지 진전되었으며, 나아가 교 씨가 저지른 악행의 근원을 처첩제도로 인식하고 궁극적으로 교 씨의 악행을 낳은 제도 자체의 처단을 추구했는가의 여부이다. 우리는 이 문제에 대해 긍정적인 입장에 서기를 주저한다. 비록 서포가 진보적 사대부로서 비판적 시각을 견지

29 이원수, 앞의 글, 104쪽. 이원수 교수는 위에서 인용한 대목을 통해 교 씨의 처지를 정확하게 분석하고 있다. 그러나 그는 이러한 분석을 통해 "첩에게 가해지고 있던 제도적 불합리의 부당한 횡포가 선명하게 드러난다"는 사실 자체에만 주목하고, 서포가 당대 첩들의 현실적 처지를 얼마만큼 객관적으로 인식하고 있었는가 하는 문제에 대해서는 전혀 주목을 하지 않고 있다. 그 결과 이원수 교수는 "작자는 첩에게 가해지는 이러한 부당한 횡포를 철저히 외면함으로써 교 씨를 무조건적 악인으로 형상화하고 있다"(105쪽)고 결론지을 수밖에 없었다.

했다 할지라도 17세기라는 역사적 조건과 봉건사대부로서의 계급적 제약에서 벗어나기 어려웠다고 판단되기 때문이다. 그리고 이는 작품 내적 사실을 통해서도 확인된다. 서포는, “한 말에 두 개의 안장이 없고 한 그릇 밥에 두 술이 없는 것”[30]이라는 두 부인의 언급에서도 드러나듯이, 현실 생활의 발전에 따른 모순의 발생이라는 차원에서가 아니라 바로 당위적 차원에서 처첩제도의 문제를 제기하고 있는 것이다. 이러한 당위적 차원의 문제 제기에는 경험으로 주어진 처첩제도의 실상과 질곡을 단순히 수긍치는 않겠다는 서포의 의도가 함축되어 있다. 그러나 모든 당위의 이론에서는 당위의 방법적 전제로서 경험의 현 존재는 무의미한 것으로 가정되며, 그러한 경험의 무의미한 현 존재는 아무런 변화도 입지 않은 채 방치될 수밖에 없다.[31] 다시 말해서, 서포는 봉건적 처첩제도의 질곡을 일정하게 자각하고 있었음에도 불구하고 이를 현실 생활의 발전에 따른 모순의 발생으로까지 인식하지는 못했다는 것이다. 결국 이러한 인식적 한계로 인해 서포는 처첩제도의 질곡과 모순 그 자체는 방치한 채 인간의 도덕적 품성을 통해 이를 해소하거나 극복할 수 있다고 생각했던 듯하다.

서포가 지배 계층의 일상 생활에서 비롯된 전형적 비극의 하나인 처첩의 갈등 속에서 운명적인 것, 비극적인 것을 일정하게 자각하고 있었으면서도 그 갈등을 건강한 상식이나 도덕적 감정으로 극복할 수 있다고 생각했다는 것은 다음과 같은 사 씨의 언급에서도 드러난다.

---

30 「번언남정기」, 6쪽. “一馬無兩鞍 一器無兩匙.” 두 부인은 교 씨의 성품을 모르는 상태에서도 “첩은 집안을 어지럽히는 근본이다(家有姬妾 亂之本也)”라며, 교 씨를 첩으로 맞이하고 있는 것을 반대하고 있는데, 이러한 두 부인의 언행은 처첩제도에 대한 서포의 인식에 기반하고 있음에 틀림없다.

31 루카치, 박정호 · 조만영 역, 『역사와 계급의식』, 거름, 1991, 252쪽.

> 사 부인이 생각하였다. "시랑이 이렇듯 거절하는 것은 비록 인아를 차마 잊지 못한 것이긴 하나, 또한 지난 일을 후회하여 선인을 얻지 못할까 두려워함이라. 처음에는 내가 어린 나이로 경험이 없어서 교녀를 잘못 보았으나, 그 덕성이 화용(華容)처럼 분명한 임녀라면 무슨 의심을 하겠는가? 임녀가 또한 태도가 단정하고 술가(術家)가 반드시 귀한 아들을 낳으리라 하니, 이제 첩을 택하려 한다면 이보다 좋은 데가 없다."[32]

사 씨는 첩인 교 씨로 인해 엄청난 곤욕을 치렀으며, 여러 인물들 가운데 가장 심각하게 피해를 보았던 인물이다. 그런데 이러한 사 씨가 다시 유연수에게 임 씨를 첩으로 맞이할 것을 권유한다. 물론 여기에는 사 씨의 나이가 많아 더 이상 자식을 낳기가 어렵고, 또 아들 인아의 생사를 모르기 때문에 후사後嗣를 생각해서 부득이 첩을 들일 수밖에 없는 현실적 제약이 개재되어 있다. 그러나 사 씨는 분명 첩으로 인해 후사를 잇는 것은 불구하고 자신의 생명과 가문 전체의 파멸이라는 위기를 뼈아프게 경험했던 인물이다. 그럼에도 사 씨가 다시 임 씨를 첩으로 들이려 했던 것은 임 씨는 간악한 교 씨와는 달리 선량한 인물이며, 그녀의 덕성은 의심의 여지가 조금도 없다는 이유에서다. 사 씨는 이전에도 누차 "일처일첩은 인륜의 상사이오니 첩이 비록 관저의 덕은 없사오나 또한 세속 부녀자들의 투기를 본받지 않을 따름입니다"[33]라고 하여, 자신의 덕성으로 처첩의 갈등을 극복할 수 있다는 믿음을 구체적으로 표명한 바 있다. 이러한 사 씨의 언행이 바로 봉건적 처첩제도의 질

---

32 「번언남정기」, 45쪽. "謝氏謂 侍郞之如是退托 雖不忍於麟兒 亦所以懲前事 而懼不得善人也 始吾年少未經事 見誤喬女 苟其德性 如華容縣林女 則有何疑乎 林女又形容端正 術家謂必生貴子 今欲擇妾 無愈於此."

33 「번언남정기」, 6쪽. "一妻一妾 人倫之常 妾雖無關雎之德 亦不效世俗婦女之妬忌耳."

곡을 인간의 개인적인 도덕성으로 극복할 수 있다는 서포의 현실 인식에 기초하고 있음은 자명한 일이다.

결론적으로 말해서 서포는 봉건적 처첩제도의 질곡을 일정하게 자각하고 있었지만, 그 자각이 처첩제도의 본질적 모순에 대한 인식에로까지 진전되지 못했다고 할 수 있다. 결국 이러한 인식적 한계로 인해 처첩제도의 질곡을 제도 자체의 제거를 통해서 해결하기보다는 개인적인 도덕성의 회복을 통해 극복하려 했던 것이다.[34] 서포가 「사씨남정기」의 대단원을 사 씨와 임 씨의 개인적인 덕성에 의거하여 처첩의 갈등이 없이 화목한 가정을 이룩한 것으로 마무리했던 것도 바로 이러한 현실 인식의 한계에서 비롯된 것이다.[35] 그러나 이는 서포의 개인적인 한계이기 이전에 17세기 후반이라는 역사 발전 단계의 한계이며, 아울러 봉건사대부로서의 서포의 계급적 한계로 이해되어야 할 것이다.

---

34 최근 사 씨의 삶에 주목하여 「사씨남정기」를 분석한 박일용 교수는 "「사씨남정기」의 서술자는 사 씨의 삶을 통해 구현되는 가부장제의 모순을 이해하면서도 그러한 중세적 이념의 틀을 넘어서지 못하고 있다"(앞의 글, 239쪽)고 지적하였는데, 이는 저자의 견해와 근본적으로 일치한 것이라고 하겠다.

35 이러한 저자의 견해에 대해, 김현양 교수는 "이는 기존의 목적소설론의 시각과 사실주의론의 시각을 절충한 것이라 할 수 있다. 즉 작품의 사실주의적 성취는 그것대로 인정하면서 동시에 작품의 성격을 보수적인 것으로 평가한 것이다"(김현양, 앞의 글, 96쪽)라고 지적하였다. 그러나 이것은 '절충'이 아니라, 「사씨남정기」에 나타난 갈등의 양상을 종합적으로 분석한 결과이다. 기실 김현양 교수는 "김만중이 「사씨남정기」에서 욕망을 통제하는 현실의 기제를 소거한 것은 현존하는 제도로서의 현실의 기제 자체를 회의하는 의식으로부터 비롯된 것이라 생각한다"(107쪽)고 주장하였는데, 이러한 주장이야말로 당대의 현실을 관념적으로 이해한 결과라고 생각한다. 그는 이러한 주장의 근거로 "명분론적인 질서를 훼손하는 욕망의 출구는 철저히 차단되어 있었다. 그렇지만 「사씨남정기」에서는 이러한 현실의 기제를 도외시한 채 욕망의 공간을 허용하고 있다"(103쪽)는 점을 들고 있는데, 법률이란 현실을 통제하는 기제일 뿐이기 때문에 현실적 삶이 전적으로 법률에 따라 움직인다고 생각해서는 곤란하다. 더구나 서포가 살았던 17세기는 전환기적 국면이었다는 점도 고려해야 할 것이다.

2) 사대부적 위기의식과 악의 근원에 대한 탐구

서포가 주로 활동했던 17세기 후반은 농업생산력의 발전과 상품화폐경제의 새로운 전개로 인하여 봉건적 이념과 체제가 급속히 변화를 겪던 시대였다. 특히 봉건적 신분 관계는 상품화폐경제의 발달로 인해 자신의 사회경제적 지위를 유지하지 못한 양반층의 몰락과 농업생산력의 발전으로 부를 축적한 일부 농민들의 사회경제적 지위 상승으로 서서히 무너지기 시작했다. 그러나 이런 와중에서 농업생산력의 발전과 상품화폐경제의 발달은 봉건지배층의 탐욕을 더욱 자극하였다. 그 결과 새로운 농업기술 도입과 경작지 확대 등 농민의 노력으로 늘어난 생산량의 주요 부분은 봉건정부와 양반지주의 수탈 대상이 되었으며,[36] 관리 임명제도 역시 문란해져 매관매직과 탐학이 공공연히 감행되기도 하였다.

이러한 당대의 역사적 현실은 「사씨남정기」에 사실적으로 반영되어 있다. 동청은 유연수를 참소한 공으로 처음 관직을 얻어 진류현감이 되었다가 다시 계림태수로 영전하게 되는데, 이는 백성들에게 강탈한 재물을 엄숭에게 바친 대가로 이루어지고 있다. 그는 또 계림태수가 된 이후에도 부자들에게 죄를 뒤집어씌우고 상인들의 재물을 강제로 빼앗는 등 탐학을 일삼으며, 엄숭의 생일에 10만 냥을 바치기도 한다. 이러한 동청의 행위는 당대의 문란한 관리 임명제도와 봉건지배층의 공공연한 탐학이 사실적으로 반영된 것으로 보아 무리가 없을 것이다. 특히 동청이 부자와 상인들을 수탈의 대상으로 삼고 있다는 사실은 당대의 농업생산력의 발전과 상품화폐경제의 발달이 상당히 진전되어 있었으

36 한국역사연구회 편, 『한국사 강의』, 한울아카데미, 1990, 196쪽.

며, 봉건지배층의 탐욕이 이러한 진전과 일정하게 연계되어 있음을 분명하게 보여주는 대목이라고 하겠다.

이렇듯 농업생산력의 발전과 상업화폐경제의 발달로 봉건적 이념과 체제가 붕괴되어 가는 국면 속에서 양심적인 사대부라고 할 수 있는 서포는 위기의식을 느끼고 부조리한 현실의 원인을 탐구한 결과, 그 근본적 원인을 물질적 탐욕에서 찾은 것으로 이해된다. 우리는 이를 중간형 인물이라고 할 수 있는 설매와 부정적 인물들의 형상, 그리고 이들에 대한 처단의 방식을 통해 확인할 수 있다. 특히 설매의 경우는 현실적 조건에 따라 행동 양식을 바꾸기에 주목할 필요가 있다.

설매는 본래 사 씨의 몸종으로 선인형의 인물이었다고 할 수 있다. 그런데 교 씨가 사 씨를 모함하기 위해 많은 상금을 주고 달래자, 주인 사 씨를 배반하고 교 씨를 도와 사 씨의 옥지환을 훔친다. 이후 그녀는 물질적 유혹도 유혹이지만 옥지환을 훔친 잘못으로 인해 교 씨의 수하에서 벗어나지 못한 채 또 다른 악행을 저지른다. 그 결과 무고한 춘방이 장살당하고 사 씨는 유문에서 쫓겨나게 된다. 서술자는 이렇듯 설매가 변모하는 과정을 현실 생활의 발전 논리에 따라 매우 사실적으로 형상화하고 있다. 즉 설매가 처음에 교 씨를 도와 옥지환을 훔치게 된 경위와 다시 납매의 위협과 설득으로 유연수에게 사 씨를 무고하는 과정이 현실적인 인간들의 실제 생활과 그들의 역학 관계 속에서 진행되고 있는 것이다. 또 이 과정에는 설매의 본래 성품에 대한 단정적 서술이 철저하게 배제되어 있으며, 나아가 설매의 악행에 대한 윤리적 재단마저 유보되어 있다. 서술자는 인성과 행위의 선악을 따지기 이전에 설매가 물질적 유혹으로 악행을 저지르고, 이 악행으로 인해 또 다른 악행을 범하게 되는 과정을 담담하게 그리고 객관적으로 형상하고 있을 뿐이다.

서포가 설매를 얼마만큼 현실 생활의 발전 논리에 따라 객관적으로 형상화하고 있는가는 설매의 개과改過나 자살 과정에서도 여실히 드러난다.

> 설매가 처음에는 납매의 말을 듣고 교 씨를 도와 악행을 저지르고 그의 심복이 되었다. 그러나 동청이 호색하여 번번이 시비들을 가까이 함에 교 씨가 투기하여 여러 사람을 죽이고, 설매와 납매는 공이 있음에도 불구하고 온갖 수단을 써서 학대하고 항상 죽이려 하니, 설매가 스스로 잘못을 깨닫고 교 씨를 원망하던 차에 우연히 옛 주인을 만나서 마음속에 품었던 것을 다 실토했던 것이다. 그런데 여기에 이르러서 동청과 교 씨가 또 한림을 해치고자 하는 것을 보고, 스스로 죽음을 면하지 못할 것을 알고 드디어 목을 매어 죽었다.[37]

설매는 물질적인 유혹에 빠져 교 씨를 도와 악행을 저질렀으나, 이제는 도리어 교 씨에게 온갖 학대를 당하고 죽게 되는 처지에 이른다. 이러한 처지에 이르러서 설매는 뒤늦게나마 자신의 잘못을 깨닫고 교 씨를 원망하며, 유연수에게 모든 사실을 실토한다. 살고픈 욕망에 마지막으로 유연수에게 데려가 달라고 요청했으나, 이것마저 여의치 않자 설매는 동청과 교 씨의 손에 죽음을 당하기에 앞서 자살하고 만다. 설매가 저지른 죄악은 개인적으로나 사회적으로 용서받기 어려울 정도로 큰 것이다. 그럼에도 불구하고 서포는 단순히 유교적 윤리관에 의거하여 설매의 잘잘못을 재단하지 않으며, 또 고소설 일반에서 흔히 볼 수

37 「번언남정기」, 37쪽. "雪梅初聽臘梅之言 助喬氏爲惡 爲其心腹 而董靑好色多近婢 喬氏妬忌 手殺數人 雪梅臘梅雖有功 侵虐百端 常欲殺之 雪梅自悔 而怨喬氏 偶逢舊主 悉暴所懷 至是見董靑喬氏之又欲害翰林 自知不免 遂饐而死."

있는 것처럼 천벌天罰을 가하지도 않는다. 설매의 죽음은 바로 현실적 삶 속에서 자신이 선택한 결과이며, 자신의 행위에 이미 내포되어 있는 삶의 필연적인 결과로 형상화되어 있는 것이다.

설매와 마찬가지로 「사씨남정기」에 등장하는 모든 악인들은 자신의 악행에 대한 대가를 톡톡히 치른다. 그러나 서포는 절대 이들에 대한 징계를 자의적으로 행하지 않는다. 유연수를 참소해 태수가 된 동청은 자신과 똑같이 부귀를 탐하는 자기의 하수인이었던 냉진에 의해, 자신이 유연수를 제거했던 바로 그 방식으로 제거된다. 냉진 역시 도적인 정대색에게 모든 재물을 빼앗기고 유인자제률誘引子弟律에 걸려 마침내 장독杖毒으로 죽고 만다. 이렇듯 서포는 악인에 대한 징치를 바로 자신과 똑같은 악인에 의해서 행하는 '악에 의한 악의 징치'을 형상화하고 있다. 이런 점에서 서포가 「사씨남정기」를 통해 '악의 원인에 대한 탐구의 정신과 그 악의 원인을 제거시켜야 하겠다는 시대적 사회적 각성을 길러주려 했다'[38]는 지적은 매우 적절한 것으로 생각한다.

그러면 서포는 악의 원인을 무엇으로 생각하고 있는가? 이는 설매의 형상에서 분명하게 드러난다. 그녀는 본래 선한 인물이었으나 물질적 유혹에 빠져 악행을 저지르게 되는데, 서포는 그 과정을 현실적 역학관계 속에서 생생하게 형상화하고 있다. 여기에서 우리는 서포가 악의 근원을 물질적 탐욕으로 인식했음을 분명하게 알 수 있다. 이는 교 씨를 비롯하여 「사씨남정기」에 등장하는 모든 악인형의 인물들이 기본적으로 물질적 탐욕에 매몰되어 있으며, 바로 그 탐욕으로 인해 파멸하는 것으로 그려지고 있다는 점에서도 확인된다. 요컨대, 서포는 인간의 순

38 윤기덕, 앞의 글, 247쪽.

수성을 상실한 채 물질적 탐욕에 빠지는 것을 악의 근원으로 이해하고, 이것의 제거만이 바람직한 사회가 되는 길이라고 인식했다는 것이 저자의 생각이다.

이러한 서포의 현실 인식은 봉건 사대부로서 계급적 한계를 분명하게 보여주고 있다. 서포는 현실의 부조리를 봉건적 제도 자체의 모순과 불합리에서 찾기보다는 새로운 생산 관계의 발전에 따라 더욱 증대된 개인들의 물질적 욕구에서 찾고 있기 때문이다. 그러나 서포가 봉건적 체제의 모순과 불합리를 인식하는 데까지 나아가지 못했다고 해서, 그를 '문제의 본질을 교묘히 은폐함으로써 현상적 혼란만을 억제하려' 했던 것으로 폄하해서는 안 될 것이다. 비록 서포는 물질적 탐욕에 매몰되어 있는 인간들을 징계함으로써 인욕人慾에 대한 유가적 관념에서 크게 벗어나지는 못했지만, 변화하는 역사적 국면과 사회적 존재로서의 현실적 인간을 이해하고 있었기 때문이다. 이러한 서포의 현실 인식 및 인간이해는 상당히 진전된 것이며, 「사씨남정기」가 이룩한 사실주의적 성취는 이러한 서포의 현실 인식 및 현실적 존재로서의 인간에 대한 이해와 무관할 수 없을 것이다.

4. 서포의 의식과 지향

「사씨남정기」는 분명 사 씨와 교 씨의 대립을 중심으로 형상화된 작품이다. 그리고 이들은 각각 처와 첩으로 설정되어 있으며, 이들의 대립 속에는 봉건적 양반 가정의 실상이 구체적으로 반영되어 있다. 특히 「사씨남정기」는 다양한 성격의 인물들이 사회적 관계 속에서 개성적으로 형상화되어 있어 봉건적 처첩제도의 실상과 질곡을 일정하게 폭로하는 의의를 갖고 있는 것 또한 사실이다. 그러나 유연수를 정점으로 한 사 씨와 교 씨의 대립은 처와 첩이라는 객관적 조건을 구체적으로 반영하고 있음에도 불구하고, 궁극적으로 선인과 악인의 대립이라는 작품의 기본적인 틀에서 벗어나지 못하고 있다. 이는 교 씨가 처음부터 간악한 인물로 형상화되어 있으며, 이러한 교 씨의 형상은 조금의 흐트러짐도 없이 작품에 시종일관한다는 사실에서도 충분히 엿볼 수 있다.

그러나 「사씨남정기」에 대한 기존의 연구는 '선악의 대립'이라는 작품의 기본적인 구도를 간과한 채 처와 첩인 사 씨와 교 씨의 대립에만 주목하는 경향이 강했다. 이로 인해 작품에 대한 이해는 물론 서포에 대한 평가 역시 양극단으로 흐를 수밖에 없었다. 즉 사 씨와 교 씨의 대립 속에 반영된 봉건적 가족제도의 구체적인 실상에 주목한 연구자들은 「사씨남정기」을 봉건적 가족제도의 모순을 폭로한 작품으로 이해한 반면에, 처첩의 갈등이라는 시각하에 간악한 첩인 교 씨의 파멸과 선량한 첩인 임 씨의 행복한 결말에 주목한 연구자들은 일부다처라는 꿈을 합리화한 작품으로 이해하였던 것이다.

이에 저자는 기존의 연구 성과를 비판적으로 수용하면서 「사씨남정기」의 기본적인 구도와 주제를 규명하고, 나아가 이를 토대로 작가의 현실 인식을 추출함으로써 서포에 대한 평가를 온전히 하고자 노력하였다. 그 결과 「사씨남정기」는 '처첩의 대립'보다는 '선악의 대립'을 기본적인 구도로 삼아 권선징악적인 주제를 표명하고 있지만, 악의 파멸을 현실 생활의 필연적인 과정으로 형상화함으로써 어떠한 고소설보다 교훈적 성격과 함께 풍부한 설득력을 확보하고 있는 작품임을 밝혔다. 아울러 서포는 17세기라는 전환기적 국면 속에서 더욱 팽배해진 물질적 탐욕을 부조리한 현실의 근원으로 인식하였으며, 「사씨남정기」를 통해 물질적 탐욕에 매몰되어 있는 인간들을 징계함으로써 부조리한 현실을 타개하고 봉건 사대부로서 가질 수 있는 이상적인 사회상을 나름대로 추구했다는 결론에 이르렀다.

| 제7장 |

「심생전」의 인물 형상과 작가의식

1. 「심생전」과 「이어인俚語引」의 관계

「심생전沈生傳」은 문무자文無子 이옥李鈺(1760~1812)[1]의 작으로, 김려金鑢(1766~1822)가 편찬한 『담정총서薄庭叢書』 중 「매화외사梅花外史」에 수록되어 있다. 이옥은 「심생전」을 비롯하여 「가자송실솔전歌者宋蟋蟀傳」, 「유광억전柳光億傳」, 「부목한전浮穆漢傳」 등 총 23편의 전傳을 남기고 있는데, 이들 작품은 역사적으로 알려진 인물들이 아니라 주로 시정市井의 야담 또는 민담적 인물들을 입전立傳한 것이다.

이옥은 여러 면에서 연암 박지원과 비견된다. 이들은 거의 동시대를 살면서 문체반정과 직간접적으로 관련되었고, 또 모두 시정인市井人을 입전한 작품을 상당수 남기고 있기 때문이다. 그러나 이 둘의 문학적 정서와 기법은 매우 다르다. 흔히 박지원이 풍자적이고 격정적이라면 이옥은 애염哀艶·비측적悲惻的인 정치情致를 보여준다는 평가를 받아 왔다.[2] 이러한

1 이옥의 생몰연대는 김균태의 『李鈺의 文學理論과 作品世界의 研究』(창학사, 1986), 6쪽을 참조하기 바람.

차이는 전에도 그대로 나타난다. 박지원의 전은 그 전개부가 이미 강력한 자의식을 의론하는 장이 되어 이념적 성격이 강하게 표출되어 있으나, 이옥의 전은 대체로 객관적 관찰자 입장에서 인물의 행위와 사건이 서술되어 있는 것이다.[3] 이런 점에서 철저하게 객관적인 서술시각에 입각하여 청춘남녀의 비극적인 사랑을 구체적으로 형상화한 「심생전」은 이옥의 성향을 가장 잘 드러내는 작품 중의 하나라고 할 수 있다. 더구나 이옥은 여러 계층의 여인들이 겪는 삶의 양상을 섬세하게 포착한 연작시連作詩인 『이언俚諺』을 짓고, 「이언인俚諺引」을 통해 천지만물 가운데 '남녀지정男女之情'이 가장 진실한 것이라고 주장했던 인물이다. 이런 점을 고려할 때, 그가 남긴 23편의 전 가운데 유일하게 남녀의 애정 문제를 다룬 「심생전」은 이옥에게 각별한 의미를 지닌 작품이라고 할 수 있다.

익히 알고 있듯이, 이옥은 「심생전」의 평결부評結部에, '심생'에 대한 이야기를 듣게 된 경위와 입전 의도를 밝히고 있다. 즉 자신이 12살 때 서당의 선생에게서 듣고 매우 새로운 이야기라고 느꼈으나, 후에 『정사情史』를 읽어 보니 비슷한 이야기가 많아 추기追記하여 『정사』의 보유補遺로 삼고자 한다는 것이다. 이옥이 12살 때 심생 이야기를 들었다는 평결부의 언급이 사실인지, 아니면 '이야기의 사실성을 높이기 위해 덧붙인 순전한 허구'[4]인지는 알 수 없다. 다만 분명한 것은 「심생전」이 12살 때 들은 이야기를 그대로 옮겨 놓은 것은 아니라는 점이다. 서당 선생은 '심생 이야기'를 한 후, "사람이 일에 당해서 진실로 꼭 이루고야 말겠다는 뜻을 세우면 규중의 처자라도 오히려 감동시킬 수 있거늘, 하

2 이가원, 『麗韓傳奇』, 우일출판사, 1981, 31쪽.
3 김균태, 앞의 책, 165쪽.
4 이상덕, 「李鈺 '傳'의 樣式的 變改樣相에 관한 小考」, 고려대 석사논문, 1987, 35쪽.

물며 문장이나 과거야 왜 안 되겠느냐"[5]라고 했다 한다. 이러한 서당 선생의 말에 비추어 보건대, 본래의 '심생 이야기'는 심생의 집요한 구애가 중심 내용이었을 가능성이 높다. 이옥의 「심생전」에도 심생의 집요한 구애가 구체적인 형상화를 통해 비중 있게 다뤄진 것은 사실이다. 그러나 「심생전」은 심생의 집요한 구애 못지않게 신분 갈등에서 비롯된 비극적 결말 역시 큰 비중을 차지하고 있다. 특히 여주인공의 세 가지 한恨이 여주인공의 현실적 처지와 긴밀하게 연계되어 매우 절실하게 서술되어 있는데, 이는 여주인공의 비극적 처지에 대한 작가의 깊은 이해와 관심 없이는 쉽지 않다고 보아야 할 것이다. 더구나 「심생전」의 비극적 결말은 꼭 이루고야 말겠다는 뜻을 세우면 규중의 처자라도 오히려 감동시킬 수 있다는 교훈적 목적과는 적지 않은 거리가 있다. 비극적 결말 자체가 위의 교훈과는 상반되어 도리어 그 효과를 반감시키고 있기 때문이다. 따라서 이옥이 '심생 이야기'를 12살 때 서당 선생에게 들은 것이 사실이라 할지라도, 현재의 「심생전」이 당시 들었던 이야기를 단순히 추기한 정도의 작품일 가능성은 매우 낮다고 하겠다.

또 이옥은 '『정사』의 보유로 삼고자 한다'며 「심생전」의 입전 의도를 소극적으로 피력하고 있는데, 이것 역시 상투적인 표현으로 이해해야 할 것이다. 「심생전」은 조선 후기 서사문학에 있어서 중요한 문학사적 의의를 지닐 만큼 서사적 긴밀성을 획득한 작품으로 평가되고 있다.[6] 실제로 「심생전」이 획득하고 있는 서사적 긴밀성은 우리 고전 서사문

---

5 「심생전」(이우성 · 임형택 편역, 『이조 한문단편집』, 일조각, 1973), 434쪽. "人之於事 苟以必得爲志 則閨中之女 尙可以致 況文章乎 況科目乎." 이하 「심생전」을 인용할 경우 작품명과 쪽수만 표기한다.

6 김균태 교수는 「심생전」의 중요한 문학사적 의의로 서사적 긴밀성의 획득을 들고 있다. 김균태, 앞의 책, 188~189쪽.

학에서는 찾아보기 어렵다고 해도 지나치지 않을 정도이다. 「심생전」의 전개부展開部는 우연성을 철저하게 배제한 채 객관적인 서술시각에 입각하여 사건이 형상화되고 있으며, 인물의 행위와 장면 역시 구체적인 묘사로 이루어져 있는 것이다.[7] 이러한 성과는 이옥이 그만큼 심혈을 기울여 「심생전」을 지었을 가능성을 시사하고 있다. 따라서 우리는 이옥의 애정관 및 현실 인식과 관련하여 보다 적극적으로 「심생전」을 분석・고찰할 필요가 있다.

「심생전」은 청춘남녀의 비극적인 애정을 그린 작품이란 점에서 비교적 일찍부터 연구자들의 관심을 받아 왔다. 그러나 「심생전」만을 개별적으로 다룬 업적은 매우 적으며, 아직 「심생전」을 통해 작가의식을 구체적으로 해명한 연구는 나오지 않고 있다.[8] 「심생전」이 획득한 고도의 서사적 긴밀성은 '남녀지정을 보면 그 나라의 치란治亂과 그 세상의 오륭汚隆을 알 수 있다'고 했던 이옥의 애정관 및 현실 인식과 무관하다고 할 수 없다. 그런데도 이옥의 사회적 문제의식과 관련해서 여타의 작품에 비해 「심생전」의 의의를 소극적으로 평가한 경우도 없지 않았다.[9] 이에 이 장에서는 「심생전」의 인물 형상과 비극적 결말을 이옥의 '남녀

---

7 전수연 교수는 '인물시각적 시점과 장면묘사의 확대'라는 항목을 설정하여, 「심생전」의 이러한 특징을 면밀하게 분석・고찰한 바(전수연, 「「심생전」의 양식적 특성」, 『이화어문논집』 9, 이화어문학회, 1987, 222~225쪽) 있다.

8 「심생전」에 대한 개별적인 논문으로는 이신성의 「한문단편 「심생」의 연구」(『어문학교육』 2・3합병호, 부산국어교육학회, 1980)와 전수연, 위의 글이 있으며, 김균태(앞의 책), 임유경(「이옥의 전 연구」, 이화여대 석사논문, 1980), 이상덕(앞의 글) 등이 이옥의 전 작품 전체를 대상으로 삼아 연구를 진행하는 가운데 부분적으로 「심생전」을 다루고 있다.

9 조동일 교수는 "신분의 격차나 사회적인 관습을 무시하고 오직 사랑만 성취하려고 한 심생에게 어떤 장애도 나타나지 않은 것으로 꾸몄으니, 작자 자신도 낭만적인 사건에 도취되었다고 할 수 있다"(조동일, 「조선 후기 소설사의 전개」, 『고전소설 연구의 방향』, 새문사, 1985, 205~206쪽)고 하여, 이옥의 다른 작품에 비해 「심생전」은 사회적 문제의식을 철저하게 갖추지 못했다고 평가하고 있다.

지정'관과 관련지어 살펴봄으로써, 이옥이 「심생전」을 통해 궁극적으로 드러내고자 했던 것이 무엇인가를 구체적으로 해명하고자 한다.

2. 이옥의 '남녀지정'관

이옥은, "무릇 천지만물을 살피는 데는 사람을 살피는 것보다 큰 것이 없고, 사람을 살피는 데는 정情보다 오묘한 것이 없으며, 정을 살피는 데는 남녀의 정을 살피는 것보다 진실한 것이 없다" 하여, 이 세상에서 '남녀지정'이 가장 진실한 것이라고 주장했던 인물이다. 이옥이 이런 주장을 했던 까닭은 무엇인가. 이옥은 「이언인」에서 다음과 같은 논설을 펴고 있다.

> 어떤 이가 나에게 물었다. "그대는 천지만물이 그대에게 들어갔다가 그대를 통해 나와서 그대의 『이언』이 되었다고 했는데, 어찌 그대의 천지만물은 다만 오직 한두 가지에 그쳤는가? 어찌 그대의 『이언』은 단지 분지군채(粉脂裙釵, 여자들이 분 바르고 연지 찍고 치마 입고 비녀 꼽는—인용자)의 일만 다루었는가? 고인이 예가 아니면 듣지 말고, 예가 아니면 보지 말고, 예가 아니면 말하지 말라고 했는데, 이와 같이 너그럽단 말인가?" (…중략…) "감히 묻는다. 시전(詩傳)이란 무엇인가?" "경(經)이다." "누가 지었는가?" "당대의 시인이 지었다." "누가 취한 것인가?" "공자다." "누가 주(註)했는가?" "집주(集註)는 주자(朱子)가 하고, 전주(箋註)는 한유(漢儒)가 했다." "그 대지(大旨)는 무엇인가?" "사무사(思無邪)다." "그 효용은 무엇인가?" "교민성선(教民成善)이다." "주남(周南)과 소남(召南)은 무엇인가?" "국풍(國風)이다." "무엇을 말한 것

> 인가?" 한참 후에 대답하기를, "여자의 일이 많다." "모두 몇 편인가?" "주남이 11편, 소남이 14편이다." "그 가운데 여자의 일을 말하지 않은 것은 각각 몇 편인가?" "「토저(兎苴)」·「감당(甘棠)」 등 합하여 5편뿐이다." "그러한가. 이상하도다. 천지만물이 단지 분지군채의 일에만 있음은 옛날부터 그러했던 것인가. 어찌 옛날의 시인은 예가 아니면 보지 말고, 예가 아니면 듣지 말고, 예가 아니면 말하지 말라는 것을 꺼려하지 않아서 그러했겠는가. 객이여. 그대는 그 설을 듣고 싶은가. 여기에는 까닭이 있다. 무릇 천지만물을 보는 것은 사람을 보는 것보다 큰 것이 없고, 사람을 보는 것은 정보다 묘한 것이 없으며, 정을 보는 것은 남녀의 정을 보는 것보다 진실한 것이 없다.[10]

이옥이 지은 『이언』은 「아조雅調」 17수, 「염조艶調」 17수,[11] 「탕조宕調」 15수, 「비조悲調」 16수로 이루어져 있으며, 「이언인」은 『이언』이 여자들의 일을 시화詩化한 것에 대한 도학자들의 비난을 예상하여 사전에 그에 대한 반론을 제기한 것이다.

이옥은 『이언』이 여자들의 일만 노래한 것이라는 도학자들의 비난에 대해 『시경』을 거론하고 있다. 도학자들이 성인으로 추앙하는 공자가 산책刪冊하고 주자가 집주集註한 『시경』 역시 자신이 엮은 『이언』처럼 여자

10 『藝林雜佩』「俚諺引」. "或曰 子言天地萬物 入乎子 出乎子 爲乎子之俚諺 則豈子之天地萬物 獨一個兩個而止耶 何子之俚諺 只及於粉脂裙釵之事耶 古人非禮勿聽 非禮勿視 非禮勿言 亦若是泰乎 (…中略…) 敢問詩傳者何也 曰經也 誰作之 曰時之詩人也 誰取之 曰孔子也 誰註之 曰集註朱子 箋註漢儒也 其大旨何 曰思無邪 其功用何 曰敎民成善也 曰周召南何也 曰國風也 所道者何 久之曰 多女子之事也 凡幾篇 曰周十有一篇 召十四篇也 其不道女子之事 各幾篇 曰兎苴甘棠等合五篇也已 曰然歟 異哉 天地萬物之只在於粉脂裙釵者 其自古在昔而然歟 何古之詩人之不憚乎 非禮勿視 非禮勿聽 非禮勿言而然歟 客乎 子欲聞其說乎 是有說焉 夫天地萬物之觀 莫大乎觀於人 人之觀 莫妙乎情 情之觀 莫眞乎觀於男女之情"

11 「염조(艶調)」는 총 18수로 항목이 설정되어 있으나 10번째 수가 없다.

의 일을 노래한 것이 많다는 것이다. 따라서 『시경』이 예禮에 어긋나지 않듯이 자신의 『이언』도 예에 어긋나지 않으며, '사무사思無邪'를 대지大旨로 하고 '교민성선敎民成善'이라는 효용을 가진 『시경』과 마찬가지로 『이언』도 교민성선의 효용을 갖는다는 것이 이옥의 주장이다.

일견 이러한 이옥의 주장은 교민성선의 효용성을 들어 『이언』의 가치를 옹호한 것처럼 이해된다. 그러나 이옥이 『시경』을 끌어들인 궁극적인 의도가 교민성선의 효용성에 있지 않음은 분명하다. 질문자가 『이언』을 부정한 것은 '예가 아니면 보지 말며, 예가 아니면 듣지 말며, 예가 아니면 말하지 말라'는 유가의 전통적 관념인 예교주의에 근거하고 있다. 즉 여인네들의 일상적인 일을 핍진하게 읊은 『이언』은 유교의 예교주의에 근본적으로 배치된다는 것이다. 이러한 질문자의 비난은 당시 유자들의 일반적인 생각을 그대로 반영한 것이라고 할 수 있다. 이에 대해 이옥은 당시 어느 유자도 부정할 수 없었던 유교경전인 『시경』을 끌어들여 반론을 제기한 것이다. 여인네들의 일상적인 일을 읊은 『이언』이 문제가 있다면, 여자들의 일을 많이 노래한 『시경』 역시 문제가 되지 않을 수 없다는 것이 그의 논리이다. 이러한 이옥의 논리는 유자들이 신성시하는 『시경』으로써 바로 유자들의 편협한 예교주의를 부정한, 일종의 '이이제이적以夷制夷的 반론'인 셈이다. 다시 말해서 이옥은 표면상으로는 유가의 전통적 관념인 예교주의를 받아들이면서 실제로는 그것이 허구적인 것임을 논파한 것[12]이라고 하겠다. 따라서 이옥이 『시경』을 원용했던 것은 교민성선의 효용성을 내세워 『이언』을 합리화하기 위한 것보다는, 당시 유자들이 고수하고자 했던 예교주의의 편협

12 김흥규, 『조선 후기의 시경론과 시의식』, 고려대 민족문화연구소, 1982, 188쪽.

성과 허위적 측면을 비판하기 위한 것으로 이해되어야 할 것이다.

물론 이옥이 『시경』을 원용했던 것은 단순히 유자들의 편협한 예교주의를 비판하기 위한 것만은 아니다. 그가 『시경』을 원용해서 궁극적으로 내세우고자 했던 것은 '남녀지정'이 갖고 있는 진실성의 가치였다. 그는 『시경』에 여자들의 일을 노래한 것이 많은 까닭은 '남녀지정'이 이 세상에서 가장 진실한 것이기 때문이라고 말한다. 즉 천지만물을 보는 데는 사람을 보는 것보다 큰 것이 없고, 사람을 보는 데는 정보다 묘한 것이 없으며, 정을 보는 데는 남녀의 정보다 참된 것이 없기 때문에 유교경전인 『시경』마저도 여자의 일을 많이 노래했다는 것이다. 요컨대 이옥은 일반적인 유자들이 비천한 것이라고 해서 입에 올리기조차 꺼려했던 '남녀지정'이, 이 세상에서 가장 진실한 것으로서의 가치를 지니고 있다는 결론을 바로 『시경』을 통해 이끌어 냈다고 하겠다.

이옥은 여기에서 멈추지 않고 '남녀지정'을 '천도자연지리天道自然之理'로까지 격상시킨다.

> 대개 사람의 정이란 것은 혹 기뻐할 것도 아니나 거짓으로 기뻐하고, 혹 화낼 것도 아니나 거짓으로 화를 내고, 혹 슬퍼할 것도 아니나 거짓으로 슬퍼하며, 즐겁고 슬프고 싫어하고 바라지도 않으면서 혹 거짓으로 즐겁고 슬프고 싫어하고 바라는 것처럼 하니, 어느 것이 진실이고 어느 것이 거짓인지 알 수 없다. 그 정(情)의 진실된 것은 오로지 남녀에게만 볼 수 있으니, 곧 인생(人生)의 본래 그러한 일이요 천도(天道)의 자연스런 이치이다.[13]

13 『藝林雜佩』「俚諺引」. "盖人之於情也 或非所喜而假喜焉 或非所怒而假怒焉 或非所哀而假哀焉 非樂非哀非惡非欲 而或有假而樂而哀而惡而欲焉 誰眞誰假皆不得 有以觀乎其情之眞 而獨於男女之也 則卽人生固然之事 亦天道自然之理也."

이옥이 '사람을 보는 데는 정보다 묘한 것이 없다'고 한 것은 기본적으로 '정情'의 가치를 인정한 것이라고 할 수 있다. 흔히 유자들은 '이理'라는 형이상학적이며 보편적인 관념을 절대시한 반면, 개별적이고 구체적인 삶 속에서 발현되는 '정'의 가치를 철저하게 부정했다. 그런데 이옥은 도리어 그 '정'의 가치를 소중한 것으로 인식하고 있다.[14] 여기에는 중세의 권위주의적인 도덕 관념보다는 사람의 감정이 더 진실된 것이라는 인식 깔려 있다. 그렇다고 해서 이옥이 사람의 모든 감정을 다 진실된 것으로 이해했던 것은 아니다. 그는 희노애락이라는 사람의 감정 역시 언제든지 거짓으로 가장할 수 있으나 남녀 사이에서만은 그렇지 않다고 말한다. 남녀 사이에서는 이들 감정이 주로 본능에 의존하는 만큼 거짓이 개입할 여지가 없어 그 어떤 것보다 진실하다는 것이다. 즉 사람의 마음속에서 자연스럽게 우러나온 '남녀지정'이야말로 이 세상에서 가장 진실한 것이며, 그것은 곧 '인생고연지사人生固然之事'요 '천도자연지리'라는 것이다.

이옥이 '남녀지정'을 '천도자연지리'라 한 것은 유교적 가치 체계에 대한 일종의 반역이라고 할 수 있다. 유교 경전의 하나인 『중용』에, "성誠은 하늘의 도이고 성誠해지려는 것은 사람의 도다. 성한 자는 애쓰지 않아도 맞아지며 생각지 않아도 얻어져 조용히 도에 맞나니 성인聖人이다. 성해지려고 하는 자는 선善을 가려 굳게 잡는 자이다"[15]라는 말이 있다. 이로 보건대 유가에서는 일반적으로 성誠을 천도로 보고 있다고

---

14 이옥은 "만물이라는 것은 만 개의 사물이기 때문에 그것을 하나라고 해서는 안 된다(萬物者 萬物也 固不可以一之)"(「俚諺引」)고 하여 형이상학적 보편자(普遍者)로서 리(理)라고 하는 중세의 절대적 관념을 부정하고 사물의 개별성을 승인한 바 있는데, 정(情)의 가치를 인정한 것은 이것의 연장선상에서 사람의 개성을 중시한 것이라고 할 수 있다.

15 『中庸』. "誠者 天之道也 誠之者 人之道也 誠者 不勉而中 不思而得 從容中道 聖人也 誠之者 擇善而固執之者."

할 수 있다. 이때 성誠이라고 하는 것은 '무자기毋自欺'나 '진실무망眞實無妄'과 상통하는 바, 이는 이옥이 중시하는 '진眞'과 다를 것이 없는 것처럼 보인다. 그러나 그것이 함축하고 있는 의미는 서로 사뭇 다르다. '성자誠者는 성인聖人이다'라는 언급에서 알 수 있듯이, 유가에서 말하는 '성誠'이란 인욕을 철저하게 제거함으로써 실현될 수 있는 도덕적인 삶 그 자체聖人라고 할 수 있다.

그런데 이옥은 '진정眞情'의 구체적 사례로 '혼례를 올려 맞절을 하는 것, 향기로운 규방에서 사납게 싸우고 성내는 것, 아름다운 난간에서 임을 그리워하며 눈물을 흘리는 것, 청루에서 웃고 노래하는 것, 원앙금침과 비취이불에서 사랑을 나누는 것'[16] 등을 거론하고 있다. 이것들은 모두 남녀 사이에서 생겨나는 일로, 가장 원초적이고 보편적인 인간의 욕망에 따라 생활하고 있는 시정인들의 일상적인 삶의 모습이라고 할 수 있다. 이옥은 이러한 시정인들의 진솔한 삶에는 '진정'이 담겨 있기 때문에 '옳음과 그름', '선과 악'은 문제가 되지 않는다고 한다. 행실이 단정하고 장중하며 곧아서 그 바름을 얻은 것이 참다운 정의 한 모습이라면, 방종하고 편벽되며 게을러서 불행히 그 바름을 잃는 것 또한 참다운 정의 한 모습이라는 것이다.[17] 여기에서 우리는, 이옥이 '남녀의 일을 사람의 가장 원초적이고 보편적인 욕망이자 삶의 기본 양식을 좌우하는 것으로 인식'[18]하고 있음을 확인하게 된다. 요컨대 이옥은 '남녀 사이에서 이루어지는 사람의 가장 원초적이고 보편적인 욕망'을

---

16 『藝林雜佩』「俚諺引」. "綠香紅燭問聘交拜 亦眞情也 香閨繡奩狼鬪忿恚者 亦眞情也 細簾玉欄淚望夢思者 亦眞情也 青樓柳市笑金歌玉者 亦眞情也 鴛枕翡衾縷紅倚翠者 亦眞情也."

17 『藝林雜佩』「俚諺引」. "使其端莊貞一 幸而得其正焉 是亦眞個情也 使其放僻怠 不幸而失其正焉 此亦眞個情也."

18 김흥규, 앞의 책, 188~189쪽.

'천도자연지리'에 따른 '진정'이라고 주장하고 있는 바, 이는 유자들의 편협한 예교주의에 대한 비판의 차원을 넘어서서 유교적 이념이나 가치 체계 자체를 부정한 것이라고 하겠다.

이렇듯 '남녀지정'을 '천도자연지리'로 이해했던 이옥에게 다음과 같은 귀결은 지극히 자연스러운 것이다.

> 이 세상이 있어 이 몸이 있고, 이 몸이 있어 이 일이 있으며, 이 일이 있어 다시 이 정이 있는 것이다. 그런 까닭에 이 정을 보면 그 마음의 아정(邪正)을 알 수 있고, 사람의 현부(賢否)를 알 수 있으며, 그 일의 득실(得失)을 알 수 있고, 그 풍속의 사검(奢儉)을 알 수 있고, 그 땅의 후박(厚薄)을 알 수 있으며, 그 집안의 흥쇠(興衰)를 알 수 있고, 그 나라의 치란(治亂)을 알 수 있으며, 그 세상의 오륭(汚隆)을 알 수 있는 것이다.[19]

위에서 말한 '정'이란 '진정'으로서, 곧 '남녀지정'을 뜻한다. 이옥은 이 남녀지정을 보면 작게는 마음의 사정邪正에서부터 크게는 세상의 오륭汚隆에 이르기까지 모든 것을 알 수 있다고 한다. '남녀지정을 보면 그 나라의 치란治亂을 알 수 있다'는 말은, 기본적으로 '남녀지정이 바름을 얻었다면 그 나라가 잘 다스려지고 있는 것이며, 바름을 잃었다면 그 나라가 잘못 다스려지고 있다는 것을 드러낸다'는 뜻일 터이다. 그러나 우리가 여기서 주의해야 할 것은 '바름正'의 기준이다. 우리는 이옥이 말하는 '바름'을 유교적 도덕관에 준해서 이해해서는 안 될 것이다. 앞

---

19 『藝林雜佩』「俚諺引」. "有是世 有是身 有是事 有是事 便有是情 故觀乎此 而其心之邪正可知 人之賢否可知 其事之得失可知 其俗之奢儉可知 其土之厚薄可知 其家之興衰可知 其國治亂可知 其世之汚隆可知矣."

에서 살펴보았듯이, 이옥은 인간의 가장 원초적이고 보편적인 욕망인 남녀지정을 천도자연지리로 이해하고 있다. 따라서 위의 말은 '천도자연지리로서의 남녀지정이 제대로 구현되고 있는가, 아니면 이것이 억압되거나 왜곡되었는가에 따라 그 나라의 치란을 알 수 있다'는 말로 이해되어야 할 것이다. 다시 말해, 위의 말 속에는 남녀지정을 억압하는 모든 관념적 이념이나 제도를 부정하고, 그러한 사회나 세상은 바람직하지 못한 사회나 세상이라는 뜻을 함축하고 있다는 것이다.

이상에서 이옥의 '남녀지정'관에 대해 개략적으로 살펴보았다. 이옥이 남녀지정을 가장 진실한 것이라고 주장한 것은 시정인적市井人的 삶의 진실성에 대한 참다운 이해의 결과이며, 봉건적 신분 관계에 바탕을 둔 유가의 관념적 예교주의를 비판하는 차원에서 이루진 것이라고 할 수 있다. 특히 이옥은 인간의 가장 원초적이고 보편적인 욕망을 천도의 자연스런 이치에 따른 것으로 이해하고 있는 바, 이는 유교의 전통적인 '천도관天道觀'을 부정하는 의미를 지닌다고 하겠다.

3. 인물의 성격과 그 형상

1) 심생

박희병 교수는 전기소설에 등장하는 주인공들의 특징으로 '외로움', '내면성', '소극성', '문예 취향' 등을 제시하였다. 이 중 다음과 같은 지적은 심생의 성격과 관련하여 주목할 만하다.

> 전기적 인간의 소극성은 대개 사랑이 성취되고 난 이후에 그 모습을 드

러낸다는 점에서 특이성을 갖는다. 앞에서도 지적했듯, 사랑을 성취하기까지의 과정에서 전기적 인간은 놀라울 정도의 충동과 추진력을 보여준다. 적어도 이 점만 갖고 말한다면 전기적 인간은 대단히 적극적인 면모를 지녔다고 할 만하다. 그러나 충동이라는 것이 항용 그렇듯이 전기적 인간의 충동 역시 지속성을 갖지는 못한다.[20]

박희병 교수는 전기적 인간의 특징의 하나로 '연애의 대상을 만나면 걷잡을 수 없는 맹목과 충동으로 그 대상을 향해 치닫지만, 애정을 성취하고 난 이후에는 현실적 장애 앞에서 무력한 모습을 보여줄 뿐이다'라고 지적하고 있다. 이러한 지적은 「심생전」의 심생에게도 그대로 적용된다. 심생은 길에서 우연히 눈을 마주친 여인을 사모한 나머지 놀라울 정도의 충동과 추진력을 보여준다. 그는 여인의 뒤를 밟아 여인이 사는 곳과 주변 상황을 알아내고, 30일 동안 단 하루도 거르지 않고 월담을 하여 여인이 거처하는 방 처마 밑에서 밤을 지새운다. 그러나 막상 애정을 성취하고 난 이후 절에 가서 공부하라는 부모의 명령에 아무런 저항도 하지 못한 채 순종하고 만다. 이런 점에서 심생은 박희병 교수의 지적대로 전기적 인간으로서의 특징을 고스란히 간직하고 있는 인물이라고 할 수 있다.

그러나 전기소설의 주인공들이 대부분 이러한 특징을 공유한다고 해서 이들을 모두 동일한 유형의 인물이나 성격의 소유자라고 할 수는 없다. 이들은 충동적인 면모를 기본적인 특질로 하고 있지만 각기 개성을 지닌 인물들이다. 다시 말해 '충동적인 행동'이라는 동일한 범주 안에

---

20 박희병, 「傳奇的 人間의 미적 특질」, 『민족문학사연구』 7, 민족문학사연구소, 1995, 134쪽.

서도 각기 개별적인 편차가 존재하고 있다는 것이다. 특히 「주생전」의 주생과 「위경천전」의 위경천은 심생과 뚜렷한 차이를 보인다.

> ① 생은 승상의 집으로 옮겼으나 낮에는 국영과 함께 지내고 밤에는 문단속이 매우 엄해서 계교를 이룰 수가 없었다. 이렇게 십여 일을 보내고 난 후, 문득 "처음 내가 여기 온 것은 본래 선화 때문인데, 꽃다운 봄이 다 지나가도록 아직 만나지를 못했다. 사람의 수명이 얼마나 길다고 앉아서 기회 오기만 기다리겠는가. 어두운 밤에 당돌하게 들어가 일이 성사되면 다행이고 성사되지 못하면 형벌을 받아 죽는 것이 나으리라"는 생각이 들었다. 그날 밤 달도 뜨지 않은 어둠 속에서 겹겹이 두른 담을 넘어 바야흐로 선화의 방에 당도하니 구부러진 난간에는 발과 장막이 겹으로 드리워져 있었다.[21]

> ② 미인이 홀연히 등불을 끄고 안으로 들어가니 밖은 고요해져 발자국 소리마저 들리지 않았다. (위생은) 즉시 죽음을 무릅쓰고라도 정을 풀고자 했다. 그러나 갑자기 '담장을 넘어가 박달나무를 꺾는 것은 호랑이 꼬리나 봄날의 살얼음을 밟는 것이며, 구멍을 뚫어 들여다보았다는 꾸짖음을 경계치 아니 하면 끝내 몸을 망치는 화를 당할 것'이라는 생각이 들었다. 임이 그리우나 남의 말이 두려워 나아가려다가 도로 물러나고 발을 들었다가는 내딛지 못하였다. 여러 번 이와 같이 하다가 미친 마음이 크게 일어나 여섯 마리의 말이 함께 달리는 듯하여 끝내 마음을 억제하지 못하고 드디어 발걸음을 재촉하여 갔다. 방 밖에 이르러 몰래 창틈을 엿보니 그곳이 바로 처

---

21 이상구 역주, 「주생전」, 『17세기 애정전기소설』, 월인, 2015, 249쪽. "生移寓丞相家 晝則與國英同住 夜則門闥甚密 無計可施 輾轉浹旬 忽自念曰 始吾來此 本圖仙花 今芳春已盡 奇遇未成 俟河之淸 人壽幾何 不如昏夜唐突 事成爲貴(慶) 不成則烹 可也." 이하 「주생전」을 인용할 경우, 작품명과 쪽수만 표기한다.

녀의 침실이었다. (…중략…) 생이 옷을 걷고 돌입하자, 처녀는 갑자기 크게 놀라서 "뉘 집 탕자가 이처럼 광포한가?"라며 심하게 저항할 뿐이었다. 생은 당황하여 어찌할 줄 몰라 다시 달아나려고 했으나, 문이 굳게 닫힌 터라 달아날 길이 없었고, 또 집안이 욕을 당하는 것은 자신이 죽는 것과 같다고 생각하여 위협으로 처녀의 뜻을 빼앗고자 하였다.[22]

①은 「주생전」에서 주생이 선화의 방에 돌입하기 직전의 대목이며, ②는 「위경천전」에서 위경천이 소숙방의 침실에 돌입하는 대목이다. 주생은 선화와의 사랑을 이루기 위해 선화의 동생인 국영을 가르친다는 명목으로 거처를 배도의 집에서 선화의 집으로 옮긴다. 그러나 선화의 집에서 생활하면서도 선화를 만날 수 없자, 마침내 죽음을 각오하고 어두운 밤을 틈타 선화가 거처하는 방에 돌입하여 애욕을 실현한다. 위경천은 애욕의 실현과 이로 인해 야기될 문제 사이에서 심한 갈등을 겪는다. 그러나 끝내 마음을 억제하지 못하고 소숙방의 침실로 뛰어들며, 소숙방이 저항하자 당황하여 어쩔 줄 모른다. 그런 와중에도 위경천은 '자신의 행위로 인해 가문이 욕을 당하는 것은 곧 죽는 것과 같다'는 생각으로 소숙방을 범하려 들어 마침내 자신의 애욕을 성취한다. 즉 주생과 위경천은 죽음을 각오할 정도로 사랑의 감정에 사로잡혀 충동적으로 행동한다.

심생 역시 충동적으로 행동하는 인물이라고 할 수 있다. 우연히 길에

22 「위경천전」, 위의 책, 260~261쪽. "美人忽提燈而入中 外寂寂了 無跫音 卽欲冒死逞情而忽念踰墻折檀 虎尾春水(氷) 不戎鎖穴之誚 則終陷亡身之禍 仲可懷也 人言可畏 欲進還退 ?足未投 如是數度 狂心大發 六馬同奔 終莫能制 遂倍步而行 及至房外 暗窺窓隙 則是乃女之寢室也 (…中略…) 生褰衣而入 女忽驚愕曰 誰家蕩子 狂暴至此 拒之甚耳 生蒼黃無計 擬將還退 而身回鎖門之中 逃出無路 若逢門戶之辱 則其死一也 方欲脅奪其志."

서 마주친 여인을 잊지 못하여 밤을 틈타 월담을 한 것은 주생이나 위경천의 충동적인 행위와 다를 바가 없다고 하겠다. 그러나 심생은 충동에 따라 월담을 했으면서도 막상 궐녀[23]의 방에까지는 들어가지 못한다. 궐녀에 대한 심생의 열정이 주생과 위경천이 선화와 소숙방에게 가졌던 열정보다 못하다고 할 수는 없다. 한 달 동안 비가 오나 눈이 오나 단 하루도 빠지지 않고 월담을 한다는 것은 그만큼의 열정 없이는 어려운 일이기 때문이다. 그럼에도 심생은 궐녀가 거처하는 방 처마 밑 바깥벽에 기대앉아서 바스락 소리도 내지 못한 채 숨을 죽이고 오로지 방 안의 동정만을 살필 뿐이다. 따라서 심생은 충동에 따라 행동할지라도 주생이나 위경천처럼 죽음을 각오할 정도로 맹목적인 인물이라고는 할 수 없다. 즉 주생이나 위경천이 자신의 애욕을 실현하기 위해 말 그대로 모든 것을 감수하는 인물이라면, 심생은 그렇지 못한 인물인 셈이다. 이런 점에서 심생은 주생이나 위경천보다는 심약하거나 소심한 인물이라고 할 수 있다.

그러나 또 이를 단순히 심생의 심약하거나 소심한 성격만으로 치부할 수 없는 측면이 있다. 주생이나 위경천의 행동은 무뢰배의 행위와 크게 다를 바가 없다. 이들은 상대방의 의사를 전혀 고려하지 않은 채 일방적으로 어두운 밤을 틈타 상대방의 침실에 돌입하고 있다. 위경천이 돌입하자 소숙방이 '뉘 집 탕자가 이처럼 광포한가?'라며 깜짝 놀란 데서 알 수 있듯이, 위경천의 행위는 일종의 폭력이라고 할 수 있다. 이 점은 주생의 경우에도 마찬가지다. 선화가 알고 있는 주생은 배도의 남편으로서 동생 국영을 가르친다는 사실 뿐이며, 이들은 서로 대면한 일

---

23 「심생전」의 여주인공은 성명이 전혀 나타나지 않기 때문에 편의상 '궐녀(厥女)'라 지칭한다.

이 없었다. 따라서 선화가 얼굴 한 번 보지 못한 주생에게 연정을 품었다고 보기는 어렵다. 물론 선화나 소숙방이 주생이나 위경천의 난폭한 행동에 굴복하여 이들을 받아들인 것은 아니다. 선화는 주생이 온 것을 알고도 짐짓 잠자는 척하여 은근히 주생을 받아들이며, 소숙방은 위경천의 온아한 사기詞氣에 협소창류俠少倡類의 부류가 아님을 확인한 이후 더 이상 거부를 하지 않는다. 그러나 이것은 어디까지나 결과적으로 이루어진 것이지, 상호 간의 연정에 기반한 것은 아니다. 주생이나 위경천이 각기 상대방에 품은 감정을 애정이라기보다는 애욕으로 표현한 것도 바로 여기에 있다. 상대방을 사랑하는 이들의 감정이 진실하면서도 절실하다고 해서 폭력적 행위까지 정당화될 수 있는 것은 아니다. 즉 주생이나 위경천은 상대방이 자신을 어떻게 생각하는지에 대해서는 안중에도 두지 않은 채 오로지 자신의 애욕만을 채우고자 했던 것이다. 상대방의 의사나 감정을 전혀 고려하지 않고 자신의 애욕을 충족시키기 위해 행동하는 것은 도덕성 여부를 떠나 정상인이 해서는 안 될 비인간적 범법 행위이다. 그럼에도 불구하고 작품 속에서는 이들의 행위가 긍정적으로 그려져 있다. 이런 점에서 주생이나 위경천은 남성 위주의 봉건적 사고에 기반하여 낭만적으로 채색된 인물들이라고 할 수 있다. 다시 말해, 주생이나 위경천의 적극적인 행위에는 작가의 낭만적 지향이 반영되어 있다고 하겠다.

이에 반해 심생은 30일 동안 월담을 하면서도 강압적인 행동은 일체 하지 않는다. 더구나 심생과 궐녀는 이미 서로가 상대방의 존재를 알고 있는 터이다. 심생이 보자기에 싸여 업혀 가는 궐녀를 뒤좇을 때, 궐녀 역시 미소년이 따라 오는 것을 알고 보자기 사이로 추파를 들어 주시하고 있었던 참이었다. 그런 순간에 갑자기 돌개바람이 불어 보자기가 걷혀 심생과 궐녀의 눈이 마주쳤던 것이다. 이 뿐만이 아니다. 궐녀는 심생이 월담해서 밤을 지새운 것을 처음부터 알고 있었으며, 심생 역시 자신의 월담 행위를 궐녀가 인지하고 있다는 사실을 알고 있었다고 보아야 한다.[24] 그럼에도 심생은 오로지 궐녀의 방 밖에서 궐녀의 동정만을 살핀다. 20일째 되던 날 궐녀가 자발적으로 심생이 앉아 있는 방 밖으로 나오자 그때서야 심생은 비로소 궐녀를 붙잡는다. 그러나 심생은 '절 놓아주시면 뒷문을 열고 방으로 모시겠다'는 궐녀의 말을 믿고 궐녀를 놓아주고 만다. 그는 뒤늦게 궐녀에게 속은 것을 알고 분통을 느끼면서도 오히려 궐녀를 만난 것만으로도 다행으로 생각한다. 이후에도 심생은 궐녀가 자신을 받아들일 때까지 계속 월담은 하되 결코 주생이나 위경천처럼 직접 궐녀의 방안으로 뛰어들지는 않는다. 심생의 월담은 대외적으로는 비밀스럽게 이루어지고 있지만, 당사자인 심생이나 궐녀 모두 그 사실을 인지하고 있다는 점에서 무언의 구애라는 성격을 갖는다. 20일째 되던 날 밤에 궐녀가 심생을 속인 것은 심생의 구애를 거절한 것이었다.[25] 그런데도 심생은 자신의 애정을 실현하기 위해 주생이나 위경천처럼 침실로 뛰어들지 않고 오로지 월담이라는 무언의 구애만 끈기 있게 할 뿐이다. 이런 방법으로 마침내 심생은 궐녀를 감동시키고 자신의 애정을 성취하게 된다. 결국 "사람이 일에 당해서 진

24 심생이 월담을 한 이후부터 궐녀는 번민으로 잠을 이루지 못하였으며, 6~7일이 지난 이후에는 궐녀의 긴 한숨과 짧은 탄식을 내쉬어 숨결이 창밖의 심생에게까지 들렸고, 그 소리는 날이 갈수록 더욱 심해만 간다. 이는 궐녀가 심생의 월담 사실을 알고 고민했다는 것을 뜻한다. 실제로 또 궐녀는 20일째 되던 날 밤에 심생에게 다가와 "저는 이미 스무날 전부터 도련님이 다니시는 줄 알았답니다"라고 말하기도 한다. 심생 역시 자신의 월담 행위를 궐녀가 알고 있다는 사실을 궐녀의 탄식하는 소리를 통해 인지하고 있었다고 보아야 할 것이다.

25 궐녀는 부모에게 심생의 월담 사실을 밝히면서 "문에 쇠를 채워 거절해도 역시 오시었다"고 술회하고 있다.

실로 꼭 이루고야 말겠다는 뜻을 세우면 규중의 처자라도 오히려 감동시킬 수 있다"는 평결부의 논평대로, 심생은 궐녀에 대한 참다운 애정과 끈기 있는 자세로 자신의 애정을 실현한 것이라고 하겠다.

그러나 심생은 애정을 성취한 이후에는 구애의 과정에서 보여주었던 끈질기고 집요한 면모를 보여주지 못한다. 궐녀가 정성껏 마련해 준 의복을 집에서 이상하게 여길까 염려하여 감히 입지도 못하며, 자신의 행동을 의심한 부모가 절에 가서 공부하라는 명령에 아무런 저항도 하지 못한 채 순종하고 만다. 이러한 심생의 행위는 소극적이며 무책임한 것임에는 틀림이 없다. 또 이를 '사족士族의 소극적이고 위선적인 행동'[26]이나 '남자의 신의 없는 태도'[27]로 이해할 수도 있다. 그러나 이를 심생의 개인적인 문제만으로 치부해버리는 것은 절대 옳지 않다.

박희병 교수가 지적했듯이, 우리나라 전기소설에 등장하는 주인공들이 대부분 사랑의 지속을 가로막는 장애 요인에 대해 소극적인 태도를 보여주기 때문이다.[28] 앞에서 거론한 주생이나 위경천도 죽음을 각오하고 애정을 성취하지만, 그 이후에는 심생처럼 무력한 존재로 전락하고 만다. 선화에게 "대장부가 어찌 한낱 여자를 취하지 못 하리오. 내 마땅히 매파를 보내 혼약을 정중히 하고 예로써 그대를 맞이 하리라"[29]며 호언장담했던 주생은, 선화에게 접근할 수 없게 되자, '선화와 맺은 기약은 이미 지나갔고 후에 다시 만날 인연이 없을 것[30]이라며 떠나가

26 김균태, 앞의 책, 185쪽.

27 전수연, 앞의 글, 233쪽.

28 사실 이런 점은 전기소설에만 한정되지 않는다. 남녀의 애정을 주제로 한 대부분의 고소설에서 남주인공은 사랑의 지속을 가로막는 장애 요인 앞에 무력한 모습을 보여준다. 「숙향전」의 이선이나 「춘향전」의 이 도령도 부모의 명령에 말 한마디 제대로 하지 못하고 연인과 이별하고 만다.

29 「주생전」, 251쪽. "丈夫豈不能取一女子乎 我當終修媒妁之信 以禮迎子."

고 만다. 위경천도 소숙방을 그리워하다가 병이 들어 눕지만 부모에게는 아무런 말을 하지 못한다. 더구나 주생과 선화, 위경천과 소숙방 사이에는 신분 계급의 차이가 문제되지도 않는다. 주생은 '매파를 보내 예로써 맞이하겠다'고 말하고 있으며, 위경천 역시 양쪽 집안의 기꺼운 합의하에 결연을 맺고 있는 것이다. 이 점은 「이생규장전」의 경우도 마찬가지다. 이생과 최랑 사이에는 문벌의 높고 낮음의 차이는 있을지라도 두 집안 모두 사족인 것이다. 그런데도 이생은 부모의 명령에 말 한마디 못하고 여주인공과 이별하고 만다.

이들과는 달리 심생과 궐녀 사이에는 뚜렷한 신분 계급의 차이가 개재되어 있다. 심생은 사족인 반면 궐녀는 중인의 딸인 것이다. 심생이 월담은 하되 궐녀의 침실로 직접 뛰어들지 못했던 것도 이러한 신분 계급의 차이와 무관할 수 없다. 궐녀에 대한 애정은 간절하지만 신분 계급의 차이로 인해 현실적으로 그 애정을 실현할 수 있는 방법이 심생에게는 없었다고 보아야 한다. 때문에 심생은 궐녀에 대한 자신의 감정을 억제하지 못하고 월담은 했으나, 주생이나 위경천처럼 궐녀의 침실로 뛰어들지 못한 채 오로지 궐녀의 처분만을 기다린 것이다. 심생이 애정을 성취한 이후 궐녀가 지어준 의복을 입지 못하거나 부모의 명령에 순종할 수밖에 없었던 것도 결국은 이것의 연장선 위에서 행해진 것이라고 할 수 있다. 이런 점에서 심생의 사랑을 가로막는 장애요인은 주생이나 위경천 등이 봉착했던 것보다 훨씬 더 압도적이었다고 하겠다.

이러한 점을 고려한다면, 심생을 무책임하거나 신의가 없는 인물이라고만 말하기 어려울 것이다. 무책임한 것으로 따진다면, 주생이나 위

---

30 「주생전」, 253쪽. "生念佳期之已邁 嗟後會之無因."

경천 그리고 「이생규장전」의 이생이 심생보다 더 했으면 더 했지 덜하다고 할 수 없다. 이들에 비한다면 심생은 차라리 애정을 성취하는 과정에서나 또는 그 이후에나 한결같이 소극적으로 행동한 면이 있기 때문이다. 그럼에도 불구하고 심생이 이들보다 무책임한 인물인 것처럼 보인다. 왜 그런가. 이는 무엇보다도 심생과 궐녀가 결연을 맺지 못하고 비극적으로 결말을 맺은 때문이다.

「이생규장전」이나 「주생전」, 「위경천전」도 모두 비극적으로 끝나는 것은 사실이다. 그러나 이들 작품에서는 결연 자체는 장애를 극복하고 성사된다. 이생과 최랑은 양쪽 집안의 합의로 결연을 맺어 부부로서 생활하며, 주생과 선화, 그리고 위경천과 소숙방은 부부로서 생활하지는 못하지만 이미 양쪽 집안이 결연을 맺기로 합의가 이루어진 상태다. 이로 인해 이생과 주생 등은 무책임하게 행동했음에도 결과적으로 그 무책임한 행동이 성사된 결연에 묻혀버리고 만다. 그런데 「심생전」에서는 심생의 무책임한 행동이 곧바로 궐녀의 죽음으로 이어짐으로써 그 것이 더욱 부각된 것이라고 하겠다.

그러면 과연 심생을 어떻게 보아야 하는가. 궐녀는 심생을 두고 '지금 바야흐로 청춘이라 혈기가 아직 정치 못하여 다만 나비와 벌이 꽃을 탐낼 줄만 알고 바람과 이슬에 맞음을 돌보지 않는 양반가 도령'이라고 일컫는다. 흔히 애정소설에서 사랑에 빠진 남주인공을 서술할 때 상투적으로 쓰이는 이 말은 심생의 성격을 거의 그대로 규정하는 측면이 있다. 물론 이 말은 주생이나 위경천 등에게도 해당된다. 기본적으로 심생이나 주생 등은 모두 연애 감정에 빠져 앞뒤를 가리지 못하는 젊은이들이라고 할 수 있는 것이다. 다만 심생이 이들과 차이가 있다면, 애정을 실현하는 과정에서 직접 궐녀의 침실로 뛰어들지 못하고 끈질긴 무언의 구애로써 궐녀와의 애정을 성취하고자 한다는 점뿐이다. 이런 점에서 심생은 주생 등보다 지순하다고 할 수 있다. 그러나 앞에서 지적했듯이, 이러한 심생의 행동의 이면에는 신분 차이에 따른 제약이 가로놓여 있다. 신분적 차이가 존재하지 않았거나 또 심생이 이를 극복할 자신이 있었다면, 심생은 궐녀의 처분만을 기다리지는 않았을 것이다. 즉 심생은 끓어오르는 정념을 어찌하지 못하고 월담은 했으나, 신분적인 제약을 극복할 자신이 없어 오로지 무언의 구애로써 자신의 애정을 호소했던 것이다.[31] 요컨대 심생은 봉건적 신분 관계의 속박에서 벗어나지 못한 채 신분이 다른 한 여인을 사랑하게 되어 이러지도 저러지도 못했던, 지극히 순박하고 평범한 양반댁 젊은 도령 그 이상도 이하도 아니라고 하겠다.

2) 궐녀

「심생전」의 여주인공인 궐녀는 고소설에서는 보기 드문 독특한 유형의 인물이다. 남녀의 사랑을 주제로 한 고소설은 남녀주인공이 만나자마자 순간적으로 교감하게 되고, 이어서 곧바로 운우지정을 나누는 경우가 대부분이다. 또 그 가운데는 여주인공이 남주인공보다 적극적이거나 먼저 남주인공에게 자신의 사랑을 표현하는 경우가 적지 않다. 일례로 「이생규장전」을 들 수 있다. 최랑은 담장 안을 엿보는 이생을 보고 먼저, "이 몸이 대청 안의 제비가 될 수만 있다면 주렴을 살짝 걷어

31 이신성 교수는 "심생은 신분의 고정 관념을 초월한 인물이다"(이신성, 앞의 글, 204쪽)라고 평하고 있는데, 심생이 중인의 딸인 궐녀에게 연정을 품을 것 자체만 가지고 이런 평가를 해서는 곤란할 것이다. 적어도 이러한 평가를 하려면 신분적 제약을 극복하려는 의지를 보여주어야 하는데, 심생에게서는 그런 모습을 찾아볼 수 없기 때문이다.

담장을 빗겨 넘어 갈텐데"[32]라는 시를 읊어, 은근히 자신의 연정을 이생에게 알린다. 이후 이생과 최랑은 곧바로 사랑에 빠져 운우지정을 나눈다. 또 이생이 자신과 최랑의 관계가 드러날 것을 염려하자, 최랑은 다음과 같이 말한다.

> 본래 저는 마침내는 그대를 남편으로 받들어 오래도록 즐거움을 누리고자 했는데, 낭군께서는 어찌 이같이 놀라운 말씀을 하십니까? 저는 비록 여자의 몸이지만 마음이 태연한데 장부의 의기를 가지고서 어찌 이런 말씀을 하십니까? 뒷날에 규중의 일이 누설되어 부모님의 꾸지람을 듣게 되더라도 제가 몸소 감당하겠습니다.[33]

최랑은 이생의 염려에 대해, 대장부의 의기를 들어 이생의 소심함을 나무라며 뒤에 문제가 생기더라도 자기 혼자 책임을 지겠다고 당당하게 말한다. 이처럼 우리 고소설의 중에는 여주인공이 먼저 구애를 하며, 애정 문제에 대해 남주인공보다 적극적이거나 능동적으로 대처하는 경우가 많다. 이러한 양상은 애정 문제를 다룬 상당수의 한문단편에서도 유사하게 나타난다. 「방맹芳盟」이나 「태학귀로太學歸路」는 물론이요, 「심심당한화深深堂閑話」[34]에 나오는 네 편의 이야기가 모두 여성의 구애로 시작된다. 그런데 「심생전」의 궐녀는 심생의 지극한 정성과 집념어린 구애에도 불구하고 신중을 기한다. 그렇다고 심생과 궐녀 사이에 순간

32 「이생규장전」, 『금오신화』, 을유문고 81, 1980, 174쪽. "何方可化堂中燕 低掠珠簾斜度牆." 이하 「이생규장전」을 인용할 경우, 작품명과 쪽수만 표기한다.

33 「이생규장전」, 175~176쪽. "本欲與君 終奉箕帚 永結歡娛 郎何言之若是遽也 妾雖女類 心意泰然 丈夫意氣 肯作此語乎 他日閨中事洩 親庭譴責 妾以身當之."

34 이들 작품은 모두 『이조 한문단편집』 상(이우성 · 임형택 편역, 일조각, 1982)에 수록되어 있음.

적인 교감이 없었던 것도 아니다. 궐녀는 심생이 뒤좇아 오는 것을 보자기 안에서 주시하고 있었으며, 보자기가 걷히는 순간 심생의 눈과 마주치자 놀라고 또 부끄러워했던 것이다.[35] 그럼에도 궐녀는 심생의 구애를 쉽게 받아들이지 않고 신중에 신중을 기한다.

궐녀의 신중한 면모는 심생이 월담하여 자신의 방 밖에서 밤을 지새운 지 20일째 되던 날 처음 심생을 대면한다는 데서 일단 드러난다. 궐녀는 광통교에서 우연히 심생과 눈이 마주친 이후 심생이 매일 밤 월담한다는 사실을 처음부터 알고 있었으면서도 모른 척한다. 그러다가 20일째 되던 날 밤 처음으로 심생이 앉아 있는 방 밖으로 나온다. 이때 심생이 어둠 속에서 불끈 일어나 궐녀를 붙잡는다. 그러나 궐녀는 조금도 놀라지 않고 거짓말로 심생을 떼어놓고 방안으로 들어간 다음, 하녀에게 큰 자물쇠를 갖고 오게 하여 심생이 들을 수 있도록 일부러 소리를 내어 자물쇠를 채운다. 이러한 궐녀의 행동은 심생의 존재를 자신이 이미 알고 있다는 것을 심생에게 밝히고, 아울러 심생의 구애에 대한 거절의 의사를 분명하게 드러낸 것이라고 할 수 있다.

심생이 20일 동안이나 궐녀의 방 밖에서 밤을 지새웠다는 것은 궐녀에 대한 그의 애정과 정성이 얼마나 지극한가를 보여준 것이며, 궐녀도 이 사실을 분명하게 알고 있었다. 그런데도 궐녀는 심생의 구애를 거절한 것이다. 이러한 궐녀의 태도가 얼마나 신중한 것인가는 「주생전」의 선화나 「위경천전」의 소숙방과 비교해 보면 더욱 분명하게 드러난다. 선화는 주생과 대면한 일도 없는 상태에서 주생이 월담하여 방 밖에 이르자, "주렴 밖에 누가 와서 비단 창을 두드리나. 왕교인의 꿈 요대곡에

35 고소설의 일반적인 표현상의 관례에 비추어 볼 때, 이를 상호 간의 교감의 형성으로 이해해도 무리가 없을 것으로 생각한다.

깨어지네"[36]라는 시를 읊고 짐짓 잠자는 척하여 주생을 끌어들인다. 그런가 하면 소숙방은 생면부지인 위경천이 갑자기 침실로 뛰어들자, 처음에는 저항했다가 위경천이 온 연유를 곡진하게 말한 이후 곧바로 운우지정을 나눈다. 이렇듯 선화나 소숙방은 양가집 규수이면서도 생면부지인 남주인공의 구애를 즉석에서 받아들인다. 이에 반해 궐녀는 이미 심생과 일정하게 교감하고 또 그의 정성을 알고 있는 상태인데도 불구하고 심생의 끈질긴 구애를 거절했던 것이다.

궐녀의 신중한 면모는 그 뒤 10일 동안이라는 유예 기간에서도 엿볼 수 있다. 궐녀가 분명하게 거절을 표시한 이후에도 심생은 계속 월담하여 궐녀의 방 밖에서 밤을 지새운다. 궐녀는 이에 아랑곳 하지 않고 모른 척하고 있다가 10일이 지난 이후에 문을 활짝 열고 심생을 방안으로 불러들인다. 결국 궐녀는 심생이 월담하여 처마 밑에서 밤을 지새운 지 한 달 만에 비로소 심생을 받아들인 셈이다. 이는 심생의 지성과 집념어린 구애에 감복한 결과라고 하겠다. 그러나 또 궐녀는 그 자리에서 곧바로 심생과 부부의 인연을 맺지는 않는다. 앞서 「이생규장전」이나 「주생전」 그리고 「위경천전」에서도 볼 수 있듯이, 우리나라 애정소설의 경우 한결같이 부모가 모른 상태에서 남녀주인공은 부부의 인연을 맺는다. 그런데 궐녀는 심생을 방에 앉혀 놓고는 안방으로 건너가 자기의 부모를 모시고 온다. 심생을 보고 어리둥절해하는 부모에게 궐녀는 그간의 사정과 더불어 심생과 부부의 인연을 맺을 수밖에 없는 불가피성을 말한다. 궐녀의 부모는 갑작스런 일에 놀라지만 궐녀의 이야기가 논리정연하고 합당하여 궐녀와 심생의 결연을 허락하고 만다. 즉 궐녀

36 「주생전」, 251쪽. "簾外誰來推繡戶 枉教人夢斷瑤臺曲."

는 자신의 부모에게 허락을 받은 이후에야 비로소 심생과 부부의 인연을 맺는 신중을 기한 것이다.

이렇듯 궐녀는 심생의 집념어린 구애에도 불구하고 철저하게 신중을 기하는데, 궐녀가 신중을 기했던 것은 우선 심생의 진의와 정성을 알아보기 위한 것이라고 할 수 있다. 20일째 되던 날 궐녀가 심생을 속인 것은 거절의 표시기도 하면서 동시에 거절에 대한 심생의 반응을 엿보기 위한 것으로도 이해되기 때문이다. 그러나 궐녀가 신중을 기한 근본적인 이유는 심생의 진의 여부보다는 철저한 현실 인식에서 비롯되었다고 보는 것이 옳다. 이는 궐녀가 자신의 부모에게 심생과 부부의 연을 맺을 수밖에 없는 사정을 말하는 데서 잘 드러난다.

> 그날 저녁부터 도련님이 밤에 오지 않은 날이 없이 이 방문 밑에 숨어 기다린 지 이제 이미 30일이나 되었습니다. 비가 와도 오시고, 추워도 오셨으며, 문에 자물쇠를 채워 거절해도 역시 오셨습니다. 저는 이미 오랫동안 생각해 보았습니다. 만일 소문이 밖으로 퍼져서 이웃 사람들이 알게 되면 밤에 들어왔다가는 새벽에 나가시니, 혼자서 창벽 밖에서 기대어 있은 줄을 누가 알겠습니까? 이것은 사실이 아니지만 저는 악명을 받게 됩니다. 저는 꼭 개에게 물린 꿩이 된 꼴입니다. 저분은 사대부가의 도령으로 나이가 바야흐로 청춘이라 혈기가 아직 정치 못합니다. 단지 벌과 나비가 꽃을 탐낼 줄만 알고 바람과 이슬에 맞음을 돌보지 않으니 며칠 못가서 병이 나지 않겠습니까? 병이 들면 필히 일어나지 못할 것이니, 이는 제가 죽인 것은 아니나 제가 죽인 것과 다름이 없습니다. 비록 남이 모르더라도 반드시 음보가 있을 것입니다. 또 제 몸은 한낱 중인의 딸에 불과합니다. 절세의 경성지색이나 고기가 숨고 꽃이 부러워 할 용모를 지닌 것도 아닌데, 도련

> 님께서 솔개를 보고 매로 여기시어 저에게 지성을 바치기를 이같이 부지런히 하십니다. 도련님을 따르지 않으면 하늘이 반드시 싫어하시어 복이 이르지 않을 것입니다. 제 마음을 정하였습니다. 부모님께서는 근심하지 마십시오. 아, 저는 부모님께서 연로하시고 형제가 없어 시집가서 데릴사위를 맞아 살아계실 때에 봉양을 다하고, 돌아가신 뒤에 제사를 받드는 것으로 제 소원은 충분하다고 생각해 왔습니다. 그러나 일이 뜻밖에 이렇게 되었으니, 이 역시 하늘이라. 말해 무엇 하겠습니까?[37]

궐녀는 심생의 지극정성, 심생의 월담으로 인해 본의 아니게 자신이 받게 될 누명, 그리고 자신이 끝까지 거절했을 경우 예견되는 심생의 죽음과 자기가 받게 될 음보陰報 등을 들어 심생과의 결연이 불가피하다고 말한다. 궐녀가 위에서 제기한 근거들은 하나같이 자신이 처한 상황에 대한 냉철한 인식에 바탕을 두고 있다. 일견 위의 문제들이 최악의 경우를 전제로 하고 있다는 점에서 극단적인 것으로 이해될 수도 있다. 다시 말해, 궐녀가 심생의 집요한 구애를 '한갓 젊은 혈기'로 보거나, 자기의 처지를 '개에게 물린 꿩'의 신세로 말한 것 등은 사태를 지나치게 부정적이거나 비관적으로만 이해한 결과일 수도 있다는 것이다. 그러나 궐녀의 처지에서 보았을 때 이는 현실과 조금도 어긋남이 없다. 자신은 중인

---

37 「심생전」, 이우성 · 임형택 역편, 『이조한문단편집』 상, 일조각, 1982, 433쪽. "自其夕郎君無夜不至 屛俟於此戶之下 今已三十日矣 雨亦至 寒亦至 鎖戶以絶之而亦至 兒料已久矣 萬一聲聞外播 隣里知之 則夕而入 晨而出 誰知其獨倚於窓壁外乎 是無其實 而被惡名也 兒必爲犬咋之雉矣 彼以士大夫家郎君 年方青春 血氣未定 只知蜂蝶之貪花不顧風露之可憂 能幾日而病不作耶 病則必不起 是非我殺之 而無異我殺之也 雖人不知 必有陰報 且兒身不過一中路家處子也 非有傾城絶世之色沈魚羞花之容 而郎君見鴟爲鷹 其致誠於我 若是其勤然 而不從郎君者 天必厭之 福必不及 兒之意決矣 願父母勿以爲憂 噫 兒親老而無兄弟 嫁而得一贅壻 生而盡其養 死而奉其祀 兒之願足矣 而事忽至此 此天也 言之何益."

의 딸이고 심생은 양반댁 도령인바, 궐녀는 자신에 대한 심생의 애정이 아무리 크다고 할지라도 신분의 벽을 극복할 수 없다는 현실을 분명하게 인식하고 있었던 것이다. 이러한 궐녀는 한문단편인 「방맹」이나 「이정」의 여주공들과는 분명하게 구별된다. 상인商人의 딸인 「방맹」의 여주인공은 부실副室이 되더라도 문식文識이 있는 양반과 결연을 맺으려 하며, 시골 처녀인 「이정」의 여주인공은 서울의 번화함과 궁궐의 아름다움을 보기 위해 스스로 서울 양반에게 몸을 허락한다. 그런데 궐녀는 심생이 자기보다 신분이 높은 양반이기에 오히려 신중을 기했던 것이다.

이렇듯 냉철한 현실 인식을 바탕으로 불행한 결과를 예상하면서도 궐녀는 결국 심생을 선택한다. 이것은 차마 심생의 순수한 애정을 저버릴 수가 없었기 때문이었을 것이다. 물론 궐녀 역시 심생을 사모했던 것도 사실이다. 그러나 궐녀의 선택은 애정만으로 설명하기 어렵다. 궐녀가 평소에 소망했던 것은 무남독녀로서 자기와 같은 신분의 데릴사위를 맞이하여 부모를 봉양하는 것이었다. 부유한 중인의 딸인 궐녀에게 이러한 소망은 소박한 것이라고 할 수 있다. 궐녀는 이러한 소박하면서도 간절한 소망마저 하늘의 뜻으로 여기고 포기하면서까지 심생을 선택한 것이다. 여기에는 자기의 거절로 인해 심생을 죽게 할 수는 없다는 '차마 하지 못하는 마음不忍之心'도 담겨 있다. 이렇듯 궐녀의 선택에는 비장함이 서려 있다. 요컨대 궐녀는 자신의 모든 것을 버리고 '남녀지정의 진실함'을 선택한 것이라고 하겠다.[38]

---

38 「심심당한화」의 '제2화'는 조정암에 대한 이야기다. 이웃집 처녀가 정암을 사모한 나머지 병이 들어 죽기에 이르자, 이 사실을 알게 된 처녀의 부모가 딸을 첩으로 삼아달라고 하소연한다. 그러나 정암은 '사사로이 남자를 엿보아 음심이 발동한 부도덕한 여인'이라 하여 끝내 처녀의 간청을 들어주지 않고 죽음에 이르게 한다. 이러한 정암의 선택은 궐녀의 선택과 대조적인 면이 있다. 정암이 순수한 남녀지정을 예교에 어긋난다 하여 한 생명을 죽음에 이르게 한 것이라면, 궐녀는 자신의 모든 것을 버리고 남녀지정의 진실함

이렇듯 건곤일척의 심정으로 심생을 받아들인 궐녀는 애타게 사모하던 끝이라 한없이 기쁜 마음으로 심생과 운우지정을 나눈다. 그러나 기쁨도 잠시 뿐, 심생이 부모의 명령을 어기지 못하고 절로 공부하러 가는 바람에 심생을 만날 수 없게 되자 마음의 병을 얻어 죽고 만다. 이러한 궐녀의 죽음에 대해 박희병 교수는 다음과 같이 지적한 바 있다.

> 전기적 인간은 섬세하고 여린 감정을 지녔기에 그만큼 현실에 상처받기도 쉽다. 신분 갈등으로 인해 사랑하는 남자와 이별한 다음 마침내 마음의 병을 얻어 죽게 되는 「심생전」의 여주인공이나 그녀를 잊지 못해하다가 결국 요사(夭死)하고 마는 남주인공 심생에게서 이 점을 잘 확인할 수 있다.[39]

박희병 교수는 궐녀가 죽게 된 것은 섬세하고 여린 감정을 지녔기 때문이라고 한다. 궐녀는 섬세하고 여린 감정을 지닌 전기적 인간의 전형에 해당한다는 것이다. '남자와 이별한 다음 마침내 마음의 병을 얻어 죽게 된 것'만 고려한다면, 위의 견해는 문제될 것이 없다. 그러나 남자와 이별하자마자 마음의 병을 얻어 죽었다는 사실만 가지고 '섬세하고 여린 감정'을 소유한 인물이라고 단정할 수는 없다. 특히 '섬세하고 여린 감정'이 "감정의 과다한 분출, 충동적이거나 즉흥적인 태도, 스스로 주체하지 못하는 감상, 비탄과 탄식 등"[40]의 의미로 사용된 것이라면, 궐녀는 섬세하고 여린 감정을 지닌 인물로 보기 어렵다. 궐녀의 죽음은 적어도 「방맹」의 여주인공의 죽음과는 다르기 때문이다.

을 선택한 것으로 보아야 할 것이다.

39 박희병, 앞의 글, 133쪽.

40 위의 글, 133쪽.

「방맹」에서 남주인공 최생은 과거에 급제한 후 여주인공을 데리고 함께 서울로 가겠다고 약속한다. 그런데 최생이 과거를 급제한 당일 여주인공에게 아무런 연락도 하지 않자 여주인공은 '부부가 함께 사는 것은 믿음과 사랑 때문인데 방맹芳盟이 식기도 전에 변심했다'며 바로 자결을 해버린다. 이러한 죽음은 여주인공의 '충동적이거나 즉흥적 태도' 때문이라고 할 수 있다. 그러나 궐녀의 죽음은 이와는 다르다. 궐녀는 심생의 지극한 구애에도 불구하고 신분 차이 때문에 심생과의 사랑이 온전하게 실현되기 어렵다는 것을 예상하고 있었다. 그래서 신중에 신중을 기하다가 '차마 하지 못하는 마음'으로 심생의 구애를 받아들였던 바, 궐녀는 심생의 구애를 받아들인 순간 이미 죽기를 각오했다고 보아야 한다. 이는 궐녀가 심생과의 만남을 '하늘의 뜻'이라며 운명적인 것으로 생각했던 것에서도 알 수 있다. 이런 점을 고려할 때, 궐녀의 죽음은 '충동적이거나 즉흥적인 것'과는 거리가 멀다고 하겠다. 요컨대, 궐녀의 죽음은 비극적 결과를 예상하고서도 자신에게 매혹되어 있는 심생의 구애를 받아들였던 운명적 선택의 결과이면서 동시에 천도자연지리로서의 진정眞情을 간직할 수 있는 유일한 길이었다 하겠다.

4. 비극적 결말과 작가의식

남녀의 순수한 애정을 다룬 「심생전」은 비극적인 결말을 맺는다. 궐녀는 심생이 부모의 명령에 따라 산으로 공부하러 가자 유서를 남기고 죽으며, 심생 역시 궐녀의 유서를 읽고 난 뒤 공부를 포기하고 무변이 되었으나 일찍 죽는다. 과연 이들은 왜 죽어야만 했는가. 또 작자인 이옥은 이들의 죽음을 통해 무엇을 말하고자 했는가. 현재 이에 대해서 두 가지 견해가 제기되어 있다.

> ① 이 작품은 이 처녀와 심생과 신분적인 갈등이 빚어낸 비련(悲戀)을 그린 것이다. 작중 심생은 서울의 양반, 곧 고귀한 신분을 타고났다. 심생은 이 처녀에게 강렬한 애정을 느끼고 사랑을 획득하기 위해서 오로지 일심 전력 노력한 나머지에 두 남녀의 결합이 일단 이루어지긴 했다. 그러나 양반과 중인이라는 신분적인 갈등 때문에 그들의 사랑은 결국 죽음으로 끝나고 말았던 것이다.[41]

> ② 이러한, 심생의 행위는 소극적이며 무책임하다. 당시 사회적 분위기로 보아 사족이라 할지라도 신분 질서라는 사회적 체제에 도전은 불가능하다. 그러므로, 세계 개조의 의지를 심생에게 기대하는 것은 불가능하다고 할 수 있다. 그러나, 사족의 소극적이고 위선적인 행동이 용납될 수 있다는 것은 아니다. 이옥이 이러한 사족의 부도덕성이 내면에 깔린 서사적 제재를 입전하였다는 것만으로도 당시 사족의 신분으로서는 대단한 의지다.[42]

①은 비극의 원인을 봉건적 신분 관계의 질곡으로 이해하고 있는 반면, ②는 심생의 위선적이거나 무책임한 행동에서 찾고 있다.[43] 과연 작자 이옥이 「심생전」에서 궁극적으로 드러내고자 했던 것은 무엇인가. ①의 견

---

41 이우성·임형택, 앞의 책, 260쪽.

42 김균태, 앞의 책, 185쪽.

43 전수연 교수는 "작자는 심생의 집념과 여자의 신중한 결단에 합리성을 부여함으로써 비극적 상황의 부당함을 강조하고 있는 것이다. 그것은 바로 심생의 불성실한 태도를 비난하는 것이라 할 수 있다"(전수연, 앞의 글, 220~221쪽)라고 하여, 김균태 교수와 의견을 같이 하고 있다.

해대로 봉건적 신분 관계의 질곡을 문제 삼은 것인가, 아니면 ②처럼 사족士族인 심생의 위선적인 행위이나 불성실한 태도를 문제 삼은 것인가.

사실 「심생전」은 비교적 단순한 구조로 이루어진 짧은 이야기에 불과하다. 그럼에도 불구하고 작가가 자신의 의도를 전혀 드러내지 않은 채 오로지 객관적인 서술시각에 입각하여 작중 인물의 행위를 중심으로 사건을 형상화하고 있기 때문에 작품의 주제를 파악하기가 쉽지 않다. 더구나 「심생전」은 신분이 다른 두 남녀의 애정을 제재로 하고 있으면서도 신분의 차이에 따른 외적 갈등보다는, 사건의 전개에 따라 이루어지는 작중 인물의 구체적인 행위와 심리의 변화에 서술의 초점이 맞추어져 있다. 이로 인해 사건의 전개 과정 속에서는 남주인공인 심생의 이중적인 행동이 부각되어 나타난다. 다시 말해 서술의 초점에 따라 작품을 읽다 보면, 애정을 성취한 이후 이별을 강요하는 부모의 명령에 저항 한 번 못한 채 굴복하고 마는 심생의 무력한 모습이, 애정을 성취하는 과정에서 보여주었던 심생의 끈기 있는 행동과 대조되어 더욱 부각된다는 것이다. 이런 점에서 「심생전」의 주제를 사족인 심생의 무책임하거나 위선적인 행동에 대한 비판으로 이해한 것도 무리는 아니다.

그러나 이옥이 「심생전」에서 궁극적으로 드러내고자 했던 것이 사족의 위선적인 행동이나 무책임한 태도였다고 보기는 어렵다. 궐녀의 죽음이 심생의 무책임한 태도와 직접적으로 연관되어 있다는 점에서, 기본적으로 심생의 무책임한 태도는 비난을 받아 마땅하다. 그러나 앞서 거론했듯이, 심생은 주생이나 위경천과는 달리 애정을 성취하는 과정에서나 그 이후에나 시종일관 소극적인 측면이 있었다. 그는 궐녀에 대한 강렬한 애정으로 월담은 했지만 결코 궐녀의 침실로 뛰어들지는 못했던 것이다. 궐녀에 대한 애정이 강렬했음에도 불구하고 심생이 이렇게 했던 것은 궐녀와 정식으로 혼례를 올릴 자신이 없었기 때문이었으리라. 이런 점에서 심생은 애초부터 무책임했던 인물이라고 할 수 있다. 「심생전」의 주제를 '심생의 무책임한 태도에 대한 비판'이라고 주장한 것은 애정의 성취를 전후로 한 심생의 상반된 태도를 전제로 하고 있다.

그러나 바로 그 '무책임한 면'에서 심생은 시종일관하고 있는 것이다. 그렇다고 심생을 위선적인 인물로 보는 것은 더 더욱 온당치 않다. 한 달 동안 비가 오나 눈이 오나 자신의 몸을 생각하지 않고 밖에서 밤을 지새운, 궐녀에 대한 심생의 강렬한 애정이 거짓일 수는 없겠기 때문이다. 더구나 이옥은 '남녀지정'이 이 세상에서 가장 진실한 것이라고 주장했던 인물이다. 앞서 살폈듯이 그는 '이 세상에서 남녀지정보다 진실한 것은 없으며, 남녀지정이 단정하고 곧아서 다행히 바름을 얻은 것도 참된 정이요, 방종하고 편벽되어 불행하게 바름을 잃은 것도 또한 참다운 정'이라고 주장하고 있다. 이 말의 의미는 '남녀지정은 천도자연지리에 따른 진정眞情이기 때문에 그에 따른 모든 행위는 옳음과 그름, 도덕과 부도덕의 여부를 따질 수 없는 참된 가치를 지녔다'는 것일 터이다. 과연 이러한 생각을 가졌던 이옥이 '바로 그 남녀지정에 휩싸여 있는 심생의 행위를 통해 도리어 그것의 무책임함과 위선을 문제 삼았다'고 볼 수 있겠는가.

「심생전」의 주제를 '심생의 불성실한 태도 대한 비판'으로 주장한 연구자 중에는 궐녀의 유서 중 다음과 같은 구절을 근거로 제시하기도 한다.

> 저 같은 사람은 남의 속임을 받은 이래 몇 달이 지나도록 일찍이 도련님댁의 늙은 여자 하인 하나 보지 못하였사오니, 곧 살아서는 부정한 자취를 남겼고, 죽어서는 돌아갈 곳 없는 귀신이 될 것이니, 이것이 둘째 한이옵니다.[44]

즉 궐녀가 유서를 통해 자신이 떳떳한 삶을 살지 못한 것은 심생에게 속임을 당했기 때문이라고 비방하고 있다는 것이다.[45] 위에서 볼 수 있듯이 궐녀는 분명 '남의 속임을 받았다'고 말하고 있으며, 여기서 '남'이란 심생일 수밖에 없다. 그러나 위와 같은 궐녀의 언급을 곧바로 심생에 대한 비방으로 이해해서는 안 될 것이다. 궐녀는 심생의 구애를 받아들이는 단계에서 이미 자신의 처지를 '개에게 물린 꿩'의 신세라고 말하는가 하면, 또 '이제 일이 뜻밖에 이렇게 되었으니, 이 역시 하늘이라. 말해 무엇하겠습니까'라며 '예견되는 불행을 운명적인 것'으로 받아들이고 있다. 여기서 궐녀가 간절하게 구애하는 심생의 행위를 실제로 '짐승과 같은 파렴치한 행위'로 이해해서 자신의 처지를 '개에게 물린 꿩'의 신세에 비유했던 것은 아니다. 그랬다면 데릴사위를 맞아 부모를 봉양하고자 소망했던 궐녀가 심생의 구애를 절대 받아들이지 않았을 것이기 때문이다. 이것은 불행한 결과가 예견됨에도 불구하고 심생의 구애를 운명적인 것으로 받아들일 수밖에 없는 자신의 처지에 대한 일종의 '체념적인 탄식'인 것이다. 궐녀가 '남의 속임을 받았다'고 말한 것도 이와 조금도 다를 바가 없다.

사실 우리가 「심생전」을 올바로 이해하기 위해서는 바로 이런 궐녀의 '체념적이거나 자책적인 탄식'에 주목할 필요가 있다. 궐녀는 죽으면서 세 가지 한恨을 유서로 남기는데, 그 한은 '늙으신 부모를 봉양하지 못하게 된 것', '시부모가 모르는 며느리가 되어 살아서는 부정한 자취를 남기고 죽어서는 돌아갈 곳이 없는 귀신이 될 수밖에 없다는 것', '남편

44 「심생전」, 434쪽. "如妾者 被人欺匿伊來 數月未曾見郎君家一老鬟 則生爲不正之跡 死爲無歸之魂矣 此二恨也."

45 전수연, 앞의 글, 221쪽.

을 평소에 제대로 공양하지 못하고 잠자리에서만 모셨던 것'이다. 이 세 가지 한은 자식으로서, 며느리로서, 아내로서 해야 될 가장 기본적인 도리를 못한 것에 대한 탄식이라고 할 수 있다. 그런데 이러한 탄식이 "여라가 외람되게 높은 소나무에 붙었다"[46]거나, "손수 지은 의복이 적다고 할 수 없는데 일찍이 도련님으로 하여금 한 사발의 밥도 집에서 드시게 못하였고, 한 벌의 옷도 눈앞에서 입어보도록 못했습니다"[47]라는 표현에서 볼 수 있듯이, 한결같이 자책적인 입장에서 토로되고 있다. 여기에는 궐녀의 '현부賢婦다운 면모'가 깃들어 있다.

그러나 우리는 이것을 단순히 현부다운 면모로만 이해해서는 안 될 것이다. 궐녀는, 「방맹」이나 「이정」의 여주인공과는 달리, 심생이 자기보다 신분이 높은 사족이었기에 고민했던 인물이다. 이는 봉건적 신분 관계로 인해 심생의 구애를 받아들였을 경우 자신에게 다가올 불행을 직시한 때문이다. 그럼에도 불구하고 그녀는 그것을 자신의 운명으로 여기고, 외동딸로서 데릴사위를 얻어 부모를 모시고자 했던 자신의 가장 소중한 소망마저 포기하면서까지, '인간의 가장 자연스런 욕망에서 비롯된 순수하면서도 간절한 심생의 구애'를 받아들였던 것이다. 그러한 궐녀가 도리어 "여라가 외람되게 높은 소나무에 붙었다"가 불행을 초래했다고 자책하고 있다. 이것은 말 그대로 궐녀가 자신의 잘못을 스스로 시인한 것이 아니다. 그렇다고 심생의 무책임을 탓한 것으로 볼 수도 없다. 궐녀는 심생의 애정이 아무리 강렬하다 할지라도 둘 사이에 가로놓여 있는 봉건적 신분 관계라는 현실적 장벽을 극복할 수 없다는 냉철한 인식으로, 이미 불행을 각오한 상태에서 심생의 구애를 받아들

46 「심생전」, 434쪽. "女羅猥托於喬松."
47 「심생전」, 434쪽. "所手製衣服亦不爲不多 而未嘗使郎 喫一盂飯於家 披一衣於前."

인 터다. 그런 그녀가 뒤늦게 심생의 무책임을 탓했다고 보기 어렵다. 이런 점을 고려할 때, 궐녀의 자책은 운명적인 것으로 느껴질 수밖에 없는 현실적 질곡에 대한 역설적인 항거로 이해되어야 할 것이다.

전수연 교수는 "「심생전」에서 작자는 인간적 성실함의 변질에서 초래된 비극적 사랑(삶)을 구현하고 있다"[48]고 주장하면서, 그 근거로 '「심생전」은 「이생규장전」과 달리 계층의 차이에 대한 언급이 없다'는 점을 제시한 바 있다. 즉 「이생규장전」에는 신분의 차이가 남녀 결합의 직접적인 장애로 작용하는데, 「심생전」에는 신분의 차이가 작가에 의해 전혀 문제시되지 않고 있다는 것이다.[49] 전수연 교수의 지적대로 「심생전」에서 신분의 차이가 구체적인 장애 요인으로 제시되어 있지는 않다. 그렇다고 해서 작가 이옥이 신분의 차이를 문제 삼지 않았다고 말할 수는 없다.

대부분의 연구자들이 공감하듯이, 「심생전」은 매우 사실적인 작품이다. 여기서 사실적이라고 하는 것은 「심생전」이 현실에서 존재하거나 존재할 만한 사건을 객관적인 입장에서 있는 그대로 형상화하고 있는 작품이라는 뜻이다. 다시 말해 「심생전」은 영웅적인 인물의 영웅적인 행위를 서사화하거나, 현실적 개연성이 있는 사건이라 할지라도 이를 낭만적으로 형상화한 작품[50]이 아니라는 것이다. 심생이나 궐녀는 봉건적 신분 관계의 질곡에 온 몸으로 맞서는 춘향과 같은 영웅적인 인물이 아니라, 봉건적 신분 관계의 구속에서 벗어나지 못한 채 인간의 가장 기본적인 욕망이라고 할 수 있는 사랑의 감정에 휩싸이게 된 지극히 범상

48 전수연, 앞의 글, 221쪽.

49 위의 글, 221~222쪽, 각주 27.

50 규방의 현숙한 처자인 선아나 소숙방이 생면부지인 남주인공의 갑작스런 돌입을 즉석에서 받아들여 함께 운우지정을 나눈다는 점에서, 「주생전」이나 「위경천전」 등은 현실적 개연성이 있는 사건이라 할지라도 이를 낭만적으로 형상화한 작품의 예라고 할 수 있다.

하고 순박한 청춘남녀일 뿐이다. 심생의 무책임함은 차라리 춘향과 같은 투사적 인물과 대조했을 때 상대적으로 드러나는 '평범한 존재로서의 무력함'에 가깝다. 현실적 존재로서 심생과 같은 처지에 놓여 심생과 다르게 행동할 사람이 과연 얼마나 될 것인가. 「이생규장전」의 이생을 비롯하여 우리나라 전기소설의 남주인공들은 대부분 현실적 장벽 앞에서 무력한 모습을 보여주는데, 이는 당시 일상적 존재들의 실상을 사실적으로 반영한 결과이다. 심생도 이들과 크게 다르지 않는 바, 심생은 무책임한 인물이기 이전에 순박하고 평범한 젊은이 그 자체로 이해되어야 할 것이다. 이옥은 자신의 입장을 전혀 개입하지 않은 채, 이런 일상적인 존재들이 서로 사랑을 하다가 봉건적 신분 관계의 질곡을 극복하지 못하고 죽어야만 했던 비극적 현실을 사실적으로 그리고 있다.

여기서 우리는 '남녀지정을 보면 그 나라의 치란과 그 세상의 오륭을 알 수 있다'는 이옥의 말을 다시 한번 환기할 필요가 있다. 이 말은 '천도자연지리로서 남녀지정을 억압하는 모든 관념적 이념이나 제도를 부정하고, 그러한 사회나 세상은 바람직하지 못한 사회와 세상'이라는 의미를 함축하고 있다. 바로 이옥은 「심생전」을 통해 인간의 가장 원초적 감정으로서의 남녀지정이 봉건적 신분 관계에 억압당하고 있는 사회적 실상을 그대로 드러내어 보여주고 있다. 강렬한 애정에도 불구하고 무력할 수밖에 없었던 심생의 모습을 통해 봉건적 신분 관계의 질곡의 무게를, 신중하면서도 차마 하지 못하는 마음으로 애정을 선택했던 궐녀의 비극적인 죽음을 통해 봉건적 신분 관계의 비인간적인 폭력성을 여실히 드러내고 있는 것이다. 요컨대 이옥은 「심생전」에서 신분의 차이를 직접적인 애정 장애로 설정하지 않고서도 봉건적 신분 관계의 비인간적 폭력성을 가장 극명하면서도 사실적으로 드러내어 비판했다고 하겠다.

5. 유사한 작품들과의 차이

「심생전」의 작가인 이옥은 남녀지정이 이 세상에서 가장 진실한 것이라고 주장했던 인물인바, 남녀지정을 제재로 삼은 「심생전」은 이옥에게 있어서 각별한 의미를 지닌다고 할 수 있다. 그런데 「심생전」은 신분이 다른 두 남녀의 비극적인 사랑을 그린 작품이면서도, 신분의 차이가 애정의 직접적인 장애 요소로 설정되어 있지 않다. 이로 인해 「심생전」을 본격적으로 논의한 연구자들은 작품의 주제를 '사족의 무책임한 행동과 위선적인 태도'로 파악하곤 했다. 그러나 작가 이옥이 「심생전」을 통해 궁극적으로 드러내고자 했던 것이 봉건적 신분 관계의 비인간적 폭력성임은 분명하다고 하겠다. 이 점을 보다 분명하게 드러내기 위해 「심생전」을 「이생규장전」, 「방맹」, 「이정」 등과 비교하는 것으로 결론을 대신한다.

「심생전」은 신분이 다른 남녀주인공의 애정을 형상화하고 있다는 점에서 김시습의 「이생규장전」과 유사한 측면이 있다. 또 이 두 작품은 모두 비극적인 결말을 맺기도 한다. 그러나 두 작품의 비극적 결말이 함축하고 있는 의미는 다르다. 일반적으로 「이생규장전」은 신분의 차이에 다른 애정 갈등이 매우 사실적으로 형상화된 작품으로 평가되어 왔으며, 실제 남녀주인공 사이에 가로놓여 있는 신분의 차이가 애정의 장애요소로 작용하고 있다. 즉 한미한 사족 출신인 이생과 벌열가문의 외동딸인 최랑은 이생의 부친이 신분 차이를 들어 반대하는 바람에 일시적으로나마 이별할 수밖에 없었던 것이다. 그러나 김시습이 「이생규장전」을 통해 봉건적 신분 관계의 질곡을 문제 삼았다고 보기는 어렵다. 이생은 한미한 사족이며 최랑은 벌열가문으로 동일한 신분 계급이면서 그 위상만이 다를 뿐이다. 또 이생의 부친은 '권세 있는 가문에서 빈한한 선비의 자제를 사위로 삼으려 한다'는 것을 이상하게 생각하여 반대하고 있다. 이것은 신분의 차이에 따른 애정 갈등의 전형과는 거리가 멀다. 김시습이 봉건적 신분 관계의 질곡을 문제 삼았다면, 상위 신분에 속하는 최랑의 부친을 결연의 반대자로 설정했을 것이다. 그런데 「이생규장전」의 경우는 도리어 그 반대로 되어 있으며, 결연을 반대한 이유도 사대부적 자존심과 관련되어 있다. 더구나 이들은 최랑의 부친이 적극적으로 청혼을 하여 결국은 결연을 맺고 있다. 이런 점에서 「이생규장전」에서는, 비록 신분의 차이가 애정의 장애 요인으로 설정되어 있다고는 하지만, 봉건적 신분 관계의 질곡이 문제시되고 있다고 보기 어렵다. 이들의 비극적인 죽음도 신분적 질곡과는 전혀 무관한 전쟁의 결과인 것이다.

「이생규장전」과는 달리, 「심생전」에서는 신분의 차이가 표면상으로는 애정의 장애 요인으로 드러나 있지 않다. 표면상으로 드러나는 것은 애정을 성취하는 과정에서는 집요하게 구애를 했던 심생이, 애정을 성취한 이후에는 심생의 행동을 의심스럽게 생각한 부모가 절에 들어가 공부하라고 명령하자 이를 거역하지 못하고 이별하게 되었다는 것뿐이다. 그럼에도 불구하고 「심생전」은 일상적 존재인 심생의 무기력한 행동과 궐녀의 비극적인 죽음을 통해 봉건적 신분 관계의 비인간적 폭력성을 여실히 드러내고 있다.

이옥이 「심생전」을 통해 봉건적 신분 관계의 질곡을 심각하게 문제 삼았다는 것은 「심생전」과 유사한 형식과 내용으로 이루어진 「방맹」이나 「이정」과의 비교를 통해서도 알 수 있다. 「방맹」이나 「이정」도 남녀 주인공 사이에 신분의 차이가 존재하며, 신분이 높은 남주인공이 결연을 맺겠다는 약속을 이행하지 않자 이를 비관한 여주인공이 스스로 목숨을 끊는다. 이런 점에서 이들의 비극적인 죽음도 궁극적으로는 봉건적 신분 관계의 질곡에서 비롯된 것이라고 할 수 있다.

그러나 이들의 비극적 결말이 내포하고 있는 의미는 「심생전」과는 분명 다르다. 「방맹」이나 「이정」의 경우, 남주인공에 비해 상대적으로 신분이 낮은 여주인공이 남주인공과의 결혼을 통해 신분 상승을 꾀한다. 「방맹」의 여주인공은 상인의 딸로서 부실이 되더라도 젊은 문사와 결혼하고자 하며, 「이정」의 여주인공은 농가의 딸로서 서울의 번화함과 궁궐의 아름다움을 보기 위해 서울의 양반에게 기꺼이 몸을 바친다. 이로 인해 이들의 비극적인 죽음은 순수한 애정에 따른 것이라기보다는, 봉건적 신분 관계라는 현실적 질곡을 제대로 인식하지 못하고 신분 상승을 꾀한 결과라는 성격을 갖는다. 그러나 「심생전」의 궐녀는 이들과는 정반대로 심생이 자기보다 신분이 높은 양반의 자제이기에 심생의 끈질긴 구애에도 불구하고 신중을 기하며, 순수한 애정과 신분적 질곡으로 인해 야기될 불행 사이에서 심한 갈등을 겪는다. 그러다가 마침내 심생의 순수한 애정을 차마 저버릴 수 없어 불행한 결과를 예상하면서도 심생의 구애를 받아들인다. 따라서 궐녀의 비극적인 죽음은 순수한 애정을 억압하는 봉건적 신분 관계의 질곡에서 비롯된 것임이 분명하게 드러난다.

이 점은 남주인공들의 죽음에서도 동일하다. 심생은 궐녀가 죽은 이후 붓을 꺾고 무변이 되어 벼슬이 금오랑에 이르나 일찍 죽는다. 「방맹」의 최창대 역시 벼슬이 부제학에 이르나 일찍 죽으며, 「이정」의 서울 선비는 여주인공이 죽은 이후 곧바로 병이 들어 죽게 된다. 이렇듯 남주인공이 죽는 과정은 서로 유사하다고 할 수 있다. 그러나 만남의 성격이

다르기 때문에 이들의 죽음도 다른 의미를 내포하게 된다. 「방맹」의 최창대나 「이정」의 서울 선비는 대가를 받고 자기보다 신분이 낮은 여주인공에게 결연을 약속한다. 최창대는 여주인공이 준 청초지를 받고 과거에 응시하여 급제하면 데려가겠다고 약속했으며, 서울 선비는 꼭 서울로 데리고 가겠다는 약속을 하고 여주인공과 인연을 맺었던 것이다. 따라서 이들의 요사夭死는 '언약의 불이행'에 따른 잘못의 대가라는 성격을 갖는다. 그런데 심생은 오로지 궐녀에 대한 강렬한 애정에 따라 자신의 몸을 돌보지 않고 구애를 하여 궐녀의 사랑을 성취한다. 이러한 심생의 태도는 「방맹」의 최창대나 「이정」의 서울 선비와는 분명히 다른 것이며, 그의 죽음은 순수한 애정을 억압하는 신분적 질곡의 희생이라는 의미를 내포하게 된다.

이처럼 「심생전」의 비극적 결말은, 「이생규장전」이나 「방맹」, 「이정」 등과는 달리, 순수한 애정을 억압하는 봉건적 신분 관계의 질곡에서 따른 것임이 분명하게 드러나 있다. 따라서 이옥이 「심생전」을 통해 궁극적으로 문제 삼고자 했던 것이 봉건적 신분 관계의 비인간적 폭력성이었다는 점은 분명하며, 신분의 차이를 애정 실현의 구체적인 장애요인으로 설정하지 않은 것은 이를 객관적으로 제시하기 위한 수법의 하나였다고 하겠다.

| 제8장 |

「광한루기」의 개작 방향과 작가의식

1. 작품의 성격과 연구 방향

한문본인 「광한루기廣寒樓記」는 수산水山[1]이라는 호를 가진 사람이 「춘향전」의 주요 내용을 골격으로 삼아 새롭게 개작한 작품이다. 이런 점에서 「광한루기」는 기본적으로 「춘향전」의 한 이본이라고 할 수 있다. 그러나 이 작품은 여타의 「춘향전」 이본들과는 다른 면모를 지니고 있다. 가장 큰 특징은 개작의 동기 및 내용에 대한 의견이나 느낌을 평한 '서敍'와 '평비문評批文' 등이 수록되어 있다는 점이다. 「광한루기」는 총 8회로 구성되어 있는데, '서일敍一'은 운림초객雲林樵客이, '서이敍二'와 각 회의 앞뒤에 수록된 '회평回評'과 본문의 행간에 적힌 '협주夾註'는 소엄주인小广主人이 쓴 것으로 되어 있다.[2] 이로 인해 그간 「광한루기」에 대한 연구

1 「광한루기」의 작자인 수산이 누구인가는 정확히 알 수 없으나, 김동욱 교수는 장혼(張混) 문하의 위항시인(委巷詩人) 중 한 명으로(『증보 춘향전 연구』, 연세대 출판부, 1976, 87쪽), 소재영 교수는 조수삼(趙秀三)이나 혹은 조신철(趙信喆)로(「자료 해제-수산 광한루기」, 『숭실어문』 4, 숭실대 국문과, 205쪽), 정하영 교수는 조항(趙恒)으로 추정한 바 있다(「광한루기 연구」, 『이화어문연구』 12, 이화여대, 1992, 575쪽).

2 김동욱 교수는 소엄주인을 장혼(張混)의 아들 장욱(張旭)으로 추정(김동욱, 앞의 책,

는 주로 서나 평비문을 대상으로 문학론에 치중하는 경향이 있었다.[3]

다음은 「광한루기」가 판소리나 판소리계 소설로서의 「춘향전」이 구비 전승되는 과정에서 자연스럽게 파생된 이본이 아니라는 점이다. 수산은 자신의 뚜렷한 세계관과 문제의식에 입각하여 기존의 내용을 변개·삭제하거나 기존의 작품에는 없는 내용들을 첨가하여 이야기를 새롭게 짜 맞추었다. 즉 「광한루기」는 「춘향전」의 이본이라기보다는 개작으로서의 성격이 강하다고 하겠다. 따라서 우리는 「광한루기」를 개별적인 작품으로 간주하고 작품의 구성과 주제, 작품 속에 반영되어 있는 작가의 세계관 및 의식을 고찰할 필요가 있다. 물론 기존의 연구를 통해 「광한루기」의 미학적 특질 및 작가의 세계관 등이 일정하게 밝혀진 것도 사실이다. 대표적인 성과로 다음과 같은 성현경 교수의 연구를 들 수 있다.

83쪽)한 바 있다. 그런데 근래 정하영 교수가 "'수산'이나 '소엄주인', '운림초객' 등은 서로 비슷한 의미를 가진 말이며, 따라서 작자와 편집자 그리고 평비자는 동일인이라고 볼 가능성이 강하게 드러난다"(정하영, 앞의 글, 579쪽)는 견해를 제기하여 주목된다. 「광한루기」의 평비는 작품의 내용을 보완하기도 하고, 작자의 말을 받아서 이어가기도 하며, 저작의도를 설명하기도 한다는 점에서 정하영 교수의 주장은 상당히 설득력이 있다. 그러나 "바야흐로 두세 사람이 자주 평정을 가하여 이 책을 널리 전파하고자 했다(方與二三君子, 亟加評訂, 圖所以廣其傳未也)"(「水山 廣寒樓記」 「敍二」)에서 볼 수 있듯이, 소엄이 두세 사람과 함께 자주 평정을 가했다는 언급을 부정해서는 곤란할 듯하다. 따라서 저자는 수산, 소엄, 운림초객 등이 함께 「광한루기」를 짓고, 또 함께 평비를 한 것이 아닌가 생각한다. 즉 이들이 동일인은 아니나 작자와 평비자로 구분하기는 어렵다는 것이 저자의 생각이다.

3 그간 「광한루기」에 대한 주요 연구 업적을 제시하면 다음과 같다.
김동욱, 『증보 춘향전 연구』, 연세대 출판부, 1976; 소재영, 「자료 해제—수산 광한루기」, 『숭실어문』 4, 숭실대 국문과, 1987; 정하영, 「광한루기 연구」, 『이화어문연구』 12, 이화여대, 1992; 김풍기, 「수산 광한루기의 평비에 나타난 비평의식」, 『어문논집』 31, 고려대 국어국문학연구회, 1992; 정하영, 「광한루기의 평비 연구」, 『한국고전연구』 1, 한국고전연구회, 1995; 정우봉, 「조선 후기 소설론에 있어 구성의 문제」, 『한국고소설사의 시각』, 국학자료원, 1996; 허용호, 「광한루기에 나타난 춘향전과 서상기」, 성현경 외편, 『광한루기 역주 연구』, 박이정, 1997; 성현경, 「광한루기의 비교문학적 연구」, 위의 책.

> 수산의 「廣寒樓記」는 무엇보다도 합리성을 바탕으로 이면을 추구・지향하면서, 그리고 작품의 전아미 또는 우아미, 숭고미, 비장미 및 언어의 함축미, 절제미를 지향・추구하면서, 호방하고도 신의 있는 의젓한 풍류재자 이도린과 다소곳하면서도 역시 신의 있는 정렬의 절대가인 춘향을 일관성 있는 인물로, 이들의 사랑을 우리의 '전통적 춘화도'처럼 은근하게 그리면서도 매우 아름답게 형상화해 놓았다는 점에서, 특히 '춘향'의 형상화를 기막히게 잘해 놓았다는 점에서, 돋보이는 소설이다.[4]

주로 이고본李古本 「춘향전」과의 비교를 통해 얻어진 이러한 성과는 「광한루기」의 외형적 특질을 비교적 분명하게 밝혔다고 할 수 있다. 실제로 「광한루기」는 현실적 조건을 고려하면서 사건을 합리적인 방향에서 재구하거나, 이도린과 춘향을 재자가인才子佳人으로 일관되게 형상화하려고 노력한 흔적이 곳곳에 배어 있다. 그러나 이러한 양상 모두를 무조건 긍정적으로 평가해서는 곤란할 것이다. 소설이 근본적으로 합리성을 추구하는 양식이 아닐 뿐더러, 일관성 있는 인물의 형상이란 대체로 객관적인 서술시각보다는 관념적인 서술시각에 의존하는 경향이 강하기 때문이다.[5] 더구나 수산은 "어찌 창우 무리들로 하여금 시골의 어리석은 사람들 사이에서 제멋대로 음란한 소리와 어지러운 곡조로 부르도록 하리요?"[6]라며, 기존의 판소리 〈춘향가〉를 혹평했던 인물이다. 여기

---

4 성현경, 앞의 글, 197쪽.

5 박일용 교수는, '서술자가 관념적 시각을 견지하면, 서사 세계에 등장하는 인물은 현실 상황 속에서 행동하는 살아 있는 인물이 아니라, 서술자가 설정한 관념에 따라 움직이는 비현실적인 인물 형태로 나타나게 된다'(박일용, 「서술시각 유형과 소설사의 경향성」, 『조선시대의 애정소설』, 집문당, 1993, 40쪽)고 지적한 바 있다.

6 「수산 광한루기」, 4쪽. "豈使倡優之徒 放任其淫聲亂調於村蠢野癡之間耶." 이 글은 성현경 외편, 『광한루기 역주 연구』(박이정, 1997)에 재영인된 숭실대본을 텍스트로 삼

에서 우리는 수산이 판소리의 지향과 미적 가치는 물론, 인간에 대한 민중들의 사실적이면서 진솔한 이해와 그것을 바탕으로 한 문학적 형상화를 온당하게 이해하지 못했음을 알 수 있다. 따라서 우리는 「광한루기」의 개작 방향과 그 성격을 엄밀하게 분석하여 그 성과와 문제점을 분명하게 구명하고, 나아가 개작 과정에 반영된 작가의식이나 세계관을 보다 섬세하게 고찰할 필요가 있다.

이 장에서는 이러한 문제의식을 바탕으로 개작 방향과 그 특징, 애정 갈등의 성격을 작가의식과 연계지어 살펴보고자 한다. 특히 「광한루기」에는 개작 당시 널리 향유되었던 판소리나 판소리계 소설로서의 「춘향전」에 대한 부정적인 인식이 상당히 많이 나타나 있는바, 그것의 타당성 여부를 엄밀하게 검증하고자 한다. 이러한 작업을 통해 「광한루기」의 소설사적 의의와 한계를 분명하게 밝히는 것은 물론, 판소리계 소설 「춘향전」에 형상화된 인물의 성격을 더욱 온당하게 이해할 수 있는 계기가 될 것으로 생각한다.

2. 개작의 방향과 그 특징

1) 서사적 긴밀성의 추구

기존의 판소리 및 판소리계 소설 「춘향전」에는 장황한 수사, 전체적인 흐름에 비해 불필요하게 부연된 사설, 모순되는 에피소드 등이 적지 않게 나타난다. 이러한 요소들은, 이야기 속의 여러 상황이 지닌 의미

있다. 이하 「수산 광한루기」를 인용할 경우, 작품명과 쪽수만 표기한다.

나 정서를 강화·확장하여 부분이나 상황의 독자적인 미와 쾌감을 추구하는 판소리의 지향에서 비롯된 것[7]으로, 서사적 긴밀성이나 완결성과는 거리가 멀다고 할 수 있다. 그런데 「광한루기」는 장황한 수사와 전체적인 흐름에 비해 불필요하게 부연된 사설을 제거하고, 또 새로운 내용을 첨가하여 서사적 긴밀성이나 완결성을 구비하고 있다.

먼저 장황한 수사나 전체적인 흐름에 비해 불필요하게 부연된 사설을 제거한 사례를 보자. 사실 이러한 사례는 「광한루기」 전반에 걸쳐 이루어졌기 때문에 일일이 거론한다는 것 자체가 번거로운 일이다. 다만 그 실상을 구체적으로 확인하기 위해 한 가지 사례만 들면 다음과 같다.

> 뜰 아래서 방자 김한이 나오며 아뢰었다.
>
> "도련님은 어찌하여 녹음이 우거지고 꽃이 거의 떨어져가는 좋은 때를 구경할 생각을 하지 않으십니까?"
>
> 도린이 매우 기뻐서 응낙한 뒤 방자에게 맑은 술 몇 병과 안주 그릇을 준비해서 따르라고 지시하고, 본인은 작은 벼루 한 상자와 붓걸이를 챙겼다. 마침내 종문(鍾門)을 나서면서 김한에게 물었다.
>
> "높은 누대와 이름난 정자 가운데 어느 것이 가깝고 어느 것이 멀며, 좋은 동산과 깊은 골짜기 중에는 어느 곳이 그윽하고, 어느 곳이 훤히 드러나 있느냐? 나는 가깝고도 그윽한 곳으로 가련다."
>
> 김한이 대답했다.
>
> "동쪽으로 삼십 리쯤 가면 무성한 숲과 긴 골짜기가 있는데 깊숙하기는 하지만 멀고 가깝지 않으며, 서쪽으로 오 리쯤 가면 평평한 언덕과 넓은

---

7 김흥규, 「판소리의 서사적 구조」, 『판소리의 이해』, 창작과비평사, 1978, 116쪽.

들판이 있는데 가깝기는 하나 훤히 드러나서 그윽하지 않습니다. 멀거나 드러나지 않고 그윽하면서 가까운 곳을 찾으신다면, 이곳에서 남쪽으로 불과 몇 리만 가면 높은 누각이 하나 있는데, 그것이 바로 이 강산에서 제일가는 광한루입니다."

도린이 다 듣고는 걸음을 재촉하여 앞으로 나아갔다.[8]

이 부분은 이 도령이 광한루로 봄날들이를 가는 대목이다. 속본 「춘향전」에는 이 도령과 방자의 경개 풀이, 나귀 안장 치레, 이 도령의 복색 사설 등이 장황하게 서술되어 있다. 그런데 「광한루기」에는 나귀 안장 치레나 복색 사설 등은 전혀 나타나지 않는다. 방자 김한의 권유로 봄나들이에 나선 이도린은 맑은 술 몇 병과 안주 그리고 작은 벼루와 붓걸이만을 준비할 뿐이다. 물론 경개 풀이의 흔적은 엿보인다. 그러나 이것도 이도린이 선호하는 장소와 경치를 제시하는 정도에 그치고 있다.

이렇듯 「광한루기」는 속본 「춘향전」에 장황하게 서술되어 있는 나귀 안장 치레나 복색 사설 등을 제거하고, 경개 풀이를 상황에 어울리게 축소시킴으로써 서사적 긴밀성을 구비하고 있다. 특히 봄나들이를 나서면서 이도린이 준비한 물건들은 그의 신분과 당대의 생활상에 부합한 것인바, 「광한루기」는 이도린이 광한루에 가게 된 경위와 광한루에 이르는 과정을 비교적 사실적이면서도 간결하게 형상화했다고 할 수 있다.

「광한루기」의 서사적 긴밀성과 완결성은 내용을 변개하거나 새롭게

8 「수산 광한루기」, 25쪽. "堂下 房子金漢進曰 公子豈不欲觀於綠暗紅稀之間 桃郯大悅 薄言出遊 淸醪數壺 肴盒隨之 小硯一匣 筆架具焉 遂出鍾門 顧謂金漢曰 高臺名榭 何近何遠 別園深洞 孰幽孰暢 吾將取近而從幽也 金漢對曰 東行一舍 則茂林脩谷 幽則幽矣 遠而不近 西望五里 則平原曠野 近則近矣 暢而不幽 欲求其不遠不暢 能幽能近者 則自此以南不過數里 有一座高樓 卽江山第一廣寒樓也. 桃郯聽罷 促武前進."

첨가한 대목에서 더욱 분명하게 드러난다. 이 도령이 광한루에서 춘향을 만나 서로 사랑을 나눈 기간은 대략 1년 정도로 설정되어 있다. 춘향은 이 도령과의 사랑을 성취하기 위해 죽기를 각오하고 정절을 지킨다. 이러한 춘향의 행위가 설득력을 갖기 위해서는 그만큼의 돈독한 사랑과 정이 전제되어야 하며, 이 기간은 구성상 서로 간의 사랑과 정이 돈독해지는 기간이라는 성격을 지닌다. 그런데 속본 「춘향전」의 경우에는 이 기간 동안 춘향과 이 도령이 만나 사랑을 나누는 장면이 단 한 번만 형상화되어 있다. 물론 이 한 번의 사랑놀음은 기명 사설, 초야 사설, 권주가, 사랑가 등으로 이어져 장황하기 그지없다. 그러나 춘향과 이 도령의 교환交歡 장면이 아무리 장황하게 서술되어 있다 할지라도, 단 한 번의 만남과 사랑 장면으로는 춘향과 이 도령의 돈독한 사랑과 정이 제대로 형상화되었다고 보기 어렵다. 더구나 어떤 이본의 경우에는 춘향과 이 도령이 첫날밤 사랑을 나눈 후 곧바로 이별하게 되는 상황에 직면하는 것으로 서술되어 있기도 하다. 「춘향전」 이본 중 가장 많이 거론되고 있는 완판 84장본 「열녀춘향수절가」와 이야기가 비교적 짜임새 있게 전개되는 「남원고사」를 보자.

> 마부는 ᄂᆡ가 되야, 네 구경얼 는지시 잡아 구경거럼 반부ᄉᆡ로 화장으로 거러라. 기총마 쒸듯 쒸여라. 온갓 작난을 다 ᄒᆞ고 보니, 이런 장관이 ᄯᅩ 잇시랴. 이팔이팔 두리 맛나 밋친 마음 셰월 가는 줄 모르던가 부더라. 잇ᄃᆡ, ᄯᅳᆺ밧그 방자 나와 도린임 사ᄯᅩ계옵셔 부릅시요. 도련임 드러가니 사ᄯᅩ 말삼하시되, 여바라. 셔울셔 동부승지 괴지가 ᄂᆡ려왓다. 나는 문부사정하고 갈 거시니 너는 ᄂᆡ힝을 ᄇᆡ힝ᄒᆞ야 명일노 ᄯᅥ나거라.[9]

안거라 보ᄌᆞ. 셔거라 보ᄌᆞ. 유리ᄀᆞᆺᄒᆞᆫ 각장당판의 고은 발은 외씨 ᄀᆞᆺ다. 삽분 회뜩 거러올 제 획목 단쥭 치량이면 졔가 졀노 안기인다. 안고 쎨고 즌져리 치고 몸셔리 치고 소름돗칠 제 인간지낙이 이분인가 ᄒᆞ노ᄆᆡ라. 부지광음 약뉴쉬라. 이러트시 노니더니 홍진비ᄅᆡᄒᆞ고 호ᄉᆞ다마ᄂᆞᆫ ᄌᆞ고상ᄉᆡ라. 늑니광음이 물흐ᄅᆞ듯 지나가니 슈삼츈츄 되엿고나. 남원부ᄉᆞ 치민션졍으로 묘당이 공논ᄒᆞ여 공됴참의 승차ᄒᆞ니 승일 상ᄂᆡ 올나갈 졔 니도령의 거동 보쇼.[10]

「열녀춘향수절가」의 경우는 마치 춘향과 이 도령이 광한루에서 만나던 날 밤에 사랑을 나누고 곧바로 이별하게 되는 것처럼 처리되어 있다. 물론 춘향과 이 도령이 사랑을 나누는 장면과 이 도령의 부친이 방자를 시켜 이 도령을 불러 오게 하는 장면을 잇기 위해 "이팔이팔 두리 맛나 밋친 마음 셰월 가는 줄 모르던가 부더라"라는 문장을 삽입하기는 했다. 그러나 이 문장은 그 의미가 불분명하며, 뒤이어 "잇ᄃᆡ"라는 어휘가 이어져 전체적으로는 처음 만나 사랑을 나눈 후 곧바로 이별에 직면하게 된 것으로 이해될 수밖에 없다. 「남원고사」의 경우는 「열녀춘향수절가」에 비해 이들이 오랜 세월 사랑을 나누었음을 보다 분명하게 서술하고 있다. 그러나 이것 또한 "이러트시 노니더니 홍진비ᄅᆡᄒᆞ고 호ᄉᆞ다마ᄂᆞᆫ ᄌᆞ고상ᄉᆡ라. 늑니광음이 물흐ᄅᆞ듯 지나가니 슈삼츈츄 되엿고나"에서 볼 수 있

---

9 「열녀춘향수절가」, 설성경 역주 『춘향전』, 『한국 고전문학 전집』 12, 고려대 민족문화연구소, 1995, 94쪽.

10 「남원고사」, 설성경 역주 『춘향전』, 326쪽. 이 글은 「광한루기」와 비교하여 속본 「춘향전」을 거론할 때 주로 「남원고사」를 텍스트로 삼았는데, 이는 「남원고사」가 속본 가운데는 가장 짜임새가 있는 이본의 하나이면서 수산이 비판하는 판소리적 요소가 비교적 잘 나타나 있다는 판단 때문이다. 「남원고사」는 위의 책(설성경 역주 『춘향전』)에 수록되어 있는 것을 텍스트로 삼았는바, 앞으로 「남원고사」를 인용할 경우 쪽수는 위의 책에 따르며, 이하 작품명과 쪽수만 표기한다.

듯이, 장면과 장면을 잇기 위한 요약적 서술에서 벗어나지 못하고 있다.

이러한 속본 「춘향전」과는 달리, 「광한루기」에는 춘향과 이도린이 사랑을 나누는 장면이 2회에 걸쳐 구체적으로 형상화되어 있다. 춘향과 이도린은 첫날밤을 보낸 이후에도 선물과 편지를 주고받는 등 지속적인 만남과 관계를 유지하며, 그런 가운데 그들은 또 만나 시주詩酒 등을 주고받는다. 즉 수산은 춘향과 이도린이 첫날밤에 사랑을 나누는 장면에 더하여 새롭게 시주를 나누는 장면을 구체적으로 형상화함으로써 이들의 사랑과 정이 돈돈해지는 과정을 여실히 드러낸 것이다.[11]

수산은 사건이 전환되는 시점에 이르러서도 춘향과 이도린의 만남과 사랑을 다음과 같이 요약적으로 제시하고 있다.

> 각설, 도린과 춘향 사이의 일은 월매와 김한을 제외하고는 어떤 사람도 알지 못했다. 그래서 두 사람은 봄이면 복사꽃이 피는 옥동(玉洞)에서 옷깃을 끌고 다녔으며, 여름이면 대나무 잎이 우거진 정원에서 빗소리를 듣고 새벽잠을 깼고, 뜰에 국화가 피었을 때는 달뜨는 밤마다 쓸쓸히 서로를 기다렸으며, 창가에 매화 피었을 때는 눈 내리는 밤마다 웃으면서 서로를 맞이하였다. 이렇듯 사계절의 아름다운 홍취를 빼놓지 않고 즐기는 사이에 서서히 풍광(風光)이 바뀌면서 1년이 훌쩍 지나가 버렸다.[12]

11 소엄은 3회 회미평에서, "잠자리를 함께 한 것을 가지고 정이라고 하지 않고, 함께 웃고 말한 것을 가지고 정이라고 하지 않는다. 자기도 모르는 사이에 저절로 정이 들게 되는 것이니, 이것이 정 속의 정이다(不以枕席爲情 不以言笑爲情 而自有不自知其有情者 是情中之情也)"라고 말하고 있다. 「수산 광한루기」, 55쪽.

12 「수산 광한루기」, 58쪽. "却說 桃鄰春香之事 月梅金漢之外 更無一個覿得 由是兩人 春則玉洞桃花 正惹行襟 夏則兩園竹葉 頻撼曉夢 庭菊悵望於月夕 牕梅笑迎於雪夜 四時佳興 無不可樂 而荏苒風光 焂過一年."

앞서 인용한 「열녀춘향수절가」와 「남원고사」처럼 「광한루기」의 이 대목 역시 요약적으로 서술되어 있는 것은 같다. 그러나 이것이 갖는 작품 내적 기능은 서로 판이하다. 「열녀춘향수절가」나 「남원고사」에서는 서사적 긴밀성과 무관하게 확장된 부분과 부분을 하나의 줄거리를 가진 이야기로 묶기 위한 구실만을 한다면, 「광한루기」에서는 사건이 전환되는 시점에 이르러서 전체적인 사건의 흐름을 고려하여 구성상 치밀함을 도모한 것이라고 할 수 있다. 즉 수산은 2회에 걸쳐 춘향과 이도린의 만남과 사랑을 구체적으로 형상화한 다음, 사건을 전환하기 위해 1년 동안 이들의 만남과 사랑을 요약적으로 제시한 것이다. 수산은 이런 과정에서도 사랑에 따른 다양한 감정을 계절별로 나누어 서술함으로써 춘향과 이도린의 사랑이 순간적이거나 일시적인 것이 아니라 진지한 것임을 드러내고 있는데, 이는 춘향의 수절에 합리성을 부여하면서 동시에 서사적 긴밀성을 고려한 결과로 볼 수 있다. 이런 점에서 「열녀춘향수절가」나 「남원고사」의 요약적 서술이 순전히 확장된 부분과 부분을 잇기 위한 편의적인 것이라면, 「광한루기」의 그것은 전체의 구조를 위해 봉사하고 있다고 하겠다.[13]

수산이 「광한루기」를 지으면서 치밀한 구성을 통해 서사적 긴밀성과 완결성을 도모하고 있다는 것은 춘향과 이별한 이후 이도린의 행적에 대한 서술에서도 엿볼 수 있다. 속본 「춘향전」에는 이 도령이 춘향과 헤어져 경성으로 올라간 지 3년이나 되었어도 소식은 물론 그의 행적에 관한 서술이 일절 나타나지 않는다. 그러다가 춘향이 변 사또의 핍

13 김흥규 교수는 일찍이 '플롯이 중시되는 문학 양식에서는 부분이 전체의 구조를 위해 봉사하지만, 판소리에서는 사건의 흐름이 부분을 위해 봉사한다'고 지적한 바 있다. 김흥규, 앞의 글, 113쪽.

박으로 죽게 되는 급박한 시점에 이르러서 이 도령이 과거에 급제하여 암행어사가 되었다고 서술하고 있다. 이로 인해 작중 인물들은 물론 독자들도 3년 동안 이 도령이 어떠한 생각을 갖고 어떻게 생활했는지를 전혀 알 수가 없다. 이와 달리, 「광한루기」에는 그 3년 동안의 이도린의 행적이 비교적 상세하게 서술되어 있다. 경성에 올라간 이도린은 문하시중 최모의 사위가 된 다음, 부친의 임지인 해주로 가서 반년을 머문다. 이 사이에 홍건적의 난이 평정되자 그는 내직으로 승급된 부친을 따라 다시 서울로 올라와 생활하며, 그 다음 해 홍건적을 평정한 경사로 베풀어진 정시庭試에 장원으로 급제한다.

물론 「광한루기」에도 속본 「춘향전」과 마찬가지로 이 기간 동안 이도린이 춘향에게 전혀 소식을 전하지 않은 것[14]으로 되어 있다. 그러나 「광한루기」는 이도린이 이 기간 동안에도 끊임없이 춘향을 생각하고 있음을 분명하게 서술하고 있다. 그는 해주에 머무는 동안 자기로 인해 애간장을 태우는 가인佳人들을 전혀 돌아보지 않으며, 다음과 같은 꿈을 꾸기도 한다.

> 어느 날 밤 생이 동쪽 서루(書樓)에 있다가 우연히 꿈을 꾸었다. 자신은 남원의 서재에 앉아 있고 춘향이 잔을 잡은 채 마주 앉아 있는데, 완연히 이별할 때의 장면이었다. 꿈에서 깬 뒤 쓸쓸함을 이기지 못하여 일어나 창문을 밀어 젖히니, 머나먼 남쪽 하늘에 새하얀 달빛이 끝없이 펼쳐져 있었다. 여러 번 님이 그리워 꿈을 꾸었지만 매번 그 아름다운 모습이 옛날과 다름없었는데, 오늘 꿈에서 갑자기 근심스런 얼굴을 대하게 되니, 혹시 병

14 소엄은 이도린이 춘향에게 소식을 전하지 않은 것을 '경박한 태도가 전혀 없는 뛰어난 대장부나 재자다운 행동'으로 수용하고 있다. 「수산 광한루기」, 18쪽 참조.

들거나 죽은 것은 아닌지 염려가 되었다. 그래서 천 리나 떨어져 있는 님을 생각하며 두 편의 시를 지어 스스로 위로하였다.[15]

이렇듯 「광한루기」는 이도린이 춘향을 이별한 이후에도 끊임없이 춘향을 그리워하고 있음을 구체적으로 형상화하고 있다. 속본 「춘향전」의 경우, 이러한 내용이 빠져 있어 이 도령을 위해 수절하다가 투옥되는 등 온갖 시련을 겪는 3년 동안의 춘향의 행위가 일방적인 것으로 규정되며, 또 그러한 만큼 작중 현실에서는 물론 독자들에게도 춘향의 행위가 공허하거나 관념적인 것으로 느껴지는 것을 면할 수가 없다. 그리고 이것은 구성상의 결함에서 기인한, 일종의 서사적 비약의 결과라고 할 수 있다.[16] 수산은 속본 「춘향전」에 나타난 이러한 문제점을 인식하고, 이별 이후 이도린의 행적을 구체적으로 서술함으로써 구성상 서사적 긴밀성과 완결성을 확보한 것이다.

「광한루기」의 서사적 긴밀성은 허구적인 서사 세계를 당대의 현실 및 생활 논리와 인정세태에 부합하도록 사건을 구성한 데서도 확보된다. 구체적인 예로 월매가 춘향의 수청 거부로 인해 행수기생에서 쫓겨

---

15 「수산 광한루기」, 95쪽. "一夜 生在東邊書樓 偶得一夢 身坐南原冊舍 春香把盞相對 宛然離別時光景 夢罷不禁悽然 起而推牕 則南天萬里 雪月無邊 自思幾番情夢 俱見春色依舊 今者之夢 忽對愁容 是或不病則死耶 千里相思二詩自慰."

16 소엄은 제7회 회미평에서, "지금 이들(창부)로 하여금 춘향전을 쓰게 한다면, '이도린이 젊었을 때 아버지를 따라 임소(任所)인 남원에 와서 관부의 기생인 춘향과 1년 남짓 정을 맺고 지냈다. 도린이 북쪽 지방으로 돌아가자 춘향은 신관 사또에게 핍박을 당했으나 끝내 뜻을 굽히지 않고 감옥에 갇혀 3년 동안을 지냈는데, 도린이 이윽고 벼슬길에 올라 진휼을 감독하라는 왕명을 받들면서 마침내 다시 만나게 되었을 따름이다'라고 말하는 정도에서 벗어나지 못할 것이다(今使此輩 爲春香傳 則不過 曰李桃鄰少時 隨其父南原任所 與府妓春香鍾情歲餘 桃鄰北歸 春香爲新官所迫 終不屈 而被囚者三年 桃鄰已從仕 適奉監賑之命 遂與復合而已)"(「수산 광한루기」, 103쪽)라고 언급하고 있는데, 이는 속본 「춘향전」의 구성상 미흡함을 지적한 것으로 볼 수 있다.

나고 대신 부용이 행수기생이 되거나, 변복을 한 암행어사 이도린이 부사의 잔치에 참여하지 못하고 쫓겨나는 것으로 서술한 것 등을 들 수 있다. 춘향이 수청 거부로 투옥된 상태에서 그의 어미인 월매가 계속 행수기생 자리를 유지하거나, 거렁뱅이 차림을 한 암행어사가 아무런 제재도 받지 않고 부사의 생일잔치에 참여한다는 것은 당대의 현실 및 생활 논리에 맞지 않았을 것이기 때문이다.[17]

춘향이 도린의 정실이 되지 못한 것으로 처리한 것도 같은 맥락에서 이해할 수 있다. 춘향을 이별한 도린은 문하시중 최모의 사위가 되는데, 이와 관련하여 '속본 「춘향전」이 담고 있는 파격적 주제 내지 사상을 지워버린 이 작품의 상대적 한계'[18]라는 지적이 있었다. 이러한 지적이 잘못되었다고 할 수는 없다. 그러나 「광한루기」는 기본적으로 사대부적 시각과 의식에 기초하여 개작된 것이기 때문에 굳이 이 점을 들어 '이 작품의 상대적 한계'라고 지적하는 것은 문제가 있다. 실제 우리가 여기에서 보다 주목할 것은 당대의 현실을 사실적으로 수용・반영하고 있다는 점일 것이다. 기생인 춘향이 이도린의 정실이나 정렬부인이 되지 못한 것은 당대의 현실에 부합한 것이기 때문이다. 따라서 우리는 이것을 월매가 행수기생에서 쫓겨나거나 암행어사가 부사의 잔치에 참예치 못한 것과 같음 맥락에서 이해해야 할 것이다.

이렇듯 「광한루기」는 치밀하면서도 현실에 부합하는 사건의 구성을 통해 서사적 긴밀성과 완결성을 구비하고 있는바, 이는 대단한 성과로

17 이들 장면과 관련하여 각각 "부용이 행수기생이 되었으니, 월매는 춘향의 일에 연좌되어 쫓겨났다는 것을 알 수 있다(芙蓉爲首妓 則可知月梅之緣坐見汰)"(「수산 광한루기」, 82쪽)거나, "속본에는 어사가 잔치 자리에 끼는 것으로 되어 있으나, 이것이 어찌 이치에 닿겠는가?(俗本 御使參於此宴席 是豈理耶)"(「수산 광한루기」, 110쪽)라는 협주가 삽입되어 있다.

18 성현경, 앞의 글, 199쪽.

인정해야 할 것이다. 특히 세부적인 사건마저도 현실적인 생활 논리에 따라 구성하고 있다는 점에서 「광한루기」가 확보한 서사적 긴밀성은 사실주의적 성취와 일정하게 맞물려 있기도 하다.

그러나 이러한 점만 가지고 「광한루기」가 '철두철미 사실주의를 기반으로 하고 있다'[19]고 평하는 것은 지나친 감이 없지 않다. 사실주의란, '상황의 전형성과 인물의 전형성이 현실의 객관적 묘사에 머무는 것이 아니라, 당대의 현실 모순을 얼마나 치열하게 재현하였으며, 모순 극복의 방향을 낭만적 해결이 아닌 현실적 차원에서 여하히 미학적으로 제시하였는가의 문제'[20]가 총체적으로 고려되어야 한다. 그런데 「광한루기」는 상황의 전형성이 현실의 객관적 묘사에 의해 형상화된 측면은 있으나, 인물도 전형성을 갖추었다고 보기 어려우며, 당대의 현실 모순을 치열하게 재현하거나 그것의 극복 방향을 현실적인 차원에서 미학적으로 제시한 것과는 더더욱 거리가 멀다. 다음 절에서 구체적으로 거론하겠지만, 「광한루기」는 전반적으로 사대부적 지향과 취향에 따른 낭만성과 관념성에 매몰되어 있다고 해도 지나치지 않을 것이다.

2) 다양한 인물 군상과 유형화

「광한루기」는 '작중 인물 가운데 중심 인물에게만 집중되던 이야기를 다양한 인물들의 활동으로 구성하였다'[21]는 평가를 받을 정도로 속본 「춘향전」에 비해 다양한 인물들이 등장한다. 「광한루기」에 새롭게 나타

---

19 성현경, 「책 머리에」, 성현경 · 조융희 · 허용호, 앞의 책, ii쪽.

20 장효현, 「형성기 고전소설의 현실성과 낭만성 문제」, 『민족문학사연구』 10, 민족문학사연구, 1997, 122쪽.

21 정하영, 앞의 글, 588쪽.

나는 인물로는 아객衙客 장철, 행수기생 부용, 3번 행수 매향, 김한의 누이동생 모란 등이다. 이들은 각기 개성을 지닌 인물들로, 작품의 내용을 복잡하고 흥미롭게 하는데 기여하고 있다.

아객 장철은 서울에 있을 때부터 술을 좋아하고 색을 탐했던 인물로, 우연히 원숭과 친하게 되어 남원까지 따라온다. 그는 남원에서도 널리 미색을 구하다가 우연히 춘향의 이름을 듣고는 원숭에게 춘향의 존재를 알려주는 등 원숭의 참모 역할을 한다. 월매 대신 새로 행수기생이 된 부용은 장철과 친밀하게 지내면서 장철의 사주를 받아 춘향을 설득하려고 꾀하며, 매향은 장철의 추천으로 춘향 대신 원숭의 수청을 들어 부귀를 누린다. 이들이 모두 춘향의 수절을 방해하거나 춘향의 고난을 틈타 이득을 취하는 악인형 인물이라면, 기생 모란은 선인형의 인물이다. 그녀는 춘향의 처지를 불쌍하게 여겨 춘향을 죽이려는 원숭과 장철의 계획을 김한에게 전해주는가 하면, 감옥으로 춘향을 찾아가 위로하기도 한다.

이렇듯 「광한루기」에는 개성을 지닌 다양한 인물들이 등장하여 춘향의 수청 거부를 한결 복잡하면서도 흥미있게 이끌어 간다. 특히 이들의 개성적인 성격과 역할은 사건의 현실성을 돋보이게 한다는 점에서 주목할 만하다. 장철은 부도덕한 권력에 빌붙어 자신의 향락과 이득을 취하는, 일종의 시정잡배라고 할 수 있다. 이러한 인물이 원숭과 같은 탐관오리에게 빌붙어 주구 역할을 하는 것은 흔히 있었던 일인바, 그만큼 사건이 실감난다. 부용, 매향, 모란의 경우도 유사하다. 이들은 각기 독특한 지향과 개성으로 기생의 삶을 비교적 사실적으로 보여주고 있다. 부용과 매향은 힘 있는 자에게 빌붙어 현실적인 이익을 취하는 기생의 속성을 생동하게 보여주며, 모란은 부용이나 매향과는 다른 지향으로

기생사회 역시 다양한 인물들로 구성되어 있음을 드러낸다.[22]

그러나 이들의 개성은 선험적으로 규정되어 있다는 점에서 일정하게 한계를 내포하고 있다. 장철·부용·매향은 처음부터 악인형으로 설정되어 반동적이거나 부정적인 역할만을, 김한과 모란은 처음부터 선인형으로 설정되어 주동적이거나 긍정적인 역할만을 충실하게 수행할 따름이다. 즉 이들의 성격이나 유형이 이미 결정되고 분류되어 그 고정성을 벗어나지 못하고 있는 것이다. 따라서 이들에게 내적 갈등이란 존재하지 않는데, 이것은 인간의 유형을 선천적으로 선인과 악인으로 구분지어 이해한 작가의 인식과 무관치 않다. 매향을 부용의 사촌 동생으로 설정하거나 모란을 김한의 누이동생으로 설정한 것도 이러한 인식의 소산이라고 할 수 있다.

작가가 일정한 관념에 따라 인물을 유형화시켜 형상하고 있다는 것은 춘향과 이도린의 형상에서 극명하게 나타난다. 속본 「춘향전」에서 춘향과 이 도령의 형상은 관념이 아니라 인간적 삶에 대한 진솔한 이해와 인식, 그리고 현실 생활의 본질적 법칙에 의거하고 있다. 그 결과 춘향과 이 도령은 뚜렷한 개성을 갖고 생동하게 살아 움직이는 인물로 형상화되어 있다. 특히 춘향의 경우는 개별을 통하여 일반을 반영하고 구체적 예술 형상을 통하여 보편적 사회법칙을 반영하는 등 전형성을 획득했다고 할 수 있다.[23] 이에 대한 구체적인 사례로는 춘향과 이 도령

---

22 소엄은 제6회 '守節'의 회미평에서, "이 회와 다음 회는 모두 속본에 없는 것들로서, 文理가 매우 잘 통하고 人情도 극진하게 나타나 있다. 부용은 자연스럽게 부용의 심사를 가지고 있고, 모란은 자연스럽게 모란의 심사를 가지고 있으며, 월매는 자연스럽게 월매의 심사를 가지고 있고, 김한은 자연스럽게 김한의 심사를 가지고 있으면서 각각 文章을 이루어 서로 답습하지 않았으니, 정말 서사의 묘품이다(此回及下回 俱非俗本所有 而文理旣通 人情亦盡 芙蓉自有芙蓉心事 牡丹自有牡丹心事 月梅自有月梅心事 金漢自有金漢心事 各各成文 不相踏襲 眞是敍事玅品)"라고 평하고 있다. 「수산 광한루기」, 89~90쪽.

의 신물 교환, 이별시 춘향의 앙탈, 군노사령 및 걸인 행색을 하고 나타난 이어사에 대한 춘향의 태도 등을 들 수 있다.

춘향은 기본적으로 기생이면서 기생이기를 거부하는 인물이다. 즉 그녀는 "쇼쳡이 비록 창가의 쳔기오, 항곡의 무듸 소견이나, 마음인즉 북극텬문의 턱을 거러 결단코 남의 별실 가소ᄒᆞ고, 당화호접 불원"[24] 했던 것이다. 이러한 춘향은 이 도령의 끈질긴 구애에 대해, "셰ᄉᆞᄅᆞᆯ 난측이오니 후일 빙거지물이 업지 못ᄒᆞᆯ지라. 일당문셔ᄅᆞᆯ 믿ᄃᆞ라 쇼쳡의 ᄆᆞ음을 실ᄒᆡ옵쇼셔"[25]라며 불망기나 신물信物을 요구한다. 춘향이 신물을 요구한 것은 이 도령의 진정어린 마음을 믿지 못했기 때문은 아니다. 그녀는 이 도령을 믿으면서도 '예측하기 어려운 세상의 일'을 염려해서 신물을 요구했던 것이다. 이는 다음과 같은 객관적 현실 및 당대의 세태와도 깊게 관련되어 있다.

> 츈향이 엿자오ᄃᆡ, ᄯᅩᄒᆞᆫ 진졍의 말ᄉᆞᆷᄒᆞ오리다. 도련님은 귀공ᄌᆡ시고 쇼쳡은 쳔기라. 지금은 아직 욕심으로 그리져리 ᄒᆞ엿다가 ᄉᆞᄯᅩ 쳬귀ᄒᆞ신 후의 미당가젼 도련님이 권실 아니ᄒᆞ오리가? 권문셰가와 진신거독에 뇨됴숙녀 권귀ᄒᆞ여 금슬종고 즐실실 제, 헌신 ᄀᆞᆺ치 바리시면 쇽졀업ᄂᆞᆫ 나의 신셰 가련이도 되거고나.[26]

23 장공양(蔣孔陽)은 "개별을 통하여 일반을 반영하고 구체적 예술 형상을 통하여 보편적 사회법칙을 반영하는 것은 전형의 기본적인 특징이다. 무릇 사회 생활의 본질적 법칙의 어떤 측면을 반영하고 아울러 일정한 성과를 거둔 예술 형상을 우리는 모두 전형이라 부른다"(장공양, 김일평 역, 『형상과 전형』, 사계절, 1987, 167쪽)고 언명하고 있다.

24 「남원고사」, 262쪽.

25 「남원고사」, 266쪽.

26 「남원고사」, 264쪽.

춘향은 천한 기생이고, 이 도령은 양반 귀공자이다. 이들은 상호 간의 현격한 신분 차이로 인해 대등한 관계 속에서 애정을 실현한다는 것 자체가 현실적으로 어려웠으며, 이 도령과 같은 양반들이 일시적인 애욕으로 언약을 했다가 시일이 지나면 그 언약을 저버리기 일쑤였다. 춘향의 신물 요구는 이러한 객관적 현실을 사실적으로 반영하고 있다. 요컨대, 춘향의 신물 요구는 기본적으로 예측하기 어려운 인간의 삶과 인심 및 세태에 대한 사실적인 인식에 기초하고 있으면서, 당대의 부조리한 현실을 상호 신뢰 속에서 함께 극복하기를 요구한 행위라고 할 수 있다. 따라서 이러한 요구에 응하여 서로 신물을 교환한 것은 상호 간의 신뢰를 바탕으로 부조리한 현실을 함께 극복하여 참다운 애정을 실현하겠다는 의지의 표명인 셈이다. 춘향이 3년 동안 편지 한 통 없었음에도 불구하고 지조를 지키면서 이 도령을 기다릴 수 있었던 것도 바로 이러한 신물 교환에 따른 것이라고 할 수 있다.[27]

그런데 「광한루기」에서는 이 신물 교환 대목을 삭제해 버렸다. 그리고 수산은 그 까닭을 다음과 같이 언급하고 있다.

> 수산이 말했다. 화경은 천하의 위인(偉人)이며, 춘향은 천하의 묘인(妙人)이다. 묘인이 위인을 전송하고 위인이 묘인을 이별하더라도 저절로 서로의 마음이 통하여 영원토록 변함이 없다. 그런데 어찌 하나의 거울과 하나의 가락지로서 서로의 마음을 증험(證驗)하는 부신(符信)으로 삼겠는가? (…

---

27 박희병 교수는 "신물 교환은 그들에게 있어 더없는 상호 신뢰의 확인, 장래에 대한 더 이상 확실할 수 없는 상호 약속의 의미를 띤다고 파악된다. 나중에 춘향의 '열'이 결코 일방적이거나 맹목적인 의미를 띠지 못하는 소이연이 바로 여기에 숨어 있다"(박희병, 「춘향전의 역사적 성격 분석」, 『전환기의 동아시아의 문학』, 창작과비평사, 1985, 99쪽)고 지적한 바 있다.

중략…) 구본 「춘향전」이라고 하는 것은 창부들의 좁은 소견에서 나오지 않은 것이 없는데, 자네는 어찌 이것을 취하려 하는가? 하물며 그 거울과 가락지의 있고 없음이 문리(文理)와 인정(人情)에 아무런 영향을 끼치지 못하는데, 자네는 또 무엇 때문에 「광한루기」를 유감스럽게 생각하느냐?[28]

수산이 신물 교환 대목을 없앤 것은, 이것이 천하의 위인인 이도린과 천하의 묘인인 춘향의 성품을 훼손시키는 것으로 생각했기 때문이다. 즉 춘향과 이도린은 본래 신의가 있는 탁월한 존재들이기 때문에 굳이 신물을 교환할 필요가 없다는 것이다. 여기서 우리는 수산이 춘향과 이도린의 성격을 현실 생활 자체의 논리에 따라 구체화하기보다는, 특정한 관념에 의존하여 사전에 정형화하고 있음을 알 수 있다. 그 결과 춘향은 신의 있고 다소곳한 정렬의 절대가인으로, 이도린은 신의 있고 호방한 풍류재자로 시종일관한다. 일예로 이별하는 대목을 보자.

춘향이 말했다.

"사또께서 승진하신 것을 무한히 기쁜 마음으로 경하드립니다. 다만 천리 길 풍진(風塵) 속에 말 모실 일이 수고로울까 합니다."

도린이 입으로는 "응, 응" 하면서, 춘향을 주시(注視)하다가 길게 한숨을 내쉬었다. 춘향은 옥 같은 정신과 꽃 같은 용모를 지닌 사람인데, 어찌 장부의 마음을 헤아리지 못하겠는가? 제비와 앵무새 같은 목소리로 한편으론 위로하고, 한편으론 슬퍼하면서 말했다.

---

28 「수산 광한루기」, 66~67쪽. "水山曰 花卿天下之偉人也 春香天下之妙人也 以妙人送偉人 以偉人別妙人 自有靈犀二點 相照百年 豈以一鏡一環爲可驗之符耶. (…中略…) 所謂舊本無非傖父之局見 而子何取於是也 況其鏡其環之有無 不足以損益於文理人情 則子又何恨於廣寒樓記也."

"인간 세상에 이런 이별은 옛날부터 있었습니다. 원컨대 낭군께서는 소첩을 괘념치 마십시오."

이에 도린이 대답했다.

"1년이나 서로 사랑했던 마음을 어찌 차마 하루아침에 팽개칠 수 있겠느냐?"[29]

속본 「춘향전」의 경우, 이 도령이 춘향을 데리고 갈 수 없다고 하자, 춘향은 "셤셤옥슈 블근 쥐여 분통 굿튼 제 가슴을 법고 즁의 법고 치듯 아조 쾅쾅 두ᄃ리며 두 발을 동동 구ᄅ면셔 숨단 굿흔 제 머리를 홍졔원 나무장ᄉ 잔씌 불희 쯧듯, 바드덩 바드덩 쥐여 쓰드며, ᄋ이고 ᄋ이고 설운지고. 쥭을 밧긔 ᄒᆯ 일 업ᄂ. 날 속이랴고 이리ᄒ나? 조롤랴고 긔롱ᄒ나?"[30]라며 발악을 한다. 판소리의 해학적인 특성에 따라 춘향의 언행이 과장되어 표현된 점이 있으나, 여기에는 이별에 즈음한 춘향의 처절한 심정이 절실하게 나타나 있다. 앞서 지적했듯이, 춘향은 평소 남의 첩이나 노리갯감은 결코 되지 않겠다는 의지와 희망을 갖고 이를 실현하고자 노력했던 인물이다. 그래서 철석같은 언약을 하고 이 도령의 구애를 받아들였던 것이다. 그런데 이러한 의지와 희망이 완전히 좌절되는 순간 춘향의 심정은 어떠했겠는가? 말 그대로 '죽을 수밖에 없는' 심정이었을 것이다. 춘향의 발악은 바로 이러한 심정이 그 어떤 것에도 구속받지 않고 진솔하면서도 자연스럽게 표출된 것이라고 하겠다.

이러한 춘향의 형상은 죽음을 무릅쓰고 변학도의 수청을 거절하거나,

29 「수산 광한루기」, 61쪽. "春香曰 使道陞擢 欣賀千萬 第千里風塵 正勞驅馳 桃鄰口稱 唯唯注目視春香 長歎一聲 春香也 玉精神 花貌樣 念不揣得丈夫的方寸麽 燕語鶯聲 一慰一悲曰 人間此別 自古有之 願郎君 勿以小妾爲念 謂桃鄰曰 周年相愛之情 何忍一朝棄置."

30 「남원고사」, 330쪽.

걸인 행색을 하고 나타난 이 도령에게 자신의 패물을 팔아 옷이라도 마련해 주고자 했던 춘향의 형상과 결코 모순되지 않는다. 이러한 춘향의 형상을 모순된 것으로 이해하려는 모든 태도는 근본적으로 한 인간의 존재를 정형화하려는 잘못된 관념의 소산이라고 할 수 있다. 춘향은 걸인 행색을 한 이 도령을 보고 한편으로는 "ᄋᆡ고 ᄂᆡ 신셰ᄅᆞᆯ 엇지ᄒᆞ리?"[31] 라고 탄식하며, 다른 한편으로는 월매에게 자신처럼 서방님을 잘 보살펴 달라고 부탁한다. 바로 이러한 춘향의 모습이 정형화되지 않은 인간의 참모습이며, 그 형상은 작품의 처음부터 끝까지 조금의 변화도 없다. 춘향은 따뜻한 마음과 굳은 의지를 갖고 자신이 처한 상황에 따라 생생하게 살아 있는 인간으로서 진솔하게 행동하는 인물인 것이다.

그런데 「광한루기」의 춘향은 어떠한가? 춘향은 사또가 승진하여 상경하게 되었다는 소식을 전해 듣는 순간, "연약한 창자가 끊어지고, 조용히 고개를 떨구며, 손에 있던 바늘이 절로 떨어지는 것을 깨닫지 못할"[32] 정도로 슬퍼한다. 그러나 곧이어 춘향은 관아로 이도린을 찾아가 도리어 사또의 승진을 경하하며, 천 리 길을 떠나게 된 이도린의 노고를 염려한다. 이도린이 탄식의 소리를 내자, 춘향은 "인간 세상에 이런 이별은 옛날부터 있었습니다. 원컨대 낭군께서는 소첩을 괘념치 마십시오"라며 위로까지 한다. 참으로 어질고 정숙한 모습이다. 이러한 춘향의 모습은 처음부터 끝까지 변함이 없다. 춘향은 행수기생 부용의 교묘한 설득에도, "이공자는 그 기상으로 보아 결코 마음을 저버릴 분이 아닙니다. 또 제가 그 분의 빼어나고 호방한 풍채를 모두 마음 속 깊이 아로새겨 두었는데, 이러한 마음을 가지고 어찌 다시 다른 사람을 섬길

---

31 「남원고사」, 520쪽.

32 「수산 광한루기」, 60쪽. "春香纔聞這個消息 不覺柔腸先摧 黙然垂頭 手針自落."

수 있겠습니까?"[33]라고 응수한다. 이른바 춘향은 신의와 지조와 정숙과 어진 심성 등을 두루 갖춘 절대가인이라 할 만하다.

이런 점에서 '「광한루기」가 전아성을 기반으로 철저히 한 세계관만을 지향·추구한 끝에 시종 일관성 있는 인물들을 그려내고 있다'[34]는 지적은 매우 타당하다고 하겠다. 그러나 문학적 형상화의 측면에서 볼 때, 이러한 일관성은 절대 긍정적으로 평가되어서는 안 될 것이다.[35] 이것은 도리어 「광한루기」가 가지고 있는 큰 결함이나 한계이기 때문이다. 성현경 교수의 지적대로, 작가는 '전아성을 기반으로 철저히 한 세계관만을 지향·추구'하고 있는데, 이는 하나의 사건이나 인간을 철저하게 작가의 사대부적 지향과 주관적 관념에 따라 재단하여 형상화했다는 것을 의미할 뿐이다. 그 결과 「광한루기」의 춘향은 삶의 현장 속에 생생하게 살아 움직이는 구체적인 인간으로서의 모습을 잃어버린 채, 오직 사대부적 관념에 따라 이상화된 여인상으로 추상화되었던 것이다. 요컨대, 춘향은 "옥 같은 정신과 꽃 같은 용모를 지닌 사람인데, 어찌 장부의 마음을 헤아리지 못하겠는가?"라는 작가의 관념에 따라 선험적으로 규정되고 정형화된 추상적 존재에 불과하다고 하겠다.

---

33 「수산 광한루기」, 84~85쪽. "李公子氣象 決非負心之人 而其英彩豪顔 吾皆銘肝而鏤腸 以此肝腸 安能更事他人乎."

34 성현경, 앞의 글, 196쪽.

35 성현경 교수는 「광한루기」와 신재효본 〈남창 춘향가〉를 비교하면서, "신의 있고 호방한 풍류재자와, 역시 신의 있고 다소곳한 정렬의 절대가인의 서술과 묘사에 있어서 〈廣寒樓記〉가 단연 월등하다"(성현경, 앞의 글, 196쪽)고 평가하였다.

3. 애정 갈등의 성격과 작가의식

「광한루기」는 전반적으로 낭만적인 사대부들의 취향과 의식 지향을 표출하고 있다. 그 단적인 예가 이도린과 춘향의 사랑을 풍류재자와 절대가인의 사랑으로 형상화하고 있다는 점이다. 여기서 풍류재자란 재주와 의리와 호탕한 성품을 바탕으로 진정한 멋을 즐길 줄 아는 젊은 남자라면, 절대가인은 미와 지조와 덕과 재예를 겸비한 젊은 여자라고 할 수 있다. 이것은 낭만적 사대부들이 추구하는 일종의 이상적인 남녀상이며, 이들이 구가하는 사랑 역시 사대부적 낭만성에 기초하고 있다.

춘향과 이도린의 사랑은 위와 같은 풍류재자와 절대가인의 조건 외에는 신분이나 부귀 등 어떠한 것도 문제가 되지 않는다. 이는 춘향이 처음 이도린의 구애를 거절한 이유에서도 드러난다.

> 춘향이 말했다.
>
> "도련님은 청년으로 아직 관례를 치루지 않았습니다. 한 번 정을 준 뒤에 버려두고 가버리시면, 천첩의 일생이 어찌 가련하지 않겠습니까?"
>
> 도린이 말했다.
>
> "아니다, 아니다."
>
> 춘향이 말했다.
>
> "첩이 비록 나이 어리지만, 봄바람과 같은 과객들의 화류지몽(花柳之夢)을 익히 깨달아 알고 있습니다. 명사(名士)들이 기생을 대할 때, 처음에는 정을 주고 마지막에는 이별을 슬퍼하면서 눈물을 흘리기도 합니다. 그러나 이별한 뒤에는 까맣게 잊어버리니, 강물의 물고기를 대하는 것만도 못한 것입니다. 기생의 경우에도 아침에 만났다가 저녁에 헤어지고, 겉

으로는 친하지만 속으로는 멀리하기 때문에 피차일반이라고 할 수 있습니다. 그러나 천첩만큼은 그렇지 않습니다. 가령 금곡(金谷)의 부자와 분양(汾陽)의 귀인이 저에게 아름다운 비단 옷을 입혀 주고 주옥으로 저를 꾸며 준다고 할지라도, 기생으로 대하는 것은 제가 원하는 바가 아닙니다. 진실로 같은 마음으로 서로 허락하고 평생을 기약할 사람이 있다면, 포선(鮑宣)의 수레를 끌고 기결(冀缺)의 밭에 밥을 내가는 일을 하다가 죽더라도 후회하지 않을 것입니다. 죽어도 후회하지 않을 것입니다."[36]

위의 언급은 일견 속본 「춘향전」의 경우와 크게 다르지 않는 것처럼 보인다. 그러나 자세히 살펴보면, 둘 사이에는 중대한 차이가 있다. 먼저 신분상의 문제이다. 대부분의 속본에는 춘향이 '도련님은 귀공자요 소녀는 천한 기생'이라며, 자신과 이 도령 사이에 현격한 신분 차이가 개재되어 있음을 분명하게 언급하고 있다. 이것은 둘 사이의 애정을 성취하기 위해서는 어떤 방식으로든 신분상의 간극이 극복되어야 가능하다는 의미를 함축하고 있다. 그런데 「광한루기」의 춘향은 '도련님은 아직 관례도 하지 않은 청년'이라는 사실만을 문제 삼고 있다. 즉 이도련은 아직 결혼을 하지 않았기 때문에 첩을 들일 수가 없는 처지이며, 그렇기 때문에 한 번 정을 붙인 뒤에 얼마든지 버려두고 갈 가능성이 크다는 것이다. 여기에서 우리는 「광한루기」의 춘향이가 주로 문제 삼는 것이 일시적인 사랑 놀음에는 절대 응할 수 없다는 것임을 알 수 있다.

36 「수산 광한루기」, 37~38쪽. "春香曰 公子青年 尙未冠首 一番寄情之後 棄擲而去 則賤妾一生 寧不可憐 桃鄰曰 否否 春香曰 妾雖年淺 春風過客 花柳之夢 亦自先覺 名士之待妓生 始也輸情 終焉惜別 而有流涕者 然離別之後 則漠然相忘 不翅江湖之魚 雖以妓生言之 朝逢暮別 外親內疎 可謂彼一般此一般 惟賤妾則不然 假使金谷富客 汾陽貴人 被我以錦繡 飾我以珠玉 若以妓生待之 則非所願也 苟有一心相許 百年爲期者 當輓鮑宣之車 而饁冀缺之畝 死也無悔 死也無悔."

다음은 기생이기를 거부하는 춘향의 목적이나 태도이다. 속본에서 춘향이 기생이기를 거부하는 것은 '결단코 남의 별실이나 장화호접 같은 창부는 되지 않겠다'[37]거나 '여필종부女必從夫하여 유자유손有子有孫하기'[38] 위한 것이다. 이것은 기생이면서도 기생이기를 거부하는 행위로서 봉건적 신분 관계를 부정하는 의미를 함축하고 있다. 우리는 바로 여기에서 기생 신분임에도 불구하고 자신의 그 기생 신분을 부정하고서 보다 인간다운 삶을 희구하며 인간으로서의 정당한 요구와 권리를 실현하려는 문제적問題的 개인으로서의 춘향의 면모[39]를 발견하게 된다.

「광한루기」의 춘향 역시 '기생으로 대하는 것은 제가 원하는 바가 아니다'라고 이도린에게 말한다. 이런 점에서 그녀도 기생으로 대접받기를 거부했다고 할 수 있다. 그러나 그 함의는 전혀 다르다. 「광한루기」의 춘향이 거론하고 있는 '기생'은 '아침에 만났다가 저녁에 헤어지고, 겉으로 친하지만 속으로는 멀리하는 세속적인 기생'이다. 따라서 그녀가 거부하는 기생은 기생 신분 자체가 아니라 세속적인 기생인 것이다. 즉 「광한루기」의 춘향은, 자기는 세속적인 기생들과는 달리, '같은 마음으로 서로 허락하고 평생을 기약할 사람이 있다면, 포선의 수레를 끌고, 극결의 밭에 밥을 내가는 일을 하다가 죽더라도 후회가 없을 것'이기 때문에, 세속적인 기생으로 대하지 말라고 말한 것이다. 우리는 여기에서 「광한루기」의 춘향이 자신의 신분적 한계를 인정한 채 전통적인 '의기義妓'나 '명기名妓'를 지향했던 인물임을 알 수 있다.

이렇듯 「광한루기」의 춘향은 봉건적 신분 관계에 따른 질곡을 문제

---

37 「남원고사」, 262쪽. 경판 16장본 「춘향전」(구자균 교주, 『춘향전』, 교문사, 1984, 231쪽).
38 고대본 「춘향전」, 위의 책, 313쪽.
39 박희병, 앞의 글, 90쪽.

삼지 않고 있다. 그녀가 문제 삼는 것은 오로지 일시적으로 정을 주고 끝내는 잊어버리는 무책임한 선비들의 행태이다. 춘향이 아직 관례를 치루지 않은 이도린의 처지를 들어 그의 구애를 거절했던 까닭도 바로 여기에 있다. 따라서 이도린은 춘향의 요구에 부응하기 위해서라도 관례를 치러야만 했다고 볼 수 있다. 다시 말해, 이도린이 상경하여 최모의 사위가 된 것은 춘향과의 사랑을 온전하게 실현하기 위해 갖추어야 할 조건이었던 셈이다. 이와 관련하여 우리는 다음과 같은 춘향의 말에 주목할 필요가 있다.

> 어느 날 저녁 춘향은 바느질을 멈추고 수심에 젖어 도린에게 말했다.
>
> "남원이 비록 낙사(樂土)라고들 하나 낭군께서는 애초부터 오래 머물 수 있는 처지가 아니었으니, 조만간에 한 번 이별하게 될 것이 분명합니다. 천첩의 마음은 확고하여 이미 하늘과 땅에 맹세한 터입니다. 제가 오로지 원하는 것은, 낭군께서 서쪽으로 떠나신 뒤에 붉은 월계수 가지를 높이 꽂고 편안하게 청운의 길을 걸으시어, 규방을 지키며 애끓어하는 이 사람이 문 쪽만 바라보며 원한을 품은 귀신이 되게 하지 않는 것입니다. 그렇게 되면 낭군의 은혜와 천첩의 영광, 이 두 가지를 완전히 이루었다고 할 수 있을 것입니다."[40]

춘향은 이도린이 상경하게 될 것이라는 것을 미리 예견하고 그에게 자신의 지조를 믿고 상경하여 꼭 청운의 길에 오르기를 당부한다. 이러

40 「수산 광한루기」, 58쪽. "一夕 春香停針 愁然謂桃鄰曰 南原雖云樂土 郎君旣非長留之客 則早晚一別 勢所必然 賤妾心事固 已盟天而誓地 惟願郎君西去之後 高折丹桂之花 穩步青雲之路 使此守閨斷腸之人 不爲望門含寃之鬼 則郎君之恩 賤妾之榮 可謂兩盡矣."

한 태도는 속본의 춘향과는 너무나 대조적이다. 속본의 춘향이는 함께 상경할 수 없다는 이 도령의 말에 발악을 하는데, 「광한루기」의 춘향은 도리어 상경하여 과거에 급제하기를 당부하고 있는 것이다. 참으로 어진 성품이라고 할 만하다. 그러나 우리는 이것을 성품의 차이로만 이해해서는 안 될 것이다. 이러한 태도 차이는 근본적으로 상호 간의 지향 차이에서 비롯된 것이기 때문이다.[41]

속본의 춘향은 봉건적 신분 관계에 따른 질곡을 서로의 사랑으로 극복하겠다는 이 도령의 맹세를 듣고 그의 구애를 받아들였다. 그래서 춘향은 이 도령이 상경할 때 당연히 자신을 데리고 갈 것이라고 믿고 있었다. 그런데 이 도령은 "친쳑드리 고연스레 공논ᄒᆞ되, 아희놈이 작졉ᄒᆞ여 학업 젼폐ᄒᆞᆫ다 ᄒᆞ고 호젹 밧긔 도리광이 ᄒᆞᆯ 거시니 여ᄎᆞ고로 ᄯᅳᆺ과 갓지 못ᄒᆞ고나"[42]라며, 현실적 질곡에 굴복하여 자신의 맹세를 저버리고 말았던 것이다.[43] 춘향의 발악은 이렇듯 맹세를 저버린 이 도령의 배신에 대한 일종의 항거라고 할 수 있다. 이 도령에 대한 춘향의 배신감은 이 도령의 간곡한 하소연에, "도련님 말이 그러ᄒᆞ니 ᄒᆞᆫ 번만 더 쇽아보옵시다"[44]라고 대답한 것에서도 충분히 드러난다. 요컨대, 속본의 춘향이가 이 도령에게 발악을 한 것은 봉건적 신분 관계를 극복하고 대등한 관계 속에서 애정을 실현하려는 의지의 소산이었던 것이다.

이와 달리, 「광한루기」의 춘향은 애초부터 기생이라는 사회적 신분

41 물론 이 대목은 개작자인 수산이 자신의 사대부적 취향에 기초하여 춘향의 어진 성품을 부각시키기 위해 새롭게 첨가한 것임에 틀림없다. 그러나 우리는 이를 전체적인 갈등 구조 속에서 등장 인물의 본래 지향과 관련지어 이해할 필요가 있다.

42 「남원고사」, 338쪽.

43 이런 점에서 부친의 승진으로 인한 이 도령의 상경은 이 도령이 자신의 맹세를 실천할 수 있는가의 여부를 시험하는 첫 번째 무대로서의 성격을 지니고 있다고 하겠다.

44 「남원고사」, 338쪽.

에서 벗어날 의지를 갖고 있지 않다. 그녀가 원하는 것은 한 마디로 말해 사랑하는 이도린의 애첩으로서 평생 이도린과 함께 지내는 것이다. 이러한 춘향에게 아직 관례도 치루지 않고 관직에도 오르지 못한 이도린의 현실은 불안정한 상황으로 인식될 뿐이다. 그래서 춘향은 도리어 이도린이 상경하여 관례를 치루고 관직에 올라 자신을 애첩으로 맞을 수 있는 여건을 완전하게 갖추기를 바랐던 것이다. 춘향이 '이도린이 상경하여 청운의 길에 올랐을 때, 비로소 낭군의 은혜와 천첩의 영광, 이 두 가지를 완전히 이루었다고 할 수 있을 것입니다'라고 말한 까닭도 바로 여기에 있다.

이렇듯 「광한루기」에서 춘향과 이 도령의 사랑은 둘 사이에 개재되어 있는 현격한 신분 차이를 문제 삼지 않고 있다. 이로 인해 속본 「춘향전」이 갖고 있던 반봉건적 지향이나 봉건적 신분 관계의 부정을 통한 인간성 해방의 의미는 소멸되고 만다. 이것은 근본적으로 개작자인 수산의 사대부적 취향 및 의식 지향에서 비롯되었다고 할 수 있다. 요컨대, 수산은 사대부적 낭만성에 기초하여 춘향과 이도린의 사랑을 재자가인과 풍류재자의 이상적인 사랑으로 형상화함으로써, 본래 춘향과 이 도령의 사랑이 내포하고 있던 반봉건적 지향을 제거해 버렸다고 하겠다.

4. 「광한루기」의 성과와 한계

이 장은 수산이 판소리계 소설 「춘향전」을 대상으로 삼아 새롭게 개작한 「광한루기」의 성과와 문제점을 구명하기 위해 시도된 것이다. 이러한 목적에 따라 「광한루기」의 개작 방향과 그 특징, 그리고 개작 과정에서 드러난 작가의식을 고찰하였는바, 논의된 결과를 요약·정리하면 다음과 같다.

「광한루기」의 구성상 특징 중에 하나는 서사적 긴밀성과 완결성을 구비하고 있다는 점이다. 속본「춘향전」에는 장황한 수사, 전체적인 흐름에 비해 불필요하게 부연된 사설, 모순되는 일화逸話 등이 적지 않게 나타난다. 그런데 수산은 서사적 긴밀성을 해치는 이러한 요소들을 모두 제거해 버렸다. 뿐만 아니라 수산은 또 기존의 내용을 변개하거나 새로운 내용을 첨가하여 서사적 긴밀성과 완결성을 갖추었다. 이 가운데 주목할 만한 것이 춘향과 이도린의 사랑 장면과 이별 이후 이도린의 행적에 대한 서술이다.

속본이나「광한루기」나 이 도령이 광한루에서 춘향을 만나 서로 사랑을 나눈 기간은 대략 1년으로 설정되어 있다. 속본의 경우, 이 기간 동안 사랑을 나누는 장면이 단 한 번 구체적으로 형상화되어 있으며, 그것도 처음 만나 사랑을 나눈 후 곧바로 이별에 직면하게 된 것처럼 서술되어 있다. 즉 속본에는 춘향이 이 도령을 위해 죽기를 각오하고 신임 사또의 수청을 거부한 행위를 뒷받침할 만큼 춘향과 이 도령의 돈독한 사랑과 정이 제대로 형상화되어 있지 않다. 이에 반해「광한루기」에는 춘향과 이도린이 1년 동안 지속적으로 관계를 유지하는 것으로 서술되어 있을 뿐만 아니라, 이들이 사랑을 나누는 장면도 2회에 걸쳐 구체적으로 형상화되어 있다. 이것은 수산이 춘향과 이도린의 사랑과 정이 돈독해지는 과정을 여실하게 서술함으로써 춘향의 수청 거부에 합리성을 부여하면서 동시에 서사적 긴밀성을 고려한 결과로 이해된다.

다음은 이별한 이후 이 도령의 행적에 대한 서술이다. 속본에는 춘향과 이별한 이후 3년 동안 이 도령의 행적에 대한 서술이 거의 나타나지 않는다. 이로 인해 수청 거부로 고난을 당하는 춘향의 행위가 독자들에게 일방적인 것으로 간주된다. 이것은 구성상의 결함으로 인한 일종의 서사적 비약의 결과라고 할 수 있다. 그런데 수산은, 이별 이후 이도린의 행적을 비교적 상세하게 서술하는 가운데 이도린이 끊임없이 춘향을 그리워하고 있음을 구체적으로 형상화함으로써, 속본이 갖고 있는 구성상의 결함을 해소하였다.

이 외에도 수산은 세부적인 사건들을 당대의 현실 및 생활 논리와 인정세태에 부합하도록 구성함으로써 서사적 긴밀성과 완결성을 갖추고 있다. 월매가 춘향의 수청 거부로 행수기생에서 쫓겨나고 대신 부용이 행수기생이 된 것으로 서술하거나, 변복을 한 암행어사가 신임 사또의 잔치에 참예치 못한 것으로 서술한 것 등이 그 예이다.

이렇듯 「광한루기」는 치밀하면서도 현실에 부합하는 사건의 구성을 통해 서사적 긴밀성과 완결성을 구비하고 있는바, 이는 대단한 성과로 인정해야 할 것이다. 특히 세부적인 사건마저도 현실적인 생활 논리에 따라 구성하고 있다는 점에서 「광한루기」가 확보한 서사적 긴밀성은 사실주의적 성취와도 일정하게 맞물려 있다고 할 수 있다. 그러나 이러한 점만을 가지고 「광한루기」가 철두철미하게 사실주의를 기반으로 하고 있다고 평가해서는 안 될 것이다. 비록 「광한루기」는 상황의 전형성이 현실의 객관적 묘사에 의해 형상화된 측면이 있으나 인물의 형상이 전형성을 갖추었다고 보기 어려우며, 또 당대의 현실 모순을 치열하게 재현하거나 그것의 극복 방향을 현실적인 차원에서 미학적으로 제시했다고 보기 어렵기 때문이다.

「광한루기」의 두 번째 특징으로는 작중 인물 가운데 중심 인물들에게만 집중되던 이야기를 다양한 인물들의 활동으로 구성하였다는 점이다. 「광한루기」에는 아객 장철, 행수기생 부용, 3번 행수 매향, 방자 김한의 누이동생 모란 등 속본에는 나타나지 않는 인물들이 많이 등장한다. 이들은 각기 개성적인 인물로 자기의 개성에 맞는 역할을 수행함으로써 춘향의 수청 거부를 한결 복잡하면서도 흥미롭게 이끌어 간다.

그러나 이들의 개성은 선험적으로 규정되어 있다는 점에서 일정하게 한계를 내포하고 있다. 장철·부용·매향은 처음부터 악인으로 설정되어 반동적이거나 부정적인 역할만을, 김한과 모란은 처음부터 선인으로 설정되어 주동적이거나 긍정적인 역할만을 충실하게 수행할 따름이다. 이것은 인간의 유형을 선험적으로 선인과 악인으로 구분지어 이해한 작가의 인식에서 비롯되었다고 할 수 있다. 이러한 작가의 인식은 주인공인 춘향과 이도린, 특히 춘향의 인물 성격에서 극명하게 드러난다.

속본에서 춘향과 이 도령의 형상은 관념이 아니라 인간적 삶에 대한 진솔한 이해와 인식, 그리고 현실 생활의 본질적 법칙에 의거하고 있다. 이로 인해 춘향과 이 도령, 특히 춘향은 뚜렷한 개성을 갖고 생동하게 살아 움직이는 인물로 형상화되어 있다. 그러나 「광한루기」의 춘향은 현실적 상황과 무관하게 신의 있고 다소곳하며 지조를 지닌 절대가인으로 시종일관한다. 이는 수산이 춘향의 인물 성격을 현실 생활 자체의 논리에 따라 구체화하기보다는 사대부적 지향과 주관적 관념에 따라 정형화한 결과라고 할 수 있다.

「광한루기」의 사대부적 취향과 의식 지향은 애정 갈등의 성격에서 분명하게 드러난다. 속본에서 춘향과 이 도령의 사랑은 둘 사이에 개재되어 있는 현격한 신분 차이가 구체적인 문제로 대두되고 있다. 춘향은 기생이면서도 기생이기를 거부하고, 이 도령과의 사랑을 통해 인간다운 삶을 희구하면서 인간으로서의 정당한 요구와 권리를 실현하려고 한다. 이로 인해 춘향과 이 도령의 사랑은 봉건적 신분 관계를 부정하는 반봉건적 지향을 내포하게 된다. 그러나 「광한루기」에서는 이들의 신분 차이가 전혀 문제가 되지 않고 있다. 「광한루기」의 춘향은 기생이라는 자신의 신분적 한계를 인정한 채, 의기나 명기로서 이도린의 애첩이 되는 것일 뿐이다. 즉 수산은 사대부적 낭만성에 기초하여 춘향과 이도린의 사랑을 재자가인과 풍류재자의 이상적인 사랑으로 형상화함으로써, 본래 춘향과 이 도령의 사랑이 내포하고 있던 반봉건적 지향을 제거해 버렸던 것이다.

이상의 요약·정리에서 볼 수 있듯이, 「광한루기」는 치밀한 구성을 토대로 서사적 긴밀성과 완결성을 구비하고 있을 뿐만 아니라, 일정하게 개성을 지닌 다양한 인물들의 역할로 사건이 한결 복잡하면서도 흥미롭게 전개된다. 이것은 소설사적으로 볼 때 서사기법과 관련하여 큰 진전을 이룬 것으로 높게 평가할 만하다. 그러나 이러한 성과 못지않게 문제점 또한 지니고 있다. 특히 개작자인 수산의 사대부적 취향과 의식지향으로 인해 인물의 형상이 정형화되거나 속본이 갖고 있던 반봉건적 지향이 소멸된 것은 큰 한계로 지적되어야 할 것이다.

제2부
민중적 현실 인식과 지향

| 제1장 |

「온달전」의 갈등 구조와 소설사적 의의

1. 문제 제기

우리나라 사람들 가운데 '바보 온달 이야기'를 모르는 사람은 거의 없다. 이 이야기가 고구려 말에 생겨났다고 보았을 때 참으로 오랫동안 많은 사람들의 입에 오르내린 셈이다. 익히 알고 있듯이, 온달에 대한 최초의 기록은 김부식이 편찬한 『삼국사기三國史記』 「열전列傳」의 「온달溫達」[1]인데, 여기에 수록된 내용은 짤막한 전기적傳奇的 이야기에 불과하다. 그럼에도 불구하고 온달 이야기가 끊임없이 사람들의 입에 오르내리는 까닭은 무엇인가? 이에 대해 쉽사리 단정할 수는 없지만 '평강공주와 바보 온달의 결혼', '평강공주의 주체적인 행동', '바보 온달의 영웅적 활약과 장렬한 죽음' 등 내용의 특이함과 무관하지 않을 것이다. 실제로 그동안 학계에서도 이러한 점에 초점을 맞추어 「온달전」을 고찰해 왔으며, 그 결과 적지 않은 성과가 축적되어 있다. 그러나 「온달

1 『삼국사기』 「열전」에는 '온달(溫達)'이라고만 되어 있으나, 이 작품의 서사성을 고려하여 이 글에서는 '온달전(溫達傳)'이라 지칭한다.

전」은 여전히 해명해야 할 부분이 남아 있으며, 기존 연구의 문제점도 적지 않다. 우선 기존 연구의 문제점으로 다음과 같은 것을 들 수 있다.

첫째, 「온달전」을 설화적 색채를 띤 허구적 부분과 역사적 사실에 해당하는 부분으로 나누어 고찰하려는 시각이다. 이러한 연구 시각은 역사학자인 이기백 교수에 의해 처음 시도되었는데,[2] 그가 역사학자이고 「온달전」이 역사서인 『삼국사기』 「열전」에 수록되어 있다는 점에서 지극히 자연스러운 일이라고 할 수 있다. 그러나 「온달전」은, 비록 그것이 역사적 사실을 토대로 이루어진 것이라 할지라도, 분명 하나의 통합적 체계를 갖춘 서사물敍事物이다. 따라서 이러한 접근 시각은 궁극적으로 「온달전」에 담긴 문제의식을 총체적으로 이해하는 데 지장을 초래할 수밖에 없다. 또 이러한 시각에 입각하여 진행된 연구는 대체로 사건의 현실적 개연성 여부에 따라 허구적인 부분과 역사적 사실로 나누고 있는데,[3] 이 역시 연구자의 자의적 판단에 의존할 수밖에 없다는 점에서 근본적으로 한계가 있다.[4]

둘째, 「온달전」을 역사적 사실과 관련지어 해석하는 가운데 제기된 근거가 미약한 추정이다. 이에 대한 구체적인 사례로 역시 다음과 같은 이기백 교수의 견해를 들 수 있다.

---

2 이기백, 「溫達傳의 檢討」, 『백산학보』 3, 백산학회, 1967.

3 위의 글; 진재교, 「『삼국사기』 「열전」 분석의 한 시각」, 『한국한문학연구』 특집호, 한국한문학회, 1996.

4 예컨대, 이기백 교수는 '온달과 평강공주의 결혼 사건은 현실적으로 불가능한 것이기 때문에 허구적인 설화로 보아야 하며, 온달이 후주와의 싸움에서 수공을 세웠다는 것은 역사적 진실성을 의심할 필요가 없다'(위의 글, 147~148쪽)고 언급하고 있는데, 사실상 이러한 주장을 입증할 어떠한 근거도 없다. 평강공주와 온달의 결혼은 현실적 개연성이 희박한 것이긴 하나 전혀 불가능한 것은 아니다. 현실은 소설보다 더 소설답다는 말이 있듯이, 간혹 불가능한 것처럼 보이는 일이 일어나기도 하는 것이 현실 세계이다. 이러한 좋은 예로, 우리는 「최척전」을 들 수 있다. 최척 일가의 기이한 만남이 현실적으로 거의 불가능한 일이라고 해서 그것을 사실이 아니라고 단정할 수는 없는 것이다.

이미 위에서 언급한 바와 같이 이 결혼을 처음 발설한 것은 왕 자신이었을 것으로 생각된다. 그러나 왕은 자기의 제의가 사회적 신분 질서를 어기는 것임을 깨닫게 되었을 것이다. 또 응당 많은 고급귀족들로부터 반대를 받았을 것이다. 이에 왕은 자기의 약속을 이행하느냐, 그렇지 않으면 전통적인 사회 질서를 존중하느냐 하는 두 갈래 길에서 고민하게 되었다고 상상할 수 있다.[5]

「온달전」에 반영된 역사적 사실의 문제를 이러저러한 방식으로 추정하는 것은 있을 수 있으며, 불가피한 현실이기도 하다. 그러나 「온달전」의 실제 내용과 관련이 없거나 거리가 먼 추정은 말 그대로 '상상'에 불과할 뿐, 학문적인 입장에서 「온달전」을 이해하는 데 도움이 되지 않는다. 「온달전」에서 평강왕은 분명 울보 공주를 달래기 위해 희롱삼아 '네가 노상 울어서 내 귀를 시끄럽게 하니 자라난 다음에도 반드시 사대부가의 아내 노릇은 못할 것이니 바보 온달에게 시집보내야 마땅하겠다'고 말했을 뿐이다. 게다가 평강왕은, 농담으로 한 자신의 말을 빌미 삼아 공주가 온달에게 시집을 가겠다고 우기자, 부녀 간의 인연마저 끊어버렸다. 그런데 이기백 교수는 도리어 평강왕이 공주와 온달의 결혼을 먼저 제의했을 가능성에 대해 거론하고 있는 것이다.

이렇듯 뚜렷한 근거 없이 「온달전」을 역사적 사실과 관련지어 추정한 논의는 이기백 교수의 연구에서만 발견되는 것이 아니다. '온달은 평강의 집단보다는 세력이 약하나 기회가 닿으면 중앙귀족으로 진출할 수도 있는 집단의 사람',[6] '왕이 온달가溫達家와의 혼인을 파기하고 상부

5 위의 글, 153쪽. 여기서 계속 이기백 교수의 견해를 문제점으로 제시하는 것은, 많은 연구자들이 그의 견해를 중요한 논거로 삼고 있거나 그와 같은 방법론을 원용하고 있기 때문이다.

上部의 고 씨高氏에게 자기의 딸을 결혼시키기로 작정한 것은 정치적인 복선이 깔린 것',[7] '온달은 정녕 왕가의 부마駙馬 관리인'[8]이었을 것이라는 추정 등등. 이러한 추정은 모두 온달과 평강공주의 결혼이라는 설화적 모티프를 역사적 사실과 직접 결부시켜 합리적으로 이해하려는 과정에서 도출된 것인데, 오로지 '온달과 평강공주의 결혼은 분명한 역사적 사실이며, 온달은 작품에 형상화된 것처럼 미천한 존재일 수는 없다'라는 가정에 의존하고 있다. 그러나 이 가정마저도 전혀 사실 여부를 입증하지 못하고 있는 터이다. 따라서 이 가정을 토대로 제기된 이러저러한 추정은 필연적으로 비약적인 것일 수밖에 없다.[9]

셋째, 「온달전」에 함축된 주제의식과 관련된 문제이다. 지금까지 대부분의 연구자는 「온달전」을 통해 주로 평강공주의 주체적 행위와 부덕婦德, 그리고 온달의 애국적 충정을 작품의 주지로 이해하였다. 『삼국사기』 「열전」에 수록되어 있는 「온달전」에는 분명 이러한 점들이 부각되어 있다. 그러나 우리가 「온달전」과 관련하여 주목해야 할 것은 '온달 이야기'를 전승시켰던 당대 민중들의 의식이다. 「온달전」이 『삼국사기』 「열전」에 수록되어 있기 때문에 「온달전」에 형상화된 사건의 역사적 실재성을 완전히 무시할 수는 없다. 그러나 『삼국사기』 「열전」 중에서도 「온달전」은 「도미都彌」와 「설씨녀薛氏女」 등과 함께 민중들에 의해 향유되었던 설화적 성격이 강하다. 이는 「열전」에 실린 고구려인 10명 가운데 오로지 '온달'만이 『본기』에 수록되어 있지 않다는 점을 통해서

---

6 김대숙, 「온달전의 구비문학적 이해」, 『이화어문논집』 10, 이화여대 한국어문학연구소, 1989, 324쪽.

7 진재교, 앞의 글, 315쪽.

8 김창룡, 「고구려의 문학 II—바보 온달과 평강공주」, 『연민학지』 2, 연민학회, 1994, 29쪽.

9 이와 달리, 임기환은 「온달·서동 설화와 6세기 사회」(위의 책)에서 「온달전」을 통해 6세기의 사회상을 일정하게 밝혀보고자 시도하고 있다.

도 충분히 엿볼 수 있다.[10] 설사 '온달과 평강공주의 결연'이나 '온달의 영웅적 활약'이 실재했던 사건이었다 할지라도 이 이야기가 이미 오랜 세월 동안 민중들에 의해 윤색된 상태로 김부식에게 전해졌으며, 김부식은 여기에 다소의 수정을 가해 평강공주의 부덕과 온달의 애국충정을 부각시키는 방향에서 「온달전」을 입전立傳했을 가능성이 크다.[11] 따라서 우리는 「온달전」에 담긴 민중의식에 주목할 필요가 있으며, 이는 「온달전」의 갈등 구조를 통해 밝힐 수 있으리라 생각한다.

이 장은 이상과 같은 문제의식을 중심으로 「온달전」의 갈등 구조와 그 의미를 논하고, 나아가 「온달전」이 우리 소설사에 미친 영향을 중심으로 「온달전」의 소설사적 의의를 점검하고자 한다.

---

10 김대숙 교수도 이 점을 들어 「온달전」의 설화성을 강조한바(김대숙, 앞의 글, 324쪽) 있는데, 『삼국사기』 「본기」에 '온달'이 수록되어 있지 않은 것은 김부식이 『삼국사기』를 편찬했던 당대에도 '온달'이라는 존재의 실재성 여부를 확인할 수 없었기 때문이었을 가능성이 크다고 생각한다.

11 박희병 교수는 「온달」이나 「설씨녀」 같은 작품은 원래 나말여초에 전기소설로 창작된 원작이 있었는데 그것이 김부식의 시대에 이르러 역사편찬의 자료로 채택되면서 다소의 수정이 가해졌을 것이라고 추정(박희병, 「나려시대의 전기소설」, 『전기소설의 미학』, 돌베개, 117쪽)하고 있으며, 임형택 교수는 이들 작품을 '전기계(傳奇系)의 전(傳)'으로 규정(임형택, 「『삼국사기』 「열전」의 문학성」, 『한국한문학연구』 12, 한국한문학회, 1989, 27쪽)하고 있다. 저자도 이들 작품이 남녀의 결연, 생사의 문제 등 전기소설적 특징을 구비하고 있다는 점에 동의한다. 그러나 전기소설이 기본적으로 문인 지식층에 의해 지어졌으며 그들의 세계관을 반영한 양식이라는 사실을 고려할 때, 이들 작품은 민중적 시각이 강하게 배태되어 있다는 점에서 일정하게 변별할 필요가 있다고 생각한다.

2. 갈등 구조와 그 의미

1) 부녀 갈등 및 평강공주와 온달의 결혼 – 현실적 역학 관계 및 사회적 통념의 부정

「온달전」의 주인공은 울보 공주와 바보 온달이다. 울보와 바보는 일상적인 관점에서 볼 때 결함임에 틀림이 없다. 평강공주와 부왕인 평강왕의 갈등은 바로 이 결함에 대한 인식 차이에서 비롯된다. 평강공주가 어려서부터 울기를 좋아하자 부왕이 농담 삼아 바보 온달에게 시집보내겠다고 말하곤 했고, 성인이 된 공주는 부왕의 농담을 빌미 삼아 온달에게 시집가겠다고 우기면서 둘 사이의 갈등이 야기되었던 것이다.

실제로 어린아이들이 울 때는 반드시 그 까닭이 있다고들 한다. 그런데 부모들은 대체로 아이가 우는 까닭을 알아 그 문제를 해결하려고 애쓰기보다는 아이의 울음소리가 귀찮아 이러저러한 수단을 통해 울음을 그치게 하는 데만 신경을 쓰는 경향이 있다. 이와 마찬가지로 부왕의 입장에서 평강공주의 울음은 귀찮고도 근심거리였음에 틀림없었으리라. 그러나 공주의 울음은 공주의 특별한 자질이나 욕망이 현실적으로 발현되지 못하는 상황에서 겉으로 드러난 결함일 수도 있다. 즉 공주는 어렸을 때부터 특별한 자질로 인해 남다른 욕구와 욕망을 지니고 있었는데, 부왕이 그것을 이해하지 못하고 보통 어린아이처럼 달래려 했기 때문에 공주는 불만을 해소하지 못한 채 끊임없이 울어대었다고 보아야 할 것이다. 남달리 울기를 잘하는 평강공주의 특별한 자질이나 욕구가 구체적으로 어떤 것인지는 분명하게 드러나 있지 않다. 그러나 우리는 이 사실을 통해 적어도 공주가 고집이 세거나 또는 남다른 욕구를 가진 어린아이였으리라는 점은 충분히 예측할 수 있다. 공주가 부왕의 달램과 위협에도 불구하고 울음을 그치지 않았다는 것은 이를 상징적으로 드러낸 것이라고 하겠다.

이러한 공주의 자질은 시집갈 시점에 이르러 구체적으로 표출된다. 부왕이 공주를 상부의 고 씨에게 시집보내려 하자, 공주는 다음과 같이 말하며 부왕과 맞섰던 것이다.

> 공주가 말하였다. "대왕께서 노상 '너는 반드시 온달의 아내가 될 것이다'라고 말씀하셨는데, 이제 와서 무슨 까닭으로 말씀을 고치십니까? 필부도 식언을 하려 하지 않는데 하물며 지존께서 식언을 해서야 되겠습니까? 그러므로 '왕자(王者)는 농담이 없다' 하였습니다. 지금 대왕의 명령은 그릇되신 것이니 감히 받들지 못하겠습니다."[12]

부왕이 어린 공주의 울음을 달래기 위해 농담으로 했던 말을 빌미 삼아 공주는 기어이 온달에게 시집을 가겠다고 고집을 부린다. 부왕이 부녀간의 의리를 끊어버리겠다고 위협을 했지만, 공주는 이에 굴하지 않고 궁궐을 나와 온달을 찾아간다. 참으로 대단한 고집이다. 그러나 우리는 이러한 공주의 고집을 그녀의 타고난 본성으로 치부해 버릴 수는 없다. 「온달전」은 평강공주의 타고난 고집과 주체성을 주지로 삼은 작품이 아니기 때문이다. 물론 우리는 이 고집을 '딸자식의 주체적 삶을 부정하는 부권의 횡포와 이에 맞서 자신의 삶을 스스로 개척하려는 딸자식의 주체의식을 구체화한 것'[13]으로 이해할 수는 있다.

---

12 김부식, 이병도 역주, 『삼국사기』 하, 을유문화사, 1983, 348쪽. "公主對曰, 大王常語, 汝必爲溫達之婦, 今何故改前言乎. 匹夫猶不欲食言, 況至尊乎. 故曰, 王者無戱言, 今大王之命, 謬矣, 妾不敢祗承."

13 임재해, 「온달 형설화의 유형적 성격과 부녀 갈등」, 『민족설화의 논리와 의식』, 지식산업사, 1992, 346쪽. 임재해 교수의 견해는 '부권의 횡포'에 대한 근거가 부족하다는 점에서 다소 문제가 있다. 평강공주는 주체적인 인물임에 틀림이 없다. 그러나 그 주체성은 부권

그러나 우리가 여기서 주목해야 될 것은 부왕에게 맞서는 공주의 행동이 상식과 현실을 넘어서고 있다는 점이다. 아무리 이야기라고 하지만, 한 나라의 공주가 가난하고 바보로 소문이 난 온달에게 시집가겠다고 자청했다는 것은 상식적으로 납득하기 어려운 일이다. 상식과 현실을 넘어선 공주의 행동을 긍정적으로 이해하고자 한다면 '지인지감知人之鑑'[14] 외에는 달리 설명할 도리가 없을 듯도 하다. 서두에 제시된 대로, 온달은 '바보'로 소문이 난 존재였다. 부왕이 '울보'인 공주를 온달에게 시집보내겠다고 농담을 했던 것은 이 소문을 활용한 것이며, 공주는 부왕의 잦은 농담을 통해 온달의 존재를 알게 되었으리라. 이 과정에서 공주는 부왕과는 다른 차원에서 온달을 인식했을 수 있다. 공주 역시 어려서부터 '울보'라고 놀림을 받아온 터라 남다른 차원에서 온달을 인식했을 가능성은 더욱 높다. 즉 부왕이 소문대로 온달을 '바보'로 인식했다면, 공주는 온달의 '바보성'에 내재된 인간적 측면과 능력을 꿰뚫어 볼 수도 있었다는 것이다. 결국 바보 온달은 위대한 장수가 되었는바, 이것은 부왕이나 온달의 주변 사람들이 발견하지 못했던 온달

의 횡포에 맞서기 위한 것이라기보다는 '자아실현'의 문제와 관련되어 있다고 보아야 한다. 공주는 어려서부터 '바보'와 유사한 의미를 지닌 '울보'라고 놀림을 받아 왔는데, 여기에 대한 불만이 없지 않았을 것이다. 따라서 공주는 자기가 '단순한 울보'가 아니라 남다른 능력이 있다는 것을 부왕에게 입증하고자 했을 터인데, 공주의 신분으로 궁궐에 남아 있는 한 자신의 능력을 입증하거나 자아를 실현하는 것은 거의 불가능하다. 또한 전근대 사회에서 여성은 간접적으로 자신의 능력을 드러낼 수밖에 없었는바, 평강공주는 '바보로 소문이 난 온달'이 '위대한 장수'가 되게 함으로써 자신의 남다른 능력을 입증하고, 또 자아를 실현했던 것이다. 요컨대, 공주가 부왕의 농담을 빌미 삼아 궁궐에서 나와 온달에게 시집을 갔던 것은 바로 자신의 남다른 능력을 부왕에게 입증하고, 나아가 자아를 실현하기 위한 선택이었다고 하겠다.

14 정병헌, 「배우자 선택 이야기 '擇夫譚'의 유형적 성격」, 『국문학의 구비성과 기록성』, 태학사, 1999, 68쪽. 정병헌 교수는 '공주가 온달을 선택한 것은 지인지감(知人之鑑)에 따른 것인데, 이는 공주가 부왕보다 우월한 능력을 드러내 부왕의 권위를 파괴하는 의미를 지니고 있는 것'으로 이해하였다.

의 특별한 자질을 공주가 발견한 것으로 이해할 여지가 충분한 셈이다.

그러나 우리가 이렇게 이해하고 말면, 「온달전」에 담긴 사회적 맥락은 사상捨象되어 버릴 수밖에 없다. 요컨대, 상식과 현실을 넘어선 공주의 행위를 '지인지감'으로 설명하는 것은 추상적인 차원에서는 설득력을 지닐 수 있지만, 「온달전」에 담긴 문제의식을 당대 사회와의 관련 속에서 구체적으로 해명한 것이라고는 볼 수 없다는 것이다. 따라서 우리는 공주가 부왕과 맞서기 위해 내세운 명분과 논리를 좀 더 면밀하게 살펴볼 필요가 있다.

공주는 부왕의 식언을 탓하고 있지만, 사실상 부왕의 행동은 문제 삼을 만한 것이 되지 못한다. 부왕이 공주를 바보 온달에게 시집보내겠다고 말한 것은 울기를 좋아하는 딸을 달래기 위한 농담에 불과하다. 이것은 선언적인 약속도 아니며, 더더욱 악의적인 거짓말과는 무관하다. 공주도 이 사실을 잘 알고 있다. '왕자는 농담을 해서는 안 된다'는 말에서 알 수 있듯이, 그녀는 부왕의 말이 농담임을 이해하고 있었던 것이다.[15] 그럼에도 불구하고 공주는 담화의 현실적 맥락은 전혀 고려하지 않은 채 교과서적 원리원칙을 명분으로 내세워 부왕에게 맞선다. 이런 점에서 공주는 '고지식할 정도의 정직성, 말에 대한 믿음과 집착이라는 특별한 인성'[16]을 소유한 인물이며, 부왕에 대한 공주의 저항은 '사춘기의 반항'[17]에 가깝다고 할 수 있다.

---

15 이런 점에서 부왕에 대한 공주의 맞섬을 '존귀한 신분이면서도 오히려 약속을 지키지 않는 계층 집단에 대한 비판이며, 그러한 집단의 횡포에 동참하기를 거부하는 딸의 의지적 실천'(소인호, 『한국 전기문학 연구』, 국학자료원, 1998, 108쪽)으로 이해한 것은 다소 지나친 해석으로 생각한다.

16 윤채근, 『소설적 주체, 그 탄생과 전변』, 월인, 1999, 71쪽.

17 윤경수, 「온달전의 현대적 고찰」, 『연민학지』 1, 연민학회, 1993, 24쪽. 윤경수 교수는 공주의 반항을 '어느 정도 자아를 자각해 지식과 상상이 심화되고 이상과 맞지 않는 것

그러나 이러한 지적 역시 「온달전」에 담긴 문제의식을 사회적 맥락에서 이해한 결과라고 할 수 없다. 이와 관련하여 우리가 주목해야 할 것은 공주가 저항의 명분으로 내세운 원리원칙이 어떤 의미를 지니는가 하는 점이다. 이 점은 「온달전」의 서두에서 제기한 온달의 형상을 통해 일정하게 해명할 수 있다.

> 온달은 고구려 평강왕 때 사람이다. 얼굴은 웃음직하게 못났으나 마음씨는 고왔다. 집이 매우 가난하여 노상 밥을 빌어 모친을 봉양하며 헤진 적삼에 헐어빠진 신발로 시정 사이를 왕래하니 사람들이 지목하여 바보 온달이라고 하였다.[18]

온달은 얼굴은 못생겼지만 마음씨가 고울 뿐만 아니라 지극한 효성을 지닌 인물이다. 그는 느티나무 껍질을 벗겨 먹고살아야만 하는 처지에서 눈먼 노모를 봉양하기 위해 구걸을 마다하지 않는다. 주변 사람들이 바보 온달이라고 놀리지만 그는 이에 전혀 개의치 않고 다 떨어진 옷과 신발로 시정 사이를 왕래한다. 참으로 온달은 순박하고 착한 심성을 소유한 인물이라고 할 수 있다. 온달의 순박하고 착한 심성은 평강공주와의 첫 만남에서도 여실하게 드러난다. 보통 사람이라면 평강공주의 구혼에 웬 횡재냐며 좋아했으리라. 그러나 온달은 '이는 어린 여자의 행동이 아니다. 반드시 사람이 아니라 여우 귀신일 것이니 나를

을 부정한 영웅적 반항의 형태'이며, '행동의 객관화가 이뤄지는 시기에 생기는 논리적 반항'으로 이해하고 있다. 그러나 공주의 반항은 자아에 대한 심화된 각성이나 현실을 객관적으로 인식한 결과라고 보기 어려우며, 차라리 관념적 논리나 도덕 관념에 매몰되어 있는 사춘기적 자질로 이해하는 것이 온당할 것이다.

18 김부식, 이병도 역주, 앞의 책, 348쪽. "溫達, 高句麗平岡王時人也. 容貌龍鐘可笑, 中心則睟然. 家甚貧, 常乞食以養母, 破衫弊履, 往來於市井間, 時人目之爲愚溫達."

박해하지 말라'고 말한다. 이런 순박하고 착한 심성은 온달 모母에게도 그대로 나타난다. 온달 모 역시 공주가 귀인貴人임을 알고 도리어 '누구의 꼬임으로 여기에 왔느냐?'고 되물었던 것이다. 이러한 온달과 온달 모의 모습을 '합리적인 언변으로 꾸짖고 설득하는 총명하고 지성적인 모습'[19]으로 이해한 연구자도 있다. 그러나 구혼하는 공주를 여우 귀신일 것이라고 판단한 온달을 어찌 지성적이며 총명하다고 할 수 있겠는가? 이것은 바보에 가까울 정도로 순박한 온달의 성품을 여실하게 드러낸 것으로 이해되어야 할 것이다.

이렇듯 온달은 순박한 심성과 지극한 효성을 지닌 인물이다. 그러나 현실적인 역학 관계와 사회적 통념에 비추어 볼 때 온달은 분명 거지이면서 바보에 불과하다. 다 헤진 적삼에 떨어진 신발을 신고 시정 사이를 왕래하면서 밥을 빌러 다니는 온달. 틀림없는 거지이면서 바보의 형상이다. 주변 사람들의 시선과 놀림에 구애받지 않고 구걸하는 온달은 더욱 더 바보처럼 보였을 것이다.

그런데 현실적인 역학 관계와 사회적 통념에 의거할 때 온달이 지닌 지극한 효성이나 내면적 가치는 전혀 드러나지 않는다. 온달의 내면적 가치를 드러내기 위해서는 현실적인 역학 관계나 사회적 통념을 부정해야만 한다. 그리고 이에 대한 부정은 철저하게 원리원칙을 고수하거나 엄밀한 도덕적 관점에 섰을 때 가능하다. 여기에서 비로소 우리는 담화의 현실적 맥락을 전혀 고려하지 않고 원리원칙을 내세워 부왕에

---

19 진재교, 앞의 글, 310~311쪽. 진재교 교수는 온달과 온달 모의 이러한 말을 근거로 '온달은 시정 간에서 걸식이나 하는 하찮은 존재가 아니며', '온달 모 역시 민가의 일반적인 아낙이 아니다'라고 추정하고 있다. 이러한 추정은 민가의 일반적인 아낙은 위와 같은 말도 할 수 없을 정도 무지할 것이라는 편견이 잠재되어 있다는 점에서 문제가 자못 심각하다. 위와 같은 온달과 온달 모의 형상은 당대 민중의 순박하고 진솔한 모습이 전형적으로 반영된 것으로 이해하는 것이 온당할 것이다.

게 맞섰던 공주의 사춘기적 반항이 갖는 의미를 구체적으로 이해할 수 있다. 요컨대, 공주가 그토록 원리원칙을 중시했던 것의 진정한 의미는 바로 현실적인 역학 관계 및 사회적 통념을 부정하기 위한 명분이었다고 하겠다. 이는 다음과 같은 온달 모와 평강공주의 대화에서 극명하게 드러난다.

> 온달이 의아하여 결정을 못하자, 그의 모친이 말했다. "내 자식이 매우 비루하여 귀인의 배필이 될 수 없고, 우리 집이 매우 가난하여 진실로 귀인이 살 곳이 아닙니다." 공주가 대답하였다. "옛 사람의 말에, '한 말의 곡식도 방아를 찧을 수 있고 한 자의 베도 재봉할 수 있다'고 하였는데, 어찌 반드시 부귀한 뒤에야 같이 살 수 있겠습니까?"[20]

온달 모는 신분의 차이 등 현실적인 역학 관계 및 사회적 통념에 따라 공주의 구혼을 거절하는데, 공주는 도덕적이며 원리원칙에 해당하는 옛 사람의 말을 들어 이를 부정하고 있다. 공주는 부왕의 농담을 부정했던 동일한 입장과 태도로 사회적 통념에 매몰되어 있는 온달 모를 설득하고 있는 것이다. 여기서 우리는 공주가 내세운 도덕적 명분이 바로 현실적인 역학 관계 및 당대의 사회적 통념을 부정하기 위한 것임을 분명하게 확인할 수 있다. 이것은 우리가 공주의 행위를 딸자식의 주체적인 삶의 실천이나 부왕의 권위에 대한 도전으로만 한정해서 볼 수 없는 이유이기도 하다.[21] 철저한 도덕적 명분을 통해 현실적인 제 관계와

---

20 김부식, 이병도 역주, 앞의 책, 348쪽. "溫達依違未決, 其母曰, 吾息至陋, 不足爲貴人匹, 吾家至窶, 固不宜貴人居. 公主對曰, 古人言, 一斗粟猶可舂, 一尺布猶可縫, 則苟爲同心, 何必富貴然後, 可共乎."

21 임재해, 앞의 글. 「온달전」에 대한 임재해 교수의 분석은 전반적으로 타당하며, 평강공

사회적 통념에 맞섰던 공주의 주체적 행위는 공주의 개인적인 삶의 지향을 넘어서 봉건적 신분 관계의 부정이라는 당대 민중들의 이상과 맞물려 있기 때문이다.

온달이나 온달 모는 가난하면서도 순박한 민중의 전형이다. 이들은 현실 세계에서는 거지와 다름없는 미천한 존재일 뿐이다. 그러나 어느 누구보다도 진실하며 참된 인간성을 지니고 있다. 기회만 주어진다면 언제든지 잠재되어 있는 능력을 발휘할 수도 있다. 그러나 봉건적 신분 관계 등 현실적 역학 관계는 이들에게 그러한 기회를 부여하지 않을 뿐만 아니라 바보로 취급한다. 이러한 현실의 뒤집기를 꿈꾼 것이 바로 「온달전」이다.[22] 「온달전」이 오늘날까지도 많은 민중들에 의해 회자되는 진정한 이유는, 「온달전」에는 사회적 통념이나 현실적인 역학 관계의 부정 및 역전을 통해서만 자신들의 진정한 가치가 구현될 수 있다는 민중들의 꿈이 담겨 있기 때문이다. 「온달전」에서 이 꿈은 봉건지배층 가운데 예외자인 평강공주의 주체적인 행동과 노력을 통해 실현된 것처럼 형상화된다. 공주의 후원에 힘입은 온달은 후주와의 전쟁에서 그 잠재된 능력을 발휘하여 큰 공을 세워 마침내 대형大兄이라는 벼슬에 이르렀던 것이다.

이상에서 살펴보았듯이, 「온달전」에는 당대 민중들의 낭만적인 꿈이 반영되어 있다. 이 꿈이 낭만적이라는 것은 평강공주처럼 지배층 가운데 예외자를 통해서만이 민중들의 진정한 가치를 구현할 수 있다고 그

주와 부왕의 갈등이 지니는 의미를 매우 예리하면서도 치밀하게 분석하였다. 그러나 「온달전」의 중심 갈등을 평강공주와 부왕의 갈등으로 한정하고 온달과의 연관 관계를 고려하지 않음으로써 그 갈등이 내포하고 있는 거시적 의미를 간과한 문제점이 있다.

22 박희병 교수 역시 "「온달」 같은 작품은 엄존하는 신분의 벽을 부정하고자 하는 이상을 표현하고 있다"(박희병, 「나려시대의 전기소설」, 『전기소설의 미학』, 돌베개, 149쪽)고 지적한 바 있다.

리고 있는데, 현실 세계에서는 평강공주와 같은 인물은 실질적으로 존재하기 어렵기 때문이다. 이는 당대 민중들의 결집된 역량이 그만큼 허약했음을 반영한 것이기도 하다. 그러나 「온달전」에 반영된 민중들의 현실 인식을 완전히 유치한 것으로 치부해서는 곤란하다. 현실적인 역학 관계나 사회적 통념을 남녀 간의 사랑보다는 철저한 원리원칙과 엄밀한 도덕적 명분을 통해 극복할 수 있다는 인식은 여전히 관념적이긴 하지만 합리성을 지니고 있기 때문이다. 이러한 합리적인 태도는 마침내 자신들의 꿈꾸기가 현실적으로 불가능하다는 인식에로까지 나아가는데, 이는 바로 온달의 장렬하면서도 비극적인 죽음을 통해 드러난다.

2) 온달의 장렬한 죽음 – 신분적 한계에 따른 비극

지금까지 온달의 죽음은 주로 조국애 및 충과 관련지어 이해되곤 하였다.[23] 서술된 내용 자체만을 놓고 볼 때 이를 부정하기는 어렵다. 온달은 국가와 백성을 위해 전쟁을 자원自願할 뿐만 아니라 고구려의 옛 땅을 회복하지 못하면 돌아오지 않겠다고 맹세를 하고 전쟁에 나아가 싸우다가 죽었으니, 말 그대로 순국殉國한 셈이다. 김부식이 온달 이야기를 「열전」에 수록하게 된 것도 이 점을 높이 산 때문이었을 것이다. 그러나 우리는 온달이 왜 전쟁을 자원하게 되었는가 하는 점을 그가 처한 상황과 관련지어 구체적으로 추정해 볼 필요가 있다.

「온달전」의 서두에 형상화되어 있듯이, 온달은 본래 시정 사이를 왕

23 이와 관련된 논문으로는 앞에서 인용한 정병헌, 윤채근, 윤경수, 진재교, 김대숙의 연구 외에 이창식의 「온달전의 구비성과 기록성」(『국문학의 구비성과 기록성』, 태학사, 1999) 등을 들 수 있다.

래하면서 구걸하던 미천한 존재였다. 비록 우여곡절을 겪은 후에 평강공주와 결혼을 했다고는 하지만, 그는 평강왕에게 부마로 인정받을 수가 없었다. 그러던 온달이 부마로 인정받고, 또 대형이라는 높은 관직에 오르게 된 것은 순전히 그의 전공戰功 때문이다. 즉 온달은 자신의 탁월한 전투력을 발휘하여 후주後周와의 전쟁에서 큰 공을 세운 뒤에야 비로소 고구려의 귀족사회에 편입될 수 있었던 것이다. 만약 온달이 고구려의 귀족사회를 구하거나 유지케 할 만큼 커다란 공을 세우지 않았더라면 그는 절대 그 사회에 편입될 수 없었을 것이다. 이 점은 낭랑벌에서 있었던 사냥대회를 통해 확인할 수 있다.

온달은 사냥대회에서 가장 많은 짐승을 잡은 덕분에 왕에게 불리어 간다. 그 자리에서 왕은 그가 자기의 딸인 평강공주와 결혼한 온달이라는 사실을 알게 된다. 그러나 왕은 놀라며 특이하게 여길 뿐 그를 사위로 인정하지 않는다. 상식적으로 생각해 볼 때 왕은 이즈음에서 온달을 사위로 인정할 수 있었을 듯하다. 비록 평강공주가 자신의 뜻을 거역하고 온달에게 시집을 가긴 했지만, 그것은 이미 돌이킬 수 없는 과거의 일이다. 부모의 입장에서 결혼 이전에 그 결혼을 반대할 수는 있어도 이미 결혼을 해버린 이후에는 이를 부정하기란 쉽지 않다. 더구나 결혼을 반대했던 자신의 생각이 잘못임이 드러났다면 뒤늦게라도 그 결혼을 인정해 주는 것이 부모의 도리일 것이다. 그런데 평강왕은 바보로 알았던 온달이 훌륭한 대장부임이 드러났는데도 불구하고 그를 사위로 받아들이지 않는다. 왜 그러했는가? 여러 가지가 이유가 있겠지만, 가장 큰 이유는 고구려 귀족사회의 폐쇄성일 것이다. 그 폐쇄성은 왕의 권위로도 쉽게 파괴할 수 없을 만큼 완고했기 때문에 왕은 온달이 훌륭한 대장부임을 알고도 사위로 받아들이지 못했던 것이리라.[24]

그런데 온달이 후주와의 전쟁에서 큰 공을 세우자 비로소 평강왕은 예를 갖추어 온달을 사위로 맞이한다. 이 대목을 보자.

> 공을 논할 적에 온달의 공이 제일 크다고 말하지 않는 자가 없었다. 이에 왕이 감탄하며 말했다. "너는 내 사위다." 그리고 왕은 예를 갖추어 온달을 맞아들임과 동시에 작위를 내려 대형으로 삼으니, 이로 말미암아 은총과 영화가 더욱 거룩하고 위엄과 권세가 날로 성하였다.[25]

후주의 침략을 물리친 후 전공을 논하는데, 다들 온달의 공이 제일 크다고 말한다. 여기서 온달의 공이 제일 크다고 말한 자들은 누구이겠는가? 그들은 당연히 왕의 측근에 있던 봉건적 귀족들이었을 것이다. 후주의 침략은 사냥대회와는 근본적으로 성격이 다른 것이다. 이것은 고구려가 몰락할 수도 있는 국가적인 위기상황이다. 이런 상황에서 위기의 당사자가 귀족이냐 일반 민중이냐를 따지는 것은 무의미할 수도 있다. 그러나 고구려는 봉건적 귀족이 지배하는 국가이다. 따라서 고구려의 위기는 실질적으로 고구려 귀족사회의 위기를 의미하는바, 온달은 고구려의 귀족사회를 위기에서 구한 인물이라고 할 수 있다. 이에 고구려의 귀족들은 온달이 귀족사회에 편입되는 것을 용인한 것이며, 평강왕은 이들의 용인을 받은 뒤에야 비로소 온달을 사위로 인정한 셈이다. 요컨대, 온달이 부마로 인정을 받고 또 고구려 귀족사회에 편입할 수 있었던 것은 바로 위기에 처한 고구려의 귀족사회를 구했기 때문

---

24 여기에서 우리는 온달의 존재가 본래부터 고구려의 귀족사회에 편입되기 어려운 미천한 신분임을 다시 한번 확인할 수 있다.

25 김부식, 이병도 역주, 앞의 책, 348쪽. "及論功, 無不以溫達爲第一. 王嘉歎之曰, 是吾女壻也. 備禮迎之, 賜爵爲大兄. 由此, 寵榮尤渥, 威權日盛."

이라고 할 수 있다.

그러나 온달이 한 번의 전공으로 내내 고구려의 귀족사회에 존속할 수 있는 것은 아니다. 전시戰時가 아닌 평상시에 대다수의 귀족들은 미천한 출신인 온달을 질시하거나 따돌렸을 것이다. 따라서 온달이 지속적으로 귀족사회에 남아 있기 위해서는 자신의 장기인 탁월한 전투력을 활용하여 끊임없이 전공을 세워야만 했으리라. 특히 온달을 지지했을 평강왕의 죽음은 그에게 치명적일 수밖에 없다. 평소 온달을 질시하거나 따돌렸던 고구려의 귀족들이 평강왕의 죽음을 계기로 온달을 귀족사회에서 완전히 배척하려 했을 것이기 때문이다. 다음 대목을 보자.

> 양강왕이 즉위하자 온달이 아뢰었다. "오로지 신라가 우리 한북의 땅을 분할하여 자기들의 군현을 만들었기 때문에 그곳 백성이 원통히 여기며 항상 조국을 잊지 않고 있습니다. 원컨대 대왕은 제가 어리석다고 생각지 마시고 군사를 내주시면 한번 걸음에 반드시 우리 땅을 되찾겠습니다." 이에 왕이 허락하였다.[26]

온달은 평강왕이 죽고 양강왕이 즉위하자마자 곧바로 신라를 공격하여 고구려의 옛 땅을 되찾아 오겠다며 전쟁을 자원한다. 이 뿐만이 아니다. 온달은 '계립현鷄立峴과 죽령竹嶺의 서쪽 땅을 되찾지 못하면 돌아오지 않겠다'고 맹세를 하고 출전한다. 실로 온달의 충정과 애국심을 엿볼 수 있는 대목이다. 그러나 양강왕이 즉위하자마자 출전을 자원한 온달의 속사정은 무엇이겠는가? 바로 평강왕의 죽음을 계기로 온달을 귀족사회에

26 위의 책, 348쪽. "及陽岡王卽位, 溫達奏曰, 惟新羅, 割我漢北之地, 爲郡縣, 百姓痛恨, 未嘗忘父母之國. 願大王不以愚不肖, 授之以兵, 一往必還吾地. 王許焉."

서 배척하려는 귀족들의 움직임을 잠재우기 위한 것은 아니었을까. '옛 땅을 되찾지 못하면 돌아오지 않겠다'는 온달의 맹세도 같은 맥락에서 이해할 수 있다. 온달이 신라와의 싸움에서 졌을 경우, 패전에 대한 문책도 없지 않겠지만 더 이상 귀족의 일원으로 남아 있기는 어려웠으리라. 온달이 이러한 사실을 모를 리는 없었을 것이다. 그래서 온달은 옛 땅을 되찾지 못하면 돌아오지 않겠다고 맹세하고 출전했던 것은 아닐까.

맹세를 하고 출전한 온달은 결국 아단성阿旦城 아래서 신라군과 싸우다가 화살을 맞고 길에서 죽는다. 그러나 온달의 시신을 관에 넣고 장사를 지내려 하는데 관이 움직이지 않아 장사를 치르지 못한다. 평강공주가 이르러 관을 어루만지면서 '죽고 삶이 결정되었습니다. 아! 돌아갈지어다'라고 말한 이후에야 비로소 온달의 관이 들려서 장사를 지낸다. 흔히 이 대목은 전기적傳奇的 요소로 거론되곤 한다. 그러나 순전히 기괴한 것은 아니다. 온달의 관이 움직이지 않았다는 것은 풀지 못한 한恨이 남아 있음을 상징적으로 표현한 것이기 때문이다.

이러한 온달의 한을 고구려의 옛 땅을 회복하지 못하고 죽은 데서 비롯한 것으로 이해하면, 「온달전」의 주지는 온달의 애국충정으로 볼 수 있다. 김부식이 온달을 입전한 까닭도 바로 여기에 있었을 것이다. 그러나 앞서 살펴보았듯이, 온달에게는 죽기를 맹세하고 출전을 자원한 속사정이 있었다. 그 속사정은 바로 미천한 출신 성분 때문에 평소 귀족들에게 배척당해야만 했던 것이며, 이는 온달 자신과 평강공주 외에는 상상하기도 쉽지 않은 일이다. 어렸을 적 온달의 친구나 주변 사람들은 온달의 성공을 마냥 부러워했을 것이며, 온달이나 평강공주 또한 자신들의 속내를 다른 사람에게 말하기가 쉽지 않았을 것이기 때문이다.

공주가 온달의 관을 어루만진 이후에 관이 움직인 것을 두고 이들 부부의 사랑이 시공時空을 초월한 영혼적 결합이었음을 뜻한 것[27]으로 이해한 연구자도 있다. 충분히 가능한 해석이다. 그러나 「온달전」은 그 어디에도 이들의 사랑에 대해 언급하고 있지 않다. 물론 공주와 온달의 사랑이 언급되지 않았다고 해서 이들의 사랑 문제를 간과할 수는 없다. 그러나 「온달전」이 문제 삼고 있는 것은 두 사람의 사랑보다는 인간, 특히 소박하게 살아가는 민중들의 진실한 내면적 가치를 억압하는 현실적인 역학 관계 및 사회적 통념이다. 이 점을 고려할 때, 온달의 풀지 못한 한은 신분적 한계를 극복하지 못한 데서 비롯된 것으로 이해하는 것이 온당하다. 그리고 이 한은 공주만이 이해하고 있는 것이었기에 공주의 위로를 받고 비로소 풀린 것이라고 하겠다.

요컨대, 온달의 장렬한 죽음은 미천한 출신이라는 신분 문제와 무관할 수 없다는 것이 저자의 생각이다. 미천한 출신인 온달이 귀족사회에 계속 존속하기 위해서는 그는 끊임없이 전공을 세워야만 한다. 그러나 아무리 훌륭한 장수라도 항상 승리할 수만은 없는 것이 현실이다. 언젠가는 패배하게 될 것이고, 그 패배는 곧 죽음으로 이어질 수밖에 없다. 온달은 이 굴레에서 벗어날 수 없는 운명적 존재였던 것이다. 이런 점에서 온달의 죽음은 신분적 한계에 따른 운명적인 비극이라고 할 수 있다.

이상에서 살펴보았듯이, 「온달전」은 온달의 비극적인 죽음으로 끝을 맺는다. 철저한 원리원칙과 엄밀한 도덕적 명분을 통해 현실적인 역학 관계와 사회적 통념을 극복하고자 꿈꾸었던 온달 이야기의 설화자들은 그것이 얼마나 힘겹고 어려운 일인가를 자각하고 있었던 것이다. 장렬한 죽음을 맞이하고도 맺힌 한을 풀지 못했던 온달. 그 온달의 한은 당

27 윤경수, 앞의 글, 29쪽.

대의 민중들뿐만 아니라 오늘날의 모든 민중들이 가슴에 담고 있는 한이기도 하다. 우리가 온달의 죽음을 앞에 두고 조국을 위한 위대한 순국으로 추앙하기보다는 가슴 저리도록 슬퍼하는 이유도 바로 여기에 있으리라.

3. 소설사적 의의

「온달전」이 우리 문학사 전반에 끼친 영향은 자못 크다. '온달 이야기'는 오늘날에 이르기까지 끊임없이 새로운 설화나 민요로 재생되고 있으며,[28] 조선 후기 지식인들은 「온달전」의 내용을 제재로 삼아 악부樂府를 짓기도 하였다.[29] 또 근래에는 「온달전」이 희곡이나 마당극으로 각색되기도 하였다.[30] 이외에도 「온달전」이 우리 문학사에 남긴 흔적은 매우 많으리라 생각한다. 그러나 여기에서는 고소설, 그중에서도 조선시대의 전기소설傳奇小說과 영웅소설에 한정하여 「온달전」의 소설사적 의의를 점검하고자 한다.

먼저, 전기소설과의 관련성을 보자. 국문학 연구 초기에 「온달전」은 순전히 설화적인 이야기로만 간주되었다. 그러나 근래에는 순전한 설

---

28 이창식, 앞의 글 참조.

29 「온달전」을 제재로 지은 악부로는 임창택(林昌澤, 1682~1723)의 「온달부(溫達婦)」, 이학규(李學逵, 1770~1834)의 「우온달(愚溫達)」, 이복휴(李福休, 1729~1800)의 「온달행(溫達行)」 등이 있는데, 이에 대한 연구는 김영숙의 「樂府의 溫達列傳 受容樣相」(『한민족어문학』 14, 한민족어문학회, 1987)을 참조하기 바람.

30 「온달전」을 희곡화한 것으로는 최인훈의 〈어디서 무엇이 되어 만나랴〉가 있으며, 마당극화한 것은 유승봉의 〈온달의 꿈〉이 있다. 이들 작품에 대한 논의는 이창식의 앞의 글을 참조하기 바람.

화보다는 설화와 소설의 중간적 형태인 전기傳奇,[31] 전기계의 전傳,[32] 전기적 원형에 전傳의 서술의식이 작용한 것[33] 등 전기소설과 관련지어 이해하는 경향이 지배적이다. 분명 「온달전」에는 남녀의 만남과 이별을 중심으로 사건과 갈등을 전개하는 구성 방법, 기이한 요소, 비극적 결말 등 전기적 속성을 다분히 내포하고 있다. 그러나 이러한 점만을 가지고 「온달전」을 곧바로 전기나 또는 전기소설로 간주하는 것은 곤란하다. 전기는 기본적으로 문인들의 세계관에 입각하여 서술되거나[34] 문인 지식층의 꿈과 원망을 반영하는 양식[35]이라고 할 수 있다.

그런데 앞서 살펴보았듯이, 「온달전」은 '민중들의 낭만적인 꿈과 그 좌절'을 근간으로 삼고 있다. 이런 점에서 「온달전」은 분명 「조신전調信傳」이나 「최치원崔致遠」 등과는 구별할 필요가 있다. 그럼에도 불구하고 「온달전」을 후대의 전기소설과 관련지어 살펴보고자 하는 것은 중국의 전기소설에서는 찾아보기 어려운 특성을 「온달전」과 후대의 몇몇 전기소설이 공유하고 있기 때문이다. 이러한 특성 가운데 저자가 주목하고자 하는 것은 두 가지이다. 하나는 남녀주인공이 부모의 반대나 또는 당대의 사회적 관습에 따른 질곡과 갈등을 극복하고 애정을 실현한다는 점이며, 다른 하나는 전란 모티프의 성격이다.

중국의 전기소설 가운데는 남녀주인공의 애정 지향이 환경 세계와 갈등을 빚는 사례를 찾아보기 어렵다. 우선 당나라의 전기소설에서는 남녀

---

31 조동일, 『한국문학통사』 1, 지식산업사, 1982, 196쪽.

32 임형택, 앞의 글; 진재교, 앞의 글.

33 이동환, 「고려 전기의 교육과 문화」, 『한국사』 17, 국사편찬위원회, 1994; 박희병, 앞의 글; 윤채근, 앞의 책.

34 박일용, 「전기계 소설의 양식적 특성과 소설사적 변모」, 『민족문화연구』 28, 고려대 민족문화연구소, 1995, 77쪽.

35 윤재민, 「전기소설의 인물 성격」, 『민족문화연구』 28, 고려대 민족문화연구원, 1995, 64쪽.

주인공의 만남 자체가 전혀 문제시되지 않는다. 이는 당나라의 대표적인 애정전기소설이라고 할 수 있는 「곽소옥전霍小玉傳」과 「앵앵전鶯鶯傳」만 보아도 알 수 있다. 「곽소옥전」에서는 중매쟁이의 주선에 따라 이생과 곽소옥이 만나며, 「앵앵전」에서는 여주인공의 모친인 정 부인의 적극적인 권유에 의거하여 장생과 앵앵이 서로 인연을 맺는다. 이러한 점은 구우瞿佑의 『전등신화剪燈新話』의 경우에도 크게 다르지 않다. 「애경전愛卿傳」의 여주인공은 기생이며 남주인공은 지체 높은 가문에다 상당한 부호의 아들임에도 불구하고 이들의 결연에는 어떠한 문제도 제기되지 않는다. 「취취전翠翠傳」의 경우는 남주인공의 부친이 빈부의 차이를 들어 남녀주인공의 결연을 반대하지만, 이는 본인이 가난해서 혼례 비용을 마련하기 어렵다는 점에 근거하고 있을 뿐이다. 이렇듯 중국의 전기소설에서는 대부분 남녀주인공이 신분의 차이나 도덕적 관습 등 환경 세계의 억압을 받지 않고 만남을 이루거나 결연을 맺는다.

그런데 우리나라 전기소설에서는 남녀주인공의 만남 자체에서부터 이미 환경 세계와 갈등을 빚는다. 「이생규장전李生窺墻傳」의 이생과 최랑, 「주생전周生傳」의 주생과 선화, 「위경천전韋敬天傳」의 위생과 소숙방, 「최척전崔陟傳」의 최척과 옥영은 모두 부모 몰래 만나는데, 이는 당대의 사회적 관습이나 도덕률을 어긴 '위험한 불장난'[36]이라고 할 수 있다. 이로 인해 남녀주인공은 내적인 갈등을 겪을 뿐만 아니라 난관에 부딪혀 사경死境을 헤매기도 한다. 그러나 이들은 부모의 반대나 도덕적 관습을 극복하고 마침내 만남을 공인받거나 결연하기에 이른다. 또 이 과정에

---

36 임형택, 「전기소설의 애정 주제와 「위경천전」」, 『동양학』 22, 단국대 동양학연구소, 1992, 9쪽. 임형택 교수는 「이생규장전」과 「위경천전」을 대상으로 '남녀 주인공의 연애 행위가 사통률(私通律)을 위배한 범법이었을 뿐만 아니라, 가문의 멸망과 자신의 파멸을 부르는 위험한 불장난이었다'고 지적하였다.

서 남주인공보다는 여주인공이 애정 성취에 적극적인 자세를 보이는데, 이는 바로 「온달전」이나 「설씨녀」의 전통을 이은 결과라고 할 수 있다. 특히 이들 작품 가운데 「최척전」은 남녀주인공의 신분 차이가 혼사 장애의 실질적 요소로 작용하고 있다는 점, 여주인공이 부모의 반대를 무릅쓰고 남주인공과 결연을 추구한다는 점에서 「온달전」과 닮아 있다.

전란 모티프의 성격이나 작품 내적 기능에 있어서도 우리나라 전기소설은 중국의 전기소설과 일정한 차이를 보인다. 우리나라 전기소설 가운데 「이생규장전」, 「주생전」, 「위경천전」은 전란이 우여곡절 끝에 성취된 남녀의 애정을 파탄으로 몰고 가는 결정적인 계기로 설정되어 있다.[37] 그런데 우리는 그 원형을 바로 「온달전」에서 찾아볼 수 있다.[38] 「이생규장전」의 경우에는 최랑이 죽은 이후 재회의 과정이 형상화되어 있어 나머지 작품과 변별되는 측면이 없지 않지만, 이들 작품은 한결같이 어렵게 성취된 애정이 전란으로 인해 파탄에 이른다는 공통점을 갖고 있다.

이러한 양상은 당나라의 전기 속에서는 찾아보기 어렵다. 애정을 주제로 한 당나라의 전기 가운데도 「유씨전柳氏傳」, 「장한가전長恨歌傳」, 「앵앵전」 등 전란 모티프가 삽입되어 있는 작품이 더러 있으며, 이들 작품에서도 전란은 남녀의 만남이나 이별과 일정하게 연관되어 있다. 「유씨전」에서는 간접적이긴 하지만 남녀주인공이 전란 때문에 일시적으로 헤어지며,[39] 「장한가전」에서는 전란으로 인해 남녀주인공이 비극적인 죽음을

---

37 김종철, 「전기소설의 전개 양상과 그 특성」, 『민족문화연구』 28, 고려대 민족문화연구원, 1995, 43쪽.

38 김종철 교수는 이러한 전란 모티프의 단초를 「이생규장전」에서 찾고 있지만(위의 글, 43쪽), 이는 「온달전」이나 「설씨녀」까지 거슬러 올라가야 할 것이다.

39 「유씨전」에서 한익은 유 씨와 동거하던 중 관리로 발탁되어 임지로 떠난다. 한익이 떠난 지 1년 뒤에 안록산의 난이 일어나자 유씨는 여승 차림으로 절에 숨어산다. 반란이 진압된 이후 한익은 유 씨가 전란의 와중에 정절을 지키지 못하고 이미 다른 사람의 첩이 되

맞고, 「앵앵전」에서는 전란을 계기로 남녀주인공이 인연을 맺는다.

이들 작품 가운데 전란의 작품 내적 기능이 우리나라 전기소설과 유사한 작품으로는 「장한가전」을 들 수 있다. 「장한가전」 역시 안록산의 난이 남녀주인공에 해당하는 현종과 양귀비의 애정을 결정적으로 파탄시키는 것으로 형상화되어 있기 때문이다. 그러나 그 실체와 내막은 확연하게 구분된다. 우리나라 전기소설의 경우는 전란이 환경 세계의 횡포라는 측면이 있으며, 주인공은 이러한 횡포에 순전히 희생된 것으로 형상화되어 있다. 그런데 현종과 양귀비의 비극적인 죽음은 전적으로 전란에서 비롯되었다고 보기 어렵다. 「장한가전」에서 안록산의 난은 현종과 양귀비의 애정 행각에서 비롯되며, 양귀비는 안록산의 난을 무마하려는 현종의 신하들에 의해 처형되고, 현종은 양귀비를 잊지 못하다 죽는 것으로 그려져 있다. 따라서 이들의 죽음은 세계의 횡포에 의해 희생된 것이라기보다는 잘못된 애정 행각에 대한 대가라는 성격을 강하게 내포하고 있다.

『전등신화』에 나타난 전란 모티프는 우리나라 전기소설의 그것과 상통하는 측면이 있다. 「애경전」이나 「취취전」에서 전란은 주인공의 운명을 결정적으로 좌우할 뿐만 아니라 자아를 억압하는 환경 세계의 횡포라는 성격을 분명하게 지니고 있기 때문이다. 실제로 「만복사저포기」나 「이생규장전」에 나타난 전란은 『전등신화』의 그것과 닮아 있기도 하다. 즉 이들 작품에서 전란은 한결같이 평범하면서도 진실하게 살아가려는 인간들의 삶을 황폐화시키는 절대적인 악, 또는 운명적 재난으로 설정되어 있는 것이다. 이로 인해 『전등신화』나 『금오신화』에서는 남녀주인

었으리라는 내용의 시를 유 씨에게 보낸다. 이에 유 씨가 한익을 단념함으로써 두 사람은 일시적으로 이별하게 된다.

공이 현실적 처지나 신분 문제와 무관하게 전란의 순전한 피해자로 나타난다.[40]

그러나 나머지 작품은 양상이 조금 다르다. 애정을 주제로 한 중국의 전기소설 가운데서는 주인공이 전란에 직접 참여하는 사례를 찾아볼 수가 없다. 그런데 우리나라의 경우 「주생전」, 「위경천전」, 「최천전」 등에서 남주인공이 참전하고, 이로 인해 어렵게 이루어진 애정이 파탄에 이르거나 애정 실현에 어려움을 겪는다. 물론 주인공의 참전 여부가 전란 모티프의 성격을 결정적으로 규정한다고 볼 수는 없다. 그러나 그 차이 또한 적지 않다. 일단 주인공이 전란에 참전함으로써 전란은 역사적 구체성을 획득한다는 점도 있지만, 무엇보다 그 전란이 주인공의 현실적 처지나 신분 문제와 무관하지 않다는 점에서 확연하게 구별된다. 예컨대, 「주생전」에서 주생은 유격장군의 뜻을 거역하지 못하여 임진왜란에 참전한다. 주생은 본인이 그토록 갈구하던 선화와의 결혼을 앞두고 있었는바, 전란 자체의 두려움도 없지 않았겠지만, 진정으로 참전하기 싫었다고 보아야 한다. 그런데도 참전할 수밖에 없었던 것은 유격장군의 명령을 거역할 수 없는, 한미한 선비라는 현실적 처지 때문이었다. 따라서 「주생전」에서의 전란은 인간에게 닥쳐온 운명적 재난이 아니라 주생처럼 특권에서 소외된 인물이 당해야 하는 재난으로서의 성격을 지닌다.[41] 이는 「최척전」의 경우에도 동일하다. 최척은 "머리를 숙이고 선비

40 물론 『전등신화』와 『금오신화』에 나타난 전쟁 모티프의 작품 내적 기능과 성격이 서로 닮아 있다고 해서 두 계열이 완전히 일치한다고 말할 수는 없다. 앞서 언급했듯이, 「이생규장전」의 경우에는 남녀주인공의 만남과 결연에 이미 현실적 질곡과 제약이 전제되어 있다. 따라서 이 작품에서 전쟁은 '현실적 난관을 극복하고 어렵게 이루어진 애정'을 파탄으로 몰고 간다는 의미를 함축하고 있다는 점에서 『전등신화』의 그것과 일정하게 변별된다.

41 박일용, 「주생전의 사실적 경향성과 소설사적 위상」, 『조선시대의 애정소설』, 집문당, 1993, 129쪽.

를 좇아 과거 공부를 한다면, 비록 과거에 급제하여 벼슬길에 오르지는 못할지라도 등에 화살을 지고 군대에 종사하는 일은 면할 수 있을 것이다"[42]라는 부친의 뜻에 따라 정 상사에게 글을 배운다. 그러나 최척 역시 옥영과의 결혼을 앞두고 의병장인 변사정의 종용을 거부하지 못한 채 참전하게 되며, 결혼식 당일에도 의병장이 귀가를 허락하지 않는 바람에 혼례를 치르지도 못했던 것이다.

이렇듯 우리나라 전기소설에 나타난 전란 모티프의 특징 가운데 하나가 주인공이 직접 참전한다는 점인데, 이 특징이 바로 「온달전」과 「설씨녀」에 나타나고 있다. 그리고 이들 작품에서도 전란은 「주생전」이나 「최척전」처럼 주인공의 신분 등 현실적 처지와 관련을 맺고 있다. 「설씨녀」에서 가실은 3년을 기약하고 설씨녀의 부친 대신 수자리를 살러 간다. 그러나 가실이 6년이 되어도 돌아오지 못한 탓에 혼사 장애를 맞게 되는데, 이는 가실이나 설씨녀의 현실적 처지와 무관할 수 없다. 「온달전」의 경우에는 온달이 강제로 전쟁에 끌려간 것이 아니라 본인이 직접 전쟁을 주도했다는 점에서 「설씨녀」, 「주생전」, 「최척전」 등과 일정하게 구별되는 것은 사실이다. 그러나 앞에서 살펴보았듯이, 온달이 전쟁을 자원했던 것은 하층민 출신으로서의 한계를 극복하기 위한 방편이었다. 따라서 「온달전」의 전란 모티프 역시 자아를 억압하는 신분사회라는 세계의 횡포가 전란으로 환치되어 형상화된 것이라고 할 수 있다. 이러한 사실을 고려할 때, 우리나라의 전기소설에 나타난 전란 모티프는, 중국 전기소설의 영향도 간과할 수는 없지만, 「온달전」이나 「설씨녀」에서 유래되었다고 보아야 할 것이다.[43]

---

42 이상구 역주, 『17세기 애정전기소설』, 월인, 1999, 189쪽.

43 박희병 교수도 일찍이 이 점에 주목하여, "전기소설은 '만남/이별'의 축조 과정에서 사건

다음은 영웅소설과의 관련성이다. 영웅소설의 기본 구조는 영웅의 일대기이다. 이 일대기 구조가 우리나라의 건국신화인 '주몽신화'나 '탈해신화' 등에서 유래되었다는 것은 조동일 교수에 의해 밝혀졌으며,[44] 이러한 연구 성과는 우리나라 고소설의 내재적 발전론을 확립하는 데 크게 기여하였다. 그러나 소설의 형성 문제를 구조로만 따질 수 있는 것은 아니다. 인간사회의 보편적 질곡을 반영하고 있거나 많은 이들의 꿈과 이상을 반영하고 있는 모티프들은 계속 반복되면서 후대의 작품 형성에 영향을 미치기도 한다. 영웅소설의 주요 모티프 중에 하나가 혼사 장애 모티프인데, 우리나라 서사문학에서는 「주몽신화」, 「온달전」, 「설씨녀」 등에 이 모티프가 처음 나타난다. 특히 「온달전」에는 남주인공이 영웅적 활약을 통해 혼사 장애를 극복하는 것으로 형상화되어 있는데, 이는 조선시대의 영웅소설에도 거의 그대로 나타난다. 일례로 「소대성전」을 보자.

「소대성전」의 남주인공 소대성은 본래 병부상서를 역임했던 소량의 아들로 태어난다. 그러나 그가 10살 때 부모가 갑자기 병으로 죽게 되자 대성은 하루아침에 부모 없는 고아로 전락하고 만다. 그는 유리걸식하면서 각지를 떠돌다가 이 승상을 만나게 되는데, 이 승상은 대성이 소상서의 아들인 것을 알고 그를 집으로 데려가 막내딸인 채봉과 정혼시킨다. 그러나 승상의 부인인 왕 씨는 대성이 걸인임을 들어 이들의 정혼을 못마땅하게 여긴다. 그러던 중 이 승상이 병으로 죽게 되자 왕

전개나 이야기의 극적 전환을 위한 중요한 계기로서 흔히 '전쟁 모티프'를 사용하는데, 이러한 서사기법은 나려시대 전기소설에 이미 나타난다는 점도 눈여겨볼 점이다. 이를테면 「온달」에서는 '전쟁'이 남녀주인공을 사별하게 만들면서 이야기를 인상적인 것으로 종결짓는 결정적인 계기가 되고 있으며, 「설씨녀」에서는 '방수'가 남녀주인공의 이별과 재회를 낳으면서 그들의 아름다운 인간 면모를 드러내는 중요한 계기가 되고 있다"(박희병, 앞의 책, 159쪽)고 지적하였다.

44 조동일, 「영웅의 일생, 그 문학사적 전개」, 『동아문화』 10, 서울대 동아문화연구소, 1971.

부인은 아들들과 함께 모의하여 대성을 죽이려고 자객을 보낸다. 대성은 도술로 자객을 죽이고, 어쩔 수 없이 이 승상의 집을 나와 다시 정처 없이 떠돌다가 청룡사에 이른다. 대성이 청룡사에서 노승과 함께 병서와 경문을 강론하며 세월을 보내던 중 북흉노와 서선우가 연합해서 황성으로 쳐들어온다. 이에 대성이 출전하여 위기에 처한 황제를 구할 뿐만 아니라 격전 끝에 호왕을 죽이는 커다란 공을 세운다. 이 전공으로 대성은 노왕에 봉해지는데, 왕비를 간택하라는 신하들의 소청을 받고 채봉과 성례하기 위해 태감을 이 승상 댁에 보낸다. 왕 부인은 대성이 노왕이 된 것을 알고 마침내 이들의 결연을 허락한다.

위의 줄거리에서도 알 수 있듯이, 「소대성전」은 남녀주인공의 혼사 장애를 남주인공의 전공을 통해 극복하고 있다. 이러한 혼사 장애 모티프는 영웅소설뿐만 아니라 다른 많은 국문소설에도 나타난다. 그런데 여기서 굳이 「소대성전」을 예로 든 것은, 이 작품의 경우 「온달전」과의 관련성이 더욱 뚜렷하게 드러나기 때문이다. 두 작품은 모두 부모가 신분의 차이를 들어 남녀주인공의 결연을 반대한다는 점도 있지만,[45] 여주인

45 「소대성전」의 경우, 소대성이 본래 소상서의 아들로 설정되어 있기 때문에 소대성과 이채봉 사이에는 신분의 차이가 존재하지 않는다고 말할 수도 있다. 그러나 조선시대에 아무리 본래의 출신 성분을 중시했다고 해도, 그 신분이 항구적으로 의의를 갖는 것은 아니다. 신분이란 상황에 따라서 얼마든지 변할 수 있기 때문이다. 더구나 조선 후기에는 생산 관계의 변화에 따라 신분변동이 광범위하게 이루어졌으며, 점차 신분보다 빈부의 차이가 현실적 지위를 결정하게 되었다. 소대성은 이러한 변화의 와중에서 완전히 몰락한 존재로 이해된다. 이는 소대성이 스스로 "ᄂᆞᆫ 빌어먹ᄂᆞᆫ 아해로 하늘이 놉고 싸히 두터온 쥴도 모로오니 엇지 ᄉᆞ롬이라 ᄒᆞ오며 걸인의 셩명을 무러 쓸ᄃᆡ 업도소이다"(「소대성전」, 『활자본 고소설 전집』 7, 인천대 민족문화연구소, 1983, 125쪽)라고 말하고 있으며, 채봉의 모친인 왕 씨는 "쇼ᄉᆡᆼ은 본ᄃᆡ 걸인이라. 승상이 망령되이 다려다가 ᄎᆡ봉의 혼ᄉᆞ를 정ᄒᆞ여 문호에 욕이 되니 나의 한ᄒᆞᄂᆞᆫ 바라. 녀등은 쇼ᄉᆡᆼ ᄂᆡ칠 계교를 ᄉᆡᆼ각ᄒᆞ라"(위의 책, 133쪽)고 말하고 있다는 점에서도 확인된다. 요컨대, 소대성은 현실적으로 걸인과 다름없는 존재였는바, 소대성과 이채봉 사이에는 실질적인 신분의 차이가 존재했던 것으로 보아야 한다는 것이다.

공인 채봉의 다음과 같은 언급은 「온달전」을 의식한 것으로 생각된다.

> 부인왈, (…중략…) 또훈 동상을 갓초지 못ᄒᆞ얏ᄉᆞᆫ즉 부당 ᄉᆞ람으로 괴이훈 거조를 ᄒᆞ야 남의 우음이 되니 웃지 ᄒᆞᆫ홉지 아니리오. 너는 이런 말 다시 말나. 소제 쳥파에 작식왈 녯날 쵸공쥐 오세적 일을 잇지 아니ᄒᆞ고 동문밧 빅셩을 취홈ᄋᆡ 그 절힝이 만ᄃᆡ 유젼ᄒᆞᆫ지라. ᄒᆞ믈며 소싱은 명문거족으로 부친이 친히 다려와 소녀와 이셩지친을 ᄆᆡ지며 (…하략…).[46]

채봉은 모친이 소대성과의 결연을 반대하자, "녯날 쵸공쥐 오세적 일을 잇지 아니ᄒᆞ고 동문밧 빅셩을 취홈ᄋᆡ 그 절힝이 만ᄃᆡ 유젼"했다며 굳이 소대성과의 결연을 고집한다. 초나라 공주가 다섯 살 때의 일을 잊지 않고 성 밖의 백성과 혼인했다는 고사는 「월영낭자전」과 「조생원전」에도 나온다. 따라서 이 고사가 실제 초나라의 역사적 사실에서 비롯되었을 가능성을 배제할 수는 없다.[47] 그러나 이 이야기는 분명 평강공주가 온달과 결혼한 이야기와 다를 바가 없다. 특히 「소대성전」의 경우에는 배경이 중국으로 설정되어 있기 때문에 평강공주와 온달의 이야기를 인식하고 있었음에도 불구하고 부득이 중국의 고사를 들었을 가능성이 크다. 설사 이 고사가 「온달전」과 무관한 것이라 할지라도, 신분이나 현실적 처지의 상이함에서 발생한 혼사 장애를 주인공의 영웅적 활약을 통해 극복한다는 이야기는 분명 「온달전」과 상통한 것임에 틀림없다고 하겠다.[48] 따라서 우리나라의 영웅소설이나 국문소설에

---

46 「소대성전」, 『활자본 고소설 전집』 7, 인천대 민족문화연구소, 1983, 137~138쪽.

47 신해진 교수는 '이 고사의 구체적인 전고(典故)를 찾을 수 없었으며, 이 고사는 고구려 때 평강공주와 온달 간의 경우와 유사한 것으로 짐작된다'(신해진, 『조선 후기 가정소설선』, 월인, 2000, 255쪽)고 언급한 바 있다.

많이 나타나는 혼사 장애 모티프, 특히 남녀주인공의 신분 차이를 남주인공의 영웅적 활약을 통해 극복한다는 모티프는 「온달전」에서 비롯되었다고 보아야 할 것이다.

이상에서 살펴보았듯이, 「온달전」은 우리나라 전기소설만이 갖고 있는 독특한 면모를 가장 먼저 구유具有하고 있으며, 영웅소설이나 국문소설 등에 흔히 나타나는 혼사 장애 모티프 역시 「온달전」에서 그 원형적 형태를 발견할 수 있다. 이러한 사실은 우리나라 소설의 형성과 발전 과정에서 「온달전」이 얼마만큼 중요한 위치를 차지하고 있는가를 가늠하게 해준다. 그러나 아직 이에 대한 논의나 평가가 제대로 이루어졌다고 보기 어렵다. 저자 역시 우리 소설을 형성하고 있는 몇 가지 주요 모티프를 중심으로 「온달전」과 후대 소설과의 관련성을 점검하는데 그치고 말았지만, 이를 계기로 「온달전」이 우리 서사문학사, 특히 소설사에서 차지하고 있는 의의와 위상이 총체적으로 구명되기를 기대한다.

4. 민중의 꿈과 지향

「온달전」은 김부식의 『삼국사기』 「열전」에 수록되어 있으면서도 설화적 요소와 전기적 요소를 아울러 지니고 있다. 이로 인해 어디에 중점을 두느냐에 따라 「온달전」의 장르적 성격이나 주제가 다르게 인식될 수 있다. 지금까지 「온달전」에 대한 다양한 논의는 이러한 사정을

48 이상택 교수는 일찍이 '「낙성비룡」, 「소대성전」, 「신유복전」은 혼사 장애물의 형태적 특징상 온달전승과 동궤에 서는 소설이다'(이상택, 「낙선재본 소설 연구(I)」, 『한국 소설문학의 탐구』, 일조각, 1978, 154쪽)라고 지적한 바 있다.

반영한 측면이 없지 않다. 그러나 「온달전」의 근간을 이루고 있는 것은 민중적 사유와 정서이다. 이 점은 온달과 평강공주의 결혼 및 온달의 입공에 단적으로 나타난다. 즉 여기에는 당대 민중들의 낭만적인 꿈이 반영되어 있으며, 이 꿈과 현실 세계와의 갈등이 「온달전」의 골격을 이루고 있는 것이다. 이 장은 이러한 시각을 중심으로 「온달전」의 갈등 구조와 소설사적 의의를 논의하였는바, 논의된 결과를 요약·정리하면 다음과 같다.

「온달전」에서 갈등은 공주의 울음을 달래기 위해 평강왕이 농담으로 했던 말을 공주가 빌미 삼아 굳이 온달에게 시집을 가겠다고 고집을 부리면서 구체화된다. 이러한 평강공주의 고집은 부권의 횡포와 이에 맞서 자신의 삶을 스스로 개척하려는 딸자식의 주체의식을 구체화한 것, 또는 약속을 지키지 않는 귀족 집단에 대한 비판으로 이해되기도 하였다. 충분히 가능한 해석이다. 그러나 여기에는 부왕의 농담이 부권의 횡포나 선언적 약속과는 거리가 멀다는 점에서 문제가 있다. 평강왕이 공주를 온달에게 시집보내겠다고 말한 것은 울보인 공주를 달래기 위한 농담에 불과하다. 평강왕이 자신의 말을 실천하지 않았기 때문에 그의 말은 일종의 식언이라고 할 수는 있지만, 이것 역시 딸의 장래를 염려하는 부정父情에 따른 것으로 이해되어야 할 것이다. 이렇게 보았을 때, 담화의 현실적 맥락을 완전히 사상시킨 채 부왕의 식언만을 탓하는 공주의 행동은 설득력을 얻기 어렵다.

그러나 작품 속에서 '필부도 식언을 하지 않는데 하물며 지존께서 식언을 해서야 되겠습니까?'라는 공주의 저항 논리는 부정되기는커녕 긍정적으로 수용되고 있다. 왜 이러한 일이 가능한가. 그것은 바로 공주의 저항 논리에 당대의 사회적 통념 및 현실적 역학 관계를 부정하는 의미가 담겨 있기 때문이다. 부왕에게 맞선 공주의 저항 논리는 일종의 원리원칙이라고 할 수 있다. 온달은 본래 순박하면서도 지극한 효성을 지닌 인물이다. 그러나 사회적 통념에 비추어 볼 때 그는 바보이면서도 거지와 다름없는 미천한 존재일 뿐이다. 여기에서 온달의 내면적 가치를 드러내기 위해서는 사회적 통념이나 현실적인 역학 관계를 부정해야 하는데, 공주는 바로 '어느 누구도 식언을 해서는 안 된다'는 원칙을 통해 이를 수행하고 있는 것이다. 이는 공주가 온달 모를 설득하는 대목에서도 확인된다. 온달 모가 사회적 통념인 존비尊卑의 차이를 들어 공주의 구혼을 거절하자, 공주는 '한 말의 곡식도 방아를 찧을 수 있고, 한 자의 베도 재봉할 수 있다'는 옛 사람의 말을 들어 설득했던 것이다. 요컨대, 부왕의 식언을 빌미삼아 온달과의 결혼을 추구했던 평강공주의 행위에는 원리원칙을 통해 현실적 역학 관계 및 당대의 사회적 통념을 부정함으로써만이 자신들의 진정한 가치를 구현할 수 있다는 당대 민중들의 현실 인식과 꿈이 담겨 있다고 하겠다.

한편, 온달의 죽음은 대체로 조국애 및 충정과 관련지어 이해되어 왔다. 서술된 내용 자체만 놓고 볼 때 이를 부정하기는 어렵다. 김부식이 온달 이야기를 『삼국사기』「열전」에 수록하게 된 것도 온달의 충정을 높이 평가한 때문이었을 것이다. 그러나 온달의 죽음을 충정으로만 이해하기에는 석연치 않은 측면이 있다. 온달이 신라를 공격하여 고구려의 옛 땅을 되찾아 오겠다며 전쟁을 자원한 것은 양강왕이 즉위한 직후였다. 왜 하필 온달은 평강왕이 죽고 양강왕이 즉위한 직후에 자청하여 전장에 나섰는가? 이는 온달의 출신 성분과 무관하지 않다는 것이 저자의 생각이다. 온달은 본래 미천한 존재였으며, 평강공주와 결혼을 한 이후에도 부마로 인정받지 못한다. 사냥대회를 통해 온달이 바보가 아니라 훌륭한 대장부라는 사실이 밝혀졌음에도 온달의 처지는 변하지 않는다. 그런데 후주와의 전쟁에서 온달이 큰 공을 세우자, 비로소 평강왕은 온달을 사위로 맞이하고 또 대형이라는 벼슬을 제수한다. 즉 온달은 자신의 장기인 탁월한 전투력을 발휘함으로써 고구려의 귀족사회에 편입될 수 있었던 것이다. 그러나 온달의 출신 성분은 계속 문제가 되지 않을 수 없다. 고구려의 귀족들에게 온달은 전시에는 필요한 존재이지만, 평상시에는 질시의 대상이 되었을 가능성이 크다. 이러한 온달에게 평강왕의 죽음은 치명적일 수밖에 없다. 평강왕의 죽음을 계기로 고구려 귀족들이 온달을 귀족사회에서 완전히 배척하려 했을 것이기 때문이다. 온달이 평강왕이 죽은 직후에 전쟁을 자원했던 이유는 바로 여기에 있었다고 생각한다.

이러한 사정을 고려할 때, 온달의 장렬한 죽음은 신분의 한계에 따른 운명적 비극이라고 할 수 있다. 그가 귀족사회의 일원으로 존속하기 위해서는 끊임없이 전공을 세워야 하는데, 아무리 훌륭한 장수라도 항상 승리할 수만은 없기 때문이다. 즉 미천한 출신인 온달은 뛰어난 자질에도 불구하고 고구려 귀족사회의 폐쇄성이라는 굴레를 죽음을 통해서만이 벗어날 수 있는 운명적 존재였던 것이다. 요컨대, 「온달전」은 철저한 원리원칙을 통해 현실적 역학 관계와 사회적 통념을 극복하고자 꿈꾸면서도 그 일이 얼마나 힘겹고 어려운 일인가를 자각하고 있었던 당대 민중들의 현실 인식을 반영하고 있는 작품이라고 하겠다.

이렇듯 민중적 사유와 정서에 바탕을 둔 「온달전」은 우리나라 소설사의 전개와 관련하여 두 가지 중요한 요소를 구비하고 있다. 하나는 신분의 차이에 따른 혼사 장애를 주인공의 전공을 통해 극복한다는 것이며, 다른 하나는 현실적 질곡을 극복하고 어렵게 성사된 남녀의 애정이 전란으로 파탄에 이른다는 것이다. 전자의 경우는 「소대성전」 등 영웅소설로 이어지며, 후자의 경우는 「주생전」이나 「최척전」 등 전기소설로 이어진다. 이러한 사실은 우리나라 소설의 형성과 발전 과정에서 「온달전」이 얼마만큼 중요한 위치를 차지하고 있는가를 가늠하게 해준다.

이상과 같은 저자의 견해는 「온달전」을 당대의 사회적 현실과 관련지어 구체적으로 해명하고, 나아가 「온달전」이 우리 소설사에서 차지하고 있는 위상을 일정하게 드러내려는 목적에 따라 제기된 것이다. 이 과정에서 부득이 추정에 의존한 점이 없지 않다. 특히 온달의 죽음을 고구려 귀족사회의 폐쇄성과 연계지어 해석한 것은 추론적 성격이 강하다.[49] 그럼에도 이를 강행한 것은 역사적 시각을 견지함으로써 「온달전」에 담긴 문제의식을 구체화시킬 필요가 있다고 생각했기 때문이다. 이러한 추론을 토대로 「온달전」에 대한 연구가 더욱 풍부하면서도 활발하게 제기되기를 기대한다.

49 물론 이 경우에도 저자는 「온달전」에 서술된 내용이나 문맥에 어긋나는 추론은 삼가려고 유의하였다.

| 제2장 |

「홍길동전」의 서사 전략과 작가의 현실 인식

1. 작품 분석의 시각

우리나라 최초의 한글소설로 거론되고 있는 「홍길동전」은 문학사적으로나 내용적으로 매우 중요한 작품이다. 이로 인해 그동안 많은 연구자들이 「홍길동전」에 관심을 보여 왔으며, 연구 업적 또한 170여 편에 이를 정도로 상당히 많이 축적되어 있다. 그러나 아직도 「홍길동전」과 관련하여 작자 문제, 원작의 표기문자 문제, 주제 및 작가의식 문제, 구성의 통일성 여부 문제 등이 논란거리로 남아 있다. 이 가운데 작자와 원작의 표기문자 문제는 새로운 자료가 발견되지 않는 한 기존의 연구 성과를 보완하거나 뒤집을 수 있는 결과를 산출하기가 어렵다. 그러나 주제 및 작가의식이나 구성과 관련된 문제는 우리가 조선 후기의 사회·역사적 조건이나 독자층의 의식 수준 등을 좀 더 세심하게 고려하여 작품을 분석한다면, 매우 설득력 있는 결과가 제시될 것으로 생각한다. 이와 관련하여 우리는 다음과 같은 박일용 교수의 견해에 주목할 필요가 있다.

> 길동의 활빈 활동은 국가적 질서와의 정면 대결적 형태를 지닌 것이다. 그러므로 현실적 서사 구조로는 초인적 능력을 지닌 길동과 국가 질서 사이의 정면 대결의 결과를 감당해 내기 힘들다. 이러한 갈등 구조를 밀고 나가면서 길동의 승리를 형상화한다면, 그것은 허구를 통해 현실 질서를 정면으로 비판한 것이 되어 당대의 현실사회에서는 수용되기 힘든 형태가 될 것이다.[1]

저자가 위와 같은 박일용 교수의 견해에 전적으로 동의하는 것은 아니다. 그러나 '「홍길동전」이 길동과 국가 질서 사이의 정면 대결을 통해 길동의 승리를 형상화했다면, 그것은 현실 질서를 정면으로 비판한 것이기 때문에 당대의 현실사회에서는 수용되기 힘들었을 것'이라는 견해는 「홍길동전」의 성격과 작가의식을 이해하는 데 매우 중요한 점을 시사하고 있다. 「홍길동전」은 적서차별, 빈민구제, 탐관오리 척결 등 조선 후기의 사회적 모순이나 부조리와 관련된 것들을 구체적으로 형상화하고 있으며, 이것은 사회적으로 커다란 파장을 불러일으킬 만한 내용이었음에 틀림없다. 때문에 허균과 거의 동시대에 살았던 택당 이식李植(1584~1647)은 '허균이 「홍길동전」을 지어 「수호전」에 비의한 탓에 삼대가 농아가 되는 응보보다 심한 죽임을 당했다'[2]며 허균을 비난했던 것이다.

이 뿐만이 아니다. 어전에서 임금과 부모를 희롱하는 등 국가권력과 투쟁을 벌인 길동의 행위는 당시 지배층은 물론 「홍길동전」의 주요 향유

---

1 박일용, 「이본 변이 양상을 통해서 본 「홍길동전」 서술시각의 중층성, 『영웅소설의 소설사적 변주』, 월인, 2003, 127쪽.

2 李植, 『澤堂集』 卷15 「雜著」 「散錄」. "筠又作洪吉同傳, 以擬水滸, 其徒徐羊甲沈友英等, 躬蹈其行, 一村虀粉, 筠亦叛誅, 此甚於聾啞之報也."

층이었을 민중적 독자들에게도 긍정적으로 수용되기 어려운 것이라고 하겠다. 이러한 사실은 동학혁명 당시 전봉준이 쓴 동학농민군의 「창의문」을 통해서도 어렵지 않게 추정할 수 있다. 전봉준은 반봉건적 의식을 비교적 분명하게 가지고 있었음에도 불구하고 「창의문」에서는 농민들의 참전參戰을 독려하기 위해 임금에 대한 충성과 보국안민 등 유교적 명분론을 내세우고 있는데, 이는 당시 농민들의 의식 상태를 고려한 전략이었다고 할 수 있다.[3] 「홍길동전」의 경우도 이와 마찬가지로 당대 민중적 독자들의 의식 수준을 고려하여 몇 가지 서사적 전략을 구사하고 있다는 것이 저자의 판단이다.

「홍길동전」에 대한 연구는 김태준의 『조선소설사』 이후부터 1970년대 초반까지는 주로 구성 단계별 문제의식을 중심으로 주제가 파악되었다. 그 결과 적서차별의 폐지, 빈민구제, 모순된 사회 현실의 타파 등이 「홍길동전」의 주제로 거론되었다.[4] 1970년대 중반에 이르러 「홍길동전」의 구성을 통합적으로 이해하려는 연구 경향이 대두하였으며, 이때부터 1990년대까지는 주로 개인적 가치 및 인격의 사회적 실현, 영웅의 부단한 신분 상승의 과정 및 권력 지향의 의지 등이 「홍길동전」의 주제로 제기되었다. 또한 이 시기에는 능력자가 대접받는 사회의 추구, 개인의 능력을 자유롭게 발휘할 수 있는 평화롭고 평등한 인간 관계 추구, 유가적 이상 및 정치철학의 실현, 현실 세계의 질곡이 극복되기를 바라는 소설 향유층의 낭만적인 꿈의 표현 등 「홍길동전」의 사회적 개혁성과 개인적 가치의 추구를 통합적으로 이해한 연구 성과가 산출되

3 이와 관련된 논의는 저자의 「유충렬전의 갈등 구조와 작가의식」(『어문논집』 34, 고려대 국어국문학연구회, 1995, 81~82쪽)을 참조 바람.

4 이와 관련된 주요 견해로는 김태준의 『조선소설사』(학예사, 1939), 조윤제의 『한국문학사』(동국문화사, 1949), 정주동의 『홍길동전 연구』(민족문화사, 1965) 등을 들 수 있다.

기도 하였다.[5] 실로 「홍길동전」의 주제 및 작가의식과 관련한 연구는 김태준의 『조선소설사』에서부터 최근에 이르기까지 다양한 연구시각과 방법을 통해 상당한 성과를 축적해 왔던 것이다.

그럼에도 불구하고 여전히 「홍길동전」의 주제 및 작가의식에 대해서는 연구자들마다 견해를 달리하여 '불합리한 중세적 질서의 개혁'에서부터 '개인적 가치 및 욕망의 실현'에 이르기까지 그 편차가 매우 심하다. 이렇게 된 까닭은 기본적으로 「홍길동전」의 구성 방식과 관련되어 있다. 즉 「홍길동전」은 길동의 활동무대를 중심으로 '가문→국가→해외'라는 세 단계로 구성되어 있으며, 각 구성 단계마다 '적서차별에 대한 비판→빈민 구제→이상향의 추구'로 이념의 층위가 확대되고 있는 것이다. 이로 인해 각 구성 단계별 문제의식에 주목하느냐, 아니면 이 세 단계의 구성을 통합적으로 조망하면서 길동이 궁극적으로 추구하는 것이 무엇인가에 주목하느냐에 따라 주제 및 작가의식이 다르게 파악되었던 것이다. 게다가 주인공인 길동이 기존의 사회 질서 및

5 주제 및 작가의식과 관련된 주요 성과로는 임형택의 「홍길동전의 신고찰」(『창작과비평』 42·43, 창작과비평사, 1976), 서종문의 「홍길동전에 나타난 현실 인식 문제」(『허균의 문학과 혁신사상』, 새문사, 1981), 김진영의 「許筠의 인물관과 소설」(『고전소설 연구의 방향』, 새문사, 1985), 이문규의 「홍길동전의 성격」(『한국문학사의 쟁점』, 집문당, 1986), 안창수의 「반항과 순응의 양상을 통해서 본 홍길동전」(『어문학』 48, 한국어문학회, 1986), 김일렬의 「홍길동전의 구조와 의미」(『국어국문학』 99, 국어국문학회, 1988), 이윤석·최상천의 「홍길동전의 역사·사회적 분석」(『한국전통문화연구』 5, 효성여대 한국전통문화연구소, 1989), 이강옥의 「홍길동전의 제문제와 그 해결」(『한국고전소설론』, 새문사, 1990), 엄기주의 「홍길동전의 구조와 의미」(『수선논집』 16, 성균관대, 1991), 조용호의 「홍길동전의 주제 신고」(『서강어문』 8, 서강대 국어국문학과, 1992), 박일용의 「홍길동전의 문학적 의미 재론」(『고전문학연구』 9, 한국고전문학회, 1994), 이원수의 「홍길동전의 논리와 의미」(『문화와융합』 17, 문학과언어연구회, 1996), 이윤석의 「홍길동전 해석의 몇 가지 문제에 대하여」(『열상고전』 9, 열상고전연구회, 1996), 윤주필의 「중세 지식인의 존재 방식과 홍길동전」(『고소설연구』 7, 한국고소설학회, 1999), 박일용의 「이본 변이 양상을 통해서 본 「홍길동전」 서술시각의 중층성」(『영웅소설의 소설사적 변주』, 월인, 2003), 이문규의 「홍길동의 인물 형상으로 본 홍길동전의 의미」(『선청어문』 33, 서울대, 2005) 등을 들 수 있다.

이념에 대해 반항과 순응이라는 양면적인 태도[6]를 취하고 있기 때문에 「홍길동전」의 주제 및 작가의식에 대한 학계의 논란은 피하기 어려운 실정이다. 따라서 우리는 이제 새로운 시각으로 「홍길동전」을 바라볼 필요가 있다.

지금까지 「홍길동전」의 주제 및 작가의식과 관련한 연구는 대부분 창작 당시의 사회·정치적 상황을 고려했다고 할 수 있다. 그러나 당시 독자층의 의식 수준을 고려한 작가의 서사 전략이라는 측면에서 논의를 개진한 연구는 없다. 이에 이 장에서는 독자층의 의식 수준을 고려한 작가의 서사 전략이라는 관점을 중심으로 「홍길동전」의 구성적 특징과 작가의식을 구명하고자 한다. 이를 통해 그간 논란이 되어 왔던 「홍길동전」의 주제 및 작가의식과 관련하여 설득력 있는 대안이 제시될 뿐만 아니라, 「홍길동전」의 구성적 탁월함 등 문학적 가치와 의의가 새롭게 드러날 것으로 기대한다. 또한 '작가의 서사 전략'을 작품 분석의 중심 틀로 삼고 있는 만큼 「홍길동전」의 원작자가 허균이라는 판단에 입각해 있음을 밝힌다.[7]

---

6 안창수, 앞의 글.

7 「홍길동전」의 작자는 허균으로 알려져 있으며, 대부분의 연구자들은 이를 인정하고 있다. 그러나 「홍길동전」이 허균의 문집에 수록되어 있지 않은 데다가 현존하는 이본의 대부분이 허균이 지은 것으로 보기 어려운 몇 가지 근거를 내포하고 있는 탓에 원작자가 허균이 아니라는 주장이 일부에서 제기되기도 했다. 그러나 장효현 교수는 이 문제와 관련하여 여러 문헌을 바탕으로 '허균이 창작한 소설 「홍길동전」이 후대에 일정하게 부연·윤색되어 현전 「홍길동전」으로 이어진 것'(장효현, 「홍길동전의 생성과 유전에 대하여」, 『국어국문학』 129, 국어국문학회, 2001)임을 논증한 바 있는데, 저자는 장효현 교수의 견해에 전적으로 동의한다.

2. 서사 전략

1) 구성적 특징과 서사 전략

(1) 초란의 살해 음모와 가출

「홍길동전」은 주인공 길동의 활동무대를 중심으로 '가문→국가→해외'라는 세 단계로 구성되어 있으며, 각 구성 단계마다 '적서차별에 대한 비판→빈민 구제→이상향의 추구'로 이념의 층위가 확대되고 있다. 이러한 구성상의 특징으로 인해 한때 「홍길동전」은 '통일성이 결여된 작품'으로 거론되기도 하였다.[8] 이와 관련하여 우리는 먼저 「홍길동전」의 서사 전략에 주목할 필요가 있다. 앞에서도 언급했듯이, 「홍길동전」은 작자인 허균이 당대의 민중적 독자층을 염두하고 쓴 작품이라는 점을 좀 더 섬세하게 따져볼 필요가 있다는 것이다. 그 단적인 예로 초란의 살해 음모를 들 수 있다.

「홍길동전」에서 길동은 아버지 홍 판서와 어머니 춘섬에게 '서자이기 때문에 호부호형을 하지 못하는 자신의 원통함'을 이야기하지만, '호부호형'을 허락받지 못한다. 그래서 길동은 마침내 가출을 결심하게 되는데, 이때 초란이 길동을 죽이려는 음모를 꾸민다. 초란이 길동을 죽이려 했던 것은 '춘섬이 길동을 낳아 홍 판서의 귀여움을 받게 된 탓'이라고 서술되어 있으며, 이는 일종의 '첩첩 간의 총애 다툼'으로 정황상 개연성이 없는 것은 아니다. 그러나 「홍길동전」이 기본적으로 문제

8 김일렬 교수는 "표면에 나타난 각 사건을 독립적으로 취급하든지 어느 하나를 선택 한정하여 분석하면 그 의미 구조상 종적으로 많은 논리적 괴리와 불통일성을 보여 주며 횡적으로도 여러 개의 주제가 나타나 서로 통일되어 있지 않다"고 지적한 후, "반항적 힘의 자기 전개가 사건 전개와 행동의 통일적 원리이며 지배층의 부당한 억압에서 오는 반항적인 힘의 위력성을 보여 주려 한 것이 주제적 의미"라는 견해(김일렬, 「홍길동전의 불통일성과 통일성」, 『어문학』 27, 한국어문학회, 1972, 70쪽)를 제시한 바 있다.

삼고 있는 것은 '적서차별'이라는 사회적 또는 국가적 제도이기 때문에, 이 단계에서는 '첩첩 간의 총애 다툼'보다는 '서자이기에 핍박을 당하는 길동의 처지'와 관련된 사건을 구체적으로 형상화하는 것이 더욱 정합적일 것이다. 그런데 작가는 이것보다는 '초란의 살해 음모'를 설정하여 사건을 전개하고 있다. 따라서 초란의 살해 음모는 적서차별 폐지라는 본래의 문제의식을 제대로 형상화하지 못한 결과, 즉 구성이 치밀하지 못하거나 서사의 초점이 다소 흐트러진 결과로 이해할 수도 있다. 그러나 이것은 작가가 당대 독자들의 의식 수준을 고려한 서사 전략이었을 가능성이 크다.

오늘날 우리는 임병양란 이후 민중들의 의식이 크게 성장해서 반봉건적 지향을 비교적 뚜렷하게 지녔을 것으로 생각하는 경향이 있다. 이는 조선 후기의 역사나 고전문학을 연구하는 학자들이 이러저러한 문헌이나 민중운동 등을 통해 조선 후기 민중들의 보편적 의식 수준보다는 반봉건적 지향을 검출하는 데 초점을 맞춘 탓이 적지 않다. 물론 조선 후기 민중들 가운데 일부는 지배 계층에 대한 부정적인 시각을 갖고 저항을 했던 것도 사실이다. 그러나 이들도 반봉건적 지향을 분명하게 가졌다고 보기는 어려우며,[9] 특히 대다수의 민중들은 여전히 충, 효, 열 등 봉건적 이념과 가치를 중시하면서 일상적인 삶을 영위했다고 보는 것이 실상에 부합할 것이다. 이는 조선 후기 민중들에게 널리 향유되었던 박문수 설화나 판소리계 소설 등에서도 충, 효, 열 등의 이념과 가치

9 배항섭 교수는 "실제로 중세 말기부터 '근대이행기'로 이어지는 세계 각국의 민중운동에서 보이는 특징 가운데 하나는 민중이 기존의 공동체적 질서나 관습을 근거로 자신들의 생존 조건을 악화시키는 자본주의적·근대적 질서나 제도에 반대하였다는 점"(배항섭, 「근대이행기의 민중의식–근대와 반근대의 너머」, 『역사문제연구』 23, 역사문제연구소, 2010, 84쪽)이라고 지적하고 있다.

가 긍정적으로 형상화되어 있다는 점만으로도 충분히 알 수 있다.[10]

우리가 이러한 점을 인정한다면, 「홍길동전」의 작자인 허균이 왜 길동이 가출하기 직전에 '초란의 살해 음모'라는 사건을 설정하여 구체적으로 형상화했는지를 어렵지 않게 추정할 수 있다. 길동은 이 사건 이전에 이미 모친 춘섬에게 가출하겠다는 뜻을 밝힌다. 서자로 태어난 길동이 근본적으로 문제 삼고 있는 것은 서자는 능력이 있어도 벼슬을 할 수 없는 적서차별이라는 사회적 제도이다. 이 문제는 가부장인 홍 판서가 길동에게 '호부호형'을 허락한다고 해서 해결될 성질의 것이 아니다. 따라서 길동은 어떤 방식으로든 이 문제를 해결하기 위해 가출하여 국가를 상대로 투쟁을 전개해야만 한다. 홍 판서가 호부호형을 허락하기 이전부터 길동이 가출을 생각했던 것은 이러한 현실을 분명하게 인식하고 있었기 때문이다. 그러나 길동이 이를 위해 부모의 허락 없이 집을 나올 수는 없다. 그랬다면 길동은 불효자로 낙인이 찍혀 당시 민중적 독자들에게도 긍정적으로 수용되기 어려웠을 것이기 때문이다. 이로 인해 길동에게는 가출할 명분이 필요했는데, '초란의 살해 음모'는 바로 이러한 명분을 만들기 위한 서사 전략이었다고 하겠다. 이는 다음과 같은 대목을 통해서도 확인된다.

> ① ᄌᆡ상가 쳔ᄉᆡᆼ이 너 ᄲᅮᆫ 아니라. 무슨 말을 드른지 모로되 어미의 간장을 이ᄃᆡ지 상케 ᄒᆞᄂᆞᆫ다? 어미의 낫츨 보와 아직 잇스면 ᄂᆡ두의 ᄃᆡ감이 쳐결ᄒᆞ시ᄂᆞᆫ 분부 업지 아니ᄒᆞ리라.(완판본, 82)

10 최운식 교수는 박문수 설화에 반영된 민중의식의 하나로 '충, 효, 열, 신의, 인정의 강조'(최운식, 「설화에 나타난 박문수의 인간상과 민중의 의식」, 『청람어문교육』 21-1, 청람어문학회, 1999, 67~68쪽)를 들고 있다.

② 그 어미 그 변괴을 ᄌᆞ세히 드른 후의 길동을 말유치 못할 쥴 알고 인ᄒᆞ여 탄식 왈, "네 이졔 나ᄀᆞ 잠깐 화을 피ᄒᆞ고 어미 낫츨 보와 슈히 도라와 날로 ᄒᆞ여곰 실망ᄒᆞᄂᆞᆫ 병이 업게 ᄒᆞ라" ᄒᆞ며 못ᄂᆡ 셜워ᄒᆞ니 (…하략…).(완판본, 100)

①과 ②는 모두 길동이 가출을 하겠다는 말에 대해 모친 춘섬이 보인 반응이다. ①은 길동이 특재와 관상녀를 살해하기 이전 대목이며, ②는 살해한 이후의 대목이다. 춘섬은 살인사건 이전에는 '재상가 천생이 너뿐만 아닌데, 어미의 간장을 상하게 한다'며 길동의 가출을 허락하지 않는다. 이런 상황에서 길동이 가출했다면, 그것은 곧 부모의 뜻을 거역한 것일 뿐만 아니라 '부모의 간장을 상하게 하는 불효'로 간주될 수밖에 없다. 그런데 살인사건 이후에는 춘섬의 반응이 달라진다. 그녀는 길동의 가출을 만류하기보다는 '이제 집을 나가 잠깐 화를 피하라'며 길동의 가출을 허락한 것이다. 사정이야 어찌 되었건 이로써 길동은 부모의 허락을 받고 가출을 하게 된 셈이며, 그 결과 부모의 뜻을 거역했다는 비난은 모면할 수 있었던 것이다. 요컨대, '초란의 살해 음모'라는 사건을 통해 길동은 자객인 특재와 관상녀를 죽인 살인자가 된 탓에 부득이 망명도생亡命圖生할 수밖에 없었는바, 이 사건은 길동에게 자식으로서의 도리를 크게 훼손하지 않고도 가출할 수 있는 명분을 제공했다고 하겠다.

(2) 활빈당 활동

당대 민중들의 의식을 고려한 작가의 서사적 전략은 가출한 이후의 사건에서도 엿볼 수 있다. 가출한 길동은 이곳저곳을 방황하다가 도적들을 만나 그들의 우두머리가 되고, 이어서 해인사의 재물과 탐관오리들이 불의로 모은 재물 등을 탈취하여 활빈活貧 활동을 전개한다. 적서차별을 문제 삼았던 길동이 가출을 한 이후에는 막상 이 문제를 해결하기 위한 활동을 전개하기보다는 도적의 우두머리가 되어 빈민구제를 일삼은 것이다. 이런 점에서 「홍길동전」은 주제가 통합적 형태로 형상화되는 대신 중층적인 형태로 나타났다[11]고 할 수도 있다. 적서차별과 빈민구제의 문제는 별개의 것으로 볼 수도 있기 때문이다. 경판본의 경우에는 이러한 괴리를 완화하기 위해 활빈 활동을 길동이 임금에게 자신의 존재와 능력을 알리기 위한 수단인 것처럼 서술하고 있기도 하다.[12]

그러나 작가가 주제의 일관성을 꾀하기 위해 활빈 활동과 관련된 내용을 형상화하지 않았다면, 「홍길동전」은 민중과 전혀 무관한 작품이 되고 말았을 것이다. 당대 민중들에게 적서차별은 직접적인 관계가 없기 때문이다. 따라서 길동의 활빈 활동은 적어도 민중적 독자층을 고려한 작가의 전략으로 보아야 할 것이다. 활빈 활동은 길동의 탁월한 능력을 구체적으로 형상화하면서 동시에 민중들의 관심과 흥미를 유발하기에 더없이 좋은 제재라고 할 수 있다. 더욱이 「홍길동전」이 창작되었을 16세기 말이나 17세기 초는 가혹한 공역貢役 등 지배 계층의 수탈로 인해 수많은 농민들이 유민流民으로 전락하였으며, 이들 가운데 청장년

---

11 박일용, 「이본 변이 양상을 통해서 본 「홍길동전」 서술시각의 중층성」, 『영웅소설의 소설사적 변주』, 월인, 2003, 232쪽.

12 "길동이 ᄃᆡ왈, '신이 젼하를 밧드러 만셰ᄅᆞᆯ 뫼올가 ᄒᆞ오나, 쳔비쇼ᄉᆡᆼ이라 문으로 옥당의 막히옵고 무로 션천의 막힐지라, 이러므로 ᄉᆞ방의 오유ᄒᆞ와 관부와 작폐ᄒᆞ고 됴졍의 득죄ᄒᆞ요믄 젼ᄒᆡ ᄋᆞ르시게 ᄒᆞ오미러니, 신의 쇼원을 푸러 쥬옵시니 젼ᄒᆞ을 하직ᄒᆞ고 됴션을 ᄯᅥ나가오니, 복망, 젼ᄒᆞ는 만슈무강ᄒᆞ쇼셔' ᄒᆞ고, 공즁의 올나 표연히 ᄀᆞ거ᄂᆞᆯ"(김일렬 역주, 경판본 「홍길동전」, 『한국 고전문학 전집』 25, 고려대 민족문화연구소, 1996, 60쪽). 이 논문은 위 전집에 수록되어 있는 경판본과 완판본을 주요 텍스트로 삼았으며, 앞으로 원문을 인용할 경우 해당 판본과 쪽수만 표기한다.

들 대부분은 집단을 형성해서 무장을 하고 봉건지배층에 저항 활동을 전개했던 시기이기도 하다.[13] 따라서 길동이 가출 이후에 도적의 우두머리가 되어 활빈 활동을 전개하는 등 민중적 영웅으로 형상화된 것은 바로 이러한 시대적 상황을 사실적으로 반영하면서 민중들의 공감을 불러일으키기 위한 작가의 전략에 따른 것이라고 하겠다.[14]

물론 이것은 순전한 전략만은 아니며, 허균이 탐관오리 등 당대 지배계층의 부조리와 이로 인한 빈민구제의 문제를 절박하게 인식했기에 가능했다는 것은 두말할 필요도 없을 것이다. 이 점은 허균의 「유재론」과 「호민론」을 통해서도 확인된다.

> 하늘이 재능을 부여함은 균등한데, 대대로 벼슬하던 집안과 과거 출신으로만 한정하고 있으니 항상 인재가 모자람을 애태움은 당연하리라. 예부터 지금까지 시대가 멀고 오래이며, 세상이 넓기는 하더라도 서얼 출신이어서 어진 인재를 버려두고, 어머니가 개가했으니 그의 재능을 쓰지 않는다는 것은 듣지 못했다. 우리나라는 그렇지 않으니, 어머니가 천하거나 개가했으면 그 자손은 모두 벼슬길의 차례에 끼지 못한다.[15]

---

13 임형택, 앞의 글, 120~121쪽에서 발췌.

14 이러한 작가의 전략이 맞아떨어졌다는 것은 「홍길동전」에 '장길산과 관련된 이야기'가 삽입되어 있다는 점을 통해서도 확인할 수 있다. 익히 알고 있듯이, 장길산은 17세기 말에 활동했던 군도(群盜)의 우두머리이다. 그런데 경판본 「홍길동전」에는 '장길산이 아름다운 이름을 후세에 유전하였다'고 언급하고 있다. 물론 장길산은 허균이 죽은 이후에 태어난 인물이기 때문에 허균이 「홍길동전」을 지을 당시에는 이 대목은 도저히 삽입될 수 없는 내용이며, 「홍길동전」이 구비되면서 17세기 말 이후에나 민중적 독자층에 의해 새롭게 삽입된 것임이 분명하다. 그런데도 저자가 굳이 이 대목을 거론한 까닭은 바로 장길산과 같은 도적의 우두머리를 '민중적 영웅'으로 인식했던 사람들이 「홍길동전」의 주요 독자층이었으며, 허균은 이러한 민중적 독자층을 염두하고 「홍길동전」의 구성과 사건을 형상화했다는 점을 드러내기 위한 것이다.

15 許筠, 『惺所覆瓿稿』 卷之十一 「文部八」 「論」 「遺才論」. "天之賦才爾均也. 而以世胄科目限之. 宜乎常病其乏才. 古今之遠且久, 天下之廣, 未聞有孼出而棄其賢. 毋改適而不用其

> 호민은 나라의 허술한 틈을 엿보고 일의 형세가 편승할 만한가를 노리다가, 팔을 휘두르며 밭두렁 위에서 한 차례 소리 지르면, 저들 원민이란 자들이 소리만 듣고도 모여들어 모의하지 않고도 함께 외쳐대기 마련이다. 저들 항민이란 자들도 역시 살아갈 길을 찾느라 호미・고무래・창자루를 들고 따라와서 무도한 놈들을 쳐 죽이지 않을 수 없는 것이다. (…중략…) 우리나라는 그렇지 않아, 변변치 못한 백성들에게서 거두어들이는 것으로써 귀신을 섬기고 윗사람을 받드는 범절만은 중국과 동등하게 하고 있다. 백성들이 내는 세금이 5푼이라면 관청으로 돌아오는 이익은 겨우 1푼이고 그 나머지는 간사스러운 사람들에게 어지럽게 흩어져버린다. 또 고을의 관청에는 남은 저축이 없어 일만 있으면 1년에 더러는 두 번 부과하고, 수령들은 그것을 빙자하여 마구 거두어들임이 또한 극도에 달하지 않음이 없었다.[16]

허균은 「유재론」에서는 재주와 능력이 있음에도 불구하고 서자이기 때문에 벼슬을 할 수 없는 조선의 사회적 현실을 통탄했으며, 「호민론」에서는 백성을 무서워하지 않고 착취를 일삼는 탐관오리들과 위정자들을 신랄하게 비판하고 있다. 「홍길동전」에서 길동은 '유재遺才'이면서 '호민豪民'이요, 도적은 '원민怨民'이며, 빈민은 '항민恒民'에 해당한다. 허균은 「유재론」과 「호민론」을 통해 유재가 호민이 될 수 있으며, 그 호민이 한 번 거사를 일으키면 원민은 물론 항민들마저도 호미와 창을 들고 거사에 참여하게 된다고 설파했는데, 「홍길동전」에서 길동이 도적들을 이끌고

才者. 我國則不然."

16 許筠, 『惺所覆瓿稿』 卷之十一 「文部八」「論」「豪民論」."豪民伺國之釁, 覘事機之可乘, 奮臂一呼於壟畝之上, 則彼怨民者聞聲而集, 不謀而同唱.彼恒民者, 亦求其所以生, 不得不鋤櫌棘矜往從之, 以誅无道也. (…中略…) 我則不然, 以區區之民, 其事神奉上之節, 與中國等. 而民之出賦五分, 則利歸公家者纔一 分, 餘狼戾於姦私焉. 且府無餘儲, 有事則一年或再賦, 而守宰之憑以箕斂, 亦罔有紀極."

해인사와 함경감영 등을 공략한 것은 바로 이것을 허구적 서사로 형상화한 것이라고 하겠다. 요컨대, 허균이 「유재론」과 「호민론」을 통해 당시의 불합리한 제도와 위정자들의 혹세무민하는 처사에 대해 지배 계층의 자기 반성과 각성을 촉구했다면, 「홍길동전」은 민중적 독자층을 대상으로 삼아 이러한 잘못된 현실을 드러내고 또 그에 대한 징치를 낭만적으로 형상화한 것이라고 하겠다.[17] 이런 점에서 「홍길동전」은 허균이 「유재론」과 「호민론」에서 문제 삼았던 당시 사회의 부조리를 민중적 독자층을 대상으로 삼아 허구적으로 형상화한 작품이라고 할 수 있다.

(3) 해외로의 진출과 이상국 건설

「홍길동전」의 특징 가운데 하나는 환상적 또는 낭만적 형상화 방식이라고 할 수 있다. 길동은 도술과 둔갑술 등 현실적으로는 불가능한 재주를 갖고 있으며, 이는 무소불위의 힘과 능력으로 형상화되어 있다. 그러기에 작품 속에서 어떤 국가의 권력과 힘으로도 길동의 재주와 능력을 제어할 수가 없으며, 길동은 국가권력을 무너뜨리고 조선에서 왕이 될 수도 있었다. 그러나 길동은 병조판서를 제수해 주면 조선을 떠나겠다고 하며, 또 왕이 병조판서를 제수하자 실제로 조선을 떠난다.

이 문제에 대해 그간 유가儒家로서의 작가의 강렬한 이상과 원망,[18] 봉건적 사고에서 자유롭지 못한 작가의 사상적 한계,[19] 길동이 충과 효의 윤리관에서 벗어나지 못했기 때문[20]이라는 등 주로 작가의 사상이

17 허균이 「홍길동전」을 「유재론」이나 「호민론」과는 달리 한글로 쓴 까닭도 바로 여기에 있다고 생각된다.

18 엄기주, 앞의 글, 73쪽.

19 이윤석, 앞의 글, 204쪽.

20 안창수, 앞의 글, 88쪽.

나 의식의 한계와 관련지어 이해되어 왔다. 길동은 조선의 왕이 될 수 있었음에도 불구하고 명목상 병조판서에 제수된 채 조선을 떠나 율도국에 가서 왕이 되었으니, 이를 작가의식의 한계와 관련지어 이해하는 것은 자연스럽다고 하겠다. 또한 작품의 내용이나 허균이 처했던 역사적 시공간을 고려할 때 위의 견해들은 나름대로 타당성이 있다고 생각한다. 길동은 적서차별과 탐관오리의 수탈 등 사회적 부조리를 척결하기 위해 국가권력과 투쟁을 벌이긴 했지만 충과 효를 끝내 저버리지 않는데, 이는 봉건적 사고에서 자유롭지 못하거나 유가였던 작가의 의식을 반영한 것으로 볼 수 있기 때문이다.

그러나 우리는 이 문제를 작가의 의식보다는 서사 전략과 관련지어 이해할 필요가 있다. 앞서 언급했듯이, 당시 대다수의 민중들은 유교적 이념과 도덕 관념에 침윤되어 있었다고 보아야 한다. 그런데 길동이 이상적인 국가를 건설하기 위해 조선의 왕을 제거하고 자신이 직접 조선의 왕이 되는 것으로 형상화되었다면, 과연 당시 독자들이 길동을 어떻게 이해했겠는가. 허균이 말한 항민恒民은 물론 원민怨民과 같은 민중적 독자들마저도 길동을 민중적 영웅으로 생각하기는커녕 천하에 다시없는 역적이라며 철저하게 배척했을 것이다. 그간 길동이 벌여 왔던 활빈활동이나 부패한 세력들에 대한 척결마저도 순전히 개인적 욕망과 반역을 위한 명분으로 매도되었을 것이 뻔하다.

이러한 사실을 고려할 때 작가 허균이 취할 수 있는 대안은 무엇이었겠는가. 「유충렬전」이나 「조웅전」과 같은 영웅소설처럼 길동이 병조판서라는 직책을 실제로 수행하면서 국가를 위해 큰 공을 세우거나, 아니면 길동의 활동과 노력으로 조선이 적서차별과 탐관오리가 없고 백성들이 잘 사는 세상이 되는 것 등을 대안으로 생각해 볼 수 있을 것이다.

그러나 이렇게 구성되었다면 오늘날 「홍길동전」은 「유충렬전」이나 「조웅전」 등 귀족적 영웅소설과 거의 차이가 없는 작품으로 평가되었을 것이다. 이밖에 생각해 볼 수 있는 대안은 길동이 병조판서를 제수받은 후 곧바로 조선을 떠나 어디론가 사라지는 것으로 마무리를 짓는 방법이다. 예컨대, 허균이 지은 「장생전」처럼 길동이 홀로 외딴 섬이나 이상향으로 사라져버리는 것이다. 이럴 경우 「홍길동전」은 일사소설逸士小說[21]의 범주에서 크게 벗어나지 못했을 것이다. 다만 차이가 있다면, 주인공이 자신의 비범한 능력을 구체적인 활동을 통해 드러내고 국가권력이 형식적으로나마 그것을 인정했다는 정도일 것이다. 요컨대, 위의 세 가지 대안 중 어떤 것을 선택했을지라도 그러한 구성은 사회 개혁적 의미나 민중적 영웅소설로서의 면모가 현재 상태보다 훨씬 약화되었을 것이라는 점은 틀림이 없다고 하겠다.

물론 현재의 「홍길동전」도 율도국 건설 내용이 길동 개인의 욕망 충족을 위한 것처럼 그려진 탓에 율도국은 이상국가로서의 성격과 조선의 체제에 대한 도전적 의미가 상당히 약화되어 있는 것[22]은 사실이다. 그러나 율도국의 건설은 당시 민중적 독자층에게 특별히 거부 반응을 일으키지 않으면서도 조선의 현실과는 분명 다른 세계임을 암시함으로써 조선의 사회적 현실을 비판·부정하는 의미를 함축하고 있다. 조선은 적서차별과 부패한 권력층, 도적과 빈민이 만연하는 세계인데 율도국은 이와는 대조되는 세계, 곧 '산에는 도적이 없고 길에 떨어진 물건을 주

21 조동일 교수는 허균이 「손곡산인전」, 「엄처사전」, 「장산인전」, 「남궁선생전」, 「장생전」을 세상에 알려지지 않은 뛰어난 인물의 이야기인 일사소설(逸士小說)로 규정한 바(조동일, 『한국문학통사』 3, 지식산업사, 1984, 82쪽) 있다.

22 박일용, 「이본 변이 양상을 통해서 본 「홍길동전」 서술시각의 중층성」, 『영웅소설의 소설사적 변주』, 월인, 2003, 225쪽.

어가지 않는 태평 세계'인 것이다. 게다가 길동은 혼자서가 아니라 삼천 명의 활빈당 무리들과 함께 율도국을 건설하는데, 여기에는 원민을 구제한다는 의미와 더불어 율도국이 민중들과 힘을 합쳐 이룩한 세계임을 암시하는 의미가 담겨 있다고 하겠다. 이런 점에서 현존 「홍길동전」은 처음부터 길동이 가정과 국가를 상대로 문제를 제기하고 또 이 문제를 해결하기 위해 벌였던 활동을 율도국의 건설을 통해 완전하게 실현한 것으로 구도·구성되었으며, 그 구도와 구성은 현실적 개연성과 합리성을 충분히 구비하고 있다고 생각한다. 요컨대, 「홍길동전」에 형상화된 해외로의 진출과 율도국의 건설은 당시 민중적 독자층의 의식 수준을 고려하면서도 조선사회가 안고 있는 문제점을 일정하게 드러내기 위해 작가가 의도적으로 설정한 서사 전략의 하나였다고 하겠다.[23]

2) 인물 형상의 특징과 전략

(1) 인간적인 면모의 부각

「홍길동전」의 서사 전략은 길동의 인물 형상에서도 엿보인다. 길동의 특징적인 형상의 하나로 우선 들 수 있는 것은 지극히 인간적이라는 점이다. 길동은 영웅호걸의 기상을 타고 났을 뿐만 아니라 '대장인大將印을 허리에 차고 나라에 큰 공을 세워 만대에 이름을 빛내려는 야망'을 갖고 있다. 이런 점에서 길동은 기본적으로 영웅적인 인물이라고 할 수 있다. 흔

23 박일용 교수는 "애초 「홍길동전」에 설정된 율도국의 이념적 지향은 홍길동이 활빈 활동을 하지 않으면 안 될 당대의 조선의 현실과는 다른 이상적 국가라 할 수 있지만, 그것을 지나치게 드러내는 경우 체제 자체에 대한 도전으로 간주될 수밖에 없다. 그러므로 이들 이본은 조선과의 관계를 주종 관계로 설정하여 율도국은 한 인물의 낭만적인 성취 과정을 그린 지하국대적퇴치 설화와 유사한 형태를 지니게 된다"(위의 글, 225쪽)고 했는데, 이것은 당시 민중적 독자층을 고려한 작가의 서사 전략에 따른 결과라는 것이 저자의 생각이다.

히 영웅적인 인물들에게서는 사적私的 감정에 연연해하거나 내적 갈등을 겪는 등의 인간적인 모습을 발견하기가 어렵다. 그런데 작품의 초반에 나타난 길동의 형상은 영웅적인 것과는 거리가 멀다. 그는 영웅적이기는 커녕 연민을 자아낼 정도로 사적 감정에 연연해하여 자신의 뜻을 실행하지 못하기도 하며, 심각한 내적 갈등을 겪기도 한다. 특히 길동이 내면의 큰 포부와는 달리 외형적으로는 매우 여리거나 애처로운 인물로 형상화되어 있다는 점은 작가의 서사 전략과 관련하여 주목할 필요가 있다.

> 길동이 ᄌᆡ빅 고왈, "쇼인이 평ᄉᆡᆼ 셜운 바는 (…중략…) 엇지 사ᄅᆞᆷ이라 ᄒᆞ오릿가?" 하고, 눈물을 흘여 단삼을 젹시거ᄂᆞᆯ, 공이 쳥파의 비록 측은ᄒᆞ나 만일 그 ᄯᅳᆺ을 위로하면 ᄆᆞ음이 방ᄌᆞᄒᆞᆯ가 져어 크게 ᄭᅮ지져 왈, "(…중략…) ᄎᆞ후 다시 이런 말이 이시면 안젼의 용납지 못ᄒᆞ리라" 하니, 길동이 감이 일언을 고치 못ᄒᆞ고, 다만 복지유체ᄲᅮᆫ이라. 공이 명ᄒᆞ여 물너가라 ᄒᆞ거ᄂᆞᆯ, 길동이 침쇼로 도라와 슬허ᄒᆞ믈 마지 아니ᄒᆞ더라.(경판본, 16~18)

길동이 홍 판서에게 호부호형을 못하는 자신의 처지를 호소하는 대목이다. 길동은 호소할 때 적삼을 적실 정도로 눈물을 흘리며, 방자하게 굴지 말라는 홍 판서의 꾸짖음에 대해 감히 한마디 대꾸도 하지 못한 채 땅에 엎드려 울기만 한다. 홍 판서의 명령에 따라 자기 침소에 돌아와서도 슬픔을 자제하지 못하며, 며칠 뒤 어미의 침소에 가서 출가하겠다는 뜻을 밝힐 때도 하염없이 눈물을 흘리면서 말한다. 이러한 길동의 모습은 누가 보더라도 애처롭고 불쌍하기 그지없다.

길동이 이렇듯 슬퍼하는 까닭은 서자로 태어난 탓에 호부호형을 하지 못함은 물론 대장부로서의 큰 포부도 실현할 수 없었기 때문이다.

그러나 길동의 처지는 적어도 당시 하층민들보다는 낫다고 할 수 있다. 비록 양반의 서자로 태어난 탓에 높은 벼슬은 할 수는 없을지라도 중인 정도의 사회·경제적인 지위를 누릴 수 있었기 때문이다.[24] 따라서 적서차별과 관련된 길동의 문제 제기는 민중적 독자들의 호응이나 공감을 얻기가 쉽지 않다. 그러나 민중들은 대체로 인정에 약하며, 불쌍한 사람을 보면 그 어떤 계층보다 쉽게 연민의 정을 드러내기도 한다. 작가가 길동의 불쌍한 처지나 처량함을 부각시킨 것은 바로 이러한 당시의 사회적 현실과 민중적 특성을 잘 이해하고 있었던 결과로 생각된다. 즉 작가는 길동이 자신의 불행한 처지를 탄식하면서 눈물을 흘리는 모습을 거듭 서술하거나 형상화함으로써 민중들이 길동에게 연민의 정을 갖게 하고, 또 길동의 처지와 문제 제기에 공감할 수 있도록 유도했다는 것이 저자의 생각이다.

이후 길동은 자기의 뜻을 실현하려는 의지와 부모에 대한 효성 사이에서 갈등하지만, 결국 부모의 뜻에 따른다. 홍 판서가 관상쟁이와 초란의 말을 듣고 길동의 외부 출입을 금한 채 산정山亭에 머물게 하는데, 길동은 잠시도 집에 머물지 못할 정도로 이를 원통하게 생각하면서도 차마 홍 판서의 명을 어기지 못하여 참고 견딘다. 또한 자기를 죽이려 했던 초란을 죽이려 하다가 홍 판서가 사랑하는 인물이라는 점을 생각하고 죽이기를 포기하기도 한다. 길동은 호부호형도 못하는 처지를 통탄하면서도 자식으로서의 도리를 다하고자 애쓰며, 자신의 열악한 처지를 극복하기 위해 가출을 결심하고서도 차마 부모의 뜻을 저버리지 못해 실행에 옮기지 않았던 것이다. 이러한 길동의 갈등과 선택에서 우

24 박천규, 「조선 전기 서얼의 사회적 지위」, 『동양학』 9, 단국대 동양학연구소, 1979, 29쪽.

리는 영웅적 자질보다는 인간적인 체취를 느끼게 되는데, 이는 작가의 서사 전략에 따른 것이라 할 수 있다.

작가가 길동을 충효를 저버리지 않는 인물로 형상화한 것도 길동의 인간적인 면모를 부각시킴으로써 민중적 독자들의 공감과 호응을 이끌어내기 위한 서사 전략으로 이해된다. 앞서 살펴보았듯이, 길동은 아버지를 아버지라고 부를 수 없는 처지에서도 홍 판서에게 자식으로서의 도리를 다하려고 애쓴다. 이러한 길동의 효성은 가출한 이후에는 물론 율도국의 왕이 되어서도 변하지 않는다. 조정에서 홍 판서와 인형을 내세워 잡으려 할 때도 길동은 위기 상황에 처하게 된 부형을 구하기 위해 스스로 잡히며, 홍 판서가 죽자 그의 시신을 제도에 안장하고 제사를 극진히 모시는 등 자식으로서의 도리를 다한다. 길동의 효성은 홍 판서에게만 한정되지 않는다. 그는 친모親母인 춘랑은 물론 적모嫡母인 유 씨도 율도국으로 모시고 와 극진히 섬기며, 유 씨가 죽자 홍 판서와 함께 합장한 후 삼년상을 치른다.

길동은 부모에 대한 효성 못지않게 임금에 대한 충성심도 강한 것으로 형상화되어 있다. 그는 시종일관 적서차별이나 탐관오리들의 착취와 같은 사회적 부조리의 척결, 그리고 빈민구제를 위해 국가를 상대로 투쟁을 벌이면서도 그것이 결코 임금이나 나라에 대한 충의를 저버린 것이 아님을 강조한다. 임금 앞에 이르러서도 백성은 추호도 범하지 않고 각읍 수령들이 준민고택한 재물만 탈취했으며, 그것도 적서차별의 폐단과 자신의 억울한 처지를 임금께 알리기 위한 것일 뿐이라고 거듭 말하고 있는 것이다.[25] 이뿐만이 아니다. 그는 율도국의 왕이 된 이후

25 완판본에는 함경감영을 약탈할 때 길동이 도적들에게 "우리 비록 녹림의 몸을 붓쳑시니 다 나라 빅셩이라. 셰딕로 이 나릭 슈토을 먹으니, 만일 위틱흔 시졀을 당흐면 맛당이 시

에도 조선 임금을 '성왕聖王'이라 일컬으며 표문을 올리는데, 이는 길동이 신하로서 충심을 보인 것이라고 할 수 있다.

이렇듯 길동은 영웅적인 존재임에도 불구하고 내적 갈등을 심하게 겪는 등 인간적인 면모가 부각되어 있을 뿐만 아니라, 효성과 충성심이 대단한 인물로 형상화되어 있다. 이와 관련하여 그간 '가치관 부재 속에서 방황해야 했던 작가의 고뇌 반영',[26] '유교적 정치철학의 실현',[27] '서술시각의 중층성'[28] 등과 같은 견해들이 제시되었다. 이들 견해는 모두 나름대로 논리와 근거를 갖추고 있기에 충분히 설득력을 지니고 있다. 그러나 저자는 여기에도 당대 독자층의 의식 수준을 고려한 작가의 서사 전략이 들어 있다고 생각한다. 조선 후기 사회적 현실 속에서는 어떤 인물이 아무리 탁월한 재능을 갖고 있다고 할지라도 그 사람이 부모에게 항거抗拒하고 임금에게 항명抗命한다면, 사람다운 사람으로 평가받기 어려웠다. 허균은 바로 이러한 평가나 또는 모함을 받았던 대표적인 인물 가운데 하나이기도 했다. 그와 동시대인이나 후대인들 가운데 적지 않은 사람들이 시인이나 비평가로서의 그의 능력을 높게 평가하면서도 그의 인격과 행동에 대해서는 신랄하게 비난했던 것이다.

이는 소설 속의 인물에 대해서도 다르지 않을 것이다. 예컨대, 「홍길동전」에서 길동이 부모에게 불효하고 임금에게 불충한 인물로 형상화되었다고 가정해 보자. 과연 당대의 민중적 독자들이 길동의 문제 제기가 아무리 정당하다고 해도 그 정당성을 길동의 인격과 분리해서 긍정

셕을 무릅쎠고 인군을 도을지니, 엇지 병볍을 심쓰지 아니ᄒᆞ리요?"(112쪽)라고 하는 등 전반적으로 길동의 충성심이 더욱 부각되어 있다.

26 안창수, 앞의 글

27 엄기주, 앞의 글; 조용호, 앞의 글.

28 박일용, 「이본 변이 양상을 통해서 본 「홍길동전」 서술시각의 중층성」, 『영웅소설의 소설사적 변주』, 월인, 2003.

적으로 수용했겠는가? 이것은 실로 기대하기 어려운 일이다. 민중적 독자를 상정하고 쓴 소설이 도리어 그 민중들에게 배척당하고 말았을 것이다. 게다가 「홍길동전」은 적서차별 폐지, 빈민구제, 탐관오리 척결 등 잘못된 사회 현실을 개혁하려는 의식과 행동을 분명하게 제시하고 있다. 이러한 의식과 행동이 대중적으로 호응을 얻기 위해서는 그것을 표방하는 인물이 그만큼 인격적인 면에서 대중적으로 인정받을 수 있어야만 한다. 그럴수록 또 그가 내세우는 주장은 더욱 더 정당성을 확보할 수 있게 된다. 길동이 당대의 잘못된 현실을 분명하게 문제 삼고 있으면서도 부모와 임금에게 효도와 충성을 다하는 인물로 형상화된 것은 바로 이러한 정당성과 대중적 호응을 확보하기 위한 작가의 전략이라는 것이 저자의 생각이다.

(2) 민중적 영웅상 부각

길동의 형상은 가출 이전과 이후에 약간의 차이가 있다. 가출 이전에는 연민의 정을 불러일으킬 정도로 인간적인 체취가 물씬 풍기는 인물로 형상화되었다면, 가출 이후에는 민중적 영웅으로서의 면모가 부각되어 있다. 물론 가출 이전에도 길동은 영웅적인 능력을 타고 났을 뿐만 아니라, 육도삼략六韜三略과 천문지리 등을 공부하여 영웅으로서의 면모를 구비한 것으로 서술되어 있다. 또한 둔갑술 등 기이한 술법으로 자객인 특재를 물리쳤다는 사건을 통해 길동의 영웅성을 구현하기도 했다. 그러나 그 영웅성은 길동 개인의 문제를 해결하는 데에만 활용될 뿐 민중들의 삶과 연결되지 않는다. 그런데 가출 이후에는 길동의 탁월한 능력과 영웅성이 민중들의 삶을 위해 작동된다.

이후로 길동이 ᄌᆞ호ᄅᆞᆯ 활빈당이라 ᄒᆞ여 됴션 팔도로 단니며 각읍 슈령이 불의로 ᄌᆡ물이 이시면 탈취ᄒᆞ고 혹 지빈무의ᄒᆞᆫ ᄌᆡ 이시면 구졔ᄒᆞ며 ᄇᆡᆨ셩을 침범치 아니ᄒᆞ고 나라의 쇽ᄒᆞᆫ ᄌᆡ물은 츄호도 범치 아니ᄒᆞ니 이러므로 제적이 그 의취ᄅᆞᆯ 항복ᄒᆞ더라.(경판본, 36)

길동은 도적의 우두머리가 된 이후에 곧바로 자기 무리를 '활빈당活貧黨'이라 일컫고, 벼슬아치들이 불의로 모은 재산을 탈취하여 가난한 백성들을 구제한다. 가난한 백성들을 살리는 무리라는 뜻을 지닌 활빈당은 오늘날로 말하자면 노동당과 유사한 급진적인 정치 집단에 해당할 터이다. 길동이 이러한 집단을 결성해서 활동한 것은 적서차별의 폐지나 개인적인 욕망을 성취하기 위한 수단으로만 이해해서는 곤란하다. 이것은 길동이 허균의 「호민론」에 나타난 '호민'을 자처한 것으로, 적서차별을 문제 삼아 가출했던 길동이 민중의 수호자이면서 지도자로 거듭난 것이라고 하겠다.

완판본에는 민중적 영웅으로서의 길동의 형상이 더욱 분명하게 나타난다.

이제로 각 ᄉᆞ의 ᄀᆞ 혹세무민ᄒᆞᄂᆞᆫ 즁 놈을 일졔이 ᄌᆞᄇᆞ오고, ᄯᅩᄒᆞᆫ 장안 ᄌᆡ상ᄀᆞ의 ᄌᆞ식이 셰ᄅᆞᆯ 씨고 고잔ᄒᆞᆫ ᄇᆡᆨ셩을 소겨 ᄌᆡ물을 취ᄒᆞ고 블의ᄒᆞᆫ 일이 만ᄒᆞ며 마음이 교만ᄒᆞ되 구즁이 집펴 쳔일이 복분의 빗초오지 못ᄒᆞ고, 간신이 나라의 좀미 되여 셩상의 총명을 ᄀᆞ리우니 ᄀᆞ히 ᄒᆞᆫ심ᄒᆞᆫ 일이 허다ᄒᆞᆫ지라. 장안의 호당지도을 낫낫치 ᄌᆞᄇᆞ드리라.(완판본, 143~144)

길동은 혹세무민하는 중, 세력을 믿고 고잔한 백성의 재물을 불의로 탈취하는 재상가의 자제, 임금의 총명을 가리는 간신 등 장안의 호당지도湖堂之徒 등을 일일이 잡아와 징치한다. 이 모든 것은 바로 민중적 시각에서 바라본 당대의 사회적 부조리인바, 길동은 민중의 수호자로서의 역할을 수행했다고 할 수 있다. 길동이 해인사를 약탈했던 것도 '중들이 세상을 속이고 백성을 혹하게 하여 농사를 짓지 아니하고 백성의 곡식을 취했기 때문'이다.

기실 가출한 이후 길동이 국가를 상대로 벌인 행위는 두 가지로 집약된다. 하나는 민중의 수호자로서의 역할이며, 다른 하나는 탁월한 지혜와 능력을 가진 영웅적인 면모의 과시이다. 길동이 활빈당의 우두머리로서 혹세무민하는 호당지도들을 징치하고 빈민구제 활동을 전개한 것이 전자에 해당한다면, 탁월한 지혜와 능력으로 함경감영과 포도대장 이흡을 공략하는 등 봉건적 권위를 농락한 것은 후자에 해당할 것이다. 여기서 길동의 탁월한 지혜와 능력은 비록 서자로 태어났지만 적자들보다 더욱 훌륭한 자질을 갖추고 있다는 것을 낭만적으로 형상화함으로써, 적서차별이 얼마나 잘못된 것인가를 구체적으로 드러내기 위한 것으로 볼 수도 있다. 즉 왕이 길동의 재주에 대해, "이놈의 지조난 인력으로 잡지 못홀지라. 민심이 이럿틋 요동ᄒᆞ고, 그 인지 긔특ᄒᆞᆫ지라. ᄎᆞ라리 그 지조을 취ᄒᆞ야 조정의 두리라"(완판본, 146)라는 반응을 이끌어내기 위한 서사적 전략으로 볼 수도 있다는 것이다. 봉건국가의 최고 권력자인 왕이 이러한 반응을 보였으니, 그 이하 지배 계층은 물론 민중들도 적서차별이 잘못된 제도라는 것을 인정하지 않을 수 없도록 하는 전략을 구사한 셈이다.

그러나 길동이 근본적으로 또는 궁극적으로 추구하는 것이 무엇이었던가 하는 문제 못지않게 중요한 것은 그가 주로 활빈 활동을 통해 자신의 지혜와 능력을 과시하고 있다는 점이다. 작가는 활빈 활동과 무관하게 얼마든지 길동의 영웅적인 능력을 형상화할 수 있었을 것이다. 이는 영웅소설로 일컬어지는 대부분의 작품이 민중들의 실질적인 삶과 무관하게 그려지고 있다는 점에서도 어렵지 않게 짐작할 수 있다. 흔히 민중적 영웅소설로 일컬어지는 「박씨전」, 「임경업전」, 『임진록』에 등장하는 영웅적 인물들도 실제로는 민중들의 구체적인 삶과 거의 무관하게 형상화되어 있다. 이들은 대부분 외적과 투쟁하는 과정에서 탁월한 능력을 발휘한 인물들이기 때문에 엄밀하게 말하면 민족적·국가적 영웅일지언정 민중적 영웅이라고 하기는 어렵다. 「전우치전」에서 전우치의 경우에는 민중적 영웅으로서의 면모가 일정하게 나타나 있다. 그는 자신의 탁월한 능력을 활용하여 임금에게 황금 대들보를 얻어서 가난한 백성들을 구제했기 때문이다. 그러나 이러한 전우치의 행위는 단 한 번에 그치고 말며, 대부분은 자신의 개인적인 능력 과시나 사적인 원한을 해소하는 데 활용할 뿐이다.

그런데 「홍길동전」은 어떠한가? 길동은 가출 이후 줄곧 활빈 활동을 전개할 뿐만 아니라, 이로 인해 왕에게 붙잡혀 가서도 '백성은 추호도 범하지 않고 각읍 수령이 준민고택한 재물을 탈취하였다'며, 자신의 활빈 활동을 당당하게 말한다. 완판본의 경우에는 왕에게 병조판서를 요구한 이후에도 '백성들을 착취하는 호당지도 등을 징치하고, 불쌍한 백성이 있으면 창고의 곡식을 내어 먹이는 등 활빈 활동'을 지속한 것으로 형상화되어 있다. 설혹 길동이 자신의 능력을 왕에게 알리기 위한 것이라고 할지라도, 활빈 활동을 통해 그것을 실현한다는 것은 길동을 민중적 영웅으로 부각시키려는 작가의 의도와 전략에 따른 것임은 분명하다고 하겠다. 즉 가출 이후 국가를 상대로 벌인 길동의 행위는 길동을 민중적 영웅으로 형상화하기 위한 일련의 서사적 사건이라고 해

우리는 이러한 사건의 형상과 전개를 사건 자체의 속성에 따라 지극히 자연스럽게 이루어진 것으로 생각할 수도 있다. 예컨대, 율도국을 정복하는 과정은 군담軍談에 해당하기 때문에 작가의 의식과 관계없이 여러 군사들이 전투에 가담하는 장면이 자연스럽게 서술된 것이라고 이해할 수도 있다. 그러나 이것은 작가의 의식과 전혀 무관하다고 할 수 없다. 작품에 나타난 길동은 어떤 일이건 혼자 충분히 해결할 수 있는 무소불위의 능력을 지닌 인물로 형상화되어 있다. 그러기에 해인사와 함경감영의 약탈은 물론 율도국의 정복도 얼마든지 길동 혼자서 해결한 것으로 그릴 수도 있다. 실제로 「전우치전」 같은 경우는 모든 일을 전우치 혼자서 해결하는 것으로 그려져 있다. 임금에게 황금 대들보를 얻어서 백성들에게 나누어주는 것도 순전히 혼자서만 한다. 그런데 「홍길동전」에서는 임금에게 벼 일천 석을 얻는 일은 길동이 하지만, 그것을 운반하는 것은 부하들이 떠맡는다. 따라서 「홍길동전」의 작가인 허균은 민중들의 존재와 그 역할에 대해서는 적어도 「전우치전」의 작가와는 다른 인식을 갖고 있었다고 보아야 한다. 즉 허균은 잘못된 사회의 개혁이나 변혁은 탁월한 지도자의 지도력이 우선적으로 필요하지만 다수 민중들의 적극적인 참여 없이는 불가능하다고 생각했던 인물이었다고 하겠다. 이러한 사실은 허균의 「호민론」에서도 확인된다. 앞서 인용했듯이, 허균은 「호민론」에서 '호민이 한번 소리를 지르면 원민과 항민들이 그의 소리에 응하여 무도한 놈들을 쳐 죽인다'고 했던 것이다.

이처럼 「홍길동전」에 나타난 민중들의 형상과 거기에 담겨 있는 작가의 인식은 문학사적으로 매우 중요한 의미를 지닌다. 매월당 김시습도 허균 못지않게 당시의 사회 현실에 대해 비판적인 성향을 가진 인물로 평가되고 있다. 그러나 김시습의 『금오신화』에는 민중의 삶에 대한 관심은 물론 민중적 존재와 그 역할, 또는 민중과의 연대의식 등은 전혀 나타나지 않는다. 『금오신화』에 영향을 미친 구우의 『전등신화』에는 혼란스러운 사회・정치적 현실과 그 속에서 시름하는 민중들의 삶을 역사적으로 규명하려는 작가의식이 반영되어 있다. 그럼에도 불구하고 『금오신화』에는 이와 관련된 문제의식은 전혀 나타나지 않으며, 오로지 세계의 횡포나 현실적 불의에 대해 개인적인 차원의 절의로써만 대처하려는 의식만 나타난다.[54] 그런데 「홍길동전」에는 민중의 삶에 대한 관심은 물론 국가권력과의 투쟁 과정에서 민중들의 역할이 일정하게 주어져 있다. 물론 그 역할은 영웅적 존재인 길동의 지시에 따르는 정도를 넘어서지 못하고 있는 것은 사실이다. 그러나 이것만으로도 「홍길동전」은 상당히 의의가 있다고 해야 할 것이다. 고소설 가운데는 「홍길동전」을 제외하고는 어떠한 작품도 민중들의 역할을 이만큼 형상화한 작품이 없을 뿐만 아니라, 근대 이후의 소설 가운데서도 쉽게 찾아볼 수 없기 때문이다. 그런데 「홍길동전」에는 여기서 더 나아가 민중들의 주체적인 행동을 보여주기도 한다. 즉 도적들이 함께 모여서 자신들이 처한 현실적인 문제를 해결하기 위해 이러저러한 방안을 모색하다가 길동과 같은 탁월한 지도자를 적극 끌어들이는데, 이것은 민중들이 자신들의 문제를 해결하기 위해 주체적으로 행동한 모습이라 해야 할 것이다. 이러한 「홍길동전」의 성과는 역사의 발전에 있어서 민중의 존재와 역할이 필수적이라는 작가 허균의 진보적인 인식에 기반한 것이라고 하겠다.

54 이와 관련해서는 저자의 「이생규장전의 갈등 구조와 작가의식」(『어문논집』 35, 고려대 국어국문학연구회, 1996, 315~341쪽)을 참조하기 바람.

4. 「홍길동전」의 의의와 가치

그간 「홍길동전」에 대한 연구 성과는 대단히 많이 축적되어 있다. 그러나 주제 및 작가의식에 대해서는 적서차별 등 잘못된 사회개혁의 추구에서부터 개인적인 욕망과 가치의 실현에 이르기까지 여러 가지 견해가 분분한 상태이다. 이에 이 장은 당시 민중적 독자층의 의식 수준을 고려한 작가의 서사 전략이라는 관점을 중심으로 「홍길동전」의 구성 및 인물 형상의 특징과 작가의식을 고찰하였는바, 그 결과를 요약·정리하면 다음과 같다.

첫째, 구성적 특징과 전략이다. 서자로 태어난 길동이 근본적으로 문제 삼고 있는 것은 적서차별이라는 사회적 제도이다. 이 문제는 가부장인 홍 판서가 길동에게 '호부호형'을 허락한다고 해서 해결되는 것은 아니기 때문에 길동은 어떤 방식으로든 가출을 하여 국가를 상대로 투쟁을 벌여야만 한다. '초란의 살해 음모'는 길동이 자식으로서의 도리를 크게 훼손하지 않고도 가출할 명분을 제공하기 위해 작가가 전략적으로 고안한 사건이라고 할 수 있다. 길동이 가출한 이후에 적서차별과 직접적인 관계가 없는 활빈 활동을 전개한 것도 민중적 독자층을 고려한 작가의 전략에 따른 것으로 보인다. 활빈 활동은 길동의 탁월한 능력을 구체적으로 형상화하면서 동시에 민중들의 관심과 흥미를 유발하기에 더없이 좋은 제재라고 할 수 있다. 이런 점에서 허균이 「유재론」과 「호민론」을 통해 당시의 불합리한 제도와 위정자들의 부조리에 대해 지배 계층의 자기 반성과 각성을 촉구했다면, 「홍길동전」은 민중적 독자층을 대상으로 삼아 잘못된 현실을 드러내고 또 그에 대한 징치를 낭만적으로 형상화한 것이라고 하겠다. 길동이 조선의 왕이 될 수 있는 무소불위의 능력을 갖고 있음에도 불구하고 조선을 떠나 율도국을 건설하여 왕이 된 것도 민중적 독자층을 고려한 작가의 전략으로 이해된다. 만약 길동이 조선의 왕을 제거하고 자신이 직접 왕이 되는 것으로 형상화되었다면, 당시 민중적 독자들마저도 길동을 민중적 영웅으로 생각하기는커녕 천하에 다시없는 역적이라며 철저하게 배척했을 것이기 때문이다.

둘째, 인물 형상의 특징과 전략이다. 길동은 영웅호걸의 기상을 타고났음에도 불구하고 작품 초반에 나타난 길동은 인간적인 체취가 물씬 풍길 뿐만 아니라 시종일관 충효로운 인물로 형상화되어 있는데, 이것 역시 민중적 독자층이 길동의 처지와 문제 제기에 대해 연민의 정과 공감을 갖도록 유도하기 위한 전략으로 볼 수 있다. 즉 길동이 제기하고 있는 적서차별 폐지, 탐관오리 척결, 빈민 구제 등이 사회・정치적으로 커다란 파장을 불러일으킬 수 있는 것인 만큼, 그가 추구하는 것의 정당성과 함께 이에 대한 대중의 호응을 확보하기 위해 작가가 전략적으로 길동의 인간적인 면모를 부각시켰다고 보아야 한다는 것이다. 길동이 가출한 이후 도적들과 함께 활빈당을 결성하여 탐관오리 척결과 빈민구제 활동을 전개하는 등 민중적 영웅상을 부각시킨 것도 같은 맥락에서 이루어진 것으로 보인다.

셋째, 작가의 지향과 현실 인식이다. 「홍길동전」의 작가는 적서차별 폐지, 탐관오리 척결을 통한 빈민구제 등이 실현될 경우 봉건적 이상사회가 구현될 수 있다고 생각했으나, 당시 조선의 현실에서는 그러한 것들이 실현되기 어렵다고 인식했던 것으로 보인다. 길동을 초인적인 능력을 가진 인물로 형상화하거나 길동이 조선을 떠나 율도국에서 이상국가를 건설한 것으로 마무리 지은 구성 속에는 당시 조선의 사회・정치적 현실에서는 적서차별의 폐지는 물론 백성들이 진정으로 잘사는 태평 세계를 실현할 수 없다는 인식이 반영되어 있기 때문이다.

한편, 위와 같은 문제와 관련하여 작가의 변혁사상의 한계에서부터 반봉건적 지향에 이르기까지 다양한 견해가 제기되어 있는데, 적서차별의 폐지나 활빈 활동을 반봉건적인 것으로 이해해서는 안 될 것이다. 적서차별과 빈민의 문제는 봉건적 지배층과 위정자들의 이기적인 탐욕에서 비롯된 사회적 부조리에 해당하기 때문이다. 그러나 위와 같은 문제를 해결하기 위해 길동이 국가권력을 상대로 투쟁을 벌이는 과정을 구체적으로 형상화한 것만으로도 작가 허균의 의식은 당시 유자들의 보편적인 의식 상태에 비해 상당히 진전된 것이라고 할 수 있다.

넷째, 영웅적 세계관과 민중에 대한 인식이다. 「홍길동전」은 영웅적 존재인 길동의 활동을 중심으로 형상화되어 있는데, 여기에는 기본적으로 작가의 영웅 중심적 세계관이 반영되어 있다. 그러나 「홍길동전」에는 민중적 존재라고 할 수 있는 도적들이 함께 모여서 자신들이 처한 현실적인 문제를 해결하기 위해 이러저러한 방안을 모색하다가 길동과 같은 탁월한 지도자를 적극 끌어들이기는 모습이 나타나기도 한다. 적서차별만을 문제 삼았던 길동이 빈민구제와 같은 민중의 문제에 관심을 갖게 된 것도 바로 이들 민중과 함께 생활하고 활동한 결과라고 할 수 있다. 이런 점에서 「홍길동전」의 작가 허균은 역사의 발전에 있어서 민중의 역할과 그 중요성을 어느 정도는 인식했던 것으로 이해된다.

이상에서 논의한 결과는 그간 「홍길동전」의 구성 및 작가의식과 관련된 몇 가지 논란을 해결한 성과가 있다고 생각한다. 「홍길동전」의 구성은 오늘날의 소설만큼 유기적이라고 할 수는 없다. 그러나 길동이 도적들과 접촉함으로써 문제의식이 확대되고, 또 확대된 문제의식을 바탕으로 국가권력과 투쟁을 벌이다가, 현실적인 한계를 실감하고 율도국에 가서 태평 세계를 구현한다는 구성은 나름대로 개연성과 논리성을 충분히 갖추고 있다. 또한 이러한 「홍길동전」의 구성은 유사한 사건이 병렬적으로 나열되어 있는 「전우치전」의 구성과는 비교할 수 없을 정도로 구조화되어 있다고 할 수 있는바, 고소설 자체만 고려한다면 도리어 높게 평가되어야 마땅할 것이다. 이 점은 작가의식도 유사하다. 「홍길동전」에 담긴 작가의식은 봉건적 신분 질서의 타파와 같은 반봉건적인 지향이나 의식과는 일정하게 거리가 있다. 그러나 적서차별이라는 잘못된 사회적 제도의 폐지와 탐관오리의 척결을 통한 빈민구제를 목적으로 길동이 민중과 연대해서 국가권력과 투쟁을 벌이는 과정을 구체적으로 형상화한 것 자체만으로도 「홍길동전」의 가치와 의의는 높게 평가되어야 할 것이다. 16세기 말이나 17세기 초라는 역사적 조건 속에서 「홍길동전」과 같은 작품은 우리나라는 물론 세계적으로도 그 유례를 찾아보기가 쉽지 않기 때문이다. 이러한 논의를 계기로 「홍길동전」에 대한 가치 평가가 더욱 객관적으로 이루어지기를 기대한다.

| 제3장 |

「숙향전」에 나타난 세계관과 그 지향

1. 「숙향전」의 특징과 연구 방향

「숙향전」은 「구운몽」, 「사씨남정기」, 「창선감의록」, 「소현성록」 등과 함께 우리 고소설의 발흥기인 17세기 말에 창작되었으며, 이들 작품과 함께 우리 고소설이 본격적으로 발전하는 데 근간이 된 작품이다. 이러한 사실은 「숙향전」과 관련된 내용이 후대의 여러 작품에 나타난다는 점만으로도 충분히 알 수 있다. 「춘향전」, 「심청전」, 「흥부전」, 「배비장전」 등 판소리계 소설은 물론 「장경전」, 「김진옥전」, 「소대성전」, 「양주봉전」, 「장풍운전」, 「홍계월전」, 「두껍전」, 「옥소전」, 「담낭전」 등 영웅소설이나 애정소설에도 「숙향전」과 관련된 내용이 삽입되어 있는 것이다. 또한 〈봉산탈춤〉, 〈성주풀이〉, 〈화전가〉 등 구전문학에도 「숙향전」과 관련된 내용이 삽입되어 있는바, 「숙향전」이 우리 고전문학에 미친 영향은 실로 지대했다고 할 수 있다.[1]

1 이와 관련된 내용은 저자의 「후대소설에 미친 「숙향전」의 영향과 소설사적 의의」(『고전과해석』 24, 고전문학한문학연구학회, 2018)를 참조하기 바람.

이뿐만이 아니다. 「숙향전」은 고소설 가운데 가장 널리 애독되었던 작품 가운데 하나였다. 이는 현재까지 확인된 「숙향전」의 이본이 137종[2]이나 된다는 점에서도 알 수 있지만, 조수삼趙秀三의 『추재집秋齋集』과 「배비장전」에 삽입된 내용을 통해서도 어느 정도 추정할 수 있다. 조수삼은 당시 전기수傳奇叟가 구송口誦했던 작품 가운데 「숙향전」을 가장 먼저 언급하고 있으며, 「배비장전」에는 '배비장이 「삼국지」, 「수호지」, 「구운몽」, 「서유기」는 책 제목만 잠깐 보고 「숙향전」을 펼쳐 읽는 장면'이 삽입되어 있는 것이다.

이렇듯 「숙향전」이 조선 후기에 널리 애독되고 또 후대의 문학 작품에 지대한 영향을 미친 까닭은 작품의 내용 및 주제의식 등과 결코 무관할 수 없다. 「숙향전」은 여주인공의 고난과 여러 신령들의 구원, 남녀주인공의 사랑과 시련, 선계의 모습에 대한 생생한 형상, 조선 후기 물정과 세태의 사실적 반영, 소외된 인물의 심리와 정서에 대한 곡진한 표출, 경계 허물기와 동일시의 서사 등 실로 다양하면서도 흥미진진한 요소가 매우 많다. 「숙향전」이 조선 후기에 널리 향유되었던 것도 이들 요소가 복합적으로 작용한 결과라고 할 수 있다. 또한 「숙향전」은 신분의 차이에 따른 남녀의 애정 문제를 주요 갈등으로 설정한 가운데 남녀의 차별과 절대적 가부장권에 대해서도 이의를 제기하는 등 민중적 · 진보적 성향이 강한 작품이라는 점도 인기를 모았던 요소 가운데 하나라고 할 수 있다. 이는 「숙향전」과 관련된 내용이 「춘향전」, 「심청전」, 「흥부전」, 「배비장전」, 〈봉산탈춤〉, 〈성주풀이〉, 〈화전가〉 등 주로 민중적 의식을 표출하고 있는 작품에 삽입되어 있다는 점에서도 확인된다.

2　조희웅, 『한국 고전소설사 큰사전』 28, 지식을만드는지식, 2017, 76~100쪽.

그런데 한동안 작품에 나타난 다대한 환상성이나 비현실적인 측면을 부정적으로 이해한 결과 「숙향전」의 진보적 의의와 가치가 제대로 평가되기는커녕, 도리어 「숙향전」에 나타난 숙명론적 세계관(또는 이원적 세계관)이나 도덕적 주제의식이 유교적 천명사상이나 지배 계급의 이데올로기와 같은 맥락에서 이해되는 경향이 강했다. 이에 이 장에서는 「숙향전」에 나타난 숙명론적 세계관과 소박한 도덕주의를 새롭게 해석함으로써 「숙향전」의 진보적 성격을 일정하게 밝히고자 한다.

2. 숙명론적 세계관과 반봉건적 지향

「숙향전」은 개별적인 사건의 전개에서부터 작품 전반의 구성에 이르기까지 철저하게 숙명론적 세계관을 그 기저로 삼고 있다. 이러한 「숙향전」의 특징은 다음과 같은 왕균의 예언에서 단적으로 표출된다.

> 왕균이 이르되 이 ᄋᆡ기난 인간ᄉᆞ람 아니라 월궁항아의 정긔를 타 낫ᄉᆞ오니 젼ᄉᆡᆼ의 죄를 이ᄉᆡᆼ의 와 다 갑푼 후의 반다시 죠흔 시절을 볼거시니 션분은 극히 험ᄒᆞ나 후분은 죠흐리라. 김젼 왈 후분션악은 아지 못ᄒᆞ나 션분은 우리 아직 의식을 그리지 아니 ᄒᆞ니 엇지 고ᄉᆞᆼ할 일리 잇스리요. 왕균이 크게 웃고 왈 ᄉᆞ람의 팔ᄌᆞ난 아지 못ᄒᆞ나니 ᄂᆡ 비록 ᄌᆡ죠업ᄉᆞ오나 ᄋᆡ긔 ᄉᆞ쥬와 ᄉᆞᆼ을 보오니 오세에 부모를 이별ᄒᆞ고 정쳐업시 단니다가 십오세 당ᄒᆞ여 다섯 번 쥭을 ᄋᆡᆨ을 지ᄂᆡ고 십칠세의 부인을 봉ᄒᆞ고 니십의 부모를 만나 ᄐᆡ평영화로 지ᄂᆡ다가 칠십이 되오면 도로 텬ᄉᆞᆼ으로 올나 갈 팔ᄌᆞ니다.[3]

상자相者인 왕균은 숙향의 사주와 관상을 보고 '숙향은 월궁항아의 정기를 타고난 인물로 전생의 죄를 이승에서 다 갚은 후에야 좋은 시절을 볼 것'이라고 말한다. 이러한 왕균의 예언에는 숙명론적 세계관을 표방하고 있는 다양한 종교적 관념이 혼합되어 있다. 숙향이 월궁항아의 정기를 타고났다는 것은 도교적인 발상이요, 전생에서 지은 죄를 이승에서 갚아야 한다는 것은 불교적 인과론에 따른 것이며, 사주와 관상은 민간신앙에 기초한 것이라고 할 수 있다.

그러나 조동일 교수에 의해 이미 지적되었듯이, 「숙향전」을 포함하여 초경험적인 영역인 천상계를 설정하고 있는 대부분의 고소설에서 이들은 각각 그것대로의 독자성을 가지지 않고 작품 구조에 용해되어 일정한 역할을 하기 때문에, 동원된 소재가 어떠한 종교적 사상에 원천을 두고 있는가 하는 것은 중요한 문제가 아니다.[4] 다만 저자가 여기서 문제 삼고자 하는 것은, 「숙향전」은 왕균의 예언대로 숙향이 '5세에 부모를 이별하고 정처 없이 다니다가 15세에 이르기까지 다섯 번 죽을 액을 겪고, 17세에 정렬부인이 되며, 20세에 부모를 만나 태평영화로 지내다가 70이 되어 도로 천상으로 올라가는 것'으로 구성되어 있다는 점이다. 여주인공 숙향의 일대기라고 할 수 있는 「숙향전」은 이러한 왕균의 예언을 구체적인 사건으로 형상화한 것에 다름 아니다.

이런 점에서 '「숙향전」은 현실적인 박진감을 거의 무시한 채 운명예정론의 궤도를 따라 철저히 합목적적인 사건 전개를 해 나가고 있다'[5]는 김일렬 교수의 견해는 지극히 온당하다고 할 수 있다. 숙향은 예정

---

3 이대본 「숙향전」, 이화여대 한국문화연구원 편, 『한국 고대소설 총서』 1, 1958, 9쪽. 앞으로 해당 원문을 인용할 경우 '이대본'이라는 판본과 쪽수만 명기한다.

4 조동일, 『한국소설의 이론』, 지식산업사, 1977, 396쪽.

5 김일렬, 「고대소설의 이원론적 세계관과 유교」, 『어문론총』 8, 경북대 국어국문학과, 1973, 75쪽.

된 고난을 피동적으로 감수하기만 할 뿐이며, 죽을 위기에 처할 때마다 후토부인과 화덕진군 등 초월적 존재들이 직접 지상계에 나타나 구원한다. 이로 인해 숙향의 고난이 담지하고 있는 강한 현실성[6]에도 불구하고 「숙향전」의 사건은 전반적으로 현실적 박진감을 상실한 채 환상적이며 신비주의적인 색채를 띠게 된다. 「숙향전」에서의 초월계는 바로 운명예정론의 궤도에 따라 철저히 합목적적인 사건을 전개해 나가기 위해 설정된 환상적이며 가상적인 세계인 셈이다.

이렇듯 「숙향전」은 철저하게 숙명론적 세계관을 작품의 기저로 삼고 있는데, 이것이 '부녀나 서민들의 인간적 굴욕, 사회적 속박, 노동의 괴로움 등 온갖 생활적 고통에 대한 인종의 미덕을 기르는 데, 그리고 양반 자신들의 지위를 견고히 해주는 이데올로기를 수호하는 데 필요한 하나의 방편'[7]으로 이해되기도 했다. 「숙향전」에서 숙향이 현실 세계에서 겪는 온갖 고난은 천상에서 범한 잘못의 대가로 설정되어 있는바, 이러한 숙명론은 '현실적인 생의 고통은 기실 자기 존재의 본향이었던 천상계에서의 인因에서 유래되는 과果일 따름이며 동시에 그것은 자기 본향인 천상계로의 귀환을 위한 하나의 시련이요 준비에 불과하다'[8]는 체념적인 현실 인식과 무관할 수 없다. 그리고 이러한 체념적 현실 인식은 봉건지배 세력에 대한 민중적 저항을 무마하기 위해 봉건지배 세력이 일부러 조장하기도 하였다. 실제로 조선 후기의 지배 계급인 양반들은 '모든 것은 하늘의 의지에 따라 발생하고 소멸되며, 사람의 생사운명도 그것에 의하여 지배된다'는 숙명론적이며 신비주의적인 천명사

---

6 이와 관련해서는 저자의 「숙향전의 현실적 성격」(『고전문학연구』 6, 한국고전문학연구회, 1991)을 참조하기 바람.

7 김일렬, 앞의 글, 72쪽.

8 위의 글, 72쪽.

상天命思想을 적극 표방함으로써, 붕괴되어 가는 봉건통치를 구원해 보려고 시도하기도 했던 것이다.[9] 따라서 「숙향전」의 기저를 이루고 있는 숙명론적 세계관은 양반들이 봉건적 모순으로 야기된 민중들의 현실적 고통을 왜곡시키기 위한 하나의 수단으로 이해될 수도 있다.

그러나 우리는 「숙향전」의 기저를 이루고 있는 숙명론적 세계관(또는 이원론적 세계관)의 핵심적인 내용이 애정을 바탕으로 한 남녀주인공의 결연을 옹호하는 명분으로 작용하고 있는 '천정연분'임을 간과해서는 안 된다. 즉 숙향의 전신前身인 월궁항아가 천상계에서 범한 잘못은 이선의 전신인 태을선군과 '창화투도唱和偷桃'한 것이며, 이러한 잘못의 대가로 설정되어 있는 지상계에서의 숙향의 고난은 이선을 만나기 위한 시련이요, 나아가 이선과 결연을 맺기 위한 시련으로 형상화되어 있는 것이다. 요컨대 '천상계에서의 인因에 의한 과果'로 설정되어 있는 숙향의 고난마저도 '천정연분'에 귀속되어 있다고 하겠다. 따라서 「숙향전」의 기저를 이루고 있는 숙명론적 세계관에 대한 논의는 천정연분의 작품 내적 역할 및 그것의 내포적 의미와 무관하게 이루어져서는 안 된다.

천정연분이란, 말 그대로 남녀의 만남과 결연이 태어날 때부터 이미 하늘에서 정해졌다는 것으로, 운명론적이며 신비주의적인 관념의 하나이다. 「숙향전」 등 적강형 애정소설을 포함하여 이원론적 구조로 이루어진 고소설의 대부분은 남녀주인공의 만남과 애정의 성취를 다루고 있으며, 또 이를 천정연분으로 설정하고 있다. 그러나 고소설에 설정되어 있는 모든 천정연분이 동일한 성격과 의미를 갖고 있는 것은 아니다. 작품의 유형이나 성격에 따라 각기 그것의 역할과 내포적 의미가

9 정성철, 『조선철학사』 II, 이성과현실, 1988, 164쪽.

다르다. 특히 천정연분이란 남녀의 만남 및 결연 문제와 관련된 것이기 때문에 만남의 형태와 결연 방식에 따라 그것의 성격과 의미가 달라질 수밖에 없다. 이런 점에서 천정연분의 작품 내적 성격과 의미를 온당하게 구명하기 위해서는 먼저 작품에 나타난 남녀의 만남과 결연의 방식을 살펴볼 필요가 있다. 이를 위해서는 「숙향전」과 같은 유형에 해당하는 적강형 애정소설인 「숙영낭자전」, 「백학선전」, 「양산백전」 등도 함께 고찰하기로 한다.

「숙향전」 등 적강형 애정소설에서 남녀주인공의 만남은 한결같이 부모와 중매자의 개입 없이 당사자들의 직접 대면을 통해 이루어진다. 이와 관련하여 남녀주인공의 만남이 비교적 경험적인 차원에서 구체적으로 형상화되어 있는 「백학선전」을 먼저 살펴보자.

> 광음이 여류ᄒᆞ야 은하에 나히 십세 되ᄆᆡ 일일은 유모 소져를 다리고 외가에 갓다가 오ᄂᆞᆫ 길에 유자를 ᄊᆞ 가지고 오다가 길가에셔 쉬더니 ᄎᆞ시 류ᄇᆡᆨ로 ᄒᆡᆼ리를 차려 셩남으로 ᄒᆡᆼ홀ᄉᆡ ᄒᆞᆫ 곳에 니르ᄆᆡ ᄒᆡᆼ인은 업고 ᄒᆞᆫ 로랑이와 소져를 다리고 안잣거ᄂᆞᆯ 눈을 잠간 드러 본즉 나히 비록 어리ᄂᆞ 화용월태ᄂᆞᆫ 고금에 뎨일이라. ᄒᆞᆫ번 보ᄆᆡ 마암이 황홀ᄒᆞ야 여취여광ᄒᆞᄂᆞᆫ지라. 심중에 흠모ᄒᆞ야 그 ᄯᅳᆺ을 시험코ᄌᆞ ᄒᆞ야 이에 나아가 유자를 구ᄒᆞ니 소졔 흔연이 유랑으로 ᄒᆞ야곰 두어 ᄀᆡ 유자를 보ᄂᆡ거ᄂᆞᆯ ᄇᆡᆨ로 ᄃᆡ희ᄒᆞ야 ᄉᆞ례ᄒᆞ고 바다 먹은 후에 ᄉᆡᆼ각ᄒᆞ되 ᄂᆡ 텬하를 다 도라 슉녀를 구ᄒᆞ되 져런 졀ᄃᆡ가인은 업스리라. ᄇᆡᆨ년긔약을 언약ᄒᆞ야 보리라 ᄒᆞ고 이에 ᄇᆡᆨ학션을 ᄂᆡ여 정표ᄒᆞ난 글 두어 귀를 써셔 유모를 쥬며 소저게 드리라 ᄒᆞ니 유모 밧아 소졔를 쥬니 쇼저 ᄇᆡᆨ학션을 밧아 보ᄆᆡ 가장 조흔 붓ᄎᆡ라 ᄃᆡ희ᄒᆞ야 ᄉᆞ례ᄒᆞ고 깁히 간슈ᄒᆞ니 이ᄂᆞᆫ 텬졍비필이라.[10]

위에서 볼 수 있듯이 「백학선전」의 남녀주인공인 유백로와 조은하의 만남은 당사자들의 직접 대면으로 이루어지고 있다. 즉 공부하기 위해 남정윤을 찾아 성남으로 가던 유백로는 유모와 함께 외가에 갔다 돌아오는 도중 길가에서 쉬고 있는 조은하를 만나게 되며, 조은하를 본 유백로가 "ᄒᆞᆫ번 보ᄆᆡ 마암이 황홀ᄒᆞ야 여취여광ᄒᆞᄂᆞᆫ지라 심즁에 흠모ᄒᆞ야" 집안 대대로 전해 오던 백학선을 조은하에게 줌으로써 이들은 서로 인연을 맺고 있는 것이다. 그리고 이러한 유백로와 조은하의 만남을 '텬졍비필'이라고 서술하고 있다.

「양산백전」에서 양산백과 추영대의 만남 역시 두 사람의 직접 대면으로 이루어진다. 양산백과 추영대가 만난 것은 운향사라는 절이다. 양산백은 부모의 명령에 따라, 추영대는 '평생 남아로 행세하여 입신양명'하기 위해 남장을 하고 각각 운향사로 공부하러 간다. 운향사에서 만난 이들은 서로 결의형제를 맺는데, 뒤에 추영대가 여자임을 알게 된 양산백은 자신의 연정을 추영대에게 호소하고, 추영대 역시 이를 받아들여 서로 인연을 맺게 되었던 것이다.

「숙향전」과 「숙영낭자전」의 경우에는 남녀주인공의 만남이 도선적 요소와 결부되어 환상적으로 처리되어 있다. 「숙향전」에서 숙향과 이선은 각각 요지연 잔치에 참예하는 꿈을 꾼다. 꿈속에서 숙향을 만난 이후로 이선은 부귀공명에 뜻이 없이 숙향만을 생각하는데, 숙향이 꿈에서 본 요지연 광경을 수놓아 판 것이 계기가 되어 이화정으로 숙향을 찾아가고, 우여곡절을 겪은 후에 부모 모르게 숙향과 부부의 인연을 맺는다. 「숙영낭자전」의 경우, 어느 날 선군의 꿈에 천상선녀인 숙영이

10 「백학선전」, 인천대 민족문화연구소 편, 『구활자본 고소설 전집』 20, 인천대, 1983, 517~518쪽.

나타나 자신과 선군이 천생연분이라고 말한다. 꿈에서 깨어난 선군은 숙영에 대한 상사로 병이 깊이 들고 눈물로 세월을 보내는데, 이를 안 숙영이 다시 선군의 꿈에 나타나 옥연동으로 자신을 찾으러 오라고 계시하며, 선군은 부모에게 수삼 일 명산대천을 유람하고자 한다며 거짓말을 하고 옥연동으로 숙영을 찾아가 부부의 인연을 맺는다. 이후 숙영을 데리고 집으로 돌아온 선군은 부모에게 그간의 사연을 말하고 육례도 치르지 않은 채 자녀를 낳고 살았던 것이다.

이렇듯 「숙향전」과 「숙영낭자전」의 경우에는, 「백학선전」이나 「양산백전」과는 달리, 남녀주인공의 만남 자체가 비현실적 계기인 꿈으로 설정되어 있다.[11] 이로 인해 이선과 숙향, 선군과 숙영의 만남은 전반적으로 환상적이며 신비주의적인 색채를 띠게 된다. 그러나 이러한 환상적 색채는 이들의 인연이 천정에 의한 것임을 구체화한 것에 불과하며, 실제 이들의 인연은 당사자들의 직접 대면과 이 대면으로 형성된 애정에 기반한 것이라고 하겠다. 이와 관련하여 한문본인 김동욱 소장본의 다음 대목은 주목되는 바가 있다.

> (이선이) 또 묻었다. "방금 방안으로 들어간 곱고 아름다운 분은 누구입니까? 언뜻 보건데 인간 세상에 있는 사람이 아닌 듯합니다." 할미가 속일

11 「숙향전」이나 「숙영낭자전」이 「백학선전」이나 「양산백전」과는 달리 남녀주인공의 만남 자체를 비현실적 계기인 '꿈'의 계시로 설정한 것은 남녀주인공의 신분 계급이 달랐기 때문이라고 할 수 있다. 즉 「백학선전」과 「양산백전」의 여주인공인 조은하와 추영대는 모두 양반사대부가의 자제로 남주인공의 신분과 전혀 차이가 없다. 그런데 「숙향전」의 여주인공인 숙향은 현실적으로 자신의 출신 계급을 알 수 없는 전쟁고아이며, 「숙영낭자전」의 여주인공인 숙영은 출신 계급을 알 수 없는 존재다. 따라서 이들과 양반사대부가의 자제인 남주인공과의 대등한 결연이 사회적으로 문제가 될 소지를 다분히 내포하고 있으며, 이러한 문제성을 일정하게 완화시키기 위해 이들의 만남 자체를 보다 비현실적인 계기에 따른 것으로 처리했다는 것이 저자의 판단이다.

> 수 없다는 것을 알고 겸손하게 말했다. "그 아이는 내 조카입니다. 아직 나이가 어린데 어찌 아름다움이 있겠습니까? 낭군께서 잘못 보신 것입니다." 이선이 말했다. "대장부의 마음은 본래 허랑하여 한 번 절대가인을 보면 종신토록 잊지 못합니다. 그 여인을 본 순간 이미 마음에 병이 든 듯하니, 할미께서는 경중지영(鏡中之影)을 아끼지 마시고 제 가슴속에 맺힌 원한을 위로해 주소서."[12]

위 대목은 숙향과 이선이 이화정에서 처음 만나는 장면이다. 이화정에서 숙향을 얼핏 본 이선은 '대장부 마음은 본래 허랑하여 미인을 한번 보면 평생 잊지 못한다'며 이화정 할미에게 숙향과 인연을 맺게 해달라고 조른다. 즉 혈기왕성한 사대부가의 젊은 도령인 이선이 술집에 기거하는 비천한 존재인 숙향의 미모에 반하여 인연을 맺으려 하고 있는 것이다. 이선의 젊은 혈기는 "션이 혹ᄋᆡᄒᆞᆫ다 ᄒᆞ니 달리 금치 못ᄒᆞ리라"[13]는 부친 이상서의 말에서도 확인되며, 당사자인 숙향 역시 '이선이 구혼함에 상하체면에 거스를 수 없어 성혼케 된 것'이라고 말하고 있다. 여기에서 우리는, 환상적이며 신비주의적인 색채에도 불구하고, 이선과 숙향의 만남이 기본적으로 혈기 미정한 양반가의 도령이 술집에 기거하는 미모의 젊은 여자를 흠모하여 인연을 맺게 된 것임을 알 수 있다.

이러한 사정은 「숙영낭자전」의 경우에도 마찬가지다. 선군과 숙영의 만남이 꿈이라는 비현실적인 계기에 의해 이루어진 것으로 형상화되어

---

12 김동욱 소장본 「숙향전」, 22쪽. "又問曰 且今入房嬋姸者誰 而瞥眼所見 似非人間所有. 老嫗知不可欺 權辭對曰 是乃兄兒而年尙幼少 何美之有 尊郎見之過矣. 仙曰 大丈夫之心 本來虛浪 一見絶艶 終身不忘. 今在入眼 心旣如疾 願嫗毋吝鏡中之影 慰胸中之怨."

13 경판본 「숙향전」, 김동욱 편, 『영인 고소설 판각본 전집』 4, 인문과학연구소, 1973~1975, 474쪽.

있지만, 객관적인 입장에서 보면 명산대천을 유람한다고 나갔던 선군이 며칠 뒤에 신분을 알 수 없는 외지外地의 여자를 데리고 온 것에 불과하다. 요컨대 이선과 숙향의 만남은 기본적으로 혈기 미정한 부귀가의 젊은 도령이 술집에 기거하는 미모의 젊은 여자를 흠모하여 인연을 맺은 것이며, 선군과 숙영의 만남은 양반의 자제인 선군이 출신을 알 수 없는 외지의 여자를 데리고 와 혼례도 치르지 않은 채 함께 산 것에 불과하다고 하겠다.

이상에서 대략 살펴보았듯이, 「숙향전」을 비롯한 적강형 애정소설에서 남녀주인공의 만남은, 각 작품에 따라 만남의 성격과 형상이 서로 다름에도 불구하고 한결같이 부모나 중매자가 배재된 채 당사자들의 직접 대면으로 이루어진다. 그리고 이들은 부모의 의사와는 무관하게 오로지 자신들의 순수한 의지와 애정에 따라 서로 결연을 추구하고 있다. 이러한 만남과 결연의 방식은 「유충렬전」 등 영웅소설에 나타나는 그것과 사뭇 다르다.

> 승상이 아달은 업고 다만 일녀를 두엇스되 그 부인 쇼씨 녀ᄋᆞ를 탄ᄉᆡᆼᄒᆞᆯ 졔 일위 션녀 오운을 타고 ᄂᆡ려와 부인 겻헤 안지며 왈 쇼녀는 옥황의 시녀옵더니 ᄌᆞ미원 대쟝셩과 연분이 잇ᄉᆞ와 한가지 잇스라 ᄒᆞ고 쇼녀를 강문에 보ᄂᆡᄆᆡ 왓ᄉᆞ오니 어엿비 녀기소셔 ᄒᆞ거ᄂᆞᆯ 부인이 혼미즁에 녀ᄋᆞ를 탄ᄉᆡᆼᄒᆞ니 용모가 비범ᄒᆞ야 화용월ᄐᆡᄂᆞᆫ 경국지ᄉᆡᆨ이요 ᄐᆡ도ᄂᆞᆫ 요됴슉녀 ᄒᆞ강ᄒᆞᆫ듯ᄒᆞ니 거동이 유여ᄒᆞ야 시셔를 능통ᄒᆞ고 겸ᄒᆞ야 지략이 과인ᄒᆞᄆᆡ 부모가 ᄉᆞ랑ᄒᆞ샤 ᄐᆡᆨ셔ᄒᆞ기를 널니 ᄒᆞ더니 쳔ᄒᆡᆼ으로 영릉에 갓다가 명나슈에서 츙렬을 ᄃᆞ려다가 외당에 강쳐ᄒᆞ고 츙렬의 상을 보니 부귀작록이 무쌍ᄒᆞ고 영웅호걸은 만고에 웃듬이라. 승샹이 대희ᄒᆞ야 ᄂᆡ당에 드러가 부인다려 혼ᄉᆞ말

을 ᄒᆞ니 부인이 대희ᄒᆞ야 내 마음도 츙렬을 ᄉᆞ랑ᄒᆞ엿더니 승샹의 ᄆᆞ음이 쏘한 그러ᄒᆞ실진 ᄃᆡ 텬샹연분이오니 급히 튁일ᄒᆞ야 혼ᄉᆞ를 지ᄂᆡ옵쇼셔.[14]

「유충렬전」에서 유충렬과 강 소저의 만남 역시 적강형 애정소설과 마찬가지로 천정연분으로 설정되어 있다. 즉 강 승상의 부인 소 씨의 태몽에 나타난 강 소저는 "소녀는 옥황의 시녀옵더니 ᄌᆞ미원대장과 연분이 잇ᄉᆞ와 한가지 잇스라 ᄒᆞ고 소녀를 강문에 보ᄂᆡᆫᄆᆡ 왓ᄉᆞ오니"라며, 자신과 유충렬이 '천정연분'임을 분명하게 말하고 있는 것이다. 꿈이나 태몽 등을 통해 남녀주인공이 본래는 천상적 존재이며, 이들의 만남과 결연이 천정연분에 의한 것임을 표출하고 있는 것은 적강형 애정소설의 경우와 하등의 차이가 없다.

그러나 지상계에서의 이들의 만남은 적강형 애정소설에 나타난 것과는 판이하게 다르다. 유충렬이 강 소저를 만나 인연을 맺은 것은 강 소저의 부친인 강 승상 댁이다. 유충렬은 정한담에게 쫓겨 달아나다가 강 승상에 의해 구원되는데, 강 승상은 유충렬이 정한담의 모함으로 유배된 주부 유심의 아들임을 알고 유충렬을 자기 집에 데리고 와 "외당에 강쳐ᄒᆞ고", 자기 딸 강 소저와 결연을 맺도록 권유했던 것이다. 이처럼 「유충렬전」에서는 남녀주인공의 만남이 부모인 강 승상의 적극적인 개입과 매개로 이루어지고 있으며, 이들의 결연도 당사자들의 순수한 의지와 애정에 따라 이루어지기보다는 거의 전적으로 강 승상 부부의 의사에 따르고 있다. 유충렬은 강 승상의 혼사 권유에 대해 "쇼ᄌᆞ 박복ᄒᆞ와 양친을 동셔에 리별ᄒᆞ옵고 취쳐ᄒᆞ오면 만고의 죄인이라 엇지 취쳐

14 「유충렬전」, 인천대 민족문화연구소 편, 『구활자본 고소설 전집』 11, 인천대, 1983, 307~308쪽.

ᄒᆞ오릿가"[15]라며 아직 혼인할 생각이 없음을 밝히고 있는 것이다. 요컨대 「유충렬전」 역시 적강형 애정소설과 마찬가지로 남녀주인공의 만남을 천정연분으로 설정하고 있으나, 만남의 형태와 인연을 맺는 방식은 적강형 애정소설의 그것과 대조적이라고 할 수 있을 만큼 현격한 차이를 보이고 있는 것이다.

적강형 애정소설과 영웅소설에 나타난 이러한 차이는 천정연분과 관련하여 매우 중요한 의미를 함축하고 있다. 앞에서도 언급했듯이 고소설에 설정되어 있는 천정연분은 근본적으로 남녀주인공의 만남 및 결연 문제와 관련된 것이며, 남녀의 만남과 결연의 방식에 따라 그 내포적 의미가 달라질 수밖에 없기 때문이다. 특히 이들 작품들은 모두 지배 계급의 성리학적 가치규범에 따라 남녀의 자유스런 만남이 근원적으로 차단되었던 조선 후기를 역사적 배경으로 하고 있다는 점에서 더욱 그렇다.

주지하듯이 성리학을 지배 이념으로 채택한 조선조의 지배 계급인 사족士族들은 유교적 예법에 따라 풍속을 교화한다는 명분으로 남녀의 자유스런 만남을 통제하는 여러 가지 법들을 시행하였다. 부녀의 상사上寺나 음사금지淫祀禁止, 그리고 내외법內外法 등이 바로 그것이다. 이 가운데 특히 내외법은 남녀 간의 자유스런 만남을 금지하는 행동규제법으로, 여자는 임의로 문 밖을 출입할 수 없을 뿐만 아니라 가까운 친척 이외의 사람과 접촉해서는 안 된다는 것을 그 내용으로 하고 있다.[16] 이외에도 사족들은 『주자가례』에 따라 '먼저 중매인을 시켜 양쪽 집을 왕래하며 말을 통하게 하여 여가女家의 허락을 얻은 연후에 납채納采한

15 「유충렬전」, 308쪽.

16 이순구, 「조선 초기 주자학의 보급과 여성의 사회적 지위」, 『청계사학』 3, 한국학중앙연구원, 1986, 90쪽.

다'[17]는 의혼議婚의 절차를 두어 결연 당사자의 직접 대면이나 애정에 따른 결연을 근원적으로 차단하였다. 즉 의혼은 중매쟁이로 하여금 양가를 내왕하면서 혼인을 의논하며 간선揀選하여 양가로 하여금 혼인할 뜻을 합치시키는 절차로,[18] 이 과정에서 결연 당사자의 애정이나 의사는 철저하게 배제되었던 것이다.

물론 이러한 내용을 담고 있는 성리학적 윤리규범이나 유교적 예제가 조선조의 전 기간에 걸쳐 확고하게 관철되었던 것은 아니다. 건국 초부터 왕조정부와 지배층인 사족들은 성리학적 사회윤리의 실천적 규범서라고 할 수 있는 『주자가례』와 『소학』 등을 대량으로 간행・반포하여 성리학적 윤리규범과 유교적 예제를 구축하려고 하였다. 그러나 15세기까지는 여전히 남귀여가男歸女家의 혼사관행 등 수백 년의 사회적 관행과 불교문화의 영향 아래 굳어져 온 전통적인 사회적 의례가 지속되었다. 그러다가 16세기를 지나면서 사림파 정권이 지속되고 향촌 질서가 사족 위주로 편제되어 가는 속에서 성리학적 사회윤리는 사회 전반에 확산되어 갔으며, 성리학적 사회윤리에 위배되는 행위는 반사회적・반인륜적 것으로 지탄되었을 뿐만 아니라 처벌되기까지 했던 것이다.

「유충렬전」의 경우에는 남녀주인공의 만남과 결연 방식이 이러한 성리학적 윤리규범이나 유교적 예제에 전혀 위배되지 않는다. 따라서 이들의 만남과 결연을 천정연분으로 설정한 것 자체가 특별한 의미를 갖지 못한다. 다시 말해서 「유충렬전」에서의 '천정연분'은 지상계의 경험적인 사고방식에서 보면 우연인 것이 천상계의 원리상 필연이라고 하는, 관념적이며 신비주의적인 논리 이상의 의미를 발견하기 어렵다는

17 이능화, 『조선여속고』, 동문선, 1990, 125쪽.
18 박병호, 『한국의 전통사회와 법』, 서울대 출판부, 1985, 147쪽.

것이다. 다만 작품 전반에 걸쳐 「유충렬전」과 같은 영웅소설에도 성리학적 이념에 의해 천시되었던 청춘남녀의 애정이 긍정적으로 형상화되어 있으며,[19] 이러한 긍정적인 애정 형상에 천정연분이 일정하게 명분으로 작용하고 있는 측면이 없지 않다.

그러나 이것은 분명 적강형 애정소설에 설정되어 있는 천정연분과는 질적으로 다른 것이라고 하겠다.[20] 앞서 살펴보았듯이 적강형 애정소설에서 남녀주인공들은 부모나 중매인의 개입 없이 당사자들끼리 직접 만나 인연을 맺으며, 또 직접 대면으로 형성된 애정을 바탕으로 결연을 추구하고 있다. 그리고 이러한 만남과 결연의 방식은 성리학적 윤리규범이나 유교적 예제에 정면으로 배치되는 것이라고 할 수 있다.[21] 그런데 적강형 애정소설은 바로 이러한 남녀주인공의 만남과 결연을 천정연분으로 설정하고 있는 것이다. 「숙향전」과 「숙영낭자전」은 아예 도교와 불교적인 요소를 끌어들여 남녀주인공의 만남 자체를 신비화시킴으로써, 「양산백전」은 상사병으로 죽은 양산백의 무덤이 갈라져 추 소저가 함께 묻히는 기적과 재생 과정을 통해 각각 남녀주인공의 만남이 천정에 의한 것임을 구체화시키고 있다. 다만 「백학선전」의 경우 위의

---

19 조동일 교수는 '영웅소설이 애정을 긍정적으로 그린 것은 유교적 도덕률의 구속에서 벗어나 인간성을 발견하자는 움직임을 보여주는 것'(조동일, 앞의 책, 400쪽)이라고 지적한 바 있다.

20 다만 영웅소설 중에서도 「조웅전」은 예외적인 작품이라고 할 수 있다. 즉 「조웅전」은 여타의 영웅소설들과는 달리 남녀주인공인 조웅과 장 소저의 만남이 직접 대면으로 이루어지고 있으며, 이들의 결연은 '주인공 스스로의 의지에 의한 적극적인 결연으로서의 의미'(박일용, 「조웅전의 구성 및 문체적 특징과 소설사적 위상」, 『다곡 이수봉 박사 정년기념 논총』, 경인문화사, 1994, 391쪽)를 지니고 있는 것이다.

21 당시 사대부들이 적강형 애정소설에 형상화된 남녀의 만남을 어떻게 인식했는가에 대해서는, 홍희복(洪羲福)이 「숙향전」과 관련하여 "지어부부혼인에 다ᄃᆞ라ᄂᆞᆫ 규방에 은밀ᄒᆞᆫ 슈ᄌᆞᆨ과 남녀의 셜만ᄒᆞᆫ 뜻을 셰셰히 문답ᄒᆞ고 낫낫치 칭도ᄒᆞ야 쳔연이 샹ᄃᆡᄒᆞᆫ 듯 경녕이 듯고 본듯 ᄒᆞ게 ᄒᆞ니 이 엇지 부녀의 닉이 볼ᄇᆡ리요"(『제일기언』 「서」)라고 언급한 데서도 짐작할 수 있다.

작품들과는 달리 초경험적인 현상을 개입시키지 않은 채 곧바로 남녀 주인공의 만남을 천정연분으로 이끌어 가고 있다. 이로 인해 우리는 도리어 「백학선전」을 통해서 적강형 애정소설에 설정되어 있는 천정연분의 성격과 그 의미를 보다 구체적으로 살펴볼 수가 있다.

10세시 유백로를 만나 백학선을 받았던 조은하는 15세가 되어 백학선에 '요조숙녀 군자호구'라는 글귀와 더불어 사주가 기록되어 있는 것을 보고 "심즁에 놀ᄂᆞ오ᄂᆞ ᄎᆞ역 텬정연분이라"며 "마암에 긔록ᄒᆞ고 말을 ᄂᆡ지 아니"한다. 그런데 이부상서 최국양이 구혼하고 부친 조성노가 이를 허락하자, 조은하는 식음을 전폐하고 자리에 눕는다. 이에 조공과 부인이 놀라 그 연고를 물으니, 조은하는 유백로를 만나 백학선을 받은 일을 실토하면서 다음과 같이 대답한다.

> 그ᄯᆡ 무심이 밧음으로 뉘웃치나 이역 텬경연분이 분명ᄒᆞ옵고 소녀의 팔ᄌᆞ 무상ᄒᆞ옵기로 다른 뜻을 두지 아니 ᄒᆞ옵ᄂᆞ니 부친은 다른 ᄃᆡ 구혼치 마르쇼셔. 공이 청파에 ᄃᆡ경 왈 네 말을 드르니 ᄎᆞ역 텬슈라. ᄒᆞᆯ릴업거니와 그 션ᄇᆡ를 어ᄃᆡ 가 차지리오. 가쟝 란쳐ᄒᆞ도다. 쇼졔 ᄃᆡ왈 츙신은 불ᄉᆞ이군이오 렬녀난 불경이부라 ᄒᆞ오니 쇼녀난 결단코 타문을 셤기지 아니 ᄒᆞᆯ 것시오.[22]

조은하는 일단 자신이 무심코 유백로에게 백학선을 받은 것을 뉘우친다고 말한다. 성리학적 윤리규범에 따라 외간 남자와의 접촉을 반사회적이며 반인륜적 행위로 간주했던 상황에서 청춘남녀가 직접 대면하여 사사로이 물건을 주고받은 것은 분명 잘못이며, 조은하는 그러한 잘

22 「백학선전」, 520~521쪽.

못을 시인한 셈이다. 그러나 조은하는 이를 '천정연분'에 의한 불가피한 것이었다며 다른 가문으로는 절대 시집갈 수 없다고 말한다. 유백로와 조은하의 만남은 우연히 길가에서 마주친 것에 불과하며, 유백로가 조은하에게 백학선을 준 것은 조은하의 용모에 반하여 의도적으로 인연을 맺기 위한 것이었다. 그런데 조은하는 이를 천정연분이라고 언급하고 있다. 조은하가 자신과 유백로의 만남을 천정연분이라고 했던 것은 성리학적 윤리규범에 위배되는 자신의 행위를 '천정연분'이라는 관념적이며 신비주의적인 논리로 합리화하고, 나아가 이를 근거로 애정에 따른 결연을 추구하기 위한 것임이 분명하다. 즉 조은하는 자신의 애정에 따른 결연을 추구하기 위해 '의도적으로' 관념적이며 신비주의적인 논리인 '천정연분'이라는 명분을 끌어들이고 있는 것이다.[23]

그러나 보다 주목되는 것은 부친 조성노의 반응이다. 조성노는 이미 이부상서 최국양의 구혼을 받고 이를 허락했던 인물이다. 이런 점에서 조성노는 애정에 따른 결연을 성취하려는 조은하와는 대립적인 위치에

23 물론 조은하는 자신이 다른 가문에 시집갈 수 없는 이유로 "렬녀난 불경이부"라 하여 봉건적 윤리 관념인 정절을 내세우기도 한다. 그러나 이것은 「춘향전」에서 춘향이 '열'을 명분으로 내세워 신관사또의 수청을 거부했던 것과 마찬가지로, 유백로와의 직접 대면으로 형성된 애정에 따른 결연을 추구하기 위한 명분에 지나지 않는다. 조선시대 부녀자들에게 강요되었던 정절은, 시집가기 전에는 아버지에게 복종하고 시집가면 남편에게 복종하며 남편이 죽으면 아들에게 복종하여야 하는 삼종지도(三從之道)를 그 핵심으로 삼고 있다. 그런데 조은하는 부모 몰래 이루어진 유백로와의 인연을 고수하기 위해 정절을 표방하고 있는 것이다. 「양산백전」에서도 추 소저는 아버지의 명령을 거역하지 못해 심생과 혼례를 치른 자신을 '실절한 더러운 계집'이라고 하고 있으며, 「숙향전」에서도 "닉 빅필되 리는 요지예셔 옥지환의 진쥬 가진 사람인니 그 진쥬를 보고야 닉 몸를 허ᄒᆞ리라"는 숙향의 언행이 정절로 표명되어 마침내 정렬부인에 봉해진다. 요컨대 적강형 애정소설에서 여주인공들이 표방하고 있는 정절은, 삼종지도를 핵심 내용으로 하고 있는 봉건적 이념으로서의 정절과는 본질적으로 성격을 달리하는 것이며, 천정연분과 마찬가지로 애정에 따른 결연을 추구하기 위한 방편에 불과한 것이라고 하겠다. 김일렬 교수도 이러한 점에 주목하여 "여주인공들에게는 정절마저 자기 행위를 합리화하는 명분으로 곧잘 이용된다"(김일렬, 『조선조 소설의 구조와 의미』, 형설출판사, 1984, 283쪽)고 지적한 바 있다.

자리하고 있는 인물이라고 할 수 있다. 그런데 이러한 조성노마저 조은하의 말을 듣고 마침내 "텬역 텬슈"라며, 우연히 길가에서 마주친 두 청춘남녀가 서로 연정을 품고 사사로이 수작한 행위를 천정연분으로 인정한다. 「숙영낭자전」에서도 선군이 자신과 숙영의 만남이 천정에 의한 것이라고 말하자, 부친 백공은 "긔이흔 일을 당흐야 낭즈를 슬펴보니 화려흔 쳬모와 아리싸온 화용이 다시 인간에는 업는지라"[24]며 숙영을 동별당에 거쳐케 한다.

「숙향전」이나 「양산백전」의 경우에는 다소 그 양상이 다르게 전개된다. 「숙향전」에서 이선의 부친인 이상서와 「양산백전」에서 추 소저의 부친인 추공은 처음에는 남녀주인공의 만남 및 결연이 천정연분임을 알지 못하고 남녀주인공의 결연을 방해한다. 이상서는 술집에 기거하는 미천한 존재라 하여 숙향을 죽이려 하며, 추공은 추 소저의 하소연에도 불구하고 강제로 추 소저로 하여금 심생과 행례行禮토록 한다. 그러나 이들 역시 마침내는 남녀주인공의 만남과 결연이 천정에 의한 것임을 알고 자신들의 행위를 후회한다.

이렇듯 적강형 애정소설에서는 주인공과 대립적인 위치에 있는 인물들마저도 마침내는 남녀주인공의 만남 및 결연이 천정에 의한 것임을 인정하고 있다. 즉 적강형 애정소설은 사건의 전개 양상과 그 형상의 차이가 없는 것은 아니나, 한결같이 성리학적 사회윤리에 따라 철저하게 규제되고 반인륜적인 것으로 매도되었던 청춘남녀의 자유스런 만남과 애정에 기반한 결연을 천정연분으로 이끌어 가고 있는 것이다. 여기에서 우리는 적강형 애정소설에서의 천정연분이 기본적으로 성리학적 윤리규범과 유교적 예제에 정면으로 배치되는 청춘남녀의 애정 행각을

24 「숙영낭자전」, 인천대 민족문화연구소 편, 『구활자본 고소설 전집』 5, 인천대, 1983, 255쪽.

긍정하거나 옹호하기 위한 절대적 명분으로 작용하고 있으며, 또 이를 위해 의도적으로 끌어들인 하나의 방편이었음을 분명하게 알 수 있다.

한편, 「숙향전」에서의 천정연분은 여타 적강형 애정소설에서의 그것과는 또 다른 측면이 있다. 「숙영낭자전」과 「백학선전」, 그리고 「양산백전」에서 남녀주인공의 애정과 관련된 갈등은 남녀주인공이 부모 몰래 자의적으로 인연을 맺은 데서 비롯되며, 남녀주인공의 신분 계급은 전혀 문젯거리가 되지 않는다. 그런데 「숙향전」에서는 남녀주인공 사이에 현격한 신분 차이가 내재되어 있으며, 이것이 갈등의 핵심으로 부각되어 있다. 이로 인해 「숙향전」에서의 천정연분은 봉건적 신분 관계를 극복하거나 부정하기기 위한 명분이라는 성격을 아울러 지니게 된다.

> 할미 이윽고 미우를 찡긔고 왈 쇼애 잇는 곳은 알건이와 다만 낭군니 쇼애를 ᄎᆞ자 무엇 ᄒᆞ시려 ᄒᆞ는이잇가. 니ᄉᆡᆼ 왈 쇼애는 하늘리 정ᄒᆞ신 ᄇᆡ필이온지라 부ᄃᆡ ᄎᆞ즈려 ᄒᆞ노라. (…중략…) 할미 쇼왈 쇼애 천샹의셔 득죄ᄒᆞ야 인간의 날여와 샹인의 쟈식니 되여쩌니 다슷쌀의 부모를 난즁의 일코 비러먹어 정쳐업시 단니다가 (…중략…) 두 귀가 마ᄌᆞ 먹어시니 구ᄐᆡ여 그런 병인를 만나 ᄇᆡ필를 샴으려 ᄒᆞ시니 진실노 헛쏘여 들니너이다. (…중략…) ᄉᆡᆼ니 길리 탄식 왈 인년니 즁ᄒᆞ면 엇지 빈부를 갈희며 셜ᄉᆞ 병인인들 엇지 ᄒᆞ리잇가. 낭군은 비록 지셩으로 ᄎᆞ즈셔도 그런 병인를 샴셔 반드시 며늘리 샴지 안니실 거시니 슈고로이 찻지 마르쇼셔. 니ᄉᆡᆼ니 하눌을 가르쳐 ᄆᆡᆼ세 왈 부뫼 허치 아니시고 비록 공후 부마를 샴으셔도 나는 결단코 셰샹의 잇지 안니 ᄒᆞ올 거시오니 할미는 하히갓ᄌᆞ온 은ᄐᆡᆨ를 날리오ᄉᆞ 쇼아 잇는 곳만 덕분의 갈으쳐 쥬시오면 ᄉᆡᆼ젼사후의 은혜를 갑ᄉᆞ오리이다.[25]

이 대목은 이선이 이화정 할미에게 숙향을 찾아달라고 부탁하는 장면의 일부분이다. 이선은 숙향을 왜 찾느냐는 할미의 물음에 대해 "하늘리 정ᄒᆞ신 ᄇᆡ필"이기 때문이라고 대답한다. 또 이화정 할미가 숙향은 상인常人의 자식으로 태어나 부모를 잃고 빌어먹다가 병신이 되었다고 하자, 이선은 "인년니 즁ᄒᆞ면 엇지 빈부를 갈희며 셜ᄉᆞ 병인인들 엇지 ᄒᆞ리잇가"라고 말한다. 여기서 이선이 '빈부를 가리지 않겠다'는 것은 숙향이 '상인의 자식'이라는 이화정 할미의 답변에 해당하는 바, 신분의 고하를 문제 삼지 않겠다는 것이다. 이는 "부뫼 허치 아니시고 비록 공후 부마를 삼으셔도 나는 결단코 셰상의 잇지 안니 ᄒᆞ올 거시오니"라는 이선의 언급에서도 확인된다. 즉 이선은 자신과 숙향의 인연이 천정에 의한 것이기 때문에 신분의 고하는 문제가 될 수 없다고 말하고 있는 것이다. 또 숙향과 이선의 결연을 주선했던 여 부인은 "부뷔난 쳔정이라 애즁ᄒᆞ미 귀쳔니 업시ᄆᆡ"[26]라고 말하기도 한다. 우리는 이러한 이선과 여부인의 말을 통해 「숙향전」에서의 천정연분이 현격한 신분 계급의 차이가 개재되어 있는 청춘남녀의 애정에 따른 결연을 합리화하기 위한 절대적 명분으로 작용하고 있음을 알 수 있다.

이러한 사정은 다음 대목에서 더욱 분명하게 확인된다.

> 할미 왈 슉향이란 일홈 가진니 셰히 잇시니 공ᄌᆞ는 마음ᄃᆡ로 턱ᄒᆞ쇼셔. ᄉᆡᆼ니 반겨 문왈 어듸어듸 잇ᄉᆞ오며 나흔 몃식니나 되야쎤잇고. 할미 왈 ᄒᆞ나흔 간의ᄐᆡ우 진담의 ᄯᆞᆯ인니 나흔 십팔세요, ᄒᆞ나흔 병부샹셔 왕건의 ᄯᆞᆯ

25 한중연본 「숙향전」, 한국중앙연구원 소장, 36쪽. 이하 한중연본을 참조할 경우, '한중연본'이라는 판본과 쪽수만 표기한다.

26 이대본, 121쪽.

인니 나흔 십사셰요, ᄒᆞ나흔 비러먹는 아희라. 나흔 십뉵셰라 ᄒᆞ고 그 어버니 근본를 ᄌᆞ셔히 모로더이다. 그러컨니와 공ᄌᆞ를 위ᄒᆞ야 셰 곳의 ᄀᆡ별ᄒᆞᆫ즉 다 응답ᄒᆞ되 다만 비러먹는 아희는 응답지 안니코 일오되 ᄂᆡ ᄇᆡ필되리는 요지에셔 옥지환의 진쥬 가진 사람인니 그 진쥬를 보고야 ᄂᆡ 몸를 허ᄒᆞ리라 ᄒᆞ더이다. ᄉᆡᆼ니 듯고 ᄃᆡ희 왈 니야 진즛 월궁쇼애로쇼이다. 요지에 갓실졔 반도 쥬든 션네 진쥬를 어더왓너이다 ᄒᆞ고 드러가더니 져비알만ᄒᆞᆫ 진쥬를 양슈로 공슌히 드려 왈 노션은 날를 위ᄒᆞ여 니거슬 가져다가 쥬고 ᄐᆡᆨ일ᄒᆞ야 ᄀᆡ별ᄒᆞ면 혼ᄉᆞ의 쓸거슨 ᄂᆡ 다 슬리리이다.[27]

이 대목은 이화정 할미가 마지막으로 '숙향에 대한 이선의 정성'을 시험하는 장면이다. 이화정 할미는 이선에게 숙향이란 이름을 가진 사람이 '간의태부 진담의 딸'과 '병부상서 왕건의 딸', 그리고 '어버이 근본을 자세히 모르는 빌어먹는 아희'가 있으며, 이 가운데 이선과 천정연분인 사람은 '빌어먹는 아희'라고 말한다. 이 말을 들은 이선은 두 벌열가문閥閱家門의 딸을 거절하고 '어버이 근본을 자세히 모르는 빌어먹는 아희'를 기꺼이 자신의 배필로 선택한다. 이러한 이선의 선택에는 당시 민중들의 신분 상승에 대한 낭만적 이상이 반영되어 있다.[28] 또한 우리는 여기에서 「숙향전」에 나타난 천정연분이 봉건적 신분 관계를 극복하기 위한 절대적 명분으로 작용하고 있음을 분명하게 확인할 수 있다. 요컨대 「숙향전」은 술집에 기거하는 비천한 존재인 숙향과 사대부가의 귀공자인 이선의 사사로운 만남과 애정에 따른 결연을 합리화하기 위

27 한중연본, 44쪽.

28 「숙향전」은 유리걸식하던 전쟁고아인 숙향이 초월적 존재들의 도움으로 양반사대부가의 귀공자인 이선과 결연을 맺는다는 점에서 '콩쥐팥쥐'나 '신데렐라' 이야기와 상통하는 측면이 있다.

해 천정연분이라는 명분을 끌어들이고 있는 것이다.[29]

이상에서 살펴보았듯이 「숙향전」을 비롯한 적강형 애정소설에서 천정연분은 기본적으로 성리학적 윤리규범이나 유교적 예제에 정면으로 배치되는, 청춘남녀의 자유스런 만남과 이러한 만남을 통해 형성된 애정을 실현하기 위한 명분으로, 또 애정에 따른 결연을 합리화하기 위한 방편으로서의 성격을 갖고 있다. 이러한 천정연분은 속성 자체가 숙명론적이며 신비주의적인 관념이라고 해서 조선 후기 봉건지배 계급에 의해 주창되었던 천명사상과 동일시해서는 안 된다. 봉건지배 계급이 내세운 천명사상은 지주전호제를 바탕으로 성립한 불평등한 봉건적 신분관계와 사회적 질서를 천명에 따른 당연한 질서로 인식시킴으로써 봉건체제를 지속시키기 위한 이데올로기의 하나였다. 그런데 적강형 애정소설에 설정되어 있는 천정연분은 도리어 성리학적 윤리규범이나 유교적 예제에 정면으로 배치되는 청춘남녀의 애정 행각을 옹호하는 기제로 작용하고 있으며, 특히 「숙향전」의 경우 천정연분은 봉건적 신분 관계마저 부정하는 의미를 함축하고 있다. 다시 말해서 적강형 애정소설에 설정되어 있는 천정연분은 바로 지배 계급이 내세운 천명사상의 관념론적・숙명론적 속성을 역이용해서 남녀의 애정을 억압하는 봉건적 사회윤리와 신분 관계를 부정하거나 지양하고 있는 것이다.

적강형 애정소설의 기저를 이루고 있는 숙명론적 세계관은 바로 이러한 천정연분을 핵심 내용으로 하고 있다. 따라서 이를 '양반 자신들의 지위를 견고히 해주는 이데올로기를 수호하는 데 필요한 하나의 방

29 김일렬 교수가 '「숙향전」은 현실적인 박진감을 거의 무시한 채 운명예정론의 궤도를 따라 철저히 합목적적인 사건 전개를 해 나가고 있다'(김일렬, 앞의 글, 72쪽)고 했을 때, '합목적적인 사건 전개'는 바로 술집에 기거하는 숙향과 사대부가의 귀공자인 이선의 애정에 따른 결연을 합리화하는 과정이라고 할 수 있다.

편'이나, 또는 '현실적인 생활의 고통은 인因에서 유래되는 과果일 따름이라는 체념적 사유'와 관련지어 이해해서는 안 될 것이다.[30] 여기에는 그와 반대로 성리학적 윤리규범과 유교적 예제, 그리고 봉건적 신분 관계로 인해 억압되었던 남녀의 애정을 낭만적으로 극복해보려는 당대 민중들의 의지가 담겨 있는 것이다. 나아가 적강형 애정소설에서의 숙명론적 세계관이 봉건적 사회윤리에 정면으로 배치되는 남녀의 애정을 옹호하는 논리적 근거가 되고 있다는 점에서, 우리는 이를 보다 적극적으로 이해할 필요가 있다. 즉 숙명론적 세계관은 과학이 발달하지 않은 시대의 한계로, 당시 지배 계급을 형성하고 있던 대다수의 식자층 역시 운명론적 사유에서 벗어나지 못하고 있었기 때문에, 적강형 애정소설에서의 숙명론적 세계관은 봉건적 사회윤리와 신분 관계를 지양하거나 부정하는 현실적인 힘과 저항적 계기로 작용할 수 있었다는 것이다. 결론적으로 말해서 적강형 애정소설의 숙명론적 세계관은 봉건적 제질곡을 극복하기 위한 민중들의 낭만적 의지를 반영하고 있으며, 또 그것은 봉건적 제관계에 대한 저항적 계기로서의 현실적인 효력을 일정하게 지니고 있었다는 것이 저자의 생각이다.

30 김일렬 교수는 후에 "천정연분의 근거가 되는 이원론적 세계관은 유교와 별개의 것이 아니고 오히려 유교적 가치를 수호하는 구실을 하는 것이 조선조 소설에 나타나는 일반적인 현상이나 親·子間의 대립으로 이루어지는 작품 구조 안에서 자식이 그 세계관을 자신에게만 유리하게 이용하려 하기 때문에 사정이 달라진 것이다"(김일렬, 앞의 책, 284쪽)라고 하여, 기존의 자신의 견해를 다소 수정하였다.

3. 소박한 도덕주의와 수평적 인간 관계의 지향

우리나라 고소설은 대부분 권선징악적 주제를 표명하고 있으며, 「숙향전」 역시 예외라고 할 수는 없다. 그러나 「숙향전」은 유사한 여타의 고소설과는 다소 다른 점이 있다. 대부분의 고소설이 선악의 대결을 구성의 기본 틀로 삼으면서 선의 궁극적인 승리를 통해 권선징악적 주제를 표명하고 있다면, 「숙향전」은 선악의 대결보다는 '시은施恩에 대한 보은報恩의 구체적 형상'으로 도덕주의적 입장을 드러내고 있는 것이 그 특징이라 하겠다.[31] 즉 「숙향전」은 '시은에 대한 철저한 보은의 구현'을 통해 작가의 도덕주의적 지향을 표출한 작품이라고 할 수 있다.

이러한 「숙향전」의 특징은 서두 부분에서 단적으로 드러난다. 「숙향전」과 유사한 고소설의 대부분은 일반적으로 서두에 주인공의 탄생장면이 서술되어 있다. 그런데 「숙향전」의 서두에는 주인공 숙향의 탄생장면이 아니라, 숙향의 부친인 김전이 거북(용녀)을 구하고 그 거북으로부터 보답을 받는 장면이 형상화되어 있다. 「숙향전」은 김전이 반하수에 놀러 갔다가 어부들에게 잡힌 거북을 구해주는데, 그 이듬해 이제는 반대로 물에 빠져 죽을 위기에 처한 김전을 거북이 구하고 또 구슬 2개를 주어 보은하는 사건으로 시작되고 있는 것이다. 이렇듯 「숙향전」이 유사한 여타의 고소설들과는 달리, 독특한 형태인 보은담으로 시작된 것은 '보은'으로 대변되는 작자의 도덕주의적 지향이 강력하게 반영된

31 「숙향전」에도 선악의 대결, 그리고 이 대결에서의 선의 궁극적인 승리와 악인에 대한 징치가 없는 것은 아니다. 그러나 악행에 대한 징치는 작품 전반에 걸쳐 단 한 번 나타난다. 남군 장 승상 댁에서 숙향을 모함했던 사향이 천벌을 받아 죽는 것이 그 전부이다. 반면에 은혜를 갚는다는 내용의 '보은담'은 「숙향전」의 주요 모티브의 하나라고 할 수 있을 만큼 빈번하게 나타난다.

결과로 이해된다.

물론, '거북의 보은담'이라고 할 수 있는 「숙향전」의 서두가 이후의 사건 전개와 무관하게 형상화되어 있는 것은 아니다. 「숙향전」의 서두에 형상화되어 있는 '보은담'의 핵심적인 내용은 김전이 거북에게 구슬을 얻었다는 것이며, 이 구슬은 일종의 신물神物로 이후의 사건 전개와 긴밀하게 연계되어 있다. 가난하여 장가를 가지 못하던 김전은 이 구슬을 폐물로 삼아 영천 장숭의 딸과 혼인하게 되며, 숙향은 김전과 장씨 사이에 태어났던 것이다. 또 이 구슬은 숙향과 이선의 인연을 맺게 하는 신표信標로, 전란으로 헤어진 숙향이 다시 부모와 만날 때 부녀 간임을 확인해 주는 증거로, 나아가 병으로 눈이 멀게 된 황태후의 눈을 치료하는 개안주開眼珠 등으로 사건의 전개에 지속적으로 간여하고 있다.[32] 따라서 향후의 사건 전개와 긴밀하게 연계되어 있는 '구슬'을 획득하는 과정을 구체적으로 형상화한 「숙향전」의 서두는 소설 구성상 발단으로서의 역할을 충실하게 수행하고 있는 셈이다. 그러나 문제는, 많은 고소설에 「숙향전」의 구슬과 같은 기능을 담당하고 있는 신물이 나타남에도 불구하고 그것의 획득 과정을 「숙향전」처럼 구체적으로 형상화한 작품은 찾아보기 어렵다는 점이다.[33] 다시 말해서 '보은담'의 형태로 이루어진 「숙향전」의 서두는 유사한 여타의 소설에서는 찾아보기 어려운 특이한 형태이며, 또 고소설 일반의 구성 형태에 비추어 볼 때 필수적인

---

32 장숭은 김전에게서 받은 구슬로 옥지환 2개를 만들어 딸에게 주며, 뒤에 숙향의 모친인 장씨는 전란으로 숙향과 헤어질 때 다시 옥지환 하나를 숙향에게 준다. 숙향은 부모와 헤어진 이후 요지연 꿈속에서 이 구슬을 떨어트리고 이를 이선이 줍는 데, 후에 숙향은 '천정연분'의 징표로 이선에게 이 구슬을 요구한다. 나아가 이 구슬은 서해용궁의 보배인 개안주로 밝혀지고, 마침내 병으로 눈이 멀게 된 황태후의 눈을 뜨게 하는 데 이용되기도 한다.

33 예컨대, 「백학선전」에서 '백학선'은 「숙향전」에서 구슬과 유사한 역할을 수행하고 있지만, 그것의 획득 과정이 「숙향전」처럼 구체적으로 형상화되어 있지 않은 것이다.

요소로 보기도 어렵다는 것이다.

「숙향전」의 서두에 형상화된 '거북의 보은담'이 소설 구성상 필수적인 요소로 보기 어렵다는 것은, 「숙향전」 이본의 한 계열을 이루고 있는 박순호소장본[34]을 보아도 알 수 있다. 이 이본은 「숙향전」 이본들 중에는 매우 예외적인 이본인데, 여기에는 구슬의 획득 과정을 형상화한 '거북의 보은담'이 없다. 김전 부부가 늦도록 자식이 없어서 근심하다가 주인공인 숙향을 낳게 되는 장면으로 시작되고 있는 것이다. 그런데도 서사의 전개에 전혀 무리가 없다. 이러한 사실만으로도 전형적인 「숙향전」의 경우 작가가 '보은'에 대해 남다른 관심을 가지고 있다는 것을 알 수 있다. 요컨대, 「숙향전」의 작가가 작품의 서두에 보은담을 설정한 것은 그만큼 '보은'을 중시한 결과라고 하겠다.[35]

'보은'으로 대변되는 「숙향전」 작가의 도덕주의적 지향은 시은에 대한 보은이 철저하게 구현된다는 점에서 더욱 분명하게 확인된다. 김전의 구원으로 살아난 용녀는 물에 빠진 김전을 구해줄 뿐만 아니라, 김전의 딸인 숙향까지 구해줌으로써 김전의 은혜에 철저히 보답한다.[36]

---

34 박순호, 『한글필사본고소설자료총서』 71, 오성사, 1986.

35 신재홍 교수는 「숙향전」의 이러한 측면을 중시하여, "인간은 서로 의지하여 가엾은 이웃을 도와주며 살아야 된다는 메시지가 이 작품 전반에 흐르고 있다. 이 점, 이 작품의 주제가 인간의 가장 기본적인 삶의 자세에 놓임을 드러내고 있다"(신재홍, 「숙향전의 미적 특질」, 『다곡 이수봉 박사 정년기념 논총』, 경인문화사, 1994, 538쪽)고 논술하고 있다. 이러한 신재홍 교수의 견해는 일정하게 타당성을 지니고 있지만, 고소설 일반의 주제를 '권선징악'이나 '고진감래' 등으로 이해하는 것과 본질적으로 차이가 없다. 때문에 자못 고소설 개개의 작품이 지니고 있는 변별적 자질을 사상시켜버릴 위험성을 내포하고 있다. 우리가 굳이 작품의 심층적인 갈등 구조와의 관련 속에서 주제를 파악하고자 하는 것도 이러한 위험성을 배제하려는 노력과 무관하지 않을 것이다.

36 숙향은 사향의 모함으로 장 승상 댁에서 쫓겨난 이후 자신에게 씌워진 오명을 비관하여 포진강에 투신하는데, 이때 처음 나타나 숙향을 구해준 것이 바로 김전이 구해준 용녀였다. 또 후에 숙향과 혼인한 이선은 거북(용녀)이 준 구슬로 황태후를 살리는 큰 공을 세우고 초왕에 봉해지는데, 이것 역시 김전의 시은에 대한 거북의 보은이 철저하게 관철된

이 점은 숙향 역시 마찬가지다. 주인공 숙향은 전란으로 부모를 잃고 유리걸식하는 동안에 명사계의 후토부인 · 포진강 용녀 · 노전의 화덕진군 · 마고할미 등 초월적 존재들의 구원과, 한 늙은 도적 · 장 승상 부부 등 현실적 존재들의 도움을 받는다. 이들의 구원과 도움으로 살아난 숙향은 이후 이선과 결연을 맺고 또 정렬부인에 봉해지는데, 숙향은 형주태수로 부임해 간 남편 이선을 뒤쫓아 가면서 자신을 구원했던 존재들에게 일일이 은혜를 갚는다. 포진강과 노전에 이르러 각각 제물을 바치고, 남군땅의 장 승상 부부를 찾아가 10년 동안 보살펴 준 은혜에 보답하며, 장사땅에 이르러 백미 3백 석으로 밥을 지어 잔나비 등 여러 짐승들에게 먹인다.[37] 이렇듯 「숙향전」에는 시은에 대한 보은이 철저하게 구현되어 있다.

「숙향전」의 작가가 얼마만큼 시은에 대한 보은을 철저하게 구현하고 있는가 하는 것은 결말부에서 극명하게 표출된다.

> 초왕이 일일은 ᄉᆞ람을 모와 ᄌᆞᆫ치 ᄉᆞᆺ틔 시럼을 붓치더니 그 즁의 ᄒᆞᆫ ᄉᆞ람이 늘그되 당할 ᄌᆡ 업거날 초왕이 ᄎᆞᆼᄎᆞᆫᄒᆞ더니 잇ᄯᆡ 졍열왕비 누의 올나 귀경ᄒᆞ다가 ᄌᆞ세 보니 반야ᄉᆞᆫ의셔 업어다가 쥬던 도젹갓거늘 그 ᄉᆞ람을 불너 젼후슈말을 무른ᄃᆡ 답왈 긋ᄯᆡ 란즁의 엇던 아희 부모를 일코 바회틈의 안ᄌᆞ 울거날 그 아희 긔ᄉᆞᆼ을 보니 ᄌᆞᆼᄂᆡ 귀히 될 터이오ᄆᆡ 업어다가 뉴곡역구의 쑤고 갓나이다. (…중략…) 초왕이 그 ᄉᆞ연을 황제게 쥬달ᄒᆞ고 셔량틔슈를 ᄒᆞ이시다.[38]

것이라고 하겠다.

37 숙향은 유리걸식하던 중 추위와 굶주림으로 죽을 위기에 처하는데, 이때 명사계의 후토부인이 보낸 잔나비와 황새가 나타나 먹을 것을 주고 추위를 막아주어 살아난다. 따라서 숙향이 이들 짐승들에게 먹을 것을 준 것은 곧 후토부인에게 은혜를 갚은 것이 된다.

이 대목은 숙향과 이선이 승천하기 직전의 장면이다. 숙향이 늙은 도적에게 구원을 받았던 것은 부모와 헤어진 직후다. 도적들이 뒤쫓아 오자 김전 부부는 부득이 숙향을 바위틈에 숨기고 달아나지만, 숙향은 도적들에게 발견되어 죽을 위기에 처한다. 그런데 도적들 중 한 늙은이가 숙향을 죽이려는 다른 도적들을 만류하고 숙향을 구해 마을 입구에 데려다 놓았던 것이다. 숙향이 형주자사로 부임한 이선을 뒤쫓아 가면서 자신을 구원했던 다른 모든 이들에게는 은혜를 갚았지만, 이 늙은 도적은 현실적으로 만나기 어려운 존재였기 때문에 보답을 할 수가 없었다. 그런데 「숙향전」의 작가는 마지막 대목에서 숙향이 늙은 도적을 찾아내어 보답하는 장면을 형상화하고 있는 것이다.

이렇듯 「숙향전」의 작자는 작품 전반에 걸쳐 시은에 대한 보은을 철저하게 구현해 놓고 있다. 여기에서 우리는 '보은'으로 대변되는 「숙향전」 작가의 도덕주의적 지향이나 세계관을 충분히 엿볼 수 있다. 또 시은에 대한 보은이 철저하게 구현된 만큼 작가의 도덕주의적 지향이 철저했던 것으로 이해된다. 요컨대, 「숙향전」의 작가는 일종의 철저한 도덕주의자라고 할 수 있다.

흔히 고소설 연구에 있어서 도덕적·윤리적 모토는 조선시대 지배 계급의 이데올로기인 성리학적 사회윤리와 동일한 범주로 이해되곤 했다. 일례로 김일렬 교수는 「장화홍련전」, 「숙영낭자전」, 「숙향전」 등을 주 대상으로 삼은 논고에서, "작자층이 소설을 서민층에 대한 '준'윤리교과서로 생각하였다면 독자층은 그것을 단순한 허구로서가 아니라 '준'역사 곧 사실의 기록으로 인식"[39]하였다고 언급하고 있는 것이다. 일부

---

38 이대본 「숙향전」, 225~226쪽.

39 김일렬, 「고대소설의 이원론적 세계관과 유교」, 『어문론총』 8, 경북대 국어국문학과, 1973, 3쪽.

고소설의 경우 그것이 표방하고 있는 도덕적 · 윤리적 모토가 양반들의 지배 이념과 일정하게 연계되어 있다는 것을 부정할 수 없다. 그러나 고소설에 나타난 모든 윤리적 모토를 지배 계급의 이념과 관련지어 이해하는 것은 곤란하다. 특히 서민 지향성을 일정하게 내포하고 있는 대다수의 국문소설에 있어서 도덕적 · 윤리적 모토는 지배 계급의 그것과는 일정하게 구분되어야 할 것이다. 이와 관련하여 우리는 마오둔茅盾의 다음과 같은 언급에 주목할 필요가 있다.

> 중국의 현실주의 문학은 줄곧 '선은 선의 보답이 있고 악은 악의 응보가 있다'는 것을 강조하고, 또 혹은 진하고 강렬하게 혹은 비교적 암시적으로 생활의 변증 관계(이른바 '복은 화가 따르고 화에는 복이 따른다'는 관념)를 표현하였다. 이러한 응보와 화복이 순환하는 묘사는 비록 때로 미신과 정명론(定命論)의 색채를 띠고 있지만, 실제로는 인민들이 진리와 정의에 의해서 필연적으로 최후에 승리한다는 견고한 신념을 반영하고 있다. 미신과 정명론의 색채는 과학이 발달하지 않은 시대의 한계에 불과하였다.[40]

마오둔은 중국문학에 흔히 나타나는 권선징악이나 인과응보와 같은 도덕적 모토가 진리와 정의에 의해서 필연적으로 최후에 승리한다는 인민들의 견고한 신념을 반영하고 있다고 언급하고 있다. 즉 마오둔은 권선징악이나 인과응보와 같은 소박한 도덕적 관념이 지배 계급이 아니라 바로 '인민들'의 의식의 소산이라고 주장하고 있는 것이다.[41] 분

---

40 마오둔, 박운석 역, 『중국문학의 현실주의와 반현실주의』, 영남대 출판부, 1987, 56~57쪽.
41 비록 마오둔은 중국문학을 전제로 위와 같은 언급을 했지만, 이는 우리 고소설의 경우에도 전혀 다를 것이 없다.

명 '선은 선의 보답이 있고 악은 악의 응보가 있다'와 같은 소박한 도덕적 관념은, 지주전호제를 바탕으로 성립한 불평등한 신분 관계와 사회질서를 인성론과 명분론에 근거를 둔 인륜으로 짜 맞추어 당연한 질서로 긍정케 함으로써 생산대중인 전호농민의 자주성을 왜곡하고 저해한 지배층의 이데올로기인 성리학적 사회윤리나 도덕 관념과는 다르다.

「숙향전」에 구현된 '시은에 대한 철저한 보은'은 두 가지 의미를 동시에 함축하고 있다. 하나는 '남을 도와주면 반드시 그에 대한 보답을 받는다'는 것이며, 다른 하나는 '은혜를 입으면 반드시 보답하라'는 것이다. 이러한 도덕적 모토는 기본적으로 권선징악이나 인과응보와 같은 도덕 관념과 맥락을 같이 하고 있는 소박한 차원의 것으로, 지배 계급의 그것과는 구분된다고 하겠다.[42] 이렇듯 「숙향전」에 표방된 도덕적 지향이 가장의 절대적 권위와 남녀의 차별을 기본 내용으로 하고 있는 봉건가부장적 질서를 일정하게 지양하고 있다는 점에서 보다 분명하게 확인된다. 저자가 다소 장황하게 작자의 철저한 도덕주의적 세계관을 거론한 것도 바로 이점에 주목했기 때문이다. 요컨대, 「숙향전」에 철저하게 구현된 소박한 도덕주의는 봉건적 가부장제에 따른 수직적 인간 관계를 지양하고 수평적 인간 관계를 지향하는 측면이 있다는 것이다. 이와 관련하여 저자는 남주인공인 이선과 숙향의 부친인 김전의

42 권선징악이나 인과응보와 같은 도덕적 관념을 일컫는 적절한 용어가 없는바, 저자는 편의상 이것을 '소박한 도덕적 관념'이나 '소박한 도덕주의'로 지칭하고자 한다. 신재홍 교수는 「숙향전」에 표방된 도덕적 지향을 "인간은 서로 의지하여 가엾은 이웃을 도와주며 살아야 된다는 메시지"로 이해하고, 이를 "인간의 가장 기본적인 삶의 자세"나 "원초적 윤리의식"(신재홍, 앞의 글, 538쪽)이라 지칭한 바 있다. 저자가 사용한 '소박한 도덕주의'라는 용어 역시 기본적으로는 이와 유사한 의미 맥락에서 이해해도 무방하리라 생각된다. 다만, 저자는 「숙향전」의 작가가 시은에 대한 보은을 '철저하게' 구현하고 있다는 점을 고려하여 '도덕주의'라 일컫고, 또 이것을 지배 계급의 성리학적 사회윤리나 도덕적 이념과 일정하게 구분하기 위해 '소박한'이라는 수식어를 붙인 것이다.

수난을 살펴보고자 한다.

「숙향전」은 여주인공 숙향의 고난이 많은 비중을 차지하고 있으며, 이것은 전쟁고아로서의 숙향의 처절한 삶을 구체적으로 반영한 결과라고 할 수 있다. 그러나 「숙향전」에는 숙향의 고난만 있는 것은 아니다. 숙향과 천정연분의 관계로 설정되어 있는 이선은 숙향을 찾기 위해 고행을 겪으며, 김전은 잃어버린 딸을 찾기 위해 수난을 당한다. 그리고 이들의 고행과 수난은 숙향의 고난에 상응하는 측면이 있다. 다시 말해서 이선의 고행이나 김전의 수난은 숙향의 고난에 대한 보상적 성격을 함축하고 있다는 것이다.

먼저 이선의 고행을 살펴보자. 이선은 '요지연 꿈'에서 숙향을 본 이후 부귀공명에 뜻이 없이 오로지 숙향만을 생각하다가, 숙향이 놓은 '요지연 수'를 계기로 숙향을 찾아 이화정에 이른다. 그런데 이화정 할미는 숙향이 없다고 거짓말을 하면서 이선에게 다음과 같이 말한다.

> 한미 왈 나도 쇼애 이별ᄒᆞᆫ 지 오ᄅᆡ오니 니졔 ᄌᆞ셔히 모로건니와 남양ᄯᅡ 김젼의 집니 가 본 연후의 그곳의 업거든 남군ᄯᅡ 장승샹ᄃᆡᆨ의 가 ᄎᆞᄌᆞ 보시되 니ᄉᆡᆼ 일홈은 슉향니오ᄆᆡ 아모커나 경셩를 드려 ᄎᆞᄌᆞ 보쇼셔.[43]

이화정 할미는 이선에게 숙향을 찾으려면 먼저 남양 김전의 집에 가보고, 거기에 없으면 다시 남군 장 승상 댁에 가보라고 한다. 남양은 숙향이 태어난 곳이며, 남군은 숙향이 전쟁 고아로 유리걸식하다가 일차 정착했던 곳이다. 이선이 처음 이화정에 찾아 갔을 때 숙향은 분명 이

---

43 한중연본, 37쪽.

화정에서 수를 놓고 있었다. 그런데도 이화정 할미는 숙향이 없다고 거짓말을 하는데, 이것은 숙향에 대한 이선의 정성을 시험하기 위한 것이다. 결국 이선은 이화정 할미의 거짓말로 인해 숙향을 찾아 사방을 돌아다니는 고행을 겪게 된다.

숙향을 찾기 위한 이선의 고행은 남양에서부터 시작된다. 이화정에서 돌아온 이선은 부친 이상서에게 "형쵸쌰의 긔특흔 문장니 낫싸 흐고 천하 명싀 만히 가본다 흐오니 쇼즈도 가보고 오리이다"[44]며 거짓말을 하고, 숙향을 찾아 남양 김전의 집으로 간다. 그러나 이화정에 있는 숙향이 남양에 있을 리 없다. 이선은 남양에서 '5세에 전란으로 숙향을 잃은 후 지금껏 그 종적을 알지 못하고 있다'는 말만 듣고 다시 남군 장승상 댁으로 간다. 장 승상 댁에서도 숙향을 만나지 못한 이선은 '숙향이 사향의 모함으로 집을 나간 뒤 포진강에 빠져 죽었다'는 이야기를 듣고 포진강으로 가 제물을 갖추어 제사를 지낸다. 이때 청의동자가 나타나 이선을 숙향이 불타 죽을 뻔한 위기를 겪었던 노전으로 인도하며, 이선은 노전에서 화덕진군에게 숙향이 이화정에 있다는 사실을 알아내고 다시 낙양으로 되돌아온다.

이렇듯 이선은 마고할미의 말에 따라 숙향이 태어나서 이화정에 이르기까지 거쳐 왔던 '고난의 역정'을 일일이 되짚어 돌아다닌다. 이선이 이화정 할미의 말을 믿고 숙향을 찾기 위해 돌아다닌 길은 천 리나 되는 먼 길이다. 즉 이선은 마고할미의 거짓말 한마디로 천 리나 되는 먼 길을 공연히 왕래하는 고행을 겪은 것이다. 그러나 이선의 고행은 단순히 숙향의 고난의 역정을 두루 돌아다닌 것에 한정되지 않는다. 이

44 한중연본, 37쪽.

선은 숙향이 있는 곳을 알아내기 위해 노전에서 화덕진군에게 심한 곤욕을 치른다.

> ᄉᆡᆼ니 그 즁를 니별ᄒᆞ고 노ᄉᆡ를 ᄌᆡ촉ᄒᆞ여 가더니 큰 쇼나무 졍ᄌᆞ의 너분 반셕 우희 ᄒᆞᆫ 노옹니 노감토를 숙니 쓰고 안ᄌᆞ 죠올거ᄂᆞᆯ ᄉᆡᆼ니 나아가 ᄌᆡ비ᄒᆞ되 본 쳬 아니커ᄂᆞᆯ 다시 ᄉᆞ러 고ᄒᆞ되 지나가는 ᄒᆡᆼᄀᆡᆨ니올너니 갈 길흘 뭇즙너이다. 그 노옹니 그젹의야 쟘간 눈을 써보고 왈 무삼 일노 곤니 쟈는 늘근 어룬를 ᄭᆡ와 무슨 잡말을 ᄒᆞ는다. 내 귀가 먹어시니 크게 일너라. 니랑이 다시 ᄉᆞ러 고왈 쇼ᄌᆞ는 낙양북촌 니위공의 아들 니션이옵ᄯᅥ니 남양ᄯᅡ 김젼의 ᄯᆞᆯ 숙향을 젼ᄉᆡᆼ년분이라 ᄒᆞ옵기로 불원쳔리ᄒᆞ고 ᄎᆞᄌᆞ오되 죵젹를 모로더니 젼ᄎᆞ로 듯ᄌᆞ오니 노션ᄉᆡᆼ이 알르신다 ᄒᆞ옵기로 뭇즙너니 어엿비 너기ᄉᆞ 갈으쳐 쥬시믈 발아너이다. 노인니 눈셥흘 찡그고 왈 ᄂᆡ 이곳의 이션지 슈쳔년니 넘어시되 너도 젼일 본 ᄇᆡ 업고 숙향니란 말도 듯지 못ᄒᆞ여거든 어듸셔 밋친 즁놈의 말을 듯고 이리 깁히 드러와 단잠을 ᄭᆡ와 괴로온 말을 뭇는뇨. (…중략…) 그 노옹이 가쟝 오ᄅᆡ 죠올다가 왈 그ᄃᆡ ᄒᆞ 간권니 구니 ᄂᆡ 잠을 드러 ᄭᅮᆷ에 가 숙향니 잇는 ᄃᆡ를 알아 올거시니 그ᄃᆡ는 ᄂᆡ 발바당를 두 숀으로 부뷔라 ᄒᆞ고 바회예 눕거ᄂᆞᆯ ᄉᆡᆼ니 노인의 발를 부뷔더니[45]

노전에서 화덕진군을 만난 이선은 자신이 '낙양 북촌 이위공의 아들'임을 밝힌 이후 숙향의 소재를 알려 달라고 부탁한다. 노전의 화덕진군은 화재로 불타 죽을 위기에 처한 숙향을 구했던 인물이다. 그런데 화덕진군은 숙향이란 이름을 들어보지도 못했다고 잡아뗀다. 이선이 무

---

45 한중연본, 39~40쪽.

릎을 꿇고 간절하게 호소하자, 화덕진군은 그때서야 겨우 숙향이 있는 곳을 알려주겠다며 이선에게 자신의 발바닥을 비비라고 요구한다. 비록 작품 내에서 화덕진군은 천상신령으로 설정되어 있지만, 이선의 눈에 비친 화덕진군은 한갓 노감투를 눌러 쓴 노인에 불과하다.[46] 더구나 이선은 분명 화덕진군에게 자신이 "쳔하에 병권를 잡아시믜 위엄니 ᄉᆞ힉예 진동ᄒᆞ고 금은보픠는 쳔ᄌᆞ나 다르미"[47] 없는 낙양 북촌 이위공의 아들임을 분명하게 밝힌 터이다. 그런데 화덕진군은 바로 이러한 이선에게 자신의 발바닥을 비비라고 요구하고 있으며, 이선은 순순히 그 요구에 따르고 있는 것이다. 신분의 고하를 떠나서 남의 발바닥을 비빈다는 것 자체가 이미 하나의 큰 수모요 곤욕이라고 할 수 있는바, 고관대작의 귀공자인 이선에게 있어서 이러한 행위는 더할 나위 없이 큰 수모요 곤욕이었다고 하겠다.[48]

이러한 화덕진군의 행위 역시 기본적으로는 마고할미의 거짓말과 마찬가지로 숙향에 대한 이선의 정성을 시험하기 위한 것이다. 그러나 마고할미나 화덕진군이 이선으로 하여금 공연히 천 리 길을 오가게 하거나 심한 곤욕을 치르게 한 것은, 단순히 '숙향에 대한 이선의 정성 시험'이라는 의미만을 갖고 있는 것은 아니다. 숙향을 찾기 위한 이선의 고행과 수난은 숙향의 고난에 대한 보상적 성격을 강하게 담지하고 있기 때문이다. 이를 시사하는 것이 다음과 같은 숙향의 불만 토로다.

---

46 「숙향전」의 경우, 작중 주인공은 일반적으로 자신을 구원하는 마고할미나 화덕진군이 초월적 존재인지를 모르는 것으로 서술되어 있다.

47 한중연본, 29쪽.

48 화덕진군이 고관대작의 귀공자인 이선에게 발바닥을 비비라고 요구한 것은 당대 지배계급에 대한 민중들의 저항적 심리가 일정하게 반영된 것으로 이해된다.

> 슉향니 애연 탄왈 그러ᄒᆞ면 션군니 인간 왓싸 ᄒᆞ니 인간 셩명은 뉘라 ᄒᆞ는요. 옥네 ᄃᆡ왈 져젹의 항아의 말샴를 듯ᄌᆞ오니 부귀공명니 쳔하의 웃뜸니 되리라 ᄒᆞ시더이다. 슉향 왈 한가지로 득죄ᄒᆞ야 인간의 귀향왓싸 ᄒᆞ되 션군은 호환으로 지ᄂᆡ게 ᄒᆞ고 나는 엇지 고힝으로 지ᄂᆡ게 ᄒᆞ엿는고. 옥네 ᄃᆡ왈 쳐음의 쳔샹의셔 득죄ᄒᆞᆯ 졔 부인니 먼져 희롱ᄒᆞ온 죄로 즁ᄒᆞ고 ᄯᅩᄒᆞᆫ 션군은 샹졔 압헤셔 일ᄀᆞᆨ도 써나지 안이 ᄒᆞ는지라. 샹졔 가쟝 샤랑ᄒᆞ시되 월궁항애 경죄ᄒᆞ시ᄆᆡ 마지 못ᄒᆞ여 인간의 구향 보ᄂᆡ시나 지금이라도 샤랑ᄒᆞ시는 ᄯᅳ지 즁ᄒᆞ시기로 귀히 되게 ᄒᆞ엿너이다. 슉향이 탄왈 날은 엇지 그다지 심니 ᄒᆞ실샤.[49]

위의 인용문은 포진강에 투신한 숙향이 용녀와 옥녀의 구원을 받은 뒤 선녀에게 이선과 자신에 대한 옥황상제의 불평등한 처벌 이야기를 듣고, 이에 대해 의문을 제기하는 대목이다. 즉 숙향은 옥녀에게 자신과 이선이 천상에서 같은 죄를 지었는데 왜 이선은 호화롭게 지내게 하고 자신은 고행을 겪게 했느냐고 묻고 있는 것이다. 이러한 숙향의 의문은 곧 봉건적 가부장제를 기반으로 한 남녀차별에 대한 불만을 토로한 것으로서, 남녀차별에 대한 당대 여성들의 불만이 일정하게 반영된 결과라고 할 수 있다.[50] 「숙향전」이 창작되었던 17세기 말에서 18세기 초는 지주전호제를 바탕으로 한 봉건적 제 질서가 농업 기술과 상업의

---

49 한중연본, 19~20쪽.

50 이 대목은 내용의 심각성으로 인해 이미 다른 연구자에 의해서도 주목을 받은 바 있다. 김응환은 이 대목을 근거로 "작가는 여성을 천시하는 남존여비의 사회윤리관에 익숙한 것 같다"(김응환, 「「숙향전」의 도교사상적 고찰」, 한양대 석사논문, 1983, 23쪽)라고 언급하였는데, 이는 위의 대목이 함축하고 있는 사회적 의미를 전혀 감지하지 못한 견해라고 할 수 있다. 반면에 나도창은 당대 여성들의 "남존여비에 대한 불만을 나타낸 것"(나도창, 「「숙향전」 연구」, 숭전대 석사논문, 1984, 75쪽)이라고 온당하게 이해하고 있다.

발달로 그 모순을 일정하게 노정하던 역사적 단계였다. 그러나 가부장의 절대적 권위와 남녀차별을 기본 내용으로 하고 있는 봉건적 가부장제는 이 시기에도 여전히 완고하게 유지되고 있었으며, 이러한 사회적 조건하에서 여성이 남녀차별에 대한 불만을 토로한다는 것은 쉬운 일이 아니었음에 틀림이 없다. 그런데 「숙향전」에는 봉건적 가부장제에 따른 남녀차별에 대한 불만이 분명하게 제기되어 있는 것이다. 여기에서 우리는 「숙향전」의 작가가 봉건적 가부장제를 바탕으로 한 남녀차별의 불합리함을 일정하게 인식하고, 또 그 불합리함을 지양하고자 했던 인물이었음을 알 수 있다.[51]

그러나 저자가 위의 대목에 주목한 것은 단순히 「숙향전」의 작가가 봉건적 가부장제를 바탕으로 한 남녀차별을 지양하는 인물이었다는 것을 거론하기 위한 것만은 아니다. 보다 중요한 것은 마고할미와 화덕진군으로 인한 이선의 고행과 수난이 바로 "한가지로 득죄ᄒᆞ야 인간의 귀향왓ᄶᅡ ᄒᆞ되 션군은 호환으로 지ᄂᆡ게 ᄒᆞ고 나는 엇지 고힝으로 지ᄂᆡ게 ᄒᆞ엿는고"와 같은 도덕적 문제의식의 연장선 위에서 설정되고 형상화되었다는 점이다. 다시 말해서 이선의 고행과 수난은, 천상에서 똑같은 죄를 지었음에도 불구하고 처벌이 달랐던 것에 대한 불합리를 일정하게 시정하는 차원에서, '숙향에 대한 이선의 정성 시험'이라는 명분하에 이루어지고 있다는 것이다. 이선의 고행이 숙향의 '고난의 역정'을 일일이 반추하는 형식으로 주어진 것도 이러한 작가의 도덕적 문제의

51 「숙향전」의 작가가 봉건적 가부장제를 바탕으로 한 남녀차별에 대해 부정적인 시각을 갖고 있는 인물이라는 것은 '무자식으로 인한 이상서 부부의 갈등'에서도 분명하게 확인할 수 있다. 즉 무자식의 탓을 전적으로 부인 왕 씨에게 돌리려는 이상서의 행위에 대해 부인 왕 씨는 무자식의 원인이 자신에게만 있는 것은 아니라며 강력하게 반발하였던 것이다. 이런 점에서 「숙향전」의 작가는 여성이거나 아니면 여성의 입장을 잘 이해하고 옹호하는 인물이었던 것으로 생각된다.

식에서 비롯되었다고 할 수 있다.

나아가 숙향의 고난의 역정을 하나하나 반추하는 형식으로 주어진 이선의 고행은, 이선으로 하여금 숙향이 어떠한 고난을 겪었는지 구체적으로 알게 함으로써, 숙향에 대한 자신의 도의적 책임을 인식하게 하는 과정이기도 하다. 이선이 고행을 겪은 이후 숙향에 대한 자신의 도의적 책임을 누차 반복하여 진술한 것도 숙향의 고난의 역정을 반추했던 고행의 결과라고 할 수 있다.

> 할미 위로 왈 공ᄌᆞ는 샹셔ᄃᆡ 귀공ᄌᆡ라. 아롬다온 ᄇᆡ필를 구ᄒᆞ야 향ᄂᆡ나는 방안헤 원앙금침의 츄월츈풍의 ᄒᆞᆫ가로니 지ᄂᆡ실 거시어ᄂᆞᆯ 무슨 일노 병든 슉향를 ᄎᆞ즈려 ᄒᆞ시는고. ᄂᆡ 몸 괴로온 쥴 ᄭᆡ닷지 못ᄒᆞ오니 도로혀 민망ᄒᆞ여이다. 니ᄉᆡᆼ 왈 ᄂᆡ 부귀를 낫바 ᄒᆞ오며 ᄇᆡ필을 못어더 ᄒᆞ미 안니오라 젼ᄉᆡᆼ 일를 모를 졔는 무심ᄒᆞ더니 아온 후는 슉향을 위ᄒᆞ야 침식니 불안ᄒᆞ고 ᄯᅩ 날노 ᄒᆞ여곰 인간의 날려와 병인니 되여 고ᄒᆡᆼ를 지ᄂᆡᆫ다 ᄒᆞ오니 ᄂᆡ 간쟝니 비록 쳘셕인들 엇지 잔잉치 안니 ᄒᆞ리요. 슉향를 못만나면 결단코 인간의셔 잔명를 부지치 못ᄒᆞ리로쇼이다.[52]

이 대목은 이선이 숙향을 찾지 못한 채 이화정으로 돌아와 할미와 주고받은 대화의 일부분이다. 숙향을 배필로 삼는 것이 불가하다는 이화정 할미의 말에 대해, 이선은 "날노 ᄒᆞ여곰 인간의 날려와 병인니 되여 고ᄒᆡᆼ를 지ᄂᆡᆫ다 ᄒᆞ오니 ᄂᆡ 간쟝니 비록 쳘셕인들 엇지 잔잉치 안니 ᄒᆞ리요"라며 자신의 도의적 책임을 거론하고 있다. 이선이 숙향의 고난에

52 한중연본, 43쪽.

대한 자신의 도의적 책임을 거론한 것은 '천정연분'과 마찬가지로 자신과 숙향의 결연을 이루기 위한 하나의 명분이라고 할 수 있다. 그러나 이러한 이선의 태도는 분명 고행을 겪기 이전과는 다르다. 이선이 숙향을 찾기 위해 처음 이화정에 들렀을 때는, "인년니 즁ᄒᆞ면 엇지 빈부를 갈희며 셜ᄉᆞ 병인인들 엇지 ᄒᆞ리잇가"[53]라며 '천정연분'만이 거론했었다. 그런데 이화정 할미의 거짓말에 속아 숙향이 어떠한 고행을 겪었는가를 구체적으로 확인한 이후, 이선은 '숙향의 고난에 대한 자신의 도의적 책임'을 언급하고 있는 것이다.

여기에서 우리는 '숙향에 대한 이선의 정성 시험'이라는 명분하에 주어진 이선의 고행이 철저한 계획과 의도, 특히 작가의 도덕주의적 지향에 따라 설정되고 형상화된 것임을 알 수 있다. 즉 '시은에 대한 철저한 보은'을 구현했던 작가의 소박한 도덕주의가 남녀의 차별과 이로 인한 불평등한 처벌을 용납하지 않았다고 하겠다. 다시 말해서 이선의 고행과 수난은, '숙향이 고난을 겪었던 만큼 이선 또한 그에 준하는 고행을 겪어야 한다'는 작가의 소박한 도덕주의를 반영하고 있다는 것이다. 앞서 저자가 이선의 고행과 수난이 숙향의 고난에 대한 보상적 성격을 강하게 담지하고 있다고 언급한 것도 바로 이러한 사실에 근거하고 있다. 그리고 이러한 소박한 도덕주의는 봉건적 가부장제를 바탕으로 한 남녀차별을 지양하는 작가의 현실 인식과 무관하다고 할 수 없다. 요컨대, 작가의 소박한 도덕주의가 봉건적 가부장제에 기반을 둔 남녀차별의 불합리함을 인식하고 나아가 이를 지양하는 기제로서 역할하고 있다는 것이 저자의 판단이다.

---

53 한중연본, 36쪽.

다음은 김전의 수난을 보자.

> 그 노인니 또 셩ᄂᆡ여 왈 하인니 가져온 음식를 멱으면 하인의 정셩인니 하인의 쌀 간 ᄃᆡ를 일으리라 ᄒᆞ거늘 김젼니 친히 졈의 가 타고 간 말를 쥬고 샬문 돗 ᄒᆞ나와 쬬흔 슐 일ᄇᆡᆨ ᄃᆡ야를 가져다가 드리니 노인니 죠곰도 사양치 안니 ᄒᆞ고 다 먹은 후의 왈 ᄂᆡ 슐리 취ᄒᆞ여 못 일르ᄀᆡ시니 예 잇거라 ᄒᆞ고 인ᄒᆞ야 눈를 감고 잠를 깁히 드러 코흘 울레갓치 고을거늘 김젼니……. 혼쟈 팔장 끗고 공슌히 셧써니 문득 날리 어두오며 큰 쇼낙이 퍼붓드시 오더니 평지예 물리 엇게예 넘어가되 김젼니 죠곰도 움즈기지 안니 ᄒᆞ고 셧써니 이윽ᄒᆞ야 비는 그치고 찬바람니 다시 일어나며 급헌 눈니 담아붓드시 와셔 또한 엇게를 넘어가되 죠곰도 움즈기지 안니코 셧시니 오시 다 얼고 몸니 치워 인샤를 찰리지 못ᄒᆞ거늘 그졔야 노인니 ᄭᆡ여 일어 안즈며 쇼왈 ᄂᆡ 그ᄃᆡ ᄒᆞ는 거동를 보랴 ᄒᆞ고 그러틋 곤ᄒᆞ게 ᄒᆞ여시니 정셩이 과년 지극또다 ᄒᆞ고 샤ᄆᆡ 안흐로셔 홍션를 두어번 부치니 그런 챵셜리 일ᄀᆡᆨ의 다 업셔지고 도로혀 여름니 되엿써라.[54]

위의 대목은 김전이 3천 병마를 거느리고 양양태수로 부임하는 도중 노인으로 변신한 용왕에게 수난을 당하는 장면의 일부분이다. 용왕은 숙향이 있는 곳을 알려 주겠다며 김전에게 직접 술과 음식을 마련해 오라고 요구하고, 또 큰 비와 눈을 오게 하여 김전으로 하여금 "오시 다 얼고 몸니 치워 인샤를 찰리지 못ᄒᆞ"게 한다. 이러한 김전의 수난은 "그ᄃᆡ ᄒᆞ는 거동를 보랴 ᄒᆞ고 그러틋 곤ᄒᆞ게 ᄒᆞ여시니 정셩이 과년 지극또

---

54 한중연본, 75~76쪽.

다"라는 용왕의 언급에서 알 수 있듯이, 기본적으로 '숙향에 대한 김전의 정성'이 어느 정도인가를 시험하는 차원에서 이루어진 것인바, 앞서 이선이 노전에서 화덕진군에게 당했던 것과 동일한 성격을 지니고 있다.[55] 즉 이선이 '천정연분'인 숙향을 찾기 위해 화덕진군에게 곤욕을 치룬 것이라면, 김전은 잃어버린 딸 숙향을 찾기 위해 용왕에게 수난을 당한 것이라고 할 수 있다.

그러나 이러한 김전의 수난 역시 이선의 곤욕과 마찬가지로 단순히 숙향에 대한 김전의 정성을 시험하기 위한 것만은 아니다. 여기에는 전란 때 자기만 살기 위해 자식인 숙향을 반야산 바위틈에 버리고 갔던 김전의 행위[56]를 징치하는 의미가 함축되어 있다. 이는 뒤에 이어지는 다음과 같은 내용에서도 확인된다.

> 노인 왈 네 반야산 돌틈의 두고 가니 도적니 달려가니라. 김젼 왈 그리ᄒᆞ오면 도적의 ᄶᅡ헤 샤랏넌니잇가. 노션이 ᄯᅩ 갈오되 도적니 ᄯᅩ 달려다가 유곡역마을의 두고 가니 봉황금죠가 아도ᄒᆞ여 명샤계예 후토부인 궁즁의 갓시니 게가 ᄎᆞ쟈 볼숀야. 김젼 왈 그리면 쥭엇샵는잇가. (…중략…) 노인 왈 옥하슈의 ᄎᆡ련ᄒᆞ는 아희덜리 연닙쥬를 ᄐᆡ와다가 육노즁의 노흐니 길흘

55 김전의 수난 장면은 전반적으로 이선이 노전에서 화덕진군에게 치렀던 곤욕과 매우 흡사한 내용과 형태로 이루어져 있다.

56 한중연본의 경우 숙향이 부모와 이별하는 장면은 다른 이본에 비해 가족이 이산하게 된 절박한 상황과 이별의 참혹한 형상을 부각하는 차원에서 확대·부연되어 있다. 이러한 확대·부연은 숙향을 버리고 갔던 김전의 도덕적 책임을 일정하게 완화시키는 의미가 있다. 즉 김전이 숙향을 바위틈에 두고 간 것은 '버린 것'이 아니라 절박한 상황에서 행해진 부득이한 선택이었다는 것이다. 그러나 김전 부부가 도적의 칼날을 피하기 위해 숙향을 반야산 바위틈에 두고 간 것은, 본질적으로 '부모가 자기들의 생명을 부지하기 위해 자식을 버린 행위'로 이해될 수밖에 없으며, 부모의 도의적 책임을 완화시키려는 한중연본의 확대·부연은 이러한 본질을 역설적으로 반증하는 것이라고 하겠다.

> 그룻 드러 노젼의 가셔 쟈다가 화ᄌᆡ를 만나 불의 타 쥭다 ᄒᆞᆫ니 게는 육지ᄆᆡ 골탄ᄌᆡ나 잇실거시니 게가 ᄎᆞᄌᆞ 보아라. 김젼 왈 일정 게가 쥭어시면 젼들 엇지 어더 보올잇가. (…중략…) 노인니 졍ᄉᆡᆨ 왈 네 슉향를 부ᄃᆡ 어더 보려 ᄒᆞ는 뜻은 무삼 일고. 김젼 왈 늣ᄀᆡ야 ᄒᆞᆫ ᄯᅡᆯ를 어덧삽ᄯᅥ니 샤랑ᄒᆞ는 마음니 진치 못ᄒᆞ여셔 일허샤오니 ᄉᆡᆼ각ᄒᆞ오면 쳔지 망극ᄒᆞ와 죠셕의 눈물노 지ᄂᆡ옵ᄯᅥ니 오늘날 하눌리 도의샤 셩인를 만나오니 쳔만 번 빌건ᄃᆡ 슉향를 ᄎᆞᄌᆞ보게 ᄒᆞ옵쇼셔. 노인니 증ᄂᆡ여 변ᄉᆡᆨᄒᆞ고 갈오되 네 슉향를 그다지 ᄎᆞ즈려 ᄒᆞ면 무삼 일노 반야샨의셔 발리고 가고.[57]

김전이 큰비가 와서 물이 어깨까지 차고 찬바람과 눈으로 인해 온 몸이 얼어붙어 정신을 차릴 수 없는 지경에 이르러도 꼼작하지 않고 그 고통을 감내하자, 용왕은 김전에게 그간 숙향이 어떠한 고난을 겪었는지를 문답 형식으로 일일이 알려 준다. 이것은 김전에게 있어서 몸이 얼어붙는 것과는 성격이 다른 또 하나의 고통이라고 할 수 있다. 숙향이 전쟁고아로서 죽을 지경에 이른 숱한 고난은, 근본적으로 김전이 숙향을 반야산 바위틈에 버린 데서 비롯한 것이다. 이로 인해 숙향이 겪었던 고난에 대한 용왕의 상세한 이야기는 김전에게 정신적 고통과 죄책감을 한층 불러일으킬 수밖에 없다.

나아가 숙향의 고난에 대한 이야기가 김전에게 고통스러운 것인 만큼, 이것은 또한 김전의 잘못에 대한 질책의 의미도 담겨 있다. 용왕은 이미 숙향에 대한 김전의 정성을 확인한 터이다. 따라서 김전을 질책할 의사가 없었다면 김전에게 현재 숙향이 어디에서 무엇을 하고 있는가만 알려

57 한중연본, 76쪽.

주면 그만이다. 그런데 용왕은 굳이 숙향이 겪었던 고난을 상세하게 거론하고 있으며, 그것도 "불의 타 쥭다 ᄒᆞᆫ니 게는 육지ᄆᆡ 골탄ᄌᆡ나 잇실거시니 게가 ᄎᆞᄌᆞ 보아라"며, 마치 숙향이 이미 죽은 것처럼 말함으로써 김전의 고통을 극대화시키고 있다.[58] 숙향의 고난에 대한 용왕의 상세한 언급이 함축하고 있는 질책적 의미는 "네 슉향를 그다지 ᄎᆞ즈려 ᄒᆞ면 무샴 일노 반야산의셔 발리고" 갔느냐는 용왕의 언급에서 단적으로 표출되며, 김전이 "샤랑ᄒᆞ는 마음니 진치 못ᄒᆞ여셔 일허샤오니"라고 한 것은 결국 자신의 잘못을 시인한 것으로 이해해야 할 것이다. 이렇듯 '숙향에 대한 김전의 정성'을 확인한다는 명목으로 설정된 김전의 수난에는 자기만 살기 위해 자식을 버린 부모의 잘못에 대한 징치의 의미가 함축되어 있다.[59] 그리고 이러한 김전의 수난은 이선의 고행이나 수난과 마찬가지로 철저하게 도덕주의를 추구하는 작가의식의 산물이라고 하겠다.

저자가 이러한 김전의 수난을 문제 삼은 것은 이것이 봉건적 가부장제의 수직적 질서를 일정하게 지양하고 있다는 판단에서다. 가부장의 절대적 권위를 기본 내용으로 하고 있는 봉건적 가부장제하에서 가부장

58 신재홍은 문답 형식으로 이루어진 숙향의 고난에 대한 용왕과 김전의 진술에 주목하여, "숙향의 고난 과정의 고비고비마다 김전의 관심은 그녀가 살았는지 아니면 죽었는지에 모아지고 있다"고 전제한 이후, "이 작품의 주제가 삶과 죽음의 문제로 수렴될 수 있음을 암시받을 수 있다"(신재홍, 앞의 글, 530쪽)고 진술하고 있다. 그러나 이 대목은 기본적으로는 용왕이 김전에게 숙향이 그간 어떠한 고난을 겪었는지 구체적으로 알려주기 위한 맥락에서 답변이 오간 것이며, 궁극적으로는 숙향을 버린 것에 대한 김전의 자책감과 고통을 극대화시킴으로써 자기만 살기 위해 딸을 버리고 달아났던 김전의 행위를 징치하는 의미를 함축하고 있다. 따라서 이 대목을 들어 「숙향전」의 주제를 "삶과 죽음의 문제로 수렴"한 신재홍의 견해는 사건의 전개 과정과 서술 내용의 의미맥락을 고려하지 않은 채 자의적으로 해석한 문제점이 있다고 하겠다.

59 이는 숙향의 모친인 장 씨의 경우 김전과는 달리 전혀 수난을 당하지 않는다는 사실에서도 확인된다. 즉 장 씨는 김전과 더불어 숙향의 부모이지만, 숙향을 반야산 바위틈에 두고 달아나자는 김전의 제의에 대해 극력 반대했었기 때문에 숙향을 버린 것으로 인해 수난을 당할 이유가 없었던 것이다.

의 허물이나 잘못을 거론한다는 것은 용이한 일이 아니다. 더구나 부모의 잘못에 대한 징치는 감히 생각하기도 어려운 일이었다. 우리나라의 고소설에서 부모의 잘못을 구체적으로 지적하거나 또 그 잘못에 대한 징치를 형상화한 작품을 찾아보기 어려운 것도 이러한 사회적 조건을 반영한 결과라고 할 수 있다. 일례로 「창선감의록」의 경우 가족 내에서 재상자在上者의 위치에 있는 화춘과 심부인은 많은 악행을 저지르지만 이들의 잘못은 그들의 본래 의도나 성품에서 나온 것이 아니라 악인들의 참언 때문에 저질러진 일시적 과오이므로 전혀 문제될 것이 없다는 식으로 서술되고 있으며,[60] 「숙영낭자전」에서 선군의 부친인 백공은 여주인공 숙영을 자결케 하는 과오를 저지르지만 이에 대한 추궁이나 징치는 전혀 나타나지 않는다. 요컨대 주인공과 갈등적 위치에 있는 주인공의 부모가 어떠한 잘못을 저지른다 하더라도 그에 대한 추궁이나 징치는 거의 찾아볼 수 없는 것이 우리나라 고소설 일반의 실정인 것이다. 그런데 「숙향전」에는 부모의 잘못에 대한 추궁이 형상화되고 또 함축적으로나마 그에 대한 징치가 표출되어 있다. 이런 점에서 부모의 잘못에 대한 징치라는 의미를 함축하고 있는 김전의 수난은 봉건적 가부장제를 바탕으로 한 수직적 인간 관계를 지양하는 작가의식과 무관한 것일 수 없으며,[61] 이러한 의식의 기제가 되었던 것은 바로 소박한 차원에서 철저하게 추구했던 작가의 도덕주의적 지향이었다고 할 수 있다. 다시 말해서 김전의 수난은 '선은 선의 보답이 있고 악은 악의 응보가 있다'와

60 진경환 교수는 이를 '가문의 내적 질서의 확립에 대한 열망'(진경환, 「「창선감의록」의 작품 구조와 소설사적 위상」, 고려대 박사논문, 1992, 121~128쪽)과 관련지어 이해한 바 있다.

61 김일렬 교수는 「숙영낭자전」 등에 나타나는 효와 애정의 대립을 전통적인 질서인 수직적 질서를 옹호하려는 의지와 새로운 질서인 수평적인 질서를 지향하는 의지의 대립(김일렬, 앞의 책, 263~270쪽)으로 이해하고 있어 주목된다.

같은 소박한 차원에서의 도덕주의적 지향이 봉건적 가부장제를 바탕으로 한 수직적 인간 관계에 우선하여 관철된 결과였다고 하겠다.

이상에서 살펴보았듯이 「숙향전」은 소박한 차원에서의 도덕주의를 철저하게 지향하고 있는 작품이다. 그리고 이러한 도덕주의는 궁극적으로 가장의 절대적 권위와 남녀차별을 기본 내용으로 삼고 있는 봉건적 가부장제를 지양하는 기제로서 작용하고 있다. 이런 점에 「숙향전」에 표방된 도덕주의는 지배 계급의 성리학적 도덕 관념과는 분명하게 다른, 진리와 정의에 의해서 최후에는 '선'이 승리한다는 민중 지향적 의식의 하나라고 하겠다.

4. 「숙향전」의 민중 지향성

「숙향전」을 비롯한 우리나라 고소설의 특징으로 흔히 숙명론적 세계관과 권선징악적 주제가 거론되었으며, 이들은 주로 지배 계층의 세계관이나 이념이 반영된 결과로 이해되곤 하였다. 그러나 이와 관련된 문제는 각 작품마다 그것의 성격과 의미를 섬세하게 고찰하는 가운데 논의될 필요가 있다. 예컨대 「심청전」과 「바리공주」는 기본적으로 '효'를 표방하고 있지만, 각각의 '효'가 내포하고 있는 의미는 상당히 다르다. 심청의 효가 '죽을 고생을 하며 자신을 키워낸 눈먼 아비에 대한 인간적 정리'[62]라고 한다면, 바리데기의 효는 자신을 버린 부모를 위해 죽음을 무릅쓴다는 점에서 '유교적인 또는 관념화된 이념'이라고 할 수 있다.

---

62 정출헌, 「심청전의 민중정서와 그 형상화 방식」, 『민족문학사연구』 9, 민족문학연구소, 162쪽.

이 장에서는 이런 점을 고려하여 「숙향전」에 나타난 숙명론적 세계관과 도덕주의적 모토의 성격과 지향을 민중적 의식과 관련지어 논의하였는데, 그 결과를 요약·정리하면 다음과 같다.

「숙향전」은 철저하게 숙명론적 세계관을 작품의 사상적 기반으로 삼고 있으며, 이는 종종 봉건적 제 관계의 모순으로 야기된 민중들의 현실적 고통을 왜곡시키기 위한 지배 계급의 유교적 천명사상과 같은 맥락에서 이해되곤 하였다. 그러나 「숙향전」에서 숙명론적 세계관의 핵심사항은 천정연분이며, 이 천정연분은 성리학적 윤리규범이나 유교적 예제, 그리고 봉건적 신분 관계에 정면으로 배치되는 청춘남녀의 자유스런 만남과 이러한 만남을 통해 형성된 애정을 실현하기 위한 명분으로 작용하고 있다. 따라서 「숙향전」에서의 숙명론적 세계관은 봉건적 지배를 합리화하기 위한 방편의 하나였던 유교적 천명사상과 같은 맥락에서 이해해서는 안 된다. 나아가 이러한 숙명론적 세계관은 당시 지배 계급을 형성하고 있었던 대다수의 식자층 역시 운명론적 사유에서 벗어나지 못하고 있었기 때문에 봉건적 제 관계를 지양하거나 부정하는 실질적인 힘과 저항적 기제가 될 수 있었다고 보아야 할 것이다.

「숙향전」은 전반적으로 '시은에 대한 보은'으로 대변되는 도덕적 지향을 철저하게 구현하고 있으며, 여기에는 '남을 도와주면 반드시 보답을 받는다'는 것과 '은혜를 입으면 반드시 보답하라'는 수수적授受的 측면을 동시에 함유하고 있다. 이러한 도덕적 모토는 권선징악이나 인과응보처럼 소박한 차원의 도덕 관념이라고 할 수 있는데, 봉건적 제 질서를 유지하기 위한 지배 계급의 그것과는 일정하게 구분될 필요가 있다. 특히 「숙향전」의 경우 이러한 도덕주의적 지향이 남녀차별과 가장의 절대적 권위를 기본 내용으로 하고 있는 봉건가부장적 질서보다 우선하여 관철되고 있다는 점에서 더욱 그렇다. 즉 「숙향전」에서는 작가의 철저한 도덕주의가 남녀차별의 부당성과 가장의 절대적 권위를 부정하거나 지양하는 기제로서 역할을 하고 있는 것이다. 이런 점에서 「숙향전」에 표방된 소박한 도덕주의는 지배 계급의 성리학적 도덕 관념과는 분명하게 다른, 진리와 정의에 의해서 최후에는 '선'이 승리한다는 민중 지향적 의식의 하나로 이해되어야 할 것이다.

| 제4장 |

「유충렬전」의 갈등 구조와 현실 인식

1. 서사적 배경과 연구 방향

「유충렬전」 등 영웅소설에 유형화된 갈등은 당대의 일상적 정치 현실을 직접 반영하고 있는 것은 아니며, 오히려 그것은 구조나 공식 등의 형식이 현실의 약호로서 받아들여지는 방식이라는 지적이 있다. 예컨대, 영웅소설 속에서의 국가적 위기의 구체적 내용은 현실과 상관없지만 그 위기의 형식은 현실적 불만이나 불안감의 약호로서 이해될 수 있다는 것이다.[1] 이러한 지적은 「유충렬전」을 비롯한 대부분의 영웅소설이 당대의 사회적 현실이나 모순을 사실적이거나 직접적으로 또는 심각하게 문제 삼은 작품이 아니라, 독자 대중의 취향에 부합하여 지어진 통속소설이라는 점에서 당연한 지적이라고 할 수 있다. 특히 영웅소설

1 강상순, 「영웅소설의 소설사적 의의 재검토」, 고려대 고전문학한문학연구회 월례발표요지(1995.1.22), 이러한 견해는 기본적으로 영웅소설이 주로 서사화하고 있는 주인공 가문의 몰락과 군담을 통한 권력 회복이라고 하는 서사적 갈등 구조를 조선 후기의 실제층(失勢層)의 역사적 체험과 깊이 연관시켜 이해하는 것의 문제점을 분명하게 지적하면서, 영웅소설에 반영되어 있는 현실 비판적 내용을 주요 수용층의 통속적 욕구와 통합적으로 이해하려는 시도에서 나온 것이라고 할 수 있다.

이 초월적인 존재의 구원이나 원조를 문제 해결의 주요 계기로 삼는 등 상투적이고 공식적인 구성에 따라 당대인의 낭만적 이상을 그린, 일종의 로만스로서의 성격을 강하게 지니고 있다는 점에서 더욱 그렇다. 따라서 영웅소설이 서사화하고 있는 국가적 차원의 갈등을 당대의 정치 현실과 직접적으로 관련시켜 이해하는 태도는 분명 바람직하지 않다.

그러나 19세기에 본격적으로 전개된 영웅소설의 통속화는 기본적으로 역사의 진보의 코스인 대중화를 토대로 하고 있으며 봉건해체기의 징후들을 여러 수준과 차원에서 반영하고 있다는 지적[2]이 있었듯이, 영웅소설은 봉건해체기라는 역사적 현실에 대한 일정한 인식을 기반으로 하여 형성되었다는 사실 또한 간과해서는 안 될 것이다. 이와 관련하여 「유충렬전」의 서두는 여러 모로 주목을 요한다.

> 딕명국 영종황졔 직위 초의 황실리 미약ᄒᆞ고 법영이 불힝ᄒᆞᆫ 중의 남만 북젹과 셔역이 강셩ᄒᆞ야 모역할 뜻슬 두믹 이런 고로 천자 남경의 잇슬 뜻시 업셔 다른 딕로 도읍을 옴기고져 ᄒᆞ시더니…….[3]

「유충렬전」은 천자가 도읍을 옮겨야 할 정도로 심각한 국가적 위기 상황을 서사적 배경으로 설정하고 있다. 이러한 사건의 배경 설정은 일단 "기존의 조화로운 질서가 깨지고 그로 인해 현실적 박탈감이 생겨난 것을 문젯거리로 던져놓고 있다는 점에서 봉건해체기의 위기의식이 팽배하던 상황을 반영한"[4] 것으로 이해될 수 있다. 그러나 「유충렬전」의

---

2 진경환, 「영웅소설의 통속성 재론」, 『민족문학사연구』 3, 민족문학사연구소, 1993.

3 「유충렬전」, 김동욱 편, 『영인 고소설 판각본 전집』 2, 335쪽. 이하 「유충렬전」을 인용할 경우, 작품명과 쪽수만 인용한다.

4 진경환, 앞의 글, 105쪽.

서두가 함축하고 있는 문제적 성격은 봉건해체기의 위기의식이 팽배하던 상황을 단순하게 반영한 정도에 그치지 않는다. 위에서 볼 수 있듯이, 「유충렬전」은 국가적 위기의 구체적 내용으로 황실의 미약微弱과 법령의 불행不行 그리고 외적의 강성을 거론하고 있다. 일견 이것은 사건 배경을 국가적 위기 상황으로 설정함에 따라 자연스럽게 수반하게 되는, 일종의 상투적인 표현으로 생각될 수도 있다. 그러나 「유충렬전」의 경우 위와 같은 문제의식은 상투적인 것만으로 보기 어려운 점이 있다. 「유충렬전」의 서두에 설정된 문제적 상황은 소설 향유층에게 현재의 상태이면서 동시에 타개되거나 극복되어야 할 현실이라는 성격을 갖고 있는데, 그 현실이 봉건해체기로서의 조선 후기의 문제적 역사 현실과 매우 흡사하기 때문이다.

익히 알고 있듯이, 순조의 등극으로 시작되는 19세기는 조선 후기 이래의 사회경제적 발전 과정에서 생겨난 온갖 문제들이 다양한 형태로 표출된 시기였다. 정치적으로는 18세기 이래 심화되어 온 중앙정치세력의 집중 현상이 최고조에 달하여 안동 김씨를 비롯한 서울에 거주하는 소수의 유력한 거대 가문만이 정치권력을 독점적으로 장악하였으며,[5] 이들의 세도정치로 국왕의 권력은 약화될 대로 약화되었다. 당시 왕권이 어느 정도 약화되었는가 하는 것은 '나라 안에서는 단지 장동壯洞에 사는 안동 김씨가 있는 줄 알 뿐 국가가 있다는 것을 몰랐다'[6]는 기록을 통해서도 알 수 있다. 이런 와중에 통치권의 부패는 더욱 가속화되어 민중의 저항을 무마하기 위한 여러 가지 법령들이 제정되었지만

5 한명기, 「19세기 전반 반봉건 항쟁의 성격과 그 유형」, 『1894 농민전쟁연구』 2, 역사비평사, 1992, 111쪽.

6 황현, 김종익 역, 『오하기문』, 역사비평사, 1994, 20쪽.

시행되지 않거나, 시행되었다 하더라도 오히려 부패한 관료들의 착취 수단으로 전락하고 말았다. 게다가 18세기 말부터 서구 자본주의 열강들의 이양선異樣船이 출몰하기 시작했으며, 이런 배들은 상품을 싣고 와서 통상을 요구하였을 뿐만 아니라 군사적 침략 행위까지도 서슴없이 감행하였다.[7] 즉 조선은 19세기 벽두부터 서구 자본주의 열강의 침략적 야욕 앞에 무방비 상태로 놓여 있는 급박한 형세였다고 하겠다.[8]

이러한 조선 후기의 역사적 현실을 고려해 볼 때, 「유충렬전」의 서두에 제기되어 있는 세 가지의 문제를 단순히 상투적인 표현으로 이해해서는 안 될 것으로 생각한다.[9] 더욱이 황실의 미약과 법령의 불행을 간신의 발호에 따른 결과로만 이해하는 것이 아니라 천자의 무능과 연계시키고 있다는 점에서 「유충렬전」의 서두에는 조선 후기의 문제적 현실에 대한 인식이 비교적 사실적으로 반영된 것이라고 할 수 있다. 나아가 이는 「유충렬전」의 작가 및 향유층이 당대의 사회 현실을 온당하면

---

7 우윤, 『전봉준과 갑오농민전쟁』, 창작과비평사, 1933, 86쪽. 1801~1847년 사이에 이양선이 일곱 차례나 출현하였으며, 1848~1860년 사이에는 20회로 늘어났다고 한다.

8 배항섭 교수에 의하면, "조선 후기에 『정감록』이 만연하게 된 것은 이씨 왕조에 대한 불만이 서양의 침공이라는 대외적 위기의식이나 전염병의 유행에 따른 불안감, 공포감과 결부되어 왕조에 대한 부정, 이상사회에 대한 동경에서 비롯되었다"(배항섭, 「19세기 후반 '변란'의 추이와 성격」, 한국역사연구회 편, 『1894년 농민전쟁연구』 2, 역사비평사, 1994, 273쪽)고 한다. 「유충렬전」을 비롯한 영웅소설이 일반 민중들에게 널리 애독되었던 많은 요인이 있겠지만, 중요한 요인의 하나가 '조선 후기에 만연되어 있었던 대외적 위기의식이나 현실적 질곡에 따른 이상사회에 대한 동경이었을 것'으로 생각된다. 「유충렬전」에는 국가적 위기의 한 요인으로 "서역이 강셩ᄒᆞ야"라는 구절이 있는데, 이 때 '서역'이 서구 자본주의 열강을 지칭했을 가능성도 없지 않다.

9 조동일 교수는 「유충렬전」 유형의 영웅소설이 17세기 말이나 18세기 초에 이루어졌을 것으로 추정(조동일, 『한국소설의 이론』, 지식산업사, 1977, 447쪽)한 바 있다. 그러나 성현경 교수는 「유충렬전」의 제작 연대가 최상으로 잡아도 19세기 위로 올라가지 않을 것이라고 추정(성현경, 「유충렬전 검토」, 『고전문학연구』 2, 한국고전문학연구회, 1974)하고 있으며, 박일용 교수 역시 19세기의 상업소설로 추정(박일용, 「영웅소설의 유형 변이와 그 소설사적 의의」, 『국문학연구』 62, 서울대 국문학연구회, 1983)하는 등 현재 대부분의 연구자들은 「유충렬전」이 19세기에 형성되었을 것으로 추정하고 있다.

서도 정치精緻하게 이해하고 있었음을 보여준다. 물론 이러한 인식은 당대의 문제적 사회 현실을 현상적인 차원에서 문제 삼은 것으로, 봉건지배 체제의 근본적 한계나 본질적 모순을 간파한 데까지 이른 것은 아니다. 그러나 현상적인 차원에서나마 역사의 현장 안에서 당대 사회 현실의 문제점을 왕권의 미약과 간신의 발호 그리고 외적의 강성이라고 구체적이면서도 정확하게 지적해내기란 쉽지 않다고 보아야 할 것이다.

「유충렬전」의 근간을 이루고 있는, 천자를 정점으로 이루어지는 국가적 차원의 정치적 갈등은 영웅소설의 주요 향유층으로 거론되고 있는 평민층의 현실적 처지와 거리가 먼 것임에 틀림없다. 그러나 적어도 「유충렬전」은 이러한 봉건해체기의 문제적 사회 현실을 비교적 구체적으로 인식한 기반 위에서 지어진 작품이라고 할 수 있다. 요컨대, 「유충렬전」이 영웅 개인의 고난과 극복 및 가족의 재회와 부귀의 실현에 초점을 맞추어 서술하고 또 봉건지배 체제의 질서 내에서 중세적 특권의 획득을 환상적으로 형상화하고 있지만, 그 밑바탕에는 당대 사회 현실에 대한 비교적 구체적이면서도 상세한 이해가 깔려 있다는 것이다. 따라서 우리는 「유충렬전」의 통속성 속에 함유되어 있는 향유층의 현실 인식과 지향을 역사적 맥락에서 구체적으로 따져보고 또 그 성격을 명확히 밝힐 필요가 있다.

이 글은 위와 같은 문제의식을 바탕으로 「유충렬전」에 나타나는 천자의 형상, '충忠'의 작품 내적 성격과 의미, 운명론적 세계관 등을 중심으로 「유충렬전」 향유층의 현실 인식을 구명하고, 이러한 현실 인식이 조선 후기의 역사 속에서 어떤 의미와 의의를 갖는가에 대해 논의하고자 한다.

2. 천자의 형상과 그 성격

근래 「유충렬전」과 관련하여 쟁점의 하나로 떠오르고 있는 것이 천자의 형상에 대한 문제이다. 즉 「유충렬전」에서는 천자를 희화화하거나 심하게 비하하고 있는데, 이를 작품 전반의 지향과 관련하여 어떻게 해석할 것인가의 문제라고 하겠다. 진경환 교수는 「유충렬전」에 형상화된 천자의 희화화를 "기존의 질서가 그 핵심에서부터 깨어지고 있거나 그 기능을 제대로 발휘하지 못하고 있으며, 그것을 바로잡을 힘이 더 이상 봉건체제의 질서나 권위로부터 나올 수 없다는 현실 인식"[10]을 반영한 것으로 이해한 바 있다.

그런데 박일용 교수가 이에 대해 "형식상으로는 주인공 유충렬 일가가 겪는 모든 체험이 모두 천자의 불명 때문에 야기된 것"이며, 또 "소설의 구성을 유충렬의 고난 극복과 가족의 재회라는 데 초점을 맞춘"[11] 결과라는 의견을 제시하여 주목된다. 즉 「유충렬전」에 형상화된 천자의 비하 및 희화화는 구성적 필연성과 유충렬 개인의 지향 가치를 우선하는 시각에서 기인한 것이기 때문에 이를 '소설 향유층의 반봉건 의식의 표현'으로 해석해서는 곤란하다는 것이다. 이러한 박일용 교수의 견해는 희화화된 천자의 형상이 구성적 연관 속에서 이해되어야 한다는 전제하에 도출된 것이며, 「유충렬전」의 실상과 비교적 부합하는 것으로 판단된다.

그러나 천자의 희화화가 구성적 필연성과 유충렬 개인의 지향 가치

---

10 진경환, 앞의 글, 106쪽.

11 박일용, 「「유충렬전」의 서사 구조와 소설사적 의미 재론」, 『고전문학연구』 8, 한국고전문학연구회, 1993, 281쪽.

를 우선하는 시각에서 기인한 것이라고 해서 그 의의나 문제적 성격이 간과되어서는 안 된다. 고소설 중에는 천자를 정점으로 충신과 간신의 대결을 갈등 구조로 삼고 있는 작품이 많다. 그러나 「유충렬전」처럼 충신의 고난(일시적 패배)을 천자의 무능 탓으로 형상화한 작품은 찾아보기 어렵다. 예컨대, 「유충렬전」과 유사한 유형으로 거론되고 있는 「조웅전」의 경우를 보자. 조웅의 부친인 조정인의 죽음은 성격상 유충렬의 부친인 유심의 유배와 다를 바가 없다. 충신인 조정인은 간신 이두병의 참소를 당한 뒤 곧바로 자살을 하는데, 천자의 현명한 판단으로 자신의 무고함이 밝혀질 수 있다는 믿음이 있었다면 자살을 선택하지는 않았을 것이다. 따라서 조정인의 자살은 일차적으로 이두병의 참소에 기인한 것이지만, 여기에는 천자의 책임 또한 없지 않다. 그러나 「조웅전」은 "이적의 간신이 시긔ᄒᆞ야 우승상 이두병의 참소ᄒᆞ물 보고 승상이 음약ᄒᆞ야 죽으니 문졔 ᄋᆡ통ᄒᆞ사 졔문지어 조상ᄒᆞ시고 츙널뫼을 지어 화상을 글여 녓코 시시로 거동ᄒᆞ시니"[12]라 하여, 조정인의 죽음을 천자와는 무관하며 전적으로 간신인 이두병 때문인 것으로 서술하고 있다. 이러한 상황 인식은 「옥루몽」의 경우에도 별반 차이가 없다. 충신인 양창곡이 간신인 노균의 모함으로 유배를 당하는데, 이는 천자의 무능이나 잘못의 결과가 아니라 간신인 노균의 교묘한 술책과 간교함에서 비롯된 것으로 그려지고 있는 것이다.

기실 천자의 권위를 절대적인 것으로 간주했던 봉건적 중세체제하에서 정사政事와 관련한 어떠한 결정도 천자의 책임과 무관할 수 없다. 특히 충신과 간신의 대결구도에 따를 경우 충신의 패배에 대한 책임은 궁

12 「조웅전」, 김동욱 편, 『영인 고소설 판각본 전집』 3, 103쪽.

극적으로 천자에게 있다고 해야 한다. 그런데도 불구하고 충신의 일시적 패배를 천자의 잘못이나 무능의 탓으로 형상화한 작품을 찾아보기 어려운 것이 우리 고소설의 실상이다. 그런데 「유충렬전」은 "전일의 정훈담을 츙신이라 ᄒᆞ시더니 츙신도 역적이 되난잇가. 그 놈의 말을 듯고 츙신을 원찬ᄒᆞ야 다 죽이고 이런 환을 만나시니 천지 아득ᄒᆞ고 일월이 무광ᄒᆞ옵ᄂᆞ이다"[13]라며 천자의 잘못을 직설적으로 통박하고 있다.

이렇듯 유충렬이 천자를 통박했던 것은 형식상으로는 주인공 유충렬 일가가 겪은 모든 고난이 천자의 불명不明에서 야기된 탓이라고 할 수 있다. 유충렬의 부친인 유심이 간신인 정한담과 대립하여 남적을 치는 것이 불가하다고 말했는데 천자는 정한담의 말을 듣고 유심을 연북으로 유배시켰으며, 이로부터 유충렬의 일가는 극심한 고난을 겪게 되었던 것이다. 따라서 천자의 잘못이 분명하게 드러난 시점에서 유충렬이 천자의 과오를 드러내어 통박한 것은 '갈등을 야기시킨 인물로서의 구성적 필연성'을 충실하게 따른 결과라고 할 수 있다.

그러나 구성적 필연성에 따라 천자의 책임 문제가 거론되어야 함에도 불구하고 거론하지 않거나 못하고 있는 고소설 일반의 실상을 고려해 볼 때, 구성적 필연성에 따라 충실하게 천자의 과오나 무능을 들추어내어 통박한 것만으로도 「유충렬전」의 소설사적 의의는 적지 않다고 해야 할 것이다. 요컨대, 천자에 대한 유충렬의 직설적인 통박은 갈등을 야기시킨 인물로서의 구성적 필연성에 충실한 결과임엔 분명하지만, 그것은 구성적 필연성 그 이상의 의미와 의의를 지닌다고 할 수 있다.

나아가 이러한 「유충렬전」의 성과는 소설 향유층의 문제적 현실 인

---

13 「유충렬전」, 354~355쪽.

식과 무관하지 않다는 것이 저자의 생각이다. 다시 말해서, 적어도 「유충렬전」에 나타난 천자에 대한 통박이나 비하 및 희화화는 비교적 뚜렷한 문제의식에 기반하고 있다는 것이다. 유심과 정한담의 대결 장면은 이를 분명하게 보여준다.

> 잇ᄯᆡ 유주부 조회ᄒᆞ고 나오다가 이 말을 듯고 탑전의 드러가 복지 주왈 듯사오니 폐ᄒᆞ게옵서 남적을 치라 ᄒᆞ시기로 기병ᄒᆞ신단 말삼이 올으닛가. 천자 왈 ᄒᆞᆫ담의 말리 여차여차 ᄒᆞ기로 그런 일이 잇노라. 주부 엿자오되 폐ᄒᆞ 엇지 망영되게 허락ᄒᆞ여스닛가. 황실은 미약ᄒᆞ고 외젹은 강성ᄒᆞ니 이난 자는 범을 지름 갓고 드난 퇴끼를 노치미라. ᄒᆞᆫ낫 ᄉᆡ알리 천근지중을 전ᄃᆡ릿가. ᄀᆞ련ᄒᆞᆫ ᄇᆡᆨ셩 목심 ᄇᆡᆨ니사장 고혼이 되면 근들 안이 적악이요. 복원 황상은 기병치 마옵소셔. 천자 그 말을 드르시고 호의만단ᄒᆞ든 차의 ᄒᆞᆫ담과 일귀 일시의 ᄒᆞᆸ주ᄒᆞ되 유심의 말을 듯사오니 살지무석이요 오국간신 동유로소이다. ᄃᆡ국을 저바리고 도적놈만 충찬ᄒᆞ야 ᄀᆡ아미 무리를 ᄃᆡ국의 비ᄒᆞ고 ᄒᆞᆫ낫 ᄉᆡ알을 폐ᄒᆞ의 비ᄒᆞ니 일ᄃᆡ의 간신이요 만고의 역적이라. 신등은 져어ᄒᆞ건ᄃᆡ 유심의 말리 가달을 못치게 ᄒᆞ니 가달과 동심ᄒᆞ여 ᄂᆡ응된 듯ᄒᆞ니 유심을 선참ᄒᆞ고 가달을 치사이다.[14]

유심과 정한담의 대결은 기본적으로 "옛날부터 권력을 휘두르는 신하가 나라를 전횡하고자 하면 틀림없이 먼저 사람들의 입을 막고 임금의 총명을 가려 임금의 생각에 아첨하여 그 말을 하나도 거슬리지 않게 한다"[15]는 충신과 간신에 대한 일반적인 인식에 따라 서사된 것이라고

14 「유충렬전」, 337~338쪽.
15 황현, 김종익 역, 앞의 책, 46쪽.

할 수 있다. 즉 유심이 충신으로서 임금의 비위를 거슬려가며 직언을 한 것이라면, 정한담은 간신으로서 나라를 전횡하고자 임금의 생각에 아첨한 것이라고 하겠다. 이런 점에서 이들의 대결은 당대의 정쟁을 사실적으로 반영한 것이라기보다는, 당쟁을 비롯하여 조선 후기에 만연된 정치현실이 유형화되고 속화된 형태로 소설의 소재로 채택되어 「유충렬전」에 반영된 것이라고 할 수 있다.[16] 따라서 이들의 대결을 당대의 정쟁과 직접적으로 관련지어 각각의 주장이 어떤 정파의 입장을 대변하고 있다는 식의 논의는 바람직하지 않다고 하겠다.

다만, 우리가 여기서 주목할 것은 서술자에 의해 충신으로 설정되어 있는 유심의 주장이 도리어 설정된 상황과 어그러지는 측면이 있을 뿐만 아니라 반대의 논리 자체도 분명치 못하다는 점이다. 유심과 정한담의 대립이 야기된 상황은 "영종 황제 직위 초의 열국 제왕더리 각각 사신을 보ᄂᆡ여 조공을 바치되 오직 토번과 가달이 강포만 밋고 천자를 능멸리ᄒᆞ야 조공을 바치지 아니하"[17]는 시점이다. 열국 제왕들이 모두 조공을 바치되 오직 토번과 가달만이 바치지 않는 상황에서 정한담이 토번과 가달을 치자고 건의한 것은 지극히 당연하며, 천자의 허락 역시 사리에 합당한 것이라고 할 수 있다. 그런데 유심은 이러한 천자의 결정에 대해 도리어 '망령된 것'이라거나 'ᄒᆞᆫ낫 식알리 천근지중을 전ᄃᆡ릿가'라며 반대한다. 그러나 대명국은, 비록 토번과 가달이 조공을 바치지 않고 있지만, 여전히 대부분의 열국 제왕들로부터 조공을 받고 있는 대국으로서의 면모를 유지하고 있는 상황이다. 따라서 유심의 반대는 설정된 상황과 어울리지 않음은 물론 그 이유가 분명하지 못하고,

16 박일용, 앞의 글, 273쪽.
17 「유충렬전」, 337쪽.

논리 또한 정연하지 못한 것으로 이해될 수밖에 없다.

나아가 명나라의 조정을 새알에 비유하여 미약하기 이를 데 없는 것으로 보고 토번과 가달을 천근지중에 비유한 것은 '직언'이라기보다는 '천자의 위엄에 대한 모독'[18]에 해당한다. 또한 아무리 잘못된 결정이라고 할지라도 천자의 결정을 '망령되다'고 한 것은 봉건적 이념에 충실한 충신의 말치고는 지나친 측면이 있다. 이런 점에서 정한담이 유심을 두고 "ᄃᆡ국을 저바리고 도적놈만 층찬ᄒᆞ야 기아미 무리를 ᄃᆡ국의 비ᄒᆞ고 ᄒᆞᆫ낫 ᄉᆡ알을 폐ᄒᆞ의 비ᄒᆞ니 일ᄃᆡ의 간신이요 만고의 역적이라" 한 것은 도리어 객관적 타당성을 확보하고 있는 셈이다. 요컨대, 소설에 설정된 상황 논리에 따른다면, 유심은 직언을 하는 충신이라기보다는 천자의 위엄을 모독한 역신逆臣으로서의 성격이 강하다고 하겠다. 그럼에도 불구하고 서술자는 정한담을 간신으로, 유심을 충신으로 규정하고 있다. 이러한 괴리는 정치적 갈등을 유형화되고 속화된 형태에 따라 직언과 아첨이라는 기준으로 충간忠奸을 구도構圖하는 과정에서 당대 현실(특히 왕의 무능)에 대한 작가 및 소설 향유층의 비판적 인식이 강력하게 작용한 결과라고 할 수 있다.

우리는 여기에서 「유충렬전」의 향유층이 당대의 국가적 위기와 관련하여 왕의 무능을 얼마만큼 심각하게 문제 삼고 있었는지를 확인할 수 있다. 결국 「유충렬전」의 곳곳에서 천자의 무능을 들추어내어 비하하거나 희화화했던 것은 당대 최고의 통치자였던 왕의 무능을 현실적 질곡의 중요한 요인으로 인식했던 소설 향유층의 현실 인식이 투영된 결과이며, 이러한 인식이 구성적 필연성에 충실할 수 있었던 동력이 되었

---

18 서대석, 『군담소설의 구조와 배경』, 이화여대 출판부, 1985, 95쪽.

다는 것이 저자의 생각이다.

그런데 더욱 심각한 것은 천자의 무능에 대한 소설 향유층의 의식이, 단순히 반영적인 차원에서 이루어진 것이 아니라, 「유충렬전」의 갈등 구조에 지속적으로 작용하고 있다는 점이다. 앞에서 거론했듯이, 「유충렬전」은 황실의 미약과 법령의 불행 그리고 외적의 강성에 따른 국가적 위기를 서사적 배경으로 삼고 있으며, 이러한 서사적 배경은 극복되거나 타개되어야 할 현실적 질곡이라는 의미를 지니고 있다. 그리고 갈등 구조의 기본적인 틀을 이루고 있는 유심과 정한담의 대결은 바로 서두에서 제시한 현실적 질곡을 구체적으로 형상화한 것이라고 할 수 있다.

여기에서 우리는 「유충렬전」의 서술자가 정한담과 같은 간신의 득세뿐만 아니라 천자의 무능 역시 문제 삼고 있다는 것을 분명하게 확인할 수 있다.[19] 즉 「유충렬전」의 서술자는 유심과 정한담의 대결을 통해 국가적 위기의 한 요인으로서 천자의 무능을 제기한 것이며, 유충렬의 등장과 활약도 궁극적으로는 국가적 위기의 요인이 되고 있는 이러한 조건들을 제거함으로써 위기적 상황을 타개·극복하는 데 있었던 것이다. 따라서 무능한 천자에 대한 통박과 간신인 정한담에 대한 징벌을 통해 이루어지는 유충렬 개인의 고난 극복과 부귀영화는, 비록 그것이 유충렬 개인의 고난 극복과 가족의 재회에 초점을 맞추어 서술되고 있을지

19 박일용 교수 역시 정한담과 유심의 대결은 왕권이 형식적인 위엄의 표상으로보다는 자신들의 삶과 관련하여 무능의 표상으로 인식하는 민중적 소설 향유층의 소박하면서도 진실성이 담겨 있는 반응을 반영하고 있음을 인정하고 있다. 그런데 이들의 대결 자체가 '조선 후기에 만연된 정치현실이 유형화되고 속화된 형태로 소설의 소재로 채택되어 「유충렬전」과 같은 작품에 반영되어 나타난 것'이기 때문에 '소설의 서사적 의미'보다는 '서사구조의 추동력으로서의 의미'를 갖는 것(박일용, 앞의 글, 273쪽)으로 해석하였다. 그러나 유심과 정한담의 대결은 소재의 성격을 떠나 「유충렬전」의 갈등 구조의 기본적인 틀이면서 동시에 서두에 집약적으로 서술되어 있는 문제적 현실을 구체적으로 형상화한 것이라고 할 수 있다. 따라서 이들의 대결이 함축하고 있는 서사적 의미를 간과해서는 안 된다.

라도, 국가적 위기의 극복이라는 전체적인 틀에 통합될 수밖에 없다.

요컨대, 천자의 무능에 대한 「유충렬전」 향유층의 문제적 현실 인식이 작품의 구조와 긴밀하게 연계되어 있으며, 서사 구조상 천자의 무능은 극복·타개되어야 할 현재적 질곡의 한 요소로 분명하게 설정되어 있다는 것이다. 천자에 대한 비하나 희화화도 바로 이러한 인식에 기반을 둔 서사 구조의 연장선상에서 이루어진 것인바, 이를 갈등을 야기시킨 인물로서의 구조적 필연성에 따른 것으로 한정시켜 이해하거나 소설의 구성을 유충렬의 고난 극복과 가족의 재회라는 데 초점을 맞춘 결과로만 이해해서는 곤란하다. 다시 말해, 「유충렬전」에서 이루어진 천자의 형상은 '구조적 필연성'이나 '서술 초점'에 우선하여 '현실적 질곡이 간신의 발호와 더불어 봉건국가의 최고 권력자인 왕의 무능에서 비롯되었다'는 인식이 작용한 결과라고 할 수 있다.[20] 이는 유충렬이 천자의 잘못을 통박한 다음 유충렬과 천자와의 갈등이 해소된 이후에도 계속 천자가 비하되거나 희화화되고 있다는 사실을 통해서도 확인된다.

한편, 「유충렬전」에서 천자의 형상과 더불어 주목되는 것이 태자의 형상이다.

> 천자 이 말을 드르시고 후회막급 ᄒᆞᆯ 말 업셔 우두건이 안자더니 ᄐᆡ자 적진의 잡펴갓다가 본진의셔 문걸 베히물 보고 탈신도쥬 급히 와셔 황상 졋ᄐᆡ 안자다가 츙열의 말을 듯고 보션발노 나려와셔 츙열의 손을 붓들고 왈 경이 이게 웬 말인가. (…중략…) 츙열이 우름을 근치고 ᄐᆡ자 상을 보니 천자 그

20 사실 갈등 국면에서 천자의 역할이나 서술의 초점만 따진다면 「조웅전」과 「옥루몽」도 「유충렬전」과 조금도 다를 바가 없다. 「유충렬전」 역시 「조웅전」이나 「옥루몽」과 마찬가지로 천자의 무능을 통박하거나 천자를 희화화하지 않고도 얼마든지 사건을 전개해 나갈 수 있기 때문이다.

상 적실ᄒᆞ고 일ᄃᆡ 셩군 될 듯ᄒᆞ야 투구 버셔 ᄶᅡ의 노코 천자 젼의 사죄 왈[21]

이 장면은 유충렬이 천자의 잘못을 통박한 바로 다음 대목이다. 유충렬의 통박에 대해 천자는 "후회막급 ᄒᆞᆯ 말 업셔 우두건이 안자" 있기만 한다. 그런데 태자가 나와 유충렬을 만류하는데, 충렬은 "천자 긔상 적실ᄒᆞ고 일ᄃᆡ 셩군 될 듯"한 태자의 상을 보고 난 뒤에야 비로소 천자를 통박한 것에 대해서 사죄를 한다. 이 대목이 함축하고 있는 의미는 자못 심각하다. 일단 유충렬은 태자가 아니었더라면 천자의 무능을 용납할 수 없었으리라는 의미를 내포하고 있기 때문이다. 즉 충신임을 자부하는 신하가 태자의 훌륭한 기상을 보고 나서야 천자의 무능을 용납한다는 내용은 그 자체만으로도 이미 문제적인 것임에 틀림없다.

그러나 우리는 「유충렬전」이 왜 천자의 무능과 잘못이 분명하게 드러난 바로 그 시점에 비로소 태자를 등장시켜 천자의 무능과 태자의 훌륭한 기상을 대조적으로 형상화한 까닭을 좀 더 면밀하게 고찰할 필요가 있다. 이 대목은 유충렬이 천자의 잘못을 통박하는 대목과 더불어 「유충렬전」에서 가장 극적인 장면이라고 할 수 있다. 유충렬은 작품 전반에 걸쳐 '충의 화신'으로 설정되어 있다. 그런데 이러한 유충렬이 '전일에 정한담을 충신이라 하시더니 충신도 역적이 되나이까'라며 천자의 잘못을 통박하고, 또 천자 앞에서 '슬피 통곡하며 머리를 땅에 두드리기'도 한다. 아무리 위기에 처한 천자를 구한 공이 있다고 할지라도 이러한 유충렬의 행위는 봉건적 윤리 관념에 따른다면 용납되기 어려운 것임에 틀림없다. 이것은 충신이라기보다는 차라리 역신의 행위에

21 「유충렬전」, 355쪽.

가까운 것이다. 천자의 잘못을 통박한 유충렬의 행위가 아버지 유심을 생각한 지극한 효심에서 나온 것이라고 해서 용납될 수 있는 것은 아니다. 봉건적 윤리 관념은 개인적인 '효'보다는 국가적인 '충'을 우선으로 삼고 있기 때문이다. 따라서 천자에 대한 유충렬의 통박은, 정도의 차이는 있을지 몰라도, 기본적으로 "네 죄를 논지컨ᄃᆡ 이졔 밧비 죽일 것이로ᄃᆡ 옥시를 드리고 항셔를 써셔 올이면 죽이지 안이ᄒᆞ련이와 그렇치 안이ᄒᆞ면 네 놈의 노모쳐자를 한 칼의 죽이리라"[22]고 했던 천자에 대한 정한담의 능멸과 다를 바가 없다. 즉 천자의 잘못을 통박한 유충렬의 행위는 천자에 대한 절대적 복종을 기본으로 삼는 봉건적 윤리 관념에 비추어 보았을 때 이미 신하로서의 도리에서 벗어나 있는 것이다.

여기에서 유충렬과 천자의 갈등은 해소될 여지를 상실하고 만다. 천자가 물러나거나 아니면 유충렬이 역신으로 처벌을 받거나 둘 중의 하나를 선택할 수밖에 없는 상황인 것이다. 그러나 또 이 둘 중 어떠한 선택도 현실적으로 불가능하다. 천자를 물러나게 했을 경우 유충렬은 충신으로서의 명분을 유지할 수가 없으며, 국가적 위기를 구원할 수 있는 유일한 존재인 유충렬을 역신으로 처벌했을 경우 국가는 정한담에 의해 멸망할 수밖에 없는 상황인 것이다. 「유충렬전」은 바로 이 시점에서 교묘하게 태자를 등장시키고 있다. 그리고 태자가 무능한 천자와는 달리 성군聖君이 될 자질을 갖추고 있음을 분명하게 드러내어 이러지도 저러지도 못하는 어려운 국면을 해결한다. 즉 무능한 천자와는 다른 현명한 태자의 등장은 바로 천자와 유충렬의 갈등을 해소하면서 동시에 진퇴양난의 국면을 해결하는 기발한 해법인 셈이다.

---

22 「유충렬전」, 362쪽.

그러나 우리는 이러한 해결책이 작가의 순간적인 임기응변이나 재치, 또는 우연한 착상에서 나온 것으로 이해할 수는 없다. 앞서 살펴보았듯이, 「유충렬전」은 극복되어야 할 현실적 질곡의 한 요인으로 천자의 무능을 거론하고 있다. 봉건적 질서 내에서 이 문제를 해결할 수 있는 방법은 역성혁명이라는 명분을 내세워 왕조를 교체하거나 아니면 천자의 지위를 태자에게 양위하는 것밖에 없다. 이 중 무리가 없으면서도 손쉽게 수행할 수 있는 것이 바로 천자의 지위를 태자에게 양위하는 것이다. 그리고 이러한 해결책은 봉건적 의식에서 벗어나지 못한 상태에서 최고 통치자의 무능을 문제 삼았을 때 가장 자연스럽게 연상되는 방법이다. 요컨대 왕의 무능을 현실적인 질곡의 한 요인으로 인식했던 「유충렬전」의 향유층은 봉건적 질서 내에서 가능한 방법의 하나인 '통치권을 성군이 될 자질을 갖고 있는 태자에게 양위'함으로써 무능한 왕의 문제를 해결하고자 희망했던 것으로 판단된다.[23]

여기서 우리는 천자의 무능이 타개되거나 극복되어야 할 현실적 질곡의 한 조건으로 일관되게 서술되고 있으며, 그 대안으로 태자를 고려하고 있다는 점을 확인할 수 있다. 즉 「유충렬전」은 봉건지배층의 최고 권력자인 천자의 교체를 암시적으로나마 형상화하고 있는 것이다. 유

---

23 황현의 『오하기문』(김종익 역, 앞의 책)을 보면, "이 때 청나라 사람들은 오랫동안 우리나라에 머물러 있으면서 지금의 임금은 무슨 일을 함께 하기에는 자질이 부족하다는 것을 느끼고 세자에게 양위케 한 다음 시국을 한 번 바꾸어 새로운 정치를 펼쳐보고자 여러 번 그러한 뜻을 내비쳤다"(49쪽)는 기록이 있으며, 또 동학농민군들이 나주 관속에게 "전하께 아뢰어 국태공을 모셔 국정을 돌보게끔 하여 나라를 어지럽히고 불충불효하며 아첨이나 일삼는 자들을 모조리 파면시켜 축출하고자 한다"(87쪽)라는 내용의 통문을 보냈다고 한다. 이러한 내용들이 「유충렬전」과 직접적으로 관련을 맺고 있는지는 확인하기 어렵다. 그러나 우리는 위의 글들을 통해서 적어도 조선 후기에 최고 권력자의 교체를 통해 현실적 질곡을 타개·극복해 보려는 의식들이 존재했었다는 것을 어렵지 않게 짐작해 볼 수 있다.

충렬이 천자에게 가했던 통박은 이러한 문제적 의식의 소산이며, 천자에 대한 비하나 희화화가 그 연장선 위에 가로놓여 있다는 것은 이후에 나타난 천자와 태자의 대조적인 형상에서도 엿볼 수 있다.

> 잇ᄯᆡ ᄒᆞᆫ담이 원슈를 치우고 정병만 가리여 급피 도셩의 드니 셩즁의 군사 업고 천자난 원슈의 심만 밋고 잠을 집피 드려ᄶᅡ가 ᄯᅳᆺ박긔 쳔병만마 셩문을 ᄭᆡ치고 궐ᄂᆡ의 드러가 흠셩ᄒᆞ난 말리 이바 명제야. 어ᄃᆡ로 갈다. 팔냥가비라 비상천ᄒᆞ며 뒤지기라 ᄯᅡᆼ으로 들다. 네 놈의 옥ᄉᆡ 아시라고 ᄒᆞ더니 이제난 어ᄃᆡ로 갈다. 밧비 나와 항복ᄒᆞ라 ᄒᆞ난 소ᄅᆡ 궁궐이 문어지며 혼ᄇᆡᆨ이 샹천ᄒᆞ난지라. 명제 넉셜 일코 용상의 ᄯᅥ러져 옥ᄉᆡ를 품의 품고 말 ᄒᆞᆫ필 자ᄇᆡ ᄐᆞ고 업더지며 잡바지며 북문으로 도망ᄒᆞ야 변슈가의 다다르이 (…중략…) 천자 ᄒᆞ릴업셔 ᄒᆞ난 말리 항셔를 씨자ᄒᆞᆫ들 지필이 업다 ᄒᆞ시니 ᄒᆞᆫ담이 분노ᄒᆞ야 창검을 번덕이며 왈 용포를 ᄯᅦ고 손ᄭᅡ락을 ᄭᆡ여 항셔를 써지 못ᄒᆞᆯ가. 천자 용포를 ᄯᅦ고 손가락을 ᄭᆡ물여 ᄒᆞ니 참마 못ᄒᆞᆯ 지음의[24]

> 각셜 이 ᄯᆡ 호왕이 (…중략…) 황후 ᄐᆡ후 ᄐᆡ자를 잡아ᄂᆡ여 게ᄒᆞ의 업지리고 (…중략…) ᄐᆡ자를 호령ᄒᆞ야 왈 네 이놈 젼일은 네 아비 심을 밋고 범남이 둥궁이라 ᄒᆞ얏가니와 이제는 과인이 ᄒᆞ날게 명을 바다 천자를 항복밧고 네 조모를 사로잡아 와쓰니 만승천자가 나박긔 ᄯᅩ 잇난야. 네 밧비 항복ᄒᆞ야 나를 도으면 죽이지 안이ᄒᆞ려니와 그러치 안이ᄒᆞ면 너의 모자를 북ᄒᆡ상의 던지리라. 이럿탓 호령ᄒᆞ니 군사의 엄장ᄒᆞ문 염왕국 갓가온 듯 호왕의 엄호위풍 단산 ᄆᆡᆼ쵸장을 치난 듯 황후 ᄐᆡ후 정신이 아득ᄒᆞ야 삼인이 셔

---

24 「유충렬전」, 361~362쪽.

로 목을 안고 게ᄒᆞ의 업디져셔 아무리 ᄒᆞᆯ 줄 모로더니 이 ᄯᆡ ᄐᆡ자의 년이 십삼 세라. 호왕을 호령ᄒᆞ야 ᄒᆞ난 말리 네 이놈 역적놈이 ᄒᆞᆫ갓 강포만 믯고 외람이 남경을 침노ᄒᆞ야 이 지경이 되야쓰나 언감ᄉᆡᆼ심의 황제를 진륙ᄒᆞ며 나를 항복 바다 네 신ᄒᆞ를 삼을손야. 군신지분 의를 논지컨ᄃᆡ 황제는 만민지부요 황후는 만민지모라. 너는 만고 역적놈이라 ᄒᆞ니 호왕이 분노ᄒᆞ야[25]

천자는 정한담이 옥새를 내어 놓으라는 호령에 "넉셜 일코 용상의 ᄯᅥ러져 옥ᄉᆡ를 품의 품고 말 ᄒᆞᆫ 필 자ᄇᆡ ᄐᆞ고 업더지며 잡바지며 북문으로 도망"하는가 하면, 항서를 쓰라는 정한담의 능멸에 대해 "항셔를 씨자 ᄒᆞᆫ들 지필이 업다"라고 답변하는 등 일개 필부로서의 모습을 드러낸다. 이에 반해 태자는 염라대왕 같은 호왕의 엄호위풍에도 위엄을 잃지 않고 도리어 염왕을 꾸짖는다. 이러한 천자와 태자의 대조적인 형상에서 우리는 「유충렬전」 향유층이 최고 권력자의 교체를 바라고 있으며, 또 이러한 의식이 작품의 구조 속에 무르녹아 있음을 확인하게 된다. 물론 「유충렬전」의 향유층이 제시하고 있는 최고 권력자의 교체가 천자에서 태자로 이어지는 계승적인 차원에 머물러 있는 것임에 분명하다. 그러나 천자의 권위를 절대적인 것으로 간주했던 역사적 단계에서 현실적 질곡의 중요한 요인의 하나로 천자의 무능을 들고, 또 그러한 천자의 교체를 암시적으로나마 형상화하고 있다는 것은 분명 문제적인 것임에 틀림이 없다.

우리는 이러한 의식을 "왕권 자체의 한계를 인식하지 못하고 결국 유충렬을 최고의 충신으로 형상화해버리면서 그 비판의 시각이 첨예화되

25 「유충렬전」, 363~364쪽.

지 못한 것"이라거나, "「유충렬전」의 작가의식의 한계이자 그 시대 사고의 일반적 한계를 보여주는 것"[26]으로 단순화시켜 이해해서는 안 될 것이다. 물론 「유충렬전」에 반영된 현실 인식이 "강화되어 가는 현실적 모순의 의미를 구체적으로 파악하거나 그것을 극복할 수 있는 전망을 창출하지 못한 수준"[27]임을 부정할 수는 없다. 그러나 이러한 유형의 모든 인식을 단순화시켜 한계로 간주해버리는 것은 의식의 미세한 변화에 대한 고찰을 간과해버릴 위험성을 내포하고 있다. 더구나 19세기 우리나라의 현실적 상황에서 봉건적 제 모순의 본질을 전면적으로 파악하고 그것을 극복할 수 있는 구체적인 전망을 창출하기를 기대한다는 것은 무리한 요구라고 해야 할 것이다. 이는 동학농민군의 폐정개혁안 중에 "위로는 임금의 총명을 가리고 매관매직을 일삼으며 국권을 농락하는 자들을 모두 쫓아낼 것"[28]이라는 항목이 있다는 사실에서도 확인된다. 일반적으로 동학농민군의 폐정개혁안은 "조선 봉건사회를 지탱해주던 중심고리들을 무너뜨리고 새로운 사회에 대한 최소한의 기틀을 잡아주는 새로운 사회에 대한 방향타적인 것"[29]으로 평가되고 있다. 그럼에도 불구하고 위 항목에서 볼 수 있듯이, 동학농민군의 폐정개혁안 역시 왕의 권위에 대한 봉건적 인식에서 벗어나지 못하고 있다.

이에 반해 「유충렬전」의 작가 및 향유층은 당대 현실의 질곡을 간신의 발호뿐만 아니라 왕의 무능에서도 찾고 있으며, 또 계승적 차원에서나마 비교적 분명하게 무능한 왕의 교체를 지향하고 있다. 이런 점에서 「유충렬전」 향유층의 의식은 적어도 왕의 권위에 대한 문제에서만은 동

26 강상순, 「영웅소설의 형성과 변모 양상 연구」, 고려대 석사논문, 1991, 122쪽.
27 박일용, 앞의 글, 286쪽.
28 우윤, 앞의 책, 202쪽.
29 위의 책, 205쪽.

학농민군이 표명하고 있는 것보다는 진전된 것이라고 할 수 있다. 그렇다고 이를 곧바로 반봉건적인 의식이라고 규정하기는 아직 이르다. 왕의 권위에 대한 소설 향유층의 부정적 인식이 지주전호제와 수직적 신분 관계에 기반하고 있는 봉건체제 자체에 대한 부정적 의식을 수반하고 있다고 보기는 어렵기 때문이다.[30]

3. '충'의 이념적 속성과 사회적 의미

다음은 「유충렬전」이 표방하고 있는 명분론적인 이념인 '충'의 성격에 대한 문제이다. 「유충렬전」은 유심과 정한담의 대결에서 드러나듯이, 충간의 대결을 기본적인 갈등 구조로 삼으면서 충신의 궁극적인 승리와 그 승리를 통한 부귀공명의 실현을 구가하고 있는 작품이다. 이로 인해 「유충렬전」의 주제는, '충신의 궁극적인 승리'에 주안점을 두느냐, 아니면 '그 승리를 통한 부귀공명의 실현'에 주안점을 두느냐에 따라 각각 달리 파악되어 왔다. 전자의 경우는 '유교의 근본사상의 하나인 충'[31]을, 후자는 '충이나 의용을 가장한 개인의 영달'[32]을 「유충렬전」의

30 이런 점에서 "천자에 대한 비판이 중세의 규범적 의식으로부터 이탈하는 징후를 드러내 주는 것이기는 하지만 중세체제를 부정하는 의식으로부터 비롯된 것이라 할 수 없으며 또한 중세체제 자체를 부정하는 것으로 고양되지도 않고 있는 점 또한 인정할 필요가 있다"(김현양, 「조선조 후기의 군담소설 연구」, 연세대 박사논문, 1994, 188쪽)라는 견해는 온당한 것으로 생각한다.

31 김기동 교수는 "끝에 가서 국가와 군주에 대한 충성을 다 하고 부귀공명을 누리게 한 것을 보면, 유교의 근본사상인 '충'을 주제로 한 작품이다"(김기동, 『한국 고전소설 연구』, 교학사, 1983, 344쪽)라고 하여, 「유충렬전」의 주제를 '유교의 근본사상의 하나인 충'으로 이해하고 있다.

32 주명희, 「군담소설 연구-고대소설의 문학적 가치의 구명을 위한 시도」, 『국문학연구』 23, 서울대 국문학연구회, 1974.

주제로 이해했던 것이다.

「유충렬전」은 주인공의 이름이 '충렬'인 것에서도 알 수 있듯이 관념적인 지향 가치로서의 '충'을 작품 전면에 표방하고 있다. 주인공의 부친인 유심은 "지ᄒᆞ의 도라가되 오자셔의 충혼이 붓그럽게 말나"[33]던가, "ᄃᆡ명국 유심은 간신 정ᄒᆞᆫ담과 최일귀 참소를 만나 연경으로 적거ᄒᆞ더니 일월갓치 발근 마음 변박할 질 젼여 업고 빙설갓치 말근 절긔 뵈일 고시 바이 업셔 명나수에 지ᄂᆡ다가 굴삼여의 충혼 만나 물의 ᄲᅡ져 죽으니라"[34]며 충을 위해 자신의 목숨 바치기를 주저하지 않는다. 그런가 하면 간신인 정한담은 "천자를 항복 밧고 옥식를 앗ᄉᆞ쓰면 졔 비록 천신인들 졔 인군 죽어난ᄃᆡ 무삼 면목으로 ᄊᆞ올릿가"[35]라며 유충렬의 충심을 빌미로 삼아 전략을 구사하기도 한다.

이렇듯 「유충렬전」은 봉건적 관념인 충을 절대적 가치를 지닌 것으로 표방하고 있는바, 「유충렬전」의 주제를 '충'으로 이해하는 것은 타당성이 있다고 하겠다. 그러나 「유충렬전」은 조선 후기 소설의 상업화라는 토대 위에 평민 대중의 통속적 욕구에 부응하여 지어진 통속소설이다. 따라서 "영웅소설의 수용층이 그토록 영웅소설에 몰입한 이유가 중세적 이념의 낭만적 승리가 가져다주는 쾌감이라고 보기에는 아무래도 작품 해석의 중심을 잘못 잡은 것 같다"[36]라는 지적처럼, '유교의 근본사상의 하나인 충'을 「유충렬전」의 주제로 이해하는 것도 문제가 없지는 않다.

---

33 「유충렬전」, 338쪽.

34 「유충렬전」, 339쪽.

35 「유충렬전」, 361쪽.

36 강상순, 「영웅소설의 소설사적 성격 재검토」, 고려대 고전문학한문학연구회 월례발표요지(1995.1.22), 9쪽.

이러한 문제점으로 인해 근래 영웅소설의 통속적 측면이 중시되면서 '충이나 의용을 가장한 개인의 영달'이 「유충렬전」의 주제라는 견해가 설득력을 얻고 있다. 즉 "「유충렬전」에서 표방된 황제로 향한 주인공의 충성심은 그 자체로서 의의가 있는 것이 아니라 권력의 획득에 집착하여 개인의 영달을 꾀하는 주인공의 욕망을 성취시키기 위한 하나의 수단에 지나지 않는다"[37]는 것이다. "영웅소설에서는 표면적으로는 충의라는 관념적 지향 가치를 내세우지만, 실상 그것은 주인공과 그 가문의 개인적인 지향 가치 실현을 목표로 하고 있다"[38]거나, "영웅소설의 핵심적 창작-수용의식은 중세적 질서 자체의 도덕적 보수가 아니라 중세적 질서 내에서 꿈꿀 수 있는 중세적 특권의 획득"[39]이라는 견해도 같은 맥락에서 나온 것이라고 할 수 있다.

그러나 이러한 견해 역시 전자와 마찬가지로 「유충렬전」의 한 측면만을 부각시켜 논의하고 있다는 점에서 문제가 있다. 과연 「유충렬전」에서 개인적인 지향 가치의 실현이 관념적 지향 가치인 충과 분리될 수 있는가 하는 문제가 남는 것이다. 「유충렬전」은 분명 '충신의 궁극적인 승리와 그 승리를 통한 부귀공명의 실현을 구가'한 작품이며, 이 두 가지

37 주명희, 앞의 글, 63쪽.

38 박일용, 「영웅소설의 유형 변이와 그 소설사적 의의」, 『국문학연구』 62, 서울대 국문학연구회, 1983, 118쪽.

39 강상순, 「영웅소설의 소설사적 재검토」, 9쪽. 강상순 교수는 영웅소설 수용층이 영웅소설에 몰입한 주요 이유로 '신분제 사회인 중세 내에서 꿈꿀 수 있는 중세적 특권의 총화'를 제시한 바 있다. 그러나 본인이 지적하고 있듯이, "이러한 욕망이 심각한 좌절을 겪고 군담을 통한 극적 전환을 통해 가능하다는 인식을, 그것이 소설적 환상을 통해서야만 성취될 수 있다는 인식을 드러낸 것"이라고 할 수 있다. 이 주장대로라면 「유충렬전」의 향유층은 현실적으로 실현 불가능하다는 것을 인식하고 있으면서 '중세적 특권의 총화'를 꿈꾼 것이 된다. 이 때 '꿈'은 분명 환상이나 공상이라는 성격을 갖는다. 이러한 환상이나 공상을 두고, "중세적 특권 자체를 누구나 열망해 볼 수 있다는 그 자체가 이미 문제적인 것"(위의 글, 9쪽)이라고 하여 영웅소설의 가치를 긍정적으로 평가한다는 것은 분명 문제가 있다.

는 상호 유기적인 것으로 분리될 수 없기 때문이다. 즉 간신인 정한담이 아니라 유충렬이라는 주인공(충신)을 통해 추구하고 있는 개인적 지향 가치가 '중세적 특권의 획득'이라고 할 때, 이 특권은 오로지 충이라는 관념적 지향 가치의 구현을 통해서만 실현될 수 있는 것이라고 하겠다.

그런데 박일용 교수가 후자의 입장을 견지하면서 '중층성'의 문제를 제기하고 있어 주목된다.

> 「유충렬전」은 표면적으로는 정적 사이의 갈등을 통한 팽팽한 대결 구조 형식을 취한다. 그리고 그러한 정적 사이의 대결을 통해 주인공이 충의라는 관념적 지향 가치를 성취하는 한편, 긴장감 있는 소설적 흥미를 제공하게 된다. 그러나 서술자는 이러한 대결 구조에서 창출된 주인공의 정황을 하층민의 현실적 처지로 바라보려는 시각을 기저에 깔고 있다. 그렇기 때문에, 충의라는 명분론적 관념을 매개로 한 정적 사이의 대결이라는 서사 구조 형태 및 그것의 지향 가치와, 그것에서 파생된 주인공의 처지 변화 및 주인공의 처지를 바라보는 민중적 서술시각 사이의 거리가 느껴지는 것이다.[40]

박일용 교수는 「유충렬전」의 이러한 현상을 판소리의 양면성과 관련지어 이해하였다. 즉 '「춘향전」 등의 판소리계 소설에서는 갈등 구조가 하층민의 애정, 삶 등에 나타나는 현실적 질곡에서 배태된 것이기 때문에 현실적 성격이 주조적으로 드러나게 되는 반면, 「유충렬전」에서는 서사 세계의 갈등 구조가 명분론적 이념을 전제로 한 정적 사이의 대결 형식을 취하면서도, 그것에서 야기되는 주인공의 처지를 하층민의 삶

40 박일용, 「「유충렬전」의 서사 구조와 소설사적 의미 재론」, 『고전문학연구』 8, 한국고전문학연구회, 1933, 283쪽.

으로 바라보려는 시각이 강하게 나타나기 때문에 서술시각의 중층성 문제가 한층 심각하게 부각된다'[41]는 것이다. 이러한 박일용 교수의 분석은 '주인공의 삶을 민중적 삶의 관점에서 바라보려는 기저적인 서술시각과 정적 사이의 대결 구조 및 그것에 의해 획득되는 관념적 지향가치 사이의 거리감을 소설 향유층의 의식과 관련시켜 어떻게 해석할 것인가'의 문제를 총체적으로 해명하기 위한 고충에서 나온 것으로 생각한다.[42] 다시 말해서 '충이라고 하는 명분론적 이념이 「유충렬전」의 주요 향유층이라고 할 수 있는 민중적 독자들에게 어떤 의미로 수용되었는가'라는 문제라고 하겠다.

이 문제에 대해 답하는 것은 쉬운 일은 아니지만 '중층적'이라는 분석틀[43]을 이용할 만큼 복잡한 것은 아니다. 박일용 교수의 주장이 안고 있는 맹점은 「유충렬전」 서술자의 시각을 '주인공의 처지를 개인이 처하는 비극적 상황으로 표현하는 주정적 시각과 추상적 명분론에 입각

41 위의 글, 284쪽, 각주 27.

42 박일용 교수는 이에 대해 '개인과 사회의 관계에 대한 서사적 인식의 진일보한 국면을 드러내면서도, 그 한편으로는 현실적 질곡을 극복할 수 있는 전망을 창출하지 못한 인식 단계에서는 그것이 오히려 질곡 그 자체의 절대적 힘의 실체를 인지시키는 기제로 작용하여 현실적 체제 내에서 질곡이 해소되었으면 하고 꿈꾸는 관념적 환상을 드러내는 계기로 작용한다'(위의 글, 286쪽)고 결론짓고 있다.

43 '중층적 서술시각'이란 박일용 교수의 분석틀은 「유충렬전」의 주요 향유층이 평민 이하의 계층임을 분명하게 밝히는 데는 매우 유효한 것이라고 생각한다. 그러나 이 분석틀 자체는 기본적으로 문제가 있다. 그는 '국가적 차원에서 이루어지는 정적 사이의 대결'이라는 소재 자체가 민중적 향유층의 현실적 체험이나 일상적인 삶과 거리가 먼 것인데, 이러한 대결 구조에서 창출된 주인공의 정황을 하층민의 현실적 처지로 바라보려는 시각을 기저에 깔고 있기 때문에 서술시각이 중층적으로 되었다고 한다. 이 말은 '서술자가 자신의 현실적 처지와 동떨어진 소재를 자신의 시각에서 서사화했기 때문에 서술시각이 중층적으로 되었다는 것으로 이해된다. 즉 이는 자신의 현실적 처지와 동떨어진 소재를 채택해서 자신의 시각에서 서술한 작품은 모두 중층적인 수밖에 없다는 논리 외에 다른 것이 아니다. 그러나 자신의 현실적 처지와 동떨어진 소재라 할지라도 얼마든지 자신의 입장과 처지에서 일관되게 사건을 서술할 수 있다고 보아야 할 것이다.

한 대결 구조를 이끌어 나가는 관념적 시각 사이의 괴리'[44]로 이해한 데 있다. 그가 거론하고 있는 '서술시각 사이의 괴리'는 곧 민중적 소설 향유층의 삶의 관점과 '충'이라고 하는 명분론 사이의 괴리로 환원된다. 그러나 이 둘의 관계가 항상 괴리의 관계에 있는 것만은 아니다. 때로는 도리어 이 둘의 관계가 서로 상승작용을 하는 경우도 없지 않다. 실제로 19세기 후반 변란 주도층이 내건 진인眞人의 출현에 의한 왕조 타도라는 구호는 일반 농민들의 정서 및 현실적 요구와는 괴리가 큰 지나치게 추상적이고 공허한 것이었으며, 오히려 생각조차 할 수 없는 '흉측한 말'로 인식되기도 했던 것이다.[45]

오늘날 우리들 대부분은 봉건적 이념으로서의 '충'을 '추상적인 명분'에 불과한 것으로 이해한다. 그러나 봉건적 질곡의 본질을 인식할 수 없었던 조선 후기 대다수의 농민적 대중에게는 그것이 도리어 정서적으로나 실질적으로 절대적 가치로서 의의를 지닌 것으로 이해되었을 가능성이 크다. 특히 현실적 질곡의 원인을 간신의 발호 등 '충의 부재'에 따른 결과로 인식할 경우, 현실적 질곡에 따른 비극적 상황을 표현하는 주정적 시각이 강화되면 될수록 명분론에 입각한 관념적 서술시각 역시 강화된다고 할 수 있다. 이 때 '충'이라는 명분은 현실적 질곡을 해결할 수 있는 유일하면서도 실질적인 방안으로 떠오르며, 그만큼 또 강하게 요구된다. 「유충렬전」은 바로 이러한 경우에 해당하는 작품이라고 할 수 있다. 즉 현실적 질곡의 본질을 제대로 이해하지 못하고 그 원인을 간신의 발호에 따른 결과로 이해할 수밖에 없었던 「유충렬전」의 향유층에게 있어서 충이라는 명분은 현실적 질곡을 극복할 수 있는 실질

44 박일용, 앞의 글, 277쪽.
45 배항섭, 앞의 글, 291~292쪽.

적이면서도 유일한 방안으로 인식될 수밖에 없었다는 것이다.

이러한 상황은 「유충렬전」의 곳곳에 엿보인다. 이 중 대표적인 것이 바로 정한담을 참시하는 장면이다.

> 셩즁셩외 ᄇᆡᆨ셩더리 ᄒᆞᆫ담 죽이러 간단 말을 듯고 남녀노소 상ᄒᆡ 업시 그 놈의 간을 ᄂᆡ여 먹고져 ᄒᆞ야 동편 사람은 서편을 부르고 남촌 사ᄅᆞᆷ은 북촌 사ᄅᆞᆷ을 불너 셔로 차자 골목골목이 빈틈업시 나오며 이바 벗임ᄂᆡ야 가ᄉᆡ 가ᄉᆡ 어셔 가ᄉᆡ. 만고역적 정ᄒᆞᆫ담을 우리 원슈 장군임이 사로자바 두 팔 ᄭᅳᆫ코 젼후 죄목 무른 후의 ᄇᆡᆨ셩덜을 뵈이랴고 장안시의 베힌단이 밧비밧비 어셔 가셔 그 놈의 살을 베혀 부모 일은 ᄉᆞᄅᆞᆷ은 부모 웬슈 ᄀᆞᆸ프주고 자식 일은 ᄉᆞᄅᆞᆷ은 자식 웬슈 ᄀᆞᆸ프쥬ᄉᆡ.[46]

진경환 교수는 이 장면을 두고, "백성들이 참화의 원인을 단지 간신 한 사람의 잘못에 한정하도록 한 것은 문제지만, 여기서 주목해야 하는 것은 그들의 참화상 자체에 대한 인식과 원망怨望이며, 그것이 공동의 여론을 조장하고 있다는 점이다"[47]라고 하여, '반봉건적 흥분상'의 표출로 이해하였다. 그러나 이 장면에서는 물론 「유충렬전」의 어디에서도 '반봉건적 성격'을 찾아볼 수 없다. 진경환 교수는 '백성들의 참화의 원인을 단지 간신 한 사람의 잘못으로 한정하도록 한 것은 문제'라고 했는데, 「유충렬전」 향유층의 현실 인식은 바로 그 자체이며, 그 이상도 이하도 아니다. '백성들의 참화상 자체에 대한 인식과 원망'에 주목한다고 해서 문제의 성격이 달라지는 것은 아니다. '백성들의 참화상 자체에 대한 인

46 「유충렬전」, 368쪽.
47 진경환, 앞의 글, 107쪽.

식과 원망'도 현실적 질곡을 간신의 발호에 따른 것으로 이해한 결과이지, 봉건적 질곡 그 자체로서 문제 삼은 것은 아니기 때문이다.[48]

물론 여기에 표출된 참화상의 근본 원인은 봉건적 모순에 따른 것이며, '참화상 자체에 대한 백성들의 인식과 원망'은 계기만 주어지면 얼마든지 반봉건적 지향으로 전화될 수 있는 성질의 것이라고 할 수 있다. '위로는 임금의 총명을 가리고 매관매직을 일삼으며 국권을 농락하는 자들을 모두 쫓아낼 것'을 요구했던 동학농민군도 이를 실현하기 위해 구체적인 투쟁을 전개하면서 반봉건적 지향과 의식을 획득했다고 보아야 할 것이다. 그러나 「유충렬전」에 표출된 현실적 질곡에 대한 흥분상은 분명 반봉건적 지향으로 전화되기 이전 단계의 의식에서 벗어나지 못하고 있다. 다시 말해, 위의 장면에 표출되어 있는 흥분상은 '현실적 질곡을 간신의 발호에 따른 결과로 인식한 데서 비롯된 흥분상'이지 '반봉건적 흥분상'은 아니라고 하겠다.

이렇듯 「유충렬전」의 향유층은 현실적 질곡을 간신의 발호에 따른 결과로 이해하고 있다. 주인공 유충렬은 현실적 질곡의 원인인 간신을 척결하는 '충의 화신'인 셈이다. 바로 이러한 이유로 백성들은 "만고의 역적 정흔담을 우리 원슈 장군임이 사로자바 두 팔 슨코 전후 죄목 무

48 진경환 교수가 정한담의 참시 장면을 봉건적 흥분상으로 이해한 것은 "유충렬은 봉건적 질서의 한 지주인 충 이전에 개인적인 이해 관계를 앞세우고 있다"는 전제에서 비롯된 것으로 보인다. 즉 「유충렬전」에서 "개인이란 봉건적 질곡을 문제 삼되 아직 새로운 전망을 명확히 포지하는 데까지는 나아가지 못한 단계의 의식 주체"(진경환, 위의 글, 107쪽)로 이해한 것이다. 그러나 「유충렬전」에 표출된 질곡의 실질이 '봉건적 질곡'이라고 할지라도 「유충렬전」 향유층은 이를 봉건적 질곡으로 문제 삼은 것은 아니다. 현실적 질곡을 봉건적 질곡으로 문제 삼을 수 있는 개인이라면 그는 '새로운 전망을 명확히 포지하는 데'까지는 나아가지 못했을지라도 어느 정도 새로운 전망을 포지하고 있었다고 보아야 할 것이다. 일정한 전망을 포지하지 않은 채 '봉건적 질곡을 문제 삼는다'는 것 자체가 불가능한 일이기 때문이다.

른 후의 빅셩덜을 뵈이랴고 장안시의 베힌단이"라며 유충렬을 칭송했던 것이다. 요컨대, 「유충렬전」이 표방하고 있는 충은 현실적 질곡을 극복할 수 있는 명분으로서의 성격을 지니고 있었던 것이다.

이런 점에서 「유충렬전」이 표방하고 있는 '충'은 '유교적 근본사상으로서의 충'과 일정하게 구분할 필요가 있다. 물론 여기서 '충' 역시 기본적으로 봉건적 관념으로서의 한계를 벗어날 수는 없다. 그러나 「유충렬전」에서의 충이 봉건적 이념을 고수하거나 고양하기 위해 표방된 것은 아니며, 또 봉건적 지배 계급이 자신들의 계급적 이익을 고수하기 위해서 내세운 유교적 관념으로서의 충과도 다르다고 해야 할 것이다. 봉건적 지배 계급이 자신들의 이익을 고수하기 위해서 내세운 충은 왕에 대한 절대적 복종을 근간으로 삼고 있다. 그런데 「유충렬전」은 충을 내세워 왕의 무능을 통박한다. 이런 점에 "충렬이라는 개념은 조선조 내에서는 도전받을 수 없는 지고의 가치를 지닌 것이라고 할 수 있다. 이 충렬이라는 가치가 지닌 절대적 권위를 통해 유충렬이라고 하는 영웅의 행위와 성격을 절대화하려는 의도의 소산으로 보는 것이 타당하지 않을까"[49]라는 견해는 주목할 만하다. 즉 유충렬이 천자를 통박할 수 있었던 것은 바로 이 '충'이라는 명분하에 가능했던 것이다.[50] 따라서 우리는 충이라는 이 관념 자체를 놓고 체제 긍정적이니 보수적이니 라고 평가해서는 안 된다. 똑같은 관념이라 할지라도 그것이 역사적 시공과 상황에 따라, 또는 계급적 입장에 따라 함축하고 있는 의미가 다

49 강상순, 「영웅소설의 형성과 변모 양상 연구」, 고려대 석사논문, 1991, 131쪽.

50 이런 점에서 「유충렬전」에서의 '충'은 「춘향전」에서의 '열'과 유사한 점을 지니고 있다. 다만 「춘향전」에서의 '열'이 "봉건적 이념의 외피를 뒤집어쓴 내용적으로 새로운 어떤 이념이 봉건적 현실에 저항하고 있는 것"(박희병, 「춘향전의 역사적 성격 분석」, 『전환기 동아시아 문학』, 창작과비평사, 1985, 107쪽)이라면, 「유충렬전」에서의 '충'은 현실적 질곡을 극복하기 위한 명분이나 도덕적 당위로서의 성격이 강하다고 하겠다.

르며 역할 또한 다르다. 동학농민군의 「창의문」은 똑같은 관념이라 할지라도 상황에 따라 함축하고 있는 의미와 역할이 얼마나 다른가 하는 것을 극명하게 보여준다.

> 사람이 세상에서 가장 귀하게 여겨지는 까닭은 바로 사람에게 인륜이 있기 때문이다. 군신부자는 바로 인륜의 요체로, 임금은 어질고 신하된 자는 정직해야 하며, 아버지는 자애롭고 아들된 자는 효성스러워야 하는 것이다. 그런 후에야 비로소 가정과 국가가 이루어지고 끝없는 행복을 누릴 수 있게 되는 것이다. 지금 우리 임금께서는 인자하여 효성스러우며 자애롭고 총명한 정신과 뛰어난 예지를 겸비하신 분으로 만약 현명하고 정직한 신하가 보필한다면 요순의 덕화와 한나라 문제와 경제의 정치에 도달하는 것은 그리 오래 걸리지 않을 것이다. 그러나 오늘날 신하된 자들은 국가의 은혜에 보답할 것을 생각하지 않고 한갓 벼슬자리만 탐내며 우리 임금의 총명을 가린 채 아첨을 일삼고 있다. (…중략…) 우리들은 비록 시골에 사는 이름없는 백성들이지만 임금의 땅에서 먹고 입고 사는 까닭에 이러한 위급함을 모르는 척할 수 없어 팔도가 마음을 합치고 만백성들이 뜻을 같이하여 지금의 의(義)의 깃발을 치켜들고 '보국안민(輔國安民)'으로 죽음의 맹세를 하였다. 금일 이러한 광경은 놀랄 만한 것이지만 절대로 두려워하지 말고 각자 자신의 생업에 종사하여 모두 태평성대를 축원하여 다 함께 임금의 은덕을 입을 수 있다면 천만다행이겠음.[51]

이 「창의문」은 동학혁명의 초기 단계인 무장봉기 때 전봉준에 의해

---

51 황현, 김종익 역, 앞의 책, 72~73쪽.

작성된 것으로 알려져 있다. 그런데 위에서 볼 수 있듯이, '임금에 대한 충성'을 비롯하여 봉건적 관념인 유교적 세계관이 글 전체를 지배하고 있다. 물론 위의 글은 창의문이나 격문의 성격상 당시의 사회적 수준을 반영하면서 기병의 명분을 밝혀 참여를 유도하는 선언적 내용이어야 했다는 점[52]이 고려되어야 한다. 그러나 이러한 상황을 고려한다고 해서 문제의 본질이 바뀌는 것은 아니다. 즉 동학농민군은 「유충렬전」의 향유층과 마찬가지로 국가적 위기와 현실적 질곡을 해결하기 위한 방안으로 유교적 명분을 내세우고 있는 것이다.

과연 우리는 이 「창의문」을 두고 체제 긍정적이거나 보수적이라고 평가해야 할 것인가. 더구나 이 「창의문」은 중세적 구국정신을 강하게 드러내고 있음에도 불구하고 혁명적 목적을 수행하는 데 문제가 없었다고 한다. 즉 이 글이 세상에 알려지자 농민들은 "옳다, 인제는 되었다. 하늘이 어찌 무심하랴. 이놈의 세상은 얼른 망해야 한다. 망할 것은 어른 망해버리고 새 세상이 와야 한다"는 반응을 보였다[53]고 한다. 우리는 이러한 사실에서 '똑같은 관념이라 할지라도 그것이 역사적 시공과 상황에 따라, 또는 계급적 입장에 따라 함축하고 있는 의미가 다르며 역할 또한 다르다'는 것을 분명하게 확인할 수 있다.

「유충렬전」은 분명 '충간의 대결을 기본적인 갈등 구조로 삼으면서 충신의 궁극적인 승리와 그 승리를 통한 부귀공명의 실현'을 구가하고 있는 작품이다. 따라서 「유충렬전」의 주제는 '충'이라는 명분론적 가치 지향과 그 가치의 구현을 통한 개인적 가치의 실현으로 이해되어야 할 것이다. 다만, 여기에서 명분론적 가치 지향으로서의 '충'은 봉건적 이

52 우윤, 앞의 책, 167쪽.
53 위의 책, 167쪽.

념을 보수하거나 고양하기 위한 것이 아니라 바로 봉건적 모순에 따른 현실적 질곡을 극복하기 위해 천명된 것이라고 하겠다. 봉건적 질곡의 본질을 인식할 수 없었던 소설 향유층에게 있어서 명분론적 관념으로서의 '충'은 현실적 질곡을 극복하기 위한 도덕적 당위나 절대적 가치개념으로서 추구되었던 것이다.[54] 「유충렬전」 향유층이 소설에 몰입했던 주요 이유 가운데 하나가 바로 이러한 도덕적 당위나 절대적 가치개념으로서의 '충'의 구현을 통해 가혹한 현실의 변화나 개혁을 이루고자 했던 간절한 욕구였을 것으로 생각한다.

4. 운명론적 세계관의 역사적 의의

「유충렬전」 향유층의 현실 인식과 관련하여 빼놓을 수 없는 것이 운명론적 세계관이다. 물론 「유충렬전」 뿐만 아니라 대부분의 영웅소설이 기본적으로 운명론적 세계관에 입각해 있다. 그러나 많은 연구자들이 지적했듯이, 「유충렬전」은 어느 영웅소설보다도 철저하게 '이원론적 구조' 또는 '운명론적 서사 구조'로 짜여 있다. 이러한 「유충렬전」의 특징은 사건의 전개가 창해국 사신인 임경천의 다음과 같은 예언으로 시작되고 있다는 점에서 극명하게 드러난다.

---

54 이는 오늘날 우리들이 '인간적 양심'이나 '도덕성의 회복'을 통해 현실적 부조리를 해결하고자 하는 것과 본질적으로 다를 바가 없는 것이라고 하겠다. 오늘날 현실적 부조리를 척결하기 위해 제기되고 있는 '인간적 양심'이나 '도덕성 회복'이라는 관념 — 이것은 물론 자본주의체제를 유지하는 데 일정 정도 기여는 하겠지만 — 을 곧바로 '자본주의 이념을 보수하거나 고양하기 위한 것'으로 간주하는 사람은 거의 없을 것이라 생각한다.

> 소신이 슈년 젼의 본국의셔 망기ᄒᆞ온직 북두칠셩 졍기가 남경의 ᄒᆞ강ᄒᆞ고 삼ᄐᆡ셩 ᄎᆡᄉᆡᆨ이 황셩의 빗쳐스며 자미원 ᄃᆡ장셩이 남방의 ᄯᅥ러져스니 미구의 신기ᄒᆞᆫ 영웅이 날거스니 황상은 엇지 조고만ᄒᆞᆫ 일노 이러ᄒᆞᆫ 금셩지지를 노으시면 션황졔 만만구방지지를 엇지 일조의 노으시릿가.[55]

국가적 위기를 서사적 배경으로 설정한 「유충렬전」은 곧바로 창해국 사신 임경천의 입을 빌어 국가적 위기를 해결할 신기한 영웅이 탄생할 것임을 예시한다. 그리고 이러한 예시는 유충렬의 태몽과 탄생 장면을 통해 다시 구체화된다. 즉 유충렬과 정한담은 각각 천상계의 자미성과 익성이 적강한 존재로, 지상계에서 전개될 이들의 대결은 천상계에서 벌어졌던 대결의 연장이며, 궁극적으로 유충렬이 승리하게 된다는 것이다. 이후 진행되는 「유충렬전」의 사건 전개는 바로 임경천의 예언이 구체적으로 실현되는 과정에 해당된다고 할 수 있다.

조동일 교수는 이러한 구성 방식을 근거로 「유충렬전」은 보수적이고 체제 긍정적인 소설이라고 주장하였다. 「유충렬전」은 "천상계의 설정으로 확고한 근거를 가지게 되는 도덕적 당위는 중원의 천자를 지상계 질서의 정점으로 삼고 천자를 수호하는 것을 당면한 과제로 삼으면서, 기존의 지배체제와 가치관을 옹호하자는 주장으로 이루어졌다"[56]는 것이다.[57] 이러한 조동일 교수의 견해는 간단·명확하면서도 논리적 정합

---

55 「유충렬전」, 335쪽.

56 조동일, 『한국소설의 이론』, 지식산업사, 1977, 336쪽.

57 김현양 교수도 "천명은 군담소설의 서사 세계에서 심각하게 조성되고 있는 중세적 국가 질서와 정치 질서의 동요가 천자를 중심으로 수습되어야 한다는 의식 그 자체이면서, 이러한 인식을 소설적으로 가능하게 하는 방식에 해당된다는 것이다. 그러므로 군담소설은 보수적이고 낭만적인 성격의 소설이다"(김현양, 앞의 글, 196쪽)라고 하여 조동일 교수와 유사한 견해를 제시한 바 있다.

성을 갖추고 있어 이론異論을 제기하기가 어렵다. 앞에 서술했던 대로 「유충렬전」은 천자를 정점으로 한 봉건국가의 위기를 문제 삼고 있으며, 천명을 받고 적강했다고 할 수 있는 유충렬이 찬탈을 기도하는 정한담을 물리치고 국가적 위기를 극복한다는 서사로 짜여 있기 때문이다. 따라서 「유충렬전」이 문제 삼고 있는 당면 과제를 '천자의 수호'나 '기존의 지배체제와 가치관의 옹호'로 이해할 여지가 충분한 셈이다.

그러나 「유충렬전」의 당면 과제를 '천자의 수호'로 이해했을 경우 작품 전반에 걸쳐 희화화된 천자의 형상이나 주인공 유충렬이 천자의 잘못을 통박한 것에 대해 설명할 수가 없다. 조동일 교수의 지적대로 "유충렬은 천자를 위해서 정한담과 싸워서 승리했을 뿐만 아니라, 이 승리를 통해서 천자에 대한 자기의 승리마저 이루었다"[58]고 할 수 있는데, 이 때 '천자에 대한 유충렬의 승리'를 어떻게 설명할 것인가. "유충렬의 행위는 한편으로 자기의 개인적 능력을 발휘하고 자기의 정당성을 과시하기 위한 것"[59]이었다는 진술은 동어 반복일 뿐 이것의 의미를 해명한 것이라고 보기 어렵다. 여기서 '정당성'이란 천자의 무능이나 잘못에 대한 유충렬의 통박을 두고 말한 것일 터인데, 문제는 이 '정당성'이 바로 천명에 의해서 확보되고 있다는 점이다.

이 문제와 관련하여 우리는 창해국 사신 임경천의 예언이 갖고 있는 작품 내적 의미를 면밀하게 검토할 필요가 있다. 즉 임경천 예언의 주지가 영웅적 존재의 탄생에 있는가, 아니면 천자를 중심으로 한 봉건국가의 수호에 있는가를 따져 보아야 할 것이다. 「유충렬전」의 당면 과제를 '천자의 수호'에 둔 것은 임경천의 예언 및 유충렬의 태몽과 탄생 장

58 조동일, 앞의 책, 338쪽.
59 위의 책, 337쪽.

면을 통해 드러나는 천명天命이 '중세적 국가 질서와 정치 질서의 동요가 천자를 중심으로 수습되어야 한다는 인식을 반영한 것'으로 이해한 결과라고 할 수 있다. 그러나 임경천의 예언이 갖고 있는 무게의 중심은 '천자를 중심으로 한 중세적 국가 질서의 확립'이라기보다는 '국가적 위기로 표상되는 현실적 질곡을 극복할 수 있는 신기한 영웅의 탄생'에 있다고 보아야 한다. 이렇게 보았을 때 비로소 천자의 형상에 대한 의미를 해명할 수 있는 여지가 마련된다.

앞서 살펴보았듯이, 「유충렬전」의 서사적 배경으로 설정된 국가적 위기의 구체적 실상은 천자의 무능과 간신의 발호 그리고 외적의 강성이다. 「유충렬전」 향유층에게 이것들은 현실적 질곡의 근원으로서 극복·타개되어야 할 대상이다. 그런데 문제는 그 대상들이 봉건국가의 최고 권력자라고 할 수 있는 왕이거나 천신적天神的 존재인 정한담과 같은 간신들이다. 이러한 문제점을 해결하기 위해서는 바로 '신기한 영웅'의 탄생이 절대적으로 필요하다. 즉 천자의 무능을 극복하기 위해서는 천명에 의해서 정당성이 확보될 수 있는 존재가 있어야 하며, 천신적 존재와 같은 강력한 간신과 외적을 타파하기 위해서는 평범한 영웅이 아니라 '신기한 영웅적 존재'가 요구되었던 것이다.[60] 창해국 사신 임경천의 예언은 바로 이러한 영웅의 탄생을 예고한 것이다.[61] 요컨대, 「유충렬

---

60 박일용 교수는 유충렬과 정한담의 천상적 대결을 '현실적 의미를 지니기보다는 앞으로 전개될 서사 구조의 추상적 추동력으로 기능하는 것'(박일용, 「「유충렬전」의 서사 구조와 소설사적 의미 재론」, 『고전문학연구』 8, 한국고전문학연구회, 1933, 271쪽)으로 이해하였다. 기능적인 측면에서만 본다면 이러한 견해는 매우 타당하다고 할 수 있다. 그러나 여기에는 소설 향유층의 현실 인식이 반영되어 있다는 점 또한 간과해서는 안 된다. 현실적 질곡의 근본 원인을 간신의 발호로 이해하고 있는 「유충렬전」 향유층에게 현실적 질곡의 극복은 정한담과 같은 간신의 제거를 통해서만 실현 가능한 것으로 인식된다. 따라서 정한담을 천신이 적강한 존재로 형상화한 것은 그만큼 현실적 질곡을 극복하기가 쉽지 않다는 소설 향유층의 의식을 반영한 것이라고 할 수 있다.

전」에서 '천명天命'의 핵심은 국가적 위기로 표상되는 강고한 현실적 질곡을 극복할 수 있는 '신기한 영웅의 탄생'에 있다고 하겠다.

여기에서 우리는 「유충렬전」의 운명론적 세계관이, 천자와 같은 절대자나 천신적 존재와 같은 강력한 간신에 의해서 주어지는 것으로 인식되는 강고한 현실적 질곡에서 벗어나고자 하는, 민중적 소설 향유층의 간절한 소망을 포지하고 있음을 확인하게 된다. 즉 「유충렬전」의 운명론적 세계관 속에는 유충렬 같은 신기한 영웅의 출현을 간절하게 소망하는 소설 향유층의 낭만적 꿈이 담겨 있는 것이다. 따라서 유충렬의 활약으로 이루어지는 국가적 위기의 극복은 곧 현실적 질곡이 해소된 이상적인 사회로서의 성격을 갖는다고 할 수 있다. 다시 말해, 신비한 영웅에 의해 극복되는 국가적 위기의 해소는 '천자를 중심으로 한 국가 질서의 재확립'이라기보다는 '현실적 질곡의 요소들이 제거된 이상적인 사회체제'로서의 의미를 갖는다는 것이다.

물론 이때의 이상적인 사회체제가 중세적 봉건국가의 모습을 띠고 있다는 것은 부정할 수 없다. 그러나 이것은 분명 기존의 지배체제와 가치관을 옹호하기 위한 것이 아니라, 강화되어 가는 현실적 질곡의 의미를 구체적으로 파악하지 못하고 왕의 무능과 간신의 발호에 따른 결과로 이해한 「유충렬전」 향유층의 현실 인식에 기인한 것이라고 할 수 있다. 요컨대, 「유충렬전」이 궁극적으로 지향한 세계는 현실적 질곡의 본질이 중세적 봉건체제의 모순에서 비롯되었다는 것을 깨닫지 못하고, 또

61 정석종 교수에 의하면, "조선 후기 일반 민중들 사이에는 정진인(鄭眞人)이 해도(海島)로부터 나와 그들을 고통 속의 현실로부터 해방시켜 줄 것이라는 믿음이 광범위하게 존재했었다"(정석종, 「조선 후기 이상향 추구 경향과 삼봉도」, 『조선 후기 정치와 사상』, 한길사, 1994, 94쪽)고 한다. 「유충렬전」에서 '신기한 영웅의 탄생'을 예언하는 임경천이 '창해국'에서 온 것으로 설정된 것은 이렇듯 조선 후기 일반 민중들 사이에 광범위하게 유포되었던 '정진인 해도 출현설'의 영향을 받았을 가능성이 크다.

그 결과 새로운 사회체제에 대한 전망을 획득할 수 없었던 인식 단계에서 추구된 '이상사회'라고 하겠다.[62] 따라서 천명으로 대변되는 「유충렬전」의 운명론적 세계관을 지배층의 의식을 간직하고 있는 몰락양반의 의식을 반영한 것으로 이해[63]하거나 천자를 중심으로 하는 수직적 질서를 옹호・보수하는 것[64]으로 이해해서는 안 될 것이다.

이는 다음과 같은 「유충렬전」의 내용이 운명론적 세계관의 기저를 형성하고 있다는 점에서도 확인된다.

> 이제 유충렬은 물 가온ᄃᆡ 부모 일코 도로의 ᄀᆡ결타가 이 내 몸이 장성ᄒᆞ야 사던 ᄃᆡ를 다시 보니 장부 한심 절노 난다. 우리 부모ᄂᆞᆫ 어ᄃᆡ 가시고 이런 줄을 모로시난가. 상전벽히ᄒᆞ단 말을 고지 아니 드러ᄯᅥ니 이 ᄂᆡ 일홀 ᄉᆡᆼ각ᄒᆞ니 ᄇᆡᆨ년인ᄉᆡᆼ 초로 갓고 만세광음 유수로다. 부귀영화 본다 ᄒᆞ고 부ᄃᆡ 사ᄅᆞᆷ 경이 말고 제 복 잇셔 잘 산다고 일가친척 괄세 말소. 고진감ᄂᆡ 흥진비ᄂᆡ는 고금의 상사로세. 양지가 음지되고 음지가 양지되난 주를 게 뉘라셔 알어보리. 권세 조타 귀ᄒᆞᆫ다고 천만련을 밋지 마소.[65]

---

62 「유충렬전」의 향유층은 봉건적 사회체제 외에는 새로운 어떠한 사회체제에 대한 전망도 갖지 못한 상태에서 「유충렬전」을 통해 가장 이상적인 국가체제 — 어질고 현명한 천자와 이를 뒷받침하는 충신에 의해서 이루어지는 정치체제 — 를 꿈꿔 본 것이라고 할 수 있다.

63 조동일 교수는 "영웅소설이 이원론적 주기론의 구조를 가지고 도심(道心)에 의한 인심(人心)의 극복을 역설하는 것은 일차적으로 몰락양반의 의식을 반영한 결과라고 해석할 수 있다. 몰락양반은 비록 몰락은 했어도 지배층의 의식을 지니고 있을 수 있으며, 몰락의 경험을 통해서 지배체제의 위기를 절감하고 몰락한 자기가 상승하는 것과 함께 지배체제의 재확립을 영웅소설을 통해서 절실하게 표현했다고 볼 수 있다"(조동일, 앞의 책, 435쪽)고 하여, 영웅소설의 운명론적 세계관을 몰락양반의 의식을 반영한 것으로 이해하였다. 그러나 현재 대부분의 연구자들은 「유충렬전」을 비롯한 영웅소설의 주요 향유층이 평민 이하의 기층민이었다는 것에 동의하고 있다.

64 김현양, 앞의 글, 196쪽.

65 「유충렬전」, 360쪽.

박일용 교수가 적절하게 지적한 대로, 이 대목은 현실 세계에서 고통받는 하층민의 설움과 그러한 현실이 극복되기를 꿈꾸는 낭만적인 소망이 일상의 상투적인 언어로 소박하게 표현된 것[66]이라고 할 수 있다. 즉 고통스러운 현실이 극복되기를 꿈꾸는 낭만적 소망이 「유충렬전」 향유층이 갖고 있는 운명론적 세계관의 본질인 것[67]이다. 비록 표현 자체는 현실의 변화 원리에 대한 가장 소박한 형태인 '고진감래'나 '흥진비래'라는 관념에 불과하지만 여기에는 고통스런 현실의 변화를 바라는 하층민들의 절실하고도 간절한 소망이 담겨 있다. 이러한 간절함은 일국의 권세를 장악하여 부귀와 권세를 누리게 된 유충렬의 입을 빌어 "고진감닉 흥진비닉는 고금의 상사로세"라며 부귀영화와 권세를 누리는 자들을 경계하고 있다는 점에서도 극명하게 드러난다.[68]

그러나 우리가 「유충렬전」의 운명론적 세계관과 관련하여 보다 주목해야 할 것은 이러한 세계관이 조선 후기에 갖고 있었던 역사적 의의와 기능이다. 이에 대해서는 다음과 같은 역사학계의 연구 결과를 참조할

66 박일용, 「「유충렬전」의 서사 구조와 소설사적 의미 재론」, 『고전문학연구』 8, 한국고전문학연구회, 1933, 280쪽.

67 강상순 교수는 '「유충렬전」의 경우 고진감래나 흥진비래와 같은 현실 인식의 논리가 소설의 운명론적 서사 구조를 지탱하는 가장 강력한 논리적 축이 되고 있다'(강상순, 「영웅소설의 형성과 변모 양상 연구」, 고려대 석사논문, 1991, 130쪽)고 진술하고 있는데, 이는 매우 적절한 지적이라고 생각한다.

68 박일용 교수는 위의 인용문이 '일국의 권세를 장악한 대원수의 입에서 나올 수 있는 소리와는 거리가 먼 것'이라는 점에 주목하여, 이를 '군담이라는 대결적 상황을 유충렬의 사적 체험과 그것의 낭만적 극복이라는 관점에서 바라보려는 시각'(박일용, 앞의 글, 278쪽)의 근거로 이해한 바 있다. 실제 권세를 누리게 된 유충렬이 도리어 부귀영화와 권세를 누리고 있는 자들을 경계하는 말을 한다는 것은 어색하기 그지없다. 우리는 시각이나 관점의 문제 이전에 서술자가 이러한 어색함을 감행한 까닭을 고려해야 할 터인데, 이 대목의 어색함은 서술자가 사건의 전개 과정에 우선하여 자신의 현실 인식과 생각을 강하게 투영시킨 데서 비롯된 것이다. 다시 말해, 위의 인용문은 당대 부귀권세가들의 일반적 행태에 대한 소설 향유층의 부정적 인식이 강력하게 개입함으로써 서사내적 상황과 어울리지 않는 내용이 삽입된 것이라고 하겠다.

필요가 있다.

> 17세기 이후부터 발생하는 각종 반란이나 범죄 사건, 그리고 19세기의 농민봉기 속에는 흔히 승려, 무당, 풍수 등이 깊이 관련되어 있으며 그 지도자들이 미륵신앙이나 『정감록』 등의 예언서를 이용하는 것도 결코 우연이 아니다. 즉 그것은 사회경제적 억압 하의 민중들에게 지배 질서의 모순에 대항할 수 있는 이념적 · 정서적 정당성을 부여해 주는 기능을 하는 것이었다.[69]

실제로 조선 후기에 나타나는 새로운 종교적 움직임이나 그 신앙은 민중들이 기아나 질병, 신분의 질곡으로부터 스스로를 해방시키는 문제에 있어서 반드시 현실적인 대안들을 제시하고 있다기보다는 많은 경우 초월적인 힘에 의거하여 이상사회가 구현되리라는 비현실적 측면을 내포하고 있었다.[70] 그럼에도 불구하고 이러한 비현실적 측면들이 19세기 이전에는 민중의 삶 속에 용해되어 그들의 고달픈 심정을 어루만져 주었으며, 19세기로 오면서는 사회변혁 세력의 적극적 활용에 힘입어 지배 계급의 성리학에 대항하는 민중의 저항이데올로기로서 중요한 자기 몫을 하게 되었던 것이다.[71]

이러한 조선 후기의 역사적 상황을 고려한다면, 우리는 운명론적 세계관을 현실 인식의 강력한 논리적 축으로 삼고 있는 「유충렬전」 등 영웅소설이 왜 그토록 광범위하게 민중적 독자들에게 수용되었는가를 어렵지 않게 짐작할 수 있다. 지배 질서의 모순에 대항할 수 있는 이념적 ·

69 한국민중사연구회 편, 『한국민중사』 II, 풀빛, 1986, 36쪽.
70 위의 책, 37쪽.
71 우윤, 앞의 책, 102쪽.

정서적 정당성을 부여해 주는 기능을 담당했던 미륵신앙이나 『정감록』 등의 예언서들 역시 운명론적인 변화의 논리를 기본으로 하고 있다는 점에서 「유충렬전」의 운명론적 세계관과 맞물려 있다. 또 이들 예언서가 종교적 성격을 띠면서 초월적인 힘에 의거하여 이상사회가 구현되리라는 비현실적 측면을 내포하고 있었다는 점도 「유충렬전」과 크게 다를 바가 없다. 이런 점에서 「유충렬전」과 같은 영웅소설 역시 조선 후기의 민중적 독자들에게 봉건적 질곡에 따른 고달픈 심정을 어루만져 주었을 뿐만 아니라 현실적 불만을 담아내는 역할을 수행했다고 보아야 할 것이다.[72] 물론 「유충렬전」의 운명론적 세계관은 현실의 닫힌 전망에 저항하면서도 결국 닫힌 현실 내에서의 부귀영화를 얻는 것으로 그 위안을 삼은 측면[73]이 없지 않다. 그러나 우리는 적어도 이러한 운명론적 세계관을 지배층의 의식을 간직하고 있는 몰락양반의 의식을 반영한 것이라거나, '현실을 항상 천리의 구현으로 이해하는 보수성을 짙게 드리운 것'[74]으로 이해해서는 안 된다. 「유충렬전」의 운명론적 세계관에는 봉건적 지배이데올로기의 모순을 구체적으로 인식하지 못한 의식 단계에서 현실적 질곡이 존재하지 않는 이상사회를 지향하는 민중적 소설 향유층의 간절한 소망이 내포되어 있기 때문이다.

---

72 이런 점에서 '「유충렬전」의 이원적 세계 인식을 닫힌 현실에 대한 극복의 논리로서의 의미에 초점을 맞추어야 한다'는 강상순 교수의 지적(「영웅소설의 형성과 변모 양상 연구」, 고려대 석사논문, 1991, 129쪽)은 매우 적절하다. 저자도 이전에 '「숙향전」을 비롯한 적강형 애정소설에서의 숙명론적 세계관이 봉건적 질곡을 극복하기 위한 민중의 낭만적 의지를 반영하고 있으며, 또 그것은 봉건적 관계에 대한 저항적 계기로서 현실적 효력을 일정하게 지니고 있다'(이상구, 「숙향전의 문헌적 계보와 현실적 성격」, 고려대 박사논문, 1994, 235~250쪽)는 것을 밝힌 바 있다.

73 강상순, 위의 글, 131쪽.

74 위의 글, 129쪽.

5. 역사적 시각의 필요성

「유충렬전」을 비롯한 조선 후기의 영웅소설은 소설의 상업화라는 소설 발전의 토대 위에서 독서 대중의 요구에 부응하여 이루어진 통속소설이다. 그러나 통속소설이라고 해서 이들 작품이 우리 소설사에서 차지하고 있는 위상이 폄하되거나 간과되어서는 안 된다. "조선시대의 영웅소설은 문자문화를 향유하지 못하던 민중층이 이제 대규모로 자신들의 문자문화를 향유하여 문화의식을 확보해 나가는 매체로서 중대한 문화사적 의미를 지니는 소설 양식이었다"[75]는 지적이 있었듯이, 영웅소설의 성행은 민중층의 성장과 밀접하게 연계되어 있기 때문이다. 특히 「유충렬전」의 경우에는 영웅소설 중에서도 '희화화된 천자의 형상'을 비롯하여 판소리계 소설과 유사한 '운문적 문체'와 '민중적 시각 및 목소리의 직접적 반영과 개입' 등 소설사적으로 주목할 만한 현상을 표출하고 있기도 하다. 이런 점에서 「유충렬전」을 비롯한 영웅소설에 대한 연구는 다양한 측면에서 고구되어야 할 것이다.

이 글은 「유충렬전」의 통속성에 반영된 소설 향유층의 현실 인식이 중세해체기인 조선 후기의 역사적 맥락 속에서 어떤 의미와 의의를 갖는가라는 문제에 초점을 맞추어 진행한 것이다. 「유충렬전」에 대한 기존의 연구는 조선 후기의 역사적 현실과 관련지어 「유충렬전」을 논의한다고 전제하고 있음에도, 실제 분석에서는 「유충렬전」이 중세해체기로서의 역동적인 역사 현장 속에 구체적으로 존재했던 작품이었다는 사실을 간과하기 일쑤였다. 예컨대, '충'이라는 봉건적 관념을 표방했

75 박일용, 앞의 글, 287쪽.

다고 해서 이를 곧바로 봉건적 이념의 보수나 옹호로 이해하거나 '희화화된 천자의 형상'을 반봉건적 의식과 관련지어 이해하려는 태도 등이 그것이다. 이러한 태도는 역사적인 시각에 입각해 있다고 보기 어렵다.

조선 후기 민중들이 영웅소설을 애독했던 이유를 '현실적 질곡에 대한 통속적 보상 심리'나 '사건의 극단화에 다른 소설적 흥미' 등에서 찾는 것 역시 이와 크게 다르지 않다. 「유충렬전」을 비롯한 조선 후기 영웅소설의 상업화는 '통속적 보상 심리'나 '소설적 재미'와 무관한 것일 수 없다. 그러나 '영웅이 가장 실의한 대목에 이르러서 담배 써는 칼로 패사 읽는 사람을 찔러 죽였던 독자의 (열)광적인 행위'는 '통속적 보상 심리'라는 소극적 자세와는 거리가 멀다. 이러한 (열)광적 행위는 '사건의 극단화에 따른 소설적 흥미'와는 일정하게 관계가 있을 것으로 생각한다. "선악의 극단화, 고난과 행복의 극단화, 패배와 승리의 극단화가 이루어지면 독자의 긴장된 관심을 모을 수 있"[76]기 때문이다.

그러나 '소설적 흥미'란 시공을 초월하여 항상 동일하게 느껴지거나 작용하는 것은 아니다. 이는 오늘날 우리들이 영웅소설에서 별다른 소설적 흥미나 감흥을 받지 못하는 것에서도 알 수 있다. 즉 '소설적 흥미'란 사회적 상황과 처지, 계급적 입장 등에 따라, 나아가서는 동일한 개인에게 있어서도 성장 과정과 연령에 따라 각각 다르게 느껴질 수 있다. 따라서 「유충렬전」을 비롯한 영웅소설에 대한 연구는 중세해체기로서의 조선 후기라는 역동적인 역사적 상황과 그러한 역사적 현실에 처해 있는 민중적 독자들의 특수성이 철저하게 고려되는 가운데 진행되어야 할 것이다. 본서를 계기로 역사적 시각이 보다 철저하게 견지되

---

76 조동일, 앞의 책, 399쪽.

는 가운데 「유충렬전」을 비롯한 영웅소설의 소설사적 의의와 한계가 총체적으로 검토되기를 기대한다.

| 제5장 |

「삼선기」의 구조적 특징과 작가의식

1. 연구의 초점과 시각

고소설로 알려진 「삼선기三仙記」는 김기동 교수에 의해 처음 소개된 구활자본 소설로, 현재 1918년 이문당以文堂에서 발간된 것이 유일본으로 남아 있다. 김기동 교수는 이 작품을 소개하면서 판소리 열두 마당 중 아직 그 텍스트가 발견되지 않고 있는 〈신선타령〉을 소설화한 것으로 보았다.[1] 그러나 이석래 교수는 두 작품이 서로 무관한 것임을 밝힌 바 있다.[2]

「삼선기」는 김기동 교수의 소개 이후 주로 「배비장전」 등 일련의 훼절소설과의 관련 속에서 연구되어 왔다. 특히 「삼선기」는 주인공 이춘풍에 대한 활량들의 통매痛罵, 두 기생의 가짜 신선 트릭에 의한 이춘풍의 훼절 사건 등으로 인해 조선시대 양반들의 호색성 풍자[3]나 신분적 질곡과 봉건적 가치관을 풍자한 작품[4]이라는 평가를 받아 왔다.

1 김기동, 「「삼선기」 해제」, 『현대문학』 54, 현대문학사, 1959.
2 이석래, 「「삼선기」 연구」, 『논문집』 18, 성심여대, 1979.
3 김기동, 앞의 글.
4 이석래, 앞의 글.

그러나 최근에 들어 「배비장전」·「오유란전」·「종옥전」·「지봉전」 등 훼절소설에 대한 관심의 고조와 함께 「삼선기」에 대한 재평가가 이루어졌다. 김종철 교수는 「삼선기」가 이춘풍을 기생 모가비로 전락시키고 또 홍제원 한량들에 의한 신랄한 풍자로 평민의 작가의식을 관철시켰으나, 두 기생이 이춘풍의 인격을 흠모하게 만들고 급기야는 이 세명을 현실에 떠난 지상선地上仙으로 이끌고 말았다는 점에서 평민층의 작가의식을 왜곡시키는 결과를 초래한 작품이라고 평가했다.[5] 반면에 이원수 교수는 「삼선기」의 구조를 변증법적 서사 구조로 파악하고, 이에 근거하여 「삼선기」의 주제를 관념주의와 현실주의, 도학자적 삶과 세속적 삶이 적절히 조화된 중용中庸을 구현한 것으로 이해하였다.[6] 또 박일용 교수는 기생들이 이춘풍을 훼절시킨 행위를 치열한 시정적 삶의 필요성에서 연유된 것으로 파악, 「삼선기」의 사회적 의미를 애정구현을 통한 상업정신의 형상화로 이해하였다.[7]

현재 「삼선기」의 작가가 누구인지는 밝혀져 있지 않다. 그런데 이 작품은 여타 고소설에서는 찾아보기 어려운 프롤로그의 제시 및 과거와 현재를 넘나드는 입체적 구성 방식 등 그 짜임새가 매우 치밀하다. 이런 점으로 미루어 보아 「삼선기」는 특정한 개인에 의해 창작되었을 가능성이 매우 높다. 이럴 경우 우리는 작품 분석에 있어 좀 더 세심한 주의를 기울일 필요가 있다. 특정한 개인에 의해 창작된 작품은, 적층적 문학 작품과는 달리, 작가의 개인적 창작의도가 작품의 총체적 의미에 보다 적극적으로 개입하게 된다. 따라서 우리가 「삼선기」의 주제나 의

---

5 김종철, 「「배비장전」 유형의 소설 연구」, 『관악어문연구』 10, 서울대, 1985.

6 이원수, 「「삼선기」의 종합적 고찰」, 『문화와융합』 7, 한국문화융합학회, 1986.

7 박일용, 「조선 후기 훼절소설의 변이 양상과 그 사회적 의미(下)」, 『한국학보』 52, 일지사, 1988.

미를 파악할 때 작가의 개인적인 창작의도를 좀 더 세심하게 고려할 필요가 있으며, 작품 속에 형상화된 삽화 역시 일정한 시대의 상황이나 의식을 단순하게 반영하거나 투영한 것으로 이해하기보다는 작가의 특정한 목적에 따라 새롭게 꾸며진 것으로 이해해야 할 것이다.

이 장에서는 이 점에 유념하면서 「삼선기」의 구조적 특징과 그 의미, 이춘풍의 탈속脫俗을 통해 드러난 작가의 의식을 분석한 후, 창작 시기에 대한 추정을 중심으로 「삼선기」의 소설사적 위치를 구명하고자 한다.

2. 구조적 특징과 그 의미

1) '내기-공모' 방식의 차용

〈배비장전〉을 비롯한 일련의 훼절소설은 한결같이 '내기'와 '공모'라는 형식을 취하고 있다. 즉 여색女色에 초연하다고 자처하거나 호언장담하던 주인공이 주변 인물들의 공모에 의해 호색적 본성을 여지없지 드러내고 만다는 것이 훼절소설의 기본적인 골격을 이루고 있는 것이다.[8] 물론 각 작품마다 '내기'와 '공모'의 성격이 조금씩 다르기는 하다. 그러나 여색에 대한 주인공의 기피나 장담이 일종의 내기를 유발하고, 주변 인물들이 서로 공모하여 속임수로써 주인공의 여색 기피나 장담이 허위였음을 폭로한다는 점은 한결같다. 또 내기는 주로 주인공과 주변 인물 사이에서 이루어지며, 공모는 주인공을 속임수에 빠뜨리기 위

8 김종철은 '내기와 공모'의 방식을 순환적 구조를 특징으로 하는 A형과 그렇지 않은 B형으로 구분하였는데, A형에 속하는 작품으로는 「정향전」·「지봉전」·「종옥전」·「오유란전」을, B형에 속하는 작품으로는 「배비장전」·「이춘풍전」·「삼선기」 등을 들고 있다. 김종철, 앞의 글.

해 주변 인물들끼리의 치밀한 계략으로 이루어진다는 점도 똑같다.

「삼선기」 역시 여타 훼절소설과 마찬가지로 이러한 '내기와 공모'의 방식을 취하고 있다. 그러나 그 성격은 매우 다르다. 일단 「삼선기」는 '내기'의 방식에서부터 여타의 훼절소설들과 매우 상이한 양상을 보인다. 다른 작품들에서는 내기가 주인공과 주변 인물들 사이에서 이루어지는데, 「삼선기」에서는 주변 인물들 내부, 곧 활량들과 기생인 홍도화・유지연 사이에서 이루어진다. 이러한 내기 방식의 차이는 「삼선기」가 여타의 훼절소설들과는 성격이 다르다는 것을 암시해 준다.

내기란 본래 내기를 건 사람들끼리의 상반된 입장에서 비롯된다. 「배비장전」 등 여타의 훼절소설에서의 내기 역시 여색에 대한 주인공과 주변 인물들의 상반된 입장 때문에 발생한다. 주인공은 여색을 백안시하나 주변 인물들은 주연석상酒宴席上 등에서 기생과 어울리는 것을 자연스럽거나 당연한 것으로 여긴 것이다. 이로 인해 주변 인물들은 주인공을 훼절시키기 위해 공모와 속임수를 쓰고, 그 결과 주인공의 호언장담이나 백안시가 거짓이거나 허위 등 잘못된 것이었음이 드러난다.

그러나 「삼선기」의 경우 내기가 주변 인물들인 활량들과 두 기생 사이에서 발생함으로써, 내기 자체가 주인공 이춘풍의 패배나 허위의식의 폭로와는 아무런 관련을 갖지 않게 된다. 즉 「삼선기」에서 내기는 주변 인물들 사이의 입장 차이만 반영하고 있는 것이다. 활량들은 이춘풍이 훼절하지 않을 것이라고 믿고 있는데 반해, 두 기생은 이춘풍을 훼절시킬 수 있다고 장담한다. 따라서 이춘풍의 훼절은 이춘풍 자신의 패배가 아니라 활량들의 패배를 의미하게 된다. 이러한 '내기'의 성격은 「삼선기」가 여타의 훼절소설들과는 달리 주인공의 허위의식을 폭로・풍자하기 위한 작품이 아님을 단적으로 드러낸다.

「삼선기」는 공모의 방식에 있어서도 여타의 훼절소설들과는 상당한 차이를 보인다. 일반적인 훼절소설에서 공모는 주인공을 속임수에 빠뜨리기 위한 주변 인물들의 철저한 계략으로 이루어진다. 그리고 속임수 자체는 주로 기생의 기지나 재치에 의존한다. 그러나 그 속임수는 기타 주변 인물들의 협조와 도움이 없이는 실행이 불가능하거나 실효를 거둘 수가 없다. 이에 주인공을 둘러싼 기생과 주변 인물들이 공모하여 주인공을 철저하게 속인다. 따라서 주변 인물들의 '공모'는 주인공을 속이기 위한 필수적 조건이며, 작품의 전 과정을 통해서 실질적인 의미를 갖고 지속적으로 전개된다. 또 공모의 결과로 이루어진 주인공의 훼절은 기생은 물론 주변 인물 모두의 입장과 처지를 동시에 반영하게 된다.

「삼선기」 역시 주변 인물들인 기생과 활량들이 주인공 이춘풍을 훼절시키기 위해 함께 모의하는 방식을 취하고 있긴 하다. 활량들이 이춘풍에게 모욕을 가한 뒤 후환이 두려워 이춘풍의 훼절을 모의하자, 기생 홍도화와 유지연이 자청하여 이춘풍을 훼절시키겠다고 나선 것이다. 따라서 형식상 활량들과 두 기생의 공모 관계가 성립된 셈이다. 그러나 이들의 공모는 작품 내적으로 실질적인 의미를 갖고 지속적으로 전개되지 않는다. 기생 홍도화와 유지연이 자발적으로 이춘풍을 훼절시키겠다고 나서자, 활량들은 이춘풍의 훼절이 불가능할 것이라는 말을 남긴 채 소설의 무대에서 아예 사라져버리기 때문이다. 이로 인해 기생 홍도화와 유지연은 활량들의 도움 없이 독자적인 힘으로 가선假仙이라는 속임수를 써서 이춘풍을 훼절시킨다.[9]

9 「배비장전」에서는 공모자인 기생 애랑과 방자 그리고 제주목사가 상호 긴밀한 협조로 배비장의 허위와 위선을 철저하게 폭로하며, 「오유란전」은 이생이 선비임을 내세워 여색을 기피하자 친구인 평양감사가 기생 오유란과 공모하는데 이들은 서로 긴밀한 관계를 유지하면서 이생의 위선을 드러낸다. 「정향전」이나 「지봉전」, 「종옥전」의 경우도 주

「삼선기」에서 공모 관계가 실질적인 의미를 갖고 지속적으로 유지되지 못한 것은 기본적으로 공모자인 활량들과 두 기생의 입장이 서로 상반된 데서 비롯되었다고 할 수 있다. 활량들은 명문귀족의 자손이며 도학자인 이춘풍을 능욕한 뒤 후환이 두려워 이춘풍의 훼절을 도모하며, 두 기생은 이춘풍을 흠모한 나머지 자신들의 애정을 실현하고자 이춘풍의 훼절을 꾀했던 것이다. 즉 활량들과 두 기생은 이춘풍을 훼절시켜야 할 필요성은 동일하게 갖고 있었지만, 그 목적이나 동기는 완전히 상반된 것이었다. 따라서 이들의 공모는 애초부터 긴밀한 협조 관계 속에서 이루어질 성질의 것이 아니었다. 그럼에도 불구하고 이들을 공모자로 설정한 것은 '과연 두 기생이 완고한 도학자인 이춘풍을 어떻게 훼절시킬 것인가?'라는 데 관심의 초점을 맞추어 독자의 흥미를 끌기 위한 것으로 보인다.

이러한 공모의 특성은 「삼선기」가 여타의 훼절소설과는 기본적으로 다른 유형의 작품이라는 것을 시사한다. 일반적으로 훼절소설의 경우, 주인공의 훼절은 기생을 포함한 주변 인물들의 긴밀한 협조하에 이루어지며, 주변 인물들의 공모는 곧 주인공의 허위의식을 폭로한다는 주변 인물들 모두의 공통된 입장을 반영하고 있다. 그러나 「삼선기」의 경우, 이춘풍의 훼절은 오로지 기생 홍도화와 유지연의 독자적인 노력에 의해 이루어지며, 또 이 두 사람의 입장만을 반영하고 있다. 그 결과 이춘풍의 훼절은 도학자의 허위의식을 폭로·풍자한다는 의미보다는, 도학자 이춘풍을 흠모하는 기생 홍도화와 유지연의 '애정의 실현'이라는 의미를 갖게 된다.

인공을 둘러싼 주변 인물들이 상호 긴밀한 협조하에 공모하며, 그 공모가 실질적인 의미를 갖고 지속적으로 이루어진다.

이상에서 살펴보았듯이, 「삼선기」는 '내기와 공모'의 방식을 취하고 있지만, 그 성격은 매우 다르다. 주인공과 주변 인물들 사이에서 발생해야 할 '내기'가 주변 인물들 내부에서 이루어지며, 여색에 대한 주인공의 기피나 백안시와도 무관하게 진행된다. 또 '공모'가 형식적인 모양새만 갖추었을 뿐 실질적인 의미를 갖고 지속적으로 전개되지도 않는다. 이러한 사실은 「삼선기」에 나타난 '내기와 공모'가 순전히 형식적인 것에 불과하며, 주인공의 허위의식을 폭로・풍자하기 위한 구조적 틀이 아님을 드러낸다. 요컨대, 「삼선기」에서의 '내기와 공모' 방식은 기생인 홍도화와 유지연이 여색을 멀리하는 도학자 이춘풍을 대상으로 어떻게 자신들의 애정을 실현하는가를 흥미롭게 형상화하기 위해 훼절소설 유형에서 그 형식만을 차용한 것이라고 하겠다.

2) 활량들의 통매痛罵

이춘풍에 대한 활량들의 통매는 소설 구성상 발단에 해당하는데, 이 부분은 활량들의 일방적인 공격으로 이루어진다. 즉 무반武班임을 자처하는 활량들이 명문귀족의 자손이며 근엄한 도학자인 이춘풍을 홍제원으로 끌고 가 온갖 욕설과 패악한 행동으로 공격을 가한 것이다. 이들이 일차적으로 문제 삼은 것은 성현을 공부하는 도학자로서의 이춘풍의 태도이다.

> 공ᄌᆞ님이 도쳑의게 아모 말도 못ᄒᆞ셧다 ᄒᆞ니 그런 셩인으로 엇지 도쳑놈에게 휘이시며 (…중략…) ᄆᆡᆼᄌᆞ가 집신을 도젹ᄒᆞ다가 쥬인에게 들키어 샤과ᄒᆞ얏고 도연명이 굴머 쥭엇다 ᄒᆞ고 쥬ᄌᆞ가 글을 너모 읽다가 눈이 멀

> 었다 ᄒᆞ오니 그 말이 올흘진ᄃᆡ 션ᄉᆡᆼ은 공부ᄒᆞ시와 무엇ᄒᆞ시며 그 지경 되기를 원ᄒᆞ는잇가. 그거시 모다 그짓말이ᄂᆞ 그러치 아니코 참말이면 글 좃탈 그런 졔미붓흘 쇠ᄀᆡᄌᆞ식이 잇겟습져.[10]

활량들은 현실주의적 입장에서 공자를 비롯하여 전통적 유교사회에서 성현으로 추앙받던 인물들을 총망라하여 철저하게 비판을 가한다. 공자는 도척盜跖보다 못한 인물로 비하되며, 맹자는 일개 도적에 불과한 인물로 간주한다. 또 증자, 자로, 주자의 학문 역시 굶어죽거나 눈을 멀게 하는 해악으로 치부해버린다. 공자나 맹자와 같은 성현이 부정되는 마당에 이를 본받고자 하는 이춘풍이 부정되는 것은 당연한 귀결이다. 즉 성현을 본받고자 하는 것은 도둑보다 못한 존재를 배우는 것일 뿐만 아니라 스스로 굶어죽거나 눈이 멀고자 원하는 행위가 되는바, 이는 거짓말이 아니면 사람으로서는 도저히 할 수 없는 짐승의 짓거리라는 것이다. 이렇듯 이춘풍에 대한 활량들의 통매는 철저하게 현실주의적 입장에 근거하고 있다. 성현들의 가르침이나 삶의 자세가 지나치게 관념적이고 사변적이어서 현실적 삶에 실질적인 힘이 될 수 없다는 것[11]이 활량들의 생각인 것이다.

활량들이 현실주의적 입장에서 공자를 비롯하여 성현들을 비하한 것은 곧 유교의 관념성을 근본적으로 부정한 것이라고 할 수 있다. 유교는 조선시대 지배 계급의 통치 이념이면서 동시에 가치규범이었다. 소위 양반으로 총칭되던 조선시대 지배 계급은 관념적인 유교를 통해 자

---

10 「삼선기」, 『구활자 소설 총서 고전소설』 12, 민족문화사 영인, 1983, 7쪽. 앞으로 원전 인용의 경우 작품명과 해당 총서의 쪽수만 표기한다.

11 이원수, 앞의 글.

신들의 지배를 용이하게 했을 뿐만 아니라 특권적 지위를 누렸다. 따라서 활량들이 유교의 가치를 근본적으로 부정한 것은 조선시대 지배 계급의 통치 이념을 부정한다는 의미를 내포하고 있다.

그런데 이춘풍에 대한 활량들의 통매는 여기에 그치지 않는다. 그들은 한 걸음 더 나아가 이춘풍의 도학자적 삶의 속성을 철저하게 파헤친다.

> 선ᄉᆡᆼ님은 무슨 샛쥭ᄒᆞᆫ ᄭᅬ로 졍승에 증손ᄌᆞ요 판셔의 아달노 벼살의 뜻이 업시 ᄶᅩ고리고 안ᄌᆞ 밤낫으로 공ᄌᆞ ᄆᆡᆼᄌᆞ ᄐᆡᆼᄌᆞ이니 시젼 셔젼 ᄡᅡᆫ젼이니 ᄒᆞ고 안ᄌᆞ 무엇을 ᄉᆡᆯ냐 ᄒᆞ고 조흔 벼살을 식혀도 아니 ᄒᆞ시니 그럭케 슬은 벼살 우리ᄂᆞ 좀 식혀 쥬지요.[12]

이춘풍은 명문귀족의 자손으로 동생들이 한림과 세마洗馬라는 높은 지위에 있으며, 전국에서도 손꼽히는 부를 소유하고 있는 특권 계층이다. 그럼에도 불구하고 이춘풍은 동생들과는 달리 부귀공명을 부운같이 여겨 경학에 몰두하는 등 지배 계급으로서 누릴 수 있는 여러 가지 특권을 향유하지 않는다. 참으로 도학자다운 인물인 셈이다. 그러나 이춘풍이 부귀공명을 부운같이 여기는 인물이라고 해서 지배 계급의 일원이 아니거나 또는 조선시대 통치체제에서 벗어나 있는 것은 아니다. 이는 「삼선기」의 프롤로그에 제시되어 있는 오릉중자於陵仲子의 고사와 비교해보면 곧 드러난다.

중자 역시 명문귀족 출신이나 부귀공명을 부운같이 여기는데, 이 점에 있어서 중자는 이춘풍과 조금도 다를 바가 없다. 그러나 그는, 이춘

---

12 「삼선기」, 8~9쪽.

풍과는 달리, 집을 떠나 오릉으로 가서 그곳에서 혼자 짚신을 삼아 연명한다. 중자가 집을 떠난 것은 자신이 속해 있는 집단이나 또는 계급에서 이탈한 것이며, 이는 자신이 속해 있던 집단이나 계급 나아가서는 당시의 통치체제 전반을 부정한다는 의미를 갖는다. 그런데 이춘풍은 비록 부귀공명을 부운같이 여겨 험한 의복과 나막신을 신고 생활하지만 자신이 속해 있는 집단을 이탈하거나 동생들의 관직 생활 등도 부정하지 않는다.[13] 이런 점에서 그의 도학자적 삶은 특권 계층으로서의 자신의 처지나 입장을 부정하는 것이 아니라 고도로 추상화된 관념적 이념에 얽매여 일상적인 삶 자체를 도외시하는 태도에서 비롯되었다고 할 수 있다. 또 그의 금욕적인 생활마저도 궁극적으로는 자신이 속한 집단의 사회적·경제적 기반에 의존하고 있다. 이로 인해 이춘풍은 비록 지배 계급의 일원으로서 제 특권을 향유하지는 않더라도 여전히 동생들과 마찬가지로 지배 계급의 일원이라는 성격을 간직하게 된다. 요컨대, 이춘풍은 지배 계급의 일원이면서 동시에 고도로 추상화된 유교적 관념에 얽매여 일상적인 삶의 가치를 깨닫지 못한 일종의 희극적인 인물[14]이라고 하겠다.

홍제원 활량들이 이춘풍을 통매했던 것도 바로 이 점을 정확하게 인식한 결과라고 할 수 있다. 활량들이 언급한 '무슨 섀죽ᄒᆞᆫ 쇠'라는 말속에는 실로 다양한 의미가 내포되어 있다. 이춘풍이 정승의 증손자이며 판서의 손자와 판서의 아들 등 명문귀족의 자손으로 태어난 것에서부

13 중자는 집을 떠난 이후 굶어죽을 처지에 이르렀다가 벌레 먹은 오얏 열매를 먹고 겨우 회생하기도 한다. 그러던 어느 날 모친이 삶아 준 거위고기를 먹는데, 그 거위가 높은 관직에 있는 형이 뇌물로 받은 것임을 알고는 마침내 토하고 만다.

14 '희극적 인물'이란 일종의 결함을 가진 인물로서, 그 결함이 객관적으로 인정됨에도 불구하고 본인은 그것을 깨닫지 못하거나 또는 알고 있으면서도 이를 모른 척함으로써 남을 속이려 하는 인물을 말한다. 이춘풍은 전자에 해당하는 인물이라고 할 수 있다.

터 밤낮으로 '탱자'와 '딴전'에 비유되는 『맹자』와 『시전』을 읽는 등 현실적으로 가치가 없는 일을 하면서도 굶어죽지 않는 것, 좋은 벼슬을 시켜도 하지 않는 것 등등. 신분적 차별이나 문란한 과거제도 등으로 인해 벼슬을 하고 싶어도 할 수 없는 활량들에게 이춘풍의 모든 행위는 현실적으로 이해할 수 없는 부조리의 산물로 인식될 수밖에 없었으며, 활량들은 그 부조리를 '무슨 색죽흔 쇠'라는 함축적인 말로 이춘풍을 통매했던 것이다.

만약 이춘풍이 오릉의 중자처럼 자신이 속한 집단을 이탈했더라면 활량들이 이처럼 이춘풍을 신랄하게 비꼬지는 않았을 것이다. 기실 중자가 추구했던 도학적 삶에는 소극적이나마 자신이 속해 있는 계급의 부조리를 인식하고 그러한 부조리에 오염되지 않으려는 몸부림이 내포되어 있다. 그런데 이춘풍은 자신이 가지고 있는 특권에 안주하면서 그것을 바탕으로 도학자적 또는 금욕적인 삶을 추구한다. 활량들이 보기에 이러한 이춘풍의 삶은 일상적인 삶 자체를 부정하는 것으로 이해되기보다는 특권에 기반한 무위도식적인 것이거나 허위의식에 따른 것으로 이해되었던 것이다. 그 결과 활량들은 지배 계급의 일원으로서의 이춘풍과 도학자로서의 이춘풍의 관념성을 동시에 비난했던 것이라 하겠다.

활량들은 스스로 무반이라고 일컫고 있는데, 이들을 지배적 위치에 있는 인물들로 보기는 어렵다. 비록 이들의 신분이 무반임을 인정한다고 할지라도 이들은 이미 벼슬을 하고 싶어도 할 수 없는 사회적·정치적으로 소외된 계층이다. 또 '활량'의 어원을 '활을 쏘는 한량'이라고 볼 때, 이들은 일종의 유협객遊俠客[15]들로서 활을 쏘며 놀기에 무반으로 자처했

15 이석래, 앞의 글.

던 것으로 보인다. 따라서 이춘풍에 대한 활량들의 통매는 지배층에 대한 소외 계층 또는 피지배층의 적대의식에서 비롯되었다고 할 수 있다. 즉 명문귀족의 일원으로서 이춘풍을 통매한 것은 지배층의 부조리를 비판한 것이며, 도학자로서의 이춘풍을 통매한 것은 조선시대 지배 이념이었던 유교의 관념성을 부정한 것이라고 하겠다.

그러나 작품 전체의 맥락 속에서 이춘풍에 대한 활량들의 통매는 이춘풍 개인의 문제와는 전혀 무관할 뿐만 아니라, 도리어 이춘풍의 도학자적 성격을 강화하고 미화시키는 기능을 담당한다. 이를 단적으로 보여주는 것이 이춘풍의 봉욕사건을 전해들은 아우 한림이 이춘풍을 위로하면서 한 말이다.

> 한림은 우셔 왈 형장은 혐의 마르소셔. 져의 등이 슈빅 년 쓰인 한을 풀 곳이 업다가 형장의 평일 너모 온즈ᄒᆞ심을 여러 슌 보앗슴으로 한번 셜원ᄒᆞᆫ 도량이니 비록 혼즈 당ᄒᆞ신 듯ᄒᆞ나 통죠문관이 일시에 당ᄒᆞᆫ 일이요 그 역시 우과풍과오니 형장께ᄂᆞᆫ 아모 손익 업삽고 져의 등이 불상ᄒᆞ여이다.[16]

한림은 활량들이 이춘풍을 통매한 것은 피지배층이 지배층 때문에 쌓인 몇 백 년 동안의 한을 풀기 위한 것이지 이춘풍 개인을 비난하기 위한 것은 아니라고 말한다. 게다가 그것은 도리어 이춘풍이 너무 온자하기 때문에 일어날 수 있었던 사건이라고 한다. 즉 이춘풍의 도학자적 성격은 지배층의 부조리와는 전혀 무관한 것이며, 도리어 그것은 피지배층이 수백 년 동안 쌓인 한을 풀어주는 훌륭한 자질이라는 것이 한림

16 「삼선기」, 16쪽.

의 말이다. 우리는 위와 같은 한림의 말을 위로 차원에서 행한 의례적인 말로 간주할 수도 있다. 실제로 벼슬아치인 자기들이 당해야 할 수모를 도학자로서 금욕적인 삶을 영위하고 있는 형이 대신 당했으니, 미안한 마음에 사건의 성격을 이춘풍이 유리한 쪽으로 해석함으로써 형을 위로코자 했다고 해석할 여지가 충분하다. '꿈보다 해몽이 좋다'는 식으로. 그러나 우리는 활량들의 통매 사건을 바라보는 한림의 시각이 상당히 객관적이라는 점을 고려할 필요가 있다. 활량들의 통매를 매도하기보다는 '수백 년 동안 쌓인 한'으로 이해하고 있는가 하면, 또 '벼슬을 하고 있는 자신들이 도리어 불쌍하다'는 등 반성적인 태도를 보이기도 한다. 이런 점을 고려할 때, 한림의 말은 순전히 위로 차원에서 의례적으로 행한 것이라고 풀이해서는 안 될 것이다.

사실 위와 같은 한림의 말은 활량들의 통매 사건의 성격과 기능을 작품의 전체적인 맥락 속에서 종합적으로 규정하는 의미를 갖고 있다. 그런데 이 사건을 이춘풍의 개인적인 모순이나 한계와는 전혀 무관하며 도리어 이춘풍의 훌륭한 자질 때문에 발생한 것으로 규정하고 있다. 요컨대, 활량들의 통매 사건은, 작품의 전체적인 맥락을 통해서 볼 때, 도학자로서의 이춘풍의 성격을 구체적으로 형상화하고 또 강화시키기 위해 설정된 것이라고 하겠다. 이러한 작가의 의도는 이춘풍을 훼절시키려는 모의 과정에서 보다 분명하게 드러난다.

> 량량ᄌᆞ는 경향에 유명ᄒᆞᆫ 범절로 (…중략…) 오날 져 텬ᄉᆡᆼ 학ᄌᆞ님께 향ᄒᆞᆯ진ᄃᆡ 뉘 능히 막으리오마는 연조문 쇠사실은 창아등을 만드러도 져 학ᄌᆞ의 졀ᄀᆡ는 휘오지 못ᄒᆞᆯ 거시요. 종각에 달닌 인경곡지는 말낭말낭 쥬물너도 져 학ᄌᆞ의 염통은 찔너도 못보고 호조에 동부동순 금덩이는 드럿다

노아도 져 학ᄌᆞ의 창ᄌᆞ는 돌니지 못ᄒᆞ리니 힘ᄃᆡ로 ᄒᆞ여 보옵소셔.[17]

이 부분은 활량들이 이춘풍을 통매한 직후의 대목이다. 기생 홍도화와 유지연이 이춘풍에 대한 자신들의 애정을 실현하기 위해 이춘풍을 훼절시키겠다고 나서자, 이춘풍을 신랄하게 비난했던 활량들이 돌연 태도를 바꾸어 이춘풍의 철저한 도학자적 기질을 언급하면서 그를 훼절시키는 것은 불가능하다고 말한다. 이러한 활량들의 태도 변화는 이춘풍에 대한 통매가 풍자적인 차원에서 이루어진 것이 아니라 이춘풍의 도학자적 기질을 '구체적으로 드러내어 보여준다'는 차원에서 형상화된 것임을 시사한다. 즉 작가는 '활량들의 통매'라는 하나의 사건을 통해 도학자 이춘풍의 성격을 구체적으로 형상화하고 또 강화시키고자 했던 것이다. 이러한 작가의 의도는 활량들의 통매 장면을 목격한 기생 홍도화와 유지연의 심정 묘사에서도 엿볼 수 있다.

여러 잡놈들이 무슈히 조롱ᄒᆞ되 박힌다시 ᄶᅮ러 안ᄌᆞ 조곰도 동요치 아니니 엄위한 형용과 반가온 마음을 이기지 못ᄒᆞᆯ너라.[18]

「삼선기」에서 '삼선三仙'은 이춘풍·홍도화·유지연 세 사람을 일컬으며, 사건이 전반적으로 기생 홍도화와 유지연의 시각을 통해 서술되고 있다. 따라서 이들의 시각이 곧 서술자의 시각이면서 작가의 의식을 가장 잘 반영하고 있다고 할 수 있다. 그런데 이들은 이춘풍에 대한 활량들의 통매를 '잡놈들의 조롱'으로 비하하고, 활량들의 통매에 무력하

17 「삼선기」, 15~16쪽.
18 「삼선기」, 15쪽.

게 앉아 있는 이춘풍의 모습을 '엄위한 형용'으로 묘사하고 있다. 여기에서 우리는 「삼선기」의 작가가 '활량들의 통매 사건'을 통해 지배층에 대한 비판이나 이춘풍의 도학자적 삶을 풍자하기보다는, 이춘풍의 도학자적 풍모를 강화하거나 또는 미화하고 있음을 확인할 수 있다.

앞서 살펴보았듯이, 이춘풍에 대한 활량들의 통매 자체는 도학자 이춘풍 개인에 대한 풍자이면서 동시에 조선 후기 지배 계층에 대한 피지배층의 저항과 비판의식을 내포하고 있다. 그런데 작품 전체의 맥락 속에서는 이것이 도리어 '잡놈들의 조롱'에 불과한 것으로 비하되고 있으며, 풍자의 대상인 이춘풍은 긍정적인 인물로 운위되고 있다. 왜 이러한 괴리가 발생하게 되었는가. 그것은 바로 작가가 지배층에 대한 당대의 비판적 통념을 바탕으로 활량들의 통매 사건을 형상화하되, 서술의 초점을 이춘풍에 대한 비판이나 풍자보다는 그의 도학자적 성격 또는 완고함을 구체적으로 드러내어 보여준다는 측면에 맞춘 결과이다. 그리고 이러한 서술 시각은 '완고한 도학자인 이춘풍을 기생 홍도화와 유지연이 어떻게 훼절시킬 것인가'에로 관심의 초점을 맞추기 위한 작가의 의도에 따른 것이라고 하겠다. 요컨대, 「삼선기」에서 활량들의 통매 사건 자체는 지배층에 대한 비판이나 풍자의 의미를 내포하고 있지만, 전체적인 맥락 속에서는 이 사건이 도학자인 이춘풍의 완고한 성격을 구체적으로 형상화하기 위한 차원에서 설정되었다는 것이 저자의 생각이다.

3) 이춘풍의 변모

「삼선기」의 주인공 이춘풍은 도학자에서 기생 모가비로 변모하는데, 이러한 변모의 의미를 정확하게 구명하기 위해서는 먼저 각 단계별 인물의 성격과 삶의 특징을 온당하게 이해할 필요가 있다. 먼저 도학자로서의 이춘풍의 성격을 보자. 앞서도 언급했듯이, 도학자로서의 이춘풍은 성현의 도를 즐기는 나머지 세속적인 삶을 완전히 무시하는 일종의 희극적인 인물이라고 할 수 있다.

> 리ᄉᆡᆼ의 고명ᄒᆞᆫ 학식이 통국에 유명ᄒᆞ야 ᄃᆡ신이 천거ᄒᆞ되 리모는 명환귀족의 ᄌᆞ손으로 공명에 뜻이 업셔 세상번화를 부운갓치 여기고 경학을 잠심ᄒᆞ야 치국평천하할 만ᄒᆞᆫ ᄌᆡ덕을 품엇다 ᄒᆞ야 ᄉᆞ헌부장령과 경연시독관을 식이되 드른 체 아니ᄒᆞ고 군위현감과 령광군슈를 졔슈ᄒᆞ니 ᄂᆡ직도 아니커든 엇지 분요ᄒᆞᆫ 민정을 다ᄉᆞ리랴 ᄒᆞ리오. 공부 ᄎᆞ지 못하고 신병이 잇슴을 갓초아 표를 올리고 셰상에 출각할 마음이 아조 업스니 뉘 능히 그 효효ᄒᆞᆫ 뜻을 돌리리요. 이른바 불ᄉᆞ왕후 고상기ᄉᆞ요 종남첩경을 비소할너라.[19]

이춘풍은 명문귀족의 자손이면서 온 나라에 이름이 날 정도로 높은 학식을 갖춘 인물이다. 그러나 경학經學에 몰두한 나머지 아예 관직에 나가려고 하지 않을 뿐만 아니라, 유자儒者들의 궁극적인 목적이라고 할 수 있는 치민治民마저 '분요한 것'으로 치부해버린다. 이러한 이춘풍의 삶은 정통적인 유가의 행위규범이라고 할 수 있는 수기치인修己治人과도 거리가 멀다. 굳이 유가적 입장에서 이해하자면, 도학자로서의 이춘풍의 삶은 '수기치인'의 덕목 중 '치인'을 완전히 배제한 채 '수기'만을 절대적 가치로 인정하고, 그에 따라 영위하는 삶이라고 할 수 있다.[20]

---

19 「삼선기」, 5쪽.

20 역사적으로 볼 때, '수기'를 특히 강조했던 것은 15세기 후반에 등장한 사림파 문인들이었다. 도학자로서의 이춘풍의 삶은 이들 사림파 중에서도 '인간적, 학자적 양심을 지켜 정치권력에 타협하지 않고 온건지중(穩健持中)의 자세로 현실에 임해 조용히 향리에

이렇듯 수기만을 절대적인 가치로 인식하고 살아가는 사람은 필연적으로 금욕주의자가 될 수밖에 없다.

> 인간은 텬상과 달ᄂᆞ 믈ᄉᆡᆨ이 웃듬이어늘 물욕을 아조 몰ᄂᆞ 명환ᄀᆡ족의 ᄌᆞ손으로 외양이 쳔만인 중 뎨일이요 문쟝과 ᄌᆡ죄 탁월ᄒᆞ사ᄃᆡ 부귀를 초ᄀᆡ갓치 녀기ᄉᆞ 부모께 밧ᄌᆞ온 골육을 억제로 음디에 말녀 삼십 젼 윤ᄐᆡᆨᄒᆞᆫ ᄀᆡ부를 ᄉᆞ러안ᄌᆞ 골리고 초발부용갓흐신 용ᄉᆡᆨ을 즁병든 사람갓치 혈ᄉᆡᆨ을 져상ᄒᆞ시고 공연이 험ᄒᆞᆫ 의복과 남악신으로 셰월을 보ᄂᆡ시니[21]

위 인용문은 기생 홍도화와 유지연이 이춘풍을 훼절시키기 위해 설득하는 대목 중 일부분이다. 위에서 볼 수 있듯이, 이춘풍은 철저하게 금욕적인 생활을 영위한다. 그의 금욕적인 생활은 '신체발부는 부모에게 물려받은 것이기 때문에 훼손해서는 안 된다'는 유가의 전통적인 효의 관념마저 무시할 정도로 철저하다. 그래서 골육骨肉을 억지로 음지에서 말려 윤택한 피부를 상하게 하는가 하면, 공연히 험한 옷을 입고 나막신을 신은 채 생활한다. 또 결혼한 지 10여 년이 지났음에도 불구하고 내외지정內外之情을 전혀 모르기도 한다.

이러한 이춘풍의 금욕적인 삶은 경학에 대한 맹목적인 집착에서 비롯되었다고 할 수 있다. 만약 이춘풍이 세속적인 삶을 영위하는 가운데 그에 대한 회의나 환멸을 맛보고 나서 경학에 몰두하게 되었다면, 그것

묻혀 지내던 처사형(處士型) 부류'(임형택, 「16세기 초 신진 문인층과 시의 세계」, 『대동문화연구』 13, 성균관대 동아시아학술원, 1979)와 유사한 점이 있다. 즉 '수기'만을 절대적인 가치로 인식하고 살아가는 이춘풍의 도학자적인 삶은 16세기 처사형 부류의 극단적인 형태로 이해해 볼 수 있을 것이다.

21 「삼선기」, 47~48쪽.

은 맹목적인 것이라고는 할 수 없다. 그런데 이춘풍은 처음부터 '물욕을 아주 모르는' 사람이었으며, 그런 상태에서 수기만을 절대적인 가치로 인식하고 금욕주의적인 삶을 영위해 왔던 것이다. 따라서 도학자 이춘풍은 경학에 맹목적으로 집착한 나머지 일체의 세속적인 삶을 금기시하는 인물이라고 할 수 있다.

도학자 이춘풍의 경학에 대한 맹목적인 집착과 그것의 겉으로의 드러남이라고 할 수 있는 금욕주의적 태도는 일종의 '결함'이라고 할 수 있다. 기생 홍도화와 유지연 역시 이춘풍의 금욕적인 삶을 '억지'나 '공연함'이라고 말하고 있는바, 이를 이춘풍의 결함으로 인식하고 있음에 틀림없다. 그러나 막상 당사자인 이춘풍은 이를 결함이라고 생각하지 못한다. 따라서 도학자 이춘풍은 자신의 결함을 결함으로 인식하지 못하는 일종의 희극적인 인물이라고 할 수 있다.

이러한 이춘풍은 기생 홍도화와 유지연의 가선假仙 트릭에 속아 결국은 기생 모가비로 변모한다. 명문귀족의 자손이요 철저한 금욕주의자였던 도학자 이춘풍이 기생 모가비가 되었다는 것은 참으로 엄청난 변모라고 할 수 있다. 그러나 이춘풍이 기생 모가비가 되었다고 해서 이를 전락이나 또는 타락으로 이해해서는 안 된다. 도학자로서의 이춘풍은 결혼한 지 10여 년이 되었어도 내외지정을 모를 정도로 세상의 물정을 전혀 모르는 결함을 지닌 인물이었으며, 기생 홍도화와 유지연은 이러한 이춘풍을 사모한 나머지 자신들의 애정을 실현하기 위해 속임수를 써서 이춘풍을 기생 모가비로 변모시켰기 때문이다. 따라서 도학자 이춘풍이 기생 모가비가 되었다는 것은 전락이나 또는 타락의 의미보다는 그가 본래 가지고 있던 결함을 해소했다는 의미를 지닌다. 이는 이춘풍이 기생 모가비가 된 이후에 했던 일들에서 분명하게 드러난다.

이춘풍은 기생 모가비가 된 지 수년 만에 음률과 오입에 능통하고, 또 평양에 관서제일루라는 교방을 창설하여 수많은 기생과 재자율객才子律客을 거느린다. 이는 이춘풍이 도학자로서의 관념적인 삶을 버리고 기생 모가비로서 세속적인 삶을 영위하게 되었다는 것을 뜻한다. 그러나 그의 세속적인 삶은 여전히 도학자적 품성에 기초하여 영위된다. 즉 이춘풍은 기생 모가비가 된 이후에도 본래 자신이 지니고 있던 도학자적 품성을 일신하기는커녕 도리어 그것을 바탕으로 평양 일대의 풍속을 교화시킨다.

> 이츈풍이 교방 쥬인된 후로 범졀이 졍ᄃᆡᄒᆞ고 ᄒᆡᆼ위 졍직함으로 평양 일판이 심복ᄒᆞ야 풍속이 일변ᄒᆞ니 부졍ᄒᆞᆫ 일을 붓그러 ᄒᆞ고 기ᄉᆡᆼ의 범잣이 조출ᄒᆞ야 란잡ᄒᆞᆫ ᄒᆡᆼ장을 못ᄒᆞ니 상하 남녀가 표쥰을 삼의되[22]

기생 모가비가 된 이춘풍은 '정대한 범절'과 '정직한 행위'로 교방 세계는 물론 평양 일대의 풍속을 완전히 뒤바꾸어 놓는다. 그래서 기생들이 난잡한 행위를 하지 못할 뿐만 아니라 남녀노소가 모두 이춘풍의 행위를 표준으로 삼을 정도가 된다. 이런 점에서 이춘풍이 기생 모가비로 변모한 것을 도학자로서의 이춘풍의 삶을 완전히 부정한 것으로 이해해서는 안 된다.

그러면 이춘풍의 변모가 내포하고 있는 의미는 무엇인가. 그 의미를 제대로 이해하기 위해서는 먼저 기생 모가비로서의 이춘풍의 성격을 정확하게 구명할 필요가 있는데, 이는 노영철 일파와의 대립 관계를 통

---

22 「삼선기」, 67~68쪽.

해 확인할 수 있다. 기생 모가비가 된 이춘풍이 평양 일대의 풍속을 교화하자, 수통인首通引 노영철과 기생 심일청이 반감을 품고 이춘풍을 모함하기에 이른다. 이들 역시 기생 모가비 이춘풍과 마찬가지로 세속적인 삶을 영위하는 자들이지만, 그 성격은 정반대이다. 노영철은 본래부터 간교하고 영리한 인물로 수통인이 되어 사또를 등에 업고 백성들을 착취하는 자이며, 기생 심일청은 천성이 음란하여 부정한 행위를 서슴지 않는 인물이다.

> 슈통인 로영철은 본ᄃᆡ 간교ᄒᆞ고 영리ᄒᆞ여 분부시힝은 진션진미케 ᄒᆞ기로 ᄉᆞᆺᄯᅩ 등ᄂᆡ마다 거힝ᄒᆞ되 ᄒᆞᆫ번도 ᄭᅮ지람 ᄒᆞᆫ마ᄃᆡ 아니 드럿고 돈은 만이 모으되 졔아비가 쥬식이 심ᄒᆞ야 용젼여슈ᄒᆞ기로 ᄆᆡ일 간구ᄒᆞ여 허젼장녕으로 쥰민고튁을 만이 ᄒᆞ더니[23]

> 심일청이라 ᄒᆞ는 기ᄉᆡᆼ이 인물은 츌즁ᄒᆞᄂᆞ 텬셩이 음란ᄒᆞ야 힝위 뷰졍ᄒᆞ기로 교방에 셧기지 못ᄒᆞ고[24]

노영철과 심일청은, 이춘풍과는 달리, 천성이 간교하고 음란한 인물들이다. 이들은 이춘풍이 등장하여 교방을 장악하고 풍속을 교화시키자, 경제적 이권을 상실하거나 아예 교방에 참여하지 못하게 된다. 이에 로영철과 심일청은 역시 행색이 부잡하고 주색을 탐하는 사또 자제와 짜고 이춘풍을 모함한다. 그 결과 이춘풍은 귀양을 가게 되고, 대신 노영철 일파가 평양 일대의 교방을 장악하여 빙공영사憑公營私로 많은

23 「삼선기」, 67쪽.
24 「삼선기」, 68쪽.

재물을 착취한다. 그러나 신임 사또 홍상서가 부임하여 이춘풍의 무고와 함께 로영철 일파의 간악함이 밝혀지게 된다.[25]

이러한 이춘풍과 노영철 일파의 대립은 기생 모가비로서의 이춘풍의 성격을 명확히 보여준다. 서로 똑같이 세속적인 삶을 영위할지라도 이춘풍의 삶과 노영철 일파의 삶은 완전히 다르다. 즉 이춘풍의 세속적인 삶은 '정대한 범절'과 '정직한 행위' 등 도덕성을 수반하고 있는데 반해, 노영철 일파의 삶은 부정한 행위로 가득 찬 비도덕적인 것이다.

앞에서도 언급했듯이, 도학자 이춘풍이 기생 모가비가 된 것은 도학자로서의 관념적인 삶을 포기하고 세속적인 삶을 영위하게 되었다는 것을 뜻한다. 그러나 이춘풍의 세속적인 삶은 도학자로서 본래 그가 지니고 있던 품성에 기초한 도덕성을 수반하고 있으며, 그 결과 기생 모가비로서의 이춘풍은 평양 일대가 심복할 정도로 존경하는 인물이 된 것이다. 이러한 사실은 이춘풍의 변모가 풍자적 차원이 아니라 결함 해소의 차원에서 이루어진 것임을 단적으로 드러낸다. 즉 도학자 이춘풍은 경학에 집착한 나머지 일체의 세속적인 삶을 도외시하는 결함을 가진 인물이었는데, 기생 모가비가 됨으로써 그러한 결함을 해소하고 전인적全人的인 인물로 변모하게 되었다는 것이다.[26] 이 점은 누명을 벗게 된 이춘풍에 대한 주변 인물들의 평가에서도 확인된다.

---

25 박일용 교수는 이들의 대립을 기방을 둘러싼 조선 후기의 현실을 그대로 반영하고 있다고 지적한 바 있다. 박일용, 앞의 글.

26 지금까지 기생 홍도화와 유지연의 가선 트릭에 의해 도학자 이춘풍이 기생 모가비가 된 것을 '전락'으로 이해함으로써(김기동, 김종철 등) 「삼선기」를 풍자적인 작품으로 평가해 왔다. 그러나 이춘풍이 기생 모가비가 된 것은 도학자로서 이춘풍이 지녔던 결함을 해소하는 차원에서 이루어진 것이기 때문에 이를 '전락'이 아니라 '변모'로 이해하는 것이 타당할 것이다.

> 우리 삿ᄯᅩ 도임 일년에 그리 온ᄌᆞᄒᆞ신 학ᄌᆞ님일느니 오날 일노 볼진ᄃᆡ 오금도 문청쓰고 속도 썩 잘 스시고 오입속도 릉통ᄒᆞ시도다. 드르니 리츈풍도 ᄌᆡ상 ᄌᆞ졔요 훌륭ᄒᆞᆫ 학ᄌᆞ로 오입에 믯그러져 그러ᄒᆞ다니 량반 즁에 멋 알기는 두 량반이 날ᄀᆡ로다. 이러ᄒᆞᆫ 일 만고에 유젼ᄒᆞᆯ 일이라 ᄒᆞ더라.[27]

위에서 볼 수 있듯이, 기생 모가비로 변모한 이춘풍은 신임 사또 홍상서와 더불어 양반 가운데 멋을 아는 날개라고 찬양되고 있다. 도학자로서의 이춘풍은 재상의 자제이면서 훌륭한 학자였지만, 멋을 모르는 인물이었다. 그런데 기생 모가비로 변모함으로써 비로소 인생의 참 멋을 알게 되고, 마침내 양반 중에 양반이라는 전인적인 인물이 되었다는 것이 이 작품의 주지이다.[28] 따라서 도학자 이춘풍의 기생 모가비로의 변모는 결함의 해소라는 차원에서 이루어진 것이며, 그것은 '물욕을 아조 모르는' 미몽 상태에서의 '눈뜸' 또는 '잠깸'의 의미를 내포하고 있다고 하겠다.

3. 이춘풍의 탈속과 작가의식

「삼선기」는 이춘풍에 대한 활량들의 통매, 도학자 이춘풍의 기생 모가비로의 변모, 이춘풍의 탈속 등 다양한 계층의 의식을 반영하고 있는

27 「삼선기」, 85쪽.
28 위의 인용문에서 '오입'이라는 어휘가 주는 선입견 때문에 자칫 인용문 전체를 일종의 비꼬기로 이해할 위험이 없지 않다. 그러나 위에서 언급한 '오입'은 전임 사또 자제가 했던 것처럼 부잡하고 주색을 탐하는 행위와는 분명히 구별되는, '비록 부부 사이는 아닐지라도 진솔한 감정에 바탕을 둔 남녀의 어울림이나 사랑' 정도의 의미로 이해해야 할 것이다.

삽화들이 한데 뒤엉켜 있다. 이로 인해 「삼선기」의 주제는 조선시대 양반의 호색성 풍자, 신분적 질곡과 봉건적 가치관에 대한 풍자, 평민층 작가의식의 관철과 왜곡, 관념주의에 대한 현실주의의 비판 등 다양하게 거론되어 왔다. 그러나 이러한 주제 논의는 대체로 작품 전체의 유기적 틀이나 구조를 고려한 데서 나온 것이라기보다는 특정한 삽화만을 고립적으로 분석한 결과라고 할 수 있다.

예컨대, 「삼선기」는 '평민층 작가의식의 관철과 왜곡'이 동시에 이루어진 작품이라는 견해를 들 수 있다. 「삼선기」에서 '활량들이 도학자 이춘풍을 통매하는 대목'을 두고 볼 경우, 이 작품은 평민층의 작가의식을 관철했다고 평가하기에 조금도 부족함이 없다. 그러나 주인공 이춘풍은 처음부터 끝까지 풍자의 대상이나 부정적인 인물이 아니라 긍정적인 인물로 형상화되고 있다. 이 두 가지를 동시에 고려할 때, 우리는 부득이 「삼선기」가 '평민층 작가의식의 관철과 왜곡이 동시에 이루어진 작품'이라고 평가할 수밖에 없다.

그러나 앞서 살펴보았듯이, '이춘풍에 대한 활량들의 통매'는 지배계층과 지배 이념에 대한 당대의 부정적인 통념을 이용하여 '도학자 이춘풍의 성격을 구체적으로 드러내는' 기능을 담당하고 있다. 다시 말해서, 작가가 이 삽화를 통해 궁극적으로 제시하고자 했던 것은 '지배 계급에 대한 비판'이 아니라 '도학자 이춘풍의 됨됨이'였던 것이다. 또 도학자 이춘풍의 기생 모가비로의 변모 역시 '호색성'에 대한 풍자라기보다는 '결함의 해소'라는 의미를 내포하고 있다. 따라서 '결함-결함 해소'의 연속선상에서 이루어진 이춘풍의 탈속은 작가의 의식을 해명하기 위한 관건이라고 할 수 있다.

이춘풍의 탈속 생활은 애초 도학자로서의 삶과 유사한 측면이 있다.

특히 세상의 영욕궁달을 부운에 부쳐버리고 책을 읽으면서 지내는 것 등은 도학자 이춘풍이 영위했던 삶과 하등의 차이가 없다. 단지 차이가 있다면, 경학에 잠심한 나머지 내외지정內外之情도 모르던 이춘풍이 홍도화·유지연과 동거하면서 자녀를 낳는 등 부부 생활을 영위한다는 것이다.

> 리츈풍이 량랑으로 더부러 대셩산 아릭 초당으로 도라와셔 셰상의 영욕궁달은 부운에 붓쳐버리고 량랑으로 더부러 금셔의 싱활이 족쪽ᄒ고 홍류 량랑의게 일남일녀씩 ᄂ아 ᄎ례로 길너 셩취ᄒᆫ 후 여년을 화란츈풍으로 맛쳔지라. 셰샹 ᄉ람이 이르되 디상슴션이라 ᄒ더라.[29]

이춘풍의 탈속적인 삶은 도학자로서의 관념적인 삶과 기생 모가비로서의 세속적인 삶이 적절하게 조화를 이룬 것처럼 보인다. 그러나 이는 세속적인 삶과는 전혀 무관한 또 다른 형태의 관념적인 삶이라고 해야 할 것이다. 속세를 벗어나서 "셰상의 영욕궁달은 부운에 붓쳐버리고" 산다는 것 자체에 이미 관념성이 짙게 드리우고 있기 때문이다. 비록 탈속한 이춘풍이 도학자로서의 삶과는 달리 명실상부하게 부부 생활을 영위하고 있지만, 그것은 현실 세계와 동떨어진 고립된 세계 또는 환상적 세계 내에서의 일상적인 삶일 뿐이다. 탈속한 이춘풍이 부부 생활을 한 것은 도학자로서의 이춘풍이 철저히 관념적인 삶을 추구하면서도

29 「삼선기」, 90쪽. 위 인용문은 「삼선기」의 마지막 부분으로 여타 고전소설과 유사한 결말 형태를 취하고 있다. 이로 인해 이춘풍의 탈속 역시 여타 고전소설과 마찬가지로 단지 수사적인 차원의 결구로 이해되기 쉽다. 그러나 「삼선기」는 '三仙'이라는 제목에서도 엿볼 수 있듯이, 작가가 처음부터 이춘풍과 홍도화·유지연 세 사람의 탈속을 의도하고 있다. 이러한 작가의 의도는 홍도화와 유지연이 이춘풍을 당나라의 이적선(李謫仙)과 같은 인물로 지목하거나, 작가가 이 세 사람의 만남을 '우연치 않은 신선의 인연'으로 표현하고 있는 데서도 알 수 있다.

목숨을 부지하기 위해 음식을 먹고 마시는 등의 일상적인 삶을 영위했던 것과 크게 다를 바가 없다. 요컨대, 이춘풍이 부부 생활을 영위하느냐 하지 않느냐 하는 것은 현상적인 차이에 불과하며 본질적인 것은 아니라고 하겠다.

그렇다고 해서 도학자로서의 이춘풍의 삶과 지상선地上仙으로서의 이춘풍의 삶이 본질적으로 차이가 없다는 것은 아니다. 두 삶의 본질적인 차이는 금욕적이냐 아니냐의 문제와 관련되어 있다. 앞서 살펴보았듯이, 도학자 이춘풍은 결혼한 지 10여 년이 되었음에도 불구하고 내외지정을 전혀 모를 뿐만 아니라 골육을 억지로 음지에 말리고 공연히 험한 의복과 나막신으로 생활하는 등 철저하게 금욕적인 생활을 영위한다. 그런데 탈속 이후의 이춘풍은 비록 영욕궁달을 부운같이 여기긴 하지만 금욕적인 생활을 한 것은 아니다. 그는 홍·유 두 여성에게서 일남일녀씩 낳아 이들을 성취시켰다고 하는데, 이는 세속적인 가장으로서 한 가족을 이끌어 갔다는 의미보다 남녀의 정에 입각한 생활을 영위했다는 의미가 강하다. 자식들에 대한 이야기가 오직 "홍류 량랑의게 일남일녀씩 ᄂᆞ아 ᄎᆞ례로 길너 셩취ᄒᆞᆫ 후"라는 식으로 간단하게 서술된 것도 바로 이 때문이다. 또 도학자 이춘풍이 경학에만 잠심했던 것과는 달리, 탈속한 이춘풍은 음악을 즐기는 등 풍류적인 생활을 영위하기도 한다. 즉 도학자로서의 이춘풍의 삶이 '금욕적인 것'이라면, 지상선으로서의 이춘풍의 삶은 '풍류적인 것'이라고 하겠다.

이러한 이춘풍의 탈속적인 삶은 작가가 이춘풍의 변모 과정을 형상화하면서 궁극적으로 의도하거나 추구했던 것이 무엇인가를 확연하게 보여준다. 그것은 지배 계급이나 그들의 이념을 비판·풍자하기 위한 것도 아니며, 또 관념주의를 비판하고 현실주의를 긍정하기 위한 것도 아니다. 「삼선기」의 작가가 이춘풍의 변모를 통해 궁극적으로 제시하고자 했던 것은 바로 도학자 이춘풍의 금욕주의적 삶에 내포되어 있는 결함 — 남녀지정과 같은 풍류를 전혀 모른다는 것 — 의 해소였던 것이다.

사실 도학자로서의 이춘풍의 결함은 '물욕을 전혀 모른다'는, 즉 세속적인 삶의 가치를 전혀 깨닫지 못한다는 것이었다. 따라서 도학자로서 이춘풍이 지녔던 결함의 해소는 자연스럽게 세속적인 삶의 가치를 인정하거나 긍정하는 방향으로 나아가는 것을 의미하게 된다. 이춘풍의 변모가 기생 모가비에서 끝났다면 「삼선기」는 관념주의적인 삶을 부정하고 세속적인 삶을 긍정하는 작품으로 평가받아 마땅하다. 그러나 이춘풍이 마지막으로 선택한 탈속적인 삶은 우리로 하여금 「삼선기」가 세속적인 삶 자체에 대한 가치 인정이나 긍정을 추구했다고 보기 어렵게 만든다. 만약 이춘풍의 변모를 관념주의에 대한 현실주의적 비판으로 간주한다면, 우리는 이춘풍의 탈속적인 삶이 내포하고 있는 관념성에 대해서 작가의 논리적 모순이나 오류라고 지적하는 것 외에는 달리 설명할 방법이 없을 것이다.

그러나 「삼선기」는 논리적으로 모순이나 오류를 가진 작품이 아니다. 문제의 핵심은 도학자로서의 이춘풍의 삶이 완전히 부정되는 것이 아니라 부분적으로만 부정되고 있다는 사실에 놓여 있다. 다시 말해서, 작가가 도학자 이춘풍의 관념적인 삶 전체를 문제 삼고 있는 것이 아니라 오로지 기생 홍도화와 유지연이 이춘풍에 대한 자신들의 애정을 실현할 수 없게 만드는 그의 금욕주의적 태도나 생활만을 문제 삼고 있다는 것이다. 따라서 도학자 이춘풍의 결함 해소는 곧 홍도화와 유지연과의 애정 실현을 의미하며, 또 그것은 결과적으로 세속적인 삶 자체에 대한 긍정을 의미하기보다는 낭만적이거나 또는 관념적인 남녀의 만남과 애정만을 긍정하는 의미를 띠게 된다. 이춘풍이 마지막 단계에서 기생 홍도화·유지연과 함께 탈속하여 지상삼선地上三仙이라 일컬어지는 삶을 영위하게 된 것도 바로 이러한 낭만적인 애정을 추구한데 따른 자연스런 귀결인 것이다.

이상에서 살펴보았듯이, 「삼선기」의 작가가 조선 후기 지배 계층에 대한 비판적 인식과 현실주의적 세계관을 가진 인물이라는 것은 부정할 수 없다. 그러나 「삼선기」는 조선 후기 지배 계층을 풍자한 작품도 아니며, 또 관념주의를 비판하고 현실주의를 긍정한 작품도 아니다. 작가가 「삼선기」를 통해 구현하고자 했던 삶은 바로 홍도화·유지연과 같은 미인과 더불어 세상의 영욕궁달을 잊고 금서琴書의 생활에 자족하는 일종의 신선놀음이라고 할 수 있다. 요컨대, 「삼선기」는 남성의 통속적 소망에 기반하여 현실 세계에서는 실현하기 어려운 남녀의 환상적이거나 또는 낭만적인 사랑을 형상화해 본 작품이라고 하겠다.

4. 소설사적 위치

현재 「삼선기」는 1918년 '이문당'에서 발간된 구활자본이 유일본으로 남아 있다. 그런데 지금까지 대부분의 연구자들은 현존 이문당본보다 앞선 텍스트가 존재하리라는 묵시적인 전제를 바탕으로 「삼선기」를 연구해 왔으며, 그 결과 「삼선기」의 창작 시기는 영정시대英正時代[30]에서부터 신구소설 교체기[31]에 이르기까지 폭넓게 거론되고 있다. 사실 다

30 김기동, 앞의 글.
31 이원수, 앞의 글.

른 이본이나 방증 자료가 없는 현재의 상황에서 「삼선기」의 창작 시기나 이본에 대해 단정적으로 말하기는 어렵다. 이에 따라 현존하는 이문당본이 가장 선본先本이라고 추정하고, 이와 관련한 몇 가지 방증 및 추론을 제시하고자 한다.

첫째, 「삼선기」는 고소설에서는 찾아보기 어려운 프롤로그 및 과거와 현재를 넘나드는 입체적 구성 방식을 취하고 있으며, '노영철'과 같은 일상적인 이름을 사용하고 있다는 점을 들 수 있다.[32] 이 세 가지 요소는 「삼선기」가 특정한 개인의 철저한 의도에 따라 창작되었으며, 그 시기 또한 매우 후대일 가능성을 보여준다.

둘째, 지배 계층에 대한 비판적 견해의 통념성과 활량들의 통매에 대한 이춘풍의 대응 방식을 들 수 있다. 앞서 살펴보았듯이, 이춘풍에 대한 활량들의 통매는 신랄하며, 지배 계층 및 그들의 이념을 철저하게 부정하고 있다. 그것도 공자나 맹자를 '탱자'에 비유하고 『시전』이나 『서전』을 '딴전'에 비유하며, 이들을 공부하는 것을 '가만히 꿇어앉아 무엇을 빨려고 하느냐'는 등 비속한 말로 비꼰다. 그런데 막상 작가는 이러한 비판적 인식을 이춘풍의 도학자적 성격을 강화하거나 구체적으로 형상화하는 데 이용할 뿐, 그 자체에는 주목하지 않는다. 또 활량들의 통매에도 불구하고 이춘풍은 아무런 반발을 하지 않으며, 한림인 동생은 '수백 년 동안 쌓인 한풀이'라며 이를 당연하게 여기기도 한다. 이는 조선 후기 지배 계층에 대한 비판적 인식이 이미 통념이 되었으며, 지배 계급으로서의 양반의 지위가 실질적인 위력을 발휘하거나 또는 사회적 쟁점으로서의 의의를 상실했다는 것을 의미한다. 요컨대, 「삼선기」는

---

32 이원수 교수는 이 세 가지 점을 들어 「삼선기」가 영정시대에 나온 작품이라는 김기동의 견해는 재고해야 한다고 주장한 바 있다. 위의 글.

지배 계급으로서의 양반과 피지배 계급으로서의 평민의 갈등이 이미 사회적으로 문제시되지 않던 시기에 지어진 작품이라고 하겠다.

셋째, 「삼선기」는 최상층인 이춘풍과 최하층인 기생의 결연을 주 내용으로 삼고 있음에도 불구하고 이들의 신분적 차이가 전혀 장애나 갈등의 요소로 작용하고 있지 않다는 점을 들 수 있다. 기생 홍도화와 유지연은 재상의 자제인 도학자 이춘풍을 자신들의 애정을 실현할 수 있는 대상으로 꼽으면서도 신분의 차이는 아예 고려하지도 않는다. 이들의 결연 과정에서 장애가 되는 것은 오로지 금욕적인 생활을 영위하는 이춘풍의 도학자적 기질뿐이다.[33] 이러한 현상은 「춘향전」에서 춘향이가 이 도령의 구애를 받고 신분 차이를 들어 주저했던 점을 고려한다면 참으로 이해하기 어려운 것이며, 그만큼 「삼선기」는 신분의 차이가 이미 문제가 되지 않았던 시대적 상황을 반영하고 있다고 하겠다.

마지막으로 '내기-공모' 방식의 변개를 들 수 있다. 앞서 살펴보았듯이, 「삼선기」도 여타의 훼절소설들과 마찬가지로 '내기-공모'의 형식을 취하고 있지만 그 성격은 매우 다르다. 주인공과 주변 인물 사이에서 이루어져야 할 '내기'가 주변 인물들끼리의 내기로 변개되었으며, '공모' 역시 형식적으로만 이루어질 뿐 실질적인 의미를 갖고 지속적으로 전개되지 않는다. 따라서 「삼선기」의 '내기-공모' 방식은 작가가 독자들의 흥미를 유발하기 위해 의도적으로 기존의 훼절소설에서 그 형식만 빌려온 형태라고 할 수 있다.

이상의 몇 가지 점들을 고려할 때, 「삼선기」는 실제로 1910년대 상

33 「배비장전」과 같은 훼절소설도 남주인공의 양반적 기질이나 허위의식을 문제 삼고 있기는 하다. 그러나 그것은 남녀의 애정이나 애정의 실현과는 무관하게 풍자의 대상이나 요소로 기능한다.

업적 목적에 따라 특정한 개인에 의해 창작되었을 가능성이 높다. 「삼선기」가 남성의 통속적 소망에 기반하여 현실 세계에서는 실현하기 어려운 남녀의 환상적이거나 또는 낭만적인 사랑을 형상화했던 것도 결국은 상업적 목적에서 비롯된 것이며, 고도의 기법을 요구하는 치밀한 구성은 후대적 면모와 아울러 특정한 개인의 창작성을 보여주는 것이라고 하겠다. 특히 지배 계층에 대한 당대의 비판적 통념을 이용해 이춘풍의 성격을 구체적으로 형상화한 것 등은 「삼선기」의 개인적 창작성은 물론 창작의 후대성을 드러낸 것이라고 할 수 있다. 요컨대, 「삼선기」는 1918년에 발간된 이문당본이 가장 선본이며, 1910년대 급격하게 늘어난 고소설 독자들의 수요에 부응하기 위해 상업적 목적으로 지어진 의고적擬古的 창작물[34]이라는 것이 저자의 생각이다.

34 '의고적 창작물'이란 조동일 교수가 「채봉감별곡」, 「청년회심곡」, 「부용상사곡」 등 1910년대 고소설의 형태로 창작된 작품들을 일컬어 사용한 용어이다(조동일, 『한국문학통사』 4, 지식산업사). '신작구소설'(이은숙, 「활자본 신작 구소설의 애정소설 연구」, 『문학연구』 5, 정신문화연구원)이란 용어도 같은 개념이라고 하겠다.

| 제6장 |

판소리의 예술성과 민중적 사유방식

1. 판소리의 기원과 발전 과정

판소리는 봉건해체가 시작되던 조선 후기에 민중들에 의해 만들어지고 향유된 우리나라 고유의 전통음악이요, 구비서사문학이며, 연행예술이다. 판소리가 애초 민중들에 의해 만들어진 만큼 판소리에는 민중들의 삶과 애환, 의식과 지향이 담겨 있다. 한 지아비를 섬겨 아들・딸들을 낳아 한 지어미로서 평범하게 살기를 꿈꾸고 또 몸소 실천했던 춘향, 부패한 봉건권력을 상징하는 병든 용왕의 탐욕과 어리석음을 꾀로 물리치고 풍자한 토끼, 오로지 착하고 진실하게만 살고자 애쓰며 매품팔이도 마다하지 않았던 흥부, 불구의 몸으로 젖동냥을 하면서 자신을 키워준 아버지 심 봉사의 개안을 위해 무섭고도 두려운 죽음을 기꺼이 선택했던 심청, 죄 없이 싸움터에 끌려가 덧없이 죽어가야만 했던 조조의 이름 없는 백만 군사들. 이들은 바로 착하게, 진실하게, 인간답게, 아름답게 살고자 애썼고, 또 그렇게 사는 사람들이 잘 사는 세상이 오기를 간절히 꿈꾸었던 우리들의 소중한 선배이며 이웃이요 초상들인 것이다.

판소리의 기원에 대해서는 중국 강창문학講唱文學의 영향, 광대소학지희廣大笑謔之戲, 창우집단倡優集團의 레파토리, 서사무가 또는 무당굿 등 여러 가지 학설이 있다. 그러나 현재로서는 호남 지방의 단골무들이 부르는 서사무가 또는 무당굿에서 왔다는 학설이 가장 유력하다. 전라도 지방의 서사무가는 장편 구비서사시의 형식, 창·아니리를 섞어 부르는 구연 방법, 음악적 장단·선율구조, 창법 등 많은 부분에서 판소리와 친근성을 보인다.[1] 게다가 역대 판소리 창자 대다수가 이 지방의 무가巫家 출신이었다는 사실 또한 이 학설의 설득력을 보여준다. 문제는 이보형 교수가 주장한 창우집단 기원설이다. 그에 의하면 판소리는 원래 창우집단이 판놀음에서 벌였던 여러 레파토리 가운데 하나였는데, 점차 인기를 얻어가자 독립하게 되었다고 한다. 그러나 그 역시 창우들은 본래 무계巫系에서 배출된 본격 연희패로서 전국을 무대로 유랑하면서 판놀음을 했던 집단이라고 주장하고 있는바,[2] 이 학설은 판소리의 호남 무가기원설을 뒷받침한 것이라고 하겠다.

이렇듯 호남 지방의 서사무가에서 유래한 판소리는 17세기 말과 18세기 초에 이르러 하나의 독립된 예술 장르로 성립된 것으로 보인다. 물론 초기 단계의 판소리는 재담꾼들이 민중들을 대상으로 민중들의 삶과 정서를 투박하면서도 거칠게 이야기하는 골계담에서 크게 벗어나지 못했을 것으로 추정된다. 그러나 18세기 전반기의 인물로 알려진 최선달崔先達, 하한담河漢潭, 우춘대禹春大 등과 같은 전설적인 소리광대의 손을 거치면서 판소리는 점차 골계담에서 벗어나 민중들의 삶과 생각을 우리 고유의 가

1 김흥규, 『한국문학의 이해』, 문학과지성사, 2009, 78쪽.
2 이보형, 「창우집단의 광대소리 연구—육자배기 토리권의 창우집단을 중심으로」, 『한국 전통음악 연구』, 고려대 민족문화연구소, 1990.

락과 심미적 형상을 통해 드러내는 정련된 예술로 성장하였다. 그 결과 18세기 중엽 이후에는 양반들도 판소리에 관심을 갖기에 이르는데, 현재 남아 있는 「춘향전」 이본 가운데 최고본最古本인 유진한柳振漢(1711~1791)의 「만화본춘향가晩華本春香歌」는 당시의 상황을 일정하게 보여주고 있다. 즉 18세기 중엽에 주로 활동했던 양반인 유진한은 전라도 지방을 여행하다가 소리광대가 부르는 〈춘향가〉를 듣고 감동한 나머지 1754년(영조30)에 판소리 〈춘향가〉를 7언시七言詩 형태의 한시 200구句로 옮겼던 것이다. 이 외에도 신광수申光洙(1712~1775)의 『제원창선題遠昌扇』과 유만공柳晩恭의 『세시풍요歲時風謠』(1783) 등에 판소리와 관련된 기록이 보이는바, 18세기 중엽 이후에는 일부 양반들이 판소리에 흥미를 느끼고 관심을 가졌던 것으로 보인다. 그러나 18세기 후반까지는 여전히 민중들이 판소리의 주요 향유층이었으며, 판소리는 양반의 관념적 인과론을 거부하고 민중의 경험적 갈등을 제시하거나 기존사회의 불평등과 허위를 비판하는 민중예술[3]로서의 성격을 확고하게 유지했던 것으로 보인다. 이는 다음과 같은 기록을 통해서도 어느 정도 확인된다.

> 아버지께서 계유년 호남을 여행하면서 그 산천 문물을 역람하셨다. 다음해 봄 집에 돌아와 춘향가 일편을 지으셨은데, 이로써 또한 당시 유인들의 비난을 받으셨다.[4]

위의 기록은 유진한의 아들이 쓴 『가정견문록家庭見聞錄』에 들어 있는 내용인데, 유진한이 「만화본춘향가」를 쓴 것 때문에 당시 유인儒人, 곧 양

3 조동일, 「판소리의 전반적 성격」, 『판소리의 이해』, 창작과비평사, 1978, 28쪽.
4 김흥규, 「판소리」, 『한국민속대관』 6, 고려대 민족문화연구소, 1982, 402쪽에서 재인용.

반들로부터 비난을 받았다고 한다. 당시 양반들이 왜 판소리 〈춘향가〉를 한시로 결구한 유진한을 비난했는지는 정확하게 알 수 없다. 그러나 〈춘향가〉의 주지는 '봉건적 신분 관계를 초월한 남녀의 순수한 사랑'이며, 여기에는 봉건적 신분 관계의 부정과 함께 당시 양반들이 천시했던 남녀의 사랑의 옹호라는 민중의식이 담겨 있다. 당시 양반들이 유진한을 비난했던 것은 〈춘향가〉에 담긴 이러한 주지와 무관하지 않을 것으로 생각된다. 따라서 18세기 후반까지 초기의 판소리 형태가 가지고 있는 근대적 인간상의 표현에 공감하고 참여한 것은 양반 중에서도 유진한과 같은 현실에서 소외된 계층만이 가능했다[5]고 할 수 있다.

그러나 19세기에 이르면 상황은 확연하게 달라진다. 이 시기에는 판소리의 애호층이 확대되어 서민뿐만 아니라 양반들도 판소리의 애호가로 등장하였다. 앞 시대까지만 하여도 양반이 판소리를 듣는 일이 비난의 대상이었으나 이제는 그 같은 일이 있을 수 있으며, 실제로 관심을 기울여 판소리를 듣고, 그 감상을 한시로 옮기거나 이들과의 교유 관계를 기록해 두는 일이 생기는 등 판소리가 인기를 누렸다. 이 뿐만이 아니었다. 철종·대원군·고종 등 왕족들도 판소리 광대를 궁중으로 불러들여 소리를 감상했으며, 창을 한 광대에게 후한 상과 벼슬을 내리기도 하였다.[6] 즉 적어도 19세기 중반에 이르면 판소리는 양반들이 듣고 즐기는 필수적인 교양으로 자리를 잡았으며, 당시 이름이 난 명창들은 부호나 양반가의 회갑 및 과거 급제 등의 잔치마당, 관리의 부임이나 취임 등 경축행사에서나 소리를 했던 것이다. 나아가 양반 지식인들은 예전과는 달리 적극적으로 판소리의 내용을 제제로 삼아 한시를 짓기도 했는데, 신위申緯(1769~1847)의 「관극시

5 정병헌, 「판소리의 형성과 변화」, 『판소리 연구』, 태학사, 1998, 23쪽.
6 유영대, 「판소리의 역사」, 『한국 민속사 입문』, 지식산업사, 1996, 575쪽.

觀劇詩」(1826), 송만재宋晚載(1788~1851)의 「관우희觀優戲」(1834), 이유원李裕元(1814~1888)의 「관극팔령觀劇八令」, 윤달선尹達善의 「광한루악부廣寒樓樂府」(1852), 이건창李建昌(1852~1898)의 「부심청가賦沈淸歌」 등이 그것이다. 이 가운데 송만재는 아들이 과거에 급제했음에도 불구하고 판소리 명창을 불러 잔치할 비용이 없는 탓에 〈관우희〉를 지어 아들을 위로하고자 했던바, 이는 당시 판소리의 유통 방식과 함께 판소리가 얼마만큼 양반들에게 인기가 있었는가를 여실하게 보여주고 있다.

이렇듯 판소리가 양반들의 애호를 받으면서 판소리 사설의 내용도 적지 않은 변화를 겪었다. 거칠고 건강한 민중의식을 담았던 사설은 전아하고 고상하며 정태적인 양반의 의식을 담은 것으로 대치되었다. 기생인 춘향이 양반의 서녀로 변화한다거나, 심청의 신분이 고귀한 것으로 변화하는 것, 지배층을 골리는 토끼 대신에 충절의 상징인 별주부를 옹호하는 내용, 영웅적인 전투 모습을 담은 〈적벽가〉 앞부분을 덧보태는 행위 등은 이 같은 의식의 지향을 보여주는 증거들이다. 판소리의 음악도 심각한 변화를 겪게 되는데, 대표적인 것이 판소리 음악에 이른바 '어정소리'를 담아서는 안 된다는 미의식의 표출이다. 진계면의 처절함을 강조하는 노래들은 양반의 미의식인 중용의 가치관에 크게 어긋나는 것이었으며, 따라서 이 같은 양반층의 미의식을 존중하여 감정을 과잉하게 노출하지 않고 절제하여 표현하는 쪽으로 변화했던 것이다.[7]

이 과정에서 가장 큰 역할을 한 인물이 신재효申在孝(1812~1884)이다. 그는 아전 출신의 부호로 한문에도 능통하였는데, 김세종이나 정창업 등을 직접 가르치면서 판소리의 개찬改撰에 많은 노력을 기울였다. 그

---

7 위의 책, 581~582쪽.

는 당시 열두 마당으로 정착되었던 판소리를 여섯 마당으로 개편하였으며, 이 과정에서 거칠고 조야한 사설을 전아한 한문투의 문장으로 바꾸거나 반봉건적 지향 대신에 충·효·열 등 봉건적 이념과 가치를 적극적으로 드러내는 방향으로 판소리 사설을 수정하였다. 이로 인해 신재효는 판소리의 민중성을 탈각시켰다는 부정적인 평가를 받기도 한다. 그러나 그는 판소리 사설이 아정雅正과 비속卑俗의 평형 상태를 유지하려고 애썼으며, 그 결과 판소리는 아정과 비속, 비장悲壯과 골계滑稽가 교차하는 국민적인 예술로 승화될 수 있었다. 또한 신재효는 당시까지 남창男唱의 독무대였던 판소리계에 진채선陳彩仙, 허금파許錦波와 같은 여창女唱을 교육, 등장시킴으로써 판소리의 새로운 국면을 개척하였다.[8] 이런 점에서 신재효는 판소리가 남녀노소, 빈부귀천을 떠나 거의 모든 사람들에게 애호를 받는 국민적 예술, 또는 민족적 예술로 발전시키는 데 커다란 기여를 했다고 하겠다.

2. 판소리의 예술성

그러면 판소리가 민중예술에서 출발하여 민족적 예술로 승화할 수 있었던 까닭, 그 예술성은 어디에서 생성된 것인가. 이에 대해서는 신재효가 지은 단가인 〈광대가廣大歌〉를 통해 어느 정도 확인할 수 있다.

> 광대 행세 어렵고 또 어렵다. 광대라 하는 것이 제일은 인물치레, 둘째

8 정병헌, 앞의 글, 27~29쪽.

는 사설치레, 그 직차 득음이요, 그 직차 너름새라. 너름새라 하는 것이 귀성끼고 맵시 있고, 경각의 천태만상 위선위기 천변만화, 좌상의 풍류호걸, 귀경하는 노소남녀 울게 하고 웃게 하는 이 귀성 이 맵시가 어찌 아니 어려우며, 득음이라 하는 것은 오음을 분별하고 육률을 변화하여 오장에서 나는 소리 농락하여 자아낼 제 그도 또한 어렵구나. 사설이라 하는 것은 저 금미옥 좋은 말로 분명하고 완연하게 색색이 금상첨화 칠보단장 미부인이 병풍 뒤에 나서난 듯, 삼오야 발근달이 구름 밖에 나오난 듯, 새눈 뜨고 웃게 하기 대단히 어렵구나. 인물은 천생이라 변통할 수 없거니와 원원한 이 속판이 소리하는 법이로다. 영산초장 다스림이 은은한 청계수가 어름 밑에 흐느난 듯, 끄을려 내는 목이 순풍에 배 노는 듯, 차차로 돌리는 목 봉회노전 기이하다. 도도와 울리는 목 만장봉이 솟구난 듯, 툭툭 굴려 내리는 목 폭포수가 솟치난 듯, 장단고저 변화무궁 이리 농락 저리 농락. 아니리 짜는 말이 아릿다온 제비 말과 공교로운 앵무 소리. 중머리 중허리며, 허성이며 진양조를 다라두고 노와두고 걸리다가 들치다가 청청하게 도는 목이 단산의 봉의 울음. 청원하게 뜨는 목이 청전에 학의 울음. 애원성 흐르는 목이 황영의 비파소리. 무수히 농락변화 불시에 튀는 목이 벽력이 부듯난 듯, 음아질타 호령소리 태산이 흔드난 듯, 어느덧 변화하여 낙목한천 찬바람이 소슬하게 부는 소리. 왕소군의 출새곡과 척부인의 황곡가라. 좌상이 실색하고 구경꾼이 낭누하니 이러한 광대노릇 그 아니 어려우랴.[9]

신재효는 광대 노릇하기가 어렵다고 전제한 뒤 그가 갖추어야 할 조건으로 인물치레, 사설치레, 득음, 너름새의 네 가지를 들고 있다. 너름새

9 이병기 외편, 〈광대가〉, 『신재효 판소리 사설집』, 민중서관, 1971, 669쪽.

는 광대가 소리를 하면서 부채나 손수건 등을 가지고 행하는 동작인데, 구수하면서도 맵시가 있어서 천태만상과 천변만화를 잘 표현해야 한다고 했다. 득음은 오음五音과 육률六律을 정확하게 분별하여 오장에서 우러나는 성음으로 온갖 소리를 마음대로 구사할 수 있는 능력을 갖추어야 한다고 했다.[10] 사설은 분명하고 완연하여 마치 병풍 뒤에서 아름다운 여인이 나오고 구름 속에서 밝은 달이 솟아나듯이 생생하면서도 아름다워야 한다고 했다. 인물이란 광대로서의 타고난 재능을 뜻하는데, 장단고저 등 다양한 음과 목소리를 통해 변화무궁한 상황과 현상을 자유자재로, 그리고 사실적으로 표현할 수 있어야 한다고 했다. 즉 판소리 광대는 타고난 목소리를 바탕으로 득음을 한 뒤 사설과 너름새를 통해 천태만상과 천변만화를 그럴 듯하면서도 자유자재로 표현할 수 있는 능력을 갖추어서 청중들을 울리고 웃겨야만 한다는 것이다. 〈춘향가〉에서 암행어사가 출도하는 대목에서는 청중들이 신명나게 웃을 수 있어야 하며, 〈심청가〉에서 심청이가 인당수에 빠져 죽는 대목에서는 청중들이 자기도 모르게 절로 눈물을 흘리도록 해야만 한다. 이렇게 하기 위해서는 광대의 타고난 재능, 현실을 생생하게 반영한 사설, 장단고저를 자유자재로 농락할 수 있는 득음, 사설에 걸맞은 광대의 동작이 한 치의 어긋남도 없이 일치해야만 한다. 흔히 판소리는 '이면裏面을 그려야 한다'고 하는데, 이 이면이란 바로 사설이 그리고 있는 상황과 그 상황이 내포하고 있는 의미를 생생하게 재현한다는 뜻일 터이다. 요컨대, 판소리의 예술성은 우주와 인간, 자연과 인간, 인간과 인간 사이에서 일어날 수 있는

10 '득음'은 판소리가 양반들의 애호와 함께 본격 예술로 발전하는 과정에서 필수적인 요소로 자리 잡은 듯한데, 송흥록 등 많은 명창들이 득음을 위해 포폭수 아래서 소리를 질러 그 소리가 폭포 밖으로 튀어나갈 정도로 연습을 했으며, 이 과정에서 피를 서너 동이나 토했다(정노식, 『조선 창극사』, 조선일보 출판부, 1940)고 한다.

다양한 양상과 변화, 곧 천태만상千態萬象과 천변만화千變萬化를 한 사람의 광대가 사설과 소리 그리고 동작을 통해 생생하고도 사실적으로 재현함으로써 청중들에게 감동을 불러일으키는 미적 형상이라고 할 수 있다.

다음과 같은 정노식鄭魯湜의 『조선창극사朝鮮唱劇史』의 기록들은 이를 잘 보여주고 있다.

① (李捺致)는 抱負가 雄壯하고 技藝가 非凡할뿐더러 그 수리聲인 聲量이 巨大하여 春香歌를 할 때에 라팔(喇叭)을 倣唱하면 宛然히 實物로 부러내는 소리를 내이고 잉경은 "뎅뎅" 하면 꼭 實物의 잉경소리가 一村一洞에 響應하였다 한다. 한참 興이 나서 소리가 佳境에 들어가면 푸지고도 훔우저서 聽衆의 지수는 소리는 左右에서 쏟아져 나온다. 有時乎 哀怨恨歎으로써 聽衆의 噓唏涕淚를 자어내히다가도 다시 詼諧滑稽로써 抱腹絶倒케 하는 그 光景과 그 唱劇의 제스추워(形容動作)를 아울러 보면 實로 天下壯觀이었다고 한다.[11]

② 李가 唱劇調로 能히 사람을 울니고 웃기고 하는데 對하여 한 揷話가 있다. 그 當時에 京城에 어떤 老宰相으로 性格이 몹시 剛毅沈靜하여 喜怒를 現於色 아니하는 이가 있었다. 자기 自 若孫의 夭慘을 보고도 泰然自若하는 이다. 어느 때 親舊들과 같이 이야기를 하다가 話題가 광대 이야기로 되어서 한 사람이 "名唱은 能히 사람을 울리고 능히 웃긴다고 하더니 李唱이야 말로 果然 그러하다"고 하니까, 主人 宰相이 말하기를, "그것은 그러할 理가 없을 것이로되 만일 있다고 하면 心弱한 拙丈夫에 限하여 있을 일이고

11 위의 책, 69~70쪽.

剛毅하고 氣魄이 있는 大丈夫로써 한 微賤한 광대에게 感情의 支配를 받어서 笑與哭을 被動的으로 할 것이냐?" 하여 甲論乙駁에 歸一치 못하다가 必竟은 實際的으로 李氏를 불너서 與否를 試見하기로 하고 主人은 卽時 李唱을 招來하여 金 千兩과 生命과의 賭約을 定하였다. (…중략…) 李는 欣然히 滿座 앞에서 沈淸歌 중 沈淸이가 그 父親의 눈 띠이기를 위하여 供養米 三百石에 몸이 팔여서 인당수 祭物로 惡魔 같은 南京船人들에게 끌여갈 제 그 父女間 서로 永訣하는 場面! 그 앞 못 보는 孤獨한 父親을 村人들에게 愛護하여 달라는 遺托의 哀辭! 피눈물을 흘니면서 허둥지둥 인당수에 몸을 던지는 光景! 그 悲絶慘絶한 人生의 最後를 如實히 哀詞悲調로 表現하였다. 듣는 사람은 勿論이고 鬼神도 따라서 우름을 發하리만큼 되었다. 主人 老宰相은 沈淸의 出天的 孝誠에 感激을 받으면서 人生의 悲哀를 느끼면서 不知不覺中 뒤로 돌아 앉아서 暗然히 눈물을 씻고 前約대로 果然 千兩金을 주어 즉시 治送하였다는 것이 有名한 이야기다.[12]

①과 ②는 모두 명창 이날치李捺致와 관련된 이야기이다. ①은 이날치가 〈춘향가〉를 부르면서 나팔소리와 인경소리를 모창模唱했는데 그 소리가 실제 나팔을 불고 인경을 치는 듯 했으며,[13] 슬픈 곡조로 노래를 불러 청중들의 눈물을 자아내게 했다가 곧이어 해학과 골계로써 청중들을 포복절도케 했다는 것이다. 너름새 또한 일품이어서 이날치의 소리와 너름새, 그리고 그에 따라 울다가 웃는 청중들의 모습이 천하장관

12 위의 책, 71~72쪽.

13 가왕(歌王)으로 불리어졌던 송흥록(宋興祿)의 경우는 '귀곡성(鬼哭聲)'을 잘하여, "四面이 寂寥한 깊은 밤인데 春香歌 中 獄中歌의 鬼聲을 發하는 대목에 이르러서 唱去唱來 소리가 眞境에 들어가매 陰風이 슬 돌면서 數十臺의 燭불이 一時에 탁 꺼지고 半空에서 鬼哭聲이 은은히 나는 듯"(위의 책, 24쪽)할 정도였다고 한다.

이었다는 것이다.

신재효는 〈광대가〉에서 '소리를 농락한다'거나 '장단고저 변화무궁, 이리 농락 저리 농락'이라 하여 '농락'이라는 말을 거듭 사용하고 있는데, 바로 이날치는 소리로써 청중들을 '농락'했던 것이다. '농락'의 사전적 의미는 '간교하고 약은 꾀로 남을 자기 손아귀에 넣어 제 마음대로 휘잡아 놀린다'는 뜻이다. 그러나 신재효가 말한 '농락'이란 '간교하고 약은 꾀'와는 거리가 멀다. 그보다는 '슬픈 장면과 대목은 정말로 슬프게, 기쁜 장면과 대목은 정말로 기쁘게 재현할 수 있는 능력, 나아가 그 장면과 대목이 내포하고 있는 본질이라고 할 수 있는 이면까지 생생하게 재현할 수 있는 능력'과 관련된다. 따라서 판소리의 예술적 심미성은 한 명의 광대가 타고난 소리 자질과 득음, 사설과 너름새를 조화롭게 활용하여 천태만상과 천변만화를 생생하게 재현함으로써 청중들을 마음대로 울리고 웃길 수 있는 능력을 통해 구현된다고 하겠다. 그러기에 신재효는 '광대 행세가 어렵고도 어렵다'고 했으며, 정노식의 기록에 의하면 이날치는 그 어려운 것을 행할 수 있는 능력을 가진 명창이었다고 하겠다.

②는 이날치가 성격이 강직하고 심중하여 어린 자식이 죽었는데도 슬픈 표정 한번 보인 일이 없는 노 재상을 〈심청가〉로 울렸다는 이야기이다. 이 재상은 '그것은 그러할 리가 없을 것이로되 만일 있다고 하면 심약한 졸장부에 한하여 있을 일이고, 강의하고 기백이 있는 대장부로써 한 미천한 광대에게 감정의 지배를 받아서 소여곡笑與哭을 피동적으로 할 것이냐?'고 말하고 있는데, 이는 판소리를 비천한 광대의 놀음 정도로만 이해했던 조선 후기 양반 사대부들의 일반적인 인식을 보여주고 있다는 점에서 주목되기도 한다. 말 그대로 이 재상은 근엄한 선비나 사대부가 광대의 간교하고 약은 꾀에 농락당해서는 안 되며, 그런 일은 있을 수도

없다는 생각을 가진 인물인 것이다. 유진한이 〈춘향가〉 200구를 지은 것을 비난한 것도 이런 태도와 인식에서 비롯되었다고 할 수 있다. 그런데 이날치는 바로 이런 재상을 심청이가 인당수에 빠져 죽는 장면을 생생하게 연출함으로써 감동시키고 절로 눈물을 흘리게 만들었던 것이다.

그러나 우리가 여기서 주의해야 할 것은 청중들을 순간적으로 울렸다가 다시 순간적으로 웃기는 판소리의 예술성이 순전히 기교로만 이루어질 수는 없다는 점이다. 여기에는 인간과 인간의 삶에 대한, 특히 민중들의 삶에 대한 진실한 이해가 반드시 뒤따라야 한다. 어린 자식이 죽었어도 울지 않았던 노재상이 이날치의 소리를 듣고 울었던 것도, 그의 소리를 통해 진정 인간다운 삶이란 어떤 것인가를 자각한 결과로 이해해야 할 것이다. 요컨대, 판소리 사설의 이면과 음악적 표현의 고도한 수준의 융합은 물론 사설 자체의 언어적 표현미, 그 표현미 속에 구현된바 변동하는 당대 현실의 제 국면 등등은 다른 예술에서 찾아보기 힘든 성과였고, 시정의 구어로 이루어진 판소리계 소설과 20세기 초에 형성되기 시작한 창극 등은 문학예술의 근대적 전환에서 판소리의 뚜렷한 족적이라 할 수 있다.[14]

14 김종철, 「판소리의 미학적 기반 연구」, 『구비문학연구』 4, 1997, 한국구비문학회, 455쪽.

3. 판소리의 민중적 사유

1) 인간에 대한 참다운 이해

(1) 인간다운 대접을 받고 인간답게 살고자 했던 춘향

우리는 흔히 「춘향전」의 춘향이가 열녀라고 생각하고 있다. 변학도가 수청을 강요할 때 춘향이가 '충신불사이군이오 열불경이부절'(충신은 두 임금을 섬기지 않고, 열녀는 두 남편을 섬기지 않는 절개)이라며 수청을 거부했으니, 춘향이를 열녀로 이해하는 것은 당연하다고 하겠다. 그러나 우리는 춘향이가 어떤 상황과 맥락에서 이런 이야기를 했는가를 좀 더 세심하게 고려하여 춘향이가 내세운 '열'의 성격을 파악할 필요가 있다.

춘향이는 퇴기 월매의 딸이다. 조선시대에는 신분은 어머니를 따른다는 '종모법從母法'이 상당히 엄격하게 지켜졌기 때문에 춘향의 신분은 당연히 기생이다. 그러나 춘향이는 이 도령을 만나기 이전에도 기생이기를 거부하고, 여염집 처자처럼 집에서 시와 음률 등을 익히면서 한 지어미로 살기를 추구했다.

> 도련님 들읍소서. 이 몸이 ○○하와 賤한 몸이 되었사오나 平生에 願하기를 烈女不更二夫之行만 본받고자 뜻일러니, 한번 因緣 맺은 後 夫唱婦隨하고 女必從夫하여 有子有孫 뜻일러니, 도련님은 貴公子요 小女는 賤人이라. 一時 豪宕 못 이기어 한번 보고 버리시면 임자 없는 이내 몸이 春香 白髮 혼자 늙기 그 아니 寃痛하오. 그런 分付 마옵소서.[15]

---

15 구자균 교주, 고대본 「춘향전」, 『춘향전』, 교문사, 1984, 313쪽.

위의 대목은 이 도령의 구애에 대해 춘향이 한 답변이다. 춘향은 자기가 비록 천한 기생의 몸이지만 '한번 인연을 맺은 후 부창부수하고 여필종부하여 유자유손하며 사는 것이 평소의 뜻'이라고 말한다. 춘향은 기생이면서 기생이 아닌, 한 평범한 여자로서 단란한 가정을 꾸려 한 지아비를 섬기는 지어미로서 살기를 소망했던 것이다. 여기에서 우리는 춘향이가 자신의 기생 신분을 부정하고 한 평범한 인간으로서, 그리고 한 여자로서의 정당한 요구와 권리를 실현하려는 문제적 개인임을 확인할 수 있다.[16]

이러한 춘향이가 처음에 이 도령의 구애를 거절했던 것은 자연스럽고도 당연한 것이었다. 이 도령이 그네를 타고 있는 춘향이가 기생임을 알고 방자에게 불러오라 했으니, 이 도령 역시 처음에는 변학도와 똑같이 춘향을 기생 취급했기 때문이다. 그러나 이 도령이 방자를 통해 춘향의 인물됨을 알고 춘향을 한 여성으로서 또 한 인격체로서 인정한 후 다시 구애를 하자, 춘향은 그때서야 비로소 이 도령의 사람됨을 살핀 후 불망기不忘記를 받고 이 도령의 구애를 받아들인다. 이는 춘향이가 평소 자신의 뜻을 실천하기 위한 건곤일척乾坤一擲과 같은 선택이었다. 따라서 이 도령에 대한 춘향의 선택은 이미 그 자체 속에 기생으로서의 자기 부정과 함께 자기에게 기생이기를 강요하는 현실부정, 또는 현실에 대한 반항의 계기가 확고하게 자리 잡고 있다고 보아야 한다.[17]

이렇듯 한 지아비를 섬기는 평범한 한 지어미로 살고자 이 도령의 구애를 받아들인 춘향은 이 도령과의 첫날밤을 질탕하게 치른다.

---

16 박희병, 「춘향전의 역사적 성격 분석」, 『전환기 동아시아 문학』, 창작과비평사, 1985, 90쪽.
17 위의 글, 93쪽.

> 도련님 春香 옷을 벗기려 할 제 넘놀면서 어룬다. 萬疊 靑山 늙은 범이 살찐 암캐를 물어다 놓고 이는 없어 먹도 못하고 흐르릉흐르릉 아웅 어루는 듯, 北海 黑龍이 如意珠를 입에다 물고 彩雲間에 넘노는 듯, 丹山 鳳凰이 竹實 물고 梧桐 속에 넘노는 듯, 九皐 靑鶴이 蘭草를 물고서 古松間에 넘노는 듯, 春香의 가는 허리를 후리쳐다 담쑥 안고 기지개 아드득 떨며, 귓밥도 쪽쪽 빨며 입술도 쪽쪽 빨면서 주홍 같은 혀를 물고, 五色丹靑 純金欌 안에 雙去雙來 비둘기같이, 꾹꿍 끙끙 으흥거려 뒤로 돌려 담쑥 안고, 젖을 쥐고 발발 떨며, 저고리, 치마, 바지, 속곳까지 훨씬 벗겨 놓니 春香이 부끄러워 한편으로 잡치고 앉았을 제 도련님 답답하여 가만히 살펴보니, 얼굴이 복짐하여 구슬땀이 송실송실 앉았구나.[18]

오늘날 성인인 우리가 보기에도 낯이 뜨거울 정도로 춘향과 이 도령의 정사 장면이 생생하면서도 노골적으로 그려져 있다. 이로 인해 적지 않은 연구자들이 이 대목을 통해 춘향의 기생적 면모를 찾아내려 한다. 기생이 아니고서는 위의 장면처럼 능수능란하게 사랑 행위를 할 수 없다는 것이다. 일리 있는 생각이다. 그러나 실제로 조선 후기는 물론이요 오늘날에도 많은 부부들이 위와 비슷한 형태로 부부 생활을 영위하고 있다. 다만, 그것이 겉으로 드러나지 않거나 말하지 않고 지낼 뿐인 것이다. 우리나라처럼 성적 행위를 금기시하는 사회적 분위기 속에서는 성적 행위를 노골적으로 묘사한다는 것이 쉽지 않으며, 특히 조선시대에는 유교적 예교와 도덕 관념이 강고하게 현실을 옥죄고 있었던 탓에 더욱 그러했다.

---

18 구자균 교주, 「열녀춘향수절가」, 앞의 책, 81쪽.

그러나 판소리 광대들은 달랐다. 그들은 사람이 살아가는 이러저러한 모습을 가능한 한 사실적으로 그려내고자 했다. 귀신 소리를 낼 때는 정말 귀신이 나타난 것처럼 으스스한 분위기를 연출하였고, 새소리를 낼 때는 새들이 광대의 새소리를 듣고 실제로 날아들 정도로 생생하게 새소리를 구가하고자 애썼다. 이러한 노력은 성적 행위에 대해서도 마찬가지이다. 따라서 위의 대목은 실제로 부부 사이에서 일어나곤 했던 성적 행위를 사실적으로 드러낸 것으로 이해되어야 할 것이다. 나아가 위와 같은 사실적이고 노골적인 표현은 유교적 도덕 관념에 따라 성적 행위를 금기시했던 양반들의 고답적이고 위선적인 생활 태도를 부정하는 의미를 내포하고 있기도 하다.

우리는 위와 같은 춘향의 형상을 통해 춘향이가 이념에 따라 만들어진 전형적이면서 유교적인 열녀가 아니라, 우리가 발 딛고 있는 현실 속에서 우리와 더불어 살아가는 실존적 인물임을 알게 된다. 실로 판소리 광대들에게는 어떠한 거짓도 용납되지 않으며, 그들에게는 관념이란 존재하지 않는다. 오로지 현실과 현실적 존재, 진실한 인간의 모습과 삶만이 의미를 지닌다. 그러기에 이 도령이 자기를 버리고 서울로 떠날 때, 춘향은 다음과 같은 말과 행동을 서슴지 않는다.

> 春香이 이 말을 듣더니 고닥기 勃然變色이 되며, 搖頭轉目에 붉으락 푸르락 눈을 간잔지런하게 뜨고, 눈썹이 꼿꼿하여지면서 코가 발심발심하며, 이를 뽀드득 뽀드득 갈며, 온몸을 수숫잎 틀 듯하며, 매 꿩 채는 듯하고 앉더니, "허허! 이게 웬말이요!" 왈칵 뛰어 달려들며, 치맛자락도 와드득 좌르륵 찢어버리며, 머리도 와드득 쥐어뜯어 싹싹 비벼 도련님 앞에다 던지면서, "무엇이 어쩌고 어째요? 이것도 쓸 데 없다!" 明鏡, 體鏡, 珊瑚竹節

을 두루쳐 房門 밖에 탕탕 부딪히며 발도 동동 굴러 손뼉을 치고 돌아앉아 自嘆歌로 우는 말이[19]

춘향은 한마디로 미친 여자처럼 발악을 한다. 울그락 붉그락하는 얼굴, 가늘고 무섭게 뜬 눈, 뽀드득 소리를 내며 악문 이빨. 자기 치맛자락을 찢어버리고, 머리도 와드득 쥐어뜯는 춘향의 모습. 말 그대로 미친 여자의 형상이다. 어찌 열녀이고 정숙하기로 소문이 난 춘향이가 이럴 수가 있는가. 조선 후기 수산水山이라는 호를 가진 어떤 양반은 춘향을 이렇게 그린 것은 무식한 광대의 소치라 하여 다음과 같이 이 대목을 바꾸었다.

춘향이 이 소식을 듣고서는 자기도 모르는 사이에 이미 연약한 창자가 끊어지고, 아무 말 없이 고개를 떨군 채 손에서는 바늘이 저절로 떨어지니, 이는 바로 '푸른 봄에 객을 전송하고, 향긋한 풀섶에서 임을 그리네.'와 '문 밖에 이리 저리 난 길이 없다면, 인간 세상에는 이별의 슬픔이 없을 텐데'라는 구절과 같다. (…중략…) 춘향이 방 가운데로 나아가니, 등 뒤로는 작은 갈래 머리를 하고 있었다. 자줏빛 자개로 만든 소반을 받들어, 책상 앞 쪽에 갖다 놓으면서 춘향이 말했다. "사또께서 승진하셨으니, 무한히 기쁜 마음으로 경하드립니다. 다만 천 리 길 풍진 속에 힘들게 말을 모실 일이……." (…중략…) (춘향이) 제비와 앵무새 같은 목소리로 위로하기도 하고 슬퍼하기도 하면서 말했다. "인간 세상에 이런 이별은 예로부터 있었습니다. 원컨대 낭군께서는 소첩을 괘념치 마십시오."[20]

---

19 위의 책, 95쪽.
20 성현경 외, 『광한루기 역주 연구』, 박이정, 1997, 63~64쪽.

과연 수산의 말대로 춘향을 위와 같이 그린 것이 광대의 무식함에서 비롯된 것인가. 절대 그렇지 않다. 춘향이의 평생 소원은 한 지아비를 섬겨 아들딸 낳고 평범한 지어미로 사는 것이었다. 그래서 그녀는 건곤일척의 심정으로 이 도령을 믿고 이 도령의 구애를 받아들였던 것이다. 그런데 그렇듯 철석같이 믿었던 이 도령이 자기를 배신하고 떠난다고 했을 때 춘향의 심정이 어떠했겠는가. 말 그대로 '죽는 길밖에 다른 도리가 없으며, 미치지 않고는 견딜 수 없는 상황과 심정'이었을 것이다. 위와 같은 춘향의 언행에는 그러한 춘향의 좌절과 절망이 생생하면서도 절실하게 나타나 있다. 판소리 광대들은 사람이 상황에 따라 어떻게 얼마만큼 달라질 수 있는가를 진실하게 이해하고 있는 사람들이다. 그러기에 그들은 상황과 처지에 맞게 춘향의 다양한 면모를 생생하게 그릴 수 있었으며, 그 결과 우리는 여기서 생생하게 살아 움직이는 현실적 존재로서의 춘향의 모습을 목도할 수 있게 된 것이다. 수산이 그린 춘향과 비교해 보라. 「광한루기」의 춘향은 양반 남성들이 그러하기를 바라는 마음과 머릿속에서 만들어낸 비현실적이고 관념적인 인물일 뿐인 것이다.

다음과 같은 춘향의 모습 또한 위에 나타난 춘향의 성격과 모순되지 않는다.

> 春香이 저절로 설움 겨워 맞으면서 우는데, "一片丹心 굳은 마음 一夫從事 뜻이오니 一箇 刑罰 치옵신들 一年이 못 다 가서 一刻인들 變하리까." (…중략…) 넷째 낱을 딱 붙이니, "士大夫 사또님은 四民公事 살피잖고 威力公事 힘을 쓰니 四十八坊 南原 百姓 怨望함을 모르시오? 四肢를 가른대도 死生同居 우리 郎君 死生間에 못 잊겠소."[21]

춘향은 이 도령을 진정으로 사랑했다. 이는 춘향이 곤장을 맞을 때마다 "四肢를 가른대도 死生同居 우리 郎君 死生間에 못 잊겠소"라며 거듭 말한 것에서도 알 수 있다. 그리고 그 사랑은 자신의 평소 꿈을 실현하는 길이기도 했으며, 그 어떤 것에도 강요되지 않은 진실이었다. 그러기에 그녀는 이 도령이 자기를 떠난다고 했을 때 순간적인 감정을 억누르지 못하고 미친 듯이 발악을 했지만, 이 도령이 처한 상황을 이해하지 못했던 것은 아니다. 봉건적 신분제도는 춘향에게도 굴레요 질곡이었지만, 춘향을 사랑하는 이 도령에게도 똑같이 굴레요 질곡으로 작용하고 있다는 것을 춘향은 이해하고 있었던 것이다. 그래서 그녀는 '꼭 다시 돌아오겠다'는 이 도령의 말과 그의 진실한 사랑을 믿고 기다렸는데, 뜻하지 않게 신임 사또로 내려온 변학도가 춘향에게 수청을 강요한 것이다. 그러나 춘향은 변학도의 핍박에 조금도 굴하지 않고 '열녀는 두 지아비를 섬기지 않는다'며 목숨을 걸고 자신의 사랑과 절개를 지킨다.

일견 이러한 춘향의 모습은 봉건적 이념과 예교가 여성들에게 강요했던 '열'과 동일한 것으로 보인다. 그러나 봉건적 이념으로서의 열이 맹목적이고 무조건적이며 여성에게만 일방적으로 강요되는 봉건적 당위임에 반해, 춘향이 표방하고 있는 '열'은 남성에 대한 맹목적인 정절 고수를 뜻한다기보다 서로 약속된 사랑, 또는 그 사랑 밑에 전제되어 있는 자신의 인간적 요구를 관철하기 위한 열렬한 태도나 강고한 신념이라고 할 수 있다.[22] 춘향은 이 도령을 만나기 전부터 동가숙서가식東家宿西家食하는 기생이 아니라 오로지 한 지아비를 섬기며 평범한 한 지어미로 살기를 간절하게 소망했고, 또 그 소망을 이루기 위해 애썼다.

---

21 구자균 교주, 〈열녀춘향수절가〉, 앞의 책, 143~145쪽.
22 박희병, 앞의 글, 107쪽.

춘향이가 변학도의 수청을 거부한 것도 바로 이러한 자신의 평소의 소망에 따른 행동일 뿐이었던 것이다.

이러한 춘향이에 대해 어떤 연구자들은 신분 상승을 꾀하는 이기적인 행동이라고 말하기도 한다. 실제로 조선 후기에는 봉건적 신분제도의 동요 현상이 발생했으며, 연암 박지원의 소설 「양반전」에 나오는 것처럼 적지 않은 평민들이 신분제의 동요를 틈타 이러저러한 방법으로 양반이 되기도 하였다. 춘향에게도 이러한 마음이 없었으리라고는 장담할 수는 없다. 춘향 역시 자기가 기생 신분에서만 벗어날 수 있다면, 본래 자신이 꿈꾸었던 평범한 인간으로서 살아갈 수 있을 것이기 때문이다. 그러나 춘향은 결코 자기 혼자만 잘 먹고 잘살기 위해 이 도령을 선택했던 것은 아니다. 이는 다음 대목에서 확연하게 드러난다.

> 春香이 母親 불러, "漢陽城 書房님을 七年大旱 가문 날에 渴民待雨 기다린들 날과 같이 自盡턴가. 심근 낢이 썩어지고 공든 塔이 무너졌네. 可憐하다 이내 身世, 하릴 없이 되었구나. 어머님 나 죽은 後에라도 怨이나 없게 하여 주옵소서. 나 입던 비단 장옷 鳳欌 안에 들었으니 그 옷 내어 팔아다가 韓山細紵 바꾸어서 物色 곱게 道袍 짓고, (…중략…) 龍欌, 鳳欌, 빼닫이를 되는대로 팔아다가 別饌 진지 待接하오! 나 죽은 後에라도 나 없다 말으시고 날 본 듯이 섬기소서."[23]

춘향은 변학도의 수청을 거절한 대가로 죽을 정도로 곤장을 맞았으며, 마침내 옥에 갇혀 처형될 날만을 기다리는 처지가 되었다. 그래도

23 구자균 교주, 〈열녀춘향수절가〉, 앞의 책, 199~201쪽.

춘향에게는 희미하지만 한 가닥 희망이 있었다. 성실하고 똑똑한 이 도령이 과거에 급제해서 자기를 구하러 올 것이라는 희망이다. 그러나 막상 옥에 갇힌 자기 앞에 나타난 이 도령은 완전히 몰락하여 거지 중에도 상거지가 된 인물이었다. 딸 춘향을 너무도 사랑했던 월매가 이런 이 도령을 어찌 구박하지 않겠는가. 그래서 이 도령을 잊고 차라리 변학도의 수청을 들라며 딸마저 구박하는 월매. 자식을 가진 부모라면 대부분 월매와 크게 다르지 않으리라.

그러나 춘향은 이 도령이 걸인의 신세로 전락했다는 것을 알고도 이 도령에 대한 사랑을 저버리지 않을 뿐만 아니라, 도리어 모친에게 이 도령을 잘 모시라는 유언을 남긴다. 여기에서 우리는 춘향의 따뜻한 마음씨를 엿볼 수 있으며, 아울러 춘향이 신분 상승을 위해 이 도령을 사랑했던 것이 아님을 확인하게 된다. 결국 춘향은 따뜻한 마음을 갖고 있으면서도 부조리한 현실에 대해서는 목숨을 걸고 투쟁하는 민중의 전형이라고 할 수 있다. 그리고 여기에는 바로 한 인간이 상황에 따라 얼마만큼 다양하게 자신을 드러내는가를 명확하게 이해하면서도 궁극적으로 올곧고 인간답게 살기를 희구했던 판소리 광대들의 염원이 담겨 있다고 해야 할 것이다.

(2) 죽음을 두려워한, 평범하면서도 진정한 효녀 심청

「심청전」은 판소리계 소설이면서 우리의 가장 훌륭한 고전 작품 가운데 하나이다. 그래서 1차 교육과정 때부터 6차 교육과정 때까지 단 한 번도 빠지지 않고 중등학교 국어교과서에 수록되었었다. 그런데 언제부턴가 '심청은 효녀가 아니다', '심청의 행동은 이해할 수 없다', '「심청전」은 너무 비현실적이다'라는 견해가 널리 퍼지면서 7차 교육과정에서는 중등학교 교과서에서 빠져 버렸다. 정말 심청은 효녀가 아니며,

또 심청의 행위는 현실에서는 이루어질 수 없는 비현실적인 행위인가?

심청이가 효녀가 아니라고 주장하는 사람들은 흔히 '우리 몸과 머리털 그리고 피부는 부모에게서 물려받은 것이기 때문에 훼손해서는 안 되며, 이를 지키는 것이 효의 시작이다身體髮膚 受之父母 不可毁也 孝之始也'라는 유교 경전의 글귀를 든다. 즉 효를 행하려면 머리털마저도 훼손해서는 안 되는데 심청이는 목숨을 버렸으니 도저히 효녀라고 할 수 없다는 것이다. 그럴 듯한 주장이다. 그러나 이는 인간과 인간의 개별적이고 독특한 관계를 사상시켜 버린 채 유교 경전에만 의존한 관념적인 판단이다. 판소리가 지닌 마력을 경험하지 못하고 '강의剛毅하고 기백이 있는 대장부로써 한 미천한 광대에게 감정의 지배를 받아 웃고 울기를 피동적으로 할 것이냐?'며 호언장담을 했던 어떤 재상의 생각과 조금도 다르지 않다.

심청과 심 봉사는 부녀지간이다. 그러나 이들은 보통의 부녀지간이 아니다. 곽 씨 부인은 심청을 낳자마자 죽었으니, 심청이는 핏덩이에 불과했다. 그런 심청이를 눈이 먼 심 봉사는 젖동냥을 하면서 길렀다. 맹인이라는 열악한 처지, 그래도 양반이랍시고 체면을 지키려 했던 심 봉사. 그러나 그는 딸 심청을 살리기 위해 온갖 고생과 비례非禮를 마다하지 않았다. 심청은 그래서 살아날 수 있었고, 한 젊은 처자로 성장할 수 있었다. 이런 심청에게 아버지 심 봉사는 그저 자신을 낳아주고 길러준 부모가 아니다. 진정한 아버지이며 동시에 생명의 은인인 것이다.

이런 심 봉사가 어느 날 개천에 빠져 죽을 뻔 한다. 그것도 장 승상 댁에 간 심청이가 날이 저물도록 돌아오지 않아 걱정이 되어 나가던 도중에. 다행이 지나가던 화주승을 만나 심 봉사는 목숨을 건졌지만, 맹인인 자신의 처지가 평생 한이었던 탓에 눈을 뜨게 해준다는 화주승의 말을 믿고 공양미 삼백 석을 바치겠다고 약속을 하고 만다. 심청이가 뒤늦게 집에 돌아와 보니, 아버지 심 봉사는 물에 빠진 생쥐처럼 방구석에 쪼그리고 앉아 탄식을 한다.

심　허허, 내가 미쳤구나. 정녕 내가 사들렸네. 깊은 개천 물에 빠져 혼미(昏迷) 정신 넋을 잃고 엉겁절에 이러는가. 무남독녀 외딸을 보내여 밥을 비러다 먹는 놈이 쌀 삼백 석을 어이하리. 가산(家産)을 팔자 한들 단돈 열냥을 뉘라 주며, 내 몸을 팔자 헌들 앞 못 보는 이 병신을 단돈 서 푼을 뉘라 주리.[24]

효　심청이 바삐 와서 저의 부친 모양을 보고 깜짝 놀라 발구르며,

청　아이고, 아부지. 아이고, 이게 웬 일이요. 나를 찾어 나오시다 이런 욕을 보셨는가. 이웃집 가시다가 이런 변을 보셨는지. 춥긴들 오직허며 분하시긴들 오직 허오리까. 아부지, 승상 댁 마마께서 굳이 잡고 만류하여 어언간 더디였소.[25]

효　심 봉사 공연한 일 저질러 놓고 손수 홰 내는 것이였다.

심　어라어라 진지고 무엇이고 나 아부지 아니다.

효　심청이 부친을 위로허며,

청　아부지, 어찌 이러세요. 지가 더디 왔다 허며 이렇듯 노허세요. 원일이세요, 아부지.

심　아니다. 넌 알아 쓸데없는 일이다. 내 혼자 앓다가 죽을난다.[26]

---

24 김진영 외편, 김연수 창본 〈심청가〉, 『심청전 전집』 1, 박이정, 1997, 119쪽.
25 위의 책, 119쪽.
26 위의 책, 120쪽.

심 봉사는 자신의 목숨을 구해준 화주승이 고맙기도 했고 또 눈을 뜰 수 있다는 말에 순간적으로 쌀 삼백 석을 시주하겠다고 약속을 했지만, 딸이 빌어다 주는 밥을 먹고 사는 처지에 쌀 삼백 석을 시주한다는 것은 불가능한 일이었다. 그래서 그는 이내 자신의 잘못과 허황됨을 깨닫고 미쳤거나 사기邪氣가 들어 그러했다며 탄식을 한다. 뒤늦게 돌아온 심청이가 밥을 지어 올리지만, 자기는 아버지도 아니라며 도리어 화를 내고 혼자 앓다가 죽기를 작정한다. 혹시나 심청이가 자신의 허황된 약속 때문에 고심하거나 또는 잘못될까 염려했기 때문이다. 심 봉사는 가녀린 장애인이면서도 딸을 지극하게 사랑하는 아버지였던 것이다.

이런 심 봉사의 모습을 바라본 심청의 심정이 어떠했겠는가. 남자는 자신을 알아주는 사람을 위해 죽고, 여자는 자신을 사랑하는 사람을 위해 화장을 한다는 말이 있다. 우리가 살다보면 실제 심청이처럼 그러한 일을 실천할 수는 없을지라도 진정 나를 알아주는 사람을 위해 기꺼이 목숨을 바칠 수도 있다는 느낌을 가질 때가 많다. 그런데 심청은 어떠했겠는가. 늦게까지 돌아오지 않는 자기를 기다리다 물에 빠져 죽을 뻔한 아버지 심 봉사. 아직도 물에 젖어 움츠리고 있는 초라한 모습. 딸이 근심할까 염려하여 아버지이기마저도 부정하는 심 봉사. 굳이 심청이와 같은 효녀가 아니라도 이런 상황에 처한 자식들이라면 기꺼이 아버지의 눈을 뜨게 하기 위해 자신의 목숨을 아끼지 않으리라 생각한다.

심청이의 효와 관련해서 생각해 볼 작품은 서사무가 「바리데기」이다. 「바리데기」의 주인공 바리데기는 일곱 번째 태어난 딸이라는 점 때문에 부모에게 버림을 받는다. 그래서 이름이 바리데기이다. 바리데기는 자기의 친 부모가 누구인지도 모른 채 남의 손에 자라 성인이 된다. 그 사이 자기를 낳아준 부모는 단 한 번도 바리데기를 찾지 않는다. 그런데 자기를 버린 부모가 죽을병에 들자, 그들은 바리데기를 찾아온다. 저승에 가서 선약仙藥을 구해와 자기들을 살려달라고. 이에 바리데기는 '자식이 부모를 위해 효성을 다해야 한다'며 기꺼이 저승으로 향한다. 그리고 마침내 온갖 고생을 다 겪은 후 바리데기는 선약을 구해와 부모를 살린다. 따라서 이 작품의 주제는 '효'라고 할 수 있다.

그러나 이런 바리데기의 효성은 심청이의 효성과는 아주 다르다. 바리데기는 자식이기 때문에 아무리 자기를 버렸을지라도 부모를 위해 자식의 도리를 다해야 한다고 주장하고 있다면, 심청이는 아버지이기 때문이 아니라 자신의 목숨을 살린 진정한 은인인 심 봉사를 위해 목숨을 바칠 각오를 한 것이다. 심 봉사와 심청은 남다른 육친적 관계이면서 동시에 서로가 서로를 목숨보다도 소중하게 여기는 끈끈한 인간적 관계로 맺어져 있다. 그러기에 심청이는 누구의 강요나 부탁에 의해서라 아니라, 진정 마음에서 저절로 우러난 효심으로 기꺼이 아버지의 개안開眼을 위해 목숨을 바쳤던 것이다.

많은 광대들은 심청이를 '출천대효出天大孝'라고 노래한다. 하늘에서 낸 다시없는 효녀라는 것이다. 아마 우리들 사이에서 이를 부정할 사람은 없을 것이다. 그러나 과연 심청의 효성은 타고난 것인가. 심청이는 우리와 다른 존재인가. 전혀 그렇지 않다. 다음 대목을 보자.

> 뱃머리에 나서 보니 샛파란 물결이며, 울울울 바람 소리 風浪이 大作하여 뱃전을 탕탕 치니, 沈晴이 깜짝 놀라 뒤로 퍽 주잖으며, "애고, 아버지 다시는 못 보겠네. 이 물에 빠지며는 고기밥이 되겠구나." 無數히 痛哭타가 다시금 일어나서 바람 맞은 病身같이 이리 비틀 저리 비틀, 치마폭을 무릅쓰고 앞니를 아드득 물고, "애고, 나 죽네." 소리하고 물에가 풍 빠졌다 하

되, 그리하여서야 孝女 죽음 될 수 있나. 두 손을 合掌하고 하느님前 비는 말이 "桃花洞 沈晴이가 盲人 아비 解冤키로 생목숨이 죽사오니 明天이 下感하사 캄캄한 아비 눈을 不日內에 밝게 떠서 世上 보게 하옵소서." 빌기를 다한 후에 船人들 돌아 보며, "平安히 배질하여 億十萬金 퇴를 내어 故鄕으로 가올 적에 桃花洞 찾아들어 우리 父親 눈 떴는가 부디 찾아보고 가오." 뱃머리에 썩 나서서 萬頃蒼波를 제 안房으로 알고 풍 빠지니, 頃刻間에 바람이 삭아지고 물결이 고요하니[27]

위 대목은 심청이가 인당수에 빠져 죽는 장면인데, 신재효본 〈심청가〉에서 인용한 것이다. 아버지의 눈을 뜨게 하기 위해 기꺼이 목숨을 바치겠다고 뱃사람을 따라 인당수에 이른 심청. 풍랑이 크게 일어 뱃전을 탕탕 치자 깜짝 놀라 퍽 주저앉는다. 어디 그 뿐이랴. 물에 빠지면 고기밥이 될 것이라며 무수히 통곡하기도 한다. 죽음이 두려워 덜덜 떨고 있는 평범한 소녀, 심청은 그 이상도 이하도 아니다. 그러나 심청은 못내 자신의 두려움을 떨쳐버리고 뱃전으로 나선다. 오로지 아버지의 눈을 뜨게 하기 위해 다시 뱃전으로 나서지만 여전히 무섭기는 마찬가지이다. 죽음 앞에 두렵지 않은 사람이 어디 있겠는가. 심청 역시 마찬가지였으리라. 그래서 '바람 맞은 병신처럼 이리 비틀 저리 비틀 거리며' 뱃전으로 나아갔으리라. 한없이 펼쳐져 있는 새파란 물결, 소용돌이치는 거센 풍랑. 심청이가 뱃전에서 바라본 인당수 바다이다. 얼마나 무섭고 두려웠으랴. 그래서 심청은 치마폭을 둘러쓰고 이를 아드득 문 채 '애고, 나 죽네' 하고 투신했던 것이다. 참으로 초라한 죽음이다.

27 이병기 외편, 〈심청가〉, 앞의 책, 197~199쪽.

이것이 바로 판소리 광대들이 알고 있는, 또 그려낸 심청이의 참모습이다. 심청은 타고난 효녀가 아니다. 특별히 용기가 있는 인물도 아니다. 바로 우리들과 다름없는 평범한 존재이다. 그러나 심 봉사와 심청이의 관계는 보통의, 평범한 부녀지간만은 아니다. 불구자인 심 봉사와 가녀린 소녀 심청은 험난한 세계를 서로 부둥켜 안고 살아오는 과정에서 진실로 서로가 서로를 자신의 목숨보다도 더 소중하게 여기는 육친적·인간적 관계를 맺어왔다. 판소리 광대들은 심청이의 효성이 이러한 관계맺음 속에서 자연스럽게 싹튼 '참된 마음'임을 잘 알고 있다. 그럼에도 불구하고 아버지의 눈을 뜨게 하기 위해 죽는 순간에는 심청이 또한 두려움에 덜덜 떠는 인간적인 존재라는 사실을 망각하지 않는다. 죽음을 앞두고 두려움에 떠는, 그러나 이내 마음을 다잡아 자신을 죽음으로 던지는 심청의 모습. 이것은 바로 판소리 광대들이, 당시 민중들이 이해하고 바라본 심청이의 참 모습인 것이다. 심청의 죽음이 진한 감동으로 다가오는 까닭도 바로 여기에 있다. 우리는 흔히 심청을 지극한 효녀라고 부른다. 그러나 심청의 효는 관념적·수직적 이념인 효와는 무관하다. 오늘날까지 우리가 심청이를 사랑하고 기리는 까닭은 심청의 행위가 관념화된 효의 구현이 아니라 극한의 가난을 함께 한 인간적·육친적 연대에서 우러난 정에서 기인하기 때문이다.[28]

그런데 신재효는 이를 이해하지 못했다. 그는 심청이를 나약하고 가녀린 한 소녀로 보기 이전에 타고난 효녀로 이해했다. 이러한 그의 이해는 관념적인만큼 비현실적이며 진실과는 거리가 멀다. 그러기에 그는 "無數히 痛哭타가 다시금 일어나서 바람 맞은 病身같이 이리 비틀 저

28 정출헌, 「심청전의 민중정서와 그 형상화 방식」, 『민족문학사연구』 9, 민족문학사연구소, 1996, 162쪽.

리 비틀, 치마폭을 무릅쓰고 앞니를 아드득 물고, '애고, 나 죽네' 소리하고 물에가 풍 빠졌던" 심청이의 죽음을 두고, "그리하여서야 孝女 죽음 될 수 있나"며 새롭게 고쳤던 것이다. 수산이라는 양반이 발악을 하는 춘향의 형상을 무식한 광대의 소치라 하여 새롭게 고친 것과 상통하는 인식이고 태도이다. 여기서는 우리는 판소리 광대로 대변되는 조선 후기의 민중들이, 양반이나 지식인들과는 달리, 얼마나 인간과 인간의 삶을 진실하게 이해하고 있었는가를 확연하게 깨달을 수 있다.

오늘날 많은 젊은이들은 심청이와 같은 처절한 가난과 질곡을 맛보지 못하고 자랐다. 그래서 그들은 심청이가 심 봉사에게 가졌던 인간적·육친적 연대감은 물론 심청이가 아버지의 눈을 뜨게 하기 위해 목숨을 바친다는 것을 잘 이해하지 못한다. 그래서 심청이의 행위를 이상하게 생각하거나 있을 수 없는 일이라고 단정해버린다. 이것은 판소리의 마력을 맛보지 못했던 어떤 노 재상이 "그럴 리가 없다"고 호언장담했던 것과 다름이 없다. 그러나 오늘날에도 여전히 우리 주변에는 심청이나 심 봉사처럼 살아가는 사람들이 적지 않다. 우리가 심청이와 같은 상황과 처지였다면, 과연 우리는 어떤 선택을 했을 것인가. 우리는 〈심청가〉를 통해, 또 너무나 평범하면서도 인간적이며 그러나 이내 그 일상을 넘어선 심청이의 선택을 통해 인간적인 삶 및 인간과 인간의 관계에 대해 많은 것을 되새길 수 있으리라 생각한다.

2) 탐욕에 대한 경계

(1) 스스로 패가망신한 놀부

오늘날 많은 젊은이들이 흥부는 무능하고 놀부는 유능한 인물이라고

들 평가한다. 현재 우리 사회가 경쟁에서 이기지 못하면 성공하거나 살아남기 힘들기 때문에 이런 생각이 자연스럽게 받아들여질 수도 있다. 그러나 놀부가 유능한 인물인지 아닌지에 대해서는 심각하게 따져볼 필요가 있다. 이 문제는 우리가 앞으로 우리 사회를 어떻게 만들어갈 것인가 하는 것과도 관련되어 있기 때문에 사소하게 넘어가서는 안 된다.

놀부는 흥부와는 달리 조선 후기 변화하는 현실을 재빨리 간파하고 다양한 방식으로 부를 축적한 인물인 것만은 분명하다. 그러나 그가 부를 축적한 방법은 대체로 정당하지 못하다. 다음 대목을 보자.

> 본명방에 벌목하고, 잠사각에 집짓기와 오귀방에 이사 권코, 삼재 든데 혼인하기, 동내 주산을 팔아먹고 남의 선산에 투장하기, 길 가는 과객 양반 재울 듯이 붙들었다가 해가 지면 내어 좇고, 일년 고로 외상 사경 농사 지어 추수하면 옷을 벗겨 내쫓기, 초상난 데 노래하고, 역신 든 데 개 잡기와 남의 노적에 불 지르고, 가뭄 농사 물꼬 베기, 불붙은 데 부채질, 야장할 때 왜장치기, 혼인뻘에 바람 넣고, 씨앗 싸움에 동부하기, 길 가운데 허방 놓고, 외상 술값 억지 쓰기, (…중략…) 애 밴 계집의 배통 차고, 우는 아이 똥 먹이기, 원로행인의 노비 도둑, 급주군 잡고 실랑이질, 관차사의 전령 도둑, 진영교졸 막대 뺏기, 지관을 보면 패철 깨고, 의원 보면 침 도둑질, 물 인 계집 입 맞추고, 상여 멘 놈 형문치기, 만만한 놈 뺨치기와 고단한 놈 험담하기, 채소밭에 물똥 싸고, 수박밭에 외손질과 소목장이의 대패 뺏고, 초라니패 떨잠 도둑, 옹기짐의 작대기 차고, 장독간에 돌 던지기, 소매치기 도자속금 고무독적의 끝돈 먹기와 다담상에 흙 던지기, 계골할 때 뼈 감추기, 어린애의 불알을 발라 말총으로 호아매고, 약한 노인 엎드러뜨리고, 마른 항문 생짜로 하기, 제주병에 개똥 넣고, 사주병에 비상넣기, 곡식

밭에 우마 몰고, 부형 연갑에 볏질하기, 귀먹은이더러 욕하기와 소리할 때 잔말하기, 날이 새면 행악질, 밤이 들면 도둑질을 평생에 일삼으니, 제 어미 붙을 놈이 삼강을 나느냐, 오륜을 아느냐. 굳기가 돌덩이요, 욕심이 족제비라, 네모진 소로로 이마를 비비어도 진물 한 점 아니 나고, 대장의 불집게로 불알을 꽉 집어도 눈도 아니 깜짝인다.[29]

흔히 이 대목을 '놀부 심술타령'이라고 한다. 그래서 우리는 막연히 이 대목을 통해 놀부가 심술이 고약한 놈이라고만 생각한다. 물론 위 대목 가운데는 우는 아이 똥 먹이기, 잠든 놈에게 뜸질하기, 귀머거리에게 욕하기, 소리할 때 잔말하기, 채소밭에 물똥 싸기 등 단순히 심술이 사나운 행위로 볼 수 있는 것들이 있다. 그러나 놀부의 심술로 거론되고 있는 위의 대목은 놀부가 어떻게 부를 축적하게 되었는가를 일정하게 보여준다. 즉 놀부는 동네 주산 팔아먹기, 머슴 품삯 주지 않고 옷 벗겨 내쫓기, 외상 술값 억지 쓰기, 장시간場市間에 억매抑賣하기, 원로행인遠路行人 노비路費 도둑, 의원 보면 침 도둑질, 초라니패 떨잠 도둑 등으로 부를 축적했던 것이다. 여기서 의원의 침이나 초라니패의 떨잠을 훔치는 것은 부의 축적과 무관한 심술로 간주할 수도 있다. 그러나 적어도 도둑질이 놀부가 부를 축적했던 주요한 방법 가운데 하나였음은 틀림없다. 그래서 판소리 광대들은 놀부의 심술을 요약하여 "날이 새면 행악질, 밤이 들면 도둑질을 평생에 일삼으니"라고 노래했던 것이다.

이러한 놀부를 유능하다고 한다면, 우리는 강도나 도둑놈도 나쁜 놈이 아니라 유능한 놈이라고 해야 할 것이다. 그러나 어찌 그럴 수가 있

29 이병기 외편, 〈박타령〉, 앞의 책, 325~327쪽.

겠는가. 실제로 놀부는 철저히 반도덕적이고 반사회적인 인물일 뿐인 것이다. 물론 이러한 놀부의 반도덕적·반사회적 성격은 봉건윤리를 분해하는 작용을 하고 있다는 점에서 역사적으로 일정한 진보적인 의미를 갖는다. 그러나 이는 역사의 변화 과정에서 분비된 암적인 요소이므로 놀부는 부정적인 존재가 되지 않을 수 없다.[30] 판소리 〈흥보가〉를 불렀던 광대들은 이를 정확하게 인식하고 있었다. 그래서 제비의 박씨를 통해 반도덕적이고 반사회적인 놀부를 징치했던 것이다.

> 저 제비 거동 보소. 물었던 박씨 하나 놀보 손에 떨어치고 두 날개 편편하여 돌아도 안 보고 백운간에 날아가니, 놀보 좋아 춤을 추며, "얼씨구나 좋을씨고, 부익부를 하겠구나." 저의 가속을 급히 불러 박씨 주며 자랑한다. 놀보 가속이 박씨 보고, "애겨, 이것 내버리소. 갚을 보자, 원 구자, 바람 풍자 쓰였으니 원수 갚을 바람이니 어디 그것 쓰겠는가." 놀보가 대답하되, "자네가 어찌 알어. 원수 구라 하는 글자 군자호구란 짝 구자와 통용하니, 어떠한 미인으로 내 짝 갚잔 말이로세."[31]

놀부에게 제비가 물어다 준 박씨는 반도덕적이고 반사회적인 그의 행위에 대한 천벌의 의미를 담고 있다. 그래서 박씨에 원수를 갚는 바람이라는 뜻의 '보구풍報仇風'이란 글자가 새겨 있었던 것이다. 놀부 마누라는 이를 알아채고 놀부에게 박씨를 심지 말자고 간곡하게 권한다. 그러나 탐욕에 눈이 먼 놀부는 억지와 궤변을 늘어놓으며 기어이 박씨를 심는다. 따라서 놀부가 탐욕에 눈이 멀지 않고 사태를 정확하게 파

30 임형택, 「흥부전의 역사적 현실성」, 『흥부전 연구』, 집문당, 1991, 320쪽.
31 이병기 외편, 〈박타령〉, 앞의 책, 403쪽.

악했다면 놀부는 망하지 않을 수도 있었다. 『서경書經』에 보면, '하늘이 내린 재앙은 오히려 피할 수 있지만, 자기 자신이 초래한 재앙에는 살아날 수가 없다天作孼猶可違, 自作孼不可活'라는 말이 있다. 놀부에게 제비의 박씨는 천벌에 해당하지만 놀부는 이것을 피할 수도 있었다. 그러나 놀부는 자신의 탐욕 때문에 결국 천벌을 피하지 못하고 스스로 패가망신하고 만다. '탐욕'이라는 자기 스스로 만든 재앙이었기에 자신을 살릴 수 없었던 것이다. 이것은 이어지는 사건을 통해서도 알 수 있다.

놀부는 마누라의 만류를 물리치고 기어이 제비가 물어다 준 박씨를 심는다. 박씨를 심은 지 며칠일 만에 박순이 무럭무럭 자라 어디든 가서 걸치기만 하면 모두 다 무너진다. 사당에 걸치면 사당이 무너져 신주가 깨어지고, 곳간에 걸치면 곳간이 무너지고, 마침내는 박순이 온 동네로 뻗어나가 마을 집들을 모두 무너뜨린다. 그래서 놀부가 물어준 값이 3, 4천 냥이 넘을 정도로 박씨는 박이 열리기 전부터 놀부에게 손해를 입힌다. 그럼에도 불구하고 놀부는 세곡선稅穀船 만큼이나 크게 자란 박 속에 금은보화가 가득 들어 있을 것이라며 좋아한다. 박이 무르익은 후 놀부는 역군들을 사서 박을 타는데, 첫 번째 박에서 옛날 상전이라는 노인이 나와 속량贖良 값이라며 7천 냥을 빼앗아 간다. 이때라도 놀부가 현실을 직시했더라면 놀부는 원래 삼남三南에서 유명한 부자였기에 여전히 남부럽지 않게 살 수 있었을 것이다. 그러나 탐욕에 눈이 먼 놀부는 연이은 재앙에도 불구하고 계속 박을 탄다. 첫째 박에서 상전이 나온데 이어 둘째 박에서는 걸인들이, 셋째 박에서는 사당들이, 넷째 박에서는 풍각쟁이 · 각설이패 · 초라니 등이 떼 지어 나와 놀부의 재물을 빼앗아간다. 이에 삯을 받은 역군들도 무색한 나머지 박을 그만 타라고 만류한다.

"그만 타소. 그만 타소. 이 박통 그만 타소. 삼도 유명 자네 성세 일조탕진하였으니, 만일 이 통을 또 타다가 무슨 재변 또 나오면 무엇으로 방천할까. 필경 망신될 것이니, 제발 덕분에 그만 타소." 고집 많은 놀보놈이 가세는 틀리어도 성정은 안 풀리어, "너의 말이 녹록하다. 천금산진환부래가 옛 문장의 말씀이요, 빼던 칼 도로 꽂기 장부의 할 일인가. 무엇이 나오든지 기어이 타 볼 테네."[32]

놀부는 마누라와 역군들의 만류에도 불구하고 '천금은 다 쓰고 나면 다시 천금이 들어온다千金散盡還復來'는 옛말과 장부의 기개를 들먹이며 기어이 박을 탄다. 그리하여 놀부는 마침내 완전히 패가망신하는 처지에 이르고 말며, 마지막 박에서 나온 장비에게 맞아 죽을 지경에까지 이른다.

이처럼 놀부의 패망은 그 자신의 끝없는 욕심과도 무관하지 않다. 놀부는 박을 탈 때마다 재산상의 손실을 보면서도 황금에 눈이 어두워 아내와 주변 사람들의 만류에도 불구하고 박을 계속 타다가 마침내 완전히 패망하게 된 것이다. 따라서 놀부의 패망은 천벌이라기보다 자멸自滅에 가깝다고 할 수 있다. 어디 놀부뿐이겠는가. 오늘날 우리 사회에도 반사회적 행위를 일삼으면서 끝없이 탐욕을 부리다가 패망한 사람이나 기업이 적지 않다. 한때 망할 줄 알면서도 끊임없는 문어발식 경영으로 국가 경제를 위기 빠뜨렸던 한 대기업이 그 전형이다. 이런 점에서 판소리 〈흥보가〉는 놀부의 탐욕스런 행동과 그로 인한 파멸을 생생하게 형상화함으로써 어떻게 사는 것이 바람직한가를 보여준 우리시대의 훌륭한 교훈서라 해야 할 것이다.

---

32 위의 책, 435쪽.

(2) 죽어도 죽지 않으려했던 용왕

판소리 〈수궁가〉는 근본적으로 용왕의 탐욕과 어리석음을 풍자한 작품이다. 대부분의 이본에는 용왕이 '영락전을 새로 짓고 잔치를 벌여 이삼일 노닐다가 뜨거운 바다 바람을 많이 쏘인 탓'에 백약이 무효한 병이 들었다고 서술하고 있다. 이 가운데는 이선유본 〈수궁가〉처럼 '주육酒肉에 잠기어 이삼일 노닐다가'라고 해서 병의 원인을 좀 더 구체적으로 제시한 경우도 있긴 하다. 그러나 이들 이본들은 백약이 무효할 정도로 심각한 용왕의 병의 원인을 설득력 있게 제시했다고 보기 어렵다. 그런데 세창서관 본인 「불노초」에는 다음과 같이 용왕이 병든 까닭을 상세하게 제시하고 있어 주목을 요한다.

> 세 사람이 말하기를,
>
> "술은 사람을 미치게 하는 약이요, 여색(女色)은 사람이 타고난 수명을 줄이는 근본이라. 대왕이 술과 여색을 지나치게 하시어 이 지경에 이르셨으니 스스로 지으신 죄악이라. 누구를 원망하고 꾸짖을 수 있겠습니까? 어떤 이가 말하기를 '사람이 젊어서 한 때에 술과 여색에 빠지는 것은 예사라' 하였사오나 저렇듯이 중한 병이 한 번 들면 회춘하기 어려운 병이로소이다. 푸른 산에서 안개가 걷히듯, 봄바람에 눈 녹 듯, 오장육부가 마디마디 녹으니 화타와 편작이 다시 살아나도 손쓸 수 없사옵고, 금강초(金剛草)와 불사약이 산천럼 많이 쌓였어도 즉효할 수 없사옵고, 재물이 쌓였어도 그 고통을 대신 당해 줄 수 없사옵고, 용력(勇力)이 남이 따를 수 없을 만큼 뛰어나도 병을 제어할 수 없습니다. 이리저리 아무리 생각하여도 국운이 불행하고 천명이 다하였음인지, 대왕의 병환이 회복되시기가 과연 어렵도소이다."
>
> 왕이 들으시고 정신이 산란하여 말하기를,

"그러면 어찌할고? 죽을 자는 다시 살지 못하리로다. (…중략…) 저렇듯이 아리따운 삼천궁녀의 모습을 헌신짝같이 버리고 속절없이 황천객이 되리니 그 아니 가련하오. 설혹 효험이 없을지라도 선생은 묘한 술법을 다 하여 약방문이나 하나 내어 주시면 죽어도 한이 없겠노라."

하니, 세 사람이 웃으며 말하기를,

"(…상략…) 온갖 병에 증세에 따라 약을 짓고 먹이는 것이 다 이러하오되, 오직 대왕의 병은 별 이상한 병이라서 온갖 약이 다 당치 아니하옵고, 신기할 정도로 효험이 있는 것이 한 가지가 있사오니 토끼의 생간이라. 그 간을 얻어 더운 김에 잡수시면 즉시 회복되시오리이다."[33]

이 이본에서는 용왕의 병은 '술과 여색을 지나치게 밝히어 스스로 만든 병'이라며 그 원인을 분명하게 제시하고 있다. 또 그 병은 아주 이상한 병이라서 어떤 약으로도 고칠 수 없다고 한다. 오늘날로 말하면, '에이즈'나 '암'과 유사한 불치병에 해당하는 셈이다. 따라서 용왕의 병과 관련해서는 이 이본이 가장 설득력이 있다고 하겠다. 불치병의 원인을 뜨거운 바다 바람을 쏘인 탓으로 설명하기는 어렵기 때문이다. 게다가 이 이본의 설정은 '용왕의 어리석음과 탐욕에 대한 풍자'를 주지로 삼고 있는 「토끼전」의 내용과도 부합하고 있다는 점에서 그 어떤 이본보다도 타당성이 돋보인다. 술과 여색을 지나치게 밝히는 용왕, 불치병에 걸리고도 '아리따운 삼천궁녀의 모습을 헌신짝같이 버리고 속절없이 황천객이 되는 것'을 안타깝게 여기는 용왕은 '어리석고 탐욕스런 인물'의 전형이기 때문이다.

33 인권환 역주, 〈불노초〉, 『토끼전』, 고려대 민족문화연구소, 1993, 163~165쪽.

그러나 이런 한심한 용왕에게도 고지식하게 충성을 다하는 신하가 있었으니, 바로 별주부이다. 그는 용왕을 살리기 위해 육지에 가서 토끼를 잡아오겠다고 자청한다. 토끼가 어떻게 생겼는지도 모르는 별주부는 화공이 그려준 토끼의 그림을 품속에 넣고 뭍에 올라서 온갖 지혜를 발휘하여 토끼를 용궁으로 데리고 온다. 토끼는 용궁에 가면 높은 벼슬을 해서 잘 먹고 잘살 수 있다는 별주부의 말에 속아 용궁에 왔다. 그런데 막상 와 보니 그것이 아니었다. 용왕의 병을 고치기 위해 자신의 간이 필요했던 것이다. 간을 빼주고도 살 수 있다면 토끼는 그렇게 했을 터인데, 간 없이 어떻게 살 수가 있겠는가. 자신의 간을 요구한다는 것은 바로 자기의 목숨을 요구한다는 뜻이었다. 이에 토끼는 기지를 발휘하여 자기가 뱃속에 있는 간을 꺼내어 깨끗하게 씻어서 깊은 산속 바위 위에 널어놓고 왔다고 거짓말을 한다. 상식적으로 생각한다면, 이런 토끼의 말은 너무나도 황당한 거짓말이기에 속아 넘어갈 사람이 없다. 그런데 용왕은 토끼의 황당한 거짓말에 속고 만다. 왜 그러했는가?

> 용왕이 듣고 어이없어 꾸짖어 말하기를,
>
> "발칙 당돌하고 간사한 요놈. 네 내 말을 들어라 하니, 천지 사이 만물 가운데에 사람으로부터 짐승에 이르기까지 제 뱃속에 붙은 간을 무슨 수로 꺼냈다 집어넣었다 하겠는고? 요놈 어찌 감히 무슨 마음을 먹고 어느 존전(尊前)이라고 당돌히 없는 일을 꾸며서 아뢰느냐. 그 죄가 만 번 죽어도 남지 못하리라."[34]

34 위의 책, 231쪽.

(토끼가) 우환 중이라도 기쁜 모양을 가지고 여쭈오되,

"옛말에 일렀으되 지혜로운 자가 천 번 생각하는데 한 번 실수할 때가 있고, 우매한 자가 천 번 생각하는데 한 번 잘할 때가 있다 하였는지라. (…중략…) 만일 소신의 배를 갈랐다가 간이 있으면 다행이어니와 정말 간이 없고 보면 무를 데 없이 누구를 대하여 간을 달라 하오리까? 후회막급 되실 터이오니 염라대왕의 아들이오 황건역사의 동생인들 한 번 가면 다시 돌아오지 못할 황천길을 무슨 수로 면하오며, 또한 소신의 몸에 분명하온 표가 하나 있사오니 바라건대 밝히 살피사 의심을 풀으시옵소서."[35]

이 고지식한 용왕은 폭 곧이듣고 자기 생각에 헤아리기를,

'만일 제 말과 같을진대 저 죽은 후에 누구에게 무를손가? 차라리 잘 달래어 간을 얻음만 같지 못하다'

하고 토끼를 궁중으로 불러 올려 상좌에 앉히고 공경하여 말하기를,

"과인의 망령됨을 허물치 말라."[36]

위에서 볼 수 있듯이, 용왕 역시 처음에는 "천지 사이 만물 가운데에 사람으로부터 짐승에 이르기까지 제 뱃속에 붙은 간을 무슨 수로 꺼냈다 집어넣었다 하겠는고?"라며 토끼의 말을 믿지 않는다. 그러나 토끼는 용왕과 같은 인물의 속성을 잘 알고 있다. 앞서 살펴보았듯이, 용왕은 죽을병에 들어 온몸이 만신창이가 되어 있음에도 불구하고 삼천궁녀를 두고 죽는 것을 억울해 할 정도로 탐욕스런 인물이다. 바로 죽어도 죽고 싶지 않은 인물인 것이다. 이러한 용왕을 속이는 것은 어렵지

---

35 위의 책, 233쪽.
36 위의 책, 237쪽.

않다. '만에 하나라도 내 말이 사실이라면 너는 죽을 수도 있다'고 말하면 그만이다. 그래서 토끼는 "만일 소신의 배를 갈랐다가 간이 있으면 다행이거니와 정말 간이 없고 보면 무를 데 없이 누구를 대하여 간을 달라 하오리까?"라며 도리어 큰소리를 친 것이다.

이러한 토끼의 생각은 정확하게 들어맞는다. 서술자는 용왕이 고지식하여 토끼의 말을 곧이들었다고 하지만, 어찌 용왕을 고지식한 인물이라고 할 수 있겠는가. 그는 마음속으로 "만일 제 말과 같을진대 저 죽은 후에 누구에게 무를손가? 차라리 잘 달래어 간을 얻음만 같지 못하다"라고 생각했다. 즉 용왕은 '토끼의 말이 황당하기는 하지만, 만에 하나라도 그 말이 사실이라면 자기는 죽을 수밖에 없기 때문에 자기 딴엔 백퍼센트 확실하게 사는 길'을 선택한 것이다. 죽어도 죽을 수 없다는 용왕의 탐욕, 이것이 바로 용왕이 토끼의 황당한 거짓말에 속아 넘어간 진정한 이유인 것이다.

죽고자 하면 살고 살고자 하면 죽는다는 말이 있다. 그런데 용왕은 절대 죽으려 하지 않았다. 죽어도 죽으려 하지 않았으니 어찌 용왕이 토끼의 황당한 거짓말에 속지 않을 수 있겠는가. 만분의 일이란 원래 전혀 가능성이 없다는 뜻이다. 그런데도 용왕은 그 만분의 일이라는 불확실성마저 확실하게 담보하고자 했다. 만약 용왕이 어차피 썩을 대로 썩은 몸 죽어도 좋다고 생각했다면, 설사 토끼의 말이 사실이라고 할지라도 토끼의 배를 갈라보았을 것이다. 따라서 용왕이 토끼에게 속은 것은 토끼의 기지나 재치보다는 죽어도 죽을 수 없다는 용왕 자신의 탐욕 때문이었다고 할 수 있다.

〈수궁가〉는 이본에 따라 용왕의 병은 물론 결말도 매우 다양하게 나타난다. 어떤 이본의 경우 용왕이 정사를 열심히 하느라 병이 들었다고

도 하고, 옥황상제가 선약을 주어 용왕의 병을 치유했다고도 한다. 그러나 용왕이 어떻게 병이 들었건, 또는 용왕이 어떻게 살아났건 〈수궁가〉의 본질적인 취지가 용왕의 탐욕과 어리석음에 대한 풍자라는 사실을 어그러뜨릴 수는 없다. 용왕은 토끼의 꾀에 속은 것이 아니라 자신의 탐욕으로 인해 스스로 속았기 때문이다. 이런 점에서 용왕은 〈흥보가〉의 놀부와 닮은꼴이라고 할 수 있다.

4. 판소리의 교육적 가치

판소리는 우리나라 민중들이 민중들을 위해 만들어낸 민중예술이다. 그러나 판소리는 민중예술에 머물지 않고 우리나라를 대표하는 민족예술로 승화하였다. 여기에는 신재효와 같은 인물의 역할도 없지 않았지만, 기본적으로는 판소리가 담아낸 현실 인식과 지향의 정당성에서 기인했다고 할 수 있다. 즉 착하게, 진실하게, 인간답게, 아름답게 살고자 애썼고, 또 그렇게 사는 사람들이 잘 사는 세상이 오기를 간절히 꿈꾸었던 민중들이 만들어낸 판소리가 양반들마저 감복시킨 결과로 이해해야 한다는 것이다. 이런 점에서 조선 후기 양반들이 판소리에 관심을 갖게 된 것은, 그로 인한 판소리의 변질의 문제를 거론하기 전에, 판소리에 담긴 민중적 사유와 예술의 승리라고 해도 지나치지 않을 것이다.

저자는 그간 고등학생이나 일반인을 대상으로 우리나라 고전문학과 관련하여 몇 차례 특강을 실시한 일이 있다. 당시 특강 자료를 준비하면서 고민했던 것은 '어떻게 하면 우리 고전문학의 가치와 의의를 쉬우면서도 재미있게 설명할 것인가?' 하는 문제였다. 특히 7차 교육과정에서

「심청전」이 처음으로 국어 교과서에서 빠지게 되었는데, 그 이유 가운데 하나가 오늘날 젊은 학생들에게 심청의 효성이 납득되지 않기 때문이라는 사실을 듣고 안타깝기 그지없었다. 그래서 심청이의 효가 내포하고 있는 진정성과 함께 우리 판소리문학에 담긴 현대적 의의를 중심으로 특강 자료를 준비했었다. 이 과정에서 그동안 학계에서 이루어진 연구 성과들을 적절하게 활용하였는바, 이 글에는 그러한 흔적들이 남아 있다. 게다가 애초 자료가 고등학생과 일반인들을 대상으로 작성한 것이기 때문에 제목을 "판소리의 예술성과 민중적 사유"라고 붙였지만, 실제로는 판소리 전반에 대해 다루기보다는 고등학생들과 일반인들이 쉽게 이해할 수 있는 내용으로 한정되어 있다. 이 두 가지 측면에서 이 글은 일정하게 한계를 지니고 있다.

그러나 이 글은 기존의 연구 성과를 수용하면서도 그것이 현대적 측면에서, 그리고 교육적인 차원에서 어떤 의의가 있는가를 춘향, 심청, 놀부, 용왕 등을 중심으로 새롭게 구성하고 또 새로운 근거 자료들을 제시하였다. 특히 '판소리의 예술성'과 관련된 문제는 순수하게 저자의 독자적인 견해를 중심으로 글을 작성하였다. 이 장을 계기로 판소리를 포함하여 우리나라 고전문학의 현대적, 또는 교육적 가치와 의의가 새롭게 조명되기를 기대한다.

초출일람

「「이생규장전」의 갈등 구조와 작가의식」, 『어문논집』 35, 고려대 국어국문학연구회, 1996.

「「운영전」의 갈등 양상과 작가의식」, 『고소설연구』 5, 한국고소설학회, 1998.

「「최척전」의 사실성과 16세기 말 지리산권의 현실」, 『남도문화연구』 21, 순천대 남도문화연구소, 2011.

「「구운몽」의 구조적 특징과 세계상」, 『민족문학사연구』 25, 민족문학사학회, 2004.

「「구운몽」의 형상화 방식과 소설 미학」, 『남명학연구』 24, 경상대 남명학연구소, 2007.

「「사씨남정기」의 갈등 구조와 서포의 현실 인식」, 『배달말』 27, 배달말학회, 2000.

「「심생전」의 인물 형상과 작가의식」, 『한국 고소설사의 시각』, 국학자료원, 1996.

「「광한루기」의 개작 방향과 작가의식」, 『어학연구』 9, 순천대 어학연구소, 1998.

「「온달전」의 갈등 구조와 소설사적 의의」, 『고전문학연구』 19, 한국고전문학회, 2001.

「「홍길동전」의 서사 전략과 작가의 현실 인식」, 『국어교육연구』 52, 국어교육학회, 2013.

「「숙향전」에 나타난 세계관과 그 지향」(「「숙향전」의 문헌적 계보와 현실적 성격」), 고려대 박사논문, 1994.

「「유충렬전」의 갈등 구조와 현실 인식」, 『어문논집』 34, 고려대 국어국문학연구회, 1995.

「「삼선기」의 구조적 특징과 작가의식」, 『어문논집』 29, 고려대 국어국문학연구회, 1990.

「판소리의 예술성과 민중적 사유방식」, 『남도문화연구』 13, 순천대 남도문화연구소, 2007.

참고문헌

자료

강한영 교주, 『신재효 판소리 사설집』, 보성문화사, 1978.

권별, 『해동잡록』, 『대동야승』 V, 민족문화추진회, 1971.

____, 「위경천전」, 『한국학논집』 24, 한양대 한국학연구소, 1994.

____, 「주생전」, 임명덕 편, 『한국한문소설전집』 7, 1991.

구우, 『전등신화』, 을유문고, 1982.

구자균 교주, 『춘향전』, 교문사, 1984.

김기동, 『한국 고전소설 연구』, 교학연구사, 1983.

김동욱 편, 「유충렬전」, 『영인 고소설 판각본 전집』 2, 인문학연구소, 1973.

________, 「조웅전」, 『영인 고소설 판각본 전집』 3, 인문학연구소, 1973.

________, 「숙향전」, 『영인 고소설 판각본 전집』 4, 인문학연구소, 1973.

김동욱 교주, 「운영전」, 『한국 고전문학』 4, 보성문화사, 1978.

김만중, 강한영 교주, 『사씨남정기』, 서문당, 1977.

김만중, 홍인표 역주, 『서포만필』, 일지사, 1987.

김만중, 정규복・진경환 역주, 『구운몽』, 고려대 민족문화연구소, 1996.

김만중, 이래종 역, 『사씨남정기』, 태학사, 1999.

김만중, 김병국 교주・역, 『구운몽』, 서울대 출판문화원, 2009.

김만중, 류준경 역, 『사씨남정기』, 문학동네, 2014.

김부식, 이병도 역주, 『삼국사기』 하, 을유문화사, 1983.

김시습, 『금오신화』, 을유문고 81, 1980.

_____, 『매월당집』, 아세아문화사, 1995.

김안로, 『용천담적기』, 『대동야승』 III, 민족문화추진회, 1971.

김진영 외 편저, 〈김연수 창본 심청가〉, 『심청전 전집』 1, 박이정, 1997.

김진영・차충환 교주, 『숙향전』, 민속원, 2001.

김태준 역주, 『흥부전/변강쇠가』, 『한국고전문학전집』 14, 고려대 민족문화연구소, 1995.

김춘택, 『북헌집』, 『한국문집총간』 185, 민족문화추진회, 1977.

김현양 역, 『홍길동전・전우치전』, 문학동네, 2010.

민족문학사 편, 「삼선기」, 『구활자소설 총서 고전소설』 12, 1983.

박순호 소장본, 「숙향전」, 『한글필사본 고소설 자료 총서』 71, 오성사, 1986.

박재연 교주, 『수호지』, 이회, 2001.

성백효 역주, 『현토완역 중용집주』, 전통문화연구회, 1991.
설성경 역주, 『춘향전』, 『한국고전문학전집』 12, 고려대 민족문화연구소, 1995.
성현, 『용재총화』, 『대동야승』 I, 민족문화추진회, 1971.
성현경 · 조융희 · 허용호, 『광한루기 역주 연구』, 박이정, 1997.
소재영 · 장홍재 교주, 『운영전』, 시인사, 1985.
신해진 역주, 『조선 후기 가정소설 선』, 월인, 2000.
_____ 역주, 『완판방각본 유충렬전』, 보고사, 2018.
유진한, 송하준 역, 『국역 만화집』, 학자원, 2013.
이가원, 『여한전기』, 우일출판사, 1981.
이상구 역주, 『유충렬전』, 지식을만드는지식, 2010.
이상구 주석, 『원본 숙향전 · 숙영낭자전』, 문학동네, 2010.
이상구 역주, 『17세기 애정전기소설』, 월인, 2015.
이식, 『택당집』, 『한국문집총간』 88, 민족문화추진회, 1992.
이옥, 『예림잡패』 「이언」.
이옥, 실시학사 고전문학연구회 역주, 『이옥 전집』 1~3, 소명출판, 2001.
이우성 · 임형택 역편, 『이조한문단편집』 上, 일조각, 1982.
이창배 편저, 『한국가창대계』, 홍인문화사, 1976.
이화여대 소장본, 「숙향전」, 『한국고대소설총서』 1, 이화여대 한국문화연구원, 1958.
인권환 역주, 『토끼전』, 고려대 민족문화연구소, 1993.
인권환 외 편저, 『한국 고전산문 선』, 태학사, 1995.
__________, 『한국 고소설 선』, 태학사, 1995.
인천대 민족문화연구소 편, 「숙영낭자전」, 『구활자본 고소설 전집』 5, 1983.
____________________, 「소대성전」, 『구활자본 고소설 전집』 7, 1983.
____________________, 「유충렬전」, 『구활자본 고소설 전집』 11, 1983.
____________________, 「백학선전」, 『구활자본 고소설 전집』 20, 1983.
정규복 외 편저, 『한국 고소설 선』, 문학아카데미, 1989.
정범진 편역, 『앵앵전』, 성균관대 출판부, 1995.
정충권 역, 『홍보전 · 흥보가 · 홍고집전』, 문학동네, 2010.
정하영 역주, 『심청전』, 고려대 민족문화연구소, 1993.
정호영 역, 『금강경』, 민족사, 1993.
조희웅 역, 『조웅전』, 지식을만드는지식, 2009.
한국학중앙연구원 소장본, 「숙향전」(정리번호 596, R16N-001146-11).
허균, 『성소복부고』, 성균관대 대동문화연구원, 1961.
허균, 김일렬 역주, 『홍길동전』, 고려대 민족문화연구소, 1996.

허균, 김현양 역, 『홍길동전/전우치전』, 문학동네, 2010.
홍희복, 박재연 · 정규복 역, 『제일기언』, 국학자료원, 2001.
황현, 김종익 역, 『오하기문』, 역사비평사, 1994.

논저

강동엽, 「「최척전」에 나타난 임진왜란과 동아시아」, 『어문론총』 41, 한국문학언어학회, 2004.
강상순, 「영웅소설의 소설사적 의의 재검토」, 고전문학한문학연구회 월례발표요지, 1995.1.22.
______, 「「구운몽」의 상상적 형식과 욕망에 대한 연구」, 고려대 박사논문, 1999.
강현모, 「「홍길동전」 서사 구조의 특징과 양상」, 『한민족문화연구』 1, 한민족문화학회, 1999.
권혁래, 「「최척전」의 문학지리학적 해석과 소설교육」, 『새국어교육』 81, 한국국어교육학회, 2009.
국민대, 『지리산권문화』, 역사공간, 2004.
국사편찬위원회, 『한국사』 34, 1995.
김균태, 『이옥의 문학 이론과 작품 세계의 연구』, 창학사, 1986.
김강식, 「임진왜란 시기 진주성전투 참가자의 보상 과정과 의미」, 『지역과역사』 17, 부경역사연구소, 2005.
김기동, 「「삼선기」 해제」, 『현대문학』 54, 현대문학사, 1959.
______, 『한국 고전소설 연구』, 교학사, 1983.
김대숙, 「「온달전」의 구비문학적 이해」, 『이화어문논집』 10, 이화어문학회, 2008.
김동수, 「정유재란기 호남 지역 의병의 향토방위전 사례 검토」, 『역사학연구』 30, 호남사학회, 2007.
김동욱, 『증보 춘향전 연구』, 연세대 출판부, 1976.
김무조, 『서포 소설 연구』, 형설출판사, 1974.
김병국 외편, 『춘향전 어떻게 읽을 것이가』, 서광학술자료사, 1993.
김석회, 「서포 소설의 주제 시론」, 『선청어문』 18, 서울대 국어교육과, 1989.
김열규, 「「구운몽」의 구조」, 『김만중 연구』, 새문사, 1983.
김영숙, 「악부의 「온달열전」 수용 양상」, 『한민족어문학』 14, 한민족어문학회, 1987.
김용숙, 「「사씨남정기」를 통해 본 이조여성 생활」, 『김만중 연구』, 새문사, 1983.
______, 『한국 여속사』, 민음사, 1990.
김일렬, 「「홍길동전」의 불통일성과 통일성」, 『어문학』 27, 한국어문학회, 1972.
______, 「고대소설의 이원론적 세계관과 유교」, 『어문논총』 8, 경북어문학회, 1973.
______, 『조선조 소설의 구조와 의미』, 형설출판사, 1984.
______, 「「홍길동전」의 구조와 의미」, 『국어국문학』 99, 국어국문학회, 1988.
______, 「김만중과 「구운몽」」, 『고소설신론』, 새문사, 1994.
김재용, 「갈등 중재 이론으로 본 「홍길동전」의 구조와 의미」, 『한국언어문학』 21, 한국언어문학회, 1982.
김종철, 「「배비장전」 유형의 소설 연구」, 『관악어문연구』 10, 서울대 국어국문학과, 1985.

______, 「전기소설의 전개 양상과 그 특성」, 『민족문화연구』 28, 고려대 민족문화연구소, 1995.
______, 『판소리의 정서와 미학』, 역사비평사, 1996.
______, 「판소리의 미학적 기반 연구」, 『구비문학연구』 4, 한국구비문학회, 1997.
김진영, 「허균의 인물관과 소설」, 『고전소설 연구의 방향』, 새문사, 1985.
김창룡, 「고구려의 문학 II－바보 온달과 평강공주」, 『연민학지』 2, 연민학회, 1994.
김태준, 『조선소설사』, 학예사, 1932.
김풍기, 「「수산 광한루기」의 평비에 나타난 비평의식」, 『어문논집』 31, 고려대 국어국문학연구회, 1992.
김현양, 「조선조 후기의 군담소설 연구」, 연세대 박사논문, 1994.
김현양, 「「사씨남정기」와 욕망의 문제」, 『고전문학연구』 12, 한국고전문학회, 1997.
김흥규, 「판소리의 이원성과 사회사적 배경」, 『창작과비평』 31, 창작과비평사, 1974.
______, 「판소리의 서사적 구조」, 『판소리의 이해』, 창작과비평사, 1978.
______, 「신재효 개작 〈춘향가〉의 판소리사적 위치」, 『한국학보』 10, 일지사, 1978.
______, 『조선 후기의 시경론과 시의식』, 고려대 민족문화연구소, 1982.
______, 「판소리」, 『한국민속대관』 6, 고려대 민족문화연구소, 1982.
______, 『한국문학의 이해』, 문학과지성사, 2009.
민영대, 「「최척전」의 작자, 현곡 조위한론」, 『한남어문학』 15, 한남어문학회, 1989.
______, 『조위한과 「최척전」』, 아세아문화사, 1993.
박기석, 「운영전」, 『한국 고전소설 작품론』, 집문당, 1990.
박병호, 『한국의 전통사회와 법』, 서울대 출판부, 1985.
박일용, 「영웅소설의 유형 변이와 그 소설사적 의의」, 『국문학연구』 62, 서울대 국문학연구회, 1983.
______, 「조선 후기 훼절소설의 변이 양상과 그 사회적 의미(下)」, 『한국학보』 52, 일지사, 1988.
______, 「장르론적 관점에서 본 「최척전」의 특징과 소설사적 위상」, 『고소설연구』 5, 한국고소설학회, 1990.
______, 「인물 형상을 통해서 본 「구운몽」의 사회적 성격과 소설사적 위상」, 『정신문화연구』 44, 한국정신문화연구원, 1991.
______, 『조선시대의 애정소설』, 집문당, 1993.
______, 「「주생전」의 사실적 경향성과 소설사적 위상」, 『조선시대의 애정소설』, 집문당, 1993.
______, 「「유충렬전」의 서사구조와 소설사적 의미 재론」, 『고전문학연구』 8, 한국고전문학연구회, 1993.
______, 「「홍길동전」의 문학적 의미 재론」, 『고전문학연구』 9, 한국고전문학회, 1994.
______, 「「조웅전」의 구성 및 문체적 특징과 소설사적 위상」, 『다곡 이수봉 박사 정년기념 논총』, 경인문화사, 1994.
______, 「전기계 소설의 양식적 특성과 소설사적 변모」, 『민족문화연구』 28, 고려대 민족문화연구소, 1995.
______, 「「사씨남정기」의 이념과 미학」, 『고소설연구』 6, 한국고소설학회, 1998.
______, 「이본 변이 양상을 통해서 본 「홍길동전」 서술시각의 중층성」, 『영웅소설의 소설사적 변주』,

월인, 2003.
_____, 『영웅소설의 소설사적 변주』, 월인, 2003.
박천규, 「조선 전기 서얼의 사회적 지위」, 『동양학』 9, 단국대 동양학연구소, 1979.
박희병, 「「춘향전」의 역사적 성격 분석」, 『전환기의 동아시아 문학』, 창작과비평사, 1985.
_____, 「판소리에 나타난 현실 인식」, 『한국문학사의 쟁점』, 집문당, 1986.
_____, 「최척전」, 『한국 고전소설 작품론』, 집문당, 1990.
_____, 「전기소설의 장르 관습과 『금오신화』」, 『민족문학사연구』 8, 민족문학사연구회, 1995.
_____, 「전기적 인간의 미적 특질」, 『민족문학사연구』 7, 민족문학사연구소, 1995.
_____, 『한국 전기소설의 미학』, 돌베개, 1997.
배항섭, 「19세기 후반 '변란'의 추이와 성격」, 『1894년 농민전쟁연구』, 역사연구사, 1992.
_____, 「근대이행기의 민중의식－근대와 반근대의 너머」, 『역사문제연구』 23, 역사문제연구소, 2010.
서대석, 『군담소설의 구조와 배경』, 이화여대 출판부, 1985.
서종문, 「「홍길동전」에 나타난 현실인식 문제」, 『허균의 문학과 혁신사상』, 새문사, 1981.
서종문 · 김석배 · 장석규, 「「홍길동전」 율도국의 생성과 그 의미」, 『국어교육연구』 27, 국어교육학회, 1995.
설중환, 『금오신화 연구』, 고려대 민족문화연구소, 1983.
성현경, 「「유충렬전」 검토」, 『고전문학 연구』 2, 한국고전문학연구회, 1974.
_____, 「「구운몽」과 김만중의 삶의식」, 『김만중 연구』, 새문사, 1983.
_____, 「운영전」, 『고전소설 연구』, 일지사, 1993.
소재영, 「자료 해제－수산 광한루기」, 『숭실어문』 4, 숭실대 국문과, 1989.
소인호, 『한국 전기문학 연구』, 국학자료원, 1998.
신경숙, 「「운영전」의 반성적 검토」, 『한성어문학』 9, 한성어문학회, 1990.
신동흔, 「평민 독자의 입장에서 본 「춘향전」의 주제」, 『판소리연구』 6, 판소리학회, 1995.
신재홍, 「「구운몽」의 서술 원리와 이념성」, 『한국 몽유소설 연구』, 계명문화사, 1994.
_____, 「「숙향전」의 미적 특질」, 『다곡 이수봉 박사 정년기념 논총』, 경인문화사, 1994.
_____, 『고전소설과 삶의 문제』, 역락, 2012.
안창수, 「반항과 순응의 양상을 통해서 본 「홍길동전」」, 『어문학』 48, 한국어문학회, 1986.
_____, 「「구운몽」 연구」, 영남대 박사논문, 1989.
양승민, 「「최척전」의 창작동인과 소통 과정」, 『고소설연구』 9, 한국고소설학회, 2000.
엄기주, 「「홍길동전」의 구조와 의미」, 『수선논집』 16, 성균관대, 1991.
우윤, 『전봉준과 갑오농민전쟁』, 창작과비평사, 1933.
우쾌제, 『한국 가정소설 연구』, 고려대 민족문화연구소, 1988.
유영대, 「판소리의 역사」, 『한국 민속사 입문』, 지식산업사, 1996.
윤경수, 「「온달전」의 현대적 고찰」, 『연민학지』 1, 연민학회, 1991.
윤기덕, 「사실주의에 관한 엥겔스 명제의 옳은 이해와 그 발생 시기의 문제」, 『우리나라 문학에서 사실주의 발생 · 발전 논쟁』, 사계절, 1989.
윤세평, 「서포 김만중과 그의 창작」, 『고전작가론』 2, 북한서적, 발행처 및 연도 미상.
윤재민, 「전기소설의 인물 성격」, 『민족문화연구』 28, 고려대 민족문화연구소, 1995.
______, 「전기소설의 성격」, 『한국한문학연구』 학회창립20주년기념특집호, 한국한문학회, 1996.
윤주필, 「중세 지식인의 존재 방식과 「홍길동전」」, 『고소설연구』 7, 한국고소설학회, 1999.
윤채근, 『소설적 주체, 그 탄생과 전변』, 월인, 1999.
윤호진, 「김만중의 문학과 사상」, 『우리문학연구』 6 · 7, 우리문학회, 1988.
이강옥, 「「홍길동전」의 제문제와 그 해결」, 『한국 고전소설론』, 새문사, 1990.
이금희, 「「사씨남정기」에 나타난 서포의 여성관－양면성을 중심으로」, 『국어교육』 69 · 70합집, 한국국어교육연구회, 1988.
이기백, 「「온달전」의 검토」, 『백산학보』 3, 백산학회, 1967.
이능화, 『조선여속고』, 동문선, 1990.
이동환, 「고려 전기의 교육과 문화」, 『한국사』 17, 국사편찬위원회, 1994.
이문규, 「「홍길동전」의 성격」, 『한국문학사의 쟁점』, 집문당, 1986.
______, 『허균 문학의 실상과 전망』, 새문사, 2005.
______, 「홍길동의 인물 형상으로 본 「홍길동전」의 의미」, 『선청어문』 33, 서울대, 2005.
이보형, 「창우집단의 광대소리 연구－육자배기 토리권의 창우집단을 중심으로」, 『한국전통음악연구』, 고려대 민족문화연구소, 1990.
이상구, 「「숙향전」의 현실적 성격」, 『고전문학연구』 6, 한국고전문학연구회, 1991.
______, 「「사씨남정기」의 작품 구조와 인물 형상」, 『김만중 문학 연구』, 국학자료원, 1993.
______, 「「숙향전」의 문헌적 계보와 현실적 성격」, 고려대 박사논문, 1994.
______, 「「유충렬전」의 갈등구조와 작가의식」, 『어문논집』 34, 고려대 국어국문학연구회, 1995.
______, 「「이생규장전」의 갈등구조와 작가의식」, 『어문논집』 35, 고려대 국어국문학연구회, 1996.
______, 「17세기 애정전기소설의 성격과 그 의의」, 『어학연구』 11, 순천대 어학연구소, 2000.
______, 「전란 모티프의 성격과 역사적 전개 과정」, 『택민 김광순 교수 정년기념 논총』, 새문사, 2004.
______, 「「구운몽」의 구조적 특징과 세계상」, 『민족문학사연구』 25, 민족문학사연구소, 2004.
______, 「후대 소설에 미친 「숙향전」의 영향과 소설사적 의의」, 『고전과해석』 24, 고전문학한문학연구학회, 2018.
이상덕, 「이옥 '전'의 양식적 변개 양상에 관한 소고」, 고려대 석사논문, 1987.
이상택, 「낙선재본 소설 연구(I)」, 『한국 소설문학의 탐구』, 일조각, 1978.
이석래, 「서포 소설(남정기 · 구운몽)의 문제점」, 『성심어문논집』 1, 가톨릭대 국어국문학과, 1966.
______, 「「삼선기」 연구」, 『논문집』 18, 성심여대, 1979.
______, 「『금오신화』는 『전등신화』의 모방인가」, 『한국문학사의 쟁점』, 집문당, 1986.
이순구, 「조선 초기 주자학의 보급과 여성의 사회적 지위」, 『청계사학』 3, 청계사학회, 1986.

이신성, 「한문단편 「심생」의 연구」, 『어문학교육』 2 · 3합병호, 부산국어교육학회, 1980.
이우성, 「유교의 정치관과 근대적 정치이념」, 『한국의 역사상』, 창작과비평사, 1982.
이원수, 「「삼선기」의 종합적 고찰」, 『문화와융합』 7, 문학과언어연구회, 1986.
______, 「가정소설 작품 세계의 시대적 변모」, 경북대 박사논문, 1991.
______, 「현실과 꿈의 관계 및 그 중층적 의미」, 『고전소설 작품 세계의 실상』, 경남대 출판부, 1996.
______, 「「홍길동전」의 논리와 의미」, 『문화와융합』 17, 문학과언어연구회, 1996.
이윤석 · 최상천, 「「홍길동전」의 역사 · 사회적 분석」, 『한국전통문화연구』 5, 효성여대 한국전통문화연구소, 1989.
______, 「「홍길동전」 해석의 몇 가지 문제에 대하여」, 『열상고전』 9, 1996.
이지영, 「조선 후기 서얼차대 철폐운동과 그 지위의 변화」, 한남대 석사논문, 2012.
이창식, 「「온달전」의 구비성과 기록성」, 『국문학의 구비성과 기록성』, 태학사, 1999.
이태진, 『조선 유교사회사론』, 지식산업사, 1990.
이현구, 「「홍길동전」에 있어서 율도국의 위상과 성격」, 『문학과언어』 8, 문학과언어연구회, 1987.
임기환, 「온달 · 서동설화와 6세기 사회」, 『연민학지』 2, 연민학회, 1994.
임유경, 「이옥의 '전' 연구」, 이화여대 석사논문, 1980.
임재해, 「온달형 설화의 유형적 성격과 부녀 갈등」, 『민족설화의 논리와 의식』, 지식산업사, 1992.
임형택, 「현실주의적 세계관과 『금오신화』」, 『국문학연구』 13, 국문학연구회, 1971.
______, 「홍길동전의 신고찰」, 『창작과비평』 42 · 43, 창작과비평사, 1976.
______, 「16세기 초 신진 문인층과 시의 세계」, 『대동문화연구』 13, 성균관대 동아시아학술원, 1979.
______, 『한국문학사의 시각』, 창작과비평사, 1984.
______, 「『삼국사기』 「열전」의 문학성」, 『한국한문학연구』 12, 한국한문학회, 1989.
______, 「「홍부전」의 역사적 현실성」, 『홍부전 연구』, 집문당, 1991.
______, 「전기소설의 애정 주제와 「위경천전」」, 『동양학』 22, 단국대 동양학연구소, 1992.
장덕순, 「「구운몽」의 소서사적 위치」, 『김만중 연구』, 새문사, 1983.
장효현, 「형성기 고전소설의 현실성과 낭만성 문제」, 『민족문학사연구』 10, 창작과비평사, 1997.
______, 「「홍길동전」의 생성과 유전에 대하여」, 『국어국문학』 129, 국어국문학회, 2001.
______, 「「구운몽」의 주제와 그 수용사」, 『한국 고전소설사 연구』, 고려대 출판부, 2002.
______, 「「최척전」의 창작 기반」, 『고전과해석』 창간호, 고전문학한문학연구학회, 2006.
전문수, 「「홍길동전」의 불통일성과 통일성의 해명」, 『한국학논집』 10, 계명대 한국학연구원, 1983.
전수연, 「「심생전」의 양식적 특성」, 『이화어문논집』 9, 한국어문학연구소, 1987.
정규복, 「「남정기」 논고」, 『국어국문학』 26, 국어국문학회, 1963.
______, 「「남정기」의 저작 동기에 대하여」, 『성대문학』 15 · 16합병호, 1970.
______, 「환몽구조론」, 『구운몽 연구』, 고려대 출판부, 1974.
정규복, 『구운몽 원전의 연구』, 보고사, 2010.

정길수, 「전기소설의 전통과 「구운몽」」, 『한국한문학연구』 30, 한국한문학회, 2002.
______, 「「구운몽」의 독자는 누구인가」, 『고소설연구』 13, 한국고소설학회, 2002.
정노식, 『조선 창극사』, 조선일보 출판부, 1940.
정병욱, 『한국의 판소리』, 집문당, 1981.
정병헌, 「판소리의 형성과 변화」, 『판소리 연구』, 태학사, 1998.
______, 「배우자 선택 이야기 '택부담'의 유형적 성격」, 『국문학의 구비성과 기록성』, 태학사, 1999.
정석종, 「조선 후기 이상향 추구 경향과 삼봉도」, 『조선 후기의 정치와 사상』, 한길사, 1994.
정성철, 『조선철학사』 II, 이성과현실, 1998.
정시열, 「도탄 변사정론-지리산 자락에서 꽃핀 극적 인생의 변주」, 『민족문화논총』 48, 영남대 민족문화연구소, 2011.
정우봉, 「조선 후기 소설론에 있어 구성의 문제」, 『한국 고소설사의 시각』, 국학자료원, 1996.
정주동, 『「홍길동전」 연구』, 민족문화사, 1965.
정출헌, 「고전소설에서의 현실주의 논의 검토」, 『민족문학사연구』 2, 창작과비평사, 1992.
______, 「판소리계 소설에 나타난 영성형상과 그 의미」, 『민족문학사연구』 7, 창작과비평사, 1995.
______, 「「운영전」의 애정 갈등과 그 비극적 성격」, 『한국 고소설사의 시각』, 국학자료원, 1996.
______, 「고전소설에서의 현실성과 낭만성-심청전의 민중정서와 그 형상화 방식」, 『민족문학사연구』 9, 민족문학연구소, 1996.
______, 「「구운몽」의 작품 세계와 그 이념적 기반」, 『고소설사의 구도와 시각』, 소명출판, 1999.
정하영, 「「광한루기」 연구」, 『이화어문연구』 12, 이화여대, 1992.
______, 「「광한루기」의 평비 연구」, 『한국고전연구』 1, 한국고전연구회, 1995.
조동일, 「갈등에서 본 「춘향전」의 주제」, 『계명논총』 7, 계명대, 1970.
______, 「영웅의 일생, 그 문학사적 전개」, 『동아문화』 10, 서울대 동아문화연구소, 1971.
______, 『한국소설의 이론』, 지식산업사, 1977.
______, 「판소리의 전반적 성격」, 『판소리의 이해』, 창작과비평사, 1978.
______, 『한국문학통사』 1, 지식산업사, 1982.
______, 「「구운몽」과 『금강경』, 무엇이 문제인가?」, 『김만중 연구』, 새문사, 1983.
______, 『한국문학통사』 3, 지식산업사, 1984.
______, 「조선 후기 소설사의 전개」, 『고전소설 연구의 방향』, 새문사, 1985.
조용호, 「「홍길동전」의 주제 신고」, 『서강어문』 8, 서강대 국어국문학과, 1992.
조윤제, 『한국문학사』, 동국문화사, 1949.
조원래, 「임란기 호남의병과 의병 지도층의 성격」, 『북악사론』 1, 북악사학회, 1989.
______, 「정유재란과 호남의병」, 『역사학연구』 8, 전남사학회, 1994.
조희웅, 『한국 고전소설사 큰 사전』 28, 지식을만드는지식, 2017.
주명희, 「군담소설 연구-고대소설의 문학적 가치의 구명을 위한 시도」, 『국문학연구』 23, 서울대 국문학연구회, 1974.
진경환, 「「창선감의록」의 작품 구조와 소설사적 위상」, 고려대 박사논문, 1992.
______, 「영웅소설의 통속성 재론」, 『민족문학사연구』 3, 민족문학사연구소, 1993.
진재교, 「『삼국사기』 「열전」 분석의 한 시각」, 『한국한문학연구』 특집호, 한국한문학회, 1996.
차용주, 『허균 연구』, 경인문화사, 1997.
차충환, 『「숙향전」 연구』, 월인, 1999.
최재남, 「서포 연보의 성격과 김만중 연구」, 『한국학보』 57, 일지사, 1989.
최운식, 「설화에 나타난 박문수의 인간상과 민중의 의식」, 『청람어문교육』 21-1, 청람어문학회, 1999.
한국민중사연구회 편, 『한국민중사』 II, 풀빛, 1986.
한국역사연구회 편, 『한국사 강의』, 한울아카데미, 1990.
한국학중앙연구원, 『한국민족문화대백과』, 2010.
한명기, 「19세기 전반 반봉건 항쟁의 성격과 그 유형」, 『1894 농민전쟁연구』 2, 역사비평사, 1992.
한수영, 『소설과 일상성』, 소명출판, 2000.
한영환, 『한・중・일 소설의 비교 연구』, 정음사, 1985.

노신(魯迅), 정래동・정범진 역, 『중국소설사』, 금문사, 1964.
모순(茅盾), 박운석 역, 『중국문학의 현실주의와 반현실주의』, 영남대 출판부, 1987.
방정요(方正耀), 홍상훈 역, 『중국소설 비평사략』, 을유문화사, 1993.
임계유(任繼愈), 이문주 외역, 『중국철학사』 I, 청년사, 1989.
제유혼(齊裕焜) 주편, 『中國古代小說演變史』, 敦煌文藝出版社, 1999.
장공양(蔣孔陽), 김일평 역, 『형상과 전형』, 사계절, 1987.
게오르그 루카치, 심성완 역, 『소설의 이론』, 심설당, 1989.
게오르그 루카치, 박정호・조만영 역, 『역사와 계급의식』, 거름, 1991.
로즈마리 잭슨, 서강여성문학연구회 역, 『환상성―전복의 문학』, 문학동네, 2001.
레나 린트호프, 이란표 역, 『페미니즘문학 이론』, 인간사랑, 1998.
슬라예보 지젝, 이수련 역, 『이데올로기라는 숭고한 대상』, 인간사랑, 2002.
자크 라캉, 권택영, 이미선, 민승기 역, 『욕망 이론』, 문예출판사, 1994.
죠르쥬 바따이유, 조한경 역, 『에로티즘』, 민음사, 1997.